中韩金石文献研究

ZHONGHAN JINSHI WENXIAN YANJIU

[韩] 朴现圭 著

肖大平 译

中山大學出版社
SUN YAT-SEN UNIVERSITY PRESS

· 广州 ·

图书在版编目（CIP）数据

中韩金石文献研究/（韩）朴现圭著；肖大平译. —广州：中山大学出版社，2023.12

ISBN 978 - 7 - 306 - 07847 - 6

Ⅰ. ①中⋯　Ⅱ. ①朴⋯ ②肖⋯　Ⅲ. ①金石—文献—研究—中国
Ⅳ. ①K877. 24

中国国家版本馆 CIP 数据核字（2023）第 124260 号

出 版 人：王天琪
策划编辑：金继伟
责任编辑：卢思敏　蓝若琪
封面设计：周美玲
责任校对：梁锐萍
责任技编：靳晓虹
出版发行：中山大学出版社
电　　话：编辑部 020 - 84110283，84113349，84111997，84110779，84110776
　　　　　发行部 020 - 84111998，84111981，84111160
地　　址：广州市新港西路 135 号
邮　　编：510275　传　真：020 - 84036565
网　　址：http://www. zsup. com. cn　E-mail：zdcbs@ mail. sysu. edu. cn
印 刷 者：佛山市浩文彩色印刷有限公司
规　　格：787mm×1092mm　1/16　29 印张　550 千字
版次印次：2023 年 12 月第 1 版　2023 年 12 月第 1 次印刷
定　　价：78.00 元

献给中韩建交三十周年！

"金石性命之光，惟我两人共之。"

——清翁树崐致朝鲜金正喜书信选句，载《海东金石零记》

序　言

拜根兴[①]

今年 2 月初，我接到韩国顺天乡大学朴现圭教授的越洋电话，说他的《中韩金石文献研究》要在中国翻译出版，希望我能写一篇序文。朴先生 20 世纪 80 年代末在台湾师范大学获得文学博士学位。中韩建交后，他频繁来中国出席学术研讨会，考察相关历史遗迹遗物，在韩国的期刊、杂志发表学术论文，出版多部颇具影响的学术著作，是韩国学界著名的"中国通"式的学人。好像是 2012 年夏的某日，他到陕西师范大学雁塔校区文科部找我，由于没有语言障碍，我们一见如故，交谈的话题涉及中韩学界共同认识的师友同行，以及入唐百济移民关联问题，我从中获益颇多。后来我应邀赴韩出席国际学术会议，他曾想请我到他们学校交流，但当时我的行程难以改变，故未能如愿前往叨扰。

朴先生之所以想到让我给他的大作写序，可能基于我曾在韩国留学获得博士学位，多年来一直关注中韩两国古代金石碑志研究，并有著作出版。盛情难却，如此就答应了他的请求。几天后，我就收到暨南大学肖大平博士寄来的中文译稿，皇皇大著，令人敬佩！应该说，因朴先生曾在华留学并频繁往返韩中两地，以及自身具备深厚的学术底蕴，加之对学问研究的倾心执着，故对中韩金石文献理解的独到深入显而易见。几个月来，我既要给学生上课，不时应对各种临时任务，原来计划撰写的论文也无从谈起，故对于朴先生的著作也只是挤时间断断续续品读。我愿将我阅读后的一些感受分享给大家，以之代序。

朴著共分为"传入中国的海东金石文献""传入朝鲜半岛的中国金石文献""中国金石文献中的古代韩国人""韩国金石文献中的古代中国人"四编，即将二十三篇论文分作四编结集而成。从书稿整体结构看，和第

---

① 陕西师范大学历史文化学院教授，博士生导师。

一、第三编内容丰富相比，第二、第四编的内容相对较为薄弱，此或许与作者界定书稿内容本身有关，即现存中韩金石文献有关"传入朝鲜半岛的中国金石文献""韩国金石文献中的古代中国人"涉及内容有限。从论文发表时间看，最早的论文出自20世纪80年代，最晚者则是21世纪初发表，其间涉及的中韩金石文献各有千秋，作者很好地把握中韩金石文献交流研究主线，给海内外学界提供了很好的研究范例。从书稿编集现状看，有水到渠成的感觉。总的来说，我认为本书有以下三个特点。

一、内容广博，新见迭出

众所周知，有关朝鲜半岛金石碑志的编集研究，清代金石学者刘喜海（字燕庭，1793—1852）居功至伟，他编撰的《海东金石苑》一书，成为第一部全面收集朝鲜半岛金石碑志的总集类著作。十余年后，朝鲜学者吴庆锡（1831—1879）《三韩金石录》步其后尘，从这些记载中就可了解很多18、19世纪中韩金石碑志交流的情况。而朝鲜半岛学者对中国金石碑志的引进探讨，此前学界关注得并不多。朴著涉及的中韩金石文献，上及传说中的岣嵝碑的摹本传入朝鲜半岛及其影响、在朝鲜半岛的重刻流传变异等，下至清乾隆帝撰写《萨尔浒之战书事》碑文，纵横捭阖，探讨中韩金石文献交流经纬，堪称一部探讨中韩金石文献往来交流的集大成之作。首先，作者对这一时期中原王朝与朝鲜半岛政权交往过程中，朝鲜半岛金石碑志拓片流入中国有较为完整的解读。作者因曾在台湾师范大学留学，中韩建交之后数十次往返中国与韩国之间，加之倾心关注中韩两国金石文献涉及的问题，特别是对欧阳修的《集古录跋尾》，赵明诚的《金石录》，陈思的《宝刻丛编》，赵崡的《石墨镌华》，慎懋赏的《四夷广记》，顾炎武的《金石文字记》，清代乾嘉学派金石学家及其后续专家如叶奕苞、钱大昕、丁敬、孙星衍、王昶、翁方纲、洪颐煊、顾千里、刘喜海、陆耀遹、叶志诜、潘祖荫、赵之谦、陆增祥、缪荃孙，民国初年叶昌炽、罗振玉、黄任恒、顾燮光、胡琨、刘承幹等人的著作多有爬梳，故作者了解其中对朝鲜半岛金石碑志的收录探究状况，进而宏观把握中韩金石文献交流脉络，为进一步探讨相关问题提供了文献历史依据。其次，对现存清代学者编撰的《海东金石苑》《海东金石存考》《海东文献》《海东金石零记》，朝鲜王朝朴趾源的《金石录》、金秉善的《金石目考览》涉及的具体问题，作者力主阐发上述著作如编者、编撰过程、书目内容、版本等，并提出自己的看法，有些研究有开创之功，有些研究可查漏补缺，有些研究则商榷辩驳，令人刮目相看。仔细翻阅该书不同篇章，多有收获。最后，关注不同历史时期因各种缘由进入中原王朝的朝鲜半岛人士及与之关联的金石碑志，计有：新罗人元表与《那罗岩碑记》，新罗人金清与《唐无染禅院碑》，百济移民勿部将军与《勿部将军功德记》，洛阳龙门石窟与朝鲜半岛关联的佛龛造像记；伊斯兰教徒高丽人剌马丹墓碑，高丽人慧月补修房山石经，以及泉州元代石刻中与高丽人相关的记录，还有明清时代中原王朝与朝鲜半岛交流的金石碑志遗存等。作者利用查阅的史料，详实考察每一篇金石文献，特别是对已有研究精心探讨，在许多问题上提出不同看法。如作者以两章的篇幅，探讨翁方纲（1733—1818，号覃溪）第六子翁树崐（1786—1815）编集《碑目琐记》《海东文献》两书涉及的问题，第一次将收藏于中国国家图书馆的两书推出，使读者对18、19世纪旺盛的中韩学术文化交流有更深入的了解。翁树崐在其父亲翁方纲熏陶之下，对朝鲜半岛金石碑志颇多兴趣，特别是与当时前往北京朝贡的朝鲜王朝使臣及其随从，如金正喜、金命喜、沈象奎、李光文、柳最宽、朴趾源、李祖默、金汉泰等人或见面或书信来往，获得他们赠送的朝鲜半岛金石碑志拓片，再加上父亲翁方纲之前与朝鲜王朝学人交往时所得拓片，进而将其编集成书。应该说，作者发掘现存第二古老的海东资料（作者认为继刘喜海的《海东金石苑》之后，此书名列第二），分类并逐一探讨，无疑有助于拓展这一时期两地学术文化交流的深度和广度。另外，学界通说《海东金石零记》的撰者为翁方纲，作者通过考察该书的具体内容，看到书中记载的各种称呼都是基于翁树崐的立场，书中收录的金正喜寄出的各类书信的收信人均是翁树崐，书中还收录了"星原、红豆山人"的金石文考察文字，以及该书并不完整，并在30年后经其他人编集成书等证据，进而认为该书的作者并非翁方纲，而是翁方纲之子翁树崐。从作者的论述逻辑及史料推证看，这种观点客观自然，具备相当强的说服力。如此情形，在书中还能找出很多，在此不赘。

二、实地考察，行万里路

作者信奉古人"读万卷书，行万里路"的科学研究信条，通过实地考察，具体包括不辞劳苦到各地图书馆查阅相关资料，到金石文献所在地实地考察探究两个方面，进而得出客观并令人信服的结论。如为搞清楚《海东金石苑》的版本问题，作者在了解爬梳刘承幹重刻《海东金石苑》本的基础上，1996年前往上海图书馆古籍善本部，见到该馆收藏的《海东金石苑》定本，1998年又在友人的帮助下，探查复旦大学图书馆藏书，看到《海东金石苑》草本一册，进而探讨该书涉及的版本问题，得出自己的结论。为搞清楚伊斯兰教徒高丽人刺马丹墓碑涉及的问题，作者利用来华参会之便，专程前往广州实地调查，在广州博物馆二层展室发现墓碑的复制品，又在当地文物工作者的帮助下，顺藤摸瓜前往广州解放北路桂花岗清真古墓群先贤古墓道，只是苦苦找寻却未能如愿以偿。但功夫不负有心人，其千方百计询问相关人士，在广州当地相关友人的指引下，最终在广州光塔路怀圣寺教育馆三层仓库中找到这块刺马丹墓碑。为深入探讨有关《大唐勿部将军功德记》涉及的百济移民勿部珣事迹，作者先后于2004年7月、2006年7月两次赴山西太原近郊的天龙山石窟考察，仔细丈量勘察石窟内遗存的尺寸，通过比对石碑底座凹槽，改变此前认为《功德记》出自第21窟的看法，确认其系出自第15窟。可见，实地考察掌握一些最基本的现地要素，对于正确理解把握所论述人物事件原委的重要性。新罗僧侣元表对佛教的东传颇多贡献，此前韩国学者对此多有论述，有的学者曾前往实地考察，但因各种条件未能如愿；作者在调查福建地区与韩国关联遗迹过程中，曾三次到元表曾经驻锡的宁德地区，调查当地那罗寺与华严寺遗迹遗存，拜访当地许多关联人员，收集到不少资料。正因如此，作者对新罗僧侣元表的研究代表了学界的最高水准。元至正元年（1341年），高丽僧人慧月到达今北京房山区，看到石门倒塌、石经毁损，在当地元朝官员及在朝高丽人的帮助下修补石经。对此，元人贾志道《重修华严堂经本记》有详细记载。2004年夏，作者带领顺天乡大学学生前来房山石窟考察，连续三天调查云居寺与房山石窟，收集相关史料，进而撰写有关高丽人慧月到达房山的原委、参与修补石经人员生平、补刻经版的种类和数量等，对这一时期中韩金石文献交流的具体样态有了深刻的认识。作者因留学而精通中文，熟悉英、日文，又有探讨古代中韩金石文献的极大兴趣，故而往来中韩两国之间，遵循并实践古人"读万卷书，行万里路"的古训，实地考察研究问题涉及的具体地域，通过文献探讨与实地考察相结合，进而形成严谨科学的观点。

三、商榷辩驳，不偏不倚

众所周知，研究古代中韩关系史乃至韩国古代史各个领域，面对的首要问题就是史料欠缺，对此，韩国学界讲坛史学者除较为客观地解读已有文献史料、加大对韩国国内考古探查的力度之外，还千方百计通过相关途径，力图弥补并改变这种状况。这样，韩国学界对国外诸多种类史料的引进解读，成为弥补这种欠缺的重要方式之一。可能正因如此，一些在野学者或者急于求成的韩国年轻学者对国外的一些资料做出了匪夷所思的诠释解读，诸如将云南的高黎贡山中的"高黎"解释为"高句丽"的说法横空出世。朴著对诸如此类的问题多有辩驳，以维护学术公器的严肃性。

首先，龙门石窟双窖南洞（第 522 窟）佛像下面石壁上有著名的慈藏发愿龛铭文，即"僧慈藏为亡父敬造救苦观音菩萨一区，及见存母□□□，阖家□□□□平释迦像一铺"。有韩国学者将这里的"僧慈藏"和曾经接受新罗善德女王教命，前来唐京师长安求法巡礼的慈藏禅师联系起来，认为此"龙门慈藏"就是《三国遗事》卷四《义解篇·慈藏定律》中的新罗慈藏。对此，作者运用上述《三国遗事》及《续高僧传》记载，认为"龙门慈藏"的父亲去世后，其母亲仍健在，而"新罗慈藏"出家之前就"早丧二亲"，显然两人各有来历，并非一人，由此认为在讨论古代人物时，如果对同名异人的资料处理不当，则常会发生非常大的错误。其次，双窖北洞（第 521 窟）有金莫神铭文，亦有韩国学者认为这里的"金莫神"应是新罗人。作者经探讨，认为将金莫神国籍"暂时记着未详似更为妥当"。再次，691 年建造的龙门石窟北市丝行像龛王思礼铭文龛，有学者将其和高句丽移民后裔王思礼将军联系起来，认为两者同为一人，作者从石窟铭文龛开凿时间出发，发现作为军将的高句丽移民后裔王思礼与结社人王思礼不同的命运轨迹，两者时间相差长达 50 年，进而认为二人根本不可能是同一人。最后，龙门石窟药方洞还有一王思礼铭文龛（佛龛 1699 号），记载佛龛建造的结社人王思和、王思礼、□众敬、□元庆等同村村民，与龙花寺相关人员共同建造药方洞第 1699 号佛龛事宜，这里又有一位王思礼。作者在纠正韩国学者将"药方洞王思礼"与高句丽移民后裔王思礼将军混淆的同时，认为高句丽移民后裔王思礼进入中原是在 746 年，而龙门石窟药方洞铭文所提及之王思礼所处年代最晚为 723

年，两者相差 23 年，因年代稍近，故作者认为暂时保留结论为妥。凡此种种，在朴著的其他篇章中还可找到。也就是说，对于学界出现的对中韩金石文献认定的不同观点，作者采用翔实的史料和严密的逻辑进行梳理和论证，指出其存在的问题和学术研究应采取的客观正确态度，这一点值得推崇和学习。

2017 年，笔者应邀赴日本群马、东京两地出席"上野三碑"关联国际学术会议，曾提出将东亚三国共有的金石碑志作为东亚文化圈的组成要素，排在学界公认的汉字、儒教、佛教、律令制度、中国式科技五大要素之后。这种观点能否站得住脚，还需进一步论证并获得学界的验证和认同，但东亚世界这种从中原王朝（大陆）发起，在韩、日、越、琉球等地共有的金石碑志实物遗存及文献典籍却是有目共睹。除上述谈及的中韩金石文献之外，朴著第一编中还附录《清朝学者获得日本〈多胡碑〉的过程及对此的分析》论文，无疑从另一侧面为我上述的观点提供了论据。需要说明的是，上及书稿大部分内容在韩国期刊发表，朴著即从韩语著述翻译而来，故在行文、用语、立意中无疑会突出韩国学界对某些问题的观点看法，亦请读者在阅读时予以注意。当然，作为中韩金石文献研究的专门之作，朴著的专业性、科学性、客观性值得赞赏，读者阅读时须细心领会，进而掌握涉及关键问题的微言大义。

据了解，朴先生今年将从韩国顺天乡大学教授职位退休，期待先生继续保持强劲的学术研究张力，探讨中韩金石文献各个层面可资发掘的奥秘，为中韩金石文献交流研究谱写新的篇章。

是为序！

拜根兴

二〇二三年五月十八日

于西安南郊陋室

自　序

　　学者以怎样的姿态才能写出好文章？对此，每个人都有不同的看法。金石文献所具有的特征为我们指明了很好的方向。古代，人们为了长久保存珍贵文章，会将这些文章刻在金石之上。这些刻在金石上的文章，具有耐久性，可以永久保存，在漫长的岁月里永久流传。因此我们在写作文章时，与其使用那些华丽的技巧和修饰，不如像金石文献的作者一样，写出如金石一般外表朴实，却内涵丰赡、能永久流传的好文章。

　　本书所讨论的话题主要集中在韩中金石文献交流方面，主要围绕古代朝鲜半岛（主要是朝鲜王朝时期）与古代中国（主要是清代）两国文人的金石文献交流展开，书名的"韩"以及正文中的"古代韩国"指称整个朝鲜半岛。韩中两国的金石文献交流，概而言之，是以韩中两国的友好交流为基础的。韩中两国学者互相给予对方信任，热情地接受对方，这成了发展各自学问的好机会。韩中两国学者将本国所存的珍贵金石文寄送给对方，同时也从对方那里获得对方国家的贵重金石文献。他们所进行的，正是真正意义上的海外金石学研究。从韩中两国学者所交流的金石文献来看，这些金石文献中还包括那些不易获得、收藏在第三国的金石文献。我们由这些文献可以看到，它们是如何的珍贵，也可以看到两国学者之间的友情又是多么的深厚！

　　暂时回顾一下本书的写作过程。笔者平时对金石文献有着浓厚兴趣，也极为留意收集，并制订了长期性的研究计划，曾前往韩国国内外的多所图书馆与金石文献所在现场，搜寻这些金石文献。这些收集而来的金石文献，无疑是笔者的研究与写作的前提。从现存韩中金石文献中所记载金石文的保存现状来看，既有一些金石文献保存了原貌，也有一些金石文献未能战胜漫长的岁月而亡佚，现在仅剩下有关它们的记录。本书所言及有实存的金石文献原物，笔者曾努力亲往现场确认这些金石原物。在这一过程中，笔者对这些金石文献的贵重性的认识与热爱之情又加深了一步。

当然也并非没有遗憾。事实上，古代韩中两国人士留下的金石文献数量相当丰富，本书所及的不过是其中的少数几种。例如，韩国保存了很多与壬辰倭乱时参战明军相关的金石。笔者虽曾制订亲往现场调查这些金石文献的学术计划，但当初的设想最终却未能实现。希望将来以本书的出版为契机，尽快产出这方面的成果。

朴现圭

烨爀之乐室，癸卯元月初十日

目　录

第一编　传入中国的海东金石文献

第二编　传入朝鲜半岛的中国金石文献

第三编　中国金石文献中的古代韩国人

第一编
传入中国的
海东金石文献

第一章　对中国金石集中与古代韩国相关金石文献资料的分析

一、引　言

中国学者很早就对古代韩国金石文产生兴趣，并积极地搜集古代韩国金石文资料。从他们收集到的与古代韩国相关的金石文来看，自不待言，大部分都是现藏于中国的资料。除此之外，还有远在朝鲜半岛的金石文，数量非常庞大。中国学者所编纂的海东金石文集，多达 10 余种。①　其他金石文献与一般文献中也有不少与之相关的记录。中国学者编纂的这些资料，对于今天我们对古代韩国金石资料作集成式整理有很大帮助。

笔者很早以前就开始对清朝学者所编撰的各种海东金石文集进行收集整理。②　本章节将对中国金石集中散见的各种资料进行整理。如果将调查范围扩展至中国一般文献，那么短时间内，我们是很难完成这一工作的。因此，为了有效而简便地开展工作，笔者对于资料收集的范围作如下的规定：第一，古代韩国管辖地区以及中国大陆现存的古代韩国人或古代韩国移民留下的金石文。③　古代韩国管辖地区内中国人所作金石文也包括在与古代韩国相关的金石文之列。第二，调查对象以《石刻史料新编》（台北：新文丰出版社 1977 年版，共 90 册）以及各种金石类丛书文献为主，也包括对古代韩国金石文的解题以及解题较多的文献。中国各藏书机构所

①　中国学者编纂的海东金石集有：翁方纲编纂的《海东金石文字记》，翁树崐的《碑目琐记》，刘喜海增补的《海东金石存考》（朝鲜人赵寅永原撰），刘喜海原撰、刘承幹增补的《海东金石苑补遗》，韩韵海编纂的《海东金石存考》，李璋煜编纂的《东国金石文》，叶志诜编纂的《高丽碑全文》，方履篯万善花室抄本《海东金石文字》，胡琨编纂的《海东撷古志》，罗振玉编纂的《唐代海东藩阀志存》《三韩冢墓遗文目录》等。

②　［韩］朴现圭：《清朝学者编纂海东金石集的种类和所藏现状》，东亚文献资源与研究主题学术研讨会，台湾大学东亚文明研究中心，2004 年。

③　这里所谓"古代韩国移民"是指因各种因素去往他国的古代韩国人及其子女，出生在他国并在他国长大的韩国人后代不在此范畴之内。

藏与古代韩国相关的原金石文不在此次调查范围之内。第三，调查对象文献的编纂时期限定为1945年以前。第四，对于清朝学者编纂的海东金石文集，笔者此前发表过系列论文，本书中不再重复收录。

二、明代及以前的文献

直到宋代，中国才开始出现真正意义上的金石学研究。但这并不是说宋代以前没有关于金石的相关谈论，只是这些谈论都很简略。

北宋时期的欧阳修对数千年间的金石文进行收集整理，编成《集古录跋尾》一书。对古代韩国相关金石文的收集也始于欧阳修的《集古录跋尾》。《集古录跋尾》卷五收录了《孙仁师百济班师碑》。唐朝在联合新罗消灭百济之后，命刘仁愿驻守泗沘城。不久以后，百济人福信与道琛发起百济复国运动，率领军队进攻刘仁愿驻扎的泗沘城。孙仁师被任命为右威卫将军，协助刘仁愿镇压百济军队。战争结束后，唐军回到都洲，树立纪功碑。纪功碑的碑文由马大斌写作，立于麟德元年（664年）。这件碑文与扶余①境内的《刘仁愿纪功碑》，以及在洛阳发现的《扶余隆墓志》《黑齿常之墓地铭》等，是研究百济复国运动的重要资料。然而可惜的是，《集古录跋尾》对于此碑文仅作了简要的解题，未收录全文。

该碑文也被记载在北宋末年赵明诚的《金石录》以及南宋陈思的《宝刻丛编》二书中，不过只是从《集古录跋尾》中转抄而来。赵明诚《金石录》卷三十收录的《日本国诰》一文提到了一些日本物品。这篇文章激起了此后中国学者对海外金石的兴趣，并激发了他们收集海外金石文献的动机。

到了元代，金石文献乏善可陈，我们也很难找到与古代韩国相关的金石记录。不过，朝鲜人编纂的金石集记载了元人赵孟頫对新罗人金生所写作的《昌林寺碑》给予称赞的内容。赵孟頫称赞金生的书法法度森严、远迈唐人。② 明人赵崡著有《石墨镌华》一书，对各种金石文进行考证。该书卷四收录了《唐圆测法师塔铭》一文。圆测本为新罗王室子孙，来

---

① 今韩国忠清南道扶余郡。
② 赵孟頫对金生所写《昌林寺碑》的书法进行评论的文字，见于朝鲜文献《新增东国舆地胜览》卷二一《庆州府·昌林寺》，《海客诗钞》卷四金奭準《新罗故都》等。

到唐朝求法，成为玄奘法师的弟子，协助他翻译佛经。今西安长安区兴教寺有圆测塔，塔铭作者是宋人宋复。赵崡将塔铭中关于圆测生平的记载转录到《石墨镌华》一书中，并对塔铭有相关评论。他说，塔铭充分体现了宋代书法的特征，不过塔铭作者宋复并非名流，知之者不多，塔铭中的"大周"这一国名与中国传统的历史观并不相符。

明天启七年（1627年），李翥编纂了《慧因高丽寺志》一书。慧因高丽寺位于浙江杭州，由吴越国王钱镠于后唐天成二年（927年）建造。北宋元丰八年（1085年），高丽大觉国师义天来到此处求法，因此，这座寺院也被称为高丽寺。《慧因高丽寺志》由高丽人写成，书中收录了与高丽相关的碑文。《高丽国金议赞成事元公舍大藏经记》（载卷六）记载的是元延祐元年（1314年）高丽人元瓘向慧因高丽寺布施《大藏经》之事，文章作者署名闵□□，书法与题额作者为金恂，树碑之人是慧因寺住持慧福。《高丽国相元公置田碑》（载卷七）也是由《高丽国金议赞成事元公舍大藏经记》碑阴记的作者慧福所写。《高丽众檀越布施增置常住田土碑》记载的是元延祐二年（1315年）高丽忠宣王所积善的土地数量，书法作者是赵孟頫。《大功德主沈王请疏》是元皇庆二年（1313年）忠宣王发愿布施的疏状，延祐元年慧福记载了此事。此外，此书还提到了一些寺院的重建过程，也提到了与义天相关的内容。

明末慎懋赏编纂、赵琦美增补的《四夷广记》集中收录域外其他民族的相关资料，现藏于台北市的"国家图书馆"。《四夷广记》卷二收录了高丽人闵渍撰写的《普觉国师碑铭》全文。赵琦美在北京见到李性物所藏的《普觉国师碑铭》拓本以后，写下了对这篇碑铭的鉴赏文字。赵琦美说，该碑书法系源自《集王羲之圣教序》，字体大小接近，不过笔力软弱。赵琦美抄录本《普觉国师碑铭》比现存韩国内外所藏诸拓本中可辨认字多出一字，值得重视。①

三、清代文献

清代盛行考证之风，因此出现了很多金石学著作。清代学者顾炎武对

① ［韩］朴现圭：《明末抄本〈普觉国师碑铭〉碑文解释上的若干问题》，载《书志学报》2001年第25号，第35－57页。

古代金石文进行分析，编纂有《金石文字记》一书。该书卷三收录了关于古代韩国移民的金石文《□部将军功德记》。百济移民勿部珣将军及其夫人黑齿氏为了纪念去世的国王与活着的亲人，来到天龙寺营造佛像。近年韩国学界有学者提出，功德记碑文与二人所造之佛像位于太原天龙寺第21窟，受到人们关注。《□部将军功德记》的解题写道，该碑于唐景龙元年（707年）由"郭□□"以八分体写成，勿部珣将军是归顺唐朝的藩将。

康熙年间，叶奕苞继赵明诚的《金石录》之后，编纂了《金石录补》一书。该书收录了《唐□部将军功德记》（卷十二），解题内容基本上与《金石文字记》中的记载类似，将勿部珣将军及其夫人所营造之佛像称为"三世佛像"。

乾隆年间，钱大昕编纂的金石集《潜研堂金石文跋尾》也收录了与《珣将军功德记》相关的内容。在《珣将军功德记》解题中，钱大昕说自己获得了《珣将军功德记》的拓本，对《金石文字记》进行了修正。对于《金石文字记》中失载的碑额、篆书作者郭□□，《潜研堂金石文跋尾》记作"郭谦光"。钱大昕还指出，《金石文字记》记载的"东海"是"京海"二字的误记。除此以外，钱大昕还认为珣将军与黑齿氏都是百济移民。

乾隆年间，丁敬对杭州地区金石文进行整理，编成《武林金石记》一书。该书第九卷收录了《高丽寺碑》。所谓《高丽寺碑》，是指收录在《慧因高丽寺志》附录中的《宋高丽寺尚书省牒碑》。该碑文记载的内容是，南宋宝庆三年（1227年），尚书省任命华严宝塔教院前住持清远为临安府南山慧因高丽寺住持。碑文中还记载了下达的省牒。该碑文是我们考察南宋时期慧因高丽寺住持任命过程以及名单的重要资料。丁敬参考《宋史·宰辅表》，对于下达省牒的官员名字进行了考证，其中有参知政事薛极、参知政事宣缯、少师右丞相鲁国公史弥远。此外，丁敬还记载，高丽寺中还有宋代军器监丞周某写作的碑文，由于碑身文字大部分已磨灭，《武林金石记》遂未收录这篇碑文。根据《慧因高丽寺志》的记载，这件碑文指的就是周必正所写的《宋高丽寺札付碑阴记》。

乾隆五十七年（1792年），孙星衍对北京一带的金石文进行收集整理，编成《京畿金石考》一书。该书卷上收录了与古代韩国相关的金石文《重修华严堂经本记》。下文中，笔者将对此进行详细考察。这篇碑文详细记载了高丽和尚慧月补修房山石窟以及补刻经版的相关事实。

嘉庆七年（1802 年），孙星衍与邢澍二人一同对中华大地的金石文进行整理，编成《寰宇访碑录》一书。该书收录的与古代韩国相关的金石文有《平百济碑》（载卷三）、《重修华严堂经本记》（载卷十二）。解题按照这样的方式书写：字体、残碑部分、树碑年代、树碑人等。若碑石所在地不明，则代记以拓本收藏人姓名。《平百济碑》记载："江苏嘉定钱氏拓本。"这里的"嘉定钱氏"指的就是钱大昕。《重修华严堂经本记》记载："江苏青浦王拓本。"这里的"江苏青浦王"指的就是《金石萃编》的作者王昶。

嘉庆十年（1805 年），王昶编成金石集之皇皇巨著《金石萃编》。卷五三收录了《平百济国碑》与《朗空大师塔铭》，卷六八收录了《□部将军功德记》，卷一四七收录了《圆测法师佛舍利塔铭》全文与解题。《平百济国碑》解题收录了朝鲜人洪良浩于嘉庆三年（朝鲜正祖二十二年，1798 年）所写作的识记以及王昶自己的评语。王昶在评语中对于石碑修建的过程以及书志事项作了详细的记载。王昶在评语中说，《平百济国碑》来自常熟人言朝标，不知言朝标从何处得到此碑拓本。王昶还说，由于此碑位于朝鲜半岛，无法直接获得拓本，因而各种金石集都未提到此碑。此处需要对王昶的这种说法作修正。上文中我们提到，在王昶编成《金石萃编》的三年前，孙星衍与邢澍编成《寰宇访碑录》，其中就记载嘉定钱氏收藏了《平百济碑》拓本。

《朗空大师塔铭》的解题收录了言朝标的跋文与王昶的评语。这件碑铭的拓本是用印有官印的公文书纸张拓印而成，是朝鲜使臣赵秀三去北京时送给言朝标的。此后，王昶从言朝标处获得了这一拓本。言朝标说，从碑文的书法作者金生的书法与字体来看，与魏、晋人作品不同。王昶在评语中对于这些碑文使用的假借字与异体字进行了考证。

《□部将军功德记》的解题收录了顾炎武解题、钱大昕解题以及王昶的评语。王昶称碑文记载了夫人的称号与女婿的名字，这种记载方式与众不同。《圆测法师佛舍利塔铭》解题收录了赵崡的解题与王昶的评语。对于兴教寺圆测塔与基公塔的位置，王昶说宋复碑铭与《通志》中的记载相抵牾。但笔者认为，这种记录上的差异可能是由于观看石碑的人所处位置的不同。从兴教寺正门往里观望，中央是三藏法师塔，右边是圆测塔，左边是基公塔。

　　王昶在编完《金石萃编》后，对于《金石萃编》未收录的金石文另外抄录成《金石萃编未刻稿》一书。据罗振玉考证，《金石萃编未刻稿》是王昶的著作。该册子收录了对补刻房山雷音洞石经的高丽和尚慧月进行称颂的《重修华严堂经本记》全文。《重修华严堂经本记》是元至正元年（1341 年）贾志道所写。隋大业年间，释静琬在今北京市房山区的石经山开凿石窟，作业持续到元代。石经山石窟中最大的石窟是雷音洞。高丽僧人慧月于至正元年看到毁损严重的房山石窟后，联合在元朝的其他高丽人，在他人的帮助之下，开始补修石窟、补刻经版。由高丽天台宗和尚达牧补刻石经。①

　　嘉庆年间，翁方纲与来到北京的朝鲜使臣交往，通过他们获得了很多海东金石拓本。翻阅翁方纲《复初斋文集》即可知这一事实，此书收录了对五种海东金石文进行解题而写作的跋文。《平百济碑》（载《复初斋文集》卷二四）的解题写道，该碑书体为唐初古隶书体，不逊于薛、钟诸家。《新罗鍪藏寺碑残本跋》（载《复初斋文集》卷二四）解题写道，该碑中所使用的行书源自王羲之《兰亭集序》与《怀仁集王羲之圣教序》。唐咸亨、开元以后，王羲之集字流传到海外，盛行一时。《新罗双溪寺碑跋》（载卷二四）解题写道，该碑文使用的楷书介于柳公权与裴休之间，略有行押体的味道。《跋高丽灵通寺大觉国师碑》（载卷二五）解题写道，该碑中使用的楷书是欧体楷书，还称中国石碑中全文用欧体写作的碑文少见。《跋高丽重修文殊院记》（载卷二六）解题写道，该碑的文字来源于《集王羲之圣教序》，而不是出自《圣教序》中的原文，则显得软弱无力。

　　嘉庆十六年（1811 年），洪颐煊阅读德州平津馆所藏金石文，后撰成《平津读碑记》一书。此后，他以自己收集而来的新的金石文献编撰了《续记》与《再续》。该书收录与古代韩国金石相关的有：《勿部将军功德记》（载本集卷五）、《高丽国原州忠湛大师碑》和《新罗国石南山国师碑铭后记》（此二种皆载《续记》卷一）。《勿部将军功德记》的解题说，他对条目名中所缺之字进行了补充，由于原碑石部分有缺脱，顾炎武、叶奕苞、王昶等金石学者对于碑石主人公身份记作"□部"，洪颐煊从《文

---

　　① ［韩］朴现圭：《高丽慧月补修房山石经山石经踏查记》，载《东北亚文化研究》2004年第 6 辑，第 5－28 页。

苑英华》所载的《苏颋命姚崇等北伐制》一文中找到"右金吾卫大将军勿部珣"这一记录，对于所缺文字补作"勿部"。

在《高丽国原州忠湛大师碑》解题中，洪颐煊说此碑碑文是自己从翁方纲处借来抄写而成的，原拓本中有朝鲜人洪良浩写于1798年的跋文。洪良浩在跋文中说，碑文中的字体是崔光允集唐文皇（太宗）之字，跋文还记载了此碑在壬辰倭乱①时被毁坏而成为半折碑的历史。洪颐煊引用《高丽史》中相关记载，指出集字者崔光允是活跃在契丹国的人物，《旧五代史》与《新五代史》中都没有关于他的传记。在《新罗国石南山国师碑铭后记》解题中，洪颐煊指出，此碑文是根据从翁方纲处借来的拓本抄录而成的。

洪颐煊的朋友冯登府编撰过《石经阁金石跋文》一书，该书收录了《唐新罗国石南山国师碑记跋》、《高丽静空大师碑》（《石南山国师碑记》后附）、《高丽平百济国师碑跋》（2篇）、《高丽金石文跋后》、《高丽大觉国师碑跋》等与古代韩国相关金石文的解题。在《唐新罗国石南山国师碑记跋》中，作者称第一次在中国金石文中见到将朗空大师称为元圣王的"表来孙"。作者还称，即便是潘昂霄的《苍崖先生金石例》也未提到过这一说法。《唐新罗国石南山国师碑记跋》解题还提到碑文的最后记载了勾当事僧、刻字僧、史僧、维那僧等一些僧职名称，同时还对《高丽静空大师碑》②提到的雕割业僧（专门从事石刻的僧侣）的身份进行了考证。在《高丽平百济国师碑跋》解题中，冯登府将消灭百济的国家记作"高丽"显然是对韩国古代政权的错误记载，造成了混乱。冯登府认为碑文中"骁卫将军"前面之字为"右"字，同时还评价称，将百济太子隆以下王族14人、大臣700余人抓捕并进献宗庙的记录，有夸大功绩的嫌疑。在《高丽金石文跋后》中，冯登府指出高丽碑文中的年号时而使用中国年号，时而使用其他国家的年号。《高丽大觉国师碑跋》称，碑阴记使用的"墓室"二字一般不用在碑额中。

随着海东金石集的流通，洪颐煊友人方履籛对王昶的《金石萃编》

---

①　壬辰倭乱，是指明朝万历年间中朝人民抗击日本侵略朝鲜的战争。这场战争在中国史籍中称为"万历朝鲜之役"，朝鲜史书称为"壬辰倭乱"和"丁酉再乱"，日本史籍中称为"文禄、庆长之役"。本书采用笔者所代表的韩国学界之称法。

②　碑铭中的"静空大师"是"静真大师"的误记。

进行修订，编纂了《金石萃编补正》一书。① 此书卷四收录了高昌②人偰
玉立所撰写的《（元）游晋祠诗序》一文。方履籛考证认为偰玉立是海东
人，笔者认为这一观点有修正的必要。偰玉立的侄子偰逊是高丽恭愍王时
期归化入朝鲜半岛之人，是韩国庆州偰氏的始祖，而偰玉立是生活在西域
高昌一带的元代人。

较洪颐煊略晚的严可均也编撰了金石论集《铁桥金石跋》。该书收录
的海东金石资料，有《忠湛大师碑》《朗空大师塔碑》（皆载卷二）。《忠
湛大师碑》的解题对于碑文的字数、树碑年代、地名等信息作了记载。
此外，还对碑文的碑主生平以及"罗末丽初"树碑时的历史作了记载。
严可均说，当时中国学者讨论最多的海东金石刻本是《平百济碑》，而自
己是第一次讨论《忠湛大师碑》与《朗空大师塔碑》。这个观点有略作修
正的必要。上文提到，洪颐煊在《平津读碑续记》中已经提到过忠湛大
师碑。严可均称这两件碑文是从吴鼒处获得，而吴鼒是从朝鲜使臣处
获得。

清道光年间，顾千里编纂的《思适斋集》也收录了与海东金石相关
的跋文。该书卷一六《跋唐平百济国碑》对于王昶旧藏本《平百济国碑》
与《金石萃编》记录本的差异进行了说明。王昶所藏金石拓本后来全部
流入汪士钟之手，其中就包括《平百济国碑》。顾千里又从汪士钟处借来
王昶旧藏本《平百济国碑》，其拓本与《金石萃编》所收录的《平百济国
碑》在文字上有很多差异。顾千里认为这种差异是王昶晚年时其门客对
文字进行改动所致。

清道光十四年（1834 年），陆耀遹对王昶《金石萃编》未收录的金
石文进行考证，撰成《金石续编》一书。清同治七年（1868 年），陆增
祥对《金石续编》进行校正。从《金石续编》的《例言》中来看，王昶
编撰的《金石萃编》收录了外国金石文一卷，将《朗空大师塔铭》作为
《平百济国碑》的附录编入其中，在陆耀遹看来这种方式不妥。

《金石续编》卷二一只收录外国金石文。其中收录朝鲜半岛的金石文

---

① 方履籛在道光年间曾抄录过收集 40 余种海东金石文、编者未详的《海东金石文字》，此
后，方履籛将自己的抄录本展示给冯登府，冯登府又向洪颐煊展示了此书。参阅［韩］朴现圭
《关于上海图书馆所藏〈海东金石存考〉》，载韩国《文献与解释》1992 年春季号，第 206－216
页。

② 今新疆吐鲁番市高昌区。

有：《刘仁愿纪功碑》《新罗国王金法敏碑》①《奉德寺钟铭》《宝林寺普照塔铭》《双溪寺真鉴铭》《圣住寺朗慧塔铭》《无为岬寺遍光塔碑》《石南山寺国师碑后记》《大安寺广慈禅师碑》。从对这些碑文的记述方式来看，陆耀遹先收录金石文全文，然后在全文最后进行解题。陆耀遹的解题转录了清人潘祖荫、顾之谦等人的考证结论全文，特别是在《双溪寺真鉴铭》解题中，引用了朝鲜金石集，如李祖默的《罗丽琳琅考》、赵寅永的《海东金石存考》，值得注意。

陆增祥的海东金石文献解题从整体看都十分简略，不过《圣住寺朗慧塔铭》解题则较长。他认为《圣住寺朗慧塔铭》的作者崔仁滾还写过《高丽僧行寂塔铭》，还说刘喜海所谓此碑的树碑时期是唐大顺元年（890年），这一说法可能有误。同时，他还指出，王昶的《金石萃编》所收录的《朗空大师塔铭》实际上是《高丽僧行寂塔铭》。王昶从言朝标处获得的拓本，前面部分缺1600字，后面部分缺160字。除此以外，陆增祥在正式校正完《金石续编》之前的同治三年（1864年）所写的题记中指出，朝鲜石刻中有《真兴王巡狩残碑》与《己丑年题字》②，皆以古篆文写成。

陆增祥除了对《金石续编》进行校正，还编了一部金石论集《八琼室金石补正》。此后，其子陆继辉对此书进行了增补校勘。该书卷一二九收录了《高句丽故城题刻两段》《新罗真兴王巡境记》《神行禅师碑》《白月栖云塔铭》《忠湛大师碑铭》《奉先弘庆寺碣记》《法泉寺玄妙塔铭》等海东金石文献全文及解题，卷一三〇收录了《妙香山普贤寺记》《重修龙门寺记》《三日浦埋香碑》《普济舍利石钟记并真堂诗》《神勒寺大藏阁记并阴》《陟州东海碑》等海东金石文献全文及解题。陆增祥在这部册子中，对于自己与他人获得海东金石文献的经过作了详细的记载，留下了很多相关的记录。根据他的记载，《高句丽故城题刻两段》与《新罗真兴王巡境记》是从朝鲜人吴庆锡处获得，《奉先弘庆寺碣记》抄录自吴荣光的筠清馆藏本。此外，《法泉寺玄妙塔铭》和碑阴记以及《神勒寺大藏阁记并阴》是从海琴处借抄而成。杨翰（1812—1879，字海琴）从韩韵海处获得《法泉寺玄妙塔铭》与碑阴记，以及《三日浦埋香碑》《普济

---

① 《新罗国王金法敏碑》指的是文武王陵碑。
② 《己丑年题字》指的是《高句丽故城石刻字》。

舍利石钟记》等拓本。韩韵海将海东金石拓本集结成册，编成《海东金石存考》一书，不过此书未能流传下来。

陆增祥也将他人对海东金石文献的解题与跋文转抄过来。《奉先弘庆寺碣记》解题转抄了朝鲜人李祖默的《罗丽琳琅考》中的解题，《忠湛大师碑铭》解题转抄了清人洪颐煊的《平津读碑记》中的解题，《陜州东海碑》的解题转抄了清人钱侗的释文与跋文、张廷济的跋文、曾纪泽的跋文，《三日浦埋香碑》解题对《补寰宇访碑录》所收录的元代海东金石文献的种类进行了整理。后来对这部书进行增补的陆继辉在《新罗真兴王巡境记》的解题中收录了朝鲜人尹定铉的跋文。对此，笔者将在下文作详细说明。

陆增祥在《高句丽故城题刻两段》的解题中说，从拓本纸张粗糙的情况来看，拓本的制作方式可能是水拓。他还认为原碑石可能立在水边。陆增祥在《新罗真兴王巡境记》的解题中说，这一拓本是从朝鲜使臣吴庆锡处获得，并非通过买卖获得。另外，陆继辉在增补的解题中写道，他自己于光绪十六年（1890年）获得拓本，后来又获得了新发掘出的断石拓本，于是对碑文中的阙文进行了补正。

陆增祥在《法泉寺玄妙塔铭》解题中，对于塔铭的建立年代、内容、文字辨形、收集过程作了记载。在对此碑的建立年代进行论述时，他指出碑主在辽咸雍四年（1068年）举行过荼毗礼。同时，陆增祥还列举了很多相关记录。他指出，赵之谦的《补寰宇访碑录》中记作咸雍三年（1067年），此记载不确。另外，关于《补寰宇访碑录》提到辽代高丽碑有七种，陆增祥指出，除了《法泉寺玄妙塔铭》和碑阴记以及《奉先弘庆寺碣记》，其余四种皆非辽代高丽碑。陆增祥还参考徐兢的《宣和奉使高丽图经》，对《法泉寺玄妙塔铭》提到的高丽僧职及寺院名称进行了考证。高丽僧职中有王师、国师、首座、三重大师等，玉轮寺从开城太和北门进入。此外，陆增祥对于这件碑文使用的通假字、异体字、俗字等作了列举与考察，对于我们了解高丽碑文中的文字颇有帮助。

有资料显示，碑文《普济舍利石钟记并真堂诗》的作者李穑还于元至正二十五年（1365年）写过《鲁国大长公主正陵碑》。陆增祥根据这一资料指出，《普济舍利石钟记并真堂诗》的树碑时间为苍龙己未年，即明洪武十二年（1379年）。陆增祥在《神勒寺大藏阁记并阴》的解题中，通过这件碑文，对于高丽末期的历史、官职、地域、姓氏等诸多史实作了阐述。他指出，碑文中之所以未记载高丽恭愍王被杀之事，是为了避免使国家蒙羞。同时，他还指出，药婢氏、开通氏、无其氏等是各类姓氏文献中未收录的珍贵复姓。

陆增祥在《陕州东海碑》的解题中转录了多位清代学者所写作的跋文。钱侗的跋文对以篆体字写作的碑文进行解释，认为该碑文出自宋元人之手，并不仅是篆刻而成，是十分珍贵的海东金石文。王昶与钱大昕称此碑可与《平百济国碑》并驾齐驱。张廷济在跋文中说，翁树培认为，这件碑文是唐代石刻。钱侗却认为是宋元时代的石刻。曾纪泽在跋文中，指出钱侗释文的一些错误。陆增祥在解题中对于这件拓本的制作过程与制作年代进行了讨论。同治十一年（1872 年），陆增祥又在曾纪泽家中见到张廷济旧藏本，又将相关情况记载在金石论集中。此后，陆增祥对拓本本身作详细考察，认为它并非宋代刻石本，即便在他生活的时代也有很多海东人运用这一笔法。《陕州东海碑》诚如陆增祥所考证的，是朝鲜显宗二年（1661 年）许穆以篆体字所写作的碑石。

光绪年间，陆增祥之子陆继辉在陆增祥《八琼室金石补正》之后又编纂了《八琼室金石补正续编》。上海图书馆所藏《八琼室金石补正续编》稿本收录了《平百济国碑》与《刘仁愿纪功残文》两篇海东金石文献。陆继辉在《平百济国碑》的解题中，对于王昶《金石萃编》所使用的底本及王昶的考证进行了评述，认为王昶所编《金石萃编》收录的《平百济国碑》碑文有很多脱文，并非善本。关于王昶的考证所提到的"宴"字，字书中不收录此字，但在《淮南子》中可见到此字，这与唐人习惯使用俗字有关。另外，陆继辉在《刘仁愿纪功残文》的解题中，对于史书失载的刘仁愿的生平、在唐代所任官职、官阶以及军队编制等问题作了详细的考证，同时还写作了碑文校勘记。此外，他还指出，刘仁愿纪功碑立于唐麟德二年（665 年），潘祖荫所谓立于唐龙朔元年（661 年）之说不确。

咸丰元年（1851 年），黄本骥将《金石萃编》未能收录的金石目录编成《金石萃编补目》一书。该书卷三《外国》收录了《奉国寺钟铜铭》《真鉴禅师碑》《新罗僧朗慧塔铭》《奉先宏庆寺碣记》等海东金石文。黄本骥认为，《奉国寺钟铜铭》未见记载于国内各种金石集中，实际上是《圣德大王神钟铭》（《奉国寺钟铜铭》）。

同治三年（1864 年），赵之谦将孙星衍、邢澍的《寰宇访碑录》未能收录的金石文收集整理，编成《补寰宇访碑录》一书。赵之谦在《补寰宇访碑录记》中，对于此书对海东金石的记载方式、海东金石拓本的流传及相关记载进行了说明。书名中有"寰宇"二字，收录的金石文献既包括中国金石文献，也包括海东金石文献，将海东金石文献与中国金石文献一起按照时代先后顺序排列。赵之谦还提到朝鲜使臣来到北京时，向中国学者赠送了随身携带而来的海东金石拓本，翁方纲、刘喜海诸君据此撰成海东金石集，而韩韵海的《海东金石存考》则未见刊行过①，《寰宇访碑录》未能记载平百济国碑所在的位置。

以下我们列举《补寰宇访碑录》收录的海东金石文献：

卷一：《锦山摩崖》《高句丽故城石刻字二种》《新罗真兴王定界碑》。

卷三：《上柱国黎阳县开国公刘仁愿残碑》《新罗武烈王碑额》《新罗文武王陵残碑》《僧神行碑》《宝林寺普照禅师碑》《双溪寺真鉴禅师碑》《圣住寺朗慧和尚白月葆光塔碑》《凤岩山寺智证大师寂照塔碑》《双溪石门四字》《洗耳嵒三字》《三神洞三字》《柏鹿寺小浮屠六面石幢》《挂陵十二神图像》《角干墓十二神图像》。

卷四：《朗空大师白月栖灵塔碑》《凤林寺真镜大师宝月凌空塔碑》《广照寺真澈禅师碑》《兴法寺忠湛塔碑残石》《地藏禅院朗圆国师悟真塔碑》《悟真塔碑阴》《净土寺法镜大师慈灯塔碑》《五龙寺法镜大师普照慧光塔碑》《无为岬寺先觉大师遍光灵塔碑》《石南山寺国师碑后记》《大安寺广慈大师碑》《凤岩寺静真大师圆悟塔碑》《玉龙寺道说国师碑》《普愿寺法印大师宝乘塔碑》《净土寺宏法大师碑》《兴福寺塔记》《大慈恩元化寺碑》《浮石寺圆融国师碑》《真乐公文殊院记》《仙凤寺大觉国师碑》《清平息庵四大字》。

卷五：《大慈恩元化寺碑阴记》《圆空国师胜妙塔碑》《奉先宏庆寺碣》《智光国师元妙塔碑》《元妙塔碑阴》《通度寺长生石标记》《慧德王师真应塔碑》《普贤寺碑》《碑阴探密宏廓二禅师记》《圆应

---

① 赵之谦在《补寰宇访碑录记》中讨论朝鲜部分的碑文时，提到了潘祖荫的《东瀛贞石记》，称：庚申之乱（咸丰十年，1860 年）此碑亡佚，仅存目录。书名中"东瀛"指的是日本，因此不将此书列入考察范围。

国师碑》《神琳庵四面刻字》《大鉴国师碑》《修龙门寺记》《元悟国师碑》《宝镜寺元真国师碑》《獬角寺普贤国师残碑》《獬角寺残碑阴》《石台寺地藏像碑》《真觉寺碑》《沙林寺宏觉国师残碑》《龙华寺宏真国尊碑》《三日浦埋香碑》《文殊院藏经碑》《伊彦埋香碑》《法住寺慈净国尊碑》《普光禅寺碑》《鲁国大长公主正陵碑》《普德窟佛经残字》。

解题方式依《寰宇访碑录》，依次记载字体、树碑年代、碑藏处，记载较为简略。

同治元年（1862 年），鲍康将平时自己所收集到的资料与读书所感著成《鲍臆园手札》一书。该书记载了其阅读《海东金石苑》题跋的感想。在此之前，他借来刘喜海编撰的《海东金石苑》，并抄录了该书所收录的海东金石目录及原序文与题辞。因此，他在阅读《海东金石苑》题跋时，对于已故的友人刘喜海无限感慨，产生将此书与刘喜海的《论泉绝句》一并刊行的想法。这里所谓的《海东金石苑》题跋，是指将刘喜海的《海东金石苑》中为各篇金石文所写作的跋文结集而成的册子。鲍康于同治十二年（1873 年）将《海东金石苑》题跋与《论泉绝句》作为《观古阁丛刻》的一种刊行出版。鲍康说，原稿本《海东金石苑》已被火烧毁。在笔者看来，对这一说法有稍作修正的必要。今复旦大学与上海图书馆分别藏有草稿本《海东金石苑》与定稿本《海东金石苑》，笔者将在下文对这一情况作详细介绍。

同治、光绪年间，王颂蔚将自己阅读金石文的感受记载下来，编成《写礼颐读碑记》一书。该书收录了位于今韩国忠清南道扶余博物馆的《刘仁愿碑》金石文，行款为 21 行，每行 70 字，其中可判读出的文字有1200 余字。王松蔚所获得的拓本是旧拓本，上面有用篆体字书写的碑额六字。在《刘仁愿碑》解题中，王颂蔚将《刘仁愿碑》与各种史书中的相关记载进行比较，对刘仁愿的生平与当时的历史情况作了详细的考证，最后论述了这件碑文的价值。王颂蔚指出，《新唐书》与《旧唐书》为像刘仁愿这样在攻打百济过程中建立功勋的人物树碑立传，却并未收录关于刘仁愿的传记，因此，如果不是这件碑石，人们根本无法了解刘仁愿一生的行迹。

光绪七年（1881 年），方汝翼、贾瑚等人对自顺治十七年（1660 年）

以来一直增补的登州府志进行了修纂，编成《增修登州府志》一书。《增修登州府志》卷六五《金石志》收录了《唐砣矶岛石刻》与《唐无染院碑》两件与海东相关的金石碑文。《唐砣矶岛石刻》是立于登州（今山东烟台）前海砣矶岛上的石刻，今存 15 字。碑文记载的内容是，唐贞观十八年（644 年），唐军进攻高句丽①时，为了祈求航海安全而写作的龙王祭祀文。《唐无染院碑》是唐贞观四年（603 年）重修无染院时所树立的碑石。在唐新罗人金清在唐朝担任押衙一职，来往于中国南方从事贸易活动，积累了不少财富。碑文中记载了金清为无染院的重建布施大量金钱之事。

光绪二十四年（1898 年），缪荃孙将自己所收藏的金石文编纂为《艺风堂金石文字目》一书。该书收录的与古代韩国相关金石文有：《高句丽故城小兄题字》《新罗真兴王巡境记》（以上载卷一）、《平百济国碑》（载卷四）、《新罗奉德寺钟铭》《新罗朗慧和尚白月葆光塔碑》《知证大师寂照塔碑》《高丽国大慈寺碑残石》《三千谷碑残字》（以上载卷六）、《朗空大师白月栖云塔碑铭》《凤林寺直镜大师宝月凌空塔碑铭》（以上载卷七）、《奉先弘庆寺碣》（载卷十三）、《重修华严堂经本记》（载卷十七）。解题方式按照碑石名称、碑文作者、书法作者、字体、树碑年代、树碑人等顺序作简要记载。以上所列海东金石文中有一些是清代其他学者未能收藏的海东金石文。在《三千谷碑残字》解题中，缪荃孙指出，此碑位于朝鲜京畿道杨州牧北汉山，碑文以正楷字书写，15 片。此外，缪荃孙在其所编撰的《光绪顺天府志·金石志》中，还提到了《重修华严堂经本记》中所记载的高丽僧人慧月补修房山石经之事。

光绪二十七年（1901 年），清人叶昌炽撰成《语石》一书，书中收录了他所写作的金石文解题以及对文章的分析。其中与海东金石文相关的有：《奉天一则》《朝鲜三则》（以上载卷二）、《外国人书一则》（载卷八）。卷二《奉天一则》条目记载了位于中国东北地区的金石，其中提到了高句丽的《好大王碑》。《好大王碑》位于奉天省怀仁县（今天辽宁桓

---

① 高句丽，是公元前 1 世纪至公元 7 世纪存在的中国古代边疆政权，地跨今中国东北地区与朝鲜半岛北部。

仁）东部 390 里①通沟口（今吉林集安），碑身高 3 丈余②，与《平百济国碑》一样，四面刻字。光绪六年（1880 年），当地居民在伐木时发现此碑。早期拓本使用的是楮皮纸、烟墨，因此拓本状态不佳，且拓工对于碑石文字模糊之处随意捶拓，因此常有失误处。光绪十一年（1885 年），李鸿裔获得两种拓本，将其中一件拓本赠送给潘祖荫。潘祖荫将三四十张纸的拓本赠送给叶昌炽，并命其按照顺序排列。然而，叶昌炽最终未能排列连缀好。后来碑商李云从直接前往碑刻所在地再拓，获得了精拓本。这时碑石的状态已经十分不好，碑石表面不少地方被火焚烧过，很多地方脱落。碑文文字以隶书与楷书交替书写，该碑于东晋义熙十年（414 年）树立，是海东金石文中的第一宝物。

在卷二《朝鲜三则》第一则，叶昌炽对清代学者获得海东金石的过程及流传情况作了记载。出使中国的朝鲜使节团随身带来海东金石拓本，中国学者接待这些朝鲜使臣的态度前后有很大的变化。"朝鲜为箕子旧封同文之域，彼都人士观光上国，载古刻而来，揽环结佩，中朝士大夫皆乐与之交。嘉庆间，金秋史兄弟、李迪吉惠卿，博雅工文，芸台、覃溪两公极推重之。赵羲卿与其小阮景宝与刘燕庭先生为金石交。燕翁所得海东墨本，皆其所投赠也。咸丰初，潘文勤师与鲍子年、杨幼云诸公于丽人之至京者犹喜晋接之，其后来者皆原伯鲁之徒，以墨本为羔雁，望门投谒，藉通竿牍。文勤师至戒阍人毋通谒然。自是，海东墨本稍难得矣。"③叶昌炽在评论刘喜海的《海东金石苑》时指出，此书原稿本亡佚。不过鲍康刊行了此书的目录。另外，刘喜海旧藏《海东金石拓本》流入潘祖荫之手，藏于潘祖荫的滂喜斋中，此后又流入吴郁生（蔚若）之手。叶昌炽还说，自己曾在书肆见过《海东金石拓本》，虽然数量不到刘喜海抄本的三分之二，不过其中也有刘喜海未曾见过的《锦山摩崖古字》《好大王碑》等拓本。

在《朝鲜三则》第二则中，叶昌炽记载了自己鉴赏海东金石文的感想。他说，书商王某前往朝鲜半岛拓碑，拓回《平百济国碑》与《刘仁愿纪功碑》，自己从王某处获得的《平百济国碑》中的文字，比王昶《金

---

① 1 里 = 500 米。

② 1 丈 ≈ 3. 33 米。

③ 〔清〕叶昌炽：《语石（十卷）》卷二，清宣统元年（1909 年）刻本。

石萃编》本中所收录的《平百济国碑》的文字多出一百余字。此外，他对海东金石文中的书法也十分感兴趣。他认为，灵业所写的《神行禅师碑》与金生集字《白月葆光栖云碑》是韩国书法中最为杰出者。另外，集王羲之字的《新罗鍪藏寺碑》《高丽麟角寺普贤国师碑》①《沙林寺宏觉国师碑》，在叶昌炽看来是不及集怀仁之字的《兴福断碑》的二流作品。另外，他还指出，《兴法寺忠湛大师碑》集唐太宗字，"《无为岬寺遍光灵塔》天骨开张，得醴泉三昧；若韩允所书《三重大师塔》，则肌骨峻削，似唐末经生体矣"②。

在《朝鲜三则》的第三则中，叶昌炽对前人提到的海东金石文献解题进行了整理。叶昌炽从潘祖年处获得《高句丽故城石刻》。这件石刻是潘祖年在嘉庆年间从金正喜处获得的，该石刻刻于高句丽长寿王时期。《新罗角干墓十二神画像》的解题引用了刘喜海指出的"角干"是新罗官职名的说法。

卷八《外国人书一则》条目对于外国以及外国人金石文作了集中论述，与古代韩国相关的记录有高丽僧人达牧在房山雷音洞所写的经版。《金石萃编未刻稿》所载《重修华严堂经本记》提到，在高丽僧人慧月补刻房山石经时，高丽天台宗僧人达牧是经版的书法作者。

光绪年间，吴式芬对中国金石文献按照地域进行分类并编成《金石汇目分编》一书。光绪末年，吴式芬之子吴重周、吴重熹增补了此书。该书收录的中国所藏海东金石文献有《重修华严堂经本记》（载卷一《京师·顺天府》）、《唐勿部将军功德记》（载卷十一《山西·太原府》）；该书卷二《盛京·奉天府》后附的《海东诸国》中收录的是朝鲜半岛金石文献。《海东诸国》的内容照刘喜海《海东金石苑》转录。后来吴式芬之子增补的《补遗》列举了清末在中国东北地区发现的《晋高丽好大王碑》与《魏毌丘俭征高句丽刻石》（载卷二《盛京·兴京府》）。吴重周与吴重熹在《补遗》中记载了碑石的名称、碑石文字作者、书法作者、树碑年代以及树碑人等基本解题信息。

光绪年间，魏锡曾编纂了对碑石进行校勘的《绩语堂碑录》一书。中国国家图书馆所藏该书的手稿本收录了《新罗国真鉴禅师碑》的碑文

---

① 碑名中的"普贤国师"是"普觉国师"的误记。
② 〔清〕叶昌炽：《语石（十卷）》卷二，清宣统元年（1909 年）刻本。

全文以及对碑文所做的校勘。魏锡曾所记载的碑文全文中有一些字迹磨损与文字错误之处，可以看出他所获得的拓本状态不佳。

光绪年间，凌瑕根据各种金石集编制目录，编成《癖好堂收藏金石书目》一书。该书记载与海东金石相关的书有：胡琨的《海东撷古志》（写本）、吴庆锡的《三韩金石录》（残抄本）、李祖默的《罗丽琳琅考》、刘喜海的《海东金石存考》（木犀轩丛书刊本）①、刘喜海的《海东金石苑》（二铭草堂刊本）和《海东金石苑》（观古阁刊本）。

清末民国时期，罗振玉编纂与校勘过好几种金石集。光绪十九年（1893年），他对赵之谦的《补寰宇访碑录》进行校正，编撰有《补寰宇访碑录刊误》一书。罗振玉在《补寰宇访碑录刊误》之《新罗文武王陵残碑》解题中指出，碑文作者金仁闻当为金仁问；在《新罗文武王陵残碑》解题中，关于碑文的书写情况，罗振玉认为本当记作"韩讷儒正书"，而碑文错误地记作"韩讷儒书"。

光绪三十三年（1907年），罗振玉根据自己平时的金石文札记编成《唐风楼金石文字跋尾》一书。该书中与古代韩国相关的金石文札记有《高丽好大王陵砖跋》。《高丽好大王陵砖跋》记载了好大王陵铭文砖石，以及刘喜海《海东金石苑》中的相关评论。琉璃厂碑商李云从在好大王陵墓道处发现刻有"愿大王陵，安如山，固如岳"的铭文壁石，铭文以汉代隶书字体书写，比《广开土大王碑》的字体更为精密。罗振玉认为，好大王陵已被破坏，墓中所藏文物被盗取，但从墓室墙壁上所绘制的龙与凤凰的图案来看，当为后来绘制。下文中，笔者将对此作详细论述。琉璃厂商人李云从于光绪十五年（1889年），奉清宗室盛昱之命，前往拓广开土大王碑。可以说他发现大王陵铭文砖石也是在这时候。②

罗振玉此前在寄观阁见到过刘喜海编撰《海东金石苑》时所使用过的几十件墨本拓本，但由于价格太过昂贵而未能入手。罗振玉后来再次前往寻找时，被告知这些拓本已被他人买走，为此，他感到十分遗憾。同时，罗振玉还说希望以这一墨本拓本校勘《海东金石苑》。这些墨本拓本使用的都是高丽纸，同时详细记载了刘喜海的跋文。

---

① 《海东金石存考》由朝鲜人赵寅永原撰、清人刘喜海增补。

② ［韩］朴现圭：《清光绪年间盛昱制作的〈大王陵砖〉拓本的发掘与解题》，东亚人文学会第五回国际学术大会论文，日本东北大学东亚细亚研究中心，2004年12月17—19日。

光绪末年，王懿荣集汉代金石之名目，撰成《汉石存目》一书。1915 年，罗振玉对此书进行了校勘修订。该书卷四收录了于朝鲜半岛出土的《高丽平山君祠刻石》。《高丽平山君祠刻石》解题记载称，这件刻石以八分体书写，立于"□和□年四月戊午"①。石刻位于平安道龙岗郡。②

光绪末年，尹彭寿对魏晋时期金石文作整理，编成《魏晋石存目》一书。1915 年，罗振玉对此书进行了校勘修订。该书收录了现藏于中国的古代韩国金石文：《毌丘俭征高句丽刻石》《高丽好大王碑》。《毌丘俭征高句丽刻石》解题称，该碑以八分体书写，建于三国魏正始三年（242 年），现藏于奉天辑安（今吉林集安）吴光国处。《高丽好大王碑》的解题写道，此碑以八分体书写，建立于东晋义熙十年（414 年），位于奉天辑安。

清末杨守敬编撰过多种金石文相关著作。《激素飞清阁评碑记》是杨守敬于同治六年（1867 年）至同治七年（1868 年）编撰的金石著作。卷一对于《新罗真兴王定界碑》有简要记载，《新罗真兴王定界碑》指的是黄草岭碑。又，《三续寰宇访碑录》是杨守敬于宣统二年（1910 年）编成的金石集，他在书中对自己过去 50 年间收集的金石资料作了整理。该书卷收录了《高丽国五冠山大华严灵通寺大觉禅师碑》（载卷七）、《演福寺钟识》《沙林寺弘觉禅师碑铭》（载卷十二）等与古代韩国相关的金石文及解题。

《楷法溯源》是杨守敬与潘存将收集来的楷书编纂而成的一部书，刊行于光绪四年（1878 年）。《楷法溯源》所载古碑目录记载了二人参考过的古碑，其中与海东相关的金石文有《平百济碑》《朗空大师碑》。

《高丽好大王碑》是杨守敬于宣统元年（1909 年）刊行的一本册子。该册子收录了以双钩法摹写的《广开土碑》全文、杨守敬的释文及跋文。此前，杨守敬在北京获得过拓本一种，但该拓本状态不佳。此后，他根据

---

① 碑文中磨灭的文字"□和□年"当为"光和元年"（178 年）。参照刘承幹增补《海东金石苑补遗》卷一《汉平山君祠碑》的解题。

② 1922 年，刘承幹在增补《海东金石苑》时称，平山君祠刻石是八年前由日本人今西龙与白鸟博士所发现。《汉石存目》中的《高丽平山君祠刻石》解题内容是出自王懿荣原本，还是罗振玉所补订，不能考考。若出自王懿荣的原本，那么平山君祠刻石的发现时间将比刘承幹提出的时间至少早十几年。

日本人的释文进行解读。光绪二十八年（1902 年），杨守敬又从曹廷杰处获得抄拓本两种。

《望堂金石》（又名《激素飞清阁摹刻金石文字》）是杨守敬以双钩法对历代著名碑石进行摹写后刊行的一本册子。该书收录了宣统元年刊行的双钩本《高丽真鉴禅师碑》以及杨守敬的跋文。杨守敬从大谌广先领事处获得真鉴禅师碑的拓本，并以双钩的办法摹刻此本。他在看到碑铭所使用的明崇祯年号后，对于朝鲜与清朝之间的外交亲疏关系及变化发表了自己的看法。

《寰宇贞石图》是杨守敬于宣统年间刊行的一部金石帖。其中收录了《新罗真兴王定界碑》《新罗朗空大师碑》《高丽国大觉国师碑》的拓本照片及解题。在《新罗真兴王定界碑》的解题中，杨守敬说有宣统本《黄草岭碑》拓本与光绪本《黄草岭碑》拓本，不过光绪本较为清晰，因此以光绪本为底本。在此之前，朝鲜人金正喜的《礼堂金石过眼录》就记载了《黄草岭碑》的解题。此后，罗振玉的《永丰乡人稿》、刘承幹的《海东金石苑补遗》等书也有收录。此外，杨守敬在《新罗朗空大师碑》解题与《高丽国大觉国师碑》解题中都说以宣统本拓本为底本，解题文字来自刘喜海的《海东金石苑》中的解题。

除此以外，清代还有编者未详的、根据含经堂所藏金石文编纂的《含经堂碑目》《西安碑目》一书，其中就收录了宋复所撰写的《大周圆测法师塔铭》一文。

四、民国时期的文献

民国初年，黄任恒将自己自光绪三十一年（1905 年）就开始收集的辽代金石文整理成册，撰为《辽代金石录》一书。其中收录的海东金石文献有：

卷一：《高丽宝剑》《银瓶贷》《海东钱》《三韩钱》《东国钱》《星宿寺钟》《洪钟》《普济寺巨钟》。

卷四：《大慈恩玄化寺碑阴记》《屈顿寺圆空国师胜妙塔碑铭》《奉先弘庆寺碣记》《净石寺圆融国师碑铭》《彭城刘公诚改葬墓志》《法泉寺玄妙塔碑铭》《崔贞肃公士咸庙志》《赠谥贞宪李公颋墓志》

《玄妙塔碑阴》《通度寺长生石标记》《林彦九城记》《与女真立界碑》《大觉国师碑》《郑仅妻灵光郡太君金氏墓志》《金山寺真应塔碑铭》《清燕阁高会碑记》《章简公朴景仁墓志》《李氏女葬记》《四韵诗石刻》。

这些金石文是通过对古代韩国与中国文献中所记载的辽代相关金石整理而成，其中收录了不少未能传世的碑文。在编撰过程中，作者参考过的古代韩国文献有《东国通鉴》《东国史略》《海东金石存考》[①] 等；参考过的古代中国文献有《辽史》《鸡林类事》《泉志》《宣和奉使高丽图经》《辽文存》《三韩冢墓遗文目录》《艺风堂金石目》等。

民国初期，方若对碑文进行校勘，编撰了《校碑随笔》一书。该书中"陈朝"条目根据赵之谦《补寰宇访碑录》的记载，收录了《新罗真兴王定界残碑》。《新罗真兴王定界残碑》即《黄草岭碑》，方若根据旧拓本进行了校勘。

1920 年，罗振玉又编撰了另外一部金石论集《雪堂金石文字跋尾》。该书中收录的海东金石文献有《高丽好大王碑跋》（载卷二）与《勿部将军功德记跋》（载卷四）。在《高丽好大王碑跋》解题中，收录了罗振玉对《广开土王碑》进行考证的跋文。在光绪三十四年（1908 年）罗振玉所写作的这篇跋文中提到，他对郑文焯找到的此碑释文中的几十个错字进行了校正，收录全文到《唐风楼碑录》中；他还说自己用一晚上的工夫对这一问题进行了考证。在《勿部将军功德记跋》的解题中，罗振玉对于"内子乐浪郡夫人（黑齿氏）"的"内子"二字的解释提出了新的证据。王昶在《金石萃编》之《□部将军功德记》的解题中说，在碑文中可看出"内子"二字；罗振玉列举了《左传》与《国语》中将"卿"称为"内子"的相关例子，并对王昶的解题提出反对意见。

1920 年，顾燮光根据近来出土的金石文以及近世编纂的金石集整理出金石目录，编成《古志汇目》一书。该书收录的海东金石文献有《李坦之墓志》《洪圆寺僧统教雄墓志》《相国李公仁实庙记》《朴修墓志》《□永锡墓志》《太子少保致仕李公文著墓志》《新罗僧朗慧塔铭》《石棺书象兼梵文》（以上悉载卷六）。这些碑文大多数是从罗振玉的《三韩冢

---

① 《海东金石存考》由朝鲜人赵寅永原撰、清人刘喜海增补。

墓遗文目录》中转抄过来，只有《新罗僧朗慧塔铭》是从黄本骥的《金石萃编补目》中转抄过来的。对于这些金石的年代，顾燮光将《新罗僧朗慧塔铭》的年代错误地记作"金朝"，当改为"唐朝"。

1921 年，林钧对各种金石集写作解题，撰成《石庐金石书志》一书。该书卷四对《高丽碑全文》《海东金石苑》《海东金石存考》《海东撷古志》《三韩冢墓遗文目录》等海东金石集写了提要。在卷十六中，他又对《高丽好大王碑释文纂考》写了提要。以下我们试作详细考察。

《高丽碑全文》四卷是叶志诜所编古本，其中收录了自唐代至明代的海东金石文 50 余种。缪荃孙于光绪五年（1879 年）在琉璃厂书肆见过这本书。光绪二十五年（1899 年），此书被重新编为四册本，版心题写有"怡怡草堂抄书"六字，书上印有"云轮阁"（朱文长印）与"荃孙"（朱文长印）。该书于民国初年流入闽侯林氏之手，今下落不明。

《海东金石苑》一卷，是刘喜海编撰的金石集，由鲍康观古阁刊行。原本《海东金石苑》有八卷，但观古阁本仅收录了潘祖荫据原本抄录的海东金石目录、解题部分以及序文。潘祖荫称原本已被火烧毁。笔者认为，从后来在潘祖荫家中发现原本这一点来看，潘祖荫可能有意隐瞒了家中藏有《海东金石苑》原本的事实。民国初年，潘承弼对外公开了自己家中所藏的原本。具体情况请参考笔者的论文。①

《海东金石存考》一卷作为"遁盦金石丛书"之一种刊行。该书书首收录有陈宗彝的序文。陈宗彝与林钧等不少中国学者认为该书的作者是清人刘喜海，而实际上该书是由朝鲜人赵寅永原撰、清人刘喜海增补。对此，可以参看笔者的论文。②《海东撷古志》八卷是胡珽所编纂的稿本。书首收录了胡珽于咸丰二年（1852 年）写作的自序，以及后来追加的自序。该书主要对刘喜海所藏海东金石拓本中的各金石文献的名称与所在地作了记载。收录的海东金石文献总计 86 种，其中南朝陈海东金石文献 2 种，唐代海东金石文献 26 种，五代海东金石文献 12 种，宋代海东金石文献 16 种，辽代海东金石文献 5 种，金代海东金石文献 10 种，元代海东金

① ［韩］朴现圭：《清人刘喜海〈海东金石苑〉的种类》，载《书志学报》1999 年第 23 号，第 15－32 页。
② ［韩］朴现圭：《朝鲜与清朝的学术交流的产物——〈海东金石存考〉稿本与刊本的发掘与检讨》，载《书志学报》1996 年第 18 号，第 21－48 页。

石文献 10 种，明代海东金石文献 5 种。此外，附录部分还收录日本金石文献 4 种。

《三韩冢墓遗文目录》一卷作为罗振玉《雪堂丛刻》的一种刊行。该书对于罗振玉从日本学者末松熊彦处所获得的朝鲜博物馆所藏海东金石拓本作了记载，收录了自宋代至明代海东金石文献 70 种。罗振玉列举了海东墓志石的几个特征：海东石棺上没有盖石，只有志石；墓志石的书志有一个、二个、四个不等。此外，墓志石中对于中国朝代的指称，称宋为"大宋"，称金为"本朝"，这是由于当时高丽与辽金和宋元之间的外交亲疏关系不同所造成的现象。另外，罗振玉还指出了墓志石中高丽人取名与中国人名字相同的现象。

《高丽国永东太王碑释文纂考》一卷由郑文焯编撰；刊行于石芝西堪，同时也被收录到郑文焯的文集《带草堂集》中。郑文焯刊行的册板后来流入长兴人王修之手。这件册子上钤有"王氏藏板"朱文长印。金文中以毛公厝鼎为第一，石文中以广开土碑为第一。对于广开土碑，此前分别有盛昱与丁少山写作过释文，但二人的释文皆未能流传下来。林钧认为郑文焯的释文准确，但罗振玉认为郑文焯的释文中有不少错误，致使这部册子的价值大打折扣。

1933 年，刘承幹将自己对各种金石文进行考证的文章编成《希古楼金石萃编》一书。该书收录的与海东金石文献相关者有《汉秥蝉县平山神祠碑》（载卷七）、《魏丸都山毌邱俭纪功刻石》（载卷八）、《晋高丽好大王碑》（载卷十）。"汉秥蝉县平山神祠碑"条目收录了释文与解题，"魏丸都山毌邱俭纪功刻石"条目也收录了释文与解题，"晋高丽好大王碑"条目收录了释文以及罗振玉写于光绪三十四年（1908 年）的跋文。

1934 年，甘鹏云以自己所收藏的碑石的书法字体为中心编成《崇雅堂碑录》一书。该书卷一收录了《好大王碑》与《高句丽故城刻石》。《好大王碑》的解题称，该碑以隶书书写，位于辑安将军墓南侧的鸭绿江边。光绪初年，怀仁县设治委员章樾首次发现此碑。① 对于《广开土王碑》的树碑年代，郑文焯认为是蜀汉建兴十二年（234 年），陆心源认为

---

① 对于《广开土王碑》的发现者，甘鹏云记载称是怀仁县设治委员委员章樾。具体而言是，关月山奉章樾之命在前往该地区作相关调查时，在树丛间发现了《广开土王碑》，并将该碑向世人公布。

是东晋太元十六年（391 年），杨显认为是东晋义熙六年（410 年），罗振玉认为是东晋义熙十年（414 年）。甘鹏云认为罗振玉的说法最为可信。《高句丽故城刻石》解题称此碑以楷书书写，对于碑石的刻石时间，甘鹏云引用赵之谦的说法，认为碑石刻于刘宋元嘉二十六年（449 年）。

1936 年，宋宪章与于清泮等人参考牟平地区的古地方志编成《民国牟平县志》一书。该书卷九《文献志·金石》收录了《唐无染院碑》碑文的正文与解题。其中收录的内容与《增修登州府志》中的《唐无染院碑》大同小异。值得注意的是，该书在卷九后以附录形式收录了《唐无染院碑》拓本照片一张。

1937 年，罗福颐对中国东北地区的金石文进行整理，编成《满洲金石志》一书。该书卷一收录了清末在中国东北地区出土的《毌邱俭丸都山纪功残石》与《高丽好大王碑》。《毌邱俭丸都山纪功残石》的条目收录了残石正文并转录了王国维《观堂集林》中的解题。毌丘俭于三国魏正始年间进攻高句丽，攻陷丸都城。为纪念战功，树立此碑。当时一共立了三块碑，分别位于肃慎南界、不耐城和丸都山。丸都山纪功碑于光绪三十二年（1906 年）被辑安县吴光国在县西侧 90 里处的板石岭道路施工时发现。

"高丽好大王碑"条目先后收录了《广开土王碑》的全文与释文、郑文焯跋文、罗振玉解题、刘承幹按语。刘承幹按语是从刘承幹的《海东金石苑补遗》中转录而来。刘承幹在按语中说，《广开土王碑》在同治末年开始在北京流传，潘祖荫最早获得此碑拓本。光绪十五年（1889 年），清宗室盛昱派琉璃厂碑商李云从前往拓碑，此后，此碑的存在广为人知。

五、结　论

回顾中国的金石学史，可知宋代开始形成真正意义上的金石学。经过元代与明代的发展，到了清代，金石学大为流行，民国时期获得进一步的发展，直至今日。中国金石学者不仅对于中国所藏金石文十分留意，而且对于在邻国的金石文也表现出浓厚的兴趣，在金石资料收集与研究上取得了很高的成就。

本章对于中国学者的各种金石集中所记载的关于海东金石的零散记录进行了整理。从总体上看，中国学者所编各种金石文集所记载的海东相关金石文献，其发展情况与中国金石的发展情况基本相似。对与海东相关的金石文献的记录最早出现在北宋的金石集，此后，相关金石集收录的种数越来越多，到了清代出现过几十种，数量丰富。具体来说，清代中叶以前出现的金石论集主要是来到中国的古代韩国人以及前往朝鲜半岛的古代中国人所编纂的几种金石文集。而到了清中叶以后，金石文收集的地域范围扩展到朝鲜半岛，达到几十种。在对朝鲜半岛所藏金石文的收集过程中，来到北京的朝鲜使臣扮演了非常重要的角色。特别是到了清末民初，在中国不断发现与古代韩国相关的金石文，金石总数更加丰富，对这些金石文的记载内容也愈发多样。

从今天的角度来看，虽然中国学者对海东相关金石文的记录有很多需要补充、修订，甚至重新记载，但其中也有很多不为我们所知的记录，是我们在编纂海东金石史时必须参考的资料。一般来说，对于金石文的判读，必须依据金石树立初期的原始物件，但原物可能由于各种原因，或者湮灭不存，或者损毁严重。比起现存金石实物而言，不少早期拓本对原文内容的记载更为清晰、可靠。中国学者以之为底本编撰的海东相关金石文著作中，不少金石文的拓本年代较早。不仅如此，中国学者的解题内容与方式与海东学者也多有不同。

在本章中，笔者主要参考的文献是《石刻史料新编》（新文丰出版社1977年版）以及各种影印丛书中的金石论集。换言之，一般文献所记载的海东相关金石目录有很多，而本章未能调查的中国金石集也有很多。对此，需要更多学者将来持续不断地进行调查、分析与研究，笔者也将在这一领域不断努力。

第二章　朝鲜与清朝学术交流的产物

——《海东金石存考》的稿本与刊本的发掘及其意义

一、引　言

今天，韩国学界为了调查韩国古书，从多个方面开展努力。不仅对韩国藏本进行调查，还对海外多所机构及个人所藏本也非常关注。因为我们能将这些韩国古籍用作韩国学研究的基础性资料，其重要性不言而喻。

笔者也积极参与其中，先是对中国台湾地区公共图书馆所藏韩国古籍进行过整理，并出版过相关论著。现在笔者试着将调查的范围扩大到中国大陆。① 如果能在这一方面有所推动，无疑将为我们了解古代中韩两国间学术交流的实际情况奠定坚实的基础。特别是，笔者十分关注韩国学相关文献如何传入中国并被中国人接受。笔者亦致力于这方面的资料发掘与文献整理。

刘喜海②在清嘉庆、道光年间见到了来到北京的朝鲜使节团，并与这些朝鲜文人开展频繁的学术交流。同时，他利用朝鲜学者赠予的资料编纂了《海东金石苑》八卷。此书后来得以刊行，刊本甚至传入韩国。该书收录的金石文少有缺损，对于韩国金石学研究而言可谓必读之书。

《海东金石存考》可以说是《海东金石苑》的姊妹篇。中国文献将《海东金石存考》的作者记作刘喜海。但从近年发现的稿本来看，此书当为朝鲜人赵寅永原撰、清朝人刘喜海增订，刘喜海在赵寅永的基础之上做

---

① ［韩］朴现圭：《对台湾公藏韩国古书籍的分析》，1989 年韩国学术振兴财团研究论文，第 1－59 页；《台湾公藏韩国古书籍联合书目》，文史哲出版社 1991 年版，第 41－42 页；《中国三所图书馆藏韩国古书之分析》，载《江淮论坛》1995 年第 2 期，第 68－74 页。

② 刘喜海，初名谭，字燕庭，号吉甫，生于乾隆五十八年（朝鲜正祖十七年，1793 年），系山东诸城名门大家刘镮之次子。嘉庆二十一年（朝鲜纯祖十六年，1816 年）中举人。先后任户部郎中、福建汀州知府、福建兴泉永道、陕西按察使、浙江布政使。咸丰三年（朝鲜哲宗四年，1853 年）去世，享年 60 岁。

了修补工作。这种现象也反映在《朝鲜书目》一书上。刘喜海此前请朝鲜人金命喜编纂《朝鲜书目》，此后刘喜海在金正喜所编纂的《朝鲜书目》基础上做了增补与抄录工作。

笔者在研究刘喜海与朝鲜学者交游关系时，非常注意《海东金石存考》这部书，先后在韩国、中国、日本等地找到了当地所藏稿本三种。因此，对于此书与《海东金石苑》的关系获得了一些新的认识，于是开始着手这项研究。本章先介绍各版本，接着将稿本与刊本进行比较，阐述此书的价值，并指出韩中近代学者的学术交流及其意义。

二、《海东金石存考》的稿本与刊本

（一）赵寅永原撰本

朝鲜纯祖十五年（清嘉庆二十年，1815 年）十月至翌年的三月，赵寅永的再从兄赵钟永作为冬至副使前往中国北京，赵寅永作为军官随行。[①] 他在北京停留期间，于纯祖十六年（嘉庆二十一年，1816 年）春见到了刘喜海，两人自此建立了深厚的金石之缘。此后，李尚迪与赵秀三等人前往北京时，也与刘喜海结交，并通过他人与刘喜海保持书信往来，向刘喜海寄赠大量的金石文。对于赵寅永与刘喜海的交游关系，笔者另有论文可参考。[②]

纯祖十八年（嘉庆二十三年，1818 年）二月，刘喜海通过第三人得到了赵寅永编撰的《海东金石存考》。在读完此书后，刘喜海感到非常高兴，在书的最后写了题识。在题识中，刘喜海明确记载这部手稿本《海东金石存考》是从赵寅永处获得的。刘喜海的题识如下：

> 余自幼嗜金石文字，搜罗采录十有余年。曩读《金石录》，见末

---

① 赵寅永，字羲卿，号云石，本籍丰壤。朝鲜正祖六年（清乾隆四十七年，1782 年）生，系赵镇宽第三子。朝鲜纯祖十七年（清嘉庆二十二年，1817 年）式年试状元及第，后先任大司宪、庆尚道观察使、大司成、吏曹判书等职，以领议政致仕。朝鲜哲宗元年（清道光三十年，1850 年）卒，谥号文忠。

② ［韩］朴现圭：《〈朝鲜书目〉介绍及关于刘喜海与朝鲜学者之间交游的研究》（初稿），第十届中国域外汉籍国际学术会议发表论文集，韩国岭南大学，1995 年 10 月 20－21 日。

有《日本国谱》，每思海外金石访求为艰，明诚得此一种，葆若拱璧。
丙子春，遇朝鲜赵羲卿于都门，询及海东金石，即罄行箧所携以赠。
嗣后书至，必有所贻。积三四年，已不下数十种。兹复邮寄《海东金
石存考》一册见示，云：就所藏所见，编辑成书名。每种系以小跋，
间有按语，考证精详，征引宏富。载金二、石九十有五，始陈光大二
年，止明洪武十八年，以新罗、高丽为前代，悉甄入录，至洪武廿五
年后，高丽易为朝鲜，即概置不采，辨别亦为至当。俾余得见故人所
未见，洵海外良友之惠也。此册已与各碑同什袭珍藏，爰题数语，以
志金石之契云。嘉庆戊寅仲春望日，灯下，燕庭氏刘喜海跋于嘉荫簃。

　　刘喜海在见到赵明诚《金石录》卷十所收录的《日本国谱》后，对
海外所藏金石文献产生兴趣。见到赵寅永时，他便开始留意收集海东金石
文献。此外，他还与金正喜、金命喜、洪奭周、李尚迪、赵秀三等朝鲜学
者交游，通过他们获得海东金石文资料及建议。特别是通过赵寅永寄给他
的《海东金石存考》，在海东金石文目录方面获得了全面的认识。此后在
此基础之上，他开始有系统地收集考证海东金石文献，编纂成《海东金
石苑》一书。

　　从当时朝鲜使节团的日程来看，赵寅永当在纯祖十七年（嘉庆二十
二年，1817 年）十月以前完成《海东金石存考》一书的编纂。①《海东金
石存考》稿本主要收录的是赵寅永收藏过或亲眼见过的资料。这里我们
对他收录的范围、方法及内容考证略作分析。

　　这件稿本在刘喜海藏书散佚之后，辗转流入北京琉璃厂来薰阁。1931
年，日本学者藤冢邻在北京逗留，在加藤常贤的斡旋之下，购得《海东
金石存考》稿本，并将这部稿本带到日本。1945 年 3 月 10 日，美军空袭
日本，这部稿本连同藤冢邻的其他藏书一起散佚。幸运的是藤冢邻在他的
博士论文《清朝文化东传之研究》中收录了《海东金石存考》的原文以

---

　　①　这批冬至使节于纯祖十七年十月二十九日从汉城（今首尔）出发，前往北京。正使是韩
政应，副使是申在明，书状官是洪義瑾。

及七张照片①。1975 年，藤冢邻的博士论文出版，《海东金石存考》随之
得以流传。

我们以藤冢邻的《清朝文化东传之研究》所收录的《海东金石存考》
的原文与照片来了解《海东金石存考》的情况。② 其版式为：四周单边，
有界，每半页 10 行，每行 20 字，注文双行小字，版口为白口，黑鱼尾，
无版心题，所用纸张为朝鲜纸。最后一页的版外左下记载有"统计十有
三页"，卷首题"海东金石存考"，但并未记录原撰人赵寅永的姓名。

这部稿本中，钤有"赵寅永印""羲卿""云石山人"等赵寅永的藏
书印，以及"燕庭藏书""东武刘氏味经书屋藏书""甲寅人""刘""东
武""嘉荫簃藏书印"等刘喜海的藏书印。此外，在书的最后还有刘喜海
作于清嘉庆二十三年（1818 年）二月十五日至十二日之间的题识。

以下我们介绍一下这件稿本所收录的范围与体例。该书收录自新罗
（包括统一新罗）至高丽时期的金石文，这些金石文按照新罗金石文、高
丽金石文献分类，独立为两篇。③ 对于所收录金石文的范围，刘喜海在题
识中写道：收录新罗真兴王二十九年（南朝陈光大二年，568 年）至高丽
禑王十一年（明洪武十八年，1385 年）。不过根据后人的考证，笔者发现

---

① 有消息称，在美军空袭日本后所剩的藤冢邻藏书照片流入韩国首尔仁寺洞古书店，但由
于未能与书店老板达成协议，遂作罢。笔者推测这批照片中或许就有《海东金石存考》的照片。
参考［日］藤冢邻著、［日］藤冢明直编《清朝文化东传之研究：嘉庆道光学坛与李朝金阮堂》，
国书刊行会 1975 年版，第 14 章，第 4 – 5 页、第 7 页。《秋史金正喜的另一张面孔》，［韩］朴熙
永译，首尔学术屋出版社 1994 年版，第 272 – 284 页。

② 笔者在本章中所使用的赵寅永原撰本《海东金石存考》出自藤冢邻书中的韩国语译本，
不过对于该译本中的个别错别字作了修订。此外，藤冢邻在其博士论文中翻译完赵寅永原撰《海
东金石存考》，后来重新出版的单行本中亦出现了与之类似的现象。本章以对照片中判读出的文
字为主要依据，对于照片中没有的或无法识别的文字则参考排印本的原文。

③ 在刘喜海、李璋煜补订本《海东金石存考》与刘喜海增补本《海东金石存考》中，皆
将新罗金石文与高丽金石文独立成篇，高丽金石文的卷首题中亦记载有"海东金石存考"字样。

了新的事实。因此，有必要对刘喜海的这种说法作修订。①

　　该稿本收录新罗时代的金石文献 28 种，高丽时期的金石文献 69 种。其中收录金文 2 种，石刻 95 种。② 此外，在正文最后一行的下下一行中收录了刘喜海所追加的高丽金文 1 种，石刻文 1 种。③

　　对于每种金石文献，一行记载金石文献的名称，在下一行中空出两个字符，记载金石的制作年代、撰者姓名与书法作者姓名以及所在地，对于不明确事项则省略。如在解题中需要考证时，那么就另起一行，空出三格，添加"按"字，在"按"字后书写考证文字。④ 这种对金石文的记载体例，奠定了后来增补本与刊本的基础。

　　另外，刘喜海于同年十二月在另外一篇题识文章中写道：

---

　　① 刘喜海以赵寅永原撰本中的解题为依据划定收录金石文的范围。刘喜海以竖立于新罗真兴王二十九年（南朝陈光大二年，568 年）的《真兴王北狩碑拓本》为第一篇，以高丽禑王十一年（明洪武十八年，1385 年）树立的《太古寺圆证国师碑》为最后一篇。但《真兴王北狩碑》的碑文中记载有"真兴"这一谥号，那么此碑当树立于真智王与真平王时期。另外，关于《彰圣寺千熙禅师碑》的树立时间，此前未能有明确结论，现在学界指出此碑当立于高丽禑王十二年（明洪武十九年，1386 年），因此关于刘喜海收录碑文的时间下限的说法有必要作修订。

　　刘喜海在《海东金石苑题辞》中亦错误地记载了《海东金石苑》收录金石文的时间范围，称《海东金石苑》收录的最早的金石文的时间是南朝陈光大二年，最晚的是明洪武二十八年（朝鲜太祖四年，1395 年）。这里的所谓下限时间（洪武二十八年）实际上并非高丽王朝时期，而是朝鲜王朝时期。刘喜海在题识中也提到，《海东金石存考》只收录新罗与高丽时期的金石文，而不收录朝鲜时期的金石文。因此，明洪武二十八年当是明洪武十八年之讹。

　　此外，刘喜海增补本《海东金石存考》与刊本《海东金石苑》卷一收录的《高句丽故城石刻》当立于长寿王时期，比《真兴王北狩碑》的树立时间早。刘承幹（译者按：原韩文脚注，"幹"字脱，今补）在刊行《海东金石苑》时，将《高句丽故城石刻》放了《真兴王巡狩碑》之前。刘喜海的《海东金石苑题辞》写道："穷收自六代以来，远溯千年而上。"自注："海东金石自陈光大二年始，至明洪武二十八年止。"

　　② 一件石碑的碑铭中的碑阴因另有名称，因此视作另外一篇。金文两种，分别是新罗时期的《奉德寺钟铭》与高丽时期的《演福寺钟铭》。

　　③ 刘喜海增加的金文为《龙头寺铁幢记》，石刻为《广平寺石幢题字》。这篇金文是赵寅永所赠，石刻也是此后赵寅永所赠。这两件新增的金石文并未被收录到刘喜海、李璋煜补本《海东金石存考》中，而收录在刘喜海增补本《海东金石文》中，因此，刘喜海增入其中的时间当在清道光十一年（1831 年）间。关于刘喜海、李璋煜补订本的编撰时间，以及刘喜海增补后的编撰时间请参考后文的考证。

　　④ 赵寅永写作解题并作过考证的金石文有新罗金石文《挂陵十二神图像》《白莲社大字额》《双溪寺真鉴国师碑》《三日浦丹书岩题名》《鍪藏寺碑》五种。

目中凡喜海已具有拓本者，皆注明于碑目之下。戊寅醉司命日，灯下又识。

在这件稿本的篇名下，有"喜海藏有此种"字样。此外，还记载了金石文的建立年代以及对错字进行修订的考证文字。这些地方都会空出三四个字符，以与赵寅永的原文区别开来。稿本标记有"喜海藏有此种"的金石文中，高丽时期的有20种；不以"喜海藏有此种"作标记而进行考证的，新罗时期金石文有5种，高丽时期金石文有8种。

这里所记载的刘喜海旧藏目录中有遗漏之处。比如，朝鲜纯祖十八年（清嘉庆二十三年，1818年）春，赵寅永将《北汉山真兴王巡狩碑》连同《海东金石存考》一同赠送给了刘喜海，但这里并未收录。①

总之，刘喜海当时收藏过很多海东金石文献，对于刘喜海收藏海东金石文献给予帮助最大的朝鲜人是赵寅永。刘喜海在题识中明确地说过，当时从赵寅永处获得的海东金石文达数十种。

此外，奎章阁中藏有以赵寅永原撰本为底本抄录的抄本。请求编号为古4016，收藏编号为171132。该抄本大小为19.9 cm×11.8 cm，无界，每半页7行，每行16字，注文双行小字，抄本共计19张（38个半页），封面上题写"海东金石"字样。抄本上钤有"京城帝国大学图书藏"（朱方印）、"京城帝国大学图书"（青圆印）。

将这件抄本与赵寅永原撰本进行比较，发现除了两处解题及几处文字以外，其他内容基本相同。解题部分的不同在于，这件抄本中仅记载了《高丽篇》中的最后一篇金石文——《太古寺圆证国师碑》②的篇名，而删去了解题。由这一点来看，抄本的抄写人当时所见到的原撰本的最后一张可能遗失，因此未能抄录这篇碑文的解题内容。③

此外，还有一处不同的是，在《奉德寺钟铭阳文》的注文中，有原撰本中所没有的注释文字。文字如下：

---

① 《海东金石苑》卷一《新罗真兴王巡狩碑》刘喜海按语："嘉庆戊寅春日，云石手拓见饷。"

② 篇名中错误地将"普愚圆证"记作"圆证"。

③ 从藤冢邻旧藏赵寅永原撰本的照片来看，共有12张，解题部分的两行与最后一张分离。参考［日］藤冢邻：前揭书，第382页。

　　　　云石所赠，此种无文，后阳文画像。如不难得，望寄一全本。

　　除以上不同以外，抄本对于清代康熙皇帝的避讳字"玄"字与乾隆皇帝的避讳字"弘"字并未采用避讳法书写。抄本使用的纸张是朝鲜纸。

　　这件抄本所依据的赵寅永原撰本并非刘喜海旧藏本，当是赵寅永所制作的另外一件原撰本。这些抄本的抄写地应该是朝鲜，抄写年代可能是朝鲜王朝末期，也有可能是日据时期。

（二）刘喜海、李璋煜补订本

　　刘喜海与李璋煜都是山东诸城人，且是世交，二人在北京时就有频繁的往来与交游。① 如同刘喜海一样，李璋煜也与来到北京的朝鲜学者建立了很深的缘分，也对于海东金石学有浓厚的兴趣，后来他通过朝鲜学者获得许多金石文与资料，编成《东国金石文》四卷。

　　对于刘喜海与李璋煜都关心的海东金石文献，他们不仅互相分享各自的藏品，而且都与朝鲜学者保持书信往来。本章将要介绍的《海东金石存考》就是二人合作之作品，即刘喜海、李璋煜补订本。

　　二人将这件补订本通过第三人寄给朝鲜人金命喜，请其校正，同时也希望金正喜对他们未能获得的金石文代为购得。

　　　　此目想尚多未备，望山泉仁兄为补辑之是幸。再做等已有者，以朱□别之。其未得，专恳留意购得，寄我为望。燕庭拜托。

　　对补订本进行校正以及求购金石文的工作，除金命喜以外，金正喜也有参与。金正喜也是刘喜海与李璋煜的朋友，也曾将大量海东金石文集赠给二人，在补订本编纂过程中，金正喜也参与了部分校订工作。

　　现在刘喜海与李璋煜补订本的稿本失传。不过，朝鲜人徐相雨以这一

---

　　① 李璋煜，字方赤，又字礼南，号月汀，山东诸城人。生于清乾隆五十七年（朝鲜正祖十六年，1792 年），系李梴次子。嘉庆十八年（纯祖十三年，1813 年）中举人，嘉庆二十四年（纯祖二十四年，1819 年）中进士。先后任刑部主事、四川司郎中、扬州知府、浙江按察使、江苏布政使等职。致力于经典，擅考证，尤精宋儒性理学。早年与朝鲜人申在植、洪奭周等人就各自的汉学与宋学倾向有过讨论。李璋煜喜读书，其藏书楼爱吾鼎斋中藏有大量善本。著有《爱吾鼎斋藏器目》《东国金石文》等。咸丰四年（哲宗五年，1854 年）后卒。

稿本为底本，另外抄录了两份，并作了必要的校订。^①徐相雨的抄定本，一种为任昌淳收藏，另一种为尹宗仪、尹滽父子收藏，此后入藏金庠基的东滨文库。1971年6月，此书与东滨文库其他藏书一起被捐赠给韩国岭南大学。^②

笔者见到的就是韩国岭南大学的东滨文库本，请求编号为"古/911.0024海东金"，登记编号为140254，金庠基此前对补订本撰写过相关论文。^③

以下我们对东滨文库本的文献情况作简要介绍。版栏为四周双边，版廓为17.5 cm×12.4 cm，有界，每半页10行，每行20字，注双行小字，版口为白口，上白鱼尾，版心无任何文字，版下口写着"玉露山房"。全书共17张，书大小为23.8 cm×12.1 cm。

书上有"海东金石考/相雨题签、献斋鉴"的题签，其下有"相雨之印"藏书印（朱方印），正文最后有刘喜海与李璋煜的题识。书首题写着"东金石存考/（共十），刘喜海燕庭（共十）/李璋煜月汀/仝订"^④。第一行下写着"秋堂校本"，第17页贴着一张小纸片，上面写着"尹渊斋先生珍藏本"字样，旁边前有"金庠基"藏书印（白长印），正文中金石文的题额以及刘喜海质疑的内容以红笔书写，版面上端的两处金正喜补充内容^⑤也以红笔书写。此外，金庠基在书上贴的红色签纸上书写了对金石文作者名字进行校订的文字^⑥。

藏书印有"徐相雨印"（白方印）、"秋堂"（朱方印）、"长宜子孙"（朱长多边形印）、"鼎金斋"（白长印）、"遗品"（朱长印）、"东

---

① 徐相雨，字殷卿，本籍达城（译者按：韩文脚注原文中作"达成"，今更正）。生于朝鲜纯祖三十一年（清道光十一年，1831年），父亲系徐庆淳。高宗十九年（光绪八年，1882年）别试文科及第，先后任礼曹参判、大司宪、刑曹判书、工曹判书。谥号文宪。

② 1996年5月4日韩国书志学会学术发表会上，任昌淳称自己所藏系徐相雨亲笔抄本，韩国岭南大学东滨文库藏本并非徐相雨亲笔抄本。如果任昌淳所言不差，那么钤有徐相雨印章的东滨文库本当是徐相雨家中所藏另外一部他人抄本。

③ ［韩］金庠基：《草稿本〈海东金石存考〉》，载《考古美术》1962年卷三，第5号；《东方史论丛》，首尔大学出版部1974年版，第147－150页。

④ "刘喜海"前的圆圈以红色标记。

⑤ 新罗《双溪寺真鉴国师碑铭》："晋州，当是河东之误。阮堂。"高丽《玉龙寺道诜国师碑》："原碑无，今存是近刻。阮堂。"

⑥ 高丽《麟角寺普觉国师碑铭》红色签纸："（闵）清，当作渍，下同。东滨。"

夷之印"（白方印）、"尹溇"（朱方印），"东滨文库文学博士金庠基1971年6月10日寄赠"（韩文）（青扁长印）、"岭南大学中央图书馆图书"（韩文）（青圆形印）。

刘喜海与李璋煜补订的原稿本是何时抄写完成并寄给金命喜的？如果对刘喜海旧藏的海东金石文献是否流传了下来进行考证，那么我们就可以得出结论：补订本编纂于清道光十一年（朝鲜纯祖三十一年，1831年），编纂完成以后，通过中间人寄给了金命喜。

在刘喜海的题识与卷首题中，对于补订人姓名有如下标记：在刘喜海名字下以红色圆圈标注，意为该藏品曾为刘喜海所藏；在李璋煜名字下以黑色圆圈标志，意为该藏品曾为李璋煜所藏。刘喜海于道光十年（纯祖三十年，1830年）十月在写给金命喜的书信中，记录了希望获得的海东金石文目录。这件目录中的《文武王陵碑》《角干墓碑》《角干十二神像》，在刘喜海与李璋煜补订本中被记作"刘喜海旧藏品"。① 此外，在叶志诜于道光十年一月写给金正喜的书信中，也记录了希望购得的海东金石文目录。② 这份目录中的《普愿寺法印大师碑》在刘喜海与李璋煜补订本中被记作：此本刘喜海自己无藏，叶志诜有藏。③

对当时书信往来的时间进行推算，可知刘喜海、李璋煜补订本最终完成抄录的时间上限当为道光十一年初。

道光十一年十月，洪奭周将《白莲社大字额》《石南山朗空大师白月栖云塔碑铭》作为见面礼送给刘喜海时，刘喜海称自己已经藏有这两件

---

① 刘喜海在道光十年十月写给金命喜的信中写道："海东金石，云石所赠者已数十本矣。然有偈（译者按：疑为"偶"字之讹）思得之者，望足下代为购寄是盼。切祷。目列左：《薛仁贵坛碑额》《文武王陵碑》《角干墓碑》《角干十二神像》《神文王陵石面子》《白莲社大字额》《讲堂寺碑》《凤岩寺碑》《夜游岩三大字》《伽耶（译者按：倻字之讹）山红流洞七言诗》《三日浦题名》。"这里列举的石碑都是新罗时期的石碑。参考［日］藤冢邻：前揭书，第394页。

② 叶志诜在道光十年一月二十四日写给金正喜的信中列举了希望获得的14种金石文，具体如下：《法泉寺元妙塔碑铭》（辽咸雍四年，1068年）、《全州府应塔碑》、《薛仁贵祠坛碑》、《白莲社大字额》、《讲堂寺碑》、《崔致远自书碑》、《高达院圆宗大师碑》、《普愿寺法印大师碑》、《玉龙寺道国师碑》、《智国寺真观禅师碑》、《北龙寺碑》、《般若寺元景和尚碑》、《智光国师碑》、《沙林寺弘大师碑》。参考［日］藤冢邻：前揭书，第321 – 322页。

③ 高丽《普愿寺法印大师碑》："燕庭书此种东处有，而敝筒尚无。"

碑文的拓本。① 但刘喜海与李璋煜补订本中并未将这两件拓本标识为已有之藏品。此外，将清道光十二年（1832 年）夏陈宗彝见到过的《海东金石存考》各种刊本的祖本与刘喜海、李璋煜补订本进行比较，可以发现补订本的解题部分都有补充。综合以上情况来看，补订本完成抄录的时间下限当为道光十二年十月以前，最晚不能晚于翌年夏。

刘喜海在作品篇名下以红色圆圈标记的旧藏品中，有新罗时期金石 15 种，高丽时期金石 42 种。李璋煜以黑色圆圈标记的部分，有新罗时期金石 16 种，高丽时期金石 42 种。此外，还有新罗时期的《凤林寺真镜塔碑》一种，以及刘喜海质疑过的高丽《法泉寺玄妙塔碑》一种。② 不过这里漏掉了赵寅永于纯祖十八年（嘉庆二十三年，1818 年）春赠给刘喜海的《北汉山真兴王巡狩碑》以及赵秉龟于纯祖三十年（道光十年，1830 年）春赠给刘喜海的《知谷寺真观碑》《瑞峰寺玄悟碑》。③

（三）刘喜海增补本

刘喜海从朝鲜学者处获得相关资料，编撰成《海东金石苑》。从该书中刘喜海对各篇金石所写解题文字来看，这些解题文字不少出自《海东金石存考》。因此，在刘喜海看来，为了编撰《海东金石苑》，有必要对《海东金石存考》的解题部分进行系统修订。这就是现在北京大学图书馆所藏的刘喜海增补稿本《海东金石存考》。

该书请求编号为"992.2/7243"，登记编号为"288218"，版栏为四周单边，版廓为 18.3 cm×13.2 cm，有界，每半页 10 行，每行 18 字左右，注双行小字，版口为白口，上黑鱼尾，版心无题，版下口书写着此书的刊行处"味经书屋鉴藏书籍"。此外，后面左下端有"东武刘燕庭氏校钞"的耳题。全书 28 张，无序跋，书大小为 30.1 cm×18.7 cm。

书上钤有"北京大学藏书"（朱方印），书封面对面内页贴着小纸片，

---

① 〔朝鲜〕韩弼教《随槎录》卷六《户部郎中刘燕庭笔谈》纯祖三十一年（道光十一年，1831 年）十月五日："刘燕庭喜海，……嗜金石书，蓄累百千幅，我东碑刻亦必多焉。与韩韵海友善。先是上使（洪奭周）使舌译李尚迪绍介，示其欲见之意，刘肯许之。上使以新罗金生、高丽崔仁浇两刻本为赠，皆以蓄之云。"

② 高丽《法泉寺玄妙塔碑》："燕庭书此种，月汀处有，而敝笥无。"

③ 刘喜海于道光十年（1830 年）春写给金命喜的信中写道："《知谷寺真观碑》《瑞峰寺玄悟碑》，此次景宝所赠。"这里的《瑞峰寺玄悟碑》指的就是《浮石寺玄悟国师碑》。

上面记载着北京市书籍会对此书的定价，价格为 6 元。①

刘喜海增补本的篇章分为新罗金石文、高丽金石文以及《海东金石待访目录》三编。《海东金石待访目录》是刘喜海根据自己所藏的韩国相关资料进行增补而成。比如《海东金石待访目录》第 1 页收录了《靖国安和寺四韵诗石刻》，就参考了李齐贤的《栎翁稗说》。②

我们先对这一增补本的编撰年代作考证。刊本的祖本中收录有清道光十二年（1832 年）七月陈宗彝的序文。根据陈宗彝的序文，他于夏天见到的《海东金石存考》中附录有《海东金石待访目录》。另外，为了对重编的《寰宇访碑录》进行校订，通过仪克中的介绍，结识了刘喜海，并在刘喜海处见到了此书。③

刘喜海于是年秋被任命为福建汀州知府。因外任，自然无法与来到北京的朝鲜使节团见面。此后他虽然一度来过北京，并与朝鲜学者不断地联系，但由于他在福建任职，无法如此前一样与朝鲜人频繁见面。因此，《海东金石苑》与《海东金石存考》的修订工作也无法持续进行下去。

综合以上分析来看，这部增补本的编撰工作当在道光十二年夏基本完成。从增补本收录了刊本中未收录的几种金石文的情况来看，可以看出他在后期仍在不断地修订，但修订工作并未圆满完成。

（四）三种刊本

在刘喜海生前，他所编纂与校勘的书籍与金石文献基本没有刊行过。在他去世后，他的藏书楼"味经书屋"中的藏书散佚。他编纂、校勘过的各种稿本现藏于中国国家图书馆、上海图书馆、北京大学、山东大学以及台湾"中央图书馆""中央研究院"等机构。因此，虽然在他生前曾将《海东金石苑》与《海东金石存考》多次寄给朝鲜与清朝学者看过，但实际上并未刊行过，在他去世后才正式出版。

---

① 书名为《海东金石存考》，册数 1 卷，版本为稿本，定价 6 元，编号为"南字第 11 号"。书价由"北京市图书出版业同业公会"所定。

② 刘喜海《海东金石苑题辞》："靖国镌诗述自《栎翁》记载。"自注："李齐贤《栎翁稗说》云：靖国安和寺有石刻睿宗四韵诗一篇，今未见。"

③ 陈宗彝序："东武刘燕庭民部……著《海东金石考》，其无存十七碑，则附以《待访目录》于后。壬辰夏，余以再应顺天试，游京师，因平阳仪墨农识民部，以曩岁重编《寰宇访碑录》相与校正，乃出示此卷，叹为奇观。"

《海东金石存考》现存刊本三种。第一种是光绪十四年（朝鲜高宗二十五年，1888 年）李盛铎刊行的"木犀轩丛书"本，此本是最早的刊本；第二种是 1921 年吴隐的"遁盦金石丛书"本；第三种是 1934 年黄任恒的"信古阁小丛书"本。以上这些刊本主要收藏在中国大陆与台湾地区的图书馆内。

我们首先来看李盛铎的"木犀轩丛书"本，这里我们以南京图书馆藏本等为例。版栏为上下单边，左右双边，版廓为 16.4 cm × 12.3 cm，有界，每半页 11 行，每行 18 字，注双行小字，大黑口，上下内向黑鱼尾，版心题"海东金石存考"，封面题写"海东金石存考"。封面下一页题"光绪戊子夏德化李氏刊"（单栏双行）。书首有道光十二年七月陈宗彝所写的序文。全书 27 张，卷首题"海东金石存考／（共九）东武刘喜海燕庭编辑"。

第二种是吴隐的"遁盦金石丛书"本，这里以韩国中央图书馆藏本为例。此册四周单边，版廓为 17.2 cm × 12.2 cm，有界，每半页 10 行，每行 18 字，注双行小字，白口，上黑鱼尾，版心题"海考×"，版下口有"西泠印社聚珍版山阴吴氏遁盦金石丛书"的刊记，书首收录有道光十二年（1832 年）七月陈宗彝所写的序文。全书 30 张，卷首题"海东金石存考／（共七）东武刘喜海燕庭编辑"，卷首题下有"吴"（黑方印）、"石潜"（黑方印）等藏书印。

第三种是黄任恒的"信古阁小丛书"本，这里以台北"中央研究院"傅斯年图书馆藏本为例。该书以新式活字排印，上下单边，左右双边，版廓为 11.1 cm × 15.2 cm，有界，每半页 10 行，每行 20 字，注双行小字。白口，上黑鱼尾，版心题"海东金石考×"，书首有道光十二年七月陈宗彝所写的序文。全书 29 张，卷首题"海东金石存考一卷／（共一）诸城刘喜海燕庭著／（共二）南海黄任恒秩南校"。该书最后是甲戌年（1934 年）中元节（阴历七月十五日）黄任恒所写的跋文。

这三种刊本都收录了陈宗彝的序文与《海东金石待访目录》。根据陈宗彝的序文记载，他曾于道光十二年夏初次见到刘喜海时，阅读过此书以及《海东金石苑》八卷。① 序文中提及该书作者的文字如下：

---

① 陈宗彝序曰："民部尚有《海东金石苑》八卷。"

刘燕庭民部，嗜金石文字。居官京师，获见海东全秋史正喜、赵云石寅永诸博雅之士，因得其所诒碑目并拓本。退食之暇，博考东国史鉴，箸（著）《海东金石存考》，其无存十七碑，则附以《待访目录》于后。

这里陈宗彝对于《海东金石存考》以"箸"（按："著"字之讹）字指出是刘喜海的著作。因此在刊本的卷首题边编者名一栏中，我们看不到原撰人赵寅永与共同补订人李璋煜的名字，只能看到刘喜海"编辑"或"著"这种署名方式。当然，如果此书在刘喜海生前就出版了，自然有机会对这一错误进行修改。[①] 但对于编者名字发生变化的这一过程进行说明并非易事。

造成编者记载错误的始作俑者陈宗彝，曾在刘喜海处见过《海东金石存考》。此后他听说金正喜、赵寅永等朝鲜学者亦参与过此书的编撰，但还是将此书的作者记作刘喜海。其原因在于：说话人（刘喜海）并未将此书的编撰过程准确地向听话人（陈宗彝）传达，又或者因为清道光十二年（1832 年）夏，当时此书的大部分解题由刘喜海完成，于是陈宗彝只是记载了增补人刘喜海的名字。

三、稿本与刊本的比较及其分析

为了方便对《海东金石存考》的各种稿本与刊本进行比较分析，我们不妨列表（见本章后附表：《海东金石存考》稿本、刊本收录金石文比较图）考察。对于金石文的篇名与顺序，我们以收录总数最多、内容较为完善的刘喜海增补稿本为依据。在篇名方面，我们将清朝的庙讳字恢复为原字。

赵寅永原撰本是后来出现的稿本与刊本的母本。各种稿本与刊本不仅对于赵寅永原撰本的编撰体例与收录范围一仍其旧，而且对于金石文篇名与总数也基本上没有太大的增删与修订。

造成这种现象的根本原因是，此书最早由赵寅永原撰，此后才为刘喜海增补。这是因为：书中所论述的金石资料不在中国，而在朝鲜半岛。从

---

① ［日］藤冢邻：前揭书，第384页。

当时国家间的交流情况来看，刘喜海只能通过朝鲜人才能获得这些与海东金石文相关的信息。① 当然，在刘喜海增补本中，刘喜海在补订的解题部分以及编制《海东金石待访目录》时，可以利用中国方面的资料以及海东书籍（如《高丽史》《益斋乱稿》）。② 但基本上来看，这些金石资料只能通过朝鲜学者获得。

刘喜海与李璋煜补订本所收录的刘喜海题识表明，在《海东金石苑》的编撰过程中，刘喜海曾请朝鲜学者直接对资料进行校订。比如，《高句丽故城刻字》就吸收了金正喜的观点，《兴法寺真空禅师塔碑铭》引用了壬辰倭乱时的故事。③

下面我们对各稿本与刊本之间的关系进行详细分析。

刘喜海、李璋煜补订本的收录内容顺序与编撰体例全盘抄录自赵寅永的原撰本。自不待言，刘喜海、李璋煜补订本《海东金石存考》与赵寅永的原撰本有密切关系。刘喜海补订本与赵寅永原撰本相较，前者不过是校正了后者文字上的一些错误，以及增补了一些金石文。其中增补的金石文有高丽时期的《地藏寺朗圆大师悟真塔碑》《净土寺法镜大师慈镫塔碑》《慈云寺依止大师残碑》《觉真国师碑》四种。其中，《觉真国师碑》

----

① 比如，对于《麟角寺普觉国师碑铭》，赵寅永的原撰本错误地记作“麟角寺普贤国师残碑”。刘喜海、李璋煜补订本与刘喜海增补本沿袭了这一错误，亦记作“普贤国师”。甚至在刊本“信古阁小丛书”本中，黄任恒虽称自己校勘过此书，但仍有鲁鱼亥豕的现象发生，将“普觉国师”错误地记作“晋贤国师”。类似这样，若朝鲜人对海东金石文记载失误的话，中国学者是很难予以纠正的。徐有榘于朝鲜纯祖二十七年（清道光七年，1827 年）编成的《东国金石》中正确地记载为“普觉国师”。

② 刘喜海于道光九年（1829 年）在扬州购得《高丽史》的抄本，但此书中缺少列传两卷（《赵浚传》与《郑道传传》）。于是，刘喜海请朝鲜人金命喜抄录此二传。参考刘喜海于道光十年（1830 年）十月写给金正喜的书信。李齐贤的《栎翁稗说》《益斋乱稿》在清代学者间流传颇广。金正喜于朝鲜纯祖二十三年（清道光三年，1823 年）在出使北京返回朝鲜后，托人将此书寄给了吴嵩梁。刘喜海在《海东金石存考》与《海东金石苑》的解题中亦引用了此书。此外，蒋光煦的《东湖丛记》卷六种亦引用了李齐贤的这两部书，清同治元年（朝鲜哲宗十三年，1862 年）伍崇曜的《粤雅堂丛书》收录了以纯祖十四年（嘉庆十九年，1814 年）庆州补刻本为底本刊行本。参考［日］藤冢邻：前揭书，第 251 – 252、394 – 396 页；［韩］朴现圭《〈益斋乱稿〉版本考》，载《书志学报》第 13 号，第 46 – 47 页。

③ 刘喜海增补本《海东金石存考》之新罗《高句丽故城刻字》解题：“金秋史据文中小兄二字，定为长寿王时刻。”同书高丽《兴法寺真空禅师塔碑铭》解题：“是碑，俗名半折碑。明万历壬辰，遭倭寇之乱，倭奴车载以东。至竹岭，碑断为二，乃掣其一以去。今存残石二片，关东守臣曳还于原州。”

不为其他版本的《海东金石存考》所收录。此外，赵寅永原撰本的最后有刘喜海增入的《龙头寺铁幢记》与《广平寺石幢题字》两种，《海东金石存考》未收录。

刘喜海增补本基本上遵从赵寅永原撰本的体例与叙述方法，只是在收录内容上略有变化：不仅在收录金石文献的顺序上有前后位置的变动，在解题部分作了更为详细的解释，而且在赵寅永原撰本的基础之上添加了一些金石文献。尤其值得注意的是，赵寅永原撰本中只有新罗与高丽两部分，而刘喜海增补本在此基础之上增加了第三部分——《海东金石待访目录》。

刘喜海增补本中，在赵寅永原撰本与刘喜海、李璋煜补订本的正文基础之上，新添加了新罗时期三种金石文献，分别为《双溪石门四大字》《洗耳岩三大字》《高句丽故城刻字二种》；高丽时期金石文献七种，分别为《沙林寺弘觉禅师碑铭》《大藏移安碑》《妙莲寺石池碑》《陟州东海碑》《八马碑》《第一江山四大字》《蠹石楼三大字》。此外，还有刘喜海增加的高丽金石文献两种。这其中以"高丽篇附录"形式收录的《八马碑》《第一江山四大字》《蠹石楼三大字》三种在其他版本中未见。

三种刊本的祖本是刘喜海的增补本。这是因为三种刊本收录的内容与体例皆以刘喜海增补本为底本。三种刊本并非以道光十二年（1832 年）夏的抄本为底本，而是以刘喜海增补本为底本，不断进行增补，因此补充收录了一些其他的金石文献。将刊本与刘喜海增补本进行比较，可以发现刊本未收录的金石文献有：新罗时期的《高句丽故城刻字》两种，高丽时期的《八马碑》《第一江山四大字》《蠹石楼三大字》，以及重新添加的《全州金山寺——赠谥慧德山主师真应塔碑铭》。

以下我们来看一下三种刊本收录金石文献的顺序。在收录顺序上，吴隐的"遁盦金石丛书"本与黄任恒的"信古阁小丛书"本完全一致。此外，二书收录的顺序与稿本的顺序也基本一致，可知当属于同一系统。李盛铎的"木犀轩丛书"本收录金石文献的顺序与以上两种不同，对于新罗金石文的收录顺序虽然一致，但对于高丽金石文献的顺序却与之不同，形成了自己的系统。李盛铎刊刻时所依据的底本可能是笔者尚未发现的陈宗彝抄本，也有可能是李盛铎任意转录而成的本子。我们期待将来能发现新的证据，以对这一问题进行考证。

刊本中有一些误字与脱文。黄任恒虽然在跋文中说自己获得了精抄本，并作了校勘，但实际上还是未能避免出现错字与脱文的现象。① 特别是吴隐的"遁盦金石丛书"本中错字最多。将来如能对各稿本与刊本进行互相比较、校订，则能形成一部完美的《海东金石存考》。

四、结　论

古代往来中朝两国的外交使节在实现人员交流的同时，一方面将本国之物传播到对方国家，另一方面也会吸收对方国家的文化。这些朝鲜学者作为使臣的重要成员，对于学术交流抱有浓厚兴趣，他们抱着这样的目的来到中国，与中国人进行学问讨论、诗文酬唱、艺术鉴赏、文献交换等学术活动。其活动并未仅仅局限在个人交流的层面，而是将其关心的问题与资料向其他学者们广为传播。这甚至促成了一种学术风气的形成。

为了阐明朝鲜正祖、纯祖年间来到北京的朝鲜使节团与清朝学者之间的学术交流，本章对《海东金石存考》进行了论述，认为《海东金石存考》就是此种学术交流的产物。《海东金石存考》原撰者为朝鲜人赵寅永。其后，由清人刘喜海增补。本章先后对赵寅永原撰本、赵寅永原撰本抄本、刘喜海与李璋煜补订本、刘喜海增补本以及三种刊本先后进行了考察。

赵寅永原撰本编于朝鲜纯祖十七年（清嘉庆二十二年，1817 年）。翌年，赵寅永将此书赠给了刘喜海。日本学者藤冢邻对此书做过研究，在其博士论文中收录了此书的排印原文以及照片。此外，韩国首尔大学奎章阁中藏有另外一部以赵寅永撰本为底本抄录的本子。

刘喜海、李璋煜补订本编撰于清道光十一年（朝鲜纯祖三十一年，1831 年）。编撰完成以后，寄给了金命喜。朝鲜人徐相雨曾收藏过以这部补订本为底本抄录的本子，徐相雨旧藏本现为任昌淳与韩国岭南大学所藏。刘喜海增补本完成于道光十二年（1832 年）初。初稿完成以后，刘喜海不断地作增补。刘喜海增补本现藏于北京大学。《海东金石存考》的刊本有三种：清光绪十四年（朝鲜高宗二十五年，1888 年）李盛铎的"木犀轩丛书"本，1921 年吴隐的"遁盦金石丛书"本，以及 1934 年黄任恒的"信古阁小丛书"本。

---

① "信古阁小丛书"本《海东金石存考》黄任恒跋文："余闻其名，而未见其刻本。怀憾久矣。近得精抄一册，较诸坊间活字本，诚有天壤之别。爰再校一过，排印以广其传。"

从编纂体例与收录范围方面来看，赵寅永原撰本是此后出现的各种稿本与刊本的母本。刘喜海增补本增补了解题部分，同时也增加了《海东金石待访目录》一篇。此后，各种刊本皆以刘喜海增补本为祖本。刘喜海增补本中收录的金石文数量比各刊本收录的金石文数量多。"木犀轩丛书"本与"遁盦金石丛书"本收录金石文的顺序不同，二书当属于不同系统。

在获得《海东金石存考》以后，刘喜海能系统地理解与收集海东金石文献。此后，他在为《海东金石苑》撰写解题时，就充分了利用了《海东金石存考》。《海东金石存考》也是当时学者们在收集海东金石文献实物时重要的参考资料，他们对于海东金石文献的收集抱有浓厚的兴趣，于是开展了海东金石文集的编纂工作。

笔者后续将对与此书有密切关系的刘喜海的《海东金石苑》、李璋煜的《东国金石文》、叶志诜的《高丽金石录》（又名《高丽碑全文》）、翁树崐的《碑目琐记》《海东文献》进行考查分析，同时也将对海东金石文的拓本与资料传入中国学者之手的过程进行论述。

最后，我们希望人们通过这部书认识到前人在中韩两国学术交流上所取得的成绩；同时，也希望今天的人们也能对中韩学术交流产生兴趣并展开活跃的研究，以推进两国文化交流关系向着更为密切的方向发展。

附：　《海东金石存考》稿本与刊本收录金石文对照表

版本版名	赵寅永原撰稿本	刘喜海、李璋煜补订抄本	刘喜海增补本	"木犀轩丛书"印本	"遁盦金石丛书"印本	"信古阁小丛书"印本	刘承幹《海东金石苑》
序跋文及题识	刘喜海识、又识	刘喜海识，李璋煜识	—	陈宗彝序	陈宗彝序、陈宗彝序、黄任恒跋	刘喜海与李璋煜题辞等多数	—
真兴王北狩碑残字	1	1	1	1	1	1	本 1 – 4
真兴王北狩碑	2	2	2	2	2	2	本 1 – 3

续上表

版本版名	赵寅永原撰稿本	刘喜海、李璋煜补订抄本	刘喜海增补本	"木犀轩丛书"印本	"遁盦金石丛书"印本	"信古阁小丛书"印本	刘承幹《海东金石苑》
平百济国碑	3	3	3	3	3	3	本 1-4
刘仁愿纪功碑	4	4	4	4	4	4	本 1-5
薛仁贵祠坛碑	5	5	5	5	5	5	—
太宗武烈王陵碑篆额	6	6	6	6	6	6	本 1-6
文武王陵碑	7	7	7	7	7	7	本 1-7
角干金庾信墓碑残字	8	8	8	8	8	8	
角干墓十二神图像	9	9	9	9	9	9	本 2-5
神文王陵石面一字	10	10	10	10	10	10	—
柏栗寺小浮图六面石幢	11	11	11	11	11	11	本 1-12
挂陵十二神图像	12	12	12	12	12	12	本 2-6
白莲社大字额	13	13	13	13	13	13	—
奉德寺钟铭	14	14	14	14	14	14	本 1-8
断俗寺神行禅师碑	15	15	15	15	15	15	本 1-9
宝林寺普照禅师灵塔碑铭	16	16	16	16	16	16	本 1-10

续上表

版本版名	赵寅永原撰稿本	刘喜海、李璋煜补订抄本	刘喜海增补本	"木犀轩丛书"印本	"遁盦金石丛书"印本	"信古阁小丛书"印本	刘承幹《海东金石苑》
双溪寺真鉴禅师碑铭	17	17	17	17	17	17	本1-11
圣住寺朗慧和尚葆光塔碑铭	18	18	18	18	18	18	本2-1
讲堂寺碑	19	19	19	19	19	19	—
崔致远自书碑	20	20	20	20	20	20	—
凤岩寺智证禅师寂照塔碑铭	21	21	21	21	21	21	本2-2
夜游岩三大字	22	22	22	22	22	22	本2-8
双溪石门四大字	—	—	23	23	23	23	本2-7
洗耳岩三大字	—	—	24	24	24	24	本2-9
伽耶山红流洞石刻七言绝句	23	23	23	25	25	25	—
石南山寺朗空白月栖云塔碑铭	24	24	26	26	26	26	本2-3
凤林寺真镜大师宝月凌空塔铭	25	25	27	27	27	27	本2-4

续上表

版本版名	赵寅永原撰稿本	刘喜海、李璋煜补订抄本	刘喜海增补本	"木犀轩丛书"印本	"遁盦金石丛书"印本	"信古阁小丛书"印本	刘承幹《海东金石苑》
三日浦丹书岩题名	26	26	28	28	28	28	本2-10
华严经残石	27	27	29	29	29	29	—
鍪藏寺残碑	28	28	30	30	30	30	附录（上）-1
高句丽故城刻字二种	—	—	—	附1（31）	—	—	本1-1, 2
（以上新罗）小计	28	28	30+附1	30	30	30	24
广照寺真澈禅师宝月乘空碑铭	1	1	1	1	1	1	本3-1
菩提寺大镜师玄机塔碑铭	2	2	2	2	2	2	本3-2
兴法寺真空禅师塔碑铭	3	3	3	3	3	3	本3-4
碑阴记	—	—	—	4	4	4	本3-5
普贤山地藏禅院朗圆大师悟真塔碑铭	—	8	4	5	5	5	本3-3
净土寺法镜大师慈镫塔碑铭	—	9	5	6	6	6	本3-6

续上表

版本版名	赵寅永原撰稿本	刘喜海、李璋煜补订抄本	刘喜海增补本	"木犀轩丛书"印本	"遁盦金石丛书"印本	"信古阁小丛书"印本	刘承幹《海东金石苑》
五龙寺法镜大师普照慧光塔碑	43	45	6	7	7	7	本3-7
无为岬寺先觉大师遍光塔碑铭	4	4	7	8	8	8	本3-8
石南山寺国师碑铭后记	5	5	8	20	10	10	本3-9
龙头寺铁幢记	附1(70)	9	11	11	11	本4-1	—
凤岩寺静真国师圆悟塔碑铭	6	6	10	12	24	24	本4-2
迦耶山普愿寺法印三重大师碑宝乘塔碑铭	9	11	11	14	26	26	本4-3
高达院圆宗大师碑	7	7	12	13	25	25	—
净土寺弘法禅师碑铭	8	10	13	15	27	27	本4-4
大慈恩玄化寺碑铭	10	12	14	16	28	28	附上-3
碑阴记	11	13	15	17	29	29	附上-4
兴福寺塔刻字	12	14	16	18	30	30	本5-1

续上表

版本版名	赵寅永原撰稿本	刘喜海、李璋煜补订抄本	刘喜海增补本	"木犀轩丛书"印本	"遁盦金石丛书"印本	"信古阁小丛书"印本	刘承幹《海东金石苑》
居顿寺圆空国师胜妙塔碑铭	14	16	17	30	32	32	附上－7
奉先弘庆寺碣记	13	15	18	31	31	31	本6－1
法泉寺玄妙塔碑铭	15	17	19	32	33	33	本6－2
碑阴记	—	—	—	—	—	6－3	—
玉龙寺道诜国师碑	16	18	20	27	34	34	—
浮石寺圆融国师碑铭	17	19	21	19	13	13	附上－5
知谷寺真观禅师碑铭	18	20	22	24	14	14	—
宁国寺圆觉禅师碑铭	19	21	23	29	15	15	本7 5
延州普贤寺碑	20	22	24	35	16	16	本7－1
碑阴探密宏廓二祖师记	21	23	25	36	17	17	本7－2
灵通寺大觉国师碑铭	22	24	26	20	18	18	本5－2
碑阴记	22	24	—	21	19	19	本5－2
真乐宫重修文殊院记	23	25	27	25	20	20	本5－3

续上表

版本版名	赵寅永原撰稿本	刘喜海、李璋煜补订抄本	刘喜海增补本	"木犀轩丛书"印本	"遁盦金石丛书"印本	"信古阁小丛书"印本	刘承幹《海东金石苑》
祭清平山居士真乐公文	24	26	28	23	21	21	本5-5
清平息庵四大字	25	27	29	22	22	22	—
北龙寺碑	26	28	30	28	23	23	—
神琳菴塔面刻字	27	29	31	37	35	35	—
般若寺元景和尚碑	28	30	32	38	36	36	本5-6
三川寺大智国禅师残碑	29	31	33	47	37	37	附上-2
云门寺圆应国师碑铭	30	32	34	39	38	38	本7-3
南嵩山仙凤寺海东天台始祖大觉国师碑	31	33	35	26	39	39	本5-5
通度寺长生石标	32	34	36	33	40	40	本6-4
断俗寺大鉴国师碑	33	35	37	40	41	41	本7-4
重修空门寺记	34	36	38	41	42	42	本7-6
慈云寺依止大师残碑	—	48	39	43	43	43	附上-6

续上表

版本版名	赵寅永原撰稿本	刘喜海、李璋煜补订抄本	刘喜海增补本	"木犀轩丛书"印本	"遁盦金石丛书"印本	"信古阁小丛书"印本	刘承幹《海东金石苑》
智光国师碑	35	37	40	44	44	44	—
宝镜寺圆真国师碑	36	138	41	45	45	45	本7-8
瑞峰寺玄悟国师碑	37	39	42	42	46	46	本7-7
沙林寺弘觉禅师碑铭	—	—	43	66	47	47	本7-9
麟角寺普觉国师残碑	38	40	44	55	48	48	
石台寺地藏禅师石像碑	39	41	45	56	49	49	—
朱勒寺僧慧光碑	40	42	46	67	50	50	—
五台寺水精社碑	41	43	47	68	51	51	—
兴圣寺碑	42	44	48	69	52	52	—
松广寺主法真觉国师碑	44	46	49	46	53	53	—
太安寺广慈大师碑	45	47	50	9	9	9	本3-10
桐华寺弘真国师碑	46	47	51	51	54	54	本8-1
大藏移安碑	—	—	52	52	55	55	—

续上表

版本版名	赵寅永原撰稿本	刘喜海、李璋煜补订抄本	刘喜海增补本	"木犀轩丛书"印本	"遁盦金石丛书"印本	"信古阁小丛书"印本	刘承幹《海东金石苑》
莹原寺宝鉴国师妙应塔碑	47	50	53	48	56	56	—
妙莲寺石地龟碑	—	—	54	49	57	57	
妙莲寺重兴碑	48	51	55	50	58	58	
文殊院藏经碑	49	52	56	57	59	59	
元英宗舍施碑	50	53	57	54	60	60	—
月精寺碑	51	54	58	64	61	61	—
埋香碑（三日浦）	52	55	59	53	62	62	本 8 - 2
埋香碑（伊彦）	53	56	60	58	63	63	—
法住寺慈净国尊碑	54	57	61	59	64	64	本 8 - 3
长安寺碑	55	58	62	60	65	65	—
演福寺钟铭	56	59	63	61	66	66	本 8 - 4
普光寺圆明国师碑	57	60	64	62	67	67	本 8 - 5
普德庵塔面刻字	58	61	65	65	68	68	—

续上表

版本版名	赵寅永原撰稿本	刘喜海、李璋煜补订抄本	刘喜海增补本	"木犀轩丛书"印本	"遁盦金石丛书"印本	"信古阁小丛书"印本	刘承幹《海东金石苑》
鲁国公主正陵碑	59	62	66	63	69	69	—
桧岩寺指空塔碑	60	63	67	70	70	70	—
普济尊者浮屠碑	61	64	68	71	71	71	—
桧岩寺懒翁大师碑	62	65	69	72	72	72	—
神勒寺懒翁石钟碑	63	66	70	73	73	73	本8-6
神勒寺大藏阁藏经碑	64	67	71	74	74	74	本8-7
碑阴记	65	68	71	75	75	75	本8-7
安心寺石钟碑	66	69	72	76	76	76	本8-8
彰圣寺千熙真觉国师碑	67	70	73	78	77	77	本8-10
侍中柳濯碑	68	71	74	79	78	78	—
太古寺圆证国师碑	69	72	75	77	79	79	本8-9
广平寺石幢题字	附2(71)	—	76	80	80	80	本5-7
陟州东海碑	—	—	—	附1(77)	81	81	本5-7

续上表

版本版名	赵寅永原撰稿本	刘喜海、李璋煜补订抄本	刘喜海增补本	"木犀轩丛书"印本	"遁盦金石丛书"印本	"信古阁小丛书"印本	刘承幹《海东金石苑》
八马碑	—	—	—	附2（78）	—	—	—
第一江山四大字	—	—	—	附3（79）	—	—	—
蠹石楼三大字	—	—	—	附4（80）	—	—	—
觉真国师碑	—	73	—	—	—	—	—
全州金山寺——慧德山主师真应塔碑记	—	—	—	34	12	12	本6-5
（以上高丽）小计	69+附2	73	76+附4	81	81	81	51
靖国安和寺四韵诗石刻	—	—	1	1	1	1	—
慧阴院碑	—	—	2	2	2	2	—
归信禅师碑	—	—	3	3	3	3	—
觉华禅师碑	—	—	4	4	4	4	—
东山真静先生碑	—	—	5	6	6	—	—
重修开国寺记	—	—	6	7	7	7	—
重修乾洞禅寺记	—	—	7	8	8	8	—

续上表

版本版名	赵寅永原撰稿本	刘喜海、李璋煜补订抄本	刘喜海增补本	"木犀轩丛书"印本	"遁盦金石丛书"印本	"信古阁小丛书"印本	刘承幹《海东金石苑》
大都南城兴福寺碣	—	—	8	9	9	9	—
慧鉴国师广照塔碑	—	—	9	10	10	10	—
普济禅寺碑	—	—	10	11	11	11	—
圣居山文殊寺记	—	—	11	12	12	12	—
五冠山兴圣寺轮藏法会记	—	—	12	15	15	15	—
龙门寺大藏殿记	—	—	13	16	16	16	—
通度寺释迦如来舍利记	—	—	14	17	17	17	—
宝盖山地藏寺重修记	—	—	15	13	13	13	—
天宝山桧岩寺修造记	—	—	16	14	14	14	—
松广社碑	—	—	—	5	5	5	—
（以上《待访目录》）小计	—	—	16	17	17	17	—
合计	97 + 附 2	101	122 + 附 5	128	128	128	75

第三章　海东金石文献的新资料
——清翁树崐的《碑目琐记》

一、引　言

海东金石文献是对朝鲜半岛金文与石文的统称。海东金石文献的收集在过去仅见于一些书画家的署题、好古家的趣味活动，以及实学家的金石考证，而现在这些金石文献被用在史学、文学、书法、社会学等综合研究中，金石文献的收集被认为是一种非常重要的基础工作。不只是韩国学者，中国与日本学者亦很早就开始关心海东金石文献，从事着相关的研究工作，对海东金石文献的研究遂成为一门专门的学问。

不妨来看一下朝鲜王朝初期编纂的海东金石文集。肃宗朝朗善君李俣、朗原君李偘兄弟编纂了《大东金石帖》一书，这是最早的海东金石集。纯祖朝以后直至朝鲜王朝末期，往来中国的北学派学者们正式开始编辑海东金石集。朝鲜学者所编纂的海东金石集有：赵寅永的《海东金石存考》（后赠送给刘喜海）、金正喜的《金石过眼录》、李祖默的《罗丽琳琅考》、徐有榘的《东国金石》（收录于《林园十六志·怡云志》中）、吴庆锡的《三韩金石录》、无名氏的《大东金石名考》等。另外，清朝学者在朝鲜学者的帮助之下最早编纂了《海东金石文字记》与《碑目琐记》等著作，另有刘喜海的《海东金石苑》、李璋煜的《东国金石志》、叶志诜的《高丽金石录》（又名《高丽碑全文》）等。

笔者数年前在对刘喜海与朝鲜学者的交游进行研究的过程中，开始留意收集韩国国内外编纂或藏于韩国国外的海东金石集，曾对赵寅永编撰、刘喜海增补的《海东金石存考》发表过相关的研究论文。①

---

① ［韩］朴现圭：《朝鲜与清朝学术交流的遗产——〈海东金石存考〉稿本与印本的发掘及其意义》，载《书志学报》1996 年第 18 号，第 21–48 页。［韩］朴现圭：《清人刘喜海与朝鲜文人的交游》，载《中国学报》1996 年第 36 辑，第 215–236 页。

本章节将对传世的、为学界所知的翁树崐的《碑目琐记》作一些介绍。现藏于中国国家图书馆善本室的翁树崐的《海东文献》以札记原稿的形态保存着，其中有对海东金文的解题部分，解题部分与徐有榘在《东国金石》中引用过的翁树崐《碑目琐记》的内容一致，据此可以窥知该书的全貌。

翁树崐的《碑目琐记》，从时间上来看，是现存所有海东金石集当中第二古老的资料，被评价为中韩古代学术交流的重要遗产，具有十分重要的研究价值。本章节是对该书的首次介绍，笔者在对该书的内容与体例进行介绍的同时，把握此书的实际情况。

二、翁树崐与海东金石文献的收集过程

我们先来看一下翁氏父子的人生经历。

翁方纲，字正三、叙彝，号覃溪、彝斋，又号宝苏、苏斋，大兴（今北京）人。生于雍正十一年（朝鲜英祖九年，1733 年），是翁希舜的长子。乾隆十七年（英祖二十八年，1752 年）进士，除授庶吉士。此后曾典试江西、湖北等地，亦曾视学广东、江西、山东等地。在朝中做过翰林院编修、文渊阁校理官、国子监司业、司经局洗马、鸿胪寺卿，官至内阁学士。嘉庆二十三年（纯祖十八年，1818 年）卒于家。翁树崐，字星原，一字学承，号红豆山人。乾隆五十一年（朝鲜正祖十年，1786 年）生，是翁方纲第六子，母亲刘氏。嘉庆二十年（纯祖十五年，1815 年）卒。

当时的清朝兴起考证学风，翁方纲被认为是其中的金石学大家。翁方纲编纂了《粤东金石略》十二卷、《两汉金石记》二十二卷，其家中藏书楼——石墨书楼藏有不少如《唐刻本孔子庙堂碑》《宋拓本化度寺故僧邕禅师舍利塔铭》《苏轼真迹天际乌云帖》《陆游书诗境刻石拓本》等十分珍贵的金石文。

朝鲜使臣洪良浩率领使节团来到北京时，翁方纲通过这些使节团，接触到了海东金石文献。由此，翁方纲对金石文献的兴趣扩展到了海外金石文献。作为最早编纂海东金石文集的中国学者，翁方纲编纂了《海东金石记》。《海东金石记》全书分五卷。藏书家傅增湘曾于 1934 年在叶启勋

家中见过翁方纲此书的手稿本。①　遗憾的是，如今不知该手稿本是否存世；如若存世，不知现藏于何处。我们通过翁方纲在其《复初斋集》中收录的关于海东金石文献的五篇跋文，可以窥知他对收集海东金石文献的热情与成绩。②

在这种环境下成长起来的翁树崐自然很容易对海东金石文献产生兴趣。翁树崐亦十分爱好金石文，并且不满足于家里的藏书楼——石墨书楼中所藏的金石文，于是开始多方搜求。嘉庆十五年（朝鲜纯祖十年，1810 年）正月二十九日，翁树崐与父亲翁方纲一起会见来到北京的金正喜，自此开始正式接触海东金石文献。③　在这次见面时，金正喜向翁氏父子赠送了《有唐新罗故智异山双溪寺教谥真鉴禅师碑铭》（简称《真鉴禅师碑铭》）。④

此后，翁树崐与金正喜常通过第三者进行书信赠答。⑤　我们抽出其中与海东金石文献相关的书信进行考察。其札记原稿本记载了金正喜赠送翁树崐海东金石文的相关记录。乙亥人日，即嘉庆二十年（1815 年）正月初二日这一天，金正喜将《新罗麟角寺碑》⑥《新罗鍪藏寺碑》《刘仁愿纪功碑》《高丽国曹溪宗崛山断舒寺大鉴国师之碑铭》的拓本赠送给翁树崐。另外，金正喜还赠送过《平百济塔》《唐文皇半折碑》《海东神行禅

---

① 傅增湘：《藏园群书经眼录》卷六《史部四金石类》："《海东金石记》五册，翁覃溪方纲手稿本（叶定侯藏书，甲戌四月阅）。"（中华书局 1983 年版，第 494 页）叶启勋（1900—?），字定侯，号更生，湖南长沙人，生于光绪二十六年（韩国高宗光武四年，1900 年），是著名文献学家叶德炯的次子。其藏书楼拾经楼中有十余万本藏书。著书有《四库全书目录版本考》《郋园先生全书》。

② 《复初斋文集》卷二十四《跋平百济碑》《新罗鍪藏寺残本跋》《新罗双溪寺碑跋》，卷二十五《跋高丽灵通寺大觉国师碑》（《目录》中作卷二十四），卷二十六《跋高丽重修文殊院记》。

③ 金正喜，字元春，号阮堂、秋史、礼堂、诗庵、果坡等，朝鲜庆州人。正祖十年（乾隆五十一年，1786 年）生，生父为金鲁敬，过继给伯父金鲁永。纯祖九年（嘉庆十四年，1809年）为生员，纯祖十九年（嘉庆二十四年，1819 年）式年文科及第。曾任奎章阁待教、忠清道暗行御史、大司成等职，官至吏曹参判。哲宗七年（咸丰六年，1856 年）卒。善书法，其书法时人视为第一。亦善绘画。有《阮堂先生集》《阮堂尺牍》《覃研斋诗集》《金石过眼录》等。[日] 藤冢邻：《清朝文化东传之研究》，国书刊行会 1975 年版；《秋史金正喜的另一张面孔》，[韩] 朴熙永译，首尔学术屋出版社 1994 年版，第 120 – 121 页。

④ 《海东文献》之《真鉴禅师碑铭》追记文字："秋史庚午岁拓寄。"

⑤ 这里包括翁树崐于嘉庆二十年八月去世之前金正喜寄给翁氏父子的书信。

⑥ 《新罗麟角寺碑》称之为"普觉国尊一然"，朝代需更正为高丽。

师之碑》《真乐公重修清平山文殊院记》等拓本，不过赠送这些拓本的时间不可确知。

又，嘉庆二十年（1815 年）正月十九日，翁树崐向金正喜回赠《麟觉寺普国尊静照塔碑拓本》（即《新罗麟角寺碑》）的写本。① 下文中我们将对此作详细的考察。该拓本的写本是以嘉庆十八年（纯祖十三年，1813 年）洪显周赠送的拓本为底本抄录而成的，翁树崐赠送的目的是希望金正喜对其内容作考证，同时恳请金正喜赠送精拓本。由此可以看出翁树崐对于海东金石文献的热情，以及他与金正喜之间的友谊。

嘉庆十七年（纯祖十二年，1812 年），翁树崐在自家石墨书楼会见了来京的朝鲜燕行使正使沈象奎与使行团的书状官李光文。② 沈、李二人在回国后与翁树崐保持着书信往来。另外，翁树崐还通过申纬与万里之外、身在朝鲜的洪显周保持着书信往来。③ 通过这些方式，翁树崐从朝鲜人手中获得了不少海东金石文献，如嘉庆十九年（纯祖十四年，1814 年）正月获赠《白月碑》《麟角寺碑》，同年十月获赠《文殊院重修碑》《篆书东海碑》《清虚寺碑铭》等。④

就这样，翁树崐在与朝鲜人交往时注意收集海东金石文献，并获得了很多相关知识。特别是在嘉庆十九年向朝鲜人寄送了与札记原稿密切相关的《碑目》（海东金石文的目录）。他分别在嘉庆十九年正月十九日给金正喜的书信后，在正月二十一日给李光文的书信后，在正月二十九日给沈象奎的书信后，以及在十月二十五日寄给洪显周的书信后，都附上了《碑目》，请如上的收信人寄送碑目所列海东金石文献。⑤ 此外，翁树崐还

---

　　① ［日］藤冢邻：前揭书，第 180 – 181 页。

　　② 沈象奎，字穉教，号斗室、彝下，青松人。英祖四十二年（乾隆三十一年，1766 年）生，父亲沈念祖。正祖七年（乾隆四十八年，1783 年）中进士，正祖十三年（乾隆五十四年，1789 年）谒圣文科及第。曾任大司谏、户曹参判、判中枢府事、左议政等职，官至领议政。宪宗四年（道光十八年，1838 年）卒。谥号文肃。著有《斗室存稿》《斗室尺牍》等。

　　李光文，字景博，号小华，牛峰人。生于正祖二年（乾隆四十三年，1778 年），父亲李采。纯祖元年（嘉庆六年，1801 年）司马试及第，纯祖七年（嘉庆十二年，1807 年）式年文科及第。曾任弘文馆副提学、刑曹判书、吏曹判书等职，官至右赞成。哲宗呈年（咸丰三年，1853 年）卒。谥号文简。

　　③ 洪显周，字世叔，号海居斋、约轩，丰山人。洪仁谟子，洪奭周弟。娶正祖之女淑善公主，封永明威。后任知敦宁府事。谥号孝简，著有《海居斋诗集》。

　　④ ［日］藤冢邻：前揭书，第 188 – 189 页。

　　⑤ ［日］藤冢邻：前揭书，第 182 – 203 页。

从嘉庆十七年来北京的柳最宽与李祖默①、嘉庆十八年随春贡使来京的金汉泰②等人处获得这些朝鲜友人馈赠的海东金石文献。柳最宽向翁树崐赠送了《海东故神行禅师之碑》，李祖默③向翁树崐赠送了《金生金书首楞》《孤云金书般若经》《真鉴禅师碑铭》，金汉泰向翁树崐赠送了《祭清平山真乐公文》的拓本。④ 另外，石墨书楼收藏有正祖六年（乾隆四十七年，1782 年）以副使身份、正祖十八年（乾隆五十九年，1794 年）以正使身份先后两次来北京的朝鲜使臣洪良浩赠送的《平百济碑》《唐文皇半折碑》《新罗国故两朝国师教谥朗空大师白月栖云之塔碑铭》等的拓本。

　　除了以上所言及的海东金石文献，在札记原稿本《海东文献》中，翁树崐对于自己所收藏的金石文以〇、△或□等符号进行标记，或者对之直接进行记录。这些符号或记录在《海东文献》一书中随处可见。这些数量庞大的海东金石文献先后流入翁树崐之手，这反映了翁树崐对海外金石文献的兴趣以及较好的收集环境。另外，他对这些海东金石文献极为痴迷，在向友人传送书信请求获得金石文的同时，还嘱咐对方不要将之让给他人。⑤ 我们相信，如果不是翁树崐过早去世的话，他应该能够编纂出一部完整的海东金石文集。

---

　　① 柳最宽，字公栗，一字舜教，号贞璧。生于正祖十二年（乾隆五十三年，1788 年），精金石文。李祖默，字绛荼，号六桥，全州人。生于正祖十六年（乾隆五十七年，1792 年），李秉鼎子。宪宗六年（道光二十年，1840 年）卒。诗书画兼善，对于金石文亦造诣深厚。著有《罗丽琳琅考》《六桥稿略》。

　　② 金汉泰，字景林，号自怡主人、牛峰人。生于英祖三十八年（乾隆二十七年，1762 年），官至知中枢府事。

　　③〔朝鲜〕李祖默《罗丽琳琅考·序》："《金生金书首楞》《孤云金书般若经》《真鉴国师碑》拓，囊赠翁星原。"

　　④ 参考［日］藤冢邻《清朝文化东传之研究》，第 168－170 页；《海东文献》。

　　⑤ 翁树崐嘉庆十九年（1814 年）正月十九日的书札："（致沈象奎）以斗室提学，望重一世，情同一体，所求何不遂，必能为星原广求东国碑帖书籍。原原惠寄，救兹饥渴，何幸如之，何快如之？惟兄信义过人，知我者有素，必不忍负此万里故人之重托也。"翁树崐嘉庆十九年十月二十五日的书札（致洪显周）："古碑之托，专施于星原，则物得其所，幸勿轻寄他友，夺星原之所好也。"除此以外，翁树崐在通过洪显周索求日本拓本时嘱咐洪显周称，若拓本携送人将拓本与墨水放在一起的话，拓本上容易沾上墨水，这样判读起来就十分困难。由这些类似的嘱咐可以看出翁树崐在收集金石文时是非常细心的。参阅［日］藤冢邻《清朝文化东传之研究》，第 184、191、195 页。

三、《海东文献》概要

1. 书名与作者考察

我们所说的翁树崐的札记原稿本，指的是现藏于中国国家图书馆善本室的《海东文献》一书。索书号为5136，微缩胶卷编号为MF806。

先来看此书的书名。1827年，徐有榘编纂的《林园十六志·怡云志》卷五《艺玩鉴赏》的附录收录了《东国金石》。① 《东国金石》的解题引用了"翁树琨"（注："崐"字之讹）的《碑目琐记》，所引用的《碑目琐记》的内容与现藏于中国国家图书馆的札记原稿本《海东文献》中的海东金石文献的解题是一致的，可知是同一部书。

另外，藏于中国国家图书馆的书封面除"海东文献"这一书名之外，还另外题写了"翁宜泉札记""之福堂存"等字样，系后人所加。"宜泉"是翁树培②的字，应更正为"星原"。该书正文中有"翁树崐印"的藏书印，刘位坦于道光三十年（朝鲜哲宗元年，1850年）写作的序文也被署名为翁树崐。③ 下文中我们将对此详细考察。此书的编纂时间当在翁树培去世后（嘉庆十六年）。不过我们推测，翁树崐的父亲翁方纲应该见过这部札记的原稿本。

下面再来看一下这部札记原稿本的编纂过程。按照刘位坦的序文，翁

① 徐有榘（1764—1845年），字准平，号枫石，达城人。生于英祖四十年（乾隆二十九年，1764年），徐滢修子。正祖十四年（乾隆五十五年，1790年）增广文科及第后，先后任大司宪、吏曹判书、左参赞、大提学等职。宪宗十一年（道光二十五年，1845年）卒。著有《林园十六志》《种藷谱》《镂板考》等。

② 翁树培，字宜泉，号申之、石峰。生于乾隆二十九年（朝鲜英祖四十年，1764年），翁方纲第四子。母亲韩夫人。乾隆五十二年（正祖十一年，1787年）中进士，除授翰林院检讨。此后代替翁方纲入文渊阁编校《四库全书》。官至刑部郎中。嘉庆十六年（纯祖十一年，1811年）卒。

③ 《海东文献》刘位坦序文："此册为苏斋嗣君树崐星原先生札记。"该序文的写作时间是庚戌仲春，即道光三十年（朝鲜哲宗元年，1850年）二月。刘位坦，字宽夫，顺天大兴（今北京）人。道光五年（纯祖二十五年，1825年）选为贡生，后以御史任职湖南辰州府。在刘位坦广济寺附近建有书室，为纪念自己很早就开始收集的汉献王的篆刻，将书室命名为"君子馆甎馆"或"甎祖斋"。刘位坦又将自己的居所建在孙退谷的旧斋上，并将自己的居所命名为孙公园后园。其书室收藏了很多金石书画，在北京地区的藏家与书家中享有很高的名望。晚年藏书散佚。

树崐在道光初年获得了此书零散的书页原稿（"故纸"），此后30年间一直放在书箱里，因为担心遗失，于是将其编成册子。① 刘位坦的序文表明，《海东文献》最初不过是为了对海东金石文献进行整理与收集而随时记录的札记原稿，后来才制作成书册的形态。

因此，《海东文献》一书的命名并非出自翁树崐之手，而是后人所为。书的封面上所写的"海东文献"的字体与刘位坦的序文的笔迹并不相同，从这一点来看，书名可能是在其藏于中国国家图书馆时定下来的。中国国家图书馆在入藏这部札记的原稿本之后，可能考虑到这部书所收录的大多是海东金石文献以及与海东相关的书籍，因此将此书命名为《海东文献》，以"海东"二字来指称朝鲜半岛，以"文献"二字来概括金石文献与相关书籍。

由前文分析可见，翁树崐曾寄《碑目》给金正喜、李光文、沈象奎、洪显周。《碑目》的名称与这部札记原稿本应该是密切相关的。不仅如此，徐有榘在引用翁树崐的海东金石著作时亦称之为《碑目琐记》。这里的"琐记"一词意为琐碎的记录，与翁树崐最初在札记形态原稿的基础上整理成书的事实是相符的。由此看来，《碑目琐记》这一书名很可能是翁树崐命名的。

根据翁树崐命名的《碑目》与徐有榘的记录，我们将札记原稿本中的海东金石文献的内容称为《碑目琐记》。由于该书中所记述的是海东金石文献以及与海东相关的书籍，因此，不妨将原稿本命名为《海东文献》。

2. 编纂动机与收录的内容

翁树崐编纂札记原稿本《海东文献》的动机，一言以蔽之，就是出于其对海外金石文献的强烈的兴趣。他为了收集与考证海外金石文献（主要是海东金石文献），遂以札记的形式将这些金石文记录下来。在编纂完成之后，也进行了随时增补的工作。另外，他将在这部札记原稿基础上整理出来的书札（或书册）送给朝鲜友人，旨在通过这些朝鲜友人代

---

① 《海东文献》刘位坦序："此册为苏斋嗣君树崐星原先生札记。皆东国金石书籍。若欲有所著者，而未竟也。道光初得之故纸中，历三十年，巾箱贮之未失。比是诸城刘燕庭方伯所辑《朝鲜金石志》，视此收罗较多，而引证书则若不逮。因知星原当年用力之勤，益不令就湮泯，亟装为册存之。"

为广泛收集目录中提到的金石文资料，并对这些资料进行检校。对这一点，我们通过对比《海东文献》中海东金石文的原文记录与嘉庆十九年（1754 年）十月翁树崐寄给洪显周的《碑目》中的记录可看出，翁树崐主要通过朝鲜友人进行收集与考证金石文。其同年正月寄送给金正喜、李光文、沈象奎、洪显周的《碑目》的原文虽并未传世，但我们亦可通过这些书札推知这一事实。

中国国家图书馆藏札记原稿本为未整理本。前述刘位坦的序文即提到此为札记原稿，由于书页凌乱不堪，整理起来十分困难，且他在对零散的金石文进行收集时，似乎已遗失部分原稿，这更给整理工作带来了困难。如《碑目》引自《东国金石》之《真兴王巡狩定界碑》的相关记录，在札记原稿本中就没有。

在现在我们所见到的这部札记原稿本中，翁树崐曾先后多次对原文与相关记载作过补充。书中随处可见翁树崐的考证文字，这给我们整体上对文字进行判读或对书序进行整理带来了困难。

以下我们对札记原稿本的顺序做出整理：

（1）刘位坦的序文，一页。

（2）高丽人的生平简述，二页。

（3）海东金石文 30 种的原文（附有海东金石文资料），八页。

（4）洌上笔石刻本，二页。

（5）《古梅园墨谱》所载有关于碑文考订者（附有日本金石文资料），二页。

（6）海东匾额、石刻文（附有外国交流相关的书籍目录），二页。

（7）海东金石文 10 种的原文（附有海东金石文相关资料），二页。

（8）海东楼亭（附有海东金石文），一页。

（9）对海东金石文的考证叙述文字，一页。

（10）海东金石文四种（对《普贤寺记》的考证文字），三页。

（11）东国书籍有资考订者（附有高丽人生平资料），八页。

（12）对于海东相关资料的叙述文字，九页。

原文部分从整体看较为连贯，以楷书书写；追记部分则以草书书写。特别是在追记部分，翁树崐不止一次进行追记。可以说只要有任何想法，他便将之追记下来，因此，我们要想把握叙述内容并不容易。

3. 编纂年代

接下来，我们看一下此书的编纂年代。海东金石文30种的原文收录了对《新罗麟角寺碑》解题的文字。翁树崐在《海东文献》中称："《新罗麟角寺碑》：敝藏未装残缺本，前后位置皆舛错，不可句读。积旬日目力，细心披阅，逐字精辨，次序始定。"如果我们能确定翁树崐最初接触这些碑文的时间的话，那么也就可以把握《海东文献》原文编纂时间的上限。

翁树崐曾在嘉庆十九年（纯祖十四年，1814年）正月十九日给洪显周的书信中表明，向其多年索求未得的《新罗麟角寺碑》，今终于获得馈赠。翁树崐表达了他对洪显周的谢意以及希望获得全文拓本。① 此后不久，洪显周就给翁树崐寄来其所希望获得的拓本。②

另外，翁树崐在嘉庆十九年十月二十五日寄给洪显周的《碑目》（《新罗麟角寺碑》）的解题中记载道："此拓去年兄所寄者。"③ 从当时朝鲜使行团来北京的时间与翁树崐发送书信的时间（嘉庆十九年正月）来看，我们推测，翁树崐从洪显周处获得这一拓本的时间应该是在嘉庆十八年的十二月末。

下面我们再通过《海东文献》中翁树崐记载的时间来看原文编纂时间的下限。海东金石文30种的原文收录了《陟州东海碑》，另外在"海东楼亭"部分后翁树崐批点处，有对《陟州东海碑》更为详细的解题。在翁树崐的批点的最后，对于批点的时间有明确的记载："甲戌四月十七

---

① 翁树崐嘉庆十九年正月十九日书札（致洪显周）："《麟角寺碑》，视《白月碑》尤古雅，思之有年，未获一见。今兹拜觊，何啻百朋。散本未装，无由审定，积旬日之力，始辨次序。惟缺前十二页，曷胜怅怅。此碑更求广拓惠寄，心感心祝。"

② 翁树崐嘉庆二十年（纯祖十五年，1815年）正月十九日书札（致金正喜）："《麟角寺碑》……即前寄上碑目中所谓缺前十二页者，乃约轩所赠旧装本。弟按其次序考之，录为一册。"《海东文献·新罗麟角寺碑》追记："约轩赠旧拓本已装本。"翁树崐对洪显周旧藏本制成册的时间当在嘉庆十九年间，至迟也不会晚于翁树崐给金正喜写信的嘉庆二十年正月十九日。

③ 翁树崐的《碑目》[嘉庆十九年十月二十五日（致洪显周）]："《新罗麟角寺碑》，此拓去年兄所寄者，缺前十八行，可惜之至。务求全拓为妙。元贞元年沙门竹虚集右军书，求拓全分并额。"参考［日］藤冢邻《清朝文化东传之研究》，第193页。

日灯下记。"这里的甲戌年是嘉庆十九年。因此，应该将这一时间视作
《海东文献》一书成书的下限时间。

综上，札记原稿本《海东文献》金石文的原文当编纂于嘉庆十八年
十二月至嘉庆十九年四月初之间。另外，从札记原稿的编纂动机来看，
《海东文献》的编纂与嘉庆十九年翁树崐向金正喜、李光文、沈象奎所寄
送的《碑目》似有密切关系。如果二者确实存在关系的话，那么《海东
文献》的原文编纂当于嘉庆十九年正月初完成。

下面我们来看《海东文献》一书中翁树崐先后多次批点的时间。书
中翁树崐的多处批点中明确交代了时间。如：

> "甲戌四月十七日灯下"（《陟州东海碑》追记部分）
>
> "甲戌九月廿五日灯下"（《高丽国延州妙香山普贤寺记》追记部
> 分）
>
> "乙亥仲春"（《大觉国师碑》追记部分）
>
> "乙亥仲春廿八日星原识"（《真鉴禅师碑铭》追记部分）

这里的乙亥年指的是嘉庆二十年（1815 年），翁树崐在是年的八月二十八
日去世。此外，《唐文皇半折碑》中亦有"甲戌十月制成"的记载，在
《新罗麟角寺碑》与《新罗鍪藏寺碑》等碑文中有"乙亥人日（正月初
二）自金正喜处获赠"的记载。因此，我们认为札记原稿本的编纂当在
嘉庆十九年四月至翌年（嘉庆二十年）的二月之间，即翁树崐在嘉庆二
十年八月去世之前仍在批点此书。

四、对札记原稿本《碑目琐记》内容的分析

本节将选出札记原稿本《海东文献·碑目琐记》所记载的海东金石
文献作一些讨论。

首先，我们以表格的形式对以楷书书写的、有一连串解题的海东金石
文 30 种的目录做一番整理。下文表 3 - 1 中同时将其与翁树崐寄送给洪显
周的《碑目》，徐有榘引用翁树崐的海东金石著作时所称的《碑目琐记》
（表格中简称《琐记》），赵寅永原撰、刘喜海增补的《海东金石存考》
（以现北京大学图书馆藏刘喜海稿本为据，以下简称《存考》）一起对照，

对收录情况作一番考察，以○表示有收录，以×表示未收录。表 3-1 将清代的避讳字恢复为原用字。

表 3-1　《碑目》《琐记》《存考》收录《平百济碑》等海东金石文情况对照表

海东金石文原文 30 种目录	《碑目》	《琐记》	《存考》
有唐新罗故知异山双溪寺教谥真鉴禅师碑铭	○	○	○
平百济碑	○	×	○
新罗北巡碑	○	○	○
彭吴穿貊碑	○	×	×
新罗麟角寺碑	○	○	○
唐文皇半折碑	○	×	○
陟州东海碑	×	○	○
海东故神行禅师之碑铭	○	×	○
新罗鍪藏寺碑	○	×	○
真乐公重修清平山文殊院记	×	×	○
玄化寺碑	×	×	○
天庆寺碑	×	×	×
新罗国石南山故国师碑铭后记	○	×	○
奉先弘庆寺碣记	○	×	○
刘仁愿纪功碑	○	○	○
高丽国曹溪宗崛山下断俗寺大鉴国师之碑铭	○	○	○
新罗国故两朝国师教谥朗空大师白月栖云之塔碑铭	○	○	○
兴王寺碑	○	×	×
元晓义相纪功碑	○	×	×
公崄镇分界碑	○	×	×
崔孤云事迹碑	○	○	×

续上表

海东金石文原文 30 种目录	《碑目》	《琐记》	《存考》
北汉山太古寺高丽古碑	○	×	×
祭山川祝文碑	×	×	×
李舜臣孙凤祥双碑	×	×	×
枫岳百川桥古碑	○	×	×
普德窟铜柱	×	×	×
妙吉祥石佛	×	×	×
三日浦丹书（丹书壁石刻）	×	○	×
埋香碑（《三日浦》）	○	×	○
白塔石刻	×	×	×

注：表中符号○代表"有收录"，符号×代表"未收录"。

以上资料是翁树崐为当时自家石墨书楼所藏资料或与朝鲜相关的资料中选出的海东金石文献编制的目录。海东金石文目录对于所藏作品或以○、△、□等符号进行标记，或在原文的基础上追记文字，直接记载藏品。如《平百济碑》有两个○标记，以及一个□标记，在其旁边书写有这样的文字："已装本一册，未装二本。"

对于石墨书楼中未藏的海东金石文献，翁树崐则主要参考了朝鲜相关文献。如对于在朝鲜半岛已经流失的金石文《天庆寺碑》与《祭山川祝文碑》即参考了古代韩国相关文献中的记载。翁树崐所参考的朝鲜文献主要有两类：一类是《海东文献》（《东国书籍有资考订者》）所记载的书籍①，一类是与中国的对外关系相关的书籍（其中包括一些朝鲜书籍)②。在海东金石文的解题与追记文字中，翁树崐直接提及的书籍有

---

① 《东国书籍有资考订者》中以圆圈符号标注的书籍有《高丽史》《三国史记》《东国通鉴》等 27 种。以点号标注的书籍有《东国史略》《耳溪诗稿》等二种（以圆圈符号标注的重复的书籍不算在内）。这些书籍主要是一些韩国古籍，不过也有如董越的《朝鲜赋》、徐兢的《宣和奉使高丽图经》等中国人的书籍。

② 《海东文献》的最后部分，在对海东相关文献的叙述中也收录了一些中国人的著作。中国人的著作如严从简的《殊域周咨录》、茅瑞征的《皇明象胥录》、黄洪宪的《輶轩录》等，朝鲜人的著作如李珥的《箕子实纪》等。

《高丽史》《朝鲜史略》《枫岳记》（徐荣辅著）等多种。其中提及《高丽史》的次数最多。①

　　这里所收录的海东金石文献的原文目录基本上是新罗、高丽时期的金石文，《陟州东海碑》与《李舜臣孙凤祥双碑》则是追录的朝鲜时期金石文。诚如表 3 - 1 所示，这份原文目录中翁树崐寄给洪显周的《碑目》中的碑名，在赵寅永原撰、刘喜海增补的《海东金石存考》中很多都未被收录。

　　《碑目》中先记载了金石文的名称，然后才是对金石文进行解题的文字。在解题中，先后为对碑额、碑文的作者、刻写人姓名、碑文撰写年代、立碑年代、碑身尺寸、碑文行款与磨灭部分、篆刻字体、所藏处，以及年代、出处等进行考证的内容。

　　记载方法与《海东金石存考》大同小异。从内容看，《海东文献》与《海东金石苑》《海东金石存考》多有一致，不过也有一些与之不一致之处。将来我们在对海东金石文献进行考证时，这些资料具有内容上可互补的研究价值。

　　如札记原稿《新罗麟角寺碑》的解题对新罗麟角寺碑的树立年代有明确的记载，而《海东金石存考》却不载，后者对于碑文名称的记载也不对。②《真鉴禅师碑铭》的解题记载了碑身的尺寸与行款，而由于《海东金石苑》原拓本遗失，民国初年编者刘承幹所依据的是当时罗振玉所

---

① 翁树崐收藏的《高丽史》中列传缺少七人。嘉庆十九年（纯祖十四年，1814 年）翁树崐在寄给李光文的书信中提出希望李光文补充自己所藏《高丽史》中列传缺少的七人资料。这七人分别是：列传第十三中的赵浚，列传第三十九中的李仁任、林坚味、廉兴邦、曹明修、边安烈、王安德等。根据《海东文献》的前面部分对高丽人生平进行叙述的札记本中，《高丽史·列传第三十二》中的郑道传的传记亦缺失。但对此，翁树崐并未拜托李光文抄录郑道传的传记。在《海东文献》中翁树崐有如下的叙述："敝藏郑麟趾《丽史》缺八人列传，开具如左。"翁方纲所藏的《高丽史》之《郑道传列传》，先是藏于刘承幹处，现藏于香港大学冯平山图书馆。

　　另外，刘喜海于道光十年（纯祖三十年，1830 年）十月间寄给金命喜的信中称，自己曾于道光九年在扬州购得的抄本《高丽史》亦缺少第 31 卷赵浚的传记以及第 32 卷郑道传的传记。由此可见，当时中国人所收藏的《高丽史》中有不少是残缺本。参考［日］藤冢邻《清朝文化东传之研究》，第 183、395 页；《香港大学冯平山图书馆善本书录》，香港龙门书局 1970 年版，第 132 页。

　　② 《海东金石存考》中误作《獜角寺普觉国师碑》。

藏的简装本①，因此对于碑身的尺寸与行款的情况未能作相关记载。此外，在《平百济碑》《新罗国石南山故国师碑铭后记》《奉先弘庆寺碣记》《高丽国曹溪宗崛山下断俗寺大鉴国师之碑铭》等中亦可发现差异处，特别是碑的名称、尺寸与行款。

翁树崐此后继续收集资料并对这些海东金石文献进行考证，在批点文字中阐明事实真相，或对原文进行修改，或者在空白处写上考证文字。对解题文字的修改，主要在碑文名称、尺寸、行款方面，另外也对一些错误之处进行订正。②解题中间的空白处所添加的内容以对金石文献的所藏人、赠送人、书志事项等的记载为主；天头与地脚处，则主要记载对文献事项与碑文内容进行考证的相关内容。其中对《真鉴禅师碑铭》的考证最为详细。

在附录中收录的海东金石文献共有20种。《元化寺碑》与《天庆寺碑》二者之间有《祭清平山真乐公之文》一种。余下的十几种在《白塔石刻》之后先后被记载过两次。从笔迹来看，可以分为两个部分：第一部分是翁树崐从《高丽史》中选出的《金方庆神道碑》等5种③；第二部分是此后以所藏本为主而记载的《蓬莱枫岳元化洞天八字》等14种④。针对这些追加的金石文，翁树崐仅对金石文的篇名、作者进行了罗列，或只有解题。

以下我们来看一下《洌上笔石刻本》（见表3-2）。

---

① 《海东金石苑》卷一《唐新罗真鉴禅师碑铭》："此碑刘氏拓本已佚，兹据上虞罗氏雪堂所藏简装本。"罗振玉的《雪堂丛刻》中有与海东金石文献相关的资料——《三韩冢墓遗文目录》一卷。

② 翁树崐对其中的一些错误进行了修改，不过也有一些修改错误或者不作修改的情况。如《真乐公重修清平山文殊院记》的作者本为金学辙，《文殊院记》错误地记作金富轼，对此翁树崐并未予以改正。《海东金石存考》也是错误地记作金富轼。

③ 属于这一类的金石文有《金方庆神道碑》《崔硕八马碑》《曹希参碑》《辛斯葳女碑》《尹龟生孝子碑》5种。其中《金方庆神道碑》收录于翁树崐寄给洪显周的《碑目》中。

④ 属于这一类的金石文有《蓬莱枫岳元化洞天八字》《海东第一楼记》《绛仙楼柱联》《新罗太祖武烈陵碑》《奉德寺钟铭》《灵通寺碑》《兴国寺塔铭》《金太师庚信碑》《桑邨先生旌孝碑》《僧伽窟石佛诸石扇背铭字》《云门寺圆应国师碑》《月山大君碑》《清虚寺碑》《成听松碑》14种。其中《蓬莱枫岳元化洞天八字》与《灵通寺碑》被收入札记本原文中，《金太师庚信碑》被收录在《碑目》中。《清虚寺碑》当时并未被收藏在石墨书楼中，而是嘉庆十九年（1814年）十月二十四日因洪显周赠送而得。

表3－2　《碑目》《琐记》《存考》收录《洌上笔石刻本》情况对照表

《洌上笔石刻本》	《碑目》	《琐记》	《存考》
洌上笔石刻本14页	○	×	×

注：表中符号○代表"有收录"，符号×代表"未收录"。

　　翁树崐在给洪显周的《碑目》中提到过《洌上笔石刻本》，李书九的家中藏有该石刻的拓片。① 其中收录的人物有新罗时期4人（金生、崔致远、僧灵业、无名氏），高丽王朝时期4人（僧坦然、文克谦、李嵒、韩修），朝鲜王朝时期16人（成石璘、申穑、崔兴孝、姜希颜、朴孝元、李瑢、成任、郑兰宗、成世昌、金希寿、金絿、成守琛、黄耆老、宋寅、杨士彦、韩濩），共计24人。这些人都是其所在时代著名的文人，所作的文章被收集起来，刻于石上。翁树崐主要对各人物的字、号、谥号、官职等作了简要的记载。

　　接下来，我们分类对海东金石文献的资料解题进行分析。大体上分为这3类：一是《太櫓院匾额》及其后共5种（见表3－3），二是《三日浦石刻》及其后共9种（见表3－4），三是《宝文清燕阁记》及其后共4种（见表3－5）。这里收录的海东金石文纳入以上所述30种海东金石文原文（见表3－1）亦无妨。不过，为了将翁树崐的记载与后人编制的本子区分开来，我们分开论述。

表3－3　《碑目》《琐记》《存考》收录《太櫓院匾额》等5种海东金石文对照表

海东金石文原文5种目录	《碑目》	《琐记》	《存考》
太櫓院匾额	×	×	×
田游岩序及邻兴君印本	×	×	×
题诗石刻	×	×	○
扶苏山刻像	×	×	×
葱秀山石刻	○	×	×

注：表中符号○代表"有收录"，符号×代表"未收录"。

① 《海东文献》中石片所藏者被误记作李韶九，后改正为李书九。

对于《太橹院匾额》及其后共 5 种，翁树崐将之分为匾额与石刻 2 类。解题主要对所在地、作者、刻工的姓名以及与出典相关的故事进行了记载，省略了对碑身尺寸与行款的记载。该 5 种碑文之后皆以三角符号△标注，表明有藏本。

《太橹院匾额》与《田游岩序及邻兴君印本》的作者为金生，在红流洞的《题诗石刻》中记载了这 2 块碑的所在位置以及崔致远的 4 句诗。敬天寺 10 层石塔上的《扶苏山刻像》记述了刻像的模样与元朝丞相脱脱树碑之事。① 《葱秀山石刻》记载了朝鲜成宗时期出使朝鲜的明朝人董越树碑之事。②

《三日浦石刻》及其后共 9 种主要是石刻（见表 3 – 4）。《三日浦石刻》是树立于高城郡三日浦的丹书 6 个大字（永郎徒，南石行）③，记载了石碑所在地、出典故事以及石刻的内容。对于其他 8 种，翁树崐仅记载了石刻的名称、所在地、刻写人的姓名。只是在《关西妙香山普贤寺高丽太师碑》（简称《普贤寺碑》）札记本的最后部分再次列举了原文并作了详细的考证。仅在《三日浦石刻》与金富轼的《普贤寺碑》的天头部分有三角符号△的标识。

表 3 – 4　《碑目》《琐记》《存考》收录《三日浦石刻》等 9 种金石文对照表

海东金石文原文 9 种目录	《碑目》	《琐记》	《存考》
三日浦石刻	×	○	○
浦边石壁有蓬莱杨士彦诗与笔刻	×	×	×
关西妙香山普贤寺高丽太师碑	○	×	○
智异山崔孤云碑	○	×	○
岭南通度寺安东清凉山碑	○	×	×
湖南灵岩郡月出山高丽神僧道诜碑	○	×	×

---

① 《海东文献》之《扶苏山刻像》："谚传元脱脱丞相以为愿刹，晋宁君姜融募元朝工匠造此塔，至今有脱脱、姜融画像。又寺之东冈产怪石，俗谓之沈香石。"

② 《海东文献》中《葱秀山石刻》："在黄海道平山府北三十里。董侍讲越奉使到此，作记立碑以刻。"董越于明弘治元年（朝鲜成宗十九年，1488 年）以颁诏正使的身份来到朝鲜，作有《朝鲜赋》。

③ 《海东金石苑》卷三《唐新罗三日浦丹书岩题名》："述郎徒，南石行。"述郎应为永郎。

续上表

海东金石文原文 9 种目录	《碑目》	《琐记》	《存考》
归法寺崔冲题咏刻石	○	×	×
狎鸥亭	×	×	×
海云台崔致远遗迹题石	×	×	×

注：表中符号○代表"有收录"，符号×代表"未收录"。

表 3-4 所列举的匾额仅《狎鸥亭》一种。这里的狎鸥亭指的是朝鲜成宗时期韩明浍所建立的亭子。① 这一亭子是两国人物交流的产物，在札记原稿本中亦能见到相关资料，如《扶苏山刻像》与《葱秀山石刻》《新罗灵鹫山周禅师碑铭》。翁树崐将自己正从事的海东金石文献的研究视作中朝两国文化交流的一部分，我们认为他对这方面的资料收集有着不同于其他人的执着。

在原文解题之后，翁树崐追记了《慧因寺碑》的解题以及赵明诚的《金石录》中与朝鲜半岛相关的碑石。《慧因寺碑》亦记载于翁树崐寄给洪显周并要求获得海东金石文献的《碑目》之中，该碑是归化入高丽的宋人周儜（？—1024 年）所写作的碑文。另外，翁树崐对中国金石文献中与朝鲜半岛相关的金石亦有浓厚的兴趣。《金石录》卷四《目录》收录了与征伐百济武将相关的金石碑文目录，翁树崐抄录了《金石录》所收第 656《孙仁师碑》与第 658《程知节碑》。

《宝文清燕阁记》及其后共 4 种（见表 3-5）是翁树崐依据参考文献所作的间接记载，因此仅记载了碑文作者以及相关的故事。紧随此碑之后的《大觉国师碑》则由于是直接从朝鲜学者手中获得的，对于碑文的作者有较为详细的考证。在考证中，翁树崐称：高丽国王最初让尹瓘安排此碑碑文的写作，但尹瓘安排的僧人所写碑文不佳，引起非议。于是尹瓘就让金富轼重新写作碑文。② 翁树崐虽然较早引用了这一故事，但在嘉庆二十年（1815 年）仲春所追加的记录对这此事作了考证，认为故事不确。

① 《海东文献》之《狎鸥亭》："在都城近处豆毛浦南岸，上党府院君韩明浍别墅，有翰林学士倪谦匾，并诸贤题咏。"倪谦于明景泰元年（朝鲜世宗三十二年，1450 年）以使臣身份来朝鲜，与朝鲜学者多有诗文唱和，编有《朝鲜纪事》一书。

② 《大觉国师碑》的作者相关故事见于李齐贤的《栎翁稗说》。

翁树崐的根据是：碑文的开头部分记载，高丽仁宗三年（北宋宣和七年，1125 年）僧统、澄俨等人请金富轼写作碑文，而此时离尹瓘去世已经过了 14 年。①

表 3-5　《碑目》《琐记》《存考》收录《宝文清燕阁记》等 4 种金石文对照表

海东金石文原文 4 种目录	《碑目》	《琐记》	《存考》
宝文清燕阁记	○	×	×
大觉国师碑	○	×	○
英州厅壁石刻	×	×	×
高丽国延州妙香山普贤寺记	○	×	○

注：表中符号○代表"有收录"，符号×代表"未收录"。

《高丽国延州妙香山普贤寺记》（即《普贤寺碑》）的碑阴刻有《探密宏廓二祖师记》，因此实际上包含两种金石文。翁树崐对碑文的作者、刻写人、立碑年代、碑身尺寸、行款等作了详细的记载。翁树崐认为，该碑的刻石字体为行书，与李北海的《岳麓云麾》的字体极为相似，可看出《普贤寺碑》的刻写人对《岳麓云麾》的字体十分熟悉。札记天头部分记载了对刻写人的考证文字，由后面两页的记载来看，翁树崐起码先后两次对此碑的内容与人物作过考察。考察后的札记文字当写于嘉庆十九年（1814 年）九月二十五日。

最后，我们来看一下徐有榘引用本《碑目琐记》以及翁树崐寄给洪显周的《碑目》。徐有榘引用本《碑目琐记》的解题内容抄录的是札记原稿本《海东文献》记载的海东金石文献原文，仅在原文基础上略有删减或改动。从这一点来看，翁树崐寄给朝鲜友人的《碑目琐记》已经历过增补，或存在另外一种抄本。另外，我们认为也不排除徐有榘在引用时对原文作断章取义式处理的可能。

那么徐氏所引用的《碑目琐记》编纂于何时？札记原稿本《真鉴禅师碑铭》解题的开头写道："碑字正楷"，"共计三十八行，每行七十字"。而翁树崐后来修改为："碑文正楷"，"共计三十九行，行七十字"。徐氏所引用的《碑目琐记》中前面的部分与札记原稿本《碑目琐记》的记录

---

① 尹瓘卒于高丽睿宗六年（北宋政和元年，1111 年）。

是相同的。从这一点上来看，徐氏所引用《碑目琐记》当是在札记原稿本的原文被记载以后才编纂而成，至少不会早于翁树崐所记载的"乙亥（嘉庆二十年）仲春廿八日"。

这一份《碑目琐记》在编纂当时就通过第三者传给了朝鲜友人。此后流入徐有榘之手，徐有榘在其《东国金石》中引用了《碑目琐记》。

翁树崐在寄给洪显周的《碑目》中列举了34种碑文名称。其中《新罗灵鹫山周禅师碑铭》《昌林寺碑》《山斋记刻石》三种不见于札记原稿本的原文与附记中。《碑目》的记载内容比札记原稿本《碑目琐记》要简略得多。笔者以为，这可能与翁树崐为便于通过洪显周等朝鲜友人来收集海东金石文的编纂动机有密切关系。《碑目》在碑文名称之后仅记载了各碑文的作者、刻写人、碑刻所在地等信息，在几种碑文名称之后十分简略地记载了与碑文背景相关的故事，或碑文中残缺的文字。如在《新罗灵鹫山周禅师碑铭》的碑名之下记载了在唐人皮日休文集中找到碑铭的事情，同时对该碑存世的可能性作了推测。

在这份《碑目》最后的结语中，翁树崐表达了希望获得《碑目》中所列举的全部碑文的迫切心情。[1] 翁树崐称自己虽然已有《新罗麟角寺碑》《新罗鍪藏寺碑》《石头南山碑后记》《刘仁愿纪功碑》《白月碑》等碑的拓本，但这些拓本皆有残缺部分，因此希望获得这些碑文的完整拓本。翁树崐进而提出要求，希望朝鲜友人在制作拓本时留出空白。由此可以看出，翁树崐希望完整地收集海东金石文，并希望对这些金石文作彻底的考证。[2]

五、结　语

朝鲜正祖、纯祖年间，在朝、清两国学术交流中发挥桥梁作用的翁氏父子（翁方纲、翁树崐），对于海东金石文献有着十分浓厚的兴趣。翁氏父子在与出使清朝、来到北京的金正喜等朝鲜学者交流时，通过这些朝鲜

---

① 翁树崐《碑目》，见嘉庆十九年（1814年）十月二十五日致洪显周书信中所附："以上各碑，均求拓寄，多多益善耳。"

② 翁树崐《碑目》，见嘉庆十九年十月二十五日致洪显周书信中所附："每碑均求连额拓寄，碑之四方，乞留余纸，以便考订原碑尺寸。敬求惠寄要件，粘此纸张于兄之座隅，时时提念，如星原在侧也。"

学者获得了大量海东金石文献，翁氏家族甚至被誉为清代金石学家族，在中国最早对海东金石文献进行收集与研究分析。

翁树崐的《碑目琐记》很早就在徐有榘的《东国金石》的解题中被徐氏引用过，然而他未能对全书的内容与实际情况做整体把握，甚至我们今天也几乎快要忘记了这部书的存在。笔者在中国国家图书馆所藏的翁树崐札记原稿本《海东文献》中发现了其中关于海东金石文献的部分——《碑目琐记》。通过这一札记原稿本，本章对《碑目琐记》的整体情况以及翁树崐收集与考证海东金石文献的过程进行了分析。

这部札记原稿本《碑目琐记》由翁树崐亲笔记录。翁树崐去世后，它一度沦为废纸。刘位坦于道光三十年（1850年）将之整理成册。笔者认为，《海东文献》一书的书名是在其藏于中国国家图书馆期间被命名的。翁树崐的《海东文献》主要收录海东金石文献以及与海东相关的其他书籍，因此，中国国家图书馆将此书命名为《海东文献》。札记原稿本中的札记文字并非一次写成，而是经历过多次的追记。原文当写于嘉庆十八年十二月末至十九年四月初之间，其中在嘉庆十九年正月初完成的可能性最大。而札记文字则当写于嘉庆十九年四月至嘉庆二十年二月之间，札记文字先后经历多次追加。翁树崐在于嘉庆二十年八月去世之前，仍在为此书作札记。

该札记原稿本所收录的海东金石文献，大体上来看，可分为前半部分的30种与后半部分的19种，也有一些后来追记的海东金石文。在对金石文献的解题中，既有一些与《海东金石存考》或朝鲜学者所编金石文集对篇名、行款等信息记载一致的情况，也有与之不同的情况。这是因为翁树崐所见到的金石文本身较其他文集中所记载的版本早。另外，翁树崐同时参考了很多文献记载，依据这些文献作了很详细的考证。前文已述及，由于是对海东金石文献的总体情况作整理的一部书，因此，札记原稿本的内容具有很高的学术参考价值。

最后，可以说《碑目琐记》是朝鲜与清朝学术交流的产物，是迄今为止现存年代第二古老的海东金石文集中著作。将翁树崐的《碑目琐记》向学界进行介绍，具有十分重要的学术意义。希望将来有更多学者关注这一文献，并对现藏于韩国以外，或为韩国学界所熟知，以及韩国学界十分关注的文献进行发掘。

第四章　对翁树崐《海东文献》的分析

一、引　言

如今韩国学已经成为了一门国际性的学问。为推动这一学问的发展，很多学者在努力着。很多韩国学研究机构与学者在此基础之上，从事着基础资料的收集与整理工作，取得了很多成果。

笔者亦多年从事这方面的研究，关注的重点是韩国以外（尤其是中国）的与古代韩国相关资料的收集和整理工作。笔者曾经出版过《台湾公藏韩国古书籍联合书目》一书，书中所录《中国三所图书馆藏韩国古书之分析》一文对中国的公共图书馆所藏的古代韩国文献进行了整理；也对《朝鲜书目》（清人刘喜海增补）、《朝鲜诗选》两种（分别为明人蓝芳威和吴明济编纂）、《小方壶斋舆地丛钞》（清人王锡祺编纂）等由中国人编纂的与韩国相关资料著作进行过分析；也曾经将《海东金石存考》（朝鲜人赵寅永原撰、清人刘喜海增补）的各种稿本与刊本，以及《麟角寺普觉国师碑铭》（明末抄本）等现藏于中国的海东金石文献资料向学界作过介绍。

本章将对清人翁树崐的札记本《海东文献》进行系统论述。该书现藏于中国国家图书馆善本室。由书名可知该书与韩国学相关，书中主要收录海东金石文献以及与海东文献相关的资料。尤其值得注意的是，这部书中收录了被学界认为是海东金石文献资料中已经失传的翁树崐的《碑目琐记》，也就是朝鲜人徐有榘的《东国金石》（载《林园十六志·怡云志》）所引用过的翁树崐《碑目琐记》的初稿本。对此，笔者曾将清人翁树崐的札记本《海东文献》的一部分《碑目琐记》单独列出，在《书志学报》第20号上发表过。①

---

① ［韩］朴现圭：《海东金石文的新资料——清人翁树崐的〈碑目琐记〉》，载《书志学报》1997年第20号，第83－105页。

本章将对《海东文献》的整体内容进行分析。在论文展开的过程中，虽然将重点讨论此前笔者发表的论文中未提到的部分或者不足之处，但也会参考笔者上一章的一些内容，比如金石文收录情况对照表等。

二、《海东文献》概要

《海东文献》书首有刘位坦于道光三十年（朝鲜哲宗元年，1850年）二月所写的序文，全文如下：

> 朝鲜自檀君始，箕子分封，文物蔚然，海东一大都会也。臣服国朝，岁有贡使，所来者类，皆文雅之士，企仰华风，喜与我辈交接。襄时，为纪河间、翁苏斋，皆由由然与之偕而不拒也，故知其地之文献益审。此册为苏斋嗣君树崐星原先生札记，皆东国金石书籍。若欲有所著作，而未竟也者。道光初，得之故纸中，历卅年，巾箱贮之未失。比是诸城刘燕庭方伯所辑《朝鲜金石志》，视此收罗较多，而引证书则若不逮。因知星原当年用力之勤，益不忍令就湮泯，亟装为册存之。庚戌仲春大兴刘位坦记。

刘位坦在上述序文中对于当时朝鲜与清朝学者之间的交流情况，以及札记本《海东文献》的制作过程进行了介绍。根据刘位坦的介绍，《海东文献》最初形态是札记原稿。在道光初年，刘位坦获得了这份资料，在箱子里保管 30 年以后，刘氏担心这份文献湮灭不传，于是刊行了此书。《海东文献》能流传至今，刘位坦功莫大焉。

不过刘位坦所刊行的《海东文献》与翁树崐的札记原稿的全文有一定差距，前者有一部分札记原稿遗失了。我们的根据是，徐有榘的《东国金石》中所引用过的翁树崐《碑目琐记》的金石种类并未被全部收录到今传《海东文献》中。徐有榘引用的《碑目琐记》共有 10 种，这其中有《真鉴国师碑》《麟角寺碑》《神行禅师碑》等 9 种被收录在《海东文献》之海东金石文解题中，而《真兴王巡狩定界碑》这一种却并未被收录到《海东文献》中。

中国国家图书馆微缩胶片本的封面题写着"海东文献"这一书名。同时，有"宜泉札记""之福堂存"等字样，宜泉是翁树培的字。然而在笔者看来，《海东文献》的作者当为翁树崐，理由是：首先，《海东文献》编纂于翁树培去世后①；其次，书上钤有翁树崐的印章；再次，上文中提到的刘位坦的序文明确指出，《海东文献》的作者是翁树崐；最后，朝鲜人徐有榘的《东国金石》也将《碑目琐记》的作者记作翁树崐。②

我们先来考察这一札记本的书名"海东文献"的问题。为了说明这一问题，我们首先需要对与这一札记本有密切关联的《碑目琐记》的名称进行考察。

虽然我们没有确切的证据证明"碑目琐记"这一书名是由翁树崐本人所命名的，但可以确定的是，这一书名与翁树崐有着密切关系。翁树崐于清嘉庆十九年（朝鲜纯祖十四年，1814 年）为系统获得海东金石文而向朝鲜人洪显周寄送过《碑目》。《碑目琐记》中的"碑目"二字，与《碑目》二字完全一致。至于"琐记"二字，有琐碎的记录之意，与随时可以记录的札记本的特征是相通的。考虑到以上几点，笔者认为，这一札记本的本名是《碑目琐记》的可能性更大。

然而问题在于，此《海东文献》本为札记，翁树崐生前并未对此书有过具体的命名。在翁树崐去世后，刘位坦将此书刊行，他在上述序文中也没有提到该书的书名。从这些情况来看，今传《海东文献》这一书名可能是由中国国家图书馆所命名，或者是在入藏之前命名的。《海东文献》这一书名由意为朝鲜半岛的"海东"一词，与包含金石文与书籍在内的"文献"两个词语组成。换言之，考虑到这一札记本中主要收录的是海东金石文与海东其他文献这一点，于是将此书命名为《海东文献》。在将来出现新的证据之前，笔者暂时将此书称为《海东文献》。

翁树崐编纂《海东文献》，一方面是受到当时清代学者重视考证学与金石文集的编纂的时代风气的影响；另一方面，也与翁氏父子平时对于海东金石文献的收集与研究十分热衷有密切关系。翁树崐 30 岁就英年早逝，尽管如此，由于他的父亲是翁方纲，他有很多与朝鲜学者接触的机会。根据现存的记录可知，翁树崐所接触的朝鲜学者有：洪显周、金正喜、李光

---

① 翁树培是翁方纲第四子，卒于清嘉庆十六年（朝鲜纯祖十一年，1811 年）。关于《海东文献》的编纂时间，下文将详细说明，这里先作简要交代：从嘉庆十八年（1813 年）至嘉庆二十年（1815 年）间，经过多次编纂。

② 徐有榘的《东国金石》中将"翁树崐"讹作"翁树琨"。

文、沈向奎、柳最宽、李祖默、金汉泰、申纬等人。翁树崐从上述朝鲜人处获得海东金石文拓本达几十种，如果再加上翁家藏书楼——石墨书楼中所藏海东金石文献，那么数量是相当庞大的。我们在海东文献中随处可见他对自家所藏物品进行标记的符号：圆圈（○）、正方形（□）、三角形（△）。此外，翁树崐的父亲翁方纲也对海东金石文进行过整理编纂，有《海东金石记》五册①，在其文集中也收录了有关海东金石文的五篇跋文。②

由《海东文献》一书，即可窥知翁树崐的努力和勤勉。刘位坦在序文中提到，他刊行此书的动因是担心此书湮灭不传。翁树崐收集海东金石文献并编纂成《海东文献》一书，也是出于对文献不传的担心。下文将提到，《海东文献》所记载的一些资料是翁树崐在去世不久前才获得。我们不由得在脑海中浮现出这样一幅画面：翁树崐虽然身体虚弱，但仍然专注于研究。

《海东文献》的本来形态是札记原稿，因而其所收录的内容与编辑显得有些混乱。对此进行分析会发现，书中不仅有翁树崐整整齐齐书写的所谓原文部分，而且在原文部分以外的空白以及其他纸张上也有一些毫无规则地记载的内容。特别是后者，书写较为混乱，一些地方的文字判读起来非常困难。有的可能是他随意书写所致，还有的是他在书写过程中因握笔的手颤抖所致。这可能与当时他的健康出了问题有关。

接下来我们考察翁树崐《海东文献》的写作时期。以正楷字工整书写的原文部分始于清嘉庆十八年十二月末，止于翌年四月初。《海东文献》原文部分有解题的《麟角寺碑》的拓本，是他于嘉庆十八年十二月

---

① 傅增湘曾于 1934 年 4 月在叶启勋家中阅读过翁方纲手稿本《海东金石记》。然而这一稿本是否传世，不详。参阅傅增湘《藏园群书经眼录》卷六《史部四·金石类》，《海东金石记》五册（翁覃溪方纲手稿本）（叶定侯藏书，甲戌四月阅），中华书局 1983 年版，第 494 页。

② 翁方纲的《复初斋文集》（家藏，清道光刊本）卷二四记载了《平百济碑》《新罗螯藏寺碑残本跋》《新罗双溪寺碑跋》，卷二五收录了《跋高丽灵通寺大觉国师碑》（目录中作卷二四），卷二六有《跋高丽重修文殊院记》等文章。

末至第二年正月初所获得的。① 他追加的明确的记录中，最早的时间是嘉庆十九年（纯祖十四年，1814 年）四月十七日。②

至于以草书书写的部分，大体上来看可分为两部分：一部分是叙述部分，一部分是追记部分。叙述部分的编纂时期可能与以正楷字书写的原文部分相同，或者是在原文部分书写之前不久。③ 至于追记部分，笔者认为始于嘉庆十九年四月中旬。此后以草书书写的部分继续以追记的形式进行。其中，有明确记载的终于嘉庆二十年（纯祖十五年，1815 年）二月之前。④ 考虑到翁树崐平时对于金石文的热情，以及札记原稿是他身边之物这两点，我们认为，直至嘉庆二十年八月去世之前，他仍在编纂此书。

《海东文献》全书 41 张。以下我们按照刊本的顺序，对于所收录的内容作如下整理。圆括号中的序号是笔者为了论述的方便使用的符号，中括号中的内容是以正楷书写的原文部分之外，翁树崐以草书书写的部分。

---

① 《麟角寺碑》指的是高丽时期的僧人一然所作《麟角寺普觉国师碑铭》。翁树崐多年来希望获得这一碑文的拓本，一直未能如愿。直到洪显周于嘉庆十八年（1813 年）随冬至使一行来到北京，翁树崐才获得了此碑的拓本。

《海东文献》载：《新罗麟角寺碑》，"敝藏未装，残缺版本，前后位置皆舛错不可句读，积旬日目力，细心批阅，次序始定"。翁树崐于嘉庆十九年写给洪显周的书信中写道："《麟角寺碑》，视《白月碑》尤古雅，思之有年，未获一见，今兹拜贶，何啻百朋。散本未装，无由审定。积旬日目力，始辨次序。惟缺前十二页，无从补缀，曷胜怅怅。此碑更求广拓惠寄，心感心祝。"《白月碑》指的是新罗时期的著名书法家金生书写的《石南山寺朗空白月楼云塔碑铭》。参考 ［日］藤冢邻《清朝文化东传之研究》，国书刊行会 1975 年版；《秋史金正喜的另一张面孔》，［韩］朴熙永译，首尔学术屋出版社 1994 年版，第 188 页。

② 《海东金石文》的追记部分（笔者分类的第六类）中，在讨论《陕州东海碑》时对于追记时的日期记载道："甲戌四月十七日灯下记"。《陕州东海碑》在海东金石文的 30 种原文（笔者分类的第三类）中也有解题。

③ 本章将对此进行详细考察，紧随刘位坦序文之后所记载的叙述部分（笔者分类的第三类）中，有翁树崐提出对自家所藏《高丽史》中缺失的列传进行补录之请求的文字。这一记录与翁树崐于嘉庆十九年正月寄送给李光文的书信中的内容是一致的，由此可知，叙述部分与原文几乎是同时书写的。此外，考察《普贤寺记》的解题，它可能是从叙述部分开始的基础性工作，而原文部分则在此基础上做了增补的工作（参照笔者在下文分类的第九类与第十类）。

④ 加笔部分中有明确书写时间的如下："甲戌四月十七日灯下记"（《陕州东海碑》追记部分）、"甲戌九月廿五日灯下"（《普贤寺记》追记部分）、"乙亥仲春"（《大觉国师碑》追记部分）、"乙亥仲春廿八日星原识"（《真鉴禅师碑》追记部分）。这里的甲戌年指的是嘉庆十九年，翌年是嘉庆二十年。

（1）刘位坦序文，一页。

（2）主要是对高丽人生平简述与文献的记录，二页。

（3）海东金石文 30 种原文［包括海东金石文资料］，八页。

（4）洌上笔石刻本，二页。

（5）《古梅园墨谱》所载有关于碑文考订者［包括与日本相关的资料］，二页。

（6）海东刻文［包含《世善堂藏书目录》引用目录］，二页。

（7）海东金石文 10 种原文［包括海东金石文相关资料］，二页。

（8）海东楼亭［包括对《陕州东海碑》的解题］，一页。

（9）［海东相关资料与书札］，一页。

（10）海东金石文四种［包括对《普贤寺碑》的考证］，三页。

（11）东国书籍有资考订者［主要包括高丽人的生平简述］，八页。

（12）对于海东相关资料的叙述文字，九页

从整体看，书中所收录的内容主要分为金石文类资料以及文献类资料两大类。我们将对此进行详细考察。

三、金石文献资料分析

翁树崐对于金石文的喜爱，不亚于其父翁方纲。他将海外金石文献的收集与考证作为一生的事业，倾注了一生的心血。在《海东文献》中，我们到处可以看到与此相关的记录。从内容和笔迹上来看，大体上可以分为以正楷字工整书写的原文部分，以及字迹较为潦草、书写模糊的叙述部分以及追记部分。

《海东文献》中上述第三类收录了海东金石文原文 30 种，以及追记金石文。表 4 - 1 中所谓《碑目》，指的是翁树崐寄送给洪显周的书信中所附的《碑目》；《琐记》指的是徐有榘引用翁树崐的海东金石著作时所标的《碑目琐记》；《存考》指的是赵寅永原撰、刘喜海增补的《海东金石存考》（今藏北京大学图书馆）。表 4 - 1 中将清人的避讳字恢复为本字。

表 4－1　《碑目》《琐记》《存考》收录金石文情况对照表

海东金石文原文 30 种目录	《碑目》	《琐记》	《存考》
有唐新罗故知异山双溪寺教谥真鉴禅师碑铭	○	○	○
平百济碑	○	×	○
新罗北巡碑	○	○	○
彭吴穿貊碑	○	×	×
新罗麟角寺碑	○	○	○
唐文皇半折碑	○	○	○
陟州东海碑	×	×	○
海东故神行禅师之碑铭	○	×	○
新罗鍪藏寺碑	○	×	○
真乐公重修清平山文殊院记	×	×	○
玄化寺碑	×	×	○
天庆寺碑	×	×	×
新罗石南山故国师碑铭后记	○	×	○
奉先弘庆寺碣记	○	×	○
刘仁愿纪功碑	○	○	○
高丽国曹溪宗崛山下断俗寺大鉴国师之碑铭	○	○	○
新罗国故两朝国师教谥朗空大师白月栖之塔碑铭	○	○	○
兴王寺碑	○	×	×
元晓义相纪功碑	○	×	×
公崄镇分界碑	○	×	×
崔孤云事迹碑	○	○	○
北汉太古寺高丽古碑	○	×	×
祭山川祝文碑	×	×	×
李舜臣孙凤祥双碑	×	×	×
枫岳百川桥古碑	○	×	×
普德窟铜柱	×	×	×
妙吉祥石佛	×	×	×

续上表

海东金石文原文 30 种目录	《碑目》	《琐记》	《存考》
三日浦丹书（丹书壁石刻）	×	×	○
埋香碑（三日浦）	○	×	○
白塔石刻	×	×	×

注：表中符号○代表"有收录"，符号×代表"未收录"。

原文 30 种大部分收录的是新罗人与高丽人所撰写的金石文。此外，有朝鲜时期的碑文两种，即《陟州东海碑》以及《李舜臣孙凤祥双碑》，还有辽代道宗所撰、发往高丽的中国拓本《天庆寺碑》一种。① 拓本中有三分之一是在朝鲜半岛佚失的金石文，比如其中的《公崄镇分界碑》，是高丽人尹瓘在平定女真之后在公崄镇所树立的边界碑，翁树崐对公崄镇分界碑的记录参考了《高丽史》和《朝鲜史略》的记载。② 因此，可以说翁树崐并不满足于仅编纂一种"知见金石目录"之类的著作，而旨在对海东金石文进行系统整理。

书中对于所收录碑文按照如下顺序写作解题：金石文的名称、编纂者、书写人姓名与刻工姓名、编纂年代、立碑年代、碑身尺寸、行数、字数、字体模糊部分、刻字所用字体、收藏人等。不过，有的时候，一些信息会被省略。这种解题方式与赵寅永原撰、刘喜海增补的《海东金石存考》大同小异，是当时金石文集典型的解题写作方式。从解题内容来看，《海东文献》与《海东金石存考》以及刘喜海编撰的《海东金石苑》大体一致，不过《海东文献》有的考证部分较此二书更为详细。这是由于《海东文献》的编纂年代要早于这两部书；另外也与翁氏家中所藏拓本种

---

① 《陟州东海碑》由朝鲜王朝时期人许穆所树，《李舜臣孙凤祥双碑》中的传主是朝鲜王朝时期的人物。另外，《天庆寺碑》并非树在朝鲜半岛的石碑，而是由辽国赠送的拓本，保存在朝鲜半岛。

② 《海东文献》引用的《朝鲜史略》记载此事发生在高丽肃宗八年（北宋崇宁二年，1103年），还记载称高丽人攻陷女真 150 座村庄，而事实上这一记载并不属实。根据原国立北平图书馆（今中国国家图书馆）藏《朝鲜史略》的记载，此事发生在睿宗二年（北宋大观元年，1107年），高丽人所攻陷的女真村落数量是 135 座。据《高丽史》记载，尹瓘建东北六城的时间是睿宗二年。参考《高丽史》卷十二《睿宗世家》"三年二月戊申日"条，及原国立北平图书馆善本丛书《朝鲜史略》卷三（四库全书本中为卷六）。

数较多有关。比如，书中对《神行禅师碑》碑石的最后部分文字脱落情况做了记录，而这一记录与近年问世的金石文集的解题是一致的。再如，翁家所藏《唐文皇半折碑》及《真空大师塔碑》拓本就有 5 种，含洪良浩跋文本旧拓本 1 种，未制本 2 种，金汉泰赠送本 1 种，柳最宽赠送本 1 种，等等。①

在追记部分，原文中插入金石文 1 种。② 原文结束的部分最少有 2 处，收录了 10 余种金石文与亭台楼阁的目录。③ 所收录碑文的时代从新罗时期一直到朝鲜时期，跨度很大。可以看出，其中有不少是翁树崐从朝鲜友人那里获得赠送的拓本，以及依据此文献所做的记录。④

《海东文献》所收录文献的第四类是海东著名书法家的笔石刻本——《洌上笔石刻本》（见表 4 - 2）。

表 4 - 2　《碑目》《琐记》《存考》收录金石文情况对照表

海东金石文原文 1 种目录	《碑目》	《琐记》	《存考》
洌上笔石刻本	○	×	×

注：表中符号○代表"有收录"，符号×代表"未收录"。

翁树崐在《海东文献》中记载道，笔石刻本的书册有 14 张，石片藏于李书九家中。⑤ 这些也记载在翁树崐寄送给洪显周的《碑目》中。由此也可看出他对笔石刻本的兴趣。记载的内容按照朝代与人物顺序进行分类，分别记载人物的字号、斋号、姓名、官职等。从人物年代上来看，有新罗时期 4 人、高丽王朝时期 4 人、朝鲜王朝时期 16 人，一共 24 人。

---

　　① 《海东文献》之《唐文皇半折碑》："敝藏本有洪耳溪手跋甚详。"追记："装本一，未装二，自怡一，贞碧一。"洪良浩的跋文收录在《耳溪先生集》卷十七中，题作《题原州半折碑后》。

　　② 《祭清平山真乐公之文》1 种，收录在《元化寺碑》与《天庆寺碑》二碑之间。

　　③ 《金方庆神道碑》以下 5 种碑文与《蓬莱枫岳元化洞天八字》以下 14 种，书写的字体不同。

　　④ 《祭清平山真乐公之文》《蓬莱枫岳元化洞天八字》《清虚寺碑》是翁树崐分别从金汉泰、金正喜、洪显周三人处获赠。亭台楼阁类的《海东第一楼记》与《绛仙楼柱联》以下有"洪耳溪"的自注，《金方庆神道碑》以下 5 种引用了《高丽史》《墨池编》等文献。

　　⑤ 《海东文献》之《洌上笔石刻本》中记载："石片藏在李韶轩韶九家中。"翁树崐此后将"韶"字订正为"书"字。另外，《海东文献》第十类中的《普贤寺碑》部分，在提到《洌上笔石刻本》的同时，也记载了石片藏在李书九家的事实。李韶九是李书九的季弟。

《海东文献》的第五类十分特别，这类资料与日本密切相关。翁树崐在见到琉球人松元泰刊行的《古梅园墨谱》一书后，在《海东文献》中记载了《佛足石碑》《江岛碑》《壶碑》3 种日本金石文。《古梅园墨谱》前编 4 册与后编 5 册很早就传入中国，并为赵昱所藏。乾隆九年（英祖二十年，1744 年），赵昱邀请厉鹗等人在其书室"小山堂"中雅集，一起鉴赏过此书，以后此书在中国学界广为人知。① 在追记部分，翁树崐在"南京古梅园编录书目柳树轩梓行"中采录的日本文献，即《名墨末新詠》《古梅园墨谈》《墨圃琼蕤》《东庵诗稿》《大墨鸿壶集》等 7 种。关于这一事实，我们也可在他于嘉庆十九年（纯祖十四年，1814 年）十月写给洪显周的书信中可看到，他说，虽然自家多少收藏有一些日本物品，但金石文献不多。日本版刻精良，翁树崐希望洪显周在这方面积极提供一些帮助。②

《海东文献》的第六类是海东刻文（匾额和石刻）5 种，目录如表 4 - 3 所示：

表 4 - 3　《碑目》《琐记》《存考》收录 5 种金石文对照表

海东金石文原文 5 种目录	《碑目》	《琐记》	《存考》
太橹院匾额	×	×	×
田游岩序、邻兴君印本	×	×	×
题诗石刻	×	×	○
扶苏山刻像	×	×	×
葱秀山石刻	○	×	×

注：表中符号○代表"有收录"，符号×代表"未收录"。

洪良浩在他所写的《题白月寺碑后》一文中引用了新罗时期的著名书法家金生所留下的作品 3 种③，以《崔致远事迹》为代表的 3 种文献则

---

① 〔清〕厉鹗《樊榭山房全集》（奎章阁本第 4800 本）续集卷四中有"试灯前一日，同人集赵谷林小山堂，观琉球国官工松元泰新刻《墨谱》，用山谷松扇韵"。可参照。

② ［日］藤冢邻：前揭书，第 194 - 195 页。

③ 《太橹院匾额》上书"万德山白莲社"六个大字，匾额在康津。《田游岩序》与《兴邻君印本》被收录在洪良浩的文集中。《海东文献》中将《兴邻君印本》讹作《邻兴君印本》。参照 ［韩］洪良浩《题白月寺碑后》，《耳溪先生集》卷十七，民族文化社 1980 年版。

为苏世让编《朝鲜志》所引用。翁树崐说中国人对朝鲜半岛的金石十分感兴趣，《扶苏山刻像》与《葱秀山石刻》就是其中的例子。另外，《海东文献》所收录的《平百济碑》《唐文皇半折碑》以及《碑目》所记载的《新罗灵鹫山周禅师碑铭》《慧因寺碑》，这些碑文同时关涉中国与朝鲜半岛，因此，翁树崐对此抱有极大的热情。

《海东文献》所收入的第七类是 10 种石刻文献目录。关于《三日浦石刻》，《朝鲜志》有记载。而其他的 6 种，则可能参考了其他文献。其中，狎鸥亭是朝鲜人韩明浍所建，来到朝鲜的明朝使臣倪谦曾在此吟诗作赋。翁树崐关于狎鸥亭的记载是从中朝交流的角度切入的。

追记部分记载了周偁的《慧因寺碑》解题，以及赵明诚的《金石录》中与朝鲜半岛相关的碑石。周偁本是宋代温州人，在高丽穆宗时期搭乘商船来到朝鲜半岛，并在朝鲜半岛定居，曾担任过高丽礼部尚书。位于中国杭州的慧因寺（又名高丽寺）与高丽有着很深的缘分。[1] 高丽时期著名高僧大觉国师义天曾在这寺中停留过一段时间。高丽时期，忠宣王曾大力赏赐，佛事活动由此得以盛大举行。在朝鲜半岛为日本所占领时期，韩国佛教界曾还制订过重建这一寺院的计划。

《海东文献》第八类列举了 6 种海东亭台楼阁的名称。这里所列举的 6 种亭台楼阁都位于平壤府（今朝鲜平壤市），系从苏世让编纂的《朝鲜志》中选取的资料。这 6 种亭台楼阁中有《降仙楼》与《百祥楼》，翁树崐在《海东文献》中记载，洪良浩曾在此二楼上吟诗。[2] 追记部分记载了嘉庆十九年（纯祖十四年，1814 年）四月十七日许穆所写的《陟州东海碑》的解题。许穆的《陟州东海碑》本来被收录在《海东文献》第三类中，追记部分对于该碑的大小及字数作了详细的记载。

《海东文献》的第十类相对比较复杂。在这一类中，翁树崐首先记载的是洪良浩《耳溪诗稿》所收录的《临溟驿胜战碑》与《善竹桥纪史

---

① 笔者曾于 1997 年前往位于杭州西湖附近玉岑山的慧因寺做过实地考察。该寺院在抗战期间被完全毁坏，原慧因寺旧址上建造了木材加工厂，慧因寺的旧址被破坏得非常严重。

② 洪良浩的《耳溪集》收录了关于降仙楼与百祥楼相关的几首诗作。其中关于降仙楼的诗作有，卷七中的《降仙楼》《降仙楼观巫山落火》《三宿留仙观题柱联六句走草一节以识之》；关于百祥楼的诗作有，卷六收录的《百祥楼观剑舞》，以及卷七收录的《发顺安午——登百祥楼》《题百祥楼》等。

碑》的相关内容。① 同时，他还记载了与《妙香山普贤寺碑》相关的基础性文献的情况。紧接着记载的是翁树崐给朝鲜友人的书信的初稿本。他在这些书信初稿中提到了王昶的《金石萃编》收录的《平百济国碑》等海东金石文献。

《海东文献》第十一类收录的是 4 种海东金石文献，具体见表 4–4：

表 4–4 《碑目》《琐记》《存考》收录 4 种金石文对照表

海东金石文原文 4 种目录	《碑目》	《琐记》	《存考》
宝文清燕阁记	○	×	×
大觉国师碑	○	×	○
英州厅壁石刻	×	×	×
高丽国延州妙香山普贤寺记	○	×	○

注：表中符号○代表"有收录"，符号×代表"未收录"。

《宝文清燕阁记》及其后共 4 种是翁树崐引自《高丽史》的金石资料。《高丽国延州妙香山普贤寺记》（《普贤寺碑》）本已被收录在上文所述第十类中，这里再次收录。对于编纂年度、作者、书法作者、立碑人、题额、大小、行数、字数、字体等作了全面详细的记载。这件碑石正面刻写的是金富轼的《普贤寺记》。背面刻写的是《探秘宏廓二祖师记》。正反两面碑文的书法作者是著名书法家文公裕。

《海东文献》的版面天头部分有关于文公裕这一人物的考证，考证文字重复出现于后页。后页部分大体上可分为嘉庆十九年（1814 年）九月二十五日追记的内容，以及在此以后追记的内容。在嘉庆十九年九月二十五日的记录中，除对文公裕进行考证外，还有对碑文撰写年代以及立碑年代的详细考证。该碑树立于金皇统元年（高丽仁宗十九年，1141 年），题额书于翌年十一月，乃御笔。另外，在此后的记录中，大体有两种类型的解题。这两种解题皆关涉立碑的延州妙香山地区。翁树崐根据《高丽史》

---

① 《海东文献》称：《临溟驿胜战碑》被收录在洪良浩《耳溪诗稿》卷二，《善竹桥纪史碑》的记录被收录在洪良浩《耳溪诗稿》卷三。《临溟大捷歌》在朝鲜正祖元年（乾隆四十二年，1777 年）往庆兴时所作《朔方风谣》中；《过善竹桥》是正祖六年（乾隆四十七年，1782 年）燕行途中所作，被收录在《燕云纪行》中。通行本（民族文化社本）《耳溪先生集》卷五与卷六分别收录了这两首诗作。

的记载指出，在立碑时，延州官伯的称号由知洲改为防御使。① 紧接着，翁树崐引用了《朝鲜志》中的相关记载，对于妙香山的地理和特征进行了记载。

《海东文献》的第十二类，部分插入了海东金石文献资料。其中，首先引人注意的是《大觉国师碑》。大觉国师义天相关碑文以及杭州慧因寺的记录随处可见。《海东文献》记载了翁树崐于嘉庆二十年（1815 年）二月所写作的一首诗，诗中有这样一句，"碑考灵通讨慧因"，表明翁树崐对大觉国师义天十分关注。诗句中的"灵通碑"指的就是《开城灵通寺大觉国师碑》。

翁树崐很早就通过《高丽史》知晓了灵通寺大觉国师碑，他于嘉庆二十年（1815 年）正月二十日从金正喜处获得了该碑的拓本，又为这一拓本写作了解题。解题部分主要介绍了碑文的写作经过，以及大觉国师义天的行迹。他在对大觉国师义天的行迹进行介绍时，对照中国的年号进行了考察；对该碑的写作经过进行介绍时，根据《高丽史》的相关记载，提到了与大觉国师义天相关的趣事。

根据《高丽史·尹彦颐传》的记载，高丽国王最初命尹瓘写作碑文，然而义天的徒弟们批评尹瓘文章不好，提出反对意见。这样，高丽国王又将碑文写作任务交给金富轼完成。尹瓘当时虽贵为相府，但金富轼并未谦让。《东国文献》中记载了此事②，刚开始翁树崐只是简单地记载、引用了这个故事，此后发现这个故事有问题，于是又进行了考证。碑文的开头写道，高丽仁宗三年（北宋宣和七年，1125 年），都僧统③澄俨（圆明国师）等人请求写作碑文，于是高丽国王命金富轼负责碑文的写作。④ 然而，此时离尹瓘去世已经过了 14 年。⑤ 因此，翁树崐认为《高丽史》中

① 《高丽史》卷五八《地理志三》："延州，本高丽密云郡（一云安朔郡）。光宗二十一年更今名，为知州。成宗十四年为防御使，恭愍王十五年升延山府。"

② 《高丽史》卷九六《尹彦颐传》："先是，瓘奉诏撰《大觉国师碑》，不工，其门徒密白王。令富轼改撰。时瓘在相府，富轼不让，遂撰。"关于此事的出处，笔者曾撰文指出，本来出自李齐贤《栎翁稗说》的错误记载。

③ 译者按：原文讹作"铳"，今更正。

④ 《灵通寺大觉国师碑铭》："上嗣位之四年乙巳秋七月庚午，大觉国师门人都僧统澄俨等，其师之行事以闻，曰：吾先师即世久矣，而碑铭未著……使之袤撰以示久远。上曰：……遂授臣富轼以行状，曰：'汝其铭之。'"

⑤ 尹瓘卒于高丽睿宗六年（北宋政和元年，1111 年）。

的记录存在问题。

虽然翁树崐对类似问题考证得非常仔细，但由于受到海东资料不足的限制，有不少考证的结论是错误的。《大觉国师碑》碑阴记称，忠肃王七年（1102 年，大觉国师圆寂的第二年），尹瓘奉王命写作碑文。① 根据《高丽史》的记载，尹瓘已经写过《灵通寺大觉国师碑》的碑文，同时尹瓘的官阶在金富轼之下，为相府。②

接下来我们考察一下翁树崐的《碑目琐记》与他寄赠给洪显周的《碑目》。

徐有榘引用的《碑目琐记》收录了 10 种海东金石文。其中有 9 种金石文的解题被收录在《海东文献》中，即上述分类第三类中的 8 种，以及第七类中的 1 种。《碑目琐记》所收录的金石文总数较《海东文献》原文部分记载的总数少。由此看来，徐有榘引用本中，除了现在能看到的 10 种，应该还有更多。

此外，《碑目琐记》是根据《海东文献》的原文部分进行记录的。由此看来，《碑目琐记》的编纂时期应该是《海东文献》原文部分开始记录时起，截至原文部分得以修订之前。③ 至于《海东文献》的编纂动机，笔者认为翁树崐从朝鲜友人处获得过很多海东金石文，为了对所获得的海东金石文进行考证，于是编纂了这部《海东文献》。换言之，翁树崐在编纂这部小册子之后，很快寄送给朝鲜友人了。

另外，从徐有榘（1764—1845）的生卒年份来看，虽然徐有榘与翁树崐生活于同一时期，但徐有榘并无出使中国的经历，因此与翁树崐无直接的交游关系。收录了翁树崐的《碑目琐记》的《林园十六志·怡云志》是徐有榘晚年所编纂的一部书。因此，徐有榘直接从翁树崐处获得《碑目琐记》的可能性不大，该书很可能是其通过第三者获得的。不过他在

---

① 朴浩《大觉国师墓室及碑铭安立事迹记》："壬午五月日，知奏事尹瓘奉圣旨，许立国师碑灵通寺。"

② 《大觉国师碑》除现在朝鲜民主主义人民共和国开城灵通寺的碑铭与碑阴记外，尚存位于仁同郡（今属韩国庆尚北道龟尾市）的仙凤寺碑铭与碑阴记。仙凤寺碑铭作于高丽仁宗十年（南宋绍兴二年，1132 年），碑阴记作于高丽仁宗十五年（南宋绍兴七年，1137 年）。

③ 《海东文献》之《真鉴禅师碑铭》的原文解题的开头写道："碑字正楷""共计三十八行，每行七十字"。但下文中却改为："碑文正楷""共计三十九行，每行七十字"。《碑目琐记》的解题与《海东文献》的原文开头部分是一致的。

获得这部册子之后，并非原封不动地进行记载，而是对一些字句做了随意的修改与删减。①

　　翁树崐于嘉庆十九年（纯祖十四年，1814 年）十月二十五日写给洪显周的书信后附上了《碑目》，他又在同年正月十九日给金正喜、正月二十一日给李光文、正月二十九日给沈向奎等人的信中，亦附上了类似的《碑目》。在给洪显周的信中，所附《碑目》记载了 34 种海东金石文。这件《碑目》的编纂目的，与其说是为了便于对解题进行检索，不如说主要是为了通过朝鲜友人获得更多的金石文。②《碑目》中的记载一目了然、简洁明了。记载的主要内容有碑石的名称、碑文作者、书法作者、碑石所在地，十分简洁，不过偶尔会添加一些与碑文相关的故事，以及委托对方的话语。《碑目》所收录的金石文主要是翁家石墨书楼未收藏的金石文，或虽有收藏但不完整的拓本，以及一些文献中所记载的金石文等。

四、文献类资料分析

　　在《海东文献》一书中，翁树崐为对其所获得的海东金石文以及资料进行检讨，记载了很多古代韩国相关文献。所谓古代韩国文献，包括仅记载在中国人的著作中而在朝鲜半岛失传的文献。除此以外，《海东文献》还记载了日本、琉球以及其他中国海外地区的相关文献。

　　接下来看一下属于《海东文献》第十一类的《东国书籍有资考订者》部分。这一部分对于古代韩国文献及有关资料，以非常工整的字体书写。大体上来看，可分为原文文献目录 49 种，以及追记文献目录 10 余种。原文文献目录中主要是古代韩国人的著作，不过也有一些是中国人所撰写的与古代韩国相关的著作。此外，这些目录中还收录了一些在朝鲜半岛失传已久的书籍。可以说，这在某种程度上堪称"知见录"。

　　翁家的石墨书楼曾收藏过多少种古代韩国相关文献？文献目录对于翁家所藏古代韩国文献以圆圈或点号进行标记。除去重复标记的部分，一共

---

　　①　在《刘仁愿纪功碑》的解题方面，《海东文献》对《刘仁愿纪功碑》的解题文字没有"内有云贞元十九年"这句话。与之不同的是，《碑目琐记》中此句不脱，还多出了这句话："则冷斋所题当是拓本。"

　　②　翁树崐在嘉庆十九年十月二十五日写给洪显周的书信后所附《碑目》中说："以上各碑，均求拓寄，多多益善耳"。

有 29 种文献。① 如所藏洪萸周的《麻方统汇》的解题部分，有"丰山洪萸周，壬戌秋重刻活字版"等字样，对于该书的版本情况作了详细的记载。② 笔者认为，翁家所藏古代韩国文献应当不止此数，但也不会有很多。换言之，《东国书籍有资考订者》所收录的古代韩国文献可能是翁氏石墨书楼中所藏古代韩国文献的主体部分。

由所藏文献来看，大部分是当时中国广泛流传的流通本以及朝鲜使臣带来的著作。比如《高丽史》《三国史记》《东国通鉴》等著作，很早就传入中国，并在中国广泛流传。而许浚的《东医宝鉴》、韩百谦的《箕田考》等著作，则是朝鲜外交使臣带到当时的中国，并向中国学界进行介绍的书籍。③ 而朴齐家的《贞蕤稿略》、李德懋《清脾录》、柳得恭的《二十一都怀古诗》等著作则是燕行使自己的著作。以上这些著作不仅广为中国学者熟知，而且在中国刊刻出版过。《北游录》是朝鲜正祖、纯祖年间曾三次前往北京的朝鲜人韩志胤的燕行录，可惜此书不传。

翁树崐通过这些来到北京的朝鲜使臣，以及接触过这些朝鲜使臣的中国友人，获得这些著作。特别是韩百谦的《箕田考》，现存有翁树崐识记的传抄本，由这一抄本可以窥见当时翁氏石墨书楼所藏韩国相关文献的情况。翁树崐称此书是朝鲜刻本，还说希望将此书与所藏的《二十一都怀

---

① 以圆圈标记的书籍有《高丽史》《三国史记》《东国通鉴》《三国遗事》《平壤府志》《海东稗乘》《扶余县志》《三国史注》《东医宝鉴》《麻方统汇》《贞蕤稿略》《清脾录》《枫岳记》《箕田考》《二十一都怀古诗》《北游录》《古芸诗抄》《冠岩集》《洌上周旋集》《万象经纬》《耳溪文稿》《鸡林类事》《鸡林志》《朝鲜赋》《宣和奉使高丽图经》《朝鲜纪事》《东藩纪略》共 27 种。以点号标记的书籍有《东国史略》《耳溪诗稿》共 2 种（除去以上所列中同时以点号和圆圈标记的 20 种）。

② 《麻方统汇》于纯祖二年（嘉庆七年，1802 年）以整理字印出。纯祖二年为壬戌年。整理字是指正祖于 1795—1796 年为刊行《园幸乙卯整理仪轨》铸造的活字，共造大字 16 万字，小字 14 万字，总共 30 万字。

③ 根据笔者的调查，在中国刊行的韩国书籍中，刊行此书最多的是许浚的《东医宝鉴》。该书通过前往中国的朝鲜使臣，多次被带到中国。参考《景宗实录》卷三，一年四月乙卯日的记载；以及《英祖实录》卷四七，十四年二月癸卯日的记载。另外，徐浩修于正祖十四年（乾隆五十五年，1790 年）八月出使中国时，曾在圆明园的宴班上向一起参加宴会的王杰介绍过韩百谦的《箕田考》一书。该书于道光十七年（显宗三年，1837 年）在中国刊行，被收录到蒋光煦所编的《别下斋丛书》中。

古诗》合并刊行。①

前文提到的这些目录记载了在朝鲜半岛失传的文献名称，比如忠烈王的《龙楼集》、李齐贤的《世代编年》、李齐贤的《金镜缘》、闵渍的《编年纲目》等著作。翁树崐在对金仁好等人所著《海东秘录》的解题中，引用《高丽史》，将此书记载为《肃宗世家卷十二》。

翁树崐在记载时参考最多的著作是郑麟趾的《高丽史》，以及苏世让的《朝鲜志》。而石墨书楼所藏《高丽史》记载在《海东文献》第二类中，其并非完本，所缺的是列传部分卷三一、卷三二、卷三九等八人的传记。因此，翁树崐于嘉庆十九年（1814 年）正月在写给李光文的书信中提出了希望获得卷三一与卷三九的请求。② 而对《高丽史》卷三二中的《郑道传传》则未提出请求。原因或许是翁家所藏《高丽史》与既存《高丽史》版本不同，又或许是翁树崐彼时已经获得了其他版本。至今有翁氏藏书印的《郑道传传》现藏于香港大学冯平山图书馆，以单刊行本的形态收藏。该册子名为《高丽史·郑道传传》。③

《东国书籍有资考订者》的原文目录并未列举苏世让的《朝鲜志》。尽管如此，诚如上文所言，苏世让的《朝鲜志》是翁树崐编纂《海东文献》时重要的参考著作。《朝鲜志》不仅在中国经过多次刊印，广泛流传，甚至还被收录到中国《四库全书》之中，成为中国学者可资参考的朝鲜著作，为明清时期人广泛阅读。④ 我们认为翁树崐所参考的《朝鲜志》可能是当时《朝鲜志》的通行刊本。

此外，翁树崐参考最多的朝鲜学者的文集主要有洪良浩的《耳溪文

---

① 清人刘喜海嘉荫簃抄录本《箕田考》中有翁树崐的识记："静夫大兄过余斋，见案头朝鲜所刻《箕田考》，借抄装册，嘱余跋于后，因忆十余年，在纪文达岸舟书家上，见朝鲜柳惠风所著《二十一都怀古诗》，有《箕子朝鲜》一首。……附记于此，以纪海东墨缘。倘得他日心力稍暇，以此考与《二十一都怀古诗》重为编辑，付枣梨，以公同好，亦一大快意事也。"这一识记作于嘉庆十九年十二月二十三日。此外，还有一篇写作时间较此文早一个月的识记，藏书编号是 01398。

② 参考［日］藤冢邻：前揭书（韩译本），第 183 页。

③ 香港所藏的《高丽史·郑道传传》全书 1 册，白皮纸，乌丝栏抄本。每半页 10 行，每行 17 字。该册子上钤印两枚，一为"大兴翁氏石墨书楼珍藏图书"（朱文大印），一为"嘉兴刘氏嘉业堂藏书"。参考《香港大学冯平山图书馆藏善本书录》，香港龙门书局 1970 年版，第 132 页。

④ ［韩］朴现圭：《清刘喜海味经书屋所藏朝鲜关联文献》，未刊稿。

稿》与《耳溪诗稿》。洪良浩于正祖六年（乾隆四十七年，1782 年）以及正祖十八年（乾隆五十九年，1794 年）先后两次作为使臣前往北京。在前往中国之后，他与中国文人广泛交游，其中就与翁氏家族有密切交往。从《海东文献》中可以看到多处记载翁家收藏有洪良浩跋文的拓本，如《唐文皇半折碑》《白月碑（朗空大师碑）》，也能看到很多地方引用了洪良浩的诗文集。翁家所藏洪良浩的的诗文集可能是洪良浩作为燕行使携带到中国的作品集。《海东文献》第十类所记载的《耳溪诗稿》收录的都是洪良浩于正祖六年作为燕行使臣出使中国之前所写作的诗作，与现在通行刊本《耳溪先生集》所收录的卷数与作品并不一致。①

原文目录的版面上端部分题写着"琉球见闻录采用书目"，题目下面追记了几十种文献名称。虽然这里记载的大多数是与中国相关的资料，但也有与朝鲜半岛、日本相关的资料。朝鲜半岛资料主要有《高丽史》《高丽通鉴》《高丽史略》《海东诸国纪》等。他甚至找来琉球相关记录，并记录下来，由此可见其用力之深，亦可见他对海外文献的兴趣不仅仅限于朝鲜半岛，甚至对临近的琉球也抱有兴趣。

在原文目录后的追记部分中，他记载了 10 余种高丽人的著作。翁树崐根据《高丽史》以及海东拓本上所记载的内容编纂了这部目录，记载了当时已经失传的不少文献。比如关于僧一然（即睦庵禅师）的各种著作，名称都记载在《麟角寺碑》上，翁树崐将其原封不动地记载到《海东文献》中。②所记载的内容大体上有书名、卷数、作者有关资料，较为简略。

而翁树崐在记载时，转换为按照人物履历的方式进行记载，重点记载高丽人所流传下来的著作。目录列举了李仁老、崔滋、林椿、李藏用等40 余名人物，主要是参考《高丽史》转录而成。值得一提的是，书中提

---

① 洪良浩在第二次燕行时向纪昀赠送过自己的诗文集，纪昀为其诗文集写作过序文。笔者认为，翁方纲可能也是在洪良浩此次来北京时，获得了其赠与的诗文集。参考〔清〕纪昀《耳溪诗集序》《耳溪文集序》，《纪晓岚文集》卷九，河北教育出版社 1995 年版。

② 《海东文献·东国书籍有资考订者》："睦庵禅师著作各种，有《语录》二卷，《偈颂杂录》三卷，《重编曹洞五位》二卷，《祖派图》二卷，《大藏须知录》三卷，《诸乘法数》七卷，《祖庭事苑》十卷，《禅门拈颂事苑》三十卷等，百余卷行于世。"详见《麟角寺碑》翁树崐自注："碑系不全本，未详撰人名字。"以上著作中现存的只有《重编曹洞五位》一种，其余著作皆亡佚不传。《祖庭事苑》全书 30 卷，翁氏误记为 10 卷。

到了从中国获得木棉种子并移种到朝鲜半岛的文益渐①。这可能是翁树崐对中国物品东传朝鲜的相关事实感兴趣所致吧！

在《海东文献》第二类中，高丽人的生平简述与文献部分也以札记的形式呈现，但并不系统，显得杂乱无章。这些记录也是翁树崐在对《高丽史》与《东医宝鉴》等著作进行调查后记载的。有意思的是，在朴寅亮的《古今录》《小华集》，黄周亮的《七代世纪》等文献的旁边，有两行长线。此外，在这些人的著作上面有"此亦星原之心血也"这句话，同时以双引号做了标记。由这句话我们可以窥知翁树崐对于海东文献有着多大的热情，又倾注了多少心血！

接下来，我们考察一下古代中国人著作中与古代朝鲜半岛相关的记录。《东国书籍有资考定者》列举了王圻的《三才图会》、孙穆的《鸡林类事》、王云的《鸡林志》、董越的《朝鲜赋》、徐兢的《宣和奉使高丽图经》、倪谦的《朝鲜纪事》以及作者不详的《东藩纪略》等著作。除作者未详的《东藩纪略》以外，其他几种著作都是具有较高知名度的传世文献。《三才图会》《鸡林类事》《鸡林志》三部书是作者选出与古代朝鲜半岛相关记录后整理而成。而《宣和奉使高丽图经》《朝鲜纪事》《朝鲜赋》则是直接前往朝鲜半岛的中国使臣所留下来的记录。

《海东文献》第六类的附录中，翁树崐引用了明代陈第的《世善堂藏书目录》引用的 24 种外国交流书籍。② 由与朝鲜半岛、日本、安南、交趾、占城、儋耳（南蛮国）、大西洋等海外之地相关的中国文献组成。其中与海东相关的文献有：《鸡林类事》、《鸡林志》、《新罗图记》（顾愔著）、《高丽图经》、《海外使臣广记》（章僚著）、《高丽志》（王约著）、《日本高丽图纪》（邓钟著）、《辽海编》（倪谦著）③ 等。

另外，《海东文献》第十二类也对古代海东相关文献分为几类作了介

---

① 《海东文献·东国书籍有资考订者》附录《文益渐》："恭愍时人，从中国得木棉种，归东土，种棉始此。"

② 《世善堂藏书目录·史类·四译载记》收录了 55 种海外相关文献。

③ 《世善堂藏书目录》中分别将《新罗国志》的作者翁梦得错误地记作"翁立德"，将《辽海编》的作者倪谦错误地记作"倪岳"。参照［韩］韩致奫《艺文志·经籍·中国书目》，《海东绎史》卷四五，首尔景仁文化社 1992 年版。

绍。我们先来看一下严从简的《殊域周咨录》①、杨一葵的《裔乘》、茅瑞征的《皇明象胥录》、黄洪宪的《辑轩录》等明代人所编撰的著作，以及江藩的《四译馆考》等清代人编撰的著作。除《辑轩录》以外，其他著作都是与海外各国地理相关的文献，海东部分著作都被收录在"朝鲜篇"之下。

《辑轩录》九卷将海东相关文献八种集中收录编纂，具有重要的资料价值。② 这八种海东相关文献有《朝鲜国志》一卷、《箕子实记》一卷、《辑轩录》一卷、《朝鲜仪注》一卷、《使朝鲜姓氏》一卷、《朝鲜皇华集选》两卷、《东国离合图》一卷、《朝鲜国纪》一卷。笔者近来对其中的一些万历刊本③做过一些研究。该残缺本收录了李珥的《栗谷先生全书》中的一篇《箕子实记》④，改名为《辑轩录》的苏世让的《朝鲜国志》，郑惟吉为《朝鲜皇华集选》所作的《皇华集序》等文章。另有黄洪宪的《朝鲜国志》一书，该书被收录到清代曹溶所编纂的丛书《学海类编》之中，因此广为人知。

另外，在其他地方，有翁树崐从焦竑的《国史经籍志·史类》中找出相关内容进行记载的海外相关文献 39 种。与古代韩国直接相关的文献有：《高丽海外使程记》（章僚著）⑤、《使朝鲜赋》（倪谦著）、《使朝鲜录》（龚用卿著）、《朝鲜杂志》（钱溥著）、《辑轩录》、《新罗国记》、《渤海国记》（张建章著）等；部分篇章涉及韩国的文献，有《殊域周咨录》、《贤宾录》（罗曰褧著）、《外国传》（释昙云著）等。以上这些著作基本上都流传了下来，我们在从中国文献中寻找古代韩国相关资料时能利

---

① 《殊域周咨录》有明万历初年的原刻本 8 卷，以及万历年间的重刻本 24 卷。《海东文献》对此书记作 24 卷，则所指当是万历年间的重刻本。

② 《海东文献》对于《辑轩录》的卷数的记载相互龃龉。虽然此处记作 9 卷，而以下引用《国史经籍志》之处皆记作 3 卷。笔者怀疑，《国史经籍志》中所记《辑轩录》3 卷，可能指的是 3 册之意。

③ 清末藏书家丁氏八千卷楼的旧藏本。

④ 李珥的《朝鲜实纪》是在宣祖十三年（万历八年，1580 年）尹斗寿所撰《箕子志》一书基础上缩略而成，收录在今《栗谷先生全书》（景仁文化社 1992 年版）卷十四中，更名为《箕子实记》。

⑤ 翁树崐在《高丽海外使程记》一书中特别用三个圆圈符号做了标记。该书本为南唐时人章僚作为使臣前往高丽时所写作的见闻录，《国史经籍志》（台北：广文书局 1927 年版）与郑樵《通志略》（台北：中华书局 1970 年版）中皆记章僚出使时间为"升元中"。

用这些资料。

除此以外，翁树崐还从清代书目《簿录类》以及《地理类》中找出相关资料，记载了下来。这些可能是他从各种书目所记载的书籍中获得相关资料，因此比较容易从事基础工作。

五、结　论

古代往来中朝两国的外交使臣，是当时代表两国学术水平的人物，在高水平的文化交流活动中扮演了十分重要的角色。笔者认为，对这些古代中朝两国使臣留下的痕迹进行调查研究的工作具有十分重要的意义。特别是，从中国资料中发掘在朝鲜半岛失传的文献资料时，我们不仅要对这些资料进行介绍，更应该在此基础上夯实海外韩国学的研究基础。

本章发掘并介绍了清代翁树崐的札记本《海东文献》。此书足以代表乾嘉学者学风，也是朝鲜正祖与纯祖时期来到北京的朝鲜使臣所留下的学术活动的产物。当时翁方纲父子作为引领清朝与朝鲜学术交流风气的人物，集中对海东金石文以及相关文献进行收集与研究。此书是翁树崐从嘉庆十八年（1813 年）十二月末至嘉庆二十年（1815 年）八月去世之前，经过多次增改编纂而成的一部札记原稿。道光三十年（1850 年）由刘位坦将这部札记原稿编纂成册，现藏于中国国家图书馆。

截至今天，仍有很多学者不知道这部书的存在。此书是现存海东金石文集中年代第二古老的资料。书中所收录的内容主要是海东金石文类资料以及与海东相关的书籍资料两部分，此外也包括日本、琉球的资料，以及中国文献中与海外相关的资料。在金石文类资料方面，这部书收录了朝鲜人徐有榘引用过的翁树崐《碑目》的原文资料。同时，书中还有翁树崐参考各种拓本与文献所作的细致考证，与现存金石文集有相互比较参照的价值。至于与海东相关的书籍资料，虽然翁树崐主要致力于收集并分析海东金石文，但他对中国文献中提及的海东相关书籍也多有列举，因此具有很高的价值。此外，在翁树崐传下来的一些诗作和书信稿本中，也有一些相关的记载。

本章的写作也存在一些遗憾。首先是现存的《海东文献》并非札记原稿的全部，其中有一部分可能是在刘位坦收集之前就已经遗失。在叙述内容上，翁树崐虽然推崇乾嘉学风，对资料进行收集与整理，付出了不少心血，但从今天的观点来看，他对资料所记载的内容的分析以及研究多少有些不足。

最后，笔者所见到的《海东文献》，是中国国家图书馆技术部制作的缩微胶片，版面上下部分有缺损，状态不佳，使得笔者对文字进行判读时多有不便。笔者多年以来一直留心、关注韩国以外韩国学相关资料的发掘与研究，希望有更多人参与此项研究，以取得更多的研究成果。

第五章　《海东金石苑》的版本种类

一、引　言

诸城刘氏是中国山东地区著名的士大夫家族，在清朝初年做过中央朝廷的高官。诸城刘氏与当时往来北京的朝鲜文人有直接或间接的交游，通过这层关系，与朝鲜有着很深的缘分。刘统勋与刘墉是当时著名的书法家，他们的书帖和名声远播朝鲜。刘镮之则直接见到了朝鲜著名的文章大家柳得恭与赵秀三。而刘喜海与当时的朝鲜人士进行交游，同时致力于海东文献与金石文的收集整理，取得了很高的成就。特别是他增补或编撰的《朝鲜书目》《海东金石存考》《海东金石苑》等著作，是能够证明古代中韩学术交流的实物遗产。

笔者大概在20世纪90年代便对刘喜海相关研究产生了兴趣。笔者当时在台北故宫博物院见到了所藏的朝鲜人赵寅永赠送给刘喜海的《海东唐文选》一书，之后先后撰写过《刘喜海与朝鲜人交游考》《朝鲜与清朝学术交流的产物——〈海东金石存考〉稿本与刊本的发掘及其检讨》《国家图书馆藏〈朝鲜书目〉的分析与特征》《清人刘喜海味经书屋编藏的有关朝鲜文献》等文章。[①] 可以说笔者与刘喜海有着很深的缘分。

本章将对刘喜海的《海东金石苑》进行介绍。虽然该书所收录的金石文的篇数是现存各种金石文集中篇数较少的，但是所收录的金石文的原拓本的年代较早。另外，刘喜海对原拓本中磨损或破损的地方进行过文字识读，具有很高的参考价值。因此，如今学者在研究、利用金石文献时，

---

① ［韩］朴现圭：《清人刘喜海与朝鲜文人交游考》，载《中国学报》1996年第36辑，第215－236页。［韩］朴现圭：《朝鲜与清朝学术交流的产物——〈海东金石存考〉稿本与刊本的发掘及其检讨》，载《书志学报》1996年第18号，第1－48页。［韩］朴现圭：《国家图书馆藏〈朝鲜书目〉的分析与特征》，载《文献》1998年第3期（总第77期），第241－249页；《清人刘喜海味经书屋编藏的有关朝鲜文献》，《中国古代藏书楼国际会议研讨会发表论文集》，1997年12月；《中国古代藏书楼研究》，中华书局1997年版，第427－445页。

刘喜海的《海东金石苑》可谓必读之书，对于古代韩国金石文研究而言是非常重要的资料。

笔者在很早以前就对刘喜海《海东金石苑》一书产生浓厚的兴趣。首先是因为该书的金石文解题以朝鲜人赵寅永原撰《海东金石存考》为主要依据。现在广为人知的民国初期刘承幹重编的《海东金石苑》也以此为据。除影印本以外，还有刘喜海的稿本存世。因此，笔者觉得有必要向读者介绍《海东金石苑》的各种版本。出于这种想法，笔者在多年前就开始一一调查此书的各种版本。1996 年 8 月，笔者在上海图书馆旧馆古籍室见到了所藏定本《海东金石苑》。① 后来又在上海复旦大学见到了所藏草本《海东金石苑》。② 此后不久，笔者又通过某藏书机构获得了定本的 VCD 影印本。于是，笔者开始真正意义上的解题工作，同时也感觉到有必要对《海东金石苑》的版本源流作系统考察和说明。

本章首次对《海东金石苑》一书的版本种类作介绍。因此，在介绍过程中，以文献解题的方式进行，所介绍各版本的内容主要集中于《海东金石苑》的版本与编撰过程，并对入藏经过进行分析。此外，为了帮助学界对此书形成整体上的理解，同时会对《海东金石存考》的版本种类以及刘喜海收集海东金石文献的经过作简要介绍。

二、海东金石资料与《海东金石存考》

刘喜海对海东金石文献的收集，在一定程度上有赖于他所接触到的朝鲜文人。他见到了不少从朝鲜来到北京的朝鲜使臣，并通过他们获得了不少海东金石的拓本。在朝鲜使臣返回朝鲜以后，他又利用书信继续通过朝鲜人获得这些金石文的拓本资料。虽然刘喜海的藏书室味经书屋收藏了丰富的海外相关文献，通过这些文献他可以获得一些海东相关的知识，但他通过与朝鲜学者的交流，能亲眼见到海东金石原拓本这些基础资料，并进行判读，也可以获得海东金石的正确信息，并借此作彻底的考证。

---

① 1996 年 12 月开馆的上海图书馆新馆（淮海中路第 1555 号）藏，旧馆（人民广场附近的南京西路 325 号）有藏。定本《海东金石苑》藏于上海图书馆旧馆古籍室善本书库。

② 1998 年 12 月 21 日，笔者与上海社会科学院研究员蒯大申先生一起前往复旦大学图书馆，见到过草本《海东金石苑》，不过只见到了全书六册中的一册。按照当时图书馆负责人的说法，因前不久在制作书套的过程中将此书错误放置，因此一时难以调阅。

　　刘喜海所接触过的朝鲜学者中，有资料可查的人物有：金氏父子三人（金鲁敬、金正喜、金命喜），丰壤赵氏（赵寅永、赵秉龟），当时著名门阀家族丰山洪氏及其女婿（洪奭周、韩弼教），中人闾巷出身的文章家（赵秀三、李尚迪）等。以上人物中除了韩弼教、赵秀三，其他诸人或向刘喜海赠送过海东金石的拓本，或对金石文有考证或题诗。特别是金正喜、金命喜、赵寅永三人，他们对刘喜海的海东金石文的研究或者书籍的编纂给予了很大的帮助。关于刘喜海与这些人的交游关系，我们可以从道光十年（纯祖三十年，1830 年）十月二十九日刘喜海写给金命喜的书信中可窥知一二。信中写道：

　　　　海东金石，承吾兄及云石兄所惠已数十种。而未经目者，殊耿耿于怀，以满览为快。故癖好愈久愈贪，竟成结习，不能无无厌之求。目录一纸附呈，望物色得之寄我，为幸。

　　金正喜、金命喜、赵寅永等人曾以军官的身份随燕行使节团前往北京，并在北京见到了刘喜海。他们在回国以后，继续通过中间人与刘喜海保持着书信往来。这些人在抵达北京后，向刘喜海赠送过数量较多的海东金石拓本，同时也通过书信往来向刘喜海寄送过他们收集到的拓本和资料。① 另外，由上面的书信可以看出，刘喜海将自己希望获得的金石文编成目录寄送给朝鲜人，委托他们收集并作考证。

　　赵寅永对刘喜海的海东金石文研究给予了很大的帮助，比如，他曾经

---

　　①　金正喜、金命喜、赵寅永等人赠送给清人的海东金石文献是很多的。比如，金正喜、金命喜兄弟曾赠送给李璋煜的海东金石文有四五十种之多。赵寅永赠送给清人的金石文或较此更多。另外，按照清人胡琨在其《海东撷古志》序文中的记载，赵寅永一人就曾向刘喜海赠送过许多海东金石文。

　　〔朝鲜〕韩弼教《随槎录》卷五《主事李月汀璋煜笔谈》（"纯祖三十一年九月二十九日"条）载："（李璋煜）又问：贵邦金石甚富，前从秋史（金正喜）、山泉（金命喜）昆仲购得四五十种，而赵公云石所得尤多，吾兄此次行箧可有携来者否？"《随槎录》，延世大学藏本（贵419 本，分类号：915.2－随槎录）。〔清〕胡琨《海东撷古志》序文："东武刘燕庭方伯嗜古成癖，交游及于退隅。道光间，有朝鲜甲科进士赵寅永，字云石，与刘同癖，随贡入都，一见倾盖，遂为莫逆之交。归国后遗书往来，讨论碑板，每于本国扪萝剔藓，遍访刻，有所新得，辄以拓本寄刘。并详言碑石所在之处。又尝得《依止大师碑》残石，命工琢为砚，以赠刘，刘宝之。"

将十几种海东金石的拓本赠送给刘喜海。更值得注意的是，赵寅永还向刘喜海给予过决定性的帮助，这就是《海东金石存考》一书的编纂。《海东金石存考》一般被认为是《海东金石苑》的姊妹篇，中国学界现在仍然错误地认为此书的编者是刘喜海，实际上刘喜海只是在赵寅永原撰本的基础之上增补了解题，并编纂了《待访目录》。笔者此前曾收集整理过此书的各种版本，包括稿本、抄本与刊本。以下对于各版本作简要介绍，并对不足之处略作补充。

在赵寅永原撰稿本《海东金石存考》中，刘喜海在识记中交代，自己曾于嘉庆二十三年（纯祖十八年，1818 年）二月从朝鲜人赵寅永处获得此书。此书上还有赵寅永与刘喜海二人的藏书印。① 此书原为刘喜海旧藏，刘喜海藏书散佚后，流入北京琉璃厂来薰阁。1931 年，日本学者藤冢邻购得此书，并将此书藏于自己在东京的私人宅邸。1945 年，美军空袭日本时，此书亡佚。不过藤冢邻在他所写作的论文中留下了此书的七张照片以及全文。② 韩国首尔大学奎章阁（古 4016 本）所藏本即该书的后人抄录本，抄写年代是 20 世纪初期。

此外，还有刘喜海与李璋煜于道光十一年（纯祖三十一年，1831 年）进行补订的稿本存世。该稿本是刘喜海与李璋煜二人寄给朝鲜人金命喜的稿本，是刘、李希望通过金命喜获得更多海东金石资料，并希望他对相关问题作考证而制作的。此后，有朝鲜人徐相雨转录的抄本，以及在徐相雨抄本基础之上制作的重抄本，前者为任昌淳私藏，后者现藏于韩国岭南大学东滨文库（古/911.0024）。

之后，刘喜海对《海东金石存考》的内容做了大幅增补，并编成《海东金石待访目录》。此即所谓的刘喜海增补稿本，现藏于北京大学（藏书号为 992.2/7243 本）。另外，还有朝鲜哲宗年间吴庆锡对刘喜海增

---

① 在赵寅永原撰稿本《海东金石存考》中，刘喜海于嘉庆二十三年二月十五日所写跋文："丙子春，遇朝鲜赵羲卿于都门，询及海东金石，行所携以赠。嗣后书至，必有所贻。积三四年，已不下数十种。兹复邮寄《海东金石存考》一册见示并云：就所藏所见，编辑成书名。每种系以小跋，间有按语，考证精详，征引宏富。载金二、石九十有五，始陈光大二年，止明洪武十八年，以新罗、高丽为前代，悉甄入录，至洪武廿五年后，高丽易为朝鲜，即概置不采，辨别亦为至当。俾余得见故人所未见，洵海外良友之惠也。此册已与各碑同什袭珍藏，爰题数语，以志金石之契云。"

② ［日］藤冢邻：《清朝文化东传之研究》，国书刊行会 1975 年版；《秋史金正喜的另一张面孔》，［韩］朴熙永译，首尔学术屋出版社 1994 年版，第 272 - 284 页。

补本进行重新增补的古本，此本被称为吴庆锡增补稿本，现藏于韩国国立中央图书馆（藏书号为"苇沧古 2102/56 本"），是《海东金石存考》的各种版本中收录的海东金石文最多的。

此外，还有清道光十二年（朝鲜纯祖三十二年，1832 年）陈宗彝以北京仪克中藏本为底本抄录的本子。陈宗彝原抄本虽下落不明，但我们在浙江省图书馆见到了陈宗彝后人的重抄本① （藏书号为善 1825）。中国广为流通的三种刊本皆以陈宗彝抄本为底本刊印。这三种刊本分别是：光绪十四年（朝鲜高宗二十五年，1888 年）清人李盛铎刊本，收录在"木犀轩丛书"中；1921 年吴隐刊本，收录在"遁盦金石丛书"中；1934 年，黄任恒刊本，收录在"信古阁小丛书"中。这些刊本对于编纂者仅记刘喜海的名字，却删去了原撰者赵寅永以及共同补订人李璋煜的姓名。这就使得中国学界只记得刘喜海是《海东金石苑》一书的原作者，而忘却了赵寅永。②

三、《海东金石苑》的编撰与种类

首先，我们来看一下《海东金石苑》这一书名的由来。刘喜海在此前已经编撰的中国的《金石苑》这一书名基础之上，加上了意为朝鲜半

---

① 笔者曾于 1998 年 12 月 25 日前往中国浙江省图书馆对陈宗彝系统的抄本做过调查。正文部分，每半页 11 行，每行 18 字，小字双行，全书 23.5 cm × 16.0 cm。书首有陈宗彝所写的跋文。藏书印有"开卷有得"（朱椭圆印）、"臣印/陆经"（白方印）、"陆氏藏书"（白方印）、"宝斋"（白方印）、"石唐"（白方印）、"写书/□吏"（朱方印）、"浙江省立图书馆藏书印"（朱长印）、"八〇清点"（朱长印）。

② 为何中国刊本皆将《海东金石存考》的作者记作刘喜海？这或许与陈宗彝的序文中"东武刘喜海民部著《海东金石存考》"的记载有密切关系。然而，当时与朝鲜文人有直接交流的中国学者对于《海东金石存考》一书的作者是赵寅永的事实应该是清楚的。咸丰七年（哲宗八年，1857 年），清人叶名沣对从朝鲜人吴庆锡处获得的拓本《新罗真兴王北狩定界石刻残字》进行过考证，在考证文章中指出过《金石考》（指的是《海东金石存考》）的作者是赵寅承（赵寅永的误记）。参考叶名沣《敦夙好斋诗集续编》卷六。《朝鲜赵云石寅承〈金石考〉》载："陈光大二年，新罗真兴王北狩界，在咸镜道咸通府（原注：沃沮古地）草芳院。今渤……拓本为吴亦梅从事所赠《咸镜道咸通府草芳院中残字》。"《海东金石存考·真兴王北狩碑拓本残字》："陈光大二年，在咸镜道咸通府沃沮古地草芳院，今渤。"

岛的"海东"二字,将此书命名为《海东金石苑》。① 此书又被称为《海东金石录》《海东金石文字》《朝鲜金石志》等。② 可以说刘喜海终其一生都致力于金石文的研究,有着很深的"金石癖"。对此可以通过下面一件小事窥知。刘喜海曾担任过浙江布政使,在回到故乡诸城时,随身之物只有两大车金石文,并无他物。另外,他的未完稿《金石苑》61 册,是当时规模仅次于王昶的《金石萃编》的金石文集。③ 他曾在宋人赵明诚的《金石录》卷十中见到《日本国诰》,自此对海外所藏的金石文献产生浓厚兴趣,此乃他留意海外金石文的动机。④ 此后他见到了很多于嘉庆、道光年间来到北京的朝鲜学者,并通过他们获得了很多海东金石拓本,于是决心编撰海东金石文集。

从现有证据来看,刘喜海于道光十一年(纯祖三十一年,1831 年)已经大体上完成了《海东金石苑》一书的编撰。刘喜海曾向于道光十一年十月来到北京的朝鲜使臣洪羲周与李尚迪展示过他编撰的这部《海东金石苑》,还委托李尚迪为此书题诗(《〈海东金石苑〉题诗》),此诗后

① 刘喜海《海东金石苑题辞》:"亦命嘉名为《金石苑》。"自注:"余辑《寰宇金石汇》,著一编,名《金石苑》。今是书亦名为《金石苑》,而首以'海东'二字别之。"

② 《随槎录》卷六《户部郎中刘燕庭笔谈》("纯祖三十一年十月五日"条):"上使(洪羲周)曰:过谦。窃闻贵架多蓄金石古迹,与欧阳《集古》殆相甲乙。可得窥其一斑耶?……刘(喜海)曰:谨当奉赠,仍以《海东金石录》示之。"

《随槎录》卷五《李月汀璋煜笔谈》("纯祖三十一年十月四日"条):"(李璋煜)曰:'刘燕庭喜海,刘文正公之曾孙,文恭公之长子,博雅好古,有辑《海东金石文字》八卷,加以考据,前人所未曾纂述者。'"在翁树崐的《海东文献》(今藏于中国国家图书馆)中,刘位坦撰写序文(写于道光三十年,1830 年):"比是诸城刘燕庭方伯所辑《朝鲜金石志》,视此收罗较多,而引证书则若不逮。"

③ 刘喜海的《金石苑》61 册编制不统一,似未完编的初稿本。该初稿本从刘喜海味经书屋中散佚,流入上海涵芬楼,现藏于中国国家图书馆,藏书号为善本 7472。另外,台湾"中央研究院"藏有后人的重抄本(普通线装,第 649 页)。很早就有人对《金石苑》开展整理工作。徐星伯编制了此书的目录。此后,胡琨对此书进行重新编撰。胡琨的目录中有《长安获古编》《刘氏古泉苑》《泥封印古录》《嘉荫簃搜古汇编》《洛阳存古录》《道象观古录》《昭陵复古录》《三巴香古志》8 种,与正文实际所收录的并不一致。此后,况夔笙将此书重编为《昭陵复古录》10 卷、《洛阳存古录》32 卷、《乌石山题名》3 卷、《鼓山题名》6 卷、《嘉荫簃搜古汇编》70 卷。除了这里列举的金石集,刘喜海还打算编撰《东武怀古录》《宝矍玩古录》等金石集,但未能编完。

④ 〔朝鲜〕赵寅永原撰《海东金石存考》中有刘喜海跋文:"余自幼金石文字,收罗采录十有余年,曩读《金石录》,见末有《日本国诰》,每思海外金石,访求为艰,明诚得此一种,葆若拱璧。"

被收录于此书卷首。① 他向朝鲜人洪奭周和李尚迪展示的《海东金石苑》是八卷本②，与现存定本的卷数一致。此外，这一时期他写作了《海东金石苑题辞》一文。③ 在《海东金石苑题辞》一文中，刘喜海对于此书的编撰过程以及内容等作了全面的介绍。④

　　从相关资料来看，道光十一年（纯祖三十一年，1831 年）以后，刘喜海仍在对《海东金石苑》一书做补充修改工作。由于周边环境发生变化，修订工作一直未能完成。个中原因可以说是与他任职地点的变化有密切关系。道光十三年（纯祖三十三年，1833 年）秋，刘喜海被任命为福建汀州知府。道光二十七年（宪宗十三年，1847 年），刘喜海被任命为浙江布政使，出任地方官员。虽然有记录显示他曾于道光三十年（哲宗元年，1850 年）向朝鲜人李尚迪寄送过书信，还通过在北京的亲友传递朝鲜的相关消息，但由于当时朝鲜使臣必须由辽东进入中国，而刘喜海却在浙江出任地方官，因而他就自然无法跟以前一样与朝鲜使臣进行频繁的交往。这样一来，他就无法继续通过朝鲜学者收集海东金石的拓本，也就无法圆满完成《海东金石苑》《海东金石存考》两部著作的修订工作。⑤ 下

---

　　① 参照《随槎录》卷六《户部郎中刘燕庭笔谈》（"纯祖三十一年十月四日"条）以及李尚迪《〈海东金石苑〉题诗》。

　　② 《随槎录》卷五《李月汀璋煜笔谈》（"纯祖三十一年十月四日"条）中，李璋煜在见到洪奭周时，对其称刘喜海编撰有《海东金石文字》八卷。这里李璋煜所谓《海东金石文字》指的是《海东金石苑》。

　　③ 刘喜海的《海东金石苑题辞》一文除了被收录在各种版本的《海东金石苑》中，还被收录在《刘喜海文集》（南京图书馆藏，1965 本），以及影印本的《嘉荫簃集》（陈乃干、宗惟恭赠送本，1948 年，合众图书馆"咫园丛书"卷上）。另外，朝鲜人金秉善所编《金石目考览》亦收录了此文。

　　④ 刘喜海的《海东金石苑》收录的金石文的年代起自新罗，讫于高丽朝。《海东金石苑题辞》也对此有明确的交代，称："海东金石，自陈光大二年始，至明洪武二十八年止。"不过刘喜海的这一记载有需修正之处。上限时间南朝陈光大二年（新罗真兴王二十九年，568 年）所树之碑指的是《新罗真兴王北狩碑》。然而，刘承幹重编本《海东金石苑》中最先收录的却是《高句丽故城石刻》，该碑在平壤城发现，年代可能要稍早于《新罗真兴王北狩碑》。金正喜认为此碑的刻写时间是在"己丑"年，即高句丽长寿王三十七年（449 年）。参考《海东金石苑》的解题。下限时间当为洪武二十八年（朝鲜太祖四年，1395 年）。《海东金石苑》所收录碑石年代的下限常被错误地认为是高丽末年（1392 年）。另外，《海东金石苑》收录金石文中立碑年代最晚的是《明高丽彰圣寺千熙真觉国师碑》，该碑刻于洪武十九年（高丽禑王十二年，1386 年）。

　　⑤ 定本《海东金石苑》是刘喜海对草本不断修改完善整理出来的本子，虽然较为接近最终本，但一些金石文仅见于目录，未收录金石文原文，因此算是未完编本。

面我们来看一下《海东金石苑》的版本种类。大体上可分为六类：刘喜海的墨本、草本与定本，以及鲍康刊本、张德容刊本、刘承幹刊本等系统。以下逐一说明。

这里所谓"墨本"，指的是刘喜海在编撰《海东金石苑》时所使用过的原拓本。刘喜海去世后，这一原拓本流入刘喜海女婿沈祖懋之手。沈祖懋在咸丰年间担任安徽省督学时，曾将这一原拓本藏于北京仁钱会馆。此后不久，原拓本为人盗走，流入琉璃厂书肆。① 咸丰二年（哲宗三年，1852 年），胡琨见到墨本，编撰了《海东撷古志》一书。② 民国初年，墨本中不少原拓本流入吴旭生之手。刘承幹在编撰《海东金石苑》时从吴旭生处借得原拓本并进行校勘。③ 此后吴氏所藏原拓本再次散佚，现在下落不明。有刘喜海藏书印以及识记的几种原拓本，民国初期先是为藏书家张仁蠡藏于柳风堂，后入藏北京大学。④ 另外还有几种原拓本藏于浙江省

① 二铭草堂刊本《海东金石苑》载张德容《海东金石苑跋》："原本八卷，成书后，以碑本尽予其沈念农少司成……然念农司成，当督学安徽之后，其先生所撰原碑，悉寄京师仁钱会馆，又为人窃，鬻于琉璃厂。"

② 胡琨的《海东撷古志》序文："今年得遍观刘所藏拓本，爰萃云石所寄者合为一编。"这篇序文写于咸丰二年七月二日。

③ 嘉业堂刊本《海东金石苑》刘承幹《序》（写于 1922 年）："今幸方伯所藏墨本，为吴中吴蔚若枢密所得。"

④ 胡海帆、汤燕编撰的《北京大学图书馆古代朝鲜金石拓片目录》介绍，北京大学藏朝鲜相关拓本 114 种（所藏拓本中，有一种存 2 本的情况，因此全部的种数比这一数字少），其中就包括了钤有刘喜海藏书印的拓本五种，具体如下。《朗圆大师塔碑》上有如下印章："刘喜海"（白文印）、"御赐清爱堂"（朱文印）、"味经书屋"（朱文印）、"东武刘燕庭氏审定金石文字"（朱文印）。《法镜大禅师塔碑》上有："刘喜海"（白文印）、"刘喜海印宜身至前迫事毋闲愿君自发封完印信"（白文印）、"燕庭"（朱文印）。《弘法大禅师塔碑》上有："文正曾孙"（白文印）、"刘喜海"（白文印）、"刘喜海印宜身至前迫事毋闲愿君自发封完印信"（白文印）、"嘉荫簃"（朱文印）等。《智光国师塔碑》上有："文正曾孙"（白文印）、"刘喜海印宜身至前迫事毋闲愿君自发封完印信"（白文印）、"吉父所得"（朱文印）、"燕庭"（朱文印）、"味经书屋"（朱文印）、"臣喜海"（朱文印）、"御赐清爱堂"（朱文印）等。《慈净国尊碑》上有："刘喜海"（白文印）、"刘喜海印宜身至前迫事毋闲愿君自发封完印信"（白文印）、"嘉荫簃"（朱文印）等。

图书馆。①

所谓草本《海东金石苑》，是指刘喜海在编撰初定本《海东金石苑》之前抄录的基础本，全书共八卷，分八册。该本子从刘喜海味经书屋散佚后流入张开福之手。咸丰初年，杨继振又从张开福处购得。杨继振在购得此书时，此书的一部分已经脱页。咸丰十年（哲宗十一年，1860 年）英法联军攻占北京时，此书中的第一册（卷一）亡佚。② 民国初年，刘承幹先是收购了杨继振所藏的后七册（卷二至卷八）。此后不久，又在北京琉璃厂找到了第一册，这样全书完帙。③

该草本藏于上海复旦大学，笔者曾有幸见过其中一部分。刘承幹所收购的草本全书八册，而复旦大学所藏的则为六册，其中有两册可能亡佚，或者进行了重新编撰。到底是哪种情况，有待将来继续考察。第一册的大小为 27.5 cm×18.1 cm，所使用的纸张全部是刘喜海家中制作的抄录纸，由于三种抄录纸夹在一起，全书版面略显混乱。④ 书的开头收录有刘喜海的《海东金石苑题辞》与道光十一年（纯祖三十一年，1831 年）李尚迪的题诗。此外，此书上还有藏书人杨继振、刘承幹的藏书印，以及现

---

　① 1999 年 3 月 2 日，笔者曾受浙江省图书馆之邀，前往浙江省图书馆访问，对朝鲜人赵寅永赠送给刘喜海与叶志诜的海东金石文的多种拓本做过调查，还亲眼见到其中一些拓本。

刘喜海与叶志诜的记录所记载的拓本有：《唐新罗双溪寺真鉴禅师碑》《唐海东神行禅师碑》《辽高丽国居顿寺圆空胜妙塔碑》《明高丽神勒寺大藏阁记》《金高丽宝镜寺圆真国师碑》《唐高丽广照寺真澈禅师碑》《新罗朗空大师白月栖云碑铭》《新罗宝林寺普照禅师碑铭》《唐鍪藏寺残碑》等。对此，笔者将在以后作详细的考察。

　② 嘉业堂本《海东金石苑》收杨继振《跋》（作于同治二年，1863 年）："咸丰纪元侍官西浙于张石匏处，得丈此稿，篇帙散乱，时有断阙……庚申之变，土寇窜夺，乱定料检，十仅存一，此集卷首并拓本，胥于此际失之。"

　③ 嘉业堂本《海东金石苑》中刘承幹的《序》："乃前数年，忽于书估手得刘氏初稿本，卷二至卷八，而佚卷一。前有长云杨幼云太守致鲍子年书及鲍答书，后有幼云太守跋尾，谓本有首卷，以庚申之乱失之……京师友人书言，于厂肆曾见此书卷一。其首页有继振朱印，知必是杨氏庚申年所佚者。亟移书购之，于是延津之剑，离而复合。"

　④ 使用草本的刘喜海味经书屋抄录纸第一种的版式如下：四周双边，版廓 18.9 cm×13.4 cm，每半页 10 行，每行 20 字。白口，上单黑鱼尾。版心题"东武刘氏味经书屋校抄"（下版口），版外题"燕庭校抄"。第二种的版式特征与第一种相同，仅版外题文字不同，为"味经书屋/鉴藏书籍"。第三种有序文，四周双边，版廓 22.2 cm×13.4 cm，每半页 9 行，每行 22 字。版口为白口，上黑鱼尾，版心题"嘉荫簃谢书"（下版口）。

藏地点复旦大学的藏书印。① 册中还有刘承幹的"嘉业堂藏书签"等印章。②

定本《海东金石苑》是指刘喜海对整理编撰的草本进行抄录的本子，全书八卷，分八册。咸丰三年（哲宗四年，1853 年），刘喜海去世后，其子将此书的校订工作委托给张德容。张德容将定本带往北京，并将定本借给金石学者潘祖荫。③ 这就是潘祖荫入手定本的经过。咸丰十年（1860年），英法联军攻占北京，定本因此遗失，潘祖荫对外宣称此书佚失。④ 然而定本却实为潘祖荫所收藏。

1937 年，潘祖荫的重孙潘承弼发表了《海东金石苑原本考辨》一文，公开了事情的真相。⑤ 1950 年中后期，上海图书馆从苏州潘氏家中购得所藏滂喜斋藏书。这样，《海东金石苑》定本就入藏了上海图书馆。⑥

这里我们暂时对咸丰十年英法联军侵略北京时定本遗失之事作简要说明。鲍康在刊行《海东金石苑》目录与金石跋文时，在写给杨继振的书信中，以及张德容在刊行《海东金石苑》前四卷时，都说此书在咸丰十年（1860 年）英法联军攻入北京，一路烧杀抢掠所致的动乱（下文标"咸丰之乱"）中遗失。

然而，潘承弼对此提出了与鲍康、张德容二人完全不同的看法。潘承弼说，咸丰之乱时潘祖荫并未遗失此书。此后，鲍康并未刊行《海东金石苑》全文，而只是刊行了此书的目录与跋文部分，为此隐瞒了潘祖荫

---

① "杨"（朱圆印）、"继振"（白方印）、"幼云校本"（朱方印）、"幼云"（朱方印）、"月豚/妾涂/所堂"（朱方印）、"二泉山人"（朱方印）、"吴兴刘氏/嘉业堂/藏书印"（朱方印）、"复旦大学图书馆藏"（朱长印）。

② 刘承幹嘉业堂藏书签："嘉业堂丛书 167/史部金石类/海东金石苑一卷/东武刘喜海辑/刘氏钞校本一册"。

③ 二铭草堂本《海东金石苑》张德容跋文："咸丰间，先生已归道山，哲嗣鹭卿，以稿本示容，并属为校勘。时容暴值枢垣，携至海甸直庐。潘伯寅世丈南书房，亦笃好金石之学，因假至澄怀园并读。庚申岁，海中扬尘，遭劫失去。"

④ 观古阁丛刻本《海东金石苑》潘祖荫《跋》（写于同治十二年十二月）："《海东金石苑》，荫从燕庭丈处假得之，失于咸丰庚申秋八月。"

⑤ 潘承弼：《海东金石苑原本考辨》，载《制言半月刊》1937 年第 41 期。

⑥ 潘氏后人称"潘氏滂喜斋丛书"为人强行取走，而从事潘氏藏书交涉事宜的顾廷龙称藏书是从正当的途径购得的，如此争论遂息。笔者于 1998 年 10 月在上海图书馆古籍室副主任任光亮先生处听闻关于顾廷龙的论评。

家中所藏全本的事实。① 另外，潘承弼还说，张德容关于二铭草堂本的刊行过程的说法不可信。潘祖荫对于此次张德容刊行之事不置一词，也隐瞒了潘祖荫藏有定本的事实。②

根据笔者的推测，潘承弼的说法似有根据。但从潘祖荫入藏定本的经过来看，潘承弼的说法有值得商榷之处。潘祖荫称，自己很早就从刘喜海处借得定本。另外，张德容在《海东金石苑》的跋文中说，刘喜海之子将定本的校订工作交给自己，潘祖荫将这一定本暂时借走，藏于澄怀园。由此看来，当时定本的所有者应该是刘喜海的后人。然而这一定本又如何为潘家所收藏呢？ 若要回答这一问题，需对咸丰之乱时潘祖荫的处世姿态进行考察。

假如定本是在咸丰之乱时遗失，此后潘祖荫通过正当途径购得，那么，即便我们承认潘祖荫对于定本的所有权，那也是值得商榷的。潘氏对于定本的所有人是刘喜海的后代这一事实是十分清楚的，即使此后通过正当途径购得此书，也应该告知刘喜海的后代这一事实。然而与以上我们的推测相反的是，咸丰之乱时此书并未遗失，而是一直藏于潘祖荫自己家中，潘祖荫据为己有。潘祖荫对外隐瞒了自己藏有定本的事实。此后在鲍康与张德容刊行《海东金石苑》时，潘祖荫对于实情佯装不知。因此，潘承弼的说法也有可能是为了掩盖这一事实，而对鲍康与张德容的跋文进行攻击。今天，由于缺乏其他的物证，我们很难做出判断。但从上面的各种情况来看，笔者认为潘氏家中故意隐瞒了收藏有定本的事实，这种可能性是很大的。

接下来我们看一下定本的版式。左右双边，版廓为 18.4 cm × 14 cm，正文部分每半页 11 行，每行 21 字，白口，上黑鱼尾，版心题写"海东金石苑（上版口）/小目几（鱼尾间）东武刘氏味经书屋校抄（下版口）"。后页左侧下端写有"燕庭定本"四个字。全书大小为 27.1 cm × 18.1 cm。书首收录有刘喜海的题词与李尚迪的题诗。此本中并无潘氏藏书印，只有现藏单位上海图书馆藏书印一枚。

鲍康刊本《海东金石苑》只收录了定本的目录以及金石文的跋文，

---

① 参考潘承弼的文章《海东金石苑原本考辨》第二部分《鲍刻只录跋语之臆测》。

② 参考潘承弼《海东金石苑原本考辨》文章第三部分《张刻残本之不为世重》。

刊行于同治十二年（朝鲜高宗十年，1873 年）①，被收入"观古阁丛刻"丛书中。鲍康称自己于道光二十年（朝鲜宪宗六年，1840 年）在刘喜海家中亲自见过《海东金石苑》八卷，并抄录了全书的目录。该刊本收录了 80 多篇金石文，卷首收录了树立在咸兴草芳院的《真兴王北狩碑》。②

此后，鲍康的友人潘祖荫所藏的定本《海东金石苑》在咸丰十年（1860 年）之乱中遗失，鲍康为此感到十分可惜。幸运的是，潘祖荫在此之前抄录了此书的目录和金石文的跋文。从潘祖荫抄录本可以一窥《海东金石苑》全书，鲍康借来抄录本，收录到丛书之中，刊行于世。③

鲍康刊本的封面题写有"海东金石苑／福山王懿荣署专"等字样，背面题写有"同治癸酉十有二月歙鲍氏观古阁开雕"字样，版式为四周单边，版廓为 20.5 cm×13.6 cm，每半页 10 行，每行 21 字，小字双行。有界，版心白口，上黑鱼尾，版心题写"金石苑"。书首收录了同治十二年（1862 年）鲍康所写的序文，以及刘喜海的题词，李尚迪的题诗被收录在目录之后。该书的末尾收录了同治癸酉年（1873 年）潘祖荫所写的跋文。

---

① 关于"观古阁丛刻"本的刊行时间，鲍康记载道："同治癸酉十有二月歙鲍氏观古阁开雕。"这里的同治癸酉年，即同治十二年。鲍康的序文与潘祖荫的跋文皆表明写于同治十二年十二月。但是在鲍康的《为董云舫跋高丽钟拓》一文中，却记载文章写于同治甲戌年春。甲戌年即同治十三年。对于时间上的这一矛盾，笔者以为有两种解释。第一种解释，这是因木板开雕的时间与最终完成的时间上存在差异而造成的，若果真如此，那么应在甲戌年此书完成木板刊刻。第二种解释是，鲍康在写作这篇跋文时，《海东金石苑》已经刊行了多年，这样一来，自然造成了时间记载上的偏差。笔者认为后者的可能性更大。此外，刘承幹在《海东金石苑序》中所记载的鲍康本刊行于冬至癸未年，显然是误记。同治朝并无癸未年。

鲍康的《观古阁丛稿三编》卷上《为董云舫跋高丽钟铭》："刘丈燕庭著《海东金石苑》八卷，写以美浓纸，备载全碑，殊精审。惜丰庚申毁于火。潘伯寅录有诸碑跋。甲戌春，余为刻之。原本余亦曾假观，手录其目。弹指廿余，老而健忘，不复记有是拓否。而碑目则未之载也。"嘉业堂本《海东金石苑》收录刘承幹《序》载："于是鲍子年太守，以同治癸酉未先刊其跋尾。"

② 鲍康的《观古阁丛稿三编》卷下《题新罗真兴王巡狩碑拓本》序文："道光庚子夏，于刘丈燕庭嘉荫簃中，获读所著《海东金石苑》八卷。载古刻凡八十余通，以《新罗王巡狩碑》列卷首，碑在咸镜道咸兴府草芳院。"道光庚子年即道光二十年（1840 年）。定本《海东金石苑》目录列举的金石文中，《陈新罗真兴王巡狩碑》（《北汉山碑》）列在全书第一篇。这一目录还收录了《陈新罗真兴王巡狩碑》（《黄草岭碑》）。潘祖荫曾于咸丰十一年（哲宗十二年，1861 年）在北京孔宪彝家中同潘祖荫、江人镜等中国学者，以及李容肃、金奭準、安载舆等朝鲜使臣一起欣赏过拓本，后写作了这篇序文。当时清、朝两国学者共同欣赏过的这件碑文（《真兴王北狩碑》）拓本，此后流入日本学者藤冢邻之手。参考［日］藤冢邻：前揭书，第 403 - 405 页。

③ 参考观古阁丛刻本《海东金石苑》（鲍康序文）、嘉业堂刊本《海东金石苑》中的《鲍子年太守答书》，以及鲍康《观古阁丛稿三编》卷上《为董云舫跋高丽钟拓》。

正文的最后以定本附录的形式收录了《日本刻碑》等四种碑文的目录以及解题。

在鲍康刊行不到一年以后，该书很快就通过朝鲜金石学者吴庆锡传入朝鲜。金秉善在编撰《金石目考览》一书时曾参考过该本。① 1992 年，上海古籍出版社出版了《观古阁丛刻九种》，其中以影印方式收录了此书。②

张德容刊《海东金石苑》，只是对定本八卷中的前四卷进行了校勘出版。刊行时间为光绪七年（朝鲜高宗十八年，1881 年），刊行于二铭草堂。该书封面上题写"东武刘氏著录/海东金石苑/二铭草堂校刊"等字样。四周双边，版廓为 18.7 cm×14.1 cm，每半页 11 行，每行 21 字，小字双行，无界③，版心白口，上黑鱼尾，版心题写"海东金石苑/卷×"，卷四目录的版心下段题写"东武刘氏"，为定本的抄录处——"味经书屋"四字脱字所致。书首收录了刘喜海的题词和李尚迪的题诗，书的末尾收录辛巳年（光绪七年，1881 年）张德容所写作的跋文。有资料表明该书在日据时期传入朝鲜半岛。④ 朝鲜半岛解放以后，此书以影印本方式出版。⑤

----

① 金秉善的《金石目考览》（北京大学藏本）中的《序》："乙亥春，亦梅自燕返回，得鲍子年所刻《海东金石苑》一本。此乃刘燕庭之各碑题跋七十余种，为潘伯寅收藏。及燕庭殁，鲍、潘两君，更加审阅，锓梓于癸酉之冬者。噫！其为书也，全文与字形虽不得俱举，其竖碑年代，所在地方，撰书人名，昭然可详。"序文中乙亥年是朝鲜高宗十二年（光绪元年，1875 年）。

② 《观古阁丛刻九种》，现收录在上海古籍出版社出版的《中国钱币文献丛书》第 15 辑中。

③ 全文无界行，只有目录部分有界行。

④ 张德容刊二铭草堂本《海东金石苑》现在韩国国立中央图书馆（藏书号为"韩－52－1 本"）、奎章阁（藏书号为"가람古 401.7－Y93h 本"）、成均馆大学（藏书号为"B15B－2 本"）、忠南大学（藏书号为"东乔史 655 本"）等有藏。韩国国立中央图书馆藏本中有"朝鲜总督府图书馆/图书登记番号/大正 13.2.22/古 0215（青扁椭印）"的藏书印，因此，此书至迟当于 1924 年传入朝鲜半岛。

以上韩国国内各典藏机关（除忠南大学）所藏张德容刊本《海东金石苑》皆记作者为"刘燕庭"，以刘喜海的号来记载作者姓名。以影印方式出版刘承幹重编本《海东金石苑》的亚细亚文化社（译者按：出版社名），在各卷的卷首有编著者的介绍文字"诸城刘喜海辑录"，但在封面上还是以号（燕庭）来记载作者姓名。此外，奎章阁、成均馆大学的藏书目录皆将张德容的二铭草堂刊本错误地记作"上海千顷堂书局"刊本。

⑤ 张德容刊本的影印本，现在韩国国立中央图书馆藏 2 部［藏书号分别为：古 2102－25 本；古 2101－30 本，残存卷二（1 册）］；此外，韩国岭南大学东滨文库亦有藏，藏书号为"古ㄷ 911.0024 本/海东ㄹ"。

　　上文中提到，刘喜海之子曾委托张德容对定本《海东金石苑》进行校勘，张德容将此书带去了北京，借给了潘祖荫。在咸丰之乱发生时，定本遗失，这样张德容不得不以此前抄录的前四卷为底本刊行。这一刊本虽然遵从定本前四卷的版式，但未收录定本中的《新罗真兴王北狩碑》。①另外，该刊本收录的金石文中不少文字有错误。对于张德容刊本的缺点，潘承弼曾有详细的论述，可以参考。②

　　刘承幹刊本《海东金石苑》以草本为底本，同时参考了吴郁生藏墨本、张德容刊本、罗振玉藏海东拓本以及叶志诜的《高丽金石录》。刘承幹在参考这些著作的基础之上进行了校勘、再编。③这一刊本被收录到1992年出版的"嘉业堂金石丛书"之中。封面以篆书书写"重校海东金石苑八卷、补遗六卷、附录两卷"，后一页书写"南林刘氏嘉业堂刊"字样，无栏双行，左右双边，版廓为17.8 cm×14.0 cm，每半页10行，每行21字，小字双行，有界，版心细黑口，上黑鱼尾。版心题"海东金石苑卷×/吴兴刘氏希古楼刊"。

　　原书书首收录了壬戌年（1922年）刘承幹所写的序文、刘喜海所写的题辞、李尚迪所写的题诗，甲戌（同治十三年，1874年）杨继振写给鲍康的书信《杨幼云太守致鲍子年书》，以及鲍康的回信《鲍子年太守答书》。书的最后收录了张德容的跋文，以及癸亥年（同治二年，1863年）杨继振所写的跋文。补遗卷的卷首收录了壬戌年（1922年）刘承幹所写的《海东金石苑补遗序》。

　　有记录表明，刘承幹重编的《海东金石苑》刊行不到几年以后，很

---

　　① 定本《海东金石苑》收录了《新罗真兴王北狩碑》，而张德容刊本却将此碑删去不录；一种可能是张德容故意删去不录。另一种可能是，张德容刊本的底本——潘祖荫抄本未收录，因此造成张德容刊本未录此碑，这种可能性亦不能排除。张德容刊本对于定本金石文中的原文与原拓本的形态记录、残碑的模样以及形状保持一致。另外，正文部分在遇到清代的避讳字（如玄、胤、弘）时，一般会更改为元、允、宏，并且在该避讳字的旁边用方框作记号。

　　② 参照潘承弼《海东金石苑原本考辨》第三部分《张刻残■之不为世重》。

　　③ 叶志诜的《高丽金石录》在缪荃孙的《艺风藏书记》卷五中被记作《高丽碑全文》。该书先为闽侯林氏（按：疑为林春溥）所藏，后流入罗振玉之手。现在下落不明。

快就流传到朝鲜半岛。现在韩国国内各图书馆以及个人收藏的版本多种。[①] 另外，此书也由韩国国内出版社影印出版，在韩国学界广泛流通。[②]

刘承幹重编本《海东金石苑》由原编 8 卷、补遗 6 卷、附录两卷组成。刘承幹对于草本中有墨本存世、可据以校勘的 63 种，按照草本目录进行罗列，分为原编 8 卷；将无墨本、无法校勘的 7 种，以及叶志诜《高丽金石录》、刘喜海《海东金石苑》中未收的 8 种，收入附录两卷中。此外，他还将罗振玉从原朝鲜总督府以及日本藏书家手中收集而来的海东金石文 80 种编为补遗 6 卷。

这样，刘承幹再编本《海东金石苑》中收录的金石文的种类是很多的，而且与原拓一一对照，做了充分的校勘工作。尽管如此，也有一些地方改变了原本的形态，或者原文脱文，或者校勘上出现问题，类似这样的问题不少。因此，潘承弼此前对此提出过批评。[③] 比如，刘承幹重编本删除了定本中收录的碑文 5 种，以及日本碑文 4 种。[④] 再如，定本中只有跋文、没有原文的碑文 3 种，也被刘承幹删除。[⑤]

四、结　论

考察古代中韩两国之间的学术交流是非常有意义的工作。本章对于清

---

① 刘承幹重编本《海东金石苑》现在韩国国立中央图书馆（藏书号为古 6 - 08 - 34 本）、国史编纂委员会（B1513 - 40 本）、成均馆大学（藏书号为 B15B - 3 本）、忠南大学（藏书号为东乔史 642 本）等有藏。此外，一些私人手中亦有藏本，如水原安某氏。韩国国立中央图书馆藏本中有"朝鲜总督府图书馆/图书登记番号/昭和 4.4.20/古 4798"（青扁椭印）的藏书印，因此，此书至迟当于 1929 年传入朝鲜半岛。

② 1987 年韩国艺文印书馆、1976 年韩国亚细亚文化社出版的《石刻石料丛书》与《韩国金石文全书》皆以影印的方式收录了此书。此外，1987 年韩国法仁文化社根据台湾新文丰出版公司出版的《石刻史料新编》也重新影印出版了此书。

③ 参照潘承弼《海东金石苑原本考辨》第四部分《刘刻与原本之出入》。这里所谓的原本指的是定本。

④ 定本《海东金石苑》收录的碑文原文为刘承幹重编本删除的有五种：卷五中的《宋高丽清平息庵四大字》、卷七中的《金高丽沙林寺残碑》、卷八中的《元高丽文殊寺藏经碑》《元高丽伊彦理香碑》。另外，刘承幹重编本剔除的日本金石有四种，分别是：《日本国多胡郡碑》《日本多贺城壶石碑》《日本国佛足石碑》《大日本红鸟灵迹建寺之役》。

⑤ 定本《海东金石苑》中只有跋文、没有原文的金石文有：卷一中的《唐新罗神文王陵石头字》《唐新罗白莲社大字额》，以及卷二中的《宋新罗华严经残字》。

人刘喜海编撰的《海东金石苑》的版本种类进行考察的工作，也是基于这一角度出发的。清嘉庆、道光年间盛行海外学风潮，在这一背景下，刘喜海倾其一生致力于金石文献的收集整理，特别是对于朝鲜半岛金石文献的收集整理，倾注了大量的精力。他与从朝鲜来到北京的朝鲜使臣建立了很深的缘分，展开了学术交流。他也将从朝鲜学者处直接或间接获赠的海东金石文资料编撰成书。

本章重点对《海东金石苑》的各种版本进行了考察。刘承幹重编本《海东金石苑》是今天国内外学界广为人知的刊本。除此以外，还有刘喜海的草稿本系统的各种版本存世，其中包括：墨本、草本、定本，这些成为后来刊印时使用的底本。本章对于这些版本用作底本进行刊印的经过，以及版本之间的关系进行了考察。

《海东金石苑》一书大体上于道光十一年（朝鲜纯祖三十一年，1831年）完成编撰。墨本是刘喜海编撰此书时参考过的原拓本。墨本在清末民国初期，先后为林氏、罗振玉所藏，现在下落不明。草本是刘喜海参考墨本以及《海东金石存考》等资料第一次形成的稿本，刘承幹重编本即以此为底本。草本先后为杨继振、刘承幹等人所藏，现藏于上海复旦大学图书馆善本室。定本是刘喜海对草本做最终整理形成的稿本，鲍康刊刻本与张德容刊本即以此为底本。

定本收录了很多刘承幹刊本中见不到的原拓本，按照原拓本原型进行刊刻，但同时也有很多漏掉的金石文。这一版本是将来我们在对《海东金石苑》进行研究时应使用的基本资料，需加以注意。鲍康刻本仅仅收录了定本的金石文目录以及解题部分，刊行于清同治十二年（朝鲜高宗十年，1873年）。张德容刊本只收录了定本八卷中的前四卷（卷一至卷四），最早刊行于光绪七年（高宗十八年，1881年）。刘承幹刊本以草本为底本进行刊刻，同时全面参考墨本等资料，进行校正重编。另外，他还参考了其他金石资料，增加了《补遗》六卷和《附录》两卷，刊刻于1922年。

笔者对从某机构处获得的定本《海东金石苑》的 VCD 影印本仔细进

行分析，撰写解题，并发表相关论文。① 同时对中国人编撰或藏于中国的海东金石文集写作总概要，希望对于读者诸君从整体上了解海东金石文的源流有所助益。

① ［韩］朴现圭：《上海图书馆藏清人刘喜海定稿本〈海东金石苑〉》，载陈尚胜主编《第三届韩国传统文化国际学术讨论会论文集》，山东大学韩国研究中心主编，山东大学出版社 1999 年版，第 602 - 613 页。

第六章　明末抄本《普觉国师碑铭》 及碑文解释上的若干问题

一、引　言

今天我们应该以怎样的姿态面对充满变动的21世纪？对此，笔者认为，考察高丽时期高僧、民族社会的先驱——僧一然的行迹，具有十分重要的意义。僧一然是高丽时期禅宗高僧，传播众生救度的思想，为构建庄严的佛国世界付出了一生心血。同时，他也是民族社会的先驱者，在高丽王朝面对外敌入侵、如风前灯火的处境时，僧一然极力主张民族观，发挥了十分重要的作用。

麟角寺是位于韩国庆尚北道军威郡古老面（今三国遗事面）华北里612号的寺院。[①] 20世纪初期，政府要在该寺院周围地区建造多功能水坝，麟角寺在获知这一消息后，对于建造大坝提出反对意见，才免于被铲平。麟角寺给出的反对理由中最重要的一个是：麟角寺是僧一然安息之所，是民族的圣地。这次事件之前，人们对于僧一然所著《三国遗事》给予了很高评价，而对作者僧一然却有所忽视。这次事件以后，人们重新开始回顾僧一然一生的足迹。记载僧一然一生行迹的最为重要的资料是高丽忠烈王二十一年（1295年）在麟角寺内树立的《普觉国师碑》。[②] 这件石碑由高丽时期闵渍所撰写的《普觉国师碑铭》以及山立所撰写的碑阴记两部分组成。

---

① 麟角寺被指定为韩国史迹第374号。本章所讨论的《普觉国师碑铭》与一然的浮图八角三层静照塔被指定为韩国宝物第428号。

② 对于国师与国尊的问题，下文将对此作详细讨论。下文中无论笔者对此将给出何种结论，《普觉国师碑铭》都堪称民族精神的象征。从这一角度出发，我们暂时称此碑为"普觉国师碑"。金相铉也采取了与笔者相似的立场。

这件碑石毁损较为严重，现在只剩下两块残碑，让人为之感到惋惜。① 然而幸运的是，朝鲜王朝时期的学者在古代书法、金石学、佛教史的基础上，将石碑上的文字拓了下来，制作成拓本以及抄录本，使得我们今天能够对这件石碑的整体内容进行把握。该碑上的文字为集王羲之字，自古以来就受到学者的重视。同时，明清时期的中国人也多次提出希望获得这件石碑的拓本，可见此碑在中国已广为人知。

《普觉国师碑》的拓本以及抄录本现在藏于韩国国内的公共图书馆以及一些个人手中，总计有 20 余种。一些学界同道对此碑做过比较深入的研究，除碑阴记以外的其他文字皆能判读出来。1918 年出版的《朝鲜佛教通史》以及 1919 年出版的《朝鲜金石总览》以现代排印的方式，全文收录了闵渍撰写的碑铭。此外，1981 年韩国精神文化研究院、1992 年韩国中央僧伽大学佛教史学研究所先后以影印的方式出版了这件石碑的拓本，为学者和一般民众了解这一资料提供了便利。② 除了以上出版的影印本，还有近 10 种拓本存世。③ 这次笔者将向学界介绍明代万历三十一年

① 普觉国师碑原高 2 m，宽 1 m，厚 5 cm。根据 1993 年的调查日志来看，现在所见到的碑石底座并非原碑底座，而是从其他碑石底座中移过来的。碑石破坏严重，现存残碑高 123 cm，宽 105 cm，厚 18 cm。石碑正面有不少碑文脱落，只能辨认出 180 字。参考［韩］大源（音，대원）《〈三国遗事〉的诞生地——麟角寺》，大韩佛教曹溪宗麟角寺，1998 年 2 月，第 8 页；［韩］尹容镇等《华山麟角寺》，庆北大学博物馆，1993 年，第 98 页。

② 韩国精神文化研究院从尹锡昌处购得的闵渍撰写的碑铭拓本，以《高丽国华山曹溪宗麟角寺迦智山下普觉国师碑铭》为名影印出版。此外，韩国中央僧伽大学将韩国精神文化研究院藏本、朴永弴藏本、日本天理大学藏本、全宝三藏本、韩国高丽大学藏本（韩国中央图书馆藏本、华山文库藏本）、黄寿永藏本、奎章阁藏本、韩国岭南大学东滨文库藏本、韩国国史编纂委员会藏本、大东金石帖所藏拓本等，包括闵渍撰写的碑铭与山立撰写的碑阴记在内的拓本 12 种，以《麟角寺普觉国师碑帖》之名，集结成册，影印出版。

③ 除了以上影印本中收录的资料，还有韩国檀国大学藏本（金东旭旧藏本）、韩国庆南大学藏本（前日本山口女子大学寺内文库旧藏本）、美国加州大学伯克利分校浅见文库藏本（一同收藏的还有以金生书法字体篆刻的《朗空大师白月塔碑》）、吕丞九藏本、郑震英藏本、任昌淳藏本（三种）。郑炳森的论文后以附录形式收录了涧松文库藏本，蔡尚植论文后以附录形式收录了任昌淳藏本。笔者于 1998 年 12 月 19 日在朴永弴的青柿山房中见到过韩国庆南大学藏本、浅见文库藏本、吕丞九藏本、郑震英藏本的影印本。韩国檀国大学栗谷纪念图书馆所藏拓本《普觉国师碑铭》为笔者首次发现。该册子收录的闵渍撰写的碑铭，文字编辑错乱。全书一册，四帖，藏书编号为"929.5/월961 ㅂ"。每半页四行，每行 8～10 字，全文 287 字。有"金承旨册"的藏书印。参考［韩］郑炳森《一然碑文的檀越》，载《韩国学研究》1995 年，第 34－44 页。［韩］蔡尚植《普觉国尊一然碑的现状及复原问题》，载《古书研究》1996 年第 13 号，第 21－24 页。

（朝鲜宣祖三十六年，1603 年）抄录的抄本《普觉国师碑铭》。这件明末抄本的价值在于：第一，明确记载了相关年代；第二，全文收录了闵渍撰写的碑铭。本章将对这件明末抄本与现在被认为是最善本的韩国精神文化研究院藏本以及其他各种版本进行对照，对文字进行校勘；同时，提出解释《普觉国师碑铭》的几个问题。

二、明末抄本的文献事项

明代慎懋赏编纂、赵琦美增补的《四夷广记》一书，对于中国域外的相关资料进行了收集，现藏于位于台北市的"国家图书馆"善本室。全书八册，为明末抄本，藏书编号为善本 04127 本。① 高丽人闵渍所撰写的《普觉国师碑铭》的全文被收录在第二册之中。

我们首先通过《普觉国师碑铭》文章最后清常道人所写的"识记"以考察这一抄本的出处。识记写道：

> 癸卯，于北京见李性物拓朝鲜本，因录文如左，其字亦如《圣教序》，大小不殊，但笔力稍为衰耳。清常道人志。②

这里的"清常道人"是赵琦美的号。赵琦美字玄度，常熟人，生于明嘉靖四十二年（朝鲜明宗十八年，1563 年），卒于天启四年（朝鲜仁祖二年，1624 年）。他天性聪敏，过目不忘，时人称其博学多识。同时，他也是著名藏书家，收藏了不少古今图书，并将自家所藏图书编目为《脉望

---

① "国立中央图书馆"善本书目》将《四夷广记》的编者记作慎懋赏，并称此本为旧抄本。笔者认为对这一解题有稍作修正的必要。《四夷广记》是明人慎懋赏原撰，但万历末年赵琦美在获得此书后做了很多增补工作。第二册收录了赵琦美写作的跋文《梅月堂诗选跋》。跋文写道："今上之三十二年甲辰，予客燕邸一友寓中，见高丽《梅月堂诗》一册……今得慎云台氏所编《广志》，复足以篇末，以为采诗观风之一助云。"赵琦美的跋文作于万历三十七年（朝鲜光海君元年，1609 年）七月五日。不久以后，此书被重抄。此书对于清朝避讳字并不理会，从抄录时期来看，当为明末抄本。

② 据钱谦益记载，赵琦美字玄度。据龚立本记载，赵琦美又号元度。（在清代，"元"字是"玄"字的避讳字）从赵琦美的兄弟赵祖美字叔度这一点来看，赵琦美当字玄度。参考〔清〕钱谦益《牧斋初学集》卷六《墓表·刑部郎中赵君墓表》；〔明〕龚立本《烟艇永怀》卷三"赵祖美条"。

馆书目》。

识记中的"癸卯",指的是万历三十一年（朝鲜宣祖三十六年,1603年）。赵琦美在翌年的三月见到李性物所记载的吴明济《朝鲜世纪》以后有过一番评论。① 此外,他在北京时,通过因壬辰倭乱来到北京的朝鲜人,而获得了一些朝鲜资料。壬辰之乱对于朝鲜半岛而言,无疑是民族灾难,是东亚三国同时参战的一次国际性战争,当时有不少中国人因此次战争来到朝鲜半岛。但从客观上看,这此战争也为当时的文化交流提供了动力。随着中国人对朝鲜相关信息产生兴趣,朝鲜相关资料遂大量进入中国。笔者推测《普觉国师碑铭》就是在这样一种背景之下进入中国的。然而遗憾的是,由于缺乏李性物生平相关资料,对于李性物在其中扮演了怎样的角色,笔者暂时无法考察。

在万历三十一年第一次抄录而成的《普觉国师碑铭》,到了明朝末年得以重抄。而第二次又抄写于何时?从本章后所附的碑文全文中可以看到,抄本碑文对于清朝康熙皇帝的避讳字"玄"字依笔划书写,丝毫不避讳。《四夷广记》的其他文章对于清代的避讳字并不严格遵守,书中所收录的内容截至明万历末年。由以上情况来看,第二次抄录的时间当在明末即万历末年至崇祯年间。

三、明末抄本的特征与内容

明末抄本《普觉国师碑铭》与碑石原文相比,使用了很多异体字以及通用字。比如,将"太"写作"大","於"写作"于","豪"写作"毫","湧"写作"涌","釰"写作"剑","脩"写作"修","機"写作"机","稱"写作"称","驛"写作"驲",等等。

值得我们注意的一点是,明末抄本中有很多现存拓本与抄本中没有的汉字。比如,其中有一个"涉"字,该字是除碑铭与撰者姓名以外的正文部分最后一行的最后一字。如果将这一字添加到第一行最后至第二行开

---

① 《四夷广记》第二册收录了明人吴明济编撰的《朝鲜世纪》,《朝鲜世纪》书后收录了赵琦美所写的跋文。赵琦美在跋文中写道:"是书薛公仪鸿胪处所假,殆非元本。李性物云:京师别无全书,尚欲借之。僧自南言橋李郁伯承家无《东国志》四十本,而省物云三十本。未识何意为的可据本?万历甲辰三月廿九日,阅于燕台承恩兰署。清常道人志。"跋文中所谓"甲辰"年系万历三十二年（朝鲜宣祖三十七年,1604年）。

头的这句话中，那就是"及乎一涉回机"。根据 1836 年月精寺僧人金慧
月的抄录本转录的《朝鲜金石总览》写作"及乎一回机"。1984 年许兴
植编纂的《韩国金石全文》写作"及乎一廻機"。① 韩国精神文化研究院
拓本中写作"及乎一迴機"。韩国精神文化研究院藏本与朴永弴藏本中，
"一"字与"迴"字中间之字皆脱字。②

　　明末抄本与韩国精神文化研究院藏本虽有一些文字差异，但从文意上
来看并没有太大差异。《普觉国师碑铭》原文中每行 69 字，韩国精神文
化研究院藏本第一行中只有 68 字，少了一字，这一脱文，结合明末抄本
来看，所缺之字，当为"涉"字。不过这只是笔者的推测。由于明末抄
本只是抄录本，关于韩国精神文化研究院藏本中，这句话是否脱落了
"涉"字，还需要相关证据加以证明，这里笔者暂且保留这一看法。希望
将来佛教界与学者们在对《普觉国师碑铭》进行复原时，能对明末抄本
的"涉"字给予充分关注和检讨。

　　另外，将明末抄本与现存拓本和抄录本相比较时，可发现大体上有两
方面差异。第一，闵渍称自己学识不足，自己写作的碑铭无法彰显僧一然
的光彩。因此，碑铭写作暂时延期。对于这一部分，明末抄本记作"故
愧延报章"；而金慧月抄本写作"故过延数年"；韩国精神文化研究院藏
本这句话的文字模糊不清，难以辨认，只能认出第一个字是"故"字，
第三个字是"延"字，这两个字与明末抄本及金慧月抄本是相同的。此
外，韩国精神文化研究院藏本中，这句话的第二个字十分模糊，根本无法
辨别。第四个字的左边部分，与其说是"娄"字，更像是"幸"字。③
第五个字不像是"章"字，而更像是"年"字。④ 从这句话的意思上来
看，由于明末抄本与金慧月抄本中这两句话意思皆可通，因此很难辨认哪

---

① "回"是"廻"字的异体字。

② 韩国精神文化研究院藏本中，在"及乎一"这一部分之后，紧接着是"廻机"二字。
朴永弴藏本写作"及乎一廻机"，但仔细看来，"一"字与"廻"字中间脱一字。

③ "数"字与"报"字也在这件碑文中其他部分可见。两相对照，对于文字判读很有帮
助。"数"字出自"《诸乘法数》七卷"一句，"报"字出自"诸禅德日日报云"一句。对此，
1998 年 2 月 19 日，韩国迦山佛教文化院长李智冠提出疑问。这个字的左边诚如笔者所指出的
很像"幸"字，因此，整个字当为"报（报）"字；然而右边部分由于磨损严重，需要进一步确
认。

④ "章"字见于"庆州章山郡人也"以及"穷究诸家章疏"两句中。"年"字见于"年甫
九岁""明年夏""是年""帅住仁弘十一年""至至元元年秋"等 17 句中。

一种是正确的。① 下文中笔者在讨论国师与国尊问题时，对于该问题的解决多少会有所帮助，但对于这一问题目前的研究还十分不足。② 希望将来我们能发现文字清晰的拓本以解决这一问题，这里笔者暂时保留结论。

　　第二，明末抄本中的文字有助于我们纠正其他抄本以及近来一些论文集中出现错误记载的字句。碑文的最后明确记载了立碑人的法名，明末抄本写作"清玢"，然而金慧月抄本、许兴植的《韩国金石全书》以及近年的一些论文集却错误地将"清玢"写作"法珍"。这大概是"玢"字与"珍"字相似，而"清"字与"法"字相似而造成的误记。③

　　不过明末抄本由于是抄本，因此也有一些脱文。碑铭铭文部分第六句本为"中夏五叶"，而明末抄本中这一句脱文。这句话无论从押韵还是从文意角度来说，都是不可缺少的一句话，明末抄本中脱去。之所以会缺文，可能是因为在第二次抄录过程中漏抄。文字脱落的情况在金慧月抄本与许兴植的《韩国金石全书》中也经常能见到。

　　此外，明末抄本也有一些文字错误之处。僧一然圆寂之前的自设问答，韩国精神文化研究院藏本写作"试辨看"，明末抄本写作"试辨者"，这是由"看"字与"者"字相似造成的错误。除此以外，明末抄本还把"遥嗣"错误地写作"逢嗣"，把"涡旋"错误地写作"渴旋"，把"魁

---

　　① 金慧月抄本中，闵渍在这句话接下来的一句写道，"请既不已，命亦难忤，谨为之序，而铭之。"明末抄本中上一句写道，"故愧延报章"；下一句写道，"不已，命亦难忤，谨之序而铭之"。上下两句从语气来看略不自然，但意思上是通的。一然于高丽忠烈王十五年（1289 年）圆寂，此碑建立于忠烈王二十一年（1295 年）。金慧月抄本中所谓碑文写作往后延续几年的说法，从文意上来看也是通的。

　　② 如果普觉国尊一然在圆寂后不久被追赠为国师这一假说能成立的话，那么我们可以认为碑铭当在忠烈王十五年（1289 年）十月至翌年七月间写成，金慧月抄本中所谓"故过延数年"这一说法是不能成立的。但由于一然圆寂不久被追赠为国师的相关证据不足，因此仍是有待讨论的问题。

　　③ 对于这一问题，蔡尚植在其论文中有详细的讨论。清玢是闵渍所撰写碑铭提到过的向忠烈王上疏请求写作一然行状之人，山立所撰碑阴记提到的云门寺大禅师就是此人，清玢此后被追赠为宝鉴国师。参考《益斋乱稿》卷七《有元高丽国曹溪宗慈氏莹源寺宝鉴国师碑铭并序》。蔡尚植认为清玢就是《普觉国师碑阴记》的作者山立，而金相铉与李智宽认为并非如此。参考［韩］蔡尚植《普觉国师一然研究》，载《韩国史研究》1979 年第 26 辑，第 39 – 42 页；《高丽后期佛教史研究》，一潮阁 1991 年版，第 104 – 105 页。［韩］金相铉，前揭文，第 58 – 61 页。参照［韩］李智宽《校勘译注军威麟角寺普觉国尊静照塔碑文》，载《迦山学报》1996 年第五号，第 330 – 331 页；《校勘译注历代高僧碑文·高丽篇四》，迦山佛教文化研究院，1997 年，第 261 页及注释 269。

杰"写作"冠杰",把"通奥"写作"通兴"。

综合以上分析来看,虽然明末抄本对于碑文的判读存在一些错误或者误记,但其中也记载了现存拓本与抄录本未能识别的文字,以及与之相异的文字,是我们在对碑文进行复原时值得参考的重要资料。

四、解释上的问题

(一)国师与国尊的问题

僧一然有德高望重的佛道、虔诚向佛的佛心,对母亲也很孝顺,对于复兴当时疲弊的民族思想、唤醒人的本性,有着风向标的作用。一然年轻时就受到佛教界以及朝野人士的尊敬。如今我们仍可以看到高丽忠烈王对一然表示倾慕的相关痕迹。比如,忠烈王曾亲自作诗赠给一然,且将一然请到行宫并赐。忠烈王对一然的尊崇之心与日俱增,忠烈王九年(1283年)三月庚午日,僧一然被册封为"国尊"[①],另外还被赐予"圆径冲照"的法号。

碑铭的作者闵渍在碑铭中指出,"国尊"这一名称是为了避开元朝已经使用的"国师"这一称呼而作的改称。[②]《高丽史》也记载了僧一然被册封为国尊。闵渍撰写的碑铭正文以及山立所撰写的碑阴记在题目与正文中都称一然为"国尊"。然而,问题是,闵渍撰写的碑铭的题额写作"普觉国师碑铭"。[③] 换言之,闵渍在碑额部分使用的是"国师"的称号,而不是"国尊"。那么,如何理解这种记载上的差异?这里我们以推理、反论与再反论的思路,试图得出结论。

1. 推理

高丽时期的官阶与称号,由于受到元朝的影响,发生了很多变化。在忠烈王时期,册封的"国师"尊号皆被称为"国尊"。比如忠烈王十八年(1292年),僧惠永被册封为弘真国尊;忠烈王二十一年(1295年),僧景宜被册封为圆慧国统,二人皆被册封为国尊。然后到了忠肃王时期,高

---

① 《高丽史》卷二九《忠烈王二》:"(九年三月)庚午,以僧见明为国尊。"
② 〔高丽〕闵渍撰《碑铭》载:"改国师为国尊者,为避大朝国师之号也。"
③ 一般情况下都会使用篆体字书碑额,而《普觉国师碑铭》的碑额是用楷体字书写的。

丽僧人被册封为国统或国尊。① 闵渍在碑铭中明确指出，由于受到元朝的影响，一然的称号"国师"被改为"国尊"。山立所写的碑阴记也称一然为"国尊"。

考虑到当时高丽王朝无法行使国家自主权的现实，可以说，现存《普觉国师碑铭》的六字碑额中的"国师"称号与闵渍在碑铭正文中称一然为"国尊"这一处差别，显然是一个问题。

2. 反论

不过，我们也有对以上推理结论提出相反意见的根据。明末抄本以及《大东金石书》本、韩国精神文化研究院藏本、涧松文库藏本等，拓本的碑额都写作"国师"。另外，忠烈王十六年（1290 年）七月，《人天宝鉴》禅丛跋文也称一然为"国师"。②

可以说，称一然为"国师"，反映了当时高丽人在元朝的影响下坚守民族自主性的努力。③ 当时食俸禄的高丽士大夫们奉王命写作公文，是很难违背国家意志来写作文章的。而与之相反的是，出家的僧人以及制作石碑的石工们能够自由选择使用哪种称呼。

还有一件有意思的事情是，也有可能是高丽受到元朝的影响而使用了"国师"的称号。虽然尚无证据表明僧一然生前就被册封为"国师"，不过忠肃王时期的僧人万恒与混丘在圆寂之后，就被追赠为慧鉴国师与宝鉴国师。④ 因此，也不能排除一然在圆寂之后被追赠为国师的这种可能性。

---

① 忠肃王即位当年（1313 年）丁午被册封为无畏国统，忠肃王十一年（1324 年）弥授被册封为慈净国尊。

② 海印寺藏寺刊板《人天宝鉴》中有"麟角退老"一然所写的"后识"，与元至元二十七年（1290 年）七月包山禅丛所写的跋文。禅丛在跋文中写道："予前年春，省国师诣麟角，国师语我曰：《人天宝鉴录》，实学者之所宝也。我欲雕板流行，汝能写之乎？予时眼昏，辞以不能。至秋国师示寂，予追念曰：国师欲镂板，我不书之，此录之不行，我之罪也。"参考［韩］蔡尚植《普觉国师碑一然研究》，载《韩国史研究》1979 年第 26 辑，第 39～42 页。

③ 金相铉在写论文中所引用的《普觉国师碑铭》的碑额以及《人天宝鉴》中收录的跋文中，皆称一然为国师。金相铉认为这反映了高丽朝在当时元朝的影响下为维护高丽自主性而作出的努力。参考［韩］金相铉：前揭论文，第 55 页。

④ 万恒于忠肃王六年（1319 年）圆寂后被追赠为慧鉴国师，混丘于忠肃王即位年（1313 年）被册封为王师，但混丘在忠肃王九年（1322 年）圆寂之后被追赠为宝鉴国师。当时高丽朝廷是否拥有摆脱元朝的影响、自主对高丽国圆寂高僧赐号国师的权力？由于资料缺乏，目前难以确认。参考［韩］李齐贤《益斋乱稿》卷七《海东曹溪宗修禅社第十世别传宗主重续祖灯妙明尊者赠谥慧鉴国师碑铭并序》及《有元高丽国曹溪宗慈氏莹源寺宝鉴国师碑铭并序》。

如果这种可能性成立的话，那么考虑到石塔的建立时间以及跋文中的记载时间，我们认为：一然被追赠为国师的时间可能是一然圆寂时的忠烈王十五年（1289 年）十月，至翌年七月。①

3. 再反论

不过，现存仍有待解决的问题，可对于以上反论提出反驳意见。忠烈王二十一年（1295 年）八月，山立所写的碑阴记使用的题目是《普觉国尊碑阴记》，碑阴记正文使用的也是"国尊"这一称号。《人天宝鉴》跋文中的"国师"这一称号与碑阴记正文中的"国尊"这一称号显然是相冲突的。如果山立并非奉王命写作碑阴记，而是作为可自由写作的僧人，故而使用了"国师"这一名称的话，那么又该如何解释山立是僧人这一点呢？②

如果一然在树碑时就被追赠为国师，那么为什么碑额使用了"国师"的称号，而碑文正文却使用"国尊"的称号呢？另外，一然被追赠为国师的时间与山立碑阴记的写作时间又不一致呢？如何解释上述两方面问题？③ 上文中我们提到了碑文文字判读上的差异，比如，明末抄本写作"故愧延报章"而金慧月抄本写作"故过延数年"，这一问题与闵渍写作碑铭的时间问题，都是我们首先需要解决的。

另一个可以对以上反论提出反驳的论据是，一然的"普觉国尊"（即国尊）这一称号被一直使用到忠肃王时期。忠肃王九年（1322 年），僧混丘圆寂后，忠肃王命李齐贤写作碑铭。李齐贤《益斋乱稿》卷七中有《有元高丽国曹溪宗慈氏莹源寺宝鉴国师碑铭并序》一文，文中写道："近世有大比丘，推明佛祖之道，以开来学，曰普觉国尊。"李齐贤这篇文章的写作时间是在树立普觉国师碑 30 年以后。

结合以上的情况来看，由于相关证据不足，我们很难给出明确的结

---

　　① 麟角寺东侧岩石上静照塔的树立时间，是忠烈王十五年（1289 年）十月。闵渍在碑铭中写道："谥曰普觉，塔曰静照，十月辛酉，塔于寺之东岗。"在《人天宝鉴》的跋文中使用了"国师"这一名称，《人天宝鉴》跋文作于忠烈王十六年（1290 年）七月。如果一然确实是在以上所提到的时段内被追赠为国师的，那么闵渍撰写碑铭的时间应当在一然被追赠为国师前不久。

　　② 闵渍奉王命撰写碑铭，而山立则应麟角教寺住持清玢之邀请写作碑阴记。

　　③ 如果一然的"国尊"这一名称与山立的碑阴记的记载是正确的话，那么有可能是海印寺藏本《人天宝鉴》在此后刊刻时将"国尊"改成了"国师"，或者伪造了一然的识记与禅丛的跋文。

论。如果一定要笔者给出结论的话，这一部分的文字可能经过了后人的修改，或者后人重新制作了碑额，彼时遂改为"国师"的称号。此碑树立的确切时间并非忠烈王二十一年（1295 年），可能是后来所立，由于原碑遗失，后人在重新立碑时对碑额部分作了修改。进一步说，今天我们看到的"普觉国师碑铭"六个字并非碑额，而是后人在碑的旁边所刻的标志石，笔者认为这也不无可能。

（二）佛日社的问题

按照闵渍所撰碑铭的记载，一然先是于元宗五年（1264 年）在吾鱼社短期停留，不久移居位于包山（琵琶山）的仁弘社。一然在仁弘社居住的 11 年期间，大力重修佛堂，仁弘社于忠烈王即位年（1274 年）获得赐额，改名为仁兴社。另外，僧一然还对包山东侧的涌泉寺进行过重修。

对铭文中的"又于包山东麓重葺涌泉寺，为佛日社"这句话中的"佛日社"又该如何解释？对此，学者们意见不一。一般认为，这座寺院的名称是佛日社。然而赵春镐提出了不同解释，认为佛日社并非寺庙名称，而是结社组织——佛日结社之意。[1]

赵春镐之所以这样解释"佛日社"三字，其根据在于碑铭中有"佛日结社文"这一记录。关于佛日结社文，原文写道：

> 辛巳夏，因东征，驾幸东都，诏师赴行在。及至，疏请升座，倍生崇敬，因取师佛日结社文，题押入社。

忠烈王七年（1281 年）夏天，忠烈王将僧一然诏至庆州行宫，并命人将一然的佛日结社文盖上御印，并听了一然的说法，入佛日社。因此，赵春镐认为，"佛日社"实际上是"龙泉寺"的误记。

对此，笔者有不同看法。笔者认为，佛日社是龙泉寺的异名，而佛日结社文是佛日社的结社之文。对此，我们可以从碑阴记中找到根据。目前学界复原与判读后的碑阴记中罗列了一然的弟子与檀越士大夫名单。出家

---

① ［韩］赵春镐：《一然大师与他停留过的寺院》，《一然圣师彰显大典资料集》，一然学研究院，1997 年，第 111 - 112 页；《军威麟角寺一然碑解释上的若干问题》，大东汉文学会学术发表会，1997 年 12 月 27 日。

弟子中，有大体上按照寺院名称与法名记载的某某大禅师、禅师的名单，以及按照法名记载的山立、三重、大选、入选、参事等名单。禅师名单中有"佛日社英淑"这一记录。① 那么如何解释这句话中的"佛日社"三字呢？像碑阴记中的大禅师与禅师名单的记载方式一样，也应该将此视作寺院名称。高丽时期的寺院，有的时候用"社"字，有的时候用"寺"字，并不统一。禅师名单中的"仁兴社禅麟"与"吾鱼社戒岑"也是如此。② 仁兴社与吾鱼社皆是一然曾经停留过的寺院。

（三）"旧山"与"下山宁亲"的问题

被封为"国尊"的一然厌倦纷扰的生活，同时也因为思念母亲，于是上疏请求回到旧山。忠烈王不得不同意了一然的请求。忠烈王还派近侍黄守命护送一然返回旧山。碑文将此事称为"下山宁亲"，还说是当时震动朝野的一件事情。

首先对于旧山有各种解释。比如，将旧山解释为章山，章山是一然的出生地（今天韩国庆山市三圣山）；又如，将旧山解释为一然的下葬地，也是一然母亲之墓所在地，麟角寺即位于此处；再如，将旧山解释为云门寺所在山，一然来到开京以前曾经在云门寺居住过；等等。池浚模与高云基都将旧山解释为一然的故乡。③ 赵春镐认为，所谓旧山并不是今天大多数人认为的麟角寺，而是一然的故乡章山以及云门寺。④ 按照赵春镐的观点，一然在母亲去世后，曾在麟角寺短暂停留，并将母亲葬于此寺。因此，麟角寺不可能被称为旧山。而云门寺是一然来到开京以前曾担任过住持的寺院，也是迦智山门的中心寺院。因此，赵春镐认为所谓旧山很可能指的是云门寺。

对于旧山的解释，笔者基本上同意赵春镐的看法。这里补充相关资

---

① 高丽大学中央图书馆藏本与洞松文库藏本中都有"佛日社英淑"的记录。

② 碑阴记所记载的 20 名大禅师中，所属寺院以"社"字命名的有 2 处。碑阴记中所记载的 22 名禅师中，所属寺院以"社"字命名的有 10 处，以"院"字命名的有 1 处（狮子院），其余皆以"寺"字命名。

③ ［韩］池浚模：《一然禅师碑文的注释与解读》，《庆山文化》1986 年第二辑，第 185 – 186 页。［韩］高云基：《麟角寺一然碑文全文翻译》，《WIN》1997 年第 21 辑，第 273 页；《一然》，坡州：大路社 1997 年版，第 224 页。

④ ［韩］赵春镐：《一然大师与他停留过的寺院》，前揭书，第 112 – 113 页；《军威麟角寺一然碑解释上的若干问题》，前揭发表会论文集。

料，以进一步说明。

高丽时期僧人被册封为国师或王师以后，总会寻找机会向国王请求再次回到曾经停留过的寺院，这成为高丽时期的一种惯例。①《断俗寺大鉴国师碑铭》写到，大鉴国师在被册封为王师之后，曾向国王请求回到自己居住过的寺院断俗寺（"师乞归老于晋州断俗寺"）；《彰圣寺真觉国师碑铭》写到，真觉国师被册封为国师之后，曾向国王请求回到曾隐居之寺院所在的雉岳（"恳乞归雉岳"）；另外，《浮石寺圆融国师碑铭》写到，圆融国师在被册封为国师之后，请求回到旧山，但高丽正宗却命其前往七宝净土灵鹫山。这里所谓的旧山，指的并非自己的出生地，而应该解释为曾经停留过的山寺。《普觉国师碑铭》提到的旧山也是这个意思。所谓旧山，指的是一然曾经停留过的云门山，又名虎居山。

接下来我们再看对"下山宁亲"的解释。这里所谓"下山"，一般认为是从山上下来的意思。然而，实际上所指并非如此，而是僧人从国王处获赐袈裟和法器、从寺院出来的一种下山礼仪。《云门寺圆应国师之碑》写道，圆应国师被册封为王师之后，"所过州郡，依普照国师下山礼迎送"。因此，一然为探视母亲而离开开京时，地方官员为之举行下山礼，迎接并陪同。

一然对于母亲的孝心至诚感人，值得今天的人们学习。那么，一然侍奉母亲的时间是何时？一般认为，一然以出家之身来到世俗社会，探望母亲，回到寺院，这是合情合理的。不过，对此我们有必要从其他角度进行解释。普觉国师在其母亲年老之后，曾在母亲生活的地方居住并奉养母亲一段时间。② 一然自号睦庵，即来源于睦州陈尊宿的故事。陈尊宿在出家以后，仍一直奉养老母亲。从一然参照睦州陈尊宿的故事而为自己取号的事实来看，对于母亲，一然并没有一直侍奉下去。③

另外，一然圆寂后是否被安葬于麟角寺，这也是一个问题。对此，学界从政治学、宗教学的立场进行过解释，不过，该问题尚未得到解决。按

---

① 许兴植将高僧被册封为国师或王师以后返回的场所称为故山。［韩］许兴植：《国师、王师制度及其机能》，《高丽佛教史研究》，一潮阁1986年版，第407页。

② 《断俗寺大鉴国师碑铭》："以母老，不忍违去左右，求得外山小寺奉养，不复远游。"

③ 闵渍在《普觉国师碑铭》中写道："养母纯孝，慕睦州陈尊宿之风，自号睦庵。"释普济《五灯会元》卷四《南岳下四世·黄檗运禅师法嗣》："睦州陈尊宿，讳道明……愿求出家，父母听许为僧……后归开元居房，织蒲鞋以养母，故有陈蒲鞋之号。"

照闵渍撰写的碑铭记载的顺序来看，一然的母亲去世后，麟角寺被指定为一然圆寂后下葬之所。今天也有传说认为麟角寺附近有一然母亲的坟墓。按照当时的葬俗礼仪，虽然所葬之地与本人生前经历不一定要有直接的关系，但也无法从根本排除与此相反的解释。比如，一然的母亲曾在麟角寺附近居住过，或者一然母亲的娘家在麟角寺附近。

笔者也认为麟角寺被定为一然下葬的寺院，与一然的母亲并无直接的关系。但因缺乏铁证，以上所列举的各种可能性都是存在的。

（四）集王羲之字的问题

最后，我们来看一下赵琦美所指出的《普觉国师碑铭》使用了王羲之字的问题。《普觉国师碑铭》关于刻字者与撰者部分写到，高丽沙门竹虚集王羲之字。很多人也相信这一记载。对此，中国学者有不同看法。对于《普觉国师碑铭》，清人赵琦美说，《普觉国师碑铭》虽然与《圣教序》拓本的王羲之字体相似，但笔力不如《圣教序》。与这一情况稍有不同的是，对于集王羲之字刻成的《鍪藏寺碑》，翁方纲提出了不同看法：此碑中的集字字体与唐人所刻王羲之字体定武本拓本一致，海外广泛流传的王羲之拓本也是这一定武本。①

由于目前没有被确认为是王羲之真迹的书法作品，我们很难下结论。不过从王羲之的活动年代与该碑的树碑时间来看，有可能是高丽和尚竹虚从后人摹写的王羲之字中集字而成，而非王羲之的真迹。我们知道王羲之去世 200 多年后，唐太宗曾就王羲之书法真迹问题提出过怀疑，可见当时人们认为王羲之书法真迹基本上已湮灭不存。而竹虚比唐太宗晚，是属于高丽忠烈王时期的人物。综合以上事实来看，诚如翁方纲所言，是当唐代定武本拓本流传到朝鲜半岛后，高丽时期的僧人竹虚以此为底本，从中集字。这只是笔者在尚无铁证的情况下作出的推测。笔者相信，读者诸君在将《普觉国师碑铭》拓本与王羲之字体的各种拓本进行比较之后，必将形成自己的判断。

---

① 翁方纲在《复初斋文集》卷四《新罗鍪藏寺碑残本跋》中写道："碑行书，杂用右军《兰亭》及怀仁大雅所集字。盖自咸亨、开元以来，唐人集右军书，外国皆知服习，而所用《兰亭》字，皆与定武本合。乃知定武本实是唐时所刻，因流播于当时耳。"

五、结 论

记载了一然一生行迹的麟角寺《普觉国师碑》，虽然现在只是残碑，但通过拓本与抄录本，我们可以大体上了解该碑的内容。这次我们从台湾地区图书馆藏慎懋赏原撰、赵琦美增补本《四夷广记》中发现了明末抄本《普觉国师碑铭》，并首次向学界进行了介绍。事实上，笔者在多年前就开始了对韩国国外所藏或所记录的韩国学相关资料的发掘与整理工作。笔者还发表过介绍海东金石文资料的相关文章，介绍了清人翁树崐的札记本《碑目琐记》，朝鲜人赵寅永原撰、清人刘喜海增补的各种古本《海东金石存考》，以及刘喜海的《海东金石苑》等资料。

明末抄本《普觉国师碑铭》抄录于明万历三十一年（朝鲜宣祖三十六年，1603 年），抄写人赵琦美以李性物的拓本为底本抄录。该抄本收录了高丽人闵渍撰写的碑铭全文，这件抄本可与各种拓本及其他抄本进行比对，具有重要的资料价值。明末抄本《普觉国师碑铭》保存了其他拓本与抄本中缺损的文字以及一些异文；但是，该抄本中也有很多错误记载之处。

希望将来佛教界人士与相关学者在对这件石碑进行复原时，能充分利用这件明末抄本，对现存所有拓本与抄本进行综合比较，形成可靠的文本。

此外，笔者对于《普觉国师碑铭》碑文解释方面的几个问题进行了考察。第一，一然被册封为普觉国尊。《碑铭》与《高丽史》等文献称一然为"国尊"，而碑额中却写作"国师"。对于这一差异，笔者认为可能是后人在重新刻写碑额时修改所致。第二，碑文中的"佛日社"，根据碑阴记的记载，当是涌泉寺改名后的寺院名称，而"佛日结社文"当为佛日社结社之文。第三，碑文中提到的"旧山"，指的是一然曾经停留过的云门山，而"下山"指下山礼。第四，对于一然侍奉母亲的时间，以及一然圆寂后安葬的寺院被指定为麟角寺等相关问题，也从多个角度进行了考察。

最后我们想说，高丽时期僧人一然是韩民族精神的先驱者，也是救度众生的高僧，我们今天应该继承并发扬他的精神。我们期待将来发现能够据以对一然的生平进行准确考察的拓本，同时我们也希望麟角寺能很快得到重建。

附：《普觉国师碑铭》全文①

普觉国师碑铭

高丽国华山曹溪宗麟角寺迦智山下普觉国尊碑铭并序

宣授朝列大夫遥授翰林直学士正南大夫密直司左承旨国学大司成文翰侍讲学士充史馆修撰官知制诰知版图司事世子右谕善大夫赐紫金鱼袋臣闵渍奉敕撰。

夫镜清浊金，元非二物；浑波湛水，同出一源。其本同而末异者，在乎磨与不磨、动与不动耳。诸佛众生，性亦如是。但以迷悟为别，孰云愚智有种。以至愚望大觉，势绝霄壤；及乎一涉回机，便同本觉。自迦叶微笑，达摩西来，灯灯相续，直至于今者，皆以此也。传其心，得其髓，回慧日于虞渊，曜神光于桑域者，惟我国尊者有焉。

国尊讳见明，字晦然，后易名一然，俗姓金氏，庆州章山郡人也。考讳彦弼，不仕，以师故赠左仆射。妣李氏，封乐浪郡夫人。初，母梦日轮入屋，光射于腹者凡三夜，因而有娠。泰和丙寅六月辛酉诞焉。

生而俊迈，仪表端严，丰准方口，牛行虎视，小有出尘志。午甫九岁，往依海阳无量寺，始就学。而聪警绝伦，有时危坐尽夕，人异之。兴定己卯，就陈田长老大雄剃度受具。于是游历禅肆，声价籍甚，时辈推为九山四选之首。丁亥冬，赴选佛场，登上上科。

厥后，寄锡于包山宝幢庵，心存禅观。丙申秋，有兵乱。师欲避地，因念文殊五字咒，以期感应。忽于壁间，文殊现身，曰："无住北。"明

---

① 为便于读者利用，笔者在明末抄本原文的基础上添加标点。对于《普觉国师碑铭》碑文解释问题，此前有学者已发表过相关论文，可以参考，具体有：［韩］池俊模《一然禅师碑文的注释与解读》，载《庆山文化》1986 年第二辑，第 176－195 页；［韩］李智宽《校勘译注军威麟角寺普觉国尊静照塔碑文》，载《伽山学报》1996 年第五号，第 307－330 页；《校勘译注历代高僧碑文·高丽篇四》，伽山佛教文化研究院，1997 年，第 231－260 页；［韩］高云基《麟角寺一然碑文全文翻译》，载《WIN》1997 年第 21 辑，第 272－273 页；《一然》，大路社 1997 年版，第 269－277 页。

年夏，复居是山妙门庵。庵之北有兰若，曰无住。师乃悟前记，住是庵。时常以"生界不减，佛界不增"之语参究之。忽一日，豁然有悟，谓人曰："吾今日乃知三界如幻梦，见大地无纤毫碍。"

是年，批授三重大师。丙午，加禅师。己酉，郑相国晏舍南海私第为社，曰定林，请师主之。己未，加太禅师。中统辛酉，承诏赴京，住禅月社。开堂，逢嗣牧牛和尚。至至元元年秋，累请南还，寓吾鱼社。未几，仁弘社主万恢让师主席，学侣云臻。戊辰夏，有朝旨，集禅教名德一百员，设大藏落成会于云海寺，请师主盟。昼读金文，夜谈宗趣。诸家所疑，师皆剖释如流，精义入神，故无不敬服。师住仁弘十一年，是社创构既远，殿宇皆颓圯。又且湫隘，师并重新恢廓之，仍奏于朝，改号仁兴，宸书题额以赐之。又于包山东麓重葺涌泉寺，为佛日社。

上即祚四年丁丑，诏住云门寺，大阐玄风。上日深倾注，以诗寄云："密传何必更抠衣，金地逢招亦是奇。欲乞琏公邀阙下，师何长恋白云枝？"辛巳夏，因东征，驾幸东都，诏师赴行在。及至，疏请升座，倍生崇敬。因取师佛日结社文，题押入社。明年秋，遣近侍将作尹金颢赉诏迎至阙下，请于大殿说禅，喜溢龙颜。敕有司馆于广明寺。入院日，夜半有人立方丈外，曰"善来"者三，视之无有也。冬十二月，乘舆亲访，咨问法要。

明年春，上谓群臣曰："我先王皆得释门德大者王师，德又大者为国师，在否德独无可乎？今云门和尚道尊德盛，人所共仰，岂宜寡人独蒙慈泽，当与一国共之。"于是遣右承旨廉承益奉纶旨，请行阖国尊师之礼。师上表固让。上复遣使，牢请至三，仍命上将军罗裕等册为国尊，号圆径冲照。册讫，四月辛卯，迎入大内，躬率百僚，行抠衣礼，改国师为国尊者，为避大朝国师之号也。

师素不乐京辇，又以母老，乞还旧山，辞意甚切。上重违其志而允之，命近侍佐郎黄守命护行，下山宁亲。朝野叹其希有。明年，母卒，年九十六。是年，朝廷以麟角寺为下安之地，敕近侍金龙剑修葺之。又纳土田百余顷，以赡常住。师入麟角，再辟九山门都会，丛林之盛，近古未曾有也。

越己丑六月，示疾。至七月七日，手写上大内书，又命侍者作书，寄相国廉公，告以长往。因与诸禅老问答移晷。是夜，有长星大尺围陨于方丈后。翌日乙酉，晨起，盥浴而坐，谓众曰："今日吾当行矣。不是重日耶?"云:"不是。"曰:"然则可矣。"令僧挝法鼓,师至善法堂前,踞禅床,封印宝,命掌选别监金成固重封毕,谓曰:"适值天使来,见老僧末后事。"

有僧出问:"释尊示灭于鹤林,和尚归真于麟岭。未审相去多少?"师拈住杖,卓一下,云:"相去多少?"进云:"伊么则今古应无坠,分明在目前。"师又卓一下,云:"分明在目前。"进云:"三角麒麟入海中,空余片月波心出。"师云:"他日归来,且与上人重弄一场。"又有僧问:"和尚百年后,所须何物?"师云:"只这个。"进云:"重与君王造个无缝塔样,又且何妨?"师云:"甚么处去来?"进云:"也须问过。"师云:"知是般事便休。"又有僧问:"和尚在世如无世,视身如无身,何妨住世转大法轮。"师云:"随处作佛事。"

问答罢,师云:"诸禅德日日报云:痛痒底不痛痒底?模糊未辨。"乃拈住杖,卓一下,云:"这个是痛底。"又卓一下,云:"这个是不痛底。"又卓一下,云:"这个是痛底,是不痛底?试辨者。"便下座,归方丈。又坐小禅床,言笑自若,俄顷手结金刚印,泊然示灭,有五色光起方丈后,直如幢。其端煜煜如炎火,上有白云如盖,指天而去。时秋暑方炽。颜貌鲜白,支体莹泽,屈伸如生,远近观者如堵。

丁亥,阇维,拾灵骨,置于禅室中。门人赍遗状印宝,乘传以闻。上震悼,遣判观候署事令偰展饰终之礼。又命按廉使监护丧事,仍降制,谥曰普觉,塔曰静照。十月辛酉,塔于寺之东岗,享年八十四,腊七十一。

师为人言无戏谑,性无缘饰,以真情遇物,处众若独,居尊若卑。于学不由师训,自然通晓。既入道,稳实而纵之,以无碍辩,至古人之机缘语句,盘根错节、渴辁波险处,抉别疏凿,恢恢焉游刃有余。又于禅悦之余,再阅藏经,穷究诸家章疏,旁涉儒书,兼贯百家,而随方利物,妙用纵横。凡五十年间,为法道称首,随所住处,皆争景慕,唯以未参堂下为耻。虽冠杰自负者,但受遗芳余润,则莫不心醉而自失焉。养母纯孝,慕睦州陈尊宿之风,自号"睦庵",年及耄期,聪明不小衰,教人不倦,非至德真慈,孰能如是乎?初,龙剑之来也,马山驵吏梦,人曰:"明日当有天使,修昙无竭菩萨住处行过此。"明日果至,以师之行己利人观之,是梦岂虚也哉!其余异迹奇梦颇多,恐涉语怪,故略之。

师之所著,有《语录》二卷,《偈颂杂著》三卷。其所编修有《重编曹洞五位》二卷,《祖派图》二卷,《大藏须知录》三卷,《诸乘法数》

七卷,《祖庭事苑》三十卷,《禅门拈颂事苑》三十卷等,百余卷行于世。门人云门寺持大师清玢状师之行,闻于上。上令臣撰辞,臣学识荒浅,不足以光扬至德,故愧延报章。请既不已,命亦难忤,谨为之序而铭之,曰:

胜幡西振,舌覆大千。唯是法印,密付单传。竺乾列宿,中夏五叶①。世隔人同,光光相接。曹溪一派,东浸扶桑。孕生智日,我师克昌。去圣逾远,世道交丧。不有至人,群生安仰。惟师之出,本为利他。学穷内外,机应万差。晓了诸家,搜玄索妙。剖释众疑,如镜斯照。禅林虎啸,教海龙吟。飙起云合,学侣骎骎。拔陷拯沦,玄功盖代。五十年间,被人推戴。

上将请益,思共元元。册为国尊,尊中又尊。宝藏当街,慈航当渡。穷子始归,迷津争赴。长星忽坠,法栋已摧。去来由己,其去何催。真空不空,妙有非有。绝迹离名,然后可久。上命既迫,臣无以辞。把龟毛笔,书没字碑。劫火洞烧,山河皆烬。此碑独存,斯文不磷。

元贞元年乙未八月日,门人沙门竹虚奉敕,集晋右将军王羲之书,门人内愿堂兼住持通兴贞静大禅师清玢立石。

癸卯,于北京见李性物朝鲜拓本,因录文如左,其字亦如《圣教序》,大小不殊,但笔力稍为衰耳。

清常道人志

---

① 明末抄本中此句脱文,今据韩国学中央研究院藏本补。

第七章　朴趾源抄本《金石录》分析

一、引　言

　　人类为留下记录而使用的金石文具有记录性、保存性、历史性、艺术性等特征，很早以来就形成了金石学这一专门学问。我们在朝鲜半岛及中国东北地区能够看到以先秦时期或更早的岩刻画为代表的早期阶段的金石，以及古朝鲜与三国时代①的金石实物及相关记录。根据高丽人义天在《释苑词林》中的记载，很早以前就出现了对海东金石文进行记录的相关著作。进入朝鲜王朝时期，人们编纂了各种金石拓本册子。壬辰倭乱之后，中国学者对于海东金石文产生兴趣，并致力于收集海东金石文献。到了朝鲜肃宗与英祖年间，人们开始有体系地收集与整理金石文并编纂拓本帖子；而到了纯祖与高宗年间，出现了很多朝鲜人与清朝学者编纂的海东金石集。日治时期，日本人与中国学者编纂的海东金石集及其相关研究著作问世，但这一时期仍然是海东金石文献研究的停滞期。朝鲜半岛进入近代以来，韩国学者重新对海东金石文进行收集整理，并影印出版了相关资料，迎来了海东金石文收集与研究的高潮期。

　　笔者近年向韩国国内外学界系统地介绍过各种鲜为人知的海东金石文集，如翁方纲的《海东金石文字记》，翁树崐的《碑目琐记》（札记本），赵寅永原撰、刘喜海增补的《海东金石存考》的各种稿本与刊印本，刘喜海的《海东金石苑》的草稿本、定稿本与各种刊印本，方履籛的万善花室抄本《海东金石文字》稿本，李璋煜的《东国金石文》，叶志诜的

---

　　①　即朝鲜半岛三国时期（新罗、百济、高句丽）。除特别注明，本书"三国时代"均为此意。

《高丽碑全文》，胡琨的《海东撷古志》等。①

本章将对朝鲜正祖年间编纂成书的海东金石集《金石录》作介绍。《金石录》是韩国国立中央图书馆苇沧文库藏本，《三韩丛书》中之一册。《三韩丛书》的编者是朴趾源，李家源、金允朝、金荣镇等人此前先后提到过《三韩丛书》这部书的内容。② 然而，尚未见学界对于《三韩丛书》所收录的《金石录》有具体分析。《金石录》比18世纪出现的海东金石集年代早，同时《金石录》也记载了其他海东金石集中未提到的金石文的目录，具有很高的文献价值。因此，本章从对该册子作解题的角度，对各种书志事项及编者问题、收入金石文的种类及特征进行考察。

二、《金石录》的书志事项与编者考证

本章中的《金石录》是韩国国立中央图书馆苇沧文库所藏《三韩丛书》中之一册。藏书编号为"苇沧2102/53本"。由"丛书"二字可知，其中收录了不少其他书籍。在封面上书写有《三韩丛书》字样，其下有"天"字。内页左上侧书写书名"金石录"，其下以小字书写，为金石文的目录。

目录卷首题为"三韩丛书卷之目录"。此本为抄本，版式为：四周双

---

① ［韩］朴现圭：《海东金石文的新资料：清人翁树崐〈碑目琐记〉》，载《书志学报》1997年第20号，第83－105页；《清人翁树崐的〈海东文献〉分析》，载《顺天乡语文论集》1998年第5辑，第233－254页；《朝鲜与清朝学术交流的遗产——〈海东金石存考〉稿本、刊本的发掘及检讨》，载《书志学报》1996年第18号，第21－48页；《清人刘喜海〈海东金石苑〉的种类》，载《书志学报》1999年第23号，第15－32页；《上海图书馆藏清人刘喜海的定稿本〈海东金石苑〉》，《书志学研究》2001年第21辑，第279－305页；《上海图书馆所藏〈海东金石文字〉》，载《文献与解释》1999春季号，第206－216页；《上海图书馆藏〈海东金石文字〉》（中文），《第三届韩国传统文化国际学术讨论会论文集》，山东大学出版社1999年版，第602－613页；《清朝学者编纂海东金石集的种类和所藏现状》，东亚文献资源与研究主题学术研讨会，台湾大学东亚文明研究中心，2004年5月15日。

② ［韩］李家源：《〈燕岩集〉逸书、逸文及附录小考》，载《国语国文学》1968年第39－40合辑，第400－401页。［韩］朴宗采：《译注过庭录》，［韩］金允朝译，首尔大学社1997年版，第296－303页。［韩］金荣镇：《李钰文学与明清小品》，载《古典文学研究》2003年第23辑，韩国古典文学会，第378－379页；《朝鲜后期对明清小说的接受与小品文的展开样相》，高丽大学国语国文学系博士学位论文，2003年，第66－67页；《朝鲜后期实学派的丛书编纂及其意义：以〈三韩丛书〉〈小华丛书〉为中心》，《韩国汉文学研究的新地平》，소명出版社2005年版，第605－960页。

边，版廓 17.6 cm×11.7 cm，白口，单黑鱼尾，版心无文字记载，每半页 10 行，每行 20 字，小字双行。该册子大小为 22.4 cm×16.2 cm。正文最后有"正喜金石文字"朱方印，目录部分有"国立图书馆藏书印"朱方印，内页有"登录国立图书馆（朱椭圆印），1982.8.14/3182"。

朴趾源之子朴宗采编纂的《过庭录》这样写道：

> 先君中岁，尝欲取华东文献之互见错出者，及事实之中外交涉者，集为一部丛书。先具目录而随录成卷者，亦可三二十卷，总名"三韩丛书"。及居江干，家有五丧。悲伤患难之余，不复收检，从宦以来，仍又散佚殆尽。今于故纸中，徒存书目梗概。

朴趾源于朝鲜正祖八年（1784 年）间，将朝鲜与外国交涉的相关资料选粹编成《三韩丛书》。他先是编制了目录，计划编纂卷数为 20～30 卷。不过后来因为家中的丧事以及官职变迁等，编纂工作未能完成，只留下了一些小册子。朴宗采根据父亲朴趾源所留下的这些册子整理成《三韩丛书》一书，并编写了目录。今天我们能看到的《三韩丛书》的实物，除了韩国国立中央图书馆藏本《金石录》，还有高丽大学晚松文库藏本三册（收录《北学议》《征东钱曾注》《戊戌辩诬录》《倭中闻见录》以及《贼中封事》），以及朴趾源的玄孙朴泳范旧藏本四册（包括《耽罗闻见录》等六种，以及《纪年儿览》《北学议》《热河避暑录》等）。[①]

《三韩丛书》的丛书以千字文为顺序编定。[②] 韩国国立中央图书馆藏本《金石录》的封面上写着"天"字，由此看来，应是这部丛书的第一册。由《三韩丛书》的编辑条例来看，朴趾源十分重视与外国相关的资料，朴宗采所记载的目录也有与之类似的现象。下文将要提到《金石录》所收录的海东金石都与中国密切相关。朴趾源作为北学派的成员，对清朝的新文物与实学思想作了详细的记述。同时，他对于朝鲜半岛历代与中国交流的历史也非常感兴趣。特别是在朝鲜正祖四年（1780 年），朴趾源作为燕行使

---

① ［韩］李家源：《〈燕岩集〉逸书、逸文及附录小考》，第 400 页。朴泳范藏本现藏于檀国大学，《纪年儿览》藏于文友书林。

② 高丽大学藏本《三韩丛书》中的《北学议》册子上写着"一"字，《戊戌辩诬录》与《征东钱曾注》上写着"黄"字，《倭中闻见录》上写着"宇"字，朴泳范旧藏本《耽罗闻见录》上写着"宙"字。

行团成员前往了北京与热河（今河北承德），并将见闻记载下来，编成《热河日记》一书。

韩国国立中央图书馆目录解题将这部小册子的编者记作"编者未详"。笔者最初认为这部册子与金正喜和吴庆锡二人有密切关系，其中金正喜可能是这部册子的编者。此后，在朴彻庠与金荣镇的帮助之下，笔者对此前的观点作了修正，现在认为：金正喜只是这部册子的所藏者，抄录人是朴趾源。

那么《金石录》的编者又是何人？《三韩丛书》是朴趾源根据其收集的与外国相关资料编纂的一部丛书，但这部丛书并非仅仅收录朴趾源自己编纂的内容。除朴趾源以外，丛书还收录了朴齐家的《北学议》、李廷龟的《戊戌辩诬录》、郑运经的《耽罗闻见录》等。《征东钱曾注》是钱谦益的族孙钱曾对钱谦益文章的注释。现存《三韩丛书》收录的朴趾源著作有《热河避暑录》。从《金石录》所收录的内容中朝鲜相关文献颇为详细这一点来看，其可能为朝鲜学者所编。该册子的编者可能是朴趾源，也有可能是朴趾源周围其他人物，但尚无确切证据可证明，只能作如上猜测。因此，对于这部册子的编纂者。只能像韩国国立中央图书馆目录解题指出的那样，记作"编者未详"。审读过本章内容的大东汉文学会的审查委员们也持这一看法。

朴趾源抄录《金石录》的时间在 18 世纪末期，这一时期是海东金石集的体系发生巨大变化的时期。在此之前出现的海东金石集（如李俣的《大东金石书》、赵涑的《金石清玩》、金在鲁的《金石录》等）只收录了金石拓本，对文献事项作了简要的介绍。而《金石录》对金石文献的分析与之不同，对于海东金石文作了细致的分析。18 世纪末期以后，朝鲜人与清朝学者编纂了大量海东金石文集，如金正喜的《金石过眼录》、翁方纲的《海东金石文字记》、刘喜海的《海东金石苑》等。这些金石文集对于收录的金石文内容作详细分析，并对释文作考证，解题的写作方法与编纂手法亦十分娴熟。

《金石录》后流入柳得恭及其子柳本学、柳本艺之手，此后又流入金正喜之手。[①] 该书正文的最后有金正喜的藏书印："正喜金石文字"。金正

① 参考［韩］金荣镇《朝鲜后期实学派编纂的丛书及其意义：以〈三韩丛书〉与〈小华丛书〉为中心》，前揭书，第 963 页。

喜一生致力于金石的搜集与研究。纯祖九年（1809 年），金正喜随其父金鲁敬前往北京，在北京见到了翁方纲、翁树崐、刘喜海等清朝学者，表现出对于金石学浓厚的兴趣。纯祖十五年（1815 年），翁树崐向金正喜请求获得《平百济塔碑》的释文。此事被记载在高丽大学华山文库藏本翁树崐《平百济碑后》。① 纯祖十六年（1816 年），金正喜往北汉山调查真兴王巡狩碑，并对释文进行了考证。今天流传下来的金正喜金石文集有对黄草岭碑与北汉山碑进行考察的《金石过眼录》一书。

《金石录》后进入吴世昌的苇沧文库。苇沧文库是 1953 年吴世昌去世以后，吴世昌的后代将吴家先代收集的 3200 种古籍捐赠给韩国国立中央图书馆而建立的文库。《金石录》与吴世昌的父亲吴庆锡是否存在关联，在这里有必要先作相关考察。苇沧文库保存了以海东金石集《三韩金石录》为代表的吴庆锡的著作。吴庆锡师从金正喜的弟子李尚迪，出身译官。他不仅十分倾慕金正喜的学问与艺术造诣，也非常佩服金正喜的金石学研究。《三韩金石录》就收录了金正喜发现并考证过的《真兴王巡狩碑》《高句丽故城刻字》。由这一点来看，吴庆锡曾收藏过金正喜旧藏《金石录》的可能性是很大的。

然而问题是，吴庆锡在编纂《三韩金石录》时并未见到过《金石录》。《金石录》与《三韩金石录》同时收录了《刘仁愿纪功残碑》以及《平济塔》的释文。下文将对此进行详细考察。若将此二书中所记载的《刘仁愿纪功残碑》释文进行比较，会发现原文文字有不少差别。由此可知，二书编纂时所使用的《刘仁愿纪功残碑》的底本不同。这表明吴庆锡在编纂《三韩金石录》时并未参考过朴趾源抄录的《金石录》。

综合以上分析来看，《金石录》是朴趾源于正祖八年（1784 年）间抄录，编入《三韩丛书》中。此后，此书流入金正喜之手，书上还留下了金正喜的藏书印，后来在吴庆锡完成《三韩金石录》的编纂工作之后，此书又流入吴庆锡或吴世昌之手。吴世昌去世后，此书入藏韩国国立中央图书馆。

---

① ［韩］朴现圭：《对清人翁树崐的海东金石资料的札记》，《第 24 次中国学国际学术大会发表论文集》，韩国中国学会，2004 年 8 月 20 – 21 日，第 403 – 417 页。

三、《金石录》收录金石及其内容分析

《金石录》中收录金石文献七种，分别是：

《东明王镜》

《毌丘俭纪功碑》

《新罗太宗陵碑额》

《朗空大师碑阴》

《金生书昌林寺碑》

《刘仁愿纪功残碑》

《平济塔》

以上以《金石录》收录碑文的实际顺序排列。有所不同的是，《金石录》的目录将《平济塔》放在《刘仁愿纪功残碑》之前，而《金石录》标题下端所写的金石名也是《平济塔》在《刘仁愿纪功残碑》之前。《金石录》的目录虽然将《金生书昌林寺碑》置于最后，但有如下小字注：当在《朗空碑》下。《金石录》内页上端的《毌丘俭纪功碑》中的"丘"字为避讳字，故写作"邱"字。①

《三韩丛书》收录的海东金石文有《海东泉币考》《平百济碑》《高丽碑》《宣武祠碑》《金生书昌林寺碑》《刘仁愿碑》《毌丘俭纪功碑》《彭吴通道碑》《招贤院碑》《普光寺碑》等。上述金石文见载于《金石录》中的有四种。

以下对于《金石录》所收录金石逐一进行分析。

（一）《东明王镜》

《东明王镜》是朝鲜人赵洽于宣祖十三年（1580年）十一月九日在平壤正阳门外地里发掘出的古镜的铭文。篇名《东明王镜》是对古镜铭文的错误命名，名不副实。因此，本节根据古镜的出土地点，将此镜命名为"箕城古镜"。箕城古镜的表面环绕着以篆书阳刻的20个字。

---

① 孔子名"丘"，清雍正时"丘"字成为避讳字。

　　李廷龟的《月沙先生集》很早就提到过箕城古镜，然而各种金石文集却没有相关记载。《金石录》中《东明王镜》的前半部分，收录在《东明王镜》卷三三《箕城古镜说》一文中。箕城古镜先是为平安道观察使朴烨所收藏，朴烨认为此物十分奇异，对于古镜的出土过程与铭文作了详细的记载。朴烨对古镜文字的释读如下：

　　　　东王公，西周会年，益寿民宜子孙，吾阴阳真自有道。

朴烨所说的"东王公"指的是箕子，"西周会年"指的是会盟津之年，即周武王在盟津（今洛阳孟津区）与诸侯相会之事。朴烨还将古镜称为"箕子镜"。古镜发掘之事在都城四处传播。后来李廷龟在见到朴烨赠给齐自献的古镜后，对朴烨的释读提出反对意见。李廷龟的解读文如下：

　　　　吾阳阴竞，自有道，东王公西国，曾年益寿，民宜子孙。

李廷龟认为此镜是东明王时期制作的古镜。由于古镜铭文以环绕形式铭刻，因而文字首尾难以分辨。不过铭文中"吾"字前面有一点，那么应当从"吾"字开始。"西周"的"周"字本为"国"字，但因年久腐蚀，笔划缺失。"会年"的"会"字当为"曾"字，而"曾"字是"增"字的通假字。"真自"中的"真"字当为"竟"字，是"镜"字的古字。古镜上所刻的铭文，采用的是李斯的隶书体，隶书在汉代初年广泛运用。自汉代始，人们开始制作古镜，而此镜并不是朴烨在解释中指出的制作于西周会年。高句丽东明王以成川为首都，到了孙子东川王时将首都迁往平壤。平壤的东王坊是高句丽之前的宫殿，古镜即出土于此。铭文中"东王公"指的是东明王，而"西国"指的是沸流成川。此外，古镜中的"有道"二字出自《书经》"有道增损"，"曾年益寿"是对国王的祝福之语，而"民宜子孙"是对百姓的祝愿。这样看来，箕城古镜并非箕子时期所制作的镜子，而是制作于东明王时期。

　　《金石录》的解题人对于李廷龟的解释作了一些修订。《金石录》解题人对铭文作如下解读：

　　　　吾阳阴竞，自有道，东王公、西母，曾年益寿，民宜子孙。

《金石录》的解题人认为此镜是汉代制作的古镜。"西周"的"周"字并非"国"字，而是"母"字，"西母"（西王母）指称金母，"东王公"指木公，西王母与东王公是道教神学体系中主管阴阳的神仙。平壤在汉代属于乐浪郡，汉武帝十分向往神仙，那么这一古镜有可能是汉代的物品。不过铭文并不押韵，不知何故。

（二）《毌丘俭纪功碑》

三国魏正始六年（高句丽东川王十九年，245 年），幽州刺史毌丘俭率领士兵进攻高句丽。

攻陷高句丽的都城之后，毌丘俭再次派遣王颀将东天王追赶到南沃沮一带，《毌丘俭纪功碑》就是为纪念此次战功而立的碑石。各种史书与文集都记载了毌丘俭碑，因此，它很早就受到韩国国内外学者的关注。不过长期以来，人们未能找到碑石，因此，对于碑文内容的研究只能留下空白。光绪三十二年（1906 年），吴光国在奉天辑安（今吉林集安）北侧板石岭道路施工过程中，发现了毌丘俭碑残石，由此，毌丘俭碑才得以重见天日。[①] 毌丘俭碑残石先后为袁金铠、张作霖收藏，后入藏伪满奉天博物馆。新中国成立以后，碑石被转运至辽宁省博物馆收藏保存。[②]《金石录》解题者由于未能见到后来出土的毌丘俭碑残石，因此认为这件碑已经遗失，在应记录碑石铭文部分记作"碑文逸"。此外，该书还罗列了各种文献中的相关记载。

《金石录》的解题者对于毌丘俭碑的树碑位置以及"国内城"的位置作了详细考证。根据《魏书·毌丘俭传》的记载，毌丘俭在进攻高句丽后，先后在肃慎氏南界、丸都山、不耐城三处树碑。[③]

而《括地志》记载树碑处为不耐城，即国内城。[④] 那么国内城又在何

---

① 王国维《观堂集林》卷十六《魏毌邱俭丸都山纪功石刻跋》："魏毌邱俭丸都山纪功残石，光绪丙午，署奉天辑安县事吴大令光国，于县西北九十里之板石岭开道得之。石藏吴君。石存左方一角五十字，隶书。"

② ［韩］李殿福：《中国的高句丽遗迹》，首尔学研文化社 1994 年版，第 109 页。

③ 《三国志·魏书》卷二八《毌丘俭传》："正始中，俭以高句丽数侵叛，……至肃慎氏南界刻石纪功。刊丸都之山，铭不耐之城。"

④ 《括地志》："不耐城，即国内城也。城累石为之。"（《三国史记》卷十七《东川王本纪》二十年）。

处？杜佑《通典》记载，鸭绿江流经国内城南侧。申景濬的《舆地考》记载，国内城临近卒本，位于长川府。对于以上两种记载，《金石录》的解题人认为申景濬的记录是正确的，原因是根据《三国志·魏书·毌丘俭传》的记载，毌丘俭行军至沸流水，而沸流水属于长川府管辖。

但在笔者看来，申景濬与《金石录》解题人的地理考证不准确。沸流水是流经现在辽宁省与吉林省接壤地带的浑江的支流，而申景濬与《金石录》的解题人二人却错误地认为，沸流水从平安道东部中央往西流，与大同江会合。长川是属于平安道的道邑，1986 年对沸流川下流地区进行发掘调查时，出土了很多高句丽早期的遗迹与遗物。韩国国内外不少学者认为这一地区就是高句丽建国初期的都城卒本城所在地。卒本城又名纥升骨城，即今之辽宁桓仁北侧五女山城。此后高句丽将首都迁至位于吉林集安的国内城。国内城是高句丽平时使用的都城，战时将位于国内城北侧 2.5 公里的丸都山城用作首都。清末出土的毌丘俭碑残石，即出土于丸都山城所在区域。

《金石录》的解题人对于"不耐"二字从语言学的角度进行了解释。朝鲜丽水方言中"嘴"被说成"夫里"，在《三国史记·地理志》中，被山所环绕的道邑被称为"夫里"，如古沙夫里、毛良夫里等。"夫里"与"不耐"发音相通。《汉书·地理志》记载，乐浪郡管辖地中有"夫里"，这里的"夫里"属于朝鲜时期江原道，毌丘俭所刻"不耐"二字不对。

这一解释真的十分有趣。"不耐"有时被写成"不而"。这可能是到了后来此碑磨损、文字笔划脱落所致。在韩国语中"不而"的发音，与意为"鸟嘴"的韩文词汇"부리"相同，同时在韩国也有"夫里"这一古地名。《括地志》记载，不耐城即国内城，此城为石山所环绕。而国内城如鸟嘴一样建造于岩石之上。今天，韩国学者认为"不耐"的解释与不黎、不与、夫余、不礼、高礼等一样，都是"来自天上"之意。而《金石录》的解题者从语言学与地形的角度作出了新的解释。民国初年，王国维在对丸都山《毌丘俭纪功碑》进行解释时说朝鲜东海岸有不耐

城①，这显然是错误的。

（三）《新罗太宗陵碑额》

《新罗太宗陵碑额》是庆州永敬寺北侧的新罗武烈王陵的碑额。碑额上题写有"太宗武烈大王之碑"八个字。现在庆州西岳洞武烈王陵入口处所竖之石碑，只有龟趺与螭首，没有碑身。《金石录》的解题者在《新罗太宗陵碑额》中引用了《三国史记·神文王本纪》记载的新罗朝廷与唐朝使臣之间关于神文王时期武烈王庙号的争论。

《金石录》的解题者引用《海东金石录》，指出《新罗太宗陵碑额》树立于唐龙朔元年（新罗文武王元年，661 年）。《金石录》中引用了《海东金石录》的金石文解题，有《新罗太宗陵碑额》的解题，以及《刘仁愿纪功碑》的解题。② 根据朴彻庠的研究，《海东金石录》是朗原君李侃所编。《海东金石录》也引用了金正喜的《题北狩碑文后》（收入金正喜《阮堂先生全集》卷六）与徐有榘的《东国金石》（收入《林园十六志》）。由此可以断定，《海东金石录》在朝鲜纯祖时期就已于金石学者之间广为流传。③ 从《东国金石》收录的《海东金石录》的内容来看，主要记载了相关金石的作者、书法作者、树碑人、树碑年代等基本书志事项。《金石录》引用《海东金石录》时，仅仅引用了树碑的年代。

（四）《朗空大师碑阴》

《朗空大师碑阴》指的是纪念新罗朗空大师的《白月栖云塔碑》。此碑立在庆尚北道奉化太子寺（日据时期被编入安东），朝鲜中宗四年（1509 年），李沆将此碑转移至荣州官衙字民楼。1918 年，此碑被移入景福宫内，现藏于韩国国立中央博物馆。碑文由崔仁滾写于新罗景明王元年（917 年），书写字体是释端目集金生字。《金石录》记此碑为《朗空大师

---

① 《观堂集林》卷十六《魏毌邱俭丸都山纪功石刻跋》："据此二书，则毌邱俭刻石凡三处：一肃慎南界，二不耐城，三丸都山也。肃慎南界，在今朝鲜、吉林之境；不耐城，在今朝鲜东海岸；丸都山，无可考。"

② 《金石录·新罗太宗陵碑额》："《海东金石录》曰：唐高宗龙朔元年立。"《金石录·刘仁愿纪功残碑》："《海东金石录》曰：龙朔三年癸亥立。"

③ 金正喜的《题北狩碑文后》作于纯祖三十二年（1832 年）之后。徐有榘的《东国金石》编成于纯祖二十七年（1827 年）。

碑阴》，虽然将崔仁渷所写作之碑文称为碑阴，但实际上指的是整个碑石。其正文部分全文收录了崔仁渷所写作的碑文，碑铭后记是朗空大师法孙纯白写于高丽光德五年（954 年）。

《朗空大师碑阴》解题集中对朗空大师碑中使用的年号进行了考察。《碑后记》记载树碑年代为显德元年（954 年）。当时高丽对外使用后晋与后周的年号，而在国内使用独立的年号。

后周显德元年即高丽光德五年。《金石录》的解题者对于碑文不使用光德年号而使用显德年号这一僭越问题提出疑问。此外，《金石录》的解题者还指出，唐代皇帝推崇朗空大师，表明皇室崇尚佛教。另外，解题者还对唐朝的崇佛政策提出批评，说唐宪宗迎佛骨实际上所迎来的不过是一块来自西方的人骨。解题人之所以会提出这样的批评，可能与他看过韩愈的《论佛骨表》有一定关系。后代的儒学者受到韩愈这篇文章的影响，以此作为抑制佛教的口实。笔者认为，解题者对待佛教的这种态度，也是基于这一立场。

（五）《金生书昌林寺碑》

《金生书昌林寺碑》记载了新罗时期著名书法家金生写作昌林寺碑文一事。昌林寺始建于新罗时期，寺院建筑一直保存至高丽王朝时期。到了朝鲜王朝初期，寺院废弃。金生所写作的碑石现已不存，今天我们只能看到复原后的三层石塔竖立在庆州昌林寺旧址上。

《金生书昌林寺碑》的解题转录了元代书法家赵孟頫对金生书法进行评论的《东书堂集古帖跋》。赵孟頫在见到金生所写的昌林寺碑之后，评价其笔力沉雄、法度森严，不亚于唐代书法家。相关内容也被记载在《新增东国舆地胜览》卷二一《庆州府》中。朝鲜与清朝的学者经常提到《金生书昌林寺碑》。另外，碑文解题的作者对昌林寺被磨灭不存表示遗憾。今天不能看到金生的书法，只能通过《朗空大师碑》感受金生的书法魅力。因此，正文记作"碑文不载"。

（六）《刘仁愿纪功残碑》

《刘仁愿纪功残碑》是唐代将军刘仁愿进攻百济后，为纪念战功所树的碑石。《刘仁愿纪功残碑》的解题记载道，该碑距离《平济塔》有二里之远。壬辰倭乱时，此碑被日本军所破坏，现在仅存半块碑石，以阳刻方式篆刻的碑额几乎全部磨损，只能看到"卫道上"三字。此碑原先位于扶余郡（韩国忠清南道）扶苏山山腰，朝鲜半岛解放以后其被转移至扶余博物馆，被指定为宝物第 21 号。由现存状态来看，碑石表面有不少剥落的部分，碑文虽刻于碑身正面与背面，但磨损严重，肉眼无法判读。另外，解题还指出，《刘仁愿纪功碑》的书法作者可能是褚遂良。《旧唐书》收录了《褚遂良传》，根据传记记载，褚遂良在百济灭亡两年前就已经去世。因此，解题中的这一说法显然不对。之所以造成这种错误，可能是碑文作者的书体与褚遂良书体相似的缘故。《大东金石书》称此碑是由刘仁愿书写，但并无确凿证据。

《金石录》中对《刘仁愿纪功残碑》的解题首先对碑石的文字进行了考证。如果将《金石录》解题人对《刘仁愿纪功残碑》碑文的释文与《三韩金石录》所记载的释文相比较，会发现十分有趣的事情。那就是，《金石录》所记载的《刘仁愿纪功残碑》中，一些文字并不见载于《三韩金石录》；同样地，《三韩金石录》所记载的文字，有的也不见载于《金石录》。例如：

《金石录》载《刘仁愿纪功残碑》：
高祖□□，□□□侍，□□将军，□州大中正，……朱陵虐。

《三韩金石录》载《刘仁愿碑》：
高祖□□，□□□□，□东将军，除州大中正，……□陵虐。

《金石录》上关于刘仁愿高祖的官职与功绩的记载基本上模糊不清，难以辨认。不过从《金石录》中可以认出"侍"字与"朱"字，从《三韩金石录》中可认出"东"字与"除"字。

再比如：

《金石录》载《刘仁愿纪功残碑》：
镇军大将军，上柱□，□尉□城郡开国公，并桂馥兰芬。

《三韩金石录》载《刘仁愿碑》：
镇军大将军，上柱国，□尉□城郡开国公，□桂馥兰芬。

在关于刘仁愿曾任官职与已取得的功绩的记载中，《金石录》可辨认出"并"字，《三韩金石录》可辨认出"国"字。除此以外，还存在两种文献的文字完全不同的情况。

这也证明了两部文献基于不同底本的事实。《金石录》的编者与《三韩金石录》的编者各自获得不同的拓本，并对碑文进行考证，而且在编纂时并没有互相参考对方的著作。如果《金石录》与《三韩金石录》是由同一个人完成编纂的话，那么后出的文献将比前出的文献在碑文释文上更为准确，也会对于阙文尽量作补充。《金石录》与《三韩金石录》的释文互不相同的情况，表明二书不可能由同一人编纂而成。换言之，《三韩金石录》的作者吴庆锡不可能是《金石录》的编者。

（七）《平济塔》

今天韩国忠清南道扶余郡定林寺内有五层石塔，该塔名为"平济塔"，塔身第一层四周镌刻的碑文，就是《平济塔》。碑文主要记载的是唐将苏定方联合新罗军进攻百济取得胜利的内容。因此，此碑也被称为《苏定方纪功碑》。今天也有人根据此塔所在定林寺的位置，将此命名为《百济定林寺址五层石塔刻字》。《金石录》的解题者对于五层石塔上所镌刻的《平济塔碑》碑文作了详细的记载，称：碑石形状与佛塔相同，与后来样式不同。由这一解题来看，《金石录》的解题者对于唐将苏定方在定林寺原来的五层石塔上镌刻碑文的事实并不清楚，而是错误地认为整座石塔由苏定方所建。

《金石录》中《平济塔》的解题首先对这件碑石上的文字进行了考证。从释文原文的多次修改情况来看，解题者最初所使用的底本拓本状态不佳，有很多阙字与错字。此后，解题者获得了状态较好的拓本或其他的释文本，于是在空缺处与错字旁边作了修正。上文中我们提到，清人翁树崐曾请求朝鲜人金正喜对《平百济塔碑》的释文进行考证。

四、结　论

本章对于朴趾源抄录的《金石录》的内容进行了分析。《金石录》现藏于韩国国立中央图书馆苇沧文库，该册子被编入《三韩丛书》第一册。现存《金石录》中，收录有《东明王镜》《毌丘俭纪功碑》《新罗太宗陵碑额》《朗空大师碑阴》《金生书昌林寺碑》《刘仁愿纪功残碑》《平济塔》七种海东金石。这些金石文是根据当时存世的碑石或拓本及文献中的记录进行整理而成。《东明王镜》是平壤属汉代乐浪郡时期的古镜。《毌丘俭纪功碑》的解题对于毌丘俭碑中的"不耐"二字参考地方方言所作的解释值得注意。《刘仁愿纪功残碑》与《平济塔》记载了解题者对碑文的考证。这两件碑石很早就受到韩国国内外学者的关注，有不少拓本与释文存世。将来我们在对碑文进行考察时，需要充分利用《金石录》中这两件碑石的释文。特别是《刘仁愿纪功残碑》所记载的释文，与现存释文在文字上有较多差异，具有重要的校勘价值。

　　如今，韩国国内外的学者逐渐开始关注海东金石文献。我们不仅要认识到海东金石存在于书册文献中，更应该知道它与石刻艺术、书法审美、文物考证等的密切关系。18 世纪的朝鲜学者开始积极地收集并分析海东金石文献。到了 19 世纪，在朝鲜与清朝都出现了数量较多的海东金石集，琳琅满目，蔚为大观。韩国国内外图书馆也保存着很多编纂于 18 至 19 世纪的海东金石集以及海东金石相关文献。为了正确地追溯海东金石的源流，将来需要我们对尚未被发掘或未得到确切考证的海东金石集及相关资料进行发掘、整理与研究。

第八章 《海东金石零记》的作者及真相

一、引　言

海东金石文通常指的是与朝鲜半岛相关的各种金石文。中国学者很早就开始收集海东金石文：壬辰倭乱时期来到朝鲜半岛的很多明人及相关人物都对海东金石文十分感兴趣；清代嘉庆、道光年间兴起了考证学风，同时，清人与朝鲜学者的学术交流越来越活跃，清代文人对海东金石文的关注度亦不断提高。当时清代学界盛行对海外金石文进行收集，特别是文化水平较高的海东金石文，是他们首要关注目标。因此，清人所编纂的海东金石文集也大多集中出现在这一时期。①

2006 年，日本人藤冢明直将其父亲藤冢邻在韩国、中国等地收集到的古书与书画类藏品捐赠给韩国果川市。这些捐赠资料中有对海东金石文进行考察的《海东金石零记》。根据当时对捐赠之事的报道，或称《海东金石零记》是捐赠给韩国的、全世界仅此孤本的翁方纲著作，或称是清代大学者翁方纲亲笔书写的古本，对于这部书的价值给予了很高评价。②2010 年，果川文化院出于普及《海东金石零记》的目的，对原文进行了整理翻译，同时制作了彩色影印本。③

笔者曾对于清代学者编纂的海东金石集发表过数篇论文。《海东金石

---

① 清人编纂的海东金石文集有：翁方纲的《海东金石文字记》、翁树崐的《碑目琐记》、刘喜海的《海东金石苑》、韩韵海的《海东金石存考》、李璋煜的《东国金石文》、叶志诜的《高丽碑全文》、方履篯万善花室《海东金石文字》。

② 参考《捐赠给韩国的世界唯一一本翁方纲的著作》，《联合新闻》2006 年 2 月 2 日；《秋史未公开的亲笔书信 20 余件越过玄海滩》，《同胞》2006 年 2 月 2 日。

③ 《海东金石零记》，果川文化院 2010 年版。

零记》的相关情况也是笔者之前关注过的课题。① 这次通过此书的影印本，对此书的内容进行考察。考察的结果是，关于《海东金石零记》中海东金石文这一部分的作者，与我们以往的认识不同；我们会看到金石札记中的很多内容在中国文献中找不到；此外，也有很多内容需要补正。本章将以《海东金石零记》中海东金石文部分为中心，对于作者问题、流传过程、制作过程、内容特征等各方面进行考察。需要指出的是，由于《海东金石零记》中《长吉歌词选抄》是与海东金石文完全不同的内容，因此本章对其暂不作讨论。

二、《海东金石零记》的书志事项

《海东金石零记》现藏于韩国京畿道果川市。卷数为一册，包括标题页在内共 57 张，版面有界行，每半页 11 行，正文文字以楷书书写，每行 20 字，草书书写的部分与之不同。版面多处有追记文字。楷书书写部分有抄录唐代诗人李贺诗作而成的《长吉歌词选抄》。行书与草书书写的部分主要是海东金石文的札记，该书大小为 29 cm × 19 cm。

书封标"海东金石零记"，书的封面书写《海东金石零记》的书名，右侧有何诒岂所写"翁覃溪先生遗稿，道州何氏珍藏"字样，相当于内页的正文第一张写着"海东金石零记之二册"的书名和以大字书写的"长吉歌词选抄四十七首"，以及以小字书写的札记内容。接下来的一张写着"翁覃溪先生手录书目杂稿各种"，下下张贴有一张签纸，签纸上写着"此为覃溪仲子男树崐侍砚"等字样，签纸旁边钤有"东洲艸堂"（朱方印）一枚。"东洲艸堂"是清人何绍基的藏书楼。该书的最后一张有何积煌（诒岂）的跋文。在书的封面和扉页、诗选集的第一张以及跋文所

---

① ［韩］朴现圭：《朝鲜与清朝学术交流的产物：〈海东金石存考〉稿本与刊本的发掘与检讨》，载《书志学报》1996 年第 18 号，第 21－48 页；《对清人翁树崐的〈海东文献〉的分析》，载《顺天语文论集》1998 年第 5 辑，第 233－254 页；《上海图书馆所藏〈海东金石文字〉》，载《文献与解释》1999 年春季号，第 206－216 页；《清人刘喜海〈海东金石苑〉的种类》，载《书志学报》1999 年第 23 号，第 5－32 页；《上海图书馆藏清刘喜海定稿本〈海东金石苑〉》，载《书志学研究》2001 年第 21 辑，第 279－305 页；《清翁树崐海东金石资料的札记》，载《国际中国学研究》2004 年第 7 辑，第 319－332 页；《对中国金石集中与韩国相关的金石文献资料的分析》（初稿），载《中国学论丛》2005 年第 19 辑，第 479－500 页；《清朝学者编纂海东金石集的种类贺和藏情况》，《东亚文献研究资源论集》，台湾学生书局 2007 年版，第 253－275 页。

在页等页中，有"道州何氏"（白方印）、"道州何氏收藏"（白方印）、"道州何氏诒岂"（白方印）等藏书人印章多枚。

通过何诒岂的跋文，我们可以获知何氏家中收藏《海东金石零记》的经过。跋文曰：

> 右翁覃溪学士《海东金石零记》一册，先曾祖东洲老人得于北京，尚有《海东金石记》四册，均系未成书之稿，为友人假去不还，是册独存，书此聊志滥交之痛。①

"先曾祖东洲老人"指的是何绍基。何绍基，字子贞，号东周，晚号蝯叟，湖南道州（今道县）人。道光十六年（1836 年）中进士，先后任翰林院编修、福建乡试正考官、四川学政等职。精通词章之学、经学、考证学与金石学。他尤其擅长行书与草书，形成了自己的风格，受到当时人们的欣赏。何绍基的书法也传播到朝鲜半岛。编有《道味斋经说》《说文段注驳正》《东洲草堂诗钞》等。

清人翁方纲的石墨书楼收藏过很多书籍、金石、卷轴、碑版等。这些藏品中包括来到石墨书楼的朝鲜使臣赠送的金石文。然而石墨书楼命运多舛。嘉庆二十年（1815 年），翁方纲之子翁树崐去世。嘉庆二十三年（1818 年），翁方纲继之而逝。石墨书楼就传到了只有五岁的孙子翁引达手中。不久以后，琉璃厂的书商就来到翁家，渐渐买走石墨书楼中的藏书。② 此后，翁方纲的弟子、翁树崐的朋友叶志诜在道光九年（1829 年）至道光十年（1830 年）间，因丁母忧离开北京。在此期间，石墨书楼实际处于关门的状态。叶志诜在翁树崐去世后，做了翁引达的义父。在叶志诜离开北京后，翁引达放浪形骸，受到外界诱惑，以致债台高筑。石墨书楼中的大量藏书因此被卖给琉璃厂商人。叶志诜办完丧事回到北京后，在写给金正喜的书信中说，不到十年，石墨书楼中的藏品就消失得无影无

---

① 《海东金石零记》积煌（何诒岂）跋文，果川文化院影印本。以下同。

② 《缘督庐日记抄》卷五，"己丑（1829 年）五月七日"条，蒋攸铦（砺堂）书札："覃溪师上元前，尚寄手示，不意竟归道山，以文望寿考而论，原无遗憾，惟门祚零丁，仅遗五龄幼孙，殊堪怆恻……再吾师一生心血，全在书籍、金石，所藏卷轴、碑板不少，而生平著作，已刻及未刊皆有。闻此时琉璃厂店户，业经句串零售，殊可浩叹。"（《续修四库全书》第 576 册，第 471 页）

踪。为此叶志诜痛哭流涕。① 在石墨书楼关门之际,《海东金石零记》与《海东文献》的原稿札记与其他藏书一起流入琉璃厂书商之手。

中国国家图书馆收藏有翁树崐的原稿札记本《海东文献》。刘位坦称自己是在道光初年获得了《海东文献》的原书——翁树崐原稿札记本。何绍基也可能是在这一时期获得了自己所喜爱的金石类书籍《海东金石零记》与《海东金石记》。此后,何家将《海东金石零记》与《海东金石记》视为东洲何氏的传家宝,一直传了下来。但不久,何诒岂将《海东金石记》借给朋友,但借书之人并未返还。

笔者认为何诒岂所说的《海东金石记》,可能是《海东金石文字记》。民国藏书家、文献学家傅增湘在《藏园群书经眼录》中留下了自己阅读叶启勋家藏《海东金石记》后所写的简略提要。根据傅增湘的解题,《海东金石记》五册是翁方纲的手稿本。傅增湘在解题中说,自己于 1934 年农历四月在叶启勋家中见到了这部书。傅增湘《藏园群书经眼录》卷六《史部四·金石类》:"《海东金石记》五册。翁覃溪方纲手稿本。(叶定侯藏书,甲戌四月阅)。"(中华书局本,第 494 页)"定侯"是叶启勋的字。另外,民国时期藏书家、书志学者叶启勋在《续修四库全书总目提要》中,对于傅增湘所说的册子写作了详细的解题。叶启勋在解题中说,《海东金石文字记》四卷与《琐记》一卷是翁方纲对海东金石进行考证的未完成本的手稿本。②

叶启勋,字定候,号更生,湖南长沙人,其父是著名小学家、经学家叶德炯,伯父是清末著名文献学家叶德辉。叶启勋自幼就对文献学有很高造诣,独具慧眼,收藏了很多珍贵的古书。特别是何绍基的东洲草堂旧藏本散佚时,他获得了十分之三到十分之四的书籍,其藏书楼拾经楼收藏了十万卷古书。叶启勋在获得东洲草堂旧藏本古书时,其中就有《海东金石文字记》。何绍基曾说,他将《海东金石文字记》借给友人,但友人并未归还。因此,只留有《海东金石零记》。此外,《海东金石文字记》的附录是《海东金石零记》,还是翁树崐所留下的另外一部札记本? 这一点

① [日]藤冢邻:《清朝文化东传之研究》,国书刊行会 1975 年版;《秋史金正喜的另一张面孔》,[韩]朴熙永译,首尔学术屋出版社 1994 年版,第 240 – 241 页。

② 参考《续修四库全书总目提要》(稿本)所收《海东金石文字记》四卷、《琐记》一卷(齐鲁书社本,第 4 册,第 433 页)。根据《续修四库全书总目提要》(稿本)中《提要撰者表》,《海东金石文字记》的解题文字作者是叶启勋。

尚不明确。遗憾的是，叶启勋旧藏《海东金石文字记》至今下落不明。

日本学者藤冢邻，号素轩，堂号望汉庐，曾任京城帝国大学（今首尔大学）与大东文化研究院教员。藤冢邻自称"书虫"，在朝鲜半岛与中国北京等地收集了很多朝鲜与清朝两国文人交流相关文献，特别是收集到了很多有关对清朝学术颇有见地的朝鲜人金正喜的一手资料，对于今天研究金正喜而言是非常重要的资料。1945 年，东京大东文化学院大教室所藏图书在战争期间亡佚。幸运的是，在藤冢邻东京的家中还保管了很多藏书。2006 年，藤冢邻之子藤冢明直将自家所保管的藤冢邻藏书 524 种、2750 件全部捐赠给韩国果川市这其中就包括《海东金石零记》。

三、《海东金石零记》与《海东文献》 《星原笔记》的关系

中国国家图书馆善本特藏室藏有翁树崐的《海东文献》一书，藏书编号为"善5136 本"。该书是根据翁树崐札记原稿编纂而成。对此，刘位坦于道光三十年（1850 年）二月所写的序文中作了明确说明：

> 此册为苏斋嗣君树崐星原先生札记，皆东国金石书籍，若欲有所著作，而未竟也者。道光初，得之故纸中，历卅年，巾箱贮之未失。比是诸城刘燕庭方伯所辑《朝鲜金石志》，视此收罗较多，而引证书则若不逮。因知星原当年用力之勤，益不忍令就湮泯，亟装为册存之。[①]

《海东文献》是翁树崐对海东金石与书籍相关内容进行分析后留下的札记未完稿。道光初年，刘位坦获得这一札记原稿，并保管了 30 年。后来担心此书亡佚不传，于是制作成册子。

该书中前有"翁树崐印"（白方印）一枚，说明"海东文献"这一名称并非翁树崐自己命名，而是此册编成以后他人所命之书名。朝鲜宪宗年间，徐有榘编纂的《东国金石》（《林园十六志·怡云志》卷五《艺玩鉴赏》附录）前后十处引用了翁树崐的《碑目琐记》。在从《碑目琐记》

---

① 《海东文献》刘位坦序文，中国国家图书馆藏本。

中引用的十种海东金石文中，《真鉴国师碑》《麟角寺碑》《神行禅师碑》等九种与《海东文献》中的记载是一致的。因此可以认为，《海东文献》是翁树崐在编纂海东金石文集前期撰写的札记本。

《海东文献》中以楷书书写的原文部分，始于嘉庆十八年十二月末，终于嘉庆十九年四月；以行书与草书书写的追记部分，一直持续到嘉庆二十年二月。《海东文献》收录的内容主要是海东金石与书籍。由于此书是在札记原稿本基础之上编纂而成，前后内容尚未能衔接之处不少。《海东文献》包括续卷共有 41 页，从内容上来看，主要有如下 12 种：

（1）刘位坦序文，一页。

（2）主要是对高丽人生平简介与文献的记录，二页。

（3）海东金石文三十种原文（包括海东金石文资料），八页。

（4）冽上笔石刻本，二页。

（5）《古梅园墨谱》所载有关于碑文考订者（包括与日本相关的资料），二页。

（6）海东刻文（包含《世善堂藏书目录》引用目录），二页。

（7）海东金石文十种原文（包括海东金石文相关资料），二页。

（8）海东楼亭（包括对《陟州东海碑》的解题），一页。

（9）海东相关资料与书札，一页。

（10）海东金石文四种（包括对《普贤寺碑》的考证），三页。

（11）东国书籍有资考订者（主要包括高丽人的生平简述），八页。

（12）对于海东相关资料的叙述文字，九页。

《续修四库全书总目提要》是继清乾隆年间编纂的《四库全书总目提要》之后编纂的又一大型解题书。1920 年至 1940 年间，日本人用从清朝获得的庚子赔款建立了"东方文化事业总委员会"。《续修四库全书总目提要》就是在"东方文化事业总委员会"主导下有不少中国学者参与编纂的一部书。该书原稿藏于中国科学院图书馆。

《续修四库全书总目提要》也收录了对清人翁树崐的《星原笔记》的解题。星原是翁树崐的字。《星原笔记》全书一卷，稿本，解题作者为民国初期著名版本学家孙海波。孙海波在解题中记载，《星原笔记》从清人钱谦益的《牧斋初学集》与《东山集》中各抄录诗歌一首，从《洌上笔石刻本》中抄录文章 14 半页，从清人朱彝尊的《明诗综》中抄录诗歌 25 首，从清人孙承泽的《春明梦余录》中抄录 2 半页，从明代张之象《唐诗类苑》中抄录诗歌 14 首，另外还收录了朝鲜人申纬赠给翁树崐的书札一通（《成听松碑》）。① 《星原笔记》收录的上述内容与《海东金石零记》一样，主要是抄录前人的部分作品，或者是对海东金石文进行考察的相关内容。其中《洌上笔石刻本》是与《海东文献》相关的内容，另外申纬赠送的《成听松碑》也与《海东金石零记》有关。因此，《星原笔记》很有可能是翁树崐将自己留下的札记原稿中的一部分编辑成册的又一种札记本。遗憾的是，孙海波在解题中并未交代底本藏处，也未指出在册子的现所在地。

四、《海东金石零记》的作者问题

《海东金石零记》的内容大体上可以分为两部分：第一部分是选出唐人李贺诗篇抄录而成的《长吉歌词选抄》，另一部分是以草书书写的对海东金石文考察的内容。这里我们只对后者及海东金石文相关部分的作者问题进行考察。

对于《海东金石零记》的作者，学者根据此书标题与正文最后部分何绍基的记录，认为是翁方纲。该书封面上有"翁覃溪先生遗稿，道州何氏珍藏"的题识，正文最后部分有"右翁覃溪学士海东金石零记一册"的跋文，"覃溪"是翁方纲的号。这里明确指出，《海东金石零记》是翁方纲的手稿本。另外，此书扉页背面写着"翁覃溪先生手录书目杂稿各种"，也指出《海东金石零记》的作者是翁方纲。

但从《海东金石零记》第六页所贴的签纸中的记录来看，作者问题

---

① 《续修四库全书总目提要（稿本）·星原笔记》孙海波解题："《星原笔记》一卷，清大兴翁树崐撰。翁树崐，字星原，覃溪先生次子。是编为其手稿，首录牧斋《初学集》《东山集》一首，次《洌上笔石刻本》十四叶，次朱彝尊《明诗综》二十五首，次录古香斋《春明梦余录》二叶，次录《唐诗类苑》诗十四首，次申纬致树崐函一通。此外，笔记多则，皆随手移录。"（齐鲁书社 1996 年版，第 12 册，第 79 页）

可能并没有这么简单。所贴签纸记录写道："此为覃溪仲子男树崐侍砚。"① 虽然我们不知道这句话是谁写的，但起码这句话透露了翁树崐可能也参与了编纂《海东金石零记》的过程。另外，《海东金石零记》的札记文章收录了"星原""红豆山人"对金石文进行考察的文字。星原是翁树崐的字，红豆山人是其号。

　　大概是这些原因，导致果川文化院出版的影印本《海东金石零记》对于《海东金石零记》的作者的著录十分混乱。《海东金石零记》的发刊词称此书是翁方纲的亲笔本，而在此书末尾的出版事项中却记载作者为翁方纲、翁树崐二人。此外，在该书解题的开头部分称此书是翁方纲所著，然而在解题行文中又说此书是翁方纲与翁树崐二人共著。②

　　笔者认为，果川市藏本《海东金石零记》与中国国家图书馆藏本《海东文献》都是翁树崐留下的札记本。对于这一事实，我们只需要将两部书进行对照就可一目了然。两书中行书和草书的字体与内容记述方式完全一致。《海东文献》的作者是翁树崐，那么《海东金石零记》的作者当然也只该是翁树崐。

　　虽然我们仅从以上所列举的证据就能证明《海东金石零记》的作者是翁树崐，但或许有人会提出这样的反驳意见：是否有翁方纲口述、翁树崐执笔的可能性？以下我们通过该书内容本身来排除这种可能性。《海东金石零记》的札记中的相关记载也将此书作者指向翁树崐。

　　首先，《海东金石零记》记载的各种称呼都是基于翁树崐的立场而写的。第62页《月山君碑》札记中写道："尝见申紫霞携来月山大君笔迹一册，笔在赵、董之间，家父为题识而归之。此册未留苏斋，亦大恨事。"这里所谓的"家父"指的是翁树崐的父亲翁方纲。申纬作为册封使书状官于纯祖十二年（嘉庆十七年，1812年）前往北京，见到了翁方纲父子。申纬在抵达北京时，翁方纲的父亲翁大德（字希舜）已经作古多年③，因此见到申纬的不可能是翁大德。第73半页写道，将"家君"所

---

① 翁方纲与夫人韩氏、妾刘氏共生有七男六女，不过皆先于翁方纲去世。其中翁树培与翁树崐在翁方纲晚年尚在世，因此，时人视翁树培为第四子，视翁树崐为第六子。

② 参考了果川文化院出版的《海东金石零记》中崔钟秀发刊辞、出版事项，及李忠九《海东金石零记解题》（第8页）。

③ 翁大德卒于乾隆十三年（1748年）。参考沈津《翁方纲年谱》"乾隆十三年（1748年）"条，台湾"中央研究院"本，第10–11页。

藏的纪晓岚钤在《诗品》上的印章原件赠送给了金正喜。① 这里的"家君"指的是翁方纲。

第72半页写道,金正喜通过陈务滋(植夫)的中表"叶友"寄信给陈务滋。② 另外,第81半页中写道,将金正喜寄来的建初尺与原尺进行比较,发现略有差异。于是去年同"叶友"一起复制了原尺。③ 这里的"叶友"指的是叶志诜。叶志诜是翁方纲的学生,也是翁方纲之子翁树崐的好友,后来也成为翁树崐之子翁引达的义父。建初尺是东汉章帝时期的铜尺,先是为江都闵议行收藏,后流入曲阜孔尚任之手。翁方纲此前从孔府中借出原尺,并用紫檀木制作过复制品。阮元曾从孔府中借出原尺,后叶志诜又从阮元处借来,并用日本铜制作了三枚复制品。叶志诜自己收藏其中一枚,另外两枚则一枚赠予翁方纲,一枚赠予阮元。叶志诜在复制建初尺时,得到过翁树崐很多帮助。翁树崐曾将原尺拓本和紫檀木复制品拓本寄赠给金正喜,金正喜又制作了仿制品,仿制品与原尺的大小略有差异。④

第84半页中,金正喜在书信的末尾称自己为"庚弟正喜";第86半页中,在书信末尾又称自己为"庚弟"。第72半页中,翁树崐又在书信末尾自称自己为"庚弟红豆山人"。红豆山人是翁树崐的号。"庚弟"意为同年出生的兄弟。翁树崐与金正喜都生于1786年(乾隆五十一年,朝鲜正祖十年)。纯祖十年(1810年)正月二十九日,翁树崐在自家石墨书楼见到了前来的金正喜,从此开始学问上的交流。翁树崐与金正喜都非常热衷于金石之学,可谓意气相投。又因为都生于丙午年,二人越发感到缘分很深,遂互以兄弟相称。此后,二人在写给对方的信中都称自己为"庚弟",称对方为"庚兄",缘分渐浓。比如嘉庆十七年(1812年)正月二十四日,翁树崐为金正喜书写了"红豆山庄"的匾额,并寄给金正

① 《海东金石零记》第73半页:"故藏诗品印,实晓岚先生所制,尽数归于家君。原印内实缺数枚,弟藏尚有初印全本［亦缺六枚］,惟兄无以出之,此便寄上。"
② 《海东金石零记》第72半页:"兄惠寄之书,当即交叶友转寄与植夫处,俟有回书,明春再为附寄。叶友与植夫为中表。"
③ 《海东金石零记》第81半页:"惠寄建初尺,心感之至,然较原尺,实约二分,可惜可惜。叶氏所铸,实与曲阜所藏,分寸不差,且半尺之式,实汉制如此,非有意省工也。前年所铸,弟与叶友,日夜督工精制,铢黍不错,尚留一则式。专此寄上,兄以此讨定古碑,可以问津斯籀耳。"
④ ［日］藤冢邻:《清朝文化东传之研究》,第220－222页。

喜，翁树崐称自己为"庚弟"，称金正喜为"秋史庚兄"。①

　　第二，《海东金石零记》所收录的金正喜寄出的各类书信的收信人都是翁树崐。比如，翁树崐与金正喜为了考察《麟角寺碑》，互有书信往来。②《海东金石零记》第48半页记载了金正喜考察《麟角寺碑》内容的书信。金正喜的书信中有这样一句话："兄所云缺前十二页者，弟未知何谓也。"③ 这里所谓的"兄"指的是翁树崐，翁树崐在嘉庆二十年（1815年）正月十九日写给金正喜的信中回答了他的问题。翁树崐回答说，此前寄呈《碑目》中缺12页，所缺之文指的是从约轩（洪显周）处获得旧藏本。④ 因此，第48半页收录的金正喜书信的收信人就是翁树崐。

　　综合以上的情况来看，《海东金石零记》中与海东金石相关部分的作者并非翁方纲，而是翁树崐。

　　那么，《海东金石零记》又经过了怎样的故事，以至于其作者被误认为是翁方纲呢？考察该书编纂的前后过程可知，该书签纸中的记录因某种原因并未发挥作用。签纸写道："此为覃溪仲子男树崐侍砚。"其中有"侍砚"二字，意为在贵人旁边磨墨、从旁协助给予帮助之意。如果只盯着"侍砚"二字，就会得出这样的结论：翁树崐不过是从旁协助的角色，其父翁方纲才是该书的作者。

　　夹有签纸那一页有何绍基的藏书楼"东洲艸堂"的印章。签纸上文字的作者是何绍基，还是何诒岂在北京获得该书之前的其他人？难以考定。但起码签纸上文字的作者即《海东金石零记》的作者，曾被认为是翁方纲。因此，何绍基的曾孙何诒岂在《海东金石零记》的封面与跋文中都记载此书是翁方纲的手稿。因何诒岂的这一记录，后代此书收藏者均错误地认为是翁方纲所作。

　　以下我们考察《海东金石零记》这部书原本的形态。《海东金石零

---

① ［日］藤冢邻：《清朝文化东传之研究》，第120－121、178－179页。

② 《麟角寺碑》又名《普觉国师碑》，是1295年（忠烈王二十一年）为纪念高丽普觉国师一然的行迹与功德所树立之石碑。现韩国庆尚北道军威郡三国遗事面（原古老面）华北里612号麟角寺境内竖立的这块碑仅存部分，被指定为宝物第418号。碑石正面是闵渍所写的碑铭，书法系竹虚集王羲之字而成；碑石背面的碑阴记一文是山立所作。

③ 《海东金石零记》第48半页《麟角寺碑》收录秋史书信中云："兄所云缺前十二页者，弟未知何谓也。"

④ 翁树崐于嘉庆乙亥年正月十九日写给金正喜的书信中写道："即前寄上《碑目》中，所谓缺前十二页者，乃约轩所赠旧装本。"（［日］藤冢邻：《清朝文化东传之研究》，第181页）

记》中海东金石部分前后连贯，如同一书，但实际上内容十分混乱，编纂并不完整。那么为什么《海东金石零记》会是这样一部并不完整的书呢？对此，我们可以从与《海东金石零记》密切相关的《海东文献》的装帧过程中寻找蛛丝马迹。上文中我们提到了刘位坦为《海东文献》写作的序文。序文提到，刘位坦最初在获得《海东文献》时，它并非一部完整的册子，而是凌乱不堪的札记。刘位坦保管了30年以后，担心这些札记湮灭不传，于是将这些散乱的札记编纂成册。

《海东金石零记》中的海东金石文部分改变为互相分离的形态，前后内容与顺序不连贯之处很多，甚至存在一句话并未结束而在下一页中却找不到相连接语句的情况。比如，第54半页的最后部分写作"恭愍末"，从文意上来看必有下文，但在下一页中却找不到相关下文。因此，《海东金石零记》中海东金石文部分如同《海东文献》一样，不过是原稿札记的一部分，由后人勉强将其编为一册。

《海东金石零记》被勉强编为一册，可能是北京书商所为。这是因为，如果能将散乱的札记编纂成册，那么无疑可以提高书品的价值。因此，书商将10余张原稿本《长吉歌词选抄》与海东金石文部分原稿札记混编为一册，在书的内页上题写"海东金石零记之二册"。对于这里的"二册"可以有多种解释，一般会理解成《海东金石零记》由两册组成。由这一点来看，除了当时编纂成册、现为果川市收藏的《海东金石零记》一册外，《海东金石零记》可能还有另外一册。

从果川市藏本《海东金石零记》来看，在书封、内页、"翁覃溪先生手录书目杂稿各种"三处题写有书名"海东金石零记"。三处书名笔迹各不相同。书封处所题写的书名与何绍基所写的字迹是同一字体，内页与"翁覃溪先生手录书目杂稿各种"两处所题写书名的字迹与正文中翁树崐的字迹不同，可能是后人所题写。

五、《海东金石零记》的内容特征

《海东金石零记·解题》以图表的形式对《海东金石零记》的内容进行了整理。① 仅从这一图表亦可看出，《海东金石零记》收录的内容非常混乱、复杂。尽管如此，若对该书所收录的内容作详细考察，可以发现有如下几方面特征。

首先，《海东金石零记》是作者为了编纂海东金石文集而根据基础资料整理的札记本。

该书第40半页《鍪藏寺碑》版面上端的跋文亦被收录在《碑目琐记》第一册中。② 这一点我们可以通过翁树崐于嘉庆十九年（1814年）写给朝鲜友人的书信予以确认：这一年正月十九日翁树崐写给金正喜的书信，正月二十一日翁树崐写给李光文的书信，正月二十九日翁树崐写给沈向奎的书信，十月二十五日翁树崐写给洪显周的书信，当中都提到自己为完整地获得海东金石资料而给各位收信人寄去了《碑目》。③ 这里的《碑目》是抽取《碑目琐记》中的主要事项简略记载而成。

为编纂海东金石文集，翁树崐实施了如下几种方案。第一，编纂《海东文献》与《海东金石零记》，对通过朝鲜友人与中国书籍获得的海东金石相关信息进行整理。整理过程中，编纂《碑目》，并将《碑目》寄给朝鲜友人，通过他们继续获得海东金石资料。接着在基础资料大体整理完毕之后，再以净写的方式制作草稿本。笔者认为，翁树崐打算编纂的海东金石集的体例可能与叶启勋旧藏本《海东金石文字记》类似。翁方纲编纂的《海东金石文字记》收录了翁树崐对海东金石进行考证的文章。④ 然而遗憾的是，翁树崐于嘉庆二十年（1815年）八月二十九日去世，金石文集的编纂最终未能完成。如果翁树崐能再多活几年，我们相信他一定能编纂出与清人刘喜海的《海东金石苑》匹敌的另外一部海东金石文集。

第二，翁树崐集中编纂《海东金石零记》的时间在嘉庆十九年

① 《海东金石零记解题》，第11－13页。

② 《海东金石零记》，第40页《鍪藏寺碑》："跋在《琐记》之一册。"

③ ［日］藤冢邻：《清朝文化东传之研究》，第182－203页。

④ ［韩］朴现圭：《清朝学者编纂海东金石集的种类和所藏现况》，《东亚文献研究资源论集》，台湾学生书局2007年版，第253－275页。

（1814 年）至嘉庆二十年（1815 年）之间。《海东金石零记》中用黑笔和红笔两种颜色书写，这是札记本的常见特征。

虽然此书的编纂并非一气呵成，但综合书中所记述的内容与相关资料来看，可能是在某一个特定时期内集中完成。我们对书中明确记载写作时间之处，做如下整理：

> 第 35 半页《印刷各种书目》：乙亥五月。
> 第 76 半页《清虚堂大师碑铭》：甲戌孟冬洪显周赠，乙亥正月十一日翁树崐考证。
> 第 78 半页《成听松碑》：乙亥正月四日申纬赠。
> 第 88 半页《清平山文殊院记》：乙亥人日金正喜赠。
> 第 90 半页《祭清平山真乐公文》：乙亥正月金汉泰（自怡堂）赠。
> 第 92 半页《兴法寺碑》：乙亥人日金汉泰赠。
> 第 96 半页《大鉴国师碑》：乙亥正月金汉泰赠，乙亥人日金正喜赠。
> 第 98 半页《神行禅师碑》：乙亥人日金正喜赠。
> 第 104 半页《圣德大王神钟之铭》：乙亥五月二十二日。

以上"甲戌年"指的是嘉庆十九年（1814 年），"乙亥年"指的是嘉庆二十年（1815 年）。该书第 48 半页所记载的《麟角寺碑》札记可能是根据金正喜于纯祖十四年（1814 年）寄给翁树崐的书信选录。翁树崐给金正喜的回信写于嘉庆十五年（1810 年）正月十八日。又如，第 64 半页所记载的对残缺本《高丽史》的补录内容与翁树崐于嘉庆十九年（1814 年）正月写给李光文的书信的内容是一致的。① 因此，《海东金石零记》可能集中写于嘉庆十九年（1814 年）至嘉庆二十年（1815 年）之间。这一时间与《海东文献》的写作时间是相近的。《海东文献》中原文部分写于嘉庆十八年十二月末至嘉庆十九年四月之间，追记部分的写作时间最晚为嘉庆二十年二月。

第三，《海东金石零记》所收录的海东金石文主要是新罗与高丽时期

---

① ［日］藤冢邻：《清朝文化东传之研究》，第 182－183 页。

的海东金石文，包括三国时期的碑石。另外，有少量朝鲜时期的碑石。我们按照不同时代的列表整理如表8-1所示。

表8-1　《海东金石零记》所收海东金石文

朝代	金石文
新罗	《鍪藏寺碑》、《奉德寺钟铭》（《圣德大王神钟之铭》）、《断俗寺西碑》、《新罗金太师庚臣碑》、《双溪寺碑额》、《刘仁愿碑》、《平百济塔碑》、《神行禅师碑》
高丽	《灵通寺碑》《兴国寺塔铭》《麟角寺碑》《埋香碑》《桑邨先生㫌孝碑》《僧伽窟石佛后石扇背铭字》《云门寺圆应国师碑》《文殊院记》《祭清平山真乐公之文》《兴法寺碑》《大鉴国师碑》
朝鲜	《月山君碑》《陟州东海碑》《杨蓬莱题枫岳万瀑洞八大字》《清虚堂大师碑铭》《成听松碑》

《海东文献》所收录的海东金石文中，新罗与高丽时期的金石文比重较高。不过也包括《李舜臣孙凤祥双碑》《洌上笔石刻本》等少量的朝鲜时代的金石文。其中《洌上笔石刻本》是朝鲜人朗善君李俣集合海东名家24人笔墨编撰而成，后为李书九收藏。① 清代后期编纂的海东金石文集的收入范围大体分为两类：一类如刘喜海的《海东金石苑》，主要收录新罗至高丽时期的海东金石文；另外一类如叶志诜的《高丽碑全文》、胡琨的《海东撷古志》，主要收录三国时期至朝鲜仁祖初年的海东金石文。翁树崐的《海东金石零记》显然属于后一类。

第四，通过《海东金石零记》我们可以看到翁树崐对于海东金石文的态度及其努力。翁树崐与作为使臣来到北京的很多朝鲜文士多有交游。翁树崐之所以能见到很多朝鲜文士，与他的父亲翁方纲的学术地位有密切关系。当时沉迷于收集、考证中国金石文的翁树崐，接触到了朝鲜文士携来的海东金石文拓片，兴奋不已，于是制订了编纂海东金石文集的目标，并通过朝鲜文士开始收集这些资料。

我们通过《海东金石零记》可窥知翁树崐有多么热爱海东金石文，

---

① 《海东文献》记载，《洌上笔石刻本》的最初收藏人时李韶九，此后又订正为"李书九"。《洌上笔石刻本》中收录的海东书法家名单与韩国国立中央图书馆所藏《观兰亭石刻帖》一致，因此，《洌上笔石刻本》的编者当为朗善君李俣。

又是多么珍视海东金石文。该书第 62 半页天头写道："弟于东国碑拓，虽百千百亿，而毫无厌弃者，此殆性之所迫，却因百号东缘。"感情溢满字里行间。同一半页的正文中写道："而弟所专嗜者，实在金石拓，不敢贪嗜一墨宝，恐为达观者齿冷也。"言语之间直率地吐露了自己的金石之癖。第 73 半页写道："弟于古印，初无专嗜，且都不得嗜。弟专嗜碑刻，尽举十余年。"因此，翁树崐将纪昀所制作的《诗品》印章与翁家传家之宝古印《军司马印》《关内侯印》等一起寄给了金正喜。

另外，翁树崐在收集海东金石文并制作拓本时，经常会提到一些注意事项。由这些文字，我们可以看出他对金石拓本是多么爱惜。在《海东金石零论》第 66 半页《刘仁愿碑》札记中，翁树崐称自己为装帧方面的专家。他说："又旧拓本二纸，托一层者，惜用面太浓□易柱。夫装潢之法，别无他长，惟用面时，以水淡之又淡，至淡于稀粥，而后用之，此无上妙法也。弟平日精此技。"同一半页中，翁树崐还说，在制作拓本时需使用洁白干净的薄纸，中国的薄纸容易撕裂，文字容易损伤。① 同时他还评价说，品质柔韧的朝鲜纸（韩纸）自古以来就受到中国书画家的喜爱。诚如翁树崐所指出的，使用不容易撕裂的纸张制作拓本是很合适的。又如，他在第 81 半页中说，《文殊院记》的拓本着墨过浓，而应该像《鍪藏寺碑》与《麟角寺碑》那样，用墨适可而止。② 再如第 40 半页中，翁树崐再次提到《鍪藏寺碑》拓本极好，希望收信人将来再寄送五幅。同时还向收信人问到，如果使用中国墨，是否也会有同样的光彩？③

第五，《海东金石零记》记载了朝鲜友人寄来的海东金石文的目录。翁树崐向朝鲜文人寄去自己要收集的金石文的目录——《碑目》，希望对方积极提供海东金石文拓本。朝鲜友人或因此感服于翁树崐的热诚，遂从多个方面向翁树崐寄去拓本。《海东金石零记》记载的朝鲜友人寄给翁树崐的拓本目录如下：

---

① 《海东金石零记》第 66 半页："此后拓碑，或用极薄之东纸亦可，然须求其白色而丝净，中国之薄纸虽甚好，恐易破损，每致伤字可惜耳。"

② 《海东金石零记》第 81 半页："《文殊院记》确是旧拓，惜用墨之太重耳。不如今拓之《鍪藏》《麟角》用墨得之。"

③ 《海东金石零记》第 40 半页《鍪藏寺碑》："惟此种拓法甚好。此或用中国之墨，乃得光如是耶？乞用拓拓五纸为祷。"

　　洪显周寄送的《清虚堂大师碑铭》，申纬寄送的《成听松碑》，金汉泰寄送的《祭清平山真乐公文》《兴法寺碑》《大鉴国师碑》，金正喜寄送的《云门寺院兴国寺碑》《清平山文殊院记》《大鉴国师碑》《神行禅师碑》《麟角寺碑》《僧伽窟石佛后石扁背铭字》。

　　以上诸人中，金正喜所寄拓本数量最多，所寄拓本质量也最好。翁树崐自己的话也证明了这一点。该书第60半页中写道："秋史以拓本，星原视他人之区区投赠者万万不同，亦何敢囫囵经过□我良友之情觊耶？"虽然这句话中翁树崐是为了表达对金正喜寄来拓本的感谢之意，但翁树崐直言不讳地将金正喜所寄拓本与他人所寄拓本进行比较，也表明了金正喜所寄拓本质量最佳的事实。

　　第六，从《海东金石零记》的记录来看，金正喜实际上从事着海东金石文方面的研究。该书第64至65半页中，翁树崐称：自己所收集的金石文资料十分零碎，而居住在朝鲜半岛、能够帮忙找到朝鲜半岛金石文的金正喜完全可以胜任此事。[①] 在对海外文物进行调查时，克服地区上的界限，对于今天的学者而言也是一个巨大的难题。在翁树崐所生活的时代，若没有朝廷的许可，个人是无法越过鸭绿江直接去往朝鲜半岛的。如果没有朝鲜友人的帮助，翁树崐显然是很难收集调查海东金石文的。

　　此外，在《海东金石零记》第64至65半页中，翁树崐评价说，"其考定之明确，必无一毫差谬者，将百倍于星原也"，对金正喜极力称赞。从翁树崐的角度来看，一言以蔽之，最合适的人选就是金正喜。在金石学研究方面颇有造诣的金正喜具有很高的学识与能力，满足了翁树崐希望获得海东金石文献的所有要求。

　　从翁树崐向金正喜提出的请求内容来看，翁树崐并未仅仅停留在收集海东金石文拓本方面，还涉及记述方式、释文校正、人物考证等多个方面。在《海东金石零记》第64至65半页中，翁树崐向金正喜详细地说明了自己记载海东金石文的方式。在海东金石文的记述方式方面，翁树崐希望金正喜依照《两汉金石记》的体例，先绘制金石的形状，然后分别

---

　　① 《海东金石零记》第64—65半页："弟所存东方金石，皆是断荡残编，尚欲细心研究精于万里之外，何况覃潭斋大弟子世居其土，目睹其迹者。"

记载金石的大小、所立年代、文字作者与书法作者等各类信息。①

该书第 43 半页中，翁树崐请金正喜寄送《奉德寺钟铭》的释文与精拓本。在此之前，金正喜向翁树崐寄送过《奉德寺钟铭》的拓本，以及自己通过对这件钟铭内容进行考察所写作的跋文。对此，翁树崐说，金正喜所寄之拓本不佳，难以据之作精细考察，希望金正喜寄赠铭文释文以及精拓本 3 ～ 5 张。②

在该书第 67 半页中，翁树崐委托金正喜核对《平百济塔碑》的释文。翁树崐在将《平百济塔碑》释文寄给金正喜时说，只有在金正喜对释文作详细考察之后，自己才能敲定最终释文。③ 翁树崐寄给金正喜的《平百济塔碑》释文现藏于韩国高丽大学华山文库，藏书编号为 "华山B11/B13"。该释文制作于乙亥年（1815 年）正月十九日。④

翁树崐对海东金石文的考证很大程度上依赖于金正喜，这并非夸大其词。翁树崐认为金正喜考证海东金石文的工作具有很高的价值与重要的意义。《海东金石零记》第 63 至 64 半页写道："其考定之明确，必无一毫差谬处，将百倍于星原也……此非一人之荣，实薄海内外交文明之瑞，将来阐揣东方艺文之责，秋史首倡之，任大责重。惟兄速加力办理，毋稍迟缓，时哉勿失。" 第 67 半页写道："金石性命之光，惟我两人共之。"⑤ 这句话表明，翁树崐与金正喜二人不仅享受着海东金石文考证之乐，也分享了其中的光荣；同时这句话也暗示着海东金石文集的编纂得力于二人的通力合作。

第七，《海东金石零记》收录了朝鲜半岛文献未收录的一些资料。该书第 56 半页，《僧伽窟石佛后石扇背铭字》收录了记载高丽显宗十五年

① 《海东金石零记》第 64 - 65 半页："兄依《两汉金石记》体例，每遇一碑，即为之作图，高下横阔尺寸及建立年月、撰书人，逐碑详考，寔无挂漏。"

② 《海东金石零记》第 42 半页《奉德寺钟铭》："秋史原跋云：……更乞用白色纸精拓三五分惠寄，尤感，更录释文见惠，尤感。" 又，下注："以上秋史，着此是□，无字□不用墨也。拓傍有字处用墨。"

③ 《海东金石零记》第 67 半页《刘仁愿碑释文》："并《平百济塔碑》新文追兼呈监定，更求详审后，仍录定本惠寄，必俟兄跋到，方为拓南。"

④ ［韩］朴现圭：《清翁树崐海东金石资料的札记》，载《国际中国学研究》2004 年第 7辑，第 319 - 332 页。

⑤ 《海东金石零记》第 67 半页《刘仁愿碑释文》："金石性命之光，惟我两人共之，私有一毫蠢心者，不可同语也。"

（1024 年）智光、光儒等人建造石佛相关内容的释文：

> 契丹太平四年甲子岁秋月莫开七叶功毕，栋梁释智光，副栋梁释
> 成英［一作益］，磨琢者释光儒、释慧聪，铁匠法铁。

《僧伽窟石佛后石扇背铭字》指的是僧伽寺中安置的石造僧伽大师像背后面所刻之铭文。僧伽寺位于北汉山中峰山腰，现位于韩国首尔钟路区旧基洞山 1 号，佛像高 76 cm，光背高 130 cm，被指定为宝物第 1000 号。从首尔市文化财厅记载的铭文来看，较之《海东金石零记》中的记载，首尔市文化财厅记载的铭文释文中不少阙文，另外也有一些异文。① 金正喜曾对僧伽大师像的铭文进行过调查。金正喜说，洞中漆黑一片，难以制作拓本，此前朝鲜学者从未提到过此碑。② 因此，根据以草拓本为底本制作的《僧伽窟石佛后石扇背铭字》可以补充后代拓本中的阙文。

　　该书中还有多处收录了金正喜所写作的跋文和考证文字。如第 38 页的《新罗太宗武烈陵碑篆》，第 40 半页的《鍪藏寺碑》，第 42 至 43 半页的《奉德寺钟铭》，第 46 半页的《兴国寺塔铭》，第 48 半页的《麟角寺碑》，第 52 半页的《新罗金太师庾臣碑》，以及第 82 至 83 半页记载的附启，第 84 半页与第 86 半页记载的书札，等等。从以上这些札记中可看到金正喜所写作的跋文以及书札。而这些跋文与书札却并未被收录到金正喜的《阮堂全集》以及其他与金正喜相关的朝鲜半岛文献之中。

六、结　论

　　海东金石文研究逐渐受到韩国内外学界的重视。从这一点来看，果川文化研究院藏《海东金石零记》作为新发现的海东金石文集，具有十分重要的意义。《海东金石零记》集中编纂于清嘉庆、道光年间，是现存海东金石文集中编纂年代最早的一部。通过这部书，我们也可以看到清代学

---

① 首尔市文化财厅《僧伽寺石造僧伽大师像》铭文："太平四年甲子岁秋月莫开□□□栋梁释智光副栋梁释成彦磨琢者释光儒释慧□□□□□□丘。"

② 《海东金石零记》第 56 半页《僧伽窟石佛后石扇背铭字》天头写道："扬州僧伽石窟后石扇背后刻，窟深黑极难拓，前后海东金石家无说及此者。秋史。"

者与朝鲜学者之间在建立深厚友情的同时，为编纂海东金石文集共同付出
了大量的努力。

《海东金石零记》中海东金石文部分并不是现在被广泛认为的翁方纲
的手稿本，而是翁方纲之子翁树崐所留下的札记本。《海东金石零记》所
收录书信作者主要是翁树崐。此外，该书中的笔迹与记述方式与中国国家
图书馆所藏翁树崐的《海东文献》一致。《海东金石零记》本来是翁树崐
为编纂海东金石文集而将相关金石资料以及考察内容以札记形态记录下来
的札记原稿。写作时间当在嘉庆十九年（1814 年）至嘉庆二十年（1815
年）之间。在翁树崐与翁方纲先后去世后，翁氏石墨书楼解体，原稿札
记被分散为多个部分，后被书商或藏书人一一编成册，分别命名为《海
东金石零记》《海东文献》《星原笔记》。

翁树崐一生致力于金石文的研究，他主要通过抵达北京、来到翁氏石
墨书楼的朝鲜友人收集朝鲜半岛所藏海东金石资料。翁树崐将自己希望获
得的海东金石文编成《碑目》寄给朝鲜友人，而且在书信中提到拓本制
作时所使用的墨、纸张以及装帧要求。这些朝鲜友人中，金正喜最为重
要。翁树崐说金石命运之光照耀着他与金正喜二人之间的友谊。

事实上，海东金石文的考证工作是由金正喜与翁树崐二人通力合作完
成，这绝非夸大其词。《海东金石零记》多处记载了金正喜寄给翁树崐的
书信中的内容，这些文字不见载于金正喜相关文献中，却是我们研究金正
喜金石学造诣的重要资料。另外，根据金正喜初拓本写成的《僧伽窟石
佛后石扇背铭字》，对于我们今天补订后代拓本中所缺之字具有重要参考
价值。

第九章　金秉善编《金石目考览》考

一、引　言

人们希望将自己想要表达的内容久远地传之后世，金石是很好的传播手段。后人通过前人留下的金石文可以了解当时人们的情况、追随古人的踪迹。今天人们对于金石的价值和重要性已非常熟悉，也正活跃地进行着古代金石文的调查与研究。①

19世纪，清朝与朝鲜学界兴起了一股金石学研究的热潮。朝鲜金石学者以实事求是的态度与清朝金石学者相互交流，他们主要致力于研究海东金石文。他们摆脱了此前学者对于金石主要从审美的立场进行考察的角度，而从学问的角度对金石文的内容进行考察，为海东金石文研究打下了很好的基础。此外，清朝金石学者主要通过来到北京的朝鲜使节获得海东金石拓本与资料，掀起了海东金石文著述的热潮。

近年，笔者亦十分关注海东金石文，做过很多资料发掘与整理的工作。本章将要介绍的一部海东金石集是19世纪朝鲜人金秉善编纂的《金石目考览》。金秉善怀着对当时流传的海东金石目录做收集整理的目标，在书中对相关金石文的文字作者、书法作者、所在地以及树碑年代等各项信息作了详细记载。

根据笔者的调查，韩国国立中央图书馆、中国北京大学、日本天理大学各藏有此书的初编本或再编本。2000年，笔者以北京大学藏本与韩国国立中央图书馆藏本《金石目考览》为对象写作了论文初稿。2005年4月27日，获得了金秉善生平相关资料，遂对论文进行修改，后来发表在刊物《文献与解释》上。但当时笔者未能见到日本天理大学藏本这一重要资料，因此，关于这一藏本的文章投稿有所延迟。笔者之后有幸阅览到

---

① 近年发表过金石学相关著作的韩国学者有：任昌淳、任世权、朴彻庠、南东申（音译）、李圭弼（音译）等。

日本天理大学藏本，以此为契机重新进行了论文内容的修订。

本章首先对作者金秉善进行考证，接着对《金石目考览》的种类与解题、收录金石文的内容及特征、后代学者对《金石目考览》的评价等问题作集中讨论。①

二、作者金秉善生平考

在对金秉善生平进行考证的过程中，笔者经历了许多曲折。最初，笔者根据《海客诗钞》收录的金秉善的古体诗与近体诗32首对金秉善作了考证。② 几年后，笔者在中国科学院图书馆见到了金秉善之子金準学所作《先考嘉善大夫同知中枢府事府君行略》相关资料，于是对考证结论作了修订。

金秉善，字彝轩或梅隐③，号丹篆，堂号为味墨堂、醉香山楼。"丹篆"之号是金正喜所取的。④ "味墨堂"则是哲宗五年（1854年）金秉善前往北京时，清朝金石学者叶志诜以隶书书写并赐予的。⑤ 金秉善的祖上是青阳人，后移家汉城。因此，他自称为洌水人。曾祖父是宁城节制使金楗，祖父是同知中枢府事金最勋，父亲是赠嘉善大夫金完周，母亲是直长朴致丰之女。

金秉善生于纯祖三十年（1830年）闰四月四日。由于身体虚弱，自幼多病。兄弟五人、姊妹三人中，除了他以外其他人皆早夭。六岁时，从

---

① 投稿以后其他学者亦发表了以《金石目考览》为研究对象的论文。参考〔韩〕宋好彬《关于金秉善编〈华东唱酬集〉与〈金石目考览〉》，第117次大东汉文学会全国会议，2016年7月29日，韩国安东大学语文学院。

② 山西省图书馆藏《海客诗钞》全六卷。卷一收录李容肃古体诗与近体诗40首，卷二收录姜海寿古体诗与近体诗28首，卷三收录金秉善古体诗与近体诗32首，卷四收录金奭準古体诗与近体诗40首，卷五收录卞元圭古体诗与近体诗38首，卷六收录崔性学古体诗与近体诗49首。

③ 《韩客诗存》对金秉善作介绍时，记金秉善的号为梅隐，误。

④ 〔朝鲜〕金秉善：《闲居》，见《味墨堂集》，"阮老轮心丹篆号"一句下有自注文："金阮堂侍郎尝以丹篆二字为余作号。"

⑤ 〔朝鲜〕金秉善：《闲居》，见《味墨堂集》，"叶翁生色墨堂书"的自注："囊在甲寅游燕时，得叶武曹志诜味墨堂隶，以为斋匾。"甲寅年即哲宗五年。

祖父学习文字。在学问方面，主要学习朱子学。他拜李尚迪为师。[①] 高宗元年（1864 年），增广科倭学三等第八名及第。哲宗、高宗年间中先后七次担任译官，前往北京。在北京，他与很多清朝友人交游。此外，他还参与过三次日本使节团的迎送任务。高宗九年（1872 年），他在金炳学手下负责征税相关业务，高宗十一年（1874 年）仍任原职。此后在李载元任朝鲜光州府留守时，金秉善在其幕中效力。高宗二十年（1883 年），除授通政大夫，后升为同知中枢府事兼五卫将。高宗二十六年（1889 年）离开汉城，前往海丰县天德山隐居。金秉善平时极为孝敬父母，在祖父母与父母去世以后，居丧守制。金秉善于 1891 年 5 月 30 日去世。去世后被埋葬在临湍府西岘，后墓所转移至北侧的香炉洞。门下弟子称其为"孝学先生"。金秉善夫人是护军崔勉植之女。金秉善有一子（名準学）及二女。著作有《学海问津》6 卷，《华东唱酬集》10 卷，《行箧录》4 卷，《敬心斋文钞》2 卷、诗 1 卷，《味墨堂丛书》若干卷，《拜经堂日录》1卷，《金石目考览》2 卷。

金秉善父子曾收藏过广为人知的金正喜的《岁寒图》。宪宗十年（1844 年），李尚迪将金正喜所绘制的《岁寒图》携往北京。第二年，中国友人欣赏《岁寒图》后写下了很多题记。此后，《岁寒图》流入李尚迪弟子金秉善之手，金秉善之子金準学又在《岁寒图》上留下了题记，当时吴世昌也写过题签文字。此后，《岁寒图》流入日本人藤冢邻之手，藤冢邻将《岁寒图》带到日本。之后《岁寒图》又在孙在馨的努力之下回到朝鲜半岛。

三、《金石目考览》的编纂过程

首先，为了帮助读者理解，我们先对《金石目考览》的种类作简要整理。笔者见过的《金石目考览》有日本天理大学藏本、中国北京大学藏本以及韩国国立中央图书馆藏本三种。

日本天理大学藏本是金秉善以最初编纂的初编本《金石总目便览》

①　〔朝鲜〕金秉善：《晚秋偕潢溪、小棠、研农夜饮，拈藕船师韵》，见《味墨堂集》，"红豆天涯知己少"自注："小棠赠诗有：日下怀人红豆落之句。"这里金秉善称李尚迪为"藕船师"。

为底本，为编纂再编本而作修订补充的手稿本。中国北京大学藏本是清光绪年间抄录的再编本《金石目考览》，该本有清人龙继栋藏书印。韩国国立中央图书馆藏本是 1926 年以龙继栋题签本《金石目考览》为底本重新抄录而成的。

以下对各藏本的文献情况作详细介绍。日本天理大学藏本原书名《金石总目便览》，藏书编号为 821 – 121。该书是金秉善于高宗十年（1873 年）重新对初编本《金石总目便览》进行编纂，于高宗十二年（1875 年）完成修订、补充后留下的手稿本。全书共三编，总一册，大小为 28.6 cm×17.4 cm。正文部分 10 行，每行字数不一，白口，上 2 叶花纹鱼尾。书首有写于光绪元年（1875 年）的《金石总目考览自序》。正文最后有写于同治十二年（1873 年，癸酉）的《答吴亦梅问书于〈金石总目〉后》、从鲍康刊本《海东金石苑》中抄录过来的《日本国》碑文，以及同治十二年潘祖荫所写的《海东金石苑》跋文。此外，书的最后还附了许穆的《退潮碑》原文。

该书上钤有"今西龙"（朱长椭圆印）、"今西春秋图书"（朱方印）、"今西文库"（朱长印）、"昭和卅二年三月卅一日寄赠学校本部"（朱长内有格红黑清印）、"天理图书馆藏"（朱长印）。该书是日本学者今西龙的旧藏本。[①] 1926 年，今西龙获得金秉善编纂的《孝里斋逸集》《东华唱酬录》以及此书。1932 年今西龙去世后，其子今西春秋继承了父亲的藏书。1956 年，日本天理大学教授今西春秋成立おやさと研究所，将其父亲的藏书全部转移到校内图书馆，这些书中就包括《金石目考览》。[②]

北京大学藏本书名为《金石目考览》，藏书编号为 NC2185·40/8128 本，登记编号为 49052 本。该本是清光绪年间的抄本，全书两卷一册，大小为 28.6 cm×18.2 cm，无界，正文部分每半页 11 行，每行 22 字，小字双行。书首有写于光绪元年的《金石目考览自序》、同治十二年鲍康所写的《海东金石苑序》及刘喜海所写的《海东金石苑题辞》、纯祖三十一年

---

① 今西龙于明治三十二年（1899 年）入读日本东京帝国大学史学系，学习韩国史。读研究生时常去朝鲜半岛收集资料。大正五年（1916 年）任日本京都帝国大学教授，正式踏上研究之路。先后发表过《檀君考》《朝鲜古史研究》《新罗史研究》《百济史研究》《高丽史研究》《朝鲜史刊》《高丽及李朝史研究》等论著。

② ［韩］南权熙：《天理大学图书馆所藏韩国本古书》，《海外典籍文化财调查目录：日本天理大学天理图书馆所藏韩国本》，国立文化财研究所 2005 年版，第 461 页。

（1831 年）李尚迪所写的《海东金石苑》题诗。

该书中多处可见清代避讳字，如《菩提寺大镜大师玄机塔碑铭》中对于清圣祖康熙皇帝的避讳字"玄"字作缺末笔处理，《禅林院弘觉禅师碑》中对于清高宗乾隆皇帝的避讳字"弘"字作缺末笔处理，《国寺圆觉国师碑铭》中对于清宣宗道光皇帝的避讳字"宁"字作缺末笔处理。

该书上钤有"临桂龙槐庐图书"（白方印），"北京大学图书馆"（朱方印），"北平/北京大学/图书馆/YENCHING UNIVERSITY LIBRARY/PEKING CHINA"印。该书是广西临桂人龙继栋（1845—1900 年）的旧藏本。槐庐是龙继栋的号。① 同治十年（1871 年）龙继栋在北京期间，根据新宁（今广东台山）烈女姜烈女的故事写成了《烈女记》传奇。朝鲜高宗十三年（1876 年），来到北京的朝鲜使臣李容肃（菊人）将龙继栋的《烈女记》带回朝鲜，并出示给朴珪寿，朴珪寿对《烈女记》作了品评。② 从当时朝鲜使节与清朝文人的交游情况来看，龙继栋可能通过金秉善或与金秉善有关系的其他人物获得了《金石目考览》。

韩国国立中央图书馆藏本卷首题作《金石目考览》，标题却写作《金石考便览》。韩国国立中央图书馆目录使用了《金石考便览》这一书名。请求编号为古 2102 - 5 本，登记编号为 00144。

该本以浅川伯教所藏清光绪年间龙继栋题签本为底本抄录而成。全书两卷一册，纸张为日本楮纸。全书大小为 19.2 cm × 27.1 cm，正文部分每半页 10 行，每行 22 字，小字双行。书封为"金石考便览/龙继栋题"，内页标题与书封相同。写作题签的龙继栋与北京大学藏本上的藏书人龙继栋当为同一人。卷首的各种序文与北京大学藏本相同。

该本在金石文篇目上分别用红笔标注了圆圈、三角形与点（○△·），书的末尾有"原本浅川伯教氏藏本昭和初年借写了/稿本在今西龙先生藏书中"。昭和元年（1926 年），某人借走浅川伯教所藏原本（即龙

---

① 龙继栋，原名龙维栋，字松岑，一字松琴，号槐庐。广西临桂人。祖父龙光甸，父亲龙启瑞。同治元年（1862 年）参加广西乡试中举。同治十年（1871 年）任户部候补主事，光绪十年（1884 年）为张之洞聘为广雅书院讲席，此后又为曾国荃聘为曾氏家塾塾师。光绪十六年（1890 年），光绪帝命同文书局刊行《古今图书集成》，龙继栋担任校勘工作。此后，又任图书集成书局总纂。晚年出任江宁尊经书院山长。著有《槐庐词学》《槐庐诗学》《古今图书集成考证》。同治四年（1871 年）多次前往北京，光绪四年（1878 年）在北京刊行了父亲龙启瑞的《经德堂文别集》。

② 〔朝鲜〕朴珪寿：《题龙槐庐彭溪传奇后》，《瓛斋先生集》卷四。

继栋题签本的《金石目考览》），并抄录了一份。

此外，今西龙另藏有一部古本《金石总目便览》。印章有"国立图书馆藏书之印"（朱方印），以及"登记/国立图书馆/西纪 1946.6.3/古00144"（朱匾椭圆印）。

下面我们来看一下高宗十二年（1875 年）十二月金秉善所写的《金石目考览自序》。韩国国立中央图书馆藏本《金石目考览》中序文写道：

> 向在同治癸酉夏，吴君亦梅索余以东邦金石之典故者。余于金石文字未尝娴焉，因搜巾衍，检出碑目，所存各本，注其同异，上自箕子，至于本朝，共三百种，分为三卷，署之曰《金石目考览》。① 仍质之亦梅，益演其续编矣。乙亥春，亦梅自燕返，得鲍子年所刻《海东金石苑》一本，此乃刘燕庭之各碑题跋七十余种，② 为潘伯寅收藏，及燕庭殁，鲍、潘两君，更加缮阅，镂梓于癸酉之冬者也。噫，其为书也，全文与字形虽不得俱举，其竖碑年代，所在地方，撰书人名，昭然可详。他日得其原本者，考征是藉，真赝易辨，中国士大夫博古之功，何若是深且远也。况其序跋类多旁采，今并载鄙录，以公同好之谊。光绪乙亥嘉平月上澣，洌水金秉善书于味墨堂。③

在日本天理大学藏本《金石总目便览》中，有在金秉善最初写作之《金石总目便览自序》的基础上修改而成的《金石总目考自序》。《金石总目考自序》是在对《金石总目便览》进行重新编纂时修订的序文。将《金石总目考自序》与最初写作的《金石总目便览自序》进行比较，会发现二者的内容基本相同，不过修订后的自序中句子变得更加流畅。但金秉善在完成再编本《金石目考览》之后，并未采用修订后的序文《金石总目考自序》，而是仍旧使用了最初写作的《金石总目便览自序》；同时改

---

① 北京大学图书馆藏《金石目考览》记为"二卷"。
② 金秉善在自序中称，刘喜海题跋的墨本字数为 70 余种。鲍康刊本《海东金石苑》中收录的金石文总数为 80 种。笔者认为，金秉善可能记错了数字，或者金秉善所说的只是一个大概的数字。
③ 〔朝鲜〕金秉善：《金石目考览自序》，韩国国立中央图书馆藏本《金石目考览》，无页码。

动了书名中的几个字。①

对于编纂《金石目考览》的缘起，金秉善在自序中指出，是在当时金石学者吴庆锡劝说下编纂的。1873 年（同治十二年，癸酉，高宗十年）夏，吴庆锡请金秉善编纂一部对海东金石文作全面收录的目录。金秉善说，虽然自己对于金石文一无所知，但编纂海东金石目录意义重大。于是，他拿出自己箱子中的金石文墨本与相关资料，开始了编纂工作。

金秉善在写给吴庆锡的答信《答吴亦梅问书于〈金石总目〉后》中，对于自己编纂《金石总目便览》的感想作了详细的说明。中国的金石学者收藏了先秦时期的鼎或其它器物、秦汉时期的碑碣、六朝时期残存的金石物，数量达到数百种。而朝鲜半岛自三国时期截至今天，历数千年，世上流传的金石文不过百分之一二。即使有些金石文存世，也被一些愚昧之人埋没于穷乡僻壤，难以找寻。纯祖与宪宗年间，金正喜、金命喜兄弟博学好古，除了调查残存的金石之物，他们还与清朝学者阮元、翁方纲、刘喜海、李璋煜等人交流，提高了金石学方面的造诣，被后人推崇为海东通儒。但遗憾的是，他们都未留下金石目录。

从今天吴庆锡所编纂的《三韩金石录》来看，他所收集的资料范围广泛，考证也非常精密、详细，对金正喜、金命喜兄弟未能考证之处亦作了补正，在金石学研究方面作出了很大贡献。其中具有代表性的一例就是吴庆锡在平壤大同江边发现的高句丽故城石刻。高句丽故城石刻是长寿王时期在建成平壤城以后所树立之石碑。长寿王己丑年即 449 年（刘宋元嘉二十六年），当时，人们将新罗真兴王巡狩碑称为海东金石文的鼻祖，而高句丽故城石刻比真兴王巡狩碑早 120 年。真兴王黄草岭碑被埋没在地下 40 年后，权敦仁在黄草岭找到此碑，并将此碑转移到咸宁，这也是当时金石发掘的一件大事。

根据海东金石文可以补充史书中失载的信息，或对于史书中记载简略的事件进行补充，因此对于揭示文明颇有帮助。金秉善说，虽然自己学问

---

① 《金石总目便览自序》与《金石目考览自序》的区别还在于，书名从"金石总目便览"改为"金石目考览"，作年从"光绪元年嘉平月上旬"改为"光绪乙亥嘉平月上澣"。此外，正文中的"真赝易辨，考征是藉"改作"考征是藉，真赝易辨"，调换了两句话的顺序。又如，"以金石公同好之谊"被改为"以公同好之谊"，删去了原文中的"金石"二字。

浅薄，但受到吴庆锡好古的影响，于是参考金正喜、金命喜编纂的金石著作，刘喜海的考察以及吴庆锡的《三韩金石录》，相互参照，编纂出金石目录。金秉善还说，希望将来吴庆锡能在自己所编的目录的基础上编纂《续编》。① 两年以后的 1875 年（光绪元年，乙亥，高宗十二年）春，金秉善见到了吴庆锡从北京带回来的鲍康刊刻的刘喜海的《海东金石苑》。鲍康刊本《海东金石苑》被收录在"观古堂丛刻"之中，刊行于同治十二年十二月。② 清人潘祖荫将海东金石墨本中的刘喜海跋文抄录下来编撰成册，鲍康刊本《海东金石苑》即以潘祖荫抄本为底本。③ 此书刊行后不到两年，吴庆锡在北京购得此书，并将此书带到朝鲜半岛。

金秉善在见到鲍康刊本《海东金石苑》后，对于此书给予了很高的评价。金秉善说，虽然此书未记载金石原文与书法字体，但详细地记载了

---

① 〔朝鲜〕金秉善：《答吴亦梅问书于〈金石总目〉后》（日本天理大学藏本《金石总目便览》）："夫海内积古家所收藏三代鼎彝、秦汉碑碣，以至六朝残刻，千百其种，至于我东三韩古迹，既不足征，断自三国言之，上下数千年，吉金乐石之传于世者，寥寥乎百不一二。前代之丰功伟迹，随以湮灭于烟云变幻之余，其存者又被嚣氓蠢衲之埋瘗于岩穴尘土之中，绝无影形。今古兴废之感，莫斯为大。往在纯、宪之间，金阮堂、山泉伯仲两公，以博学鸿才，慨然有探古之志，虽片石泐字，靡不收拓而考之。是以屡有阮〔芸台，元〕、翁〔覃溪，方纲〕、刘〔燕庭，喜海〕，李〔月汀，章旭〕诸人之质问往复，纤细不遗，世推两公为海国通儒。噫，两公博古，谁复跋及，然其金石编目中，犹有未尽。余甚恨之。今见亦梅手录一卷，搜罗之宏博，考订之精详，克阐两公之所未发，其有幸于金石可胜道哉。亦梅曩自箕城得一石刻，是高句丽长寿王筑城时所刻也。世以新罗《真兴王北狩碑》为东方金石之祖，考其年代，则真兴王戊子在中国陈光大二年，而长寿土己丑，宋元嘉二十六年，此石之古于北狩为一百二十年，洵是希觏而未尝并称，盖其显晦之有不同耳。《北狩碑》埋没四十余年，遇彝斋权公搜得十黄草岭，移置咸营，饰图永远，甚盛事也。长寿王石刻，沉沦数十年，遇亦梅捞出于浿水之湄，归藏京第，爱护如落水、兰亭，吁亦异矣。信乎东邦金石之学，庶几蔚然而亦将有补于史家之阙略，此岂非关于世之文明者耶？緊余薄识，何容赘辞，深感亦梅嗜古之癖，久而弥笃，至有问于敝笥，仍取两公所编燕庭《考》、亦梅《录》，互相参疏并书。本朝金石目百余种，成一便览，非曰页。愚窃有望于亦梅之续着新编，以为后学之津梁也。"该文作于 1873 年（清同治十二年，癸酉，高宗十年）夏，醉香山楼。

② 鲍康《观古堂丛刻》收录了包括《海东金石苑》在内的九种文献。这部丛书还收录了对海东铜钱作介绍的刘喜海的《嘉荫簃论泉绝句》，以及记载刘喜海交游相关的海东金石文资料的《观古阁丛稿三编》。

③ 刘喜海《海东金石苑》的版本种类主要有：原拓本的墨本、稿本与刊本三大类。稿本又分为在初稿本基础上重新抄录的草稿本（现藏于复旦大学），以及在草稿本基础上净写的定稿本（现藏于上海图书馆）。刊本主要有鲍康刊本、张德容刊本，以及刘承幹再编的"金石丛刊"本。具体情况可参考 〔韩〕朴现圭《清人刘喜海〈海东金石苑〉的种类》，载《书志学报》1999 年第 23 辑。

金石的树立年代、所在地、文字作者与书法作者名字等信息。金秉善不禁感叹道，如果将来能获得刘喜海的原稿本《海东金石苑》并作考察的话，自己能轻易地区分真假。同时他还感叹道，清人在考证方面收集了数量庞大的资料并作了精细的考证。因此，金秉善根据鲍康刊本《海东金石苑》中的刘喜海金石跋文，对自己此前编撰的《金石总目便览》作了大幅修改。金秉善的序文完成于高宗十二年（1875 年）十二月上旬。从这一点来看，金秉善的修订工作当始于是年春，终于是年冬。

金秉善在最初接受吴庆锡邀请编纂此书时，使用的是《金石总目便览》这一书名。两年以后再对编纂好的《金石总目便览》进行修改时，将书名改作《金石总目考》，此后又改名为《金石目考览》。我们在日本天理大学藏本《金石总目便览》中能看到用黑笔进行修改的痕迹，序文题目从《金石总目便览自序》改为《金石总目考自序》。另外，序文提到的书名由《金石总目便览》改为《金石总目考》。此书分为上、下两编，书名被命名为《金石总目便览（上下编）》，而中编书名则被改为《金石总目考中编》。

四、《金石目考览》的内容特征

初编本《金石总目便览》起初由三卷组成。金秉善在序文中说，他在书中将对自箕子朝鲜以来至"本朝"（朝鲜王朝）期间 300 种金石编为三卷。日本天理大学藏本《金石总目便览》即被编为三卷。在修改之前的上编收录的金石文，从古朝鲜时期的《箕子墓碑旧刻残字》，到新罗时期的《昌林寺碑》；中编收录的金石文，从高丽时期的《广照寺真澈禅师宝月空塔碑铭》到《八马碑》；下编收录"本朝"（朝鲜王朝）金石文，从《亿政寺大智国师碑》到《白莲寺碑》。

卷数在修改过程中并未得到改正，仍为三编。上编收录的金石文从古朝鲜到新罗时期，中编收入高丽时期金石文，下编收录朝鲜王朝时期金石文。在追记新的金石文或者对一些金石的树立年代有新的考察结论时，则调整金石的排列顺序。比如，上编第一则《箕子墓碑旧刻残字》被移到第二则，新增的《箕营揭壁四字》与《石壁题名残字》分别被编入第一则与第三则。

再编本《金石目考览》将"编"改为"卷"，同时将全书从三卷压缩为两卷。卷一收录古朝鲜与三国时期的金石文，卷二收录高丽时期的金石文。初编本《金石总目便览》收录的"本朝"（朝鲜王朝）时期的金石文全部被删除。可能金秉善在重新编纂《金石总目考》时，遵循刘喜海《海东金石苑》的收录体例，于是删除了全部朝鲜王朝的金石文。刘喜海的《海东金石苑》收录的金石文从新罗时期一直到高丽时期，未收录朝鲜时期的金石文。

根据《金石目考览》中金秉善的自序，金秉善将箕子朝鲜至"本朝"（朝鲜王朝）期间 300 种金石文编为三卷（北京大学藏本为两卷）。但在正文中只收录了古朝鲜至高丽时期的金石文 191 种，共两卷。这与金秉善在自序中所说显然矛盾。笔者认为，这可能是金秉善在完成《金石目考览》的编纂后，对于书中是否要收入"本朝"（朝鲜王朝）相关部分犹豫不决所造成的混乱。

金秉善制订了对海东金石目录做全面整理的目标，他甚至将当时已经失传的金石文也收录到金石目录之中。因此，金秉善的金石文目录包括了很多当时原物已经失传的、仅记载在文献中的金石文。

下面我们来看一下《金石目考览》所收录的金石文的种数。正文部分由两卷组成，卷一分为古朝鲜与三国两篇，卷二仅收录高丽时期的金石文。朝鲜篇收录金石文 4 种，三国篇收录金石文 44 种，高丽篇收录金石文 143 种，总计 191 种。日本天理大学藏本《金石总目便览》中，除了《金石目考览》所记载的高丽时期以前的 191 种金石文，还收录了《麒麟窟石志》《弥勒寺石塔》2 种。

刘喜海的《海东金石苑》所收录的金石文种数为：鲍康刊本为 80 种，定稿本为 81 种。赵寅永原撰本《海东金石存考》收录的金石文种数为：金文 2 种，石文 95 种，总计 97 种。《金石目考览》收录的金石文种数比《海东金石存考》或《海东金石苑》多出一倍。另外，委托金秉善编纂金石目录的吴庆锡也编纂了《三韩金石录》一书。《三韩金石录》的目录罗列的金石文有三国时期的 35 种，高丽时期的 112 种，共计 147 种。笔者目力所及，现存 19 世纪以前编纂的各种海东金石集之中，收集高丽时期及以前金石文种数最多的就是《金石目考览》。因此，称《金石目考览》是 19 世纪海东金石文的集成之作也不为过。

金秉善在编纂初编本《金石总目便览》时，除了墨本，还参考过哪些文献？各金石解题明确记载了金秉善所参考过的文献。"亦梅录"指的是委托金秉善编纂金石目录的吴庆锡编纂的《三韩金石录》。《三韩金石录》成书于哲宗九年（1858 年）。①"山泉本"指的是金命喜编纂的金石书籍。除以上二书以外，其他参考文献书名不详。《金石总目便览》下编"本朝"有"目次依山泉本"的记载。由这一点来看，金秉善在编纂《金石总目便览》时，对朝鲜时期的金石文的调查工作，很大程度上依赖于山泉本。"阮堂订"指的是金正喜对金石文进行考证的文章，"东寰录"是指尹廷琦的著作，"李择里志"指的是《择里志》。

"燕庭考"指的是刘喜海增补的《海东金石存考》，具体而言，是刘喜海为了获得更多海东金石墨本而寄给友人金正喜的《海东金石存考》。《金石总目便览·三日浦丹书岩题名》中，刘喜海询问金正喜：上次寄来的书信称已经派人前往制作拓本，不知是否已经获得了拓本？② 下文将提到，刘喜海在寄给金正喜的《海东金石存考》中，对于自己与李璋煜收藏的海东金石墨本做了记号。

有趣的是，《海东金石存考》的原撰人并非刘喜海，而是朝鲜人赵寅永。纯祖十七年（1817 年），赵寅永将自己所藏或见过的海东金石文整理成书，编成《海东金石存考》。嘉庆二十三年（1818 年）二月，刘喜海收到了朝鲜友人赵寅永寄来的《海东金石存考》一书，在该书最后记下了自己阅读该书的感受。刘喜海在题识中写道，赵寅永对于自己收集海东金石文给予了很大帮助，《海东金石存考》中对金石文的考证非常精细，引用资料也非常丰富。③

赵寅永原撰的《海东金石存考》后流入日本学者藤冢邻之手，藤冢邻之子藤冢明直将此书捐赠给韩国京畿道果川市秋史博物馆。此后，刘喜海在赵寅永原撰本《海东金石存考》上附上了对将来需要寻找的海东金石目录进行整理的《待访目录》。刘喜海将自己增补的《海东金石存考》

---

① 韩国国立中央图书馆藏本《三韩金石录》收录了咸丰八年（戊午，1858 年）一月清人何秋涛所写的《三韩金石录序》。

② 〔朝鲜〕金秉善《三日浦丹书岩题名》（《金石总目便览》）自注："燕庭问山泉云：此种前信已嘱人往拓本，未知入手否？"

③ 〔朝鲜〕赵寅永原撰本《海东金石存考》刘喜海题识："丙子春，遇朝鲜赵羲卿于都门，询及海东金石，即罄行箧所携以赠。嗣后书至，必有所贻，积三四年，已不下数十种。兹复邮寄《海东金石存考》一册见示，并云：就所藏所见，编辑成书名。每种系以小跋，间有按语，考证精详，征引宏富。载金二、石九十有五。"

寄给赵秉龟，并希望赵秉龟与赵寅永一起重新收集资料进行补充。该书先后为金正喜弟子田琦与吴世昌收藏。此后，李谦鲁获得此书，将此书捐赠给了首尔艺术殿堂。

《金石总目便览》的金石篇目下有"燕庭存""月汀存"等字迹，这里的"燕庭存"指的是刘喜海所藏金石文，"月汀存"指的是李璋煜所藏金石文。在今天，刘喜海与李璋煜补订本《海东金石存考》在韩国国内有三个藏本：岭南大学东滨文库藏本、檀国大学渊民文库藏本，以及任昌淳个人藏本。这些藏本都来自金正喜的弟子徐相雨。笔者所阅读过的东滨文库藏本中，在各金石文篇名下都有刘喜海或李璋煜藏有墨本的标记。①

但金秉善对于《海东金石存考》是赵寅永原撰的事实并不知情。金秉善对于《海东金石存考》的作者，用刘喜海的号记作"燕庭存"。又，在《普济尊者浮屠碑》解题中，转录了"燕庭存"中的记载："碑名《普陀尊者塔碑》。"②但这一金石文并非由刘喜海最早记录，在赵寅永原撰本《海东金石存考》中就已经记载了。

金秉善在对再编本《金石目考览》进行修订补正时，参考了很多文献。其中参考最多的文献是鲍康刊本《海东金石苑》，金秉善记作"金石苑跋"。《金石目考览》记录了"金石苑跋"中金石文的数量：三国时期的金石文有 17 种，高丽时期的金石文有 42 种，总计 59 种。刘喜海在编撰《海东金石苑》时，虽然朝鲜学者给予了很大的帮助，但不可否认的是刘喜海自己也收集了很多资料，也做过很多彻底的考证工作。金秉善在见到《海东金石苑》所记载的刘喜海的考证文字之后，对于刘喜海的考证功夫禁不住赞叹。除《海东金石苑》以外，《金石目考览》解题所参考的文献还有《高丽史》、《东国舆地胜览》、《文献备考》、韩百谦的《东国地理志》、司马光的《资治通鉴》。

《金石目考览》中的金石文解题部分，为了将解题文字与相关金石文

---

① 关于《海东金石存考》与《海东金石苑》，可参考［韩］朴现圭《朝鲜与清朝学术交流的产物——〈海东金石存考〉的稿本与刊本的发掘及其检讨》，载《书志学报》1999 年第 18 辑；［韩］朴现圭《清人刘喜海的〈海东金石苑〉的种类》，载《书志学报》1999 年第 23 辑；［韩］朴彻庠《나는 옛것이 좋아 때론 깨진 빗돌을 찾아다녔다》（《我好古，时而寻访残碑》），首尔：Beyond book 出版社 2015 年版。

② ［朝鲜］金秉善《普济尊者浮屠碑》（韩国国立中央图书馆藏本《金石目考览》卷二）："燕庭考云：普陀尊者塔碑。"

的基本书志信息区分开来，解题文字另起一行书写。我们不妨来看几篇金石文的解题。根据《石壁题名残字》的解题，朝鲜哲宗年间，卞光韵委托南海郡守将洪冀锡将大海绝壁上镌刻的金石制作成拓本。黄云鹄在岩石上刻下"徐市过此"四字铭文，指的是秦始皇时期徐市（即徐福）为获得不老仙草前往朝鲜半岛南海岸一带之事。① 又如，《高句丽故城石刻》的解题不仅从《海东金石苑》中转抄了金正喜的跋文，还记载了吴庆锡于高宗九年（1872 年）在平壤大同江边找到高句丽故城石刻之事。②

再如，《公崄镇分界碑》解题引用了丁若镛与韩百谦的考证文字，认为先春岭与磨天岭上所立之石碑，并非尹瓘生活的高丽时期所立之石碑，而是高句丽朱蒙时期的石碑。③

还如《新罗真兴王定界碑》解题，对于《真兴王北狩碑》（又名《真兴王黄草岭碑》）的发现经过与品评，先后记载了金正喜的《答权彝斋书》、李尚迪的跋文，以及哲宗十二年（1861 年）金奭準将此碑墨本携往北京后鲍康在墨本上写作跋文的事情。金秉善称，鲍康对于《真兴王北狩碑》的评论非常周密、详细。同时，金秉善对于鲍康刊行的刘喜海的《海东金石苑》未收录《真兴王北狩碑》表示遗憾。④ 在定稿本《海东金石苑》中，刘喜海将后来获得的《真兴王北狩碑》的解题收录到书首。鲍康在刊行《海东金石苑》时，由于收录的只是潘祖荫抄录的《海东金石苑》刘喜海跋文，因此未能见到定稿本《海东金石苑》收录的

---

① 学者们对于南海郡《石壁题名残字》有多种不同的解读。朝鲜王朝末期学者将这件石刻解读为"徐市过此"，而近来因石刻上文字难以辨认，因此也有人将之视作岩石壁画。

② 〔朝鲜〕金秉善《高句丽故城石刻》（韩国国立中央图书馆藏本《金石目考览》卷一）载："其一种西向云者，在城址而字泐。又一石向东云者，于同治壬申吴亦梅庆锡搜得于浿江之湄，藏其京第。"这里明确记载了吴庆锡在大同江边找到《高句丽故城石刻》的时间是在 1872年（同治十一年，壬辰，高宗九年），不过似乎有误。吴庆锡的《三韩金石录》记载，自己于1855 年（咸丰五年，乙卯，哲宗六年）在平壤大同江边闲似亭附近衰败的高句丽古城找到了刻写着"向东""小兄"等字迹的石刻。参考〔朝鲜〕吴庆锡《三韩金石录》之《高句丽故城石刻二种》的解题。

③ 今天，韩国国内外学界对于尹瓘所立石碑的公崄镇的地理位置有两种不同看法：一种认为是图们江以北地区，一种认为是咸镜道咸州一带。金景善所提出的先春岭等地立的石碑当为朱蒙时期的石碑这一看法有很多值得商榷之处。

④ 〔朝鲜〕金秉善《新罗真兴王定界碑》（韩国国立中央图书馆藏本《金石目考览》卷一）记载："鲍君之考阅，非不周详，而其刊《金石苑》亦阙不存，或其黄草与北汉碑统称巡狩，未分两种而然欤？殊可欠叹。"

《真兴王北狩碑》。金秉善的老师李尚迪知道《真兴王北狩碑》被收录在《海东金石苑》中这一事实。金奭準在将《真兴王北狩碑》墨本携往北京时，中国友人对《真兴王北狩碑》墨本进行过评论。①

金秉善周围有很多朝鲜与清朝金石学者对于金石文有着很高的造诣。金秉善的师爷金正喜及金正喜之弟金命喜，金秉善的老师李尚迪，金秉善的友人吴庆锡、金奭準，都是当时在金石文收集与考证方面卓越的金石学者。另外，给金秉善命名堂号的清人叶志诜是翁方纲的学生，也致力于海东金石文的收集与研究，编纂过《高丽金石录》（《高丽碑全文》）。因此，在这种环境之下，金秉善编纂海东金石集《金石目考览》是自然而然的事情。

不仅如此，金秉善在编撰此书过程中，还充分地吸收了周边学者对金石文的考证成果。其在编纂时，甚至有过分依赖刘喜海的《海东金石苑》解题的倾向。这里不妨以《金石目考览》收录的《昌林寺碑》解题为例。《海客诗钞》收录了金奭準吟咏昌林寺碑的《新罗故都》一诗，该诗亦被收录在金奭準诗集中。② 该诗中有一句提到了元人赵孟頫对《昌林寺碑》书法作者金生的书法进行品评的文字。③ 赵孟頫书法在朝鲜书坛曾风靡一时，很多朝鲜书法家受其影响。金生的书法作品传世稀少，但一直以来被认为是新罗时期优秀的书法家。

《海客诗钞》中收录了金秉善与金奭準的诗集。金秉善不仅见过《海客诗钞》收录的友人金奭準的诗集，在编纂《金石目考览》时还提到了

---

① 〔朝鲜〕李尚迪《小棠索题新罗真兴王巡狩碑拓本》［碑在咸兴府黄草岭，《恩诵堂续集（诗编）》卷八〕："麦宗巡狩日，光大二年秋。遗迹搜黄草，残碑冠海陬。济丽无此年，欧赵未曾收。谁复编金石，临风忆旧游。"自注："道光辛卯，刘燕庭方伯辑《海东金石苑》，首载此碑，属余书序文。近闻燕庭身后，其书亦湮没焉。可胜怅惜。"该诗作于哲宗十二年（1861 年）。小棠金奭準从中国友人处获得对《真兴王北狩碑》的评论文字也是在这一年。《新罗真兴王巡狩碑拓本书后》载《恩诵堂续集（文编）》卷二，文曰："往在道光辛卯秋，亡友刘燕庭方伯见示手辑《海东金石苑》八卷，首载此碑，亦称陈光大二年建。"

② 〔朝鲜〕金奭準：《新罗古都》（第三首）（《海客诗钞》卷四）："金生书法问何如，荒寺无人草没墟。心折鸥波题品语，摩挲片石蚀苔余。"自注："赵子昂《昌林寺碑跋》云：新罗僧金生所书其国《昌林寺碑》，字画深有典型，虽唐人名刻，亦无以远过之也。碑在天柱寺北。"

③ 赵孟頫对金生所书《昌林寺碑》书法的评论文字载于《新增东国舆地胜览》卷二一《庆州府·古迹·昌林寺》。

《海东金石苑》中刘喜海的跋文。①

上文提到，清朝学者很早就十分留意海东金石文，19 世纪清朝学者编纂的海东金石文集主要有：翁方纲的《海东金石文字记》，翁树崐的《碑目琐记》与札记本《海东金石零记》，刘喜海的《海东金石苑》与增补本《海东金石存考》，李璋煜的《东国金石文》，叶志诜的《高丽碑全文》，韩韵海的《海东金石存考》，方履篯的万善花室抄本《海东金石文字》，胡琨的《海东撷古志》。②

清朝金石学者通过来到北京的朝鲜人获得了后者从朝鲜半岛带来的各种墨本资料。这些资料为他们编纂海东金石集提供了很大帮助。有时他们也会对朝鲜人编纂的海东金石集进行品评。缪荃孙是清末著名藏书家，也是著名金石学者。他曾在读完金秉善的《金石目考览》之后留下了跋文。光绪二十七年（1901 年）刊刻的《艺风堂文集》卷七《朝鲜金石目考览跋》写道：

> 嘉、道间，朝鲜士人之谈金石者，曰赵寅永云石，曰金正喜秋史。诸城刘燕庭方伯均与之善，因得其国之拓本最多，释其文字，考其原委，为《海东金石苑》八卷。又撮其目为《海东金石存考》一卷，其无存者列为《待访目》，至精至确。此《金石目考览》二卷，为朝鲜金秉善所撰，碑较多于燕庭所得，然存佚不分，惟存者考其额若干字，足以取信，非稗贩而为之者。今取燕庭两书校之，梁贞明《白日栖云塔碑》脱碑侧，晋天福《忠湛塔碑》脱碑阴，元《普济尊者浮屠碑》脱 "元宣光六年" 年号［元顺帝子，庙号昭宗］，宋脱《圆觉禅师碑》，元脱《弘觉禅师碑》《大藏移安碑》《庆平寺石幢》。考证脱王融、崔惟清、韩文俊、李之茂、李弘孝、李奎报、梁载、权汉功诸条。非特金君未见，鲍子年亦未见也。荃孙又藏《高丽碑全文》，内有《宋大觉国师墓室及碑铭》《安立事迹记》《圆光遍炤弘法禅师碑》，元元贞《普觉大师塔碑》，皇庆《权文清公墓地》，明碑

---

① 〔朝鲜〕金秉善《昌林寺碑》（韩国国立中央图书馆藏本《金石目考览》卷一）："元赵文敏孟頫尝跋《昌林寺碑》，曰：何地不生才，自画深有典型，虽唐人名刻，亦无以远过之。洵非虚也。［金石苑跋］。"

② 〔韩〕朴现圭：《清朝学者编纂海东金石集的种类和所藏现状》，东亚文献资源与研究主题学术研讨会，2004 年；《东亚文献研究资源论集》，台湾学生书局 2007 年版，第 253 – 275 页。

尚夥，不足记。金石随时隐见，如此书者，其搜访亦不为无功云。①

缪荃孙指出，刘喜海编撰《海东金石苑》与朝鲜人赵寅永、金正喜密切相关。刘喜海在《海东金石苑》的题辞中写道，嘉庆二十一年（1816年），当时来到北京的朝鲜人赵寅永知道刘喜海也有很深的"金石癖"，于是将自己从朝鲜带来的数十件海东金石墨本赠送给了刘喜海。此后，每次朝鲜使节来到北京时，赵寅永都委托他们寄来朝鲜金石文。此外，刘喜海在题辞中还写道，金正喜来到北京见到了翁方纲、阮元，金正喜被清人视为精通经术的朝鲜杰出学者，金正喜将很多古碑石拓本墨本赠送给了自己。此外，赵寅永的侄子赵秉龟、金正喜的弟弟金命喜的名字也出现在《海东金石苑题辞》中。缪荃孙所藏的《高丽碑全文》编者为叶志诜。

缪荃孙称，《金石目考览》所收录的金石文种数比刘喜海的《海东金石苑》多，且由于记载了现存金石文碑额的字数，资料的可信度更高，不是书商为挣钱所能编纂的。另外，缪荃孙将《金石目考览》与《海东金石苑》《海东金石存考》做了详细的对照，认为《金石目考览》所收录的《白日栖云塔碑》《忠湛塔碑》《普济尊者浮屠碑》《圆觉禅师碑》《弘觉禅师碑》《大藏移安碑》《庆平寺石幢》的碑文字数更多，同时对王融、崔惟清、李奎报、权汉功等人物生平做了考察，工作量远远超过金正喜与鲍康。

20世纪前半期，学者在对海东金石文进行调查时，《金石目考览》是非常重要的基础资料。韩国国立中央图书馆藏本以红笔对当时朝鲜半岛现存的金石文状况做了记录，在圆圈标记下书"见存"（即当时存世的金石文）二字，在三角符号下书"旧拓影存"（即旧拓本存世的金石文）四字，点号下书"碑跌"（即无碑、仅存碑跌的金石文）二字。以圆圈标记的有75种，卷一有26种，卷二有49种；以三角符号标记的有9种，卷一有2种，卷二有7种；以点号标记的有7种，卷一有2种，卷二有5种。

以下我们考察1931年7月至1945年7月间伦明（1875—1944）等人编纂的《续修四库全书总目提要》所收录的《金石目考览》的解题。提要对该书进行解题时所使用的底本，是北京大学藏本《金石目考览》。解

① 〔清〕缪荃孙：《朝鲜金石目考览跋》，《艺风堂文集》卷七。

题写道：

> 朝鲜金秉善撰。秉善生当有清道、咸之间，与吾国学士大夫交游最密，故是书采录刘喜海《海东金石苑》各碑跋尾，凡百余首。此外则取自《东国舆地胜览》及苏斋题跋诸书。而每篇之下皆有秉善自为跋语，最详于年代及地理之考辨，而少所论断，得补《海东金石苑》所未备。其自叙言上起箕子，至于本朝，共三百种，分为二卷，并于所有各拓本较其异同，则原书应多于《海东金石苑》，而此册仅一百九十一种，则是书殆非全之本，抑为后之钞录者节取而成者耶。①

《续修四库全书总目提要》对于《金石目考览》的各类事项作了很好的介绍，不过略有补充的必要。解题称，《金石目考览》引用《海东金石苑》中金石跋文 100 余处，但《金石目考览》中以"金石苑跋"记载之处只有 59 种。况且刘喜海的《海东金石苑》所收录的金石文种数也仅有80 种。

另外，金秉善的序文中提到，书中所收录的金石文从箕子朝鲜到"本朝"（朝鲜王朝），一共 300 种，而北京大学藏本仅收录 191 种。《续四库全书总目提要》的作者推测，北京大学藏本可能是残本，或者是后代抄录者的节录本。上文提到，《金石目考览》有最初编纂的初编本以及后来修订的再编本两种。初编本《金石总目便览》收录箕子朝鲜至朝鲜王朝时期金石文 300 种，自序的内容与正文所收录的金石文在朝代分布上是一致的。而后来在编纂再编本《金石目考览》时，只收录古朝鲜至高丽王朝时期的金石文，而删去了朝鲜王朝时期的金石文。

再编本的自序改变了原序中记载的书名，而其余则未作改动。因此，这就造成了再编本自序所记载的内容与正文实际所收录的内容有差异。

---

① 中国科学院图书馆整理：《朝鲜金石目考览》，《续修四库全书总目提要》（稿本）第 29 册，齐鲁书社 1996 年版，第 274 页。

五、结　论

　　朝鲜时期金秉善编纂的《金石目考览》是 19 世纪海内外对海东金石文研究的集大成之作。当时在朝鲜与清朝学者之间兴起收集考证海东金石文的热潮。高宗十年（1873 年），吴庆锡委托金秉善编纂海东金石目录。于是，金秉善以自己所藏资料为主，编纂了初编本《金石总目便览》，全书三卷，收录了从箕子朝鲜至朝鲜王朝时期金石文 300 种。两年以后的高宗十二年（1875 年），吴庆锡从北京带回鲍康刊印的《海东金石苑》及新收集的资料，金秉善参考这些文献资料，对初编本进行修订，编成再编本《金石目考览》，全书二卷，收录古朝鲜至高丽时期金石文 191 种。

　　《金石目考览》很早就传入中国。清末龙继栋为《金石目考览》题签。金石学者缪荃孙对《金石目考览》给予了很高的评价，还说，《金石目考览》收录的海东金石文的种数比清人刘喜海的《海东金石苑》多，尤其是详细地记载了碑额的字数，这不是书商为挣钱所能编纂出来的。《续四库全书总目提要》评价称，《金石目考览》对于金石的年代、所在地的考证非常详细，对于《海东金石苑》有补正之功。

　　笔者所见过的《金石目考览》有日本天理大学藏本、中国北京大学藏本以及韩国国立中央图书馆藏本三种。日本天理大学藏本是今西龙旧藏本，是金秉善于高宗十二年在初编本《金石总目便览》基础之上重新修订后的手稿本。中国北京大学藏本是龙继栋旧藏本，是光绪年间再编本《金石目考览》的抄本。韩国国立中央图书馆藏本是 1926 年以龙继栋题签的重编本《金石目考览》为底本抄录而成。

　　今天，海东金石的原拓本逐渐被整理出来，数量远远超过了 19 世纪编纂的海东金石集。但 19 世纪编纂的海东金石集是韩国金石史研究非常重要的资料。不仅如此，《金石目考览》还收录了一些在其他海东金石集中见不到的资料，具有很高的价值。我们期待着将来从事金石文研究的诸位学者对韩国内外所藏各种金石集与墨本进行系统整理，早日编成韩国金石文全集。

第十章　对朝鲜友人赠给清人叶志诜的诗帖与金石文的考察

一、引　言

清人叶志诜（1779—1863 年），字东卿，晚号遂翁，湖北汉阳人，家中藏书丰富，贡士出身。嘉庆九年（1804 年）入翰林院，为国子监典部。此后先后任内阁典籍、兵部武选司郎中。叶志诜是翁方纲的女婿、刘墉的门人。在金石学与中医学方面皆有很高造诣。同时他的隶书也广为国内外所知。主要著作有：《平安馆诗文集》《简学斋文集》《平安馆书目》《平安馆藏器目》《稽古录》《咏古录》《识字录》《寿年录》《上第录》《金山鼎考》《神农本草经赞》《清远文木》。

叶志诜是与朝鲜人交流较为频繁的清朝文人。他与当时来到北京的朝鲜人申纬、李肇源、金鲁敬、金正喜、金命喜、洪奭周、金敬渊、洪敬谟、申在植、姜时永、朴来谦、朴绮寿、李裕元、赵秀三、李尚迪、金秉善等人建立了深厚的友谊，在两国人员交流中发挥了桥梁作用。

朝鲜文士在回国以后，通过第三人与叶志诜保持书信往来、讨论学问。同时，也互相赠予对方在本国难以获得的文献与资料，对于两国学术的发展作出了重要贡献。特别值得一提的是，叶志诜寄给朝鲜金石学家金正喜的金石文，对于金正喜的金石学研究以及秋史体的形成至关重要。

今天，我们在韩国很容易找到叶志诜寄给朝鲜文人的文献与相关遗物：昌德宫悬挂着叶志诜书写的"乐善斋"匾额；潘南朴氏西溪宗宅中也悬挂着叶志诜所写的"楼山"匾额；韩国国立中央图书馆有叶志诜所书写的隶书对联"皆大欢喜，得恒吉祥"与"保心如止水，为行见真书"；果川市秋史博物馆中保存着叶志诜寄给洪敬谟的隶书对联"轮云盖云辉腾五色，文露武露泽被九天"；奎章阁保存着叶志诜寄给金命喜书信的重抄本。

那么反过来，我们在中国能否找到朝鲜友人寄给叶志诜的文献或遗物呢？如果能找到这些物证，从小的方面来说，这有助于我们重新认识清人叶志诜与朝鲜友人之间的交流情况；从大的方面来说，这将是朝鲜文化西传入中国的极佳的例子。笔者此前抱着这种想法，做过相关资料的收集工作，发表了一些相关研究成果。① 这次将对过去收集的新资料进行综合分析。本章将对清人叶志诜是如何运用这些在朝鲜人帮助下获得的资料的，以及这些资料在双方的友好交往与学术发展中发挥了怎样的作用进行考察。

二、朝鲜友人题咏的《子午泉诗帖》

本节将对朝鲜友人对叶氏家中的子午泉进行题咏后编纂成的《子午泉诗帖》进行考察。

关于这部诗帖的名称，申在植记作《子午泉诗帖》②，姜时永记作《子午泉题帖》③，这里我们采用申在植的记载。

沿着北京传统文化大街琉璃厂往南走，就能看到明代圈禁老虎的虎坊桥。虎坊桥西南拐角处就是以王府宅邸风格建造的北京湖广会馆。此处就是此前清朝人生活过的古宅。乾嘉时期，王杰、张惟寅、刘权之等人曾在此居住。嘉庆十九年（1814 年），叶继雯购得此宅，此后其子叶志诜及孙子叶名琛、叶名沣等人在此一同居住。④

以下我们对朝鲜友人所提及的关于叶志诜宅邸的前主人的两种说法进行考察。一种说法称，叶志诜宅邸原为纪昀（纪晓岚）故居。洪义浩、

---

① 〔韩〕朴现圭：《清朝学者获得〈多胡碑〉的过程及其分析》，载《日本语文学》2006年第33辑，第437－454页；《清朝学者编纂海东金石集的种类和所藏现况》，《东亚文献研究资源论集》，台湾学生书局2007年版，第253－275页。

② 〔朝鲜〕申在植《笔谈》"丁亥正月九日"条："东卿曰：此屋傍有子午泉，东国学士大夫皆有题咏，仍出示一帖诗篇。盖多东邦文人所制。……仍还坐堂中，与诸公阅《子午泉诗帖》。"

③ 〔朝鲜〕姜时永《輶轩续录》卷二"庚寅正月九日"条："主人叶志诜在门伺侯，迎入中堂。茶行后，与之笔谈，出示《子午泉题帖》，皆东人诗。"

④ 〔清〕陈用光《太乙舟诗集》卷十《和叶云素移居诗》；〔清〕翁方纲《复初斋诗集》卷六六《叶云素员外移居二首》；〔清〕陈沆《简学斋诗删》卷三《叶云素师移居虎坊桥长歌志贺》等。

申纬、洪奭周、姜浚钦等人有相关记载。[①] 但我们认为这些人的记载有误。纪昀著有《阅微草堂笔记》。该书记载，纪昀所居住的虎坊桥宅邸是岳钟琪旧居。[②] 另外，在虎坊桥西侧子午泉处的宅邸是张惟寅、刘权之的故居。[③] 此后，子午泉宅邸被叶志诜购得。

后来造访叶志诜宅邸的姜时永称，朝鲜人错误地认为这是纪昀的故居。[④] 那么，朝鲜人为何会产生这种误解呢？这可能与叶志诜和纪昀的宅邸在地理位置上邻近有关。叶志诜宅邸东侧 200 米处珠市口西大街，就是纪昀宅邸。纪昀在其 11 岁时的雍正十二年（1734 年）跟随父亲来到北京，居住在虎坊桥东侧。此处后成为纪晓岚故居。现地址为珠市口西大街 241 号。

另外一种说法称，叶志诜宅邸是朱彝尊的故居。这一说法见载于赵秀三[⑤]、姜时永的记载。姜时永根据朱彝尊自称曾在“古藤书屋”与“槐市家”居住，认为叶志诜的宅邸就是朱彝尊的槐市家。[⑥] 朱彝尊来到北京以后，在北京多地有住所。其中以他在康熙二十三年（1684 年）住过的古藤书屋最为著名。古藤书屋即此前的广东顺德会馆，现地址为海柏胡同 16 号。

---

① 〔朝鲜〕洪义浩《澹宁瓿录》第 21 册《燕中子午泉诗》自序：“玉壶李台还自燕，言在都日，与湖北人叶志诜号东卿者交好，其第即纪晓岚之旧居。”〔朝鲜〕申纬《警修堂全稿》第四册《子午泉诗，遥寄叶东卿，并序》自注：“纪文达昀旧宅，今属叶东卿有。”〔朝鲜〕洪奭周《渊泉集》卷三：“子午泉歌，为北京叶秀才作，泉在故尚书纪晓岚宅，宅今属叶。”〔朝鲜〕姜浚钦《三溟诗集》六编《子午泉》自注：“华士叶志诜号东卿，湖北汉阳人也。见任刑科给事中。买屋于正阳门外虎坊胡同，即故协办太学士纪昀故宅。”

② 〔清〕纪昀《阅微草堂笔记》卷十五《姑妄听之》：“余虎坊桥宅，为威信公故第。”威信公即岳钟琪。

③ 《阅微草堂笔记》卷七《如是我闻》：“虎坊桥西一宅，南皮张公子畏故居也。今刘云房副宪居之。中有一井，子午二时汲则甘，余时则否。”张公子畏即张惟寅，刘云房副宪即刘权之。

④ 《輶轩续录》卷二“庚寅正月九日”条：“及到其家，则塞门粉墙，黑字镌以前刑科给事中。东人误认为纪文达公昀之旧第。”

⑤ 〔朝鲜〕赵秀三《秋斋集》卷五《子午泉》自注：“泉在今叶东卿宅，即朱竹垞旧居也。”

⑥ 《輶轩续录》卷二“庚寅正月九日”条：“东人误认为纪文达公昀之旧第，而今闻是朱竹垞彝尊之遗宅。朱竹垞自禁垣移居宣武门外，即古藤书屋也。有诗曰：诏许携家具，书难定客踪。谁怜春梦断，犹听隔城钟。亦槐市家移居诗曰：莎衫桐帽海椶鞋，随分琴书占小斋。老去逢春心倍惜，为贪花市住斜街。其二曰：屠门菜市费羸骖，地僻长稀过客谈。一事新来差胜旧，昊天寺近井泉甘云。由此观之，非古藤屋，则必槐市居也。”

康熙二十八年（1689 年），朱彝尊从古藤书屋移家至槐市斜街。① 槐市斜街又名槐市树街，位于西便门大街与长春街之间。此处距离叶志诜宅邸有一段距离。从姜时永所提到的朱彝尊"槐市家"来看，该处距离昊天寺泉水很近②，但这眼清泉的名称并不是子午泉。因此，姜时永提出的观点不确。

嘉庆十二年（1807 年），刘权之与李均简为联络南北乡谊，建造湖广会馆。湖广会馆先后于道光十年（1830 年）、道光二十九年（1849 年）、光绪十八年（1892 年）经过多次修复。

自清末以来，著名艺术家与文人常在湖广会馆聚会，开展文化活动。1912 年，孙文在此处召开国民大会。20 世纪 50 年代至 80 年代，湖广会馆为民间购得，毁损严重。1984 年，湖广会馆被公布为北京市文物保护单位。1996 年，会馆进行大力修复，修复工作完成后对外开放。今天湖广会馆被用作表演传统戏曲京剧的公演场所或者展示戏曲文物的文化空间，北京戏曲博物馆即位于公馆中的文昌阁内。

文昌阁前庭院中有一口井，名为子午井（见图 10 - 1）。子午井历史非常悠久，早在纪昀的《阅微草堂笔记》中这口井就被记载了。虎坊桥西侧是南皮张公子畏（张惟寅）的旧居，现副宪刘云房（刘权之）后来居住于此。这里的这口井只有子时和午时出甘甜之水，其他时间则不甜。

图 10 - 1 子午井（朴现圭摄）

---

① 〔清〕朱彝尊《曝书亭集》卷一四《屠维大荒落》中《二月自古藤书屋移寓槐市斜街赋诗》。
② 《二月自古藤书屋移寓槐市斜街赋诗》第 4 首："屠门菜市费赢骖，地僻长稀过客谭。一事新来差胜旧，昊天寺近井泉甘。"

对此，纪昀解释道：

> 虎坊桥西一宅，南皮张公子畏故居也。今刘云房副宪居之。中有一井，子午二时汲则甘，余时则否。其理莫明。或曰阴起午中，阳生子半，与地气应也。

1943 年，湖广会馆董事长吴子昂疏通堵塞的子午井，并在水井周围设置了保护栏杆。栏杆石头上以篆体字刻着"子午井"三字。1970 年，由于湖广会馆被卖给民间人士，子午井被封锁起来。1996 年，人们找到这口古井，对其进行了复原。子午井的口径约 2 尺，深约 7 丈①。井上端以汉白玉砌成，井口为六边形。正面以篆体字刻着"子午井"三字，侧面刻着介绍这口井奇异现象的文字，文字出自纪昀的《阅微草堂笔记》。

这里的子午井就是子午泉。北京一带有很多处泉眼，不过这些泉眼所出之水十分浑浊，不能饮用。来到北京的朝鲜使臣从不喝朝鲜馆周围的泉水，而是命人前往郊外打取泉水饮用。虎坊桥子午泉平时流出来的水比较咸，只在子时和午时才会出甘甜之水。

子午泉是当时广为北京文人所熟知的名泉。陈用光在祝贺叶继雯乔迁新居而写作的诗歌中有"相公旧第亦前缘"这句，在其下有自注，称："宅为王文端旧居，有子午泉。"② 这里的文端公指的就是状元王杰的谥号。可见陈用光是非常清楚王杰旧宅有子午泉这一事实的。

翁方纲在叶继雯乔迁新居时写作的诗篇中有"索我来题子午泉"一句，其下自注中写道："屋后井水，子午二时味甘。"③ 这里表明，子午泉的主人叶继雯甚至请翁方纲为自家子午泉题诗，由此可窥见叶继雯对自家子午泉的重视。

纯祖十六年（1816 年），李肇源作为冬至正使前往北京。叶继雯赠给李肇源集句诗，李肇源写作一首四言诗作为答诗。④ 当时李肇源访问了虎坊桥叶继雯宅邸，并亲身见识了子午泉奇异的自然现象和品尝了水的味

---

① 1 尺≈0.33 米，1 丈≈3.3 米。
② 〔清〕陈用光《太乙舟诗集》卷十《和叶云素移居诗》。
③ 〔清〕翁方纲《复初斋诗集》卷六六《叶云素员外移居》（第二首）。
④ 〔朝鲜〕李肇源《叶云素继雯以集句诗一篇寄赠，即赋四言四句以谢》，载《燕蓟风烟》。

道。李肇源是朝鲜文士中最早对子午泉题咏之人。《燕蓟风烟》收录了《云素宅有井，子午二时甚清冽，余皆浊涩。诚异甃也，赋一律以呈》一诗，诗云：

> 闻说平安馆，通灵渫甃存。
> 宵中来活脉，昼正动清源。
> 燕土泉愁卤，韩人肺苦烦。
> 烹茶聊一试，爽气觉惺昏。

李肇源回国后，将这首诗收录到自己的文集《玉壶集》卷三中，并将题目改为《叶志诜所寓平安馆有异甃，要一诗，遂书赠》。他在最初的题目中记载子午泉宅邸的主人为叶继雯，而后来将宅邸的主人改为叶继雯的儿子叶志诜。可知当时李肇源同时见到了叶继雯和叶志诜父子。

李肇源在上述这首诗中记载了这口井在子时和午时流出甘冽泉水的特点，也记载了自己品尝泉水的感受。他说自己再次来到北京后，苦于喝不到好水，昏昏沉沉，而在喝了子午泉泉水之后，烦恼一扫而光，心情无比爽快。

当时叶志诜委托李肇源请朝鲜文人对子午泉进行题咏，并请李肇源将这些题咏诗作寄给自己。由此可见叶志诜对于自家的子午泉是非常重视的。李肇源回国以后，从亲友处获得了他们写作的子午泉题咏诗，并将这些题咏诗结集成册，通过前往北京的第三人交给了叶志诜。[①] 这份诗帖就是《子午泉诗帖》。

此后，叶志诜每年见到来到北京的朝鲜使节时，都会向他们展示子午泉与《子午泉诗帖》，并请这些朝鲜使节写作题咏诗。叶志诜再次将这些题咏诗编辑成册。纯祖二十七年（道光七年，1827 年）正月，冬至副使申在植在叶志诜的平安馆中见到了李璋煜、王筠、汪喜孙、颜怀珠等清人。叶志诜拿出《子午泉诗帖》向众人介绍称，子午泉即位于平安馆旁边，同时还介绍了与这口泉水相关的事情。申在植在见到这部诗帖后，发现诗帖前面是李肇源请朝鲜文人所写的诗作，后面是来到北京的朝鲜使节

---

① 〔朝鲜〕李裕元《林下笔记》卷三《子午泉》："玉壶李尚书肇源之使还也，东卿谆托玉壶，遍求东人题咏。"

所写的诗作。之后，他又在叶志诜的引导下，从平安馆旁边的小门进入，见到了那座小小的井泉。叶志诜请申在植写作题咏诗，但申在植以自己不能作诗为由拒绝了。① 几天后，李璋煜在寄给申在植的诗中就有表达品尝子午泉泉水后感想的诗句。②

《子午泉诗帖》收录了朝鲜文人在李肇源或叶志诜请求之下写作的子午泉题咏诗。然而到了今天，《子午泉诗帖》的藏处不明，其中所收录的诗人及其诗作亦不明确，我们只能通过各种文献才能获知朝鲜友人写作过子午泉题咏诗的相关史实。

朝鲜友人所作子午泉题咏诗，从内容上来看，大体分为两类。第一类主要记载的是子午泉神秘的自然现象。申纬此前见过叶志诜，此次跟随李肇源再次来到清朝，写作了一首七言诗，诗中记载了子午泉的自然现象。③ 另外，郑元容在李肇源的请托之下写作了一首七言诗，诗中称子午泉是一口神奇的名泉。④ 此外，洪义浩于纯祖十六年（嘉庆二十一年，1816 年）前往北京时见到过叶志诜，并与之订交，但并未品尝过子午泉的泉水。而此次在听到叶志诜通过李肇源请朝鲜人写作子午泉题咏诗的消息后，他也写作了一首五言诗。⑤ 另外，洪奭周也写过七言诗，洪奭周称："子午泉歌，为北京叶秀才作，泉在故尚书纪晓岚宅，宅今属叶，水甚浊，唯子午二时，清莹可鉴，故名云。"⑥ 又有赵秀三的五言诗，赵秀

---

① 〔朝鲜〕申在植《笔谈》丁亥（1827 年，纯祖二十七年）"正月初九日乙酉"条："东卿曰：此屋傍有子午泉，东国学士大夫皆有题咏，仍出示一帖诗篇。盖多东邦文人所制。东卿曰：此册李玉壶丈来见后，东归搜辑若干，而余则每年奉使来者续咏耳。余披玩再三，见有知旧许多人诗翰得接于殊邦三千余里，颇觉神奇。东卿曰：先生亦不可无诗。余曰：知旧所制者，在吾乡时，亦或有人见者矣。仆则诗才拙钝，露丑是愧。东卿曰：未免过谦。余请见子午泉。东卿导余下堂，循阶湾曲，入一小门。门内有小井，深可三尺，大容一瓢。每于子时，水涌而取汲焉。午时又然，甘冽宜烹茶云。余曰：子午泉闻名已久，今始来见，甚幸甚幸。仍还坐堂中，与诸公阅《子午泉诗帖》。"

② 《笔谈·李月汀赠诗》："子午泉头啜茗宜。"自注："在叶东卿平安馆谈宴竟夕。"

③ 〔朝鲜〕申纬《警修堂全稿》第 4 册《子午泉诗，遥寄叶东卿，并序》自注："纪文达的旧宅，今属叶东卿有。所谓子午泉，泉味咸，一日十二时中，惟子初午正二时，清脉涌出，甘冽异常，过时焉则依旧咸也。玉壶李尚书肇源之使还也，东卿谆托玉壶遍求东人题咏，余亦有旧于东卿，为赋此。"

④ 〔朝鲜〕郑元容《经山集》卷一："中国叶东卿志诜宅子午泉诗，应李尚书肇源索题，盖泉以子午两时流出故名，尚书赴燕时，有求东人诗文，相赠之约云。"

⑤ 〔朝鲜〕洪义浩《澹宁瓿录》第 21 册《燕中子午泉诗》。

⑥ 〔朝鲜〕洪奭周《渊泉先生文集》卷三。

三《叶东卿主事》记载："泉在今叶东卿宅，即朱竹垞旧居也。北京泉井皆卤浊，独是泉于子午二时，清冽绝佳。"① 赵秀三的诗作于纯祖二十九年（道光九年，1829 年）。赵秀三还说："每岁行人诗一篇，帖中名氏半朝鲜。我来大醉逢投辖，快漱君家子午泉。"② 此外，李尚迪七言诗中称：黄河之水千年一清，子午泉的水在子时与午时变清澈。③ 该诗作于纯祖三十一年（道光十一年，1831 年）。

朝鲜友人所作子午泉题咏的第二类，主要介绍可与中原子午泉比肩的朝鲜著名泉水。李晚秀在五言诗中写道："吾叔玉壶先生自燕归，盛称叶家子午泉。昔闻鸡笼山下朝夕有泉，号为潮泉，而若兹泉之必待子午而清，陆羽茶经之所未载，比之潮泉，尤灵且异矣。恨无由一酌沆瀣，涤此尘襟，聊赋短律寄怀。"④ 又，金正喜在其五言诗中介绍了圆寂山佛池、青松、文义、清州、温阳、温井等朝鲜著名泉水，还说这些朝鲜山泉可与中原子午泉比美。⑤ 此外，李裕元还写过一篇文章《华东玉糁编·子午泉》，文中记载了子午泉奇异的自然现象，亦记载了李肇源应叶志诜之请，邀请朝鲜人写作题咏之事，同时还介绍了自己曾品尝过的北汉山僧伽泉的子正水、北青东井水的子正水，以及春川凤仪山的子午泉。⑥

对于以上这些朝鲜友人的作品，也可以根据写作时间与场所进行分类。申纬、郑元容、李晚秀、李裕元等人所写作的题咏诗被收录在《子午泉诗帖》原编中。这些作品是纯祖十七年（1817 年）李肇源回国后请朝鲜文人所作。而赵秀三、李尚迪等人写作的题咏诗被收录在《子午泉诗帖》补编中，这些作品是叶志诜直接请来到北京的朝鲜使节所作的。

朝鲜文人对于子午泉抱有很浓的兴趣，同时对于自己的作品被收录到《子午泉诗帖》中而感到非常自豪。纯祖三十年（道光十年，1830 年）正月，陈贺使书状官姜时永访问了位于虎坊桥的叶志诜宅邸，并与叶志诜有笔谈。叶志诜打开《子午泉诗帖》，称此帖所收录的姜时永父亲所作诗

---

① 〔朝鲜〕赵秀三《秋斋集》卷五《子午泉》自序。
② 〔朝鲜〕赵秀三《秋斋集》卷五《叶东卿主事》（第一首）。
③ 〔朝鲜〕李尚迪《恩诵堂集诗》卷二《题叶东卿志诜武曹子午泉》。
④ 〔朝鲜〕李晚秀《屐园遗稿》卷一。
⑤ 〔朝鲜〕金正喜《阮堂全集》卷九《子午泉》。
⑥ 〔朝鲜〕李裕元《林下笔记》卷三三一《华东玉糁编·子午泉》。

可列为第一。① 叶志诜在《子午泉诗帖》中不仅收录了姜时永父亲的诗作，而且将姜时永父亲诗作列入第一，为此姜时永感到非常自豪。纯祖三十一年（道光十一年，1831 年）十月，谢恩正使洪奭周率领女婿韩弼教等人来到李璋煜家中。洪奭周向李璋煜提及自己此前与叶志诜的交往，洪奭周称《子午泉诗帖》收录了自己三兄弟（洪奭周这里所谓的三兄弟，指的是洪奭周、洪吉周、洪显周）所作诗作，并问李璋煜是否见过这部诗帖？李璋煜称，自己此前见过叶志诜所编的这部诗帖。洪奭周对于三兄弟的诗作被收录到《子午泉诗帖》中感到非常自豪，同时他向李璋煜确认了此事。上文提及，李璋煜曾于纯祖二十七年（道光七年，1827 年）正月在叶志诜家中与申在植等人一起鉴赏过《子午泉诗帖》。

　　哲宗六年（光绪十一年，1885 年）十二月，徐庆淳让马头韩时良指路，前往怀宁馆，经过虎坊桥。韩时良称虎坊桥北侧就是两广总督叶名琛的家，徐庆淳在叶氏家中见到了子午泉，问叶名琛是否能拜见其父叶志诜。韩时良说，叶家立了一块石碑，上面记载了子午泉的位置以及奇特的自然现象。然而，在立了这块石碑以后，上级下达命令，不允许叶志诜与外国人接触，因此现在无法见到叶志诜。② 我们从这一记载中能窥知徐庆淳在见到子午泉后也希望写作子午泉题咏诗的心情。

三、朝鲜人提供给叶志诜的《高丽碑全文》

　　本节对于叶志诜所编纂的海东金石文集《高丽碑全文》的各种情况

---

　　① 〔朝鲜〕姜时永《辑轩续录》卷二"庚寅正月九日"条："主人叶志诜在门伺候，迎入中堂。茶行后，与之笔谈，出示《子午泉题帖》，皆东人诗，而老亲所题在第一，闻以诗品为第次而付之云。"〔韩〕韩弼教《随槎录》卷五《班荆丛话·主事李月汀璋煜笔谈》："上使曰：叶有《子午泉诗》一卷，鄙人三昆季所作都在那里，不审曾入高眼否？月汀曰：曾拜读东卿装为巨册矣。"

　　② 〔朝鲜〕徐庆淳《梦经堂日史》《日下剩墨》"乙卯年十二月七日"条："使马头韩时良从后，出正阳门，向怀宁馆而去，过一桥。马头曰：此名虎坊桥，桥之北舍曰叶总督宅。余曰：叶总督是叶名琛乎？曰：然。……闻叶家有子午泉，尔曾见是否？曰：见之。子午泉在家后墙下，围如一小瓮，其深数丈。北京之水，盖多淤浊，而此井独于子时及午时，清冽异常，其他时刻，依旧淤浊，所以谓子午泉。余曰：叶总督方在河南视兵，而其父志诜东卿及其弟名沣似在家，可以纳刺就见否？曰：十年前，我使之入都，都中人士多有逢迎会集。自南匪以后，外藩人交通邦禁至严，非但到处阻阎，并与赫蹏而不相往来。曾有雅契者，约会于蓼局，暂时立谈。"

进行考察。《高丽碑全文》又名《高丽金石录》。

首先我们来看一下高丽碑全文的流传过程。叶志诜去世后，其藏书楼平安馆藏书散佚。光绪初年，琉璃厂宝名斋主人李炳勋从叶家购得100箱藏书，其中就包括《高丽碑全文》。光绪五年（1879年），缪荃孙在琉璃厂购得《高丽碑全文》。该书上钤有缪荃孙的藏书印"云轮阁"（朱长印），以及"荃孙"（朱长印）。此书在民国初年流入罗振玉之手，后来又流入闽侯林氏之手。① 遗憾的是，此书现在下落不明。

这里我们根据前人的记载，对《高丽碑全文》的情况进行考察。缪荃孙在《艺风藏书记》卷五《高丽碑全文》中写道：

> 四册，亦志诜手稿。自唐至明，得五十八种，与《海东金石苑》，互有详略。

《高丽碑全文》收录的海东金石文总数为58种。所收录的海东金石文的范围，从唐代至明代，即从朝鲜半岛三国时代至朝鲜王朝前期。《海东金石苑》有刘喜海编撰的初稿本、定稿本以及后代刘承幹增补的刊本。刘喜海的定稿本《海东金石苑》收录的海东金石文的总数是81种，所收录的海东金石文的范围从朝鲜半岛三国时期一直到高丽时期。《高丽碑全文》所收录的海东金石文的种数比刘喜海的定稿本《海东金石苑》少23种，但收录的海东金石文的范围却比刘喜海定稿《海东金石苑》广。具体而言，《高丽碑全文》另外收录了《海东金石苑》未收录的朝鲜王朝前期的金石文。

另外，林钧在《石庐金石书志》卷四《高丽碑全文》中写道：

> 稿本，清汉阳叶志诜东卿手稿。是书备录高丽各石刻，自唐至明，计五十余种，与《海东金石苑》所见互有出入。首列《朝鲜世系考》及《朝鲜诗人》。版心有"怡怡草堂抄书"六字。前有缪艺风先生手跋一则，收藏有"云轮阁"朱文长印、"荃孙"朱文长印。

---

① 〔朝鲜〕潘承弼《海东金石苑原本考辨》："叶志诜《高丽碑全文》，稿本四卷，见缪氏《艺风堂藏书记》。是书录高丽各碑，自唐至明，约五十余种。首列《朝鲜世系考》，与《金石苑》，互有出入，稿藏闽侯林氏。"

《艺风藏书记》著录。

　　《高丽碑全文》是叶志诜手稿本，全书共四册，版心题写"怡怡草堂抄书"六字，怡怡草堂是叶志诜的藏书楼。在该书前面收录了《朝鲜世系考》与《朝鲜诗人》，有点类似于明人吴明济编纂的《朝鲜诗选》。明人吴明济在壬辰倭乱时先后两次来到朝鲜半岛，在许筠等人的帮助之下，编纂了《朝鲜诗选》，同时编纂了《朝鲜世纪》一书，记载从檀君朝鲜到高丽时期的历史。《朝鲜世系考》与《朝鲜诗人》可能是叶志诜为清朝学者编纂的简要介绍朝鲜半岛的古代朝代与人物的两部著作。

　　清末民初的金石学者在读过叶志诜的《高丽碑全文》后，将此书与刘喜海的《海东金石苑》做过比较。上文提到，缪荃孙曾将《高丽碑全文》与《海东金石苑》做过比较，评价称二者各有详略。此外，潘承弼在《海东金石苑原本考辨》中，将刘喜海的定稿本《海东金石苑》与叶志诜的《高丽碑全文》做过比较，并评价称两书差别明显。此外，刘承幹此前打算以《高丽碑全文》来修订光绪七年（1881 年）张德容刊行的刘喜海的《海东金石苑》，不过由于两书中错误较多，中途放弃。[①] 以上这些评语都暗示了叶志诜的《高丽碑全文》所收录的释文存在很多讹误。

　　1922 年，刘承幹对刘喜海的初稿本《海东金石苑》进行增补，编纂出版增补本《海东金石苑》。刘承幹刊本《海东金石苑》收录了为《高丽碑全文》所收录而不为初稿本《海东金石苑》所收录的八种海东金石文。[②] 我们将《高丽碑全文》所收录的海东金石文罗列如表 10 - 1 所示。

表 10 - 1　《高丽碑全文》所收录 8 种海东金石文对照表

名称	文字作者与书法作者
朝鲜国新铸钟铭	申叔舟撰，姜希颜书
朝鲜兴天寺新铸钟铭	韩继禧撰，郑兰宗书
朝鲜知训练院事曹公墓碑	作者不详，黄耆老书

---

　　① 刘承幹印本《海东金石苑》刘承幹序文："叶氏平安馆写本《高丽金石录》，尝欲据以补张刻佚卷，以与张本讹误相伯仲，遂废然中辍。"

　　② 刘承幹印本《海东金石苑》刘承幹序文："又从叔言参事所藏叶氏《录》中得八碑，为方伯（刘喜海）著录所未，及以无墨本可校勘，亦列之附录中。"叔言参事即罗振玉。

续上表

名称	文字作者与书法作者
朝鲜知成均馆事方公墓碣	周世鹏撰，成琛书
朝鲜听松成先生墓碣	李滉撰并书
朝鲜朴公神道碑	李济臣撰，韩濩书
朝鲜花潭徐先生神道碑	朴民献撰，南应云篆，韩濩书
朝鲜崇仁殿碑	李廷龟撰，金尚容篆，金玄成书

以上这八种海东金石文都是朝鲜王朝时期的金石文。其中年代最早的是世祖三年（1457 年）作的《朝鲜国新铸钟铭》。年代最晚的是光海君五年（1613 年）作的《朝鲜崇仁殿碑》。由于刘喜海的《海东金石苑》所收录的金石文的下限是高丽时期，因此并未收录朝鲜王朝时期的金石文。

《高丽碑全文》所收录的高丽时期以前的海东金石文又是什么样子的呢？叶志诜曾收藏或阅读过的海东金石文，有一些可能并未被收录到《高丽碑全文》中。刘喜海与李璋煜补订抄本《海东金石存考》记载，刘喜海在写给金正喜的信中称，自己家中没有《普愿寺法印大师碑》，而叶志诜藏有此碑。① 笔者曾在 2000 年初在浙江图书馆借阅过叶志诜从刘喜海处借来的海东金石文拓本。这些拓本上有叶志诜的藏书印。这里以表格形式整理（如表 10-2 所示）。

表 10-2　叶志诜自刘喜海处所借 8 种海东金石文拓本表

名称	叶志诜题记	叶志诜印章
唐新罗双溪寺真鉴禅师碑	嘉庆丁丑夏四月四日叶志诜借录一过	"东卿/过眼"（朱方印）
唐新罗朗慧和尚白月葆光塔碑	嘉庆丁丑春三月十一日叶志诜校读	"臣印/东卿"（朱方印）

---

① 刘喜海、李璋煜补订抄本《海东金石存考·普愿寺法印大师碑》："燕庭书此种东卿处有，而敝箧尚无。"东卿是叶志诜的字。

续上表

名称	叶志诜题记	叶志诜印章
唐新罗宝林寺普照禅师碑铭	嘉庆丁丑冬至后五日汉阳叶志诜借读并录全文	"东卿"（朱长印）
唐海东神行禅师碑	嘉庆丁丑上元日叶志诜释文	"东卿/过眼"（朱方印）
唐高丽广照寺真澈禅师碑	嘉庆丁丑雨水节汉阳叶志诜校读	"东卿/过眼"（朱方印）
辽高丽国居顿寺圆空胜妙塔碑	嘉庆丁丑春正月晦日叶志诜手校	"东卿/过眼"（朱方印）
金高丽宝镜寺圆真国师碑	嘉庆丁丑四月朔日叶志诜校读于平安馆	"东卿/过眼"（朱方印）
明高丽神勒寺大藏阁记	嘉庆丁丑春三月朔日叶志诜释文于平安馆	"东卿/过眼"（朱方印）

　　以上这些海东金石文拓本是赵寅永、金正喜等朝鲜友人寄给清人刘喜海的。刘喜海为了编撰《海东金石苑》，请他周围的朋友将自己所藏的海东金石文拓本借给自己阅览，并对释文进行考证。叶志诜为了编纂《高丽碑全文》，从刘喜海处借得他所藏的海东金石文拓本，并对释文进行校勘。叶志诜在阅读完拓本后，在拓本末尾往往会写"借录一过""校读""借读并录全文""释文""校读""手校"等题记文字。同时也会钤上"东卿/过眼"（朱方印）、"臣印/东卿"（朱方印）、"东卿"（朱长印）等印章。叶志诜从刘喜海处借来他所藏的拓本来阅读的时间集中在1817年（嘉庆二十二年，丁丑年）。因此，叶志诜应当在1817年或不久以后正式开始《高丽碑全文》的编纂。编纂工作当在此不久以后完成。

四、叶志诜通过朝鲜友人获得的《日本残碑双钩本》

　　本节将对叶志诜通过朝鲜友人获得的日本金石文《日本残碑双钩本》进行考察。这里的《日本残碑双钩本》指的是以双钩的方式摹写的《日本多胡碑》。

　　中国国家图书馆藏有叶志诜编纂的《平安馆金石文字》。该书就收录了《日本残碑双钩本》。道光十九年（1839 年）六月，叶志诜写下了如下跋文：

> 右日本残碑凡八十字，按碑文"和铜"为元明天皇建号，"四年"当唐睿宗景云二年，岁纪辛亥也。……相传日本人平鳞得于土中，拓本流入朝鲜，为成氏所藏。廿年前，翁覃溪师以双钩本见贻，偶尔检得，因详为考证，并重摹以广墨缘。

在正式讨论之前，叶志诜在跋文中首先提到了能接触到日本金石文的外部环境原因。清代盛行实证性的考证学风，考证学风也成为清朝的代表性学风。到了清代嘉庆、道光年间，清朝学者之间兴起了收集与研究海外金石文的风潮。清朝金石学者也在这一时代学风的影响之下，广泛收集国内外的金石文。而在这一时期，来到北京的朝鲜文士不仅向清朝学者提供了其国的金石文，还向他们提供了日本的金石文。朝鲜燕行使成为清朝学者获得国外金石文的重要途径。

叶志诜本人的个人修养也很好，他具有广博的学识和多方面的才能，特别是在金石学研究方面有独到见解，家中藏有很多世上稀见的金石原物及拓本。他的周围有很多清代著名金石学者，如翁方纲、翁树崐、刘喜海、李璋煜等。此外，他和很多朝鲜学者建立了深厚的友谊，能够通过朝鲜人获得海外金石文的拓本及相关资料。因此，在金石文研究方面具有优势的叶志诜，自然很容易接触到日本的金石文《多胡碑》。

《多胡碑》记载的是，711 年（和铜四年）3 月，奈良朝廷通过弁官，将上野国的片冈郡、绿野郡、甘良郡三郡的 300 户，合并为多胡郡，并委任羊大夫治理。① 对于被任命为多胡郡长官的羊大夫，有一种说法称其为从朝鲜半岛渡海去日本的移民。② 《多胡碑》与《那须国造碑》《多贺城碑》并称日本三大古碑。多胡郡现位于日本郡马县多野郡吉井町大字池字御门。

---

① 《多胡碑》："弁官符，上野国片冈郡、绿野郡、甘良郡并三郡内三百户，郡成给羊，成多胡郡。和铜四年三月九日甲寅宣。"甘良即甘乐。
② ［日］管野英机：《多胡郡设立 1300 年と渡来人》，《世界平和研究》2011 年第 37 卷第 2 号（特卷 189），第 40－44 页。

　　《多胡碑》在过去很长一段时间内被埋在地下，直到日本宝历四年（1754 年）被平鳞景瑞发掘，其存在才为江户文坛所知。① 朝鲜英祖四十年（1764 年），平鳞景瑞在见到癸未通信使制述官南玉、成大中、元重举、金仁谦时，提到了《多胡碑》。平鳞景瑞写作了一首关于多胡碑的诗作，朝鲜使者也写作了答诗。② 这些诗作都被收藏在日本九州大学图书馆所藏平鳞景瑞编纂的《倾盖集》中。《倾盖集》收录了南玉的肖像画（见图 10－2），画面中南玉正在欣赏平鳞景瑞赠予的《多胡碑》拓本帖。朝鲜学者从平鳞景瑞处获得了九峰山人（克明所）制作的《多胡碑》拓本。③

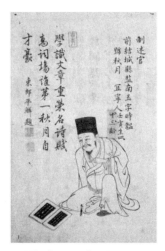

图 10－2　日本九州大学藏《倾盖集》收录之南玉与《多胡碑帖》画像

---

　　① 《上毛多胡郡碑帖》东郊平鳞跋文："甲戌之秋，余游上毛同子启观之。"甲戌年即宝历六年（1754 年）。

　　② 《倾盖集》载东郊（平鳞景瑞）诗《余尝游于上野国，至多胡郡，偶观古碑，乃和铜中置县之碑也。土人呼为羊大夫碑，有类羊叔子故事，故拂傍石题诗如左，今呈览，要诸君高和》；小华秋月子（南玉）《题和平景瑞所藏多胡碑帖》；小华龙渊成士执（成大中）《和平东郊韵，题其所藏多胡碑后》；小华玄川子（元仲举）《题平景瑞帖》；小华金士安（金仁谦）《题平景瑞多胡碑帖》等。

　　③ 《倾盖集》载：龙渊（成大中）《叠和平东郊，谢〈多胡碑〉刻之赠》。同书载："秋月（南玉）云：所惠古碑，奇崛可赏，珍荷万万。东郊云：上野国九峰山人，名克明，颇好好古之士。此古本，即所翻刻其家也。秋月云：《多胡碑》得之甚奇，非足下尚奇之癖，何以得此。"同书："玄川（元仲举）云：碑本昨已受赐，奇事遇好古发之。"

在此十多年以后的正祖四年（1780 年），成大中写了《书多胡碑》一文。他在文中回忆了自己与宋德文一起鉴赏从日本获得的《多胡碑》拓本，同时也对《多胡碑》上刻字之真伪多有品评。① 到了纯祖年间，朝鲜人摹写了成大中所藏《多胡碑》拓本，并先后将这些拓本寄给清朝人。此时制作的《多胡碑》就是双钩本。

叶志诜获得双钩本《多胡碑》有两条途径。一条途径是前引跋文所指出的，他于嘉庆二十四年（1819 年）从翁方纲处获得的双钩本《多胡碑》。虽然翁方纲收藏双钩本《多胡碑》的过程并不明确，但从朝鲜成大中藏拓本这一点来看，可能是通过朝鲜友人获得的。

叶志诜获得多胡碑双钩本拓本的另外一条途径是，道光十四年（1834 年）春金正喜寄赠。叶志诜于道光十四年二月初三日寄给金正喜的书信写道："多胡碑，曾见李游荷以双钩本寄刘燕庭，今得此册，甚惬愿也。"② 这段话中错误地将"赵游荷"记作"李游荷"，"游荷"是赵秉龟的号。刘喜海定稿本《海东金石苑》收录了由赵秉龟写作跋文的《日本国多胡碑》。

叶志诜与金正喜家族有特别的关系。纯祖九年（嘉庆十四年，1809年），金正喜在前往北京时，叶志诜当时正在外地，二人未能见上一面。金正喜回国后，通过第三人与叶志诜取得书信联系。纯祖二十三年（道光三年，1823 年），金正喜随其父亲金鲁敬及兄弟金命喜一起来到北京，叶志诜携其子叶名琛、叶名沣前往虎坊桥平安馆迎接了金正喜等人的到来。此后，叶志诜也与金鲁敬、金命喜常有书信往来。叶志诜在写给金命喜的书信中写道："志诜挥复山泉贤弟足下，奉到手笺，并前惠古碑刊稿诸珍，引领旭光，良深铭戢，昨春获晤芝光，仰承喆兄之匹"。③ 叶志诜

---

① 〔朝鲜〕成大中：《青城集》卷八《书多胡碑》："多胡碑，余得之日本。……碑之沦于野土，不知其几年，而平鳞者始得之。鳞雅善金石图章，获此以为珍。好事者亦盛为称之。余之日本，鳞以此见遗，欲广其传。然余以其字画之太诡，藏之巾笥，未辄示人，人亦不之好也。适芝溪宋德文见而奇之，曰：此汉隶古法也。中国之失传久矣。今乃得之夷耶，咨嗟抚玩，久不能已。嗟呼，物不自异，待人而显，宋僧之书，不见采于阁帖，孰知其钟王者类耶？深山僻野，如此而沦没者何限，此古人所以重知己也。鳞而闻此，必跃然而兴矣。"该文作于 1780 年（正祖四年，庚子）。

② ［日］藤冢邻：《秋史金正喜的另一张面孔》，［韩］朴熙永译，首尔学术屋出版社 1994 年版，第 323 - 324 页。

③ 《尺牍藏弄集·叶志诜》。

从金命喜处获得《多胡碑》册子也是在这种背景下发生的。

叶志诜在从朝鲜友人处获得《多胡碑》后，作了精细的分析。叶志诜在《日本残碑双钩本》跋文中，对于石碑所在的地理位置及名称、碑文作者的官职及其变迁、碑文阙漏与否以及碑文书法的特征等作了详细的分析。① 清末杨守敬也在自己的书中多次转录过叶志诜的跋文，可见其重视程度。不过叶志诜认为，诚如《日本残碑双钩本》这一题目所显示的，《多胡碑》有部分残缺。但实际上《多胡碑》的碑文并无缺字。②

五、结　论

本章对于清人叶志诜在朝鲜友人帮助之下编纂的《子午泉诗帖》，以及叶志诜对海外金石文研究的具体情况进行了考察。

19 世纪前期，朝鲜与清朝文人之间通过外交使节频繁地开展学术交流。叶志诜就是与来到北京的朝鲜友人密切交游的清朝文人之一。两国文人建立的这种深厚的友情，也推动了学术的交流与研究。叶志诜故居为北京虎坊桥平安馆，现为湖广会馆。平安桥旁边有子时与午时才涌出甘甜之水的神秘的子午泉，这口泉非常有名，当时清朝很多文人都提到子午泉。

嘉庆二十一年（纯祖十六年，1816 年），叶志诜向李肇源介绍了子午泉的奇异现象，并委托李肇源请朝鲜人写作题咏诗。李肇源在回国以后收到很多友人写作的题咏诗，于是将这些诗作结集成册命名为《子午泉诗帖》，寄给了叶志诜。此后，叶志诜又请来到北京的朝鲜使臣继续写作题咏诗，将这些诗作附在《子午泉诗帖》之后。遗憾的是，《子午泉诗帖》

---

① 《日本残碑双钩本》叶志诜跋文："日本域地，内有五畿，外有七道，上野国为东山道所属八国之一，本名上毛野，在渡濑河之西，凡隶郡十四，片冈、甘良、多胡、绿野皆其所属。'甘良'，《志》作'甘景'。'中弁'之职有左右之分，当正五位下，秩为朝议大夫，在国为重职，择华族中有才名者居之，执行宫中之事。'太政官'，始设于天智天皇十年，至孝德天皇时，改为'太师'，后仍复原称，为文官之至极，助理万机。'左右大臣'，设于孝德天皇时，奉行诸政，在太政之次。'亲王'以国后子改立者，初叙三品。妃子初叙四品，任国守事者，惟上野、上总、常隆三国有之，他国则否。'正二位'秩为特进上柱国。'多治比'，岛名。'真人''藤原'，皆赐姓；'石上'，亦姓也。此文首尾残阙，似系题名。书势雄伟，类上皇山樵《瘗鹤铭》字。"

② 《日本金石志》卷一（《日本图经》卷六三）《建多胡郡辨官符碑》傅云龙云："此碑曾流传中国，叶氏双钩刻本……呼为日本残碑，实未之残。"

如今下落不明。

叶志诜在金石学方面有独到见解。他通过金命喜、金正喜等朝鲜友人获得了很多朝鲜半岛的海东金石文拓本。此外，他还从刘喜海、李璋煜等周围友人处借来他们所藏的海金石文拓本，利用这些拓本编成《高丽碑全文》一书。《高丽碑全文》全书四卷，收入新罗时期至朝鲜王朝中期海东金石文 58 种。《高丽碑全文》收录的金石文种数虽然比刘喜海定稿本《海东金石苑》少 23 种，但收录的范围包括了朝鲜王朝前期的金石文，比定稿本《海东金石苑》广。《高丽碑全文》此后先后为缪荃孙、闽侯林氏所藏，现在藏处不明。

在当时重视考据学的时代背景之下，叶志诜通过朝鲜友人的帮助，将关注的领域扩展到日本金石文。多胡碑是日本三大古碑之一。英祖四十年（1764 年）成大中、南玉等朝鲜通信使从日本人平鳞景瑞处获得此碑拓本。此后，朝鲜友人以成大中所藏多胡碑拓本为底本制作了双钩本，并将这些双钩本寄给了清朝友人。此后，不仅翁方纲将朝鲜友人寄给他的《多胡碑》双钩本送给了叶志诜，金正喜也曾向叶志诜寄赠过《多胡碑》的双钩本。

叶志诜重新摹写《多胡碑》，并且写作了《日本残碑双钩本》一文。他在文中对于碑文的传来经过、所在地、碑文作者以及碑文的字体进行了考察。此后，它作为《平安馆金石文字》的一种刊行出版。

最后，笔者对于本章的学术意义略作整理。古代各国间的交流是多方面的，并非单向的交流，而是双向的交流，或者是通过第三国实现的多方向的交流。东亚各国间的学术交流也是以这样的原则进行，通过多种途径实现活跃的交流。我们通过叶志诜与朝鲜学者之间的这种交流事例，能再次看到东亚各国之间学术交流的多向性。

附录：清朝学者获得日本《多胡碑》的过程及对此的分析[*]

一、绪 言

东亚三国是自古以来就构建了高度发达文化的文明地区。东亚各国在频繁的人员交流与文化接触的同时，也创造了许多新的文化。东亚各国的文化工作者不仅需要向本国国民介绍各国灿烂的文化遗产，同时还要向其他国家继续传播本国的文化。本附录将要介绍的日本《多胡碑》，就是能够证明这一点的极好的资料。

多胡碑制作于日本和铜四年（711年），与那须国造碑、多贺城碑一起被称为日本三大古碑。这件碑石在过去很长一段时间里一直被深埋地下，直到宝历年间才被发掘出土，这件碑石的存在消息很快便在江户文坛之间流传开来。江户文人将《多胡碑》的拓本赠送给来到日本的朝鲜通信使。此后，朝鲜学者才认识到这件拓本的价值，并重新给予评价。十几年后前往北京的朝鲜燕行使团又将《多胡碑》摹写本赠给清朝的金石学者。清朝学者对《多胡碑》摹写本进行分析甚至出版。今天，日本学者正在对朝鲜与清朝金石学者关于《多胡碑》所留下的记录作相关研究。从这一传播过程来看，可以说日本的《多胡碑》在东亚三国文化人之间均有流传。

笔者很早以前就开始收集海外所藏的与海东相关的资料，这次在韩国学术振兴财团的资助之下，才真正意义上系统地对中国所藏海东金石文进行调查。在这一过程中，笔者收集到了很多《多胡碑》在东亚三国之间传播与流传的相关资料。另外也受到日本国文学研究资料馆陈捷先生的邀请，于是做了些研究。对《多胡碑》的先行研究，此前有日本学者杉仁

---

[*] 本文先是在东北亚文化学会2005年国际学术会上作口头发表，并被收入会议论文集中。此后揭载于《日本语文学》2006年第33辑，日本语文学会。

的相关论述。① 不过杉仁的论文对清代学者所藏与流传的《多胡碑》的相关内容涉及比较少，而且一些地方还存在错误。因此，本附录将对清代学者通过朝鲜学者获得《多胡碑》摹拓本的过程，以及又将这一摹本传播到中国的过程集中进行讨论。

二、《多胡碑》的发现与传入朝鲜半岛的过程

多胡碑于大正十年（1921 年）被日本指定为国家特别史迹，现藏于日本郡马县多野郡吉井町大字池字御门 1905 号。多胡碑碑石呈圆柱形，碑身顶端有石盖。材质为在碑石所在地周围可获得的牛卧砂岩。碑身高126 cm，宽约 60 cm，正面 6 行，每行 13 ～ 14 字，总计 80 字。碑文所记载的内容是：将上野国片冈郡、绿野郡、甘良郡的三百户赐给羊大夫，建立多胡郡，和铜四年（711 年）三月九日宣。② 一般认为，这里的羊大夫指的是从朝鲜半岛来到日本的新罗人。

日本学者杉仁的论文对于多胡碑的发现过程以及拓本的制作情况，以及这一拓本后来如何传入朝鲜半岛的过程，作了详细的考察。③ 多胡碑自和铜四年（711 年）制成以来，被长期深埋于地下，千年不为人知，直到宝历年间才重见天日。宝历四年（1754 年）秋，平鳞景瑞对千年以前制作的多胡碑进行调查。④ 平鳞的朋友——高桥道斋曾在此处逗留过，欣赏过多胡碑的书法。⑤《上毛多胡郡碑帖》中，井通熙的序文记载道斋曾见过多胡碑，然而，道斋见到多胡碑的具体时间却并不明确。井通熙序文的写作时间是宝历七年（1757 年），比平鳞调查多胡碑的宝历四年晚三年。

① ［日］杉仁：《在村文化の情报发信と朝鲜、中国》，《近世の地域と在村文化》，东京吉川弘文馆 2001 年版，第 174 – 197 页。

② 多胡碑的碑文如下："弁官符，上野国片冈郡、绿野郡、甘良郡并三郡内三百户，郡成给羊，成多胡郡，和铜四年三月九日甲寅宣。左中弁正五位下多治比真人，太政官二品穗积亲王，左大臣正二位石上尊，右大臣正二位藤原尊。"

③ ［日］杉仁：《在村文化の情报发信と朝鲜、中国》，《近世の地域と在村文化》，东京吉川弘文馆 2001 年版，第 174 – 197 页。

④ 东郊平鳞在《上毛多胡郡碑帖》的跋文中写道："甲戌之秋，余游上毛同子启观之。"跋文作于宝历六年（1756 年）。［日］杉仁：《近世の地域と在村文化》，第 176 – 178 页。

⑤ 井通熙在《上毛多胡郡碑帖》序文中写道："九峰高子启尝留其下，坐卧观之，不啻欧阳率更于索靖也。"

因此，关于多胡碑的最早发现者是何人，学者们的观点会因对井通熙序文内容理解的不同而多少有些出入。但平鳞与道斋是发现多胡碑并制作拓本过程中非常重要的人物。

英祖三十九年（1763 年），朝鲜通信使被派往日本，第二年，朝鲜使臣回国。此次通信使的正使是赵曮，受正使邀请，成大中担任书记官之职，同通信使行团一同去往日本。英祖四十年（1764 年）夏天，成大中在大阪见到了平鳞，并与之讨论学问。《朝鲜来聘宝历物语》记载了平鳞赠给成大中的诗歌。[①] 为了使多胡碑拓本广为流传，平鳞也将多胡碑拓本一起赠送给成大中。这是多胡碑拓本第一次传入朝鲜半岛的经过。

然而，成大中最初并未认识到多胡碑的真正价值，只是将这件拓本放到了柜子中。在他看来，多胡碑的字体非常怪异，成大中周围的人士见到此碑拓本也未给予很高的评价。此后，宋德文见到成大中所藏的多胡碑拓本，称拓本中的书法字体是中国失传很久的古隶书体，并对多胡碑的价值重新给予了评价。正祖四年（1780 年），成大中写了《书多胡碑》一文，文中对于自己获得《多胡碑》的过程，以及对多胡碑评价的变化过程作了记载。他在文章中说，如果平鳞知道了多胡碑在朝鲜获得这么高的评价，该是多么高兴啊！[②]

朴彻庠发表的《关于赵秀三的新资料〈联床小谐〉》一文对于朝鲜学者评论多胡碑书法的相关情况作了介绍。[③] 从赵秀三所写的《联床小谐》来看，多胡郡曾保存过秦代的古碑，碑石文字有几寸大小，文字歪歪扭扭，但不失楷书的法式，较《瘗鹤铭》更优秀。李德懋亦多次称赞

① 参考《朝鲜来聘宝历物语》卷六《奉呈书记室案下》。〔日〕杉仁：《近世の地域と在村文化》，第 183 页。

② 《青城集》卷八《书多胡碑》："多胡碑，余得之日本。……碑之沦于野土，不知其几年，而平鳞者始得之。鳞雅善金石图章，获此以为珍。好事者亦盛为称之。余之日本，鳞以此见遗，欲广其传。然余以其字画之太诡，藏之巾笥，未辄示人，人亦不之好也。适芝溪宋德文见而奇之，曰：此汉隶古法也。中国之失传久矣。……鳞而闻此，必跃然而兴矣。庚子季春，青城散人小识。"

③ 〔朝鲜〕朴彻庠：《关于赵秀三的新资料：〈联床小谐〉》，2004 年第 39 次韩国学研究所定期学术大会。

此碑。①

三、《多胡碑》传入中国的经过

从朝鲜与清朝的学问交流情况来看，燕行使担任了十分重要的角色。朝鲜每年多次派遣燕行使前往清朝首都北京。朝鲜学者在与北京的清朝学者进行交流的同时，与他们讨论学问并交换资料。在朝鲜使臣回国以后，他们还会通过第三者进行书信往来与资料交换。

清嘉庆、道光年间兴起考证学风潮，金石学文献一时剧增。当时清朝学者不仅对于国内金石文有关注，甚至还收集远在海外的金石文献。

对清朝学者获得日本金石文的过程进行分析时会发现，朝鲜燕行使在其中扮演了十分重要的角色。其中，具有代表性的金石文就是本附录讨论的多胡碑的拓本。

清嘉庆、道光年间，清朝学者获得《多胡碑》的过程从大体来看有三条途径：第一，嘉庆末年，叶志诜从翁方纲处获得《多胡碑》双钩本；第二，道光十四年（1834 年），叶志诜从朝鲜人金正喜处获得《多胡碑》摹本；第三，道光十三年（1833 年），刘喜海从朝鲜人赵秉龟处获得《多胡碑》双钩本。以下对这三条途径逐一进行考察。

（一）第一条途径

与第一条获得《多胡碑》的途径相关的是叶志诜的《日本残碑双钩本》跋文记载的翁方纲获得《多胡碑》双钩本的经过。《日本残碑双钩本》被收录到叶志诜于道光年间刊行的《平安馆金石文字》一书中。笔者在中国国家图书馆善本特藏室见到过此书：②《日本残碑双钩本》收录了叶志诜写于道光十九年（1839 年）的跋文。

> 右日本国残碑凡八十字。按：碑文"和铜"为元明天皇建号，

---

① 〔朝鲜〕赵秀三《珍珠船杂存》卷二《联床小谐》："日本国多胡郡有秦时古碑。摸拓流传而字径数寸，锋棱屈曲而不失楷模。较诸《瘗鹤铭》，凌厉过之。青庄道人甚赏之。"译者按：青庄道人即指李德懋（1741—1793 年）。

② 中国国家图书馆藏本《平安馆金石文字》四种四卷，藏书号为"善02591 本"。日本京都大学人文科学研究所藏本《平安馆金石文字》七卷七种，较中国国家图书馆多收录三种。

"四年"当唐睿宗景云二年，岁纪辛亥也。……相传日本人平鳞得于土中，拓本流入朝鲜，为成氏所藏。廿年前，翁覃溪师以双钩本见贻，偶尔检得，因详为考证，并重摹以广墨缘。

这里的《日本残碑双钩本》指的就是《多胡碑》。根据叶志诜的记载，20 年前，翁方纲将《多胡碑》双钩本赠送给了弟子叶志诜，此后叶志诜对此碑作了详细的考证。叶志诜的跋文写于 1839 年，那么叶志诜所谓 20 年前，当指嘉庆二十四年（1819 年）。然而此时，翁方纲已经不在人世。翁方纲卒于嘉庆二十三年（1818 年）正月二十七日。因此，叶志诜从翁方纲处获得《多胡碑》双钩本的时间，应该是在翁方纲去世之前不久。除了翁方纲的藏本，叶志诜还见到过金正喜赠送本以及刘喜海藏本。

那么，翁方纲所藏《多胡碑》双钩本来自何处？对此，叶志诜在跋文中并未作明确交代。笔者认为，《多胡碑》双钩本的出处应该从与朝鲜相关资料中寻找。叶志诜记载，日本人平鳞从地下发掘出了多胡碑，多胡碑的拓本传入朝鲜半岛，为成氏所藏。这里所谓"成氏"指的就是成大中。因此，翁方纲有可能是从与成大中有关系的朝鲜学者手中获得《多胡碑》双钩本的。[①]

翁方纲及其子翁树培、翁树崐与当时来到北京的很多朝鲜学者有频繁的学术交流与资料交换活动。翁方纲父子交游的朝鲜学者中，与多胡碑拓本有关系的人物有金正喜与赵寅永。下文将对此作详细说明。金正喜曾将《多胡碑》双钩本赠送给翁方纲的弟子叶志诜，赵寅永的侄子赵秉龟也曾将《多胡碑》双钩本赠送给刘喜海。

金正喜于纯祖九年（1809 年）跟随父亲金鲁敬作为燕行使的一员前往北京。第二年正月，金正喜访问了翁方纲的宅邸，自此始与翁方纲父子结下很深的缘分。金正喜回国以后，通过中间人，向翁方纲父子寄送过很多文献与物品。其中就有日本制作的鎏金镜、夹花扇，以及日本刻本

---

① 2006 年 2 月 3 日，各媒体对藤冢邻之子藤冢明直将金正喜的遗物及相关资料 2700 件捐赠给韩国果川市之事争相报道。这次的赠本中有翁方纲的《海东金石零记》。《海东金石零记》是翁方纲对海东金石文进行考证的文章结集而成。在对各篇金石文的解题中，记载了金正喜、申纬等施赠人的名字。不知道其中翁方纲有没有记载其获得多胡碑经过的相关记载。将来需对此进行调查。

《秦峄山碑帖》。日本刻本《秦峄山碑帖》是成大中出使日本时获得的拓本帖。① 翁方纲获得日本刻本《秦峄山碑帖》的途径，与多胡碑通过朝鲜人成大中流传到清人手中的途径有共通之处。

赵寅永于纯祖十五年（1815 年）跟随再从兄赵钟永作为燕行使一员前往北京，第二年回到朝鲜。他在北京停留期间，是否直接见到了翁方纲？虽然缺乏相关资料以证明，但有记录显示他与翁方纲有交游关系。翁方纲的文集《复初斋集》记载了他写给赵寅永的两封书信：《答赵寅永》《寄金秋史兼赠赵云石》。赵寅永与金正喜为朋友关系，赵寅永曾将很多海东金石的拓本及相关资料赠送给中国友人。

（二）第二条途径

与第二条获得《多胡碑》的途径相关的资料是叶志诜于道光十四年（1834 年）二月三日写给金正喜的书信。叶志诜的书信原本为日本人藤冢邻所藏，但因"二战"期间日本偷袭美国珍珠港后被美国空袭，叶志诜的书信是否存世，不详。幸运的是，藤冢邻在他的论文中记载了相关内容。② 叶志诜在书信中写道：

> 多胡碑，曾见李游荷以双钩本寄刘燕庭，今得此册，甚惬愿也。

这里所谓"李游荷"实际上是"赵游荷"的误记，游荷是赵秉龟的号。

由于笔者未能见到叶志诜书信原文，因此很难说清楚，但是这种文字上的错误可能是藤冢邻或者出版社在转录书信原文的过程中发生的。因此，杉仁在其论文中错误地记载：李游荷将多胡碑的双钩本赠送给了刘喜海。③

叶志诜说，此前他见过赵秉龟赠送给刘喜海的《多胡碑》双钩本，这次又获得了金正喜寄来的《多胡碑》摹本，因此非常高兴。叶志诜是翁方纲的首席弟子，他与很多朝鲜人士有交游。金正喜于纯祖九年

---

① ［日］藤冢邻：《清朝文化东传之研究》，国书刊行会 1975 年版；《秋史金正喜的另一张面孔》，［韩］朴熙永译，首尔学术屋出版社 1994 年版，第 175－178 页。

② ［日］藤冢邻：《秋史金正喜的另一张面孔》，［韩］朴熙永译，第 323－324 页。

③ ［日］杉仁：《近世の地域と在村文化》，第 192 页。

（1809 年）来到北京时，叶志诜正好在外地。二人虽然未能见面，但金正喜回国以后，通过书信与叶志诜进行交流。往来于二人之间的文献拓本以及记载物有数百件，多胡碑是其中之一。

那么金正喜又是如何将《多胡碑》摹本赠送给叶志诜的？当时在朝鲜除了成大中从日本带回国的原拓本，可能还有其他各种拓本。从叶志诜的书信内容来看，金正喜赠送给叶志诜的是一本册子。比起直接在日本购得多胡碑的拓本，金正喜将朋友所藏多胡碑拓本借来摹写的可能性更大。金正喜和与多胡碑拓本相关的成大中家族以及赵秉龟家有密切交流关系。特别值得一提的是，金正喜与赵秉龟的叔父赵寅永曾一同前往北汉山调查真兴王巡狩碑，对碑文进行考证，二人之间建立了很深的金石缘分。

（三）第三条途径

与第三条获得《多胡碑》的途径相关的资料是叶志诜于道光十四年（1834 年）二月三日写给金正喜的书信，以及刘喜海的定稿本《海东金石苑》。定稿本《海东金石苑》是在道光十三年（1833 年）间对草稿本《海东金石苑》净写的原稿本，现藏于上海图书馆善本室。① 该书附录的《日本国多胡郡碑》中收录了《多胡碑》双钩本的再摹写碑文，以及赵秉龟的跋文。② 赵秉龟跋文全文如下：

> 多胡，倭郡名。和铜，乃其国元明天皇年号。其四年，即唐睿宗景云二年，距今为一千二百有余年也。乾隆癸未，信使从行者得之，来言碑始沉沦其国。有平鳞者，雅好金石，搜访得之。而癸未，今又七十年，本家宝藏，亦无副本，抚出苦多失真，良可惜也。朝鲜赵秉龟景宝跋。

这里所谓"信使从行者"指的就是成大中。成大中从日本人平鳞处获得《多胡碑》拓本的时间是英祖四十年（1764 年）。乾隆癸未年，指的是英

---

① 刘喜海的《海东金石苑》除收录原拓本的墨本外，还有从属于原稿本系统的草稿本《海东金石苑》与定稿本《海东金石苑》，此后出现的刊本有鲍康刊本、张德容刊本以及刘承幹刊本。

② 同治十二年（1873 年）的鲍康刊本《海东金石苑》中的《日本国多胡郡碑》虽然收录了赵秉龟的跋文，但未收录《多胡碑》原文。

祖三十九年（1763 年），这一年，朝鲜通信使前往日本。赵秉龟在距离癸未年 70 年后的纯祖三十三年（1833 年）制作《多胡碑》双钩本，并写作了跋文。他将《多胡碑》珍本藏于自己家中，又重新摹抄了一份赠给刘喜海。赵秉龟说，摹写本失去了原本的韵味，非常可惜。定稿本《海东金石苑》收录的《多胡碑》是以双钩法摹写的，所使用的底本是赵秉龟的摹写本，也是以双钩法制作的。

那么赵秉龟家中所藏《多胡碑》珍本又是从何而来呢？对这一问题，笔者认为可以从两个方向来思考。第一，当时通信使正使赵曮也有可能从平鳞处获得另外一件多胡碑的拓本。第二，成大中将自家所藏多胡碑的拓本转赠给了赵曮。以上两种假设中，笔者认为后者的可能性更大。原因在于，在各种多胡碑相关文献中，我们只能看到平鳞向成大中赠送拓本的相关记录，而没有平鳞向赵曮赠送的相关记录。成大中在获得《多胡碑》拓本之后，由于未能认识到拓本的真正价值，在很长时间内将拓本藏在箱子中保管。由这一点来看，仅有成大中藏有《多胡碑》拓本的可能性很大。成大中家与赵曮家是世交，赵曮提拔成大中，任命其担任通信使书记一职。赵曮的孙子赵寅永为成大中的文集《青城集》写作过序文。① 成大中与赵曮的孙子赵万勇以及赵寅永曾一起游览过清潭溪谷，并写作了《清潭游轴》的跋文。② 成大中的儿子成海应也与赵寅永、赵秉龟有交游关系。

刘喜海很早就与赵秉龟家中之人有金石方面的交流。赵寅永于纯祖十六年（1816 年）在北京第一次见到了刘喜海。自此以后，他通过中间人向刘喜海寄送过很多海东金石资料。赵秉龟也继叔叔赵寅永之后于纯祖三十年（1830 年）去到北京，见到了刘喜海，与刘喜海结下了金石缘分。刘喜海的《海东金石苑题辞》记载了这一情况。③

综合以上的情况来看，清朝学者获得《多胡碑》从大体来看有三条

---

① 〔朝鲜〕赵寅永：《青城集序》，《青城集》。

② 〔朝鲜〕成大中《青城集》卷八《赵胤卿万永·羲卿寅永清潭游轴跋》。

③ 《海东金石苑·海东金石苑题辞》："爰有云石赵君。"自注："赵云石，名寅永，字义卿，朝鲜人。嘉庆丙子入都。知余有金石癖，于书林中晤之。出行箧所携东碑数十种，悉以见饷。嗣后，每遇鸿便，必有金石之寄。"其中"义卿"是"羲卿"的误记。同篇："竹林继美。"自注："云石小阮，名秉龟，字景宝，亦有金石之好。道光庚寅春日充使来都，即以金石为贽，修旧好焉。"

途径，这三条途径都与朝鲜学者有密切关系。朝鲜人金正喜与赵秉龟各自向清人叶志诜与刘喜海赠送过多胡碑的双钩本。翁方纲获得《多胡碑》双钩本的途径虽然并不明确，但通过朝鲜学者获得的可能性也是很大的。

杉仁的论文对于《多胡碑》摹本等传入清朝学者的途径以图表的形式作了说明，整体上来看并没有太大问题，只是部分地方有错误。[①]

四、清朝学者出版《多胡碑》及其分析

道光十三年（1833年），刘喜海在定稿本《海东金石苑》所载《日本国多胡碑》中收录了以赵秉龟摹写本为底本再次摹写的《多胡碑》原文以及赵秉龟的跋文。刘喜海在解题中说，由于赵秉龟赠送本是装裱好的本子，无法知道原文的行数，但每个字的大小大概为两寸。[②]刘喜海的重新摹写本《多胡碑》是以当时流行的双钩法进行摹写的，原文每半页4行，每行7字。原文最后收录了赵秉龟的跋文。

道光十九年（1839年），叶志诜刊行了《日本残碑双钩本》，为以双钩法摹写的《多胡碑》。诚如书名所显示的，原文首尾残缺。叶志诜在跋文中记载了多胡碑的树碑年代、碑文内容以及出处等相关信息。这里我们只对叶志诜分析多胡碑内容的部分进行考察。

> 日本域地，内有五畿，外有七道，上野国为东山道所属八国之一，本名上毛野，在渡濑河之西，凡隶郡十四，片冈、甘良、多胡、绿野皆其所属。"甘良"，《志》作"甘景"。"中弁"之职有左右之分，当正五位下，秩为朝议大夫，在国为重职，择华族中有才名者居之，执行宫中之事。"太政官"，始设于天智天皇十年，至孝德天皇时，改为"太师"，后仍复原称，为之文官之至极，助理万机。"左右大臣"，设于孝德天皇时，奉行诸政，在太政之次。"亲王"以国后子改立者，初叙三品。妃子初叙四品，任国守事者，惟上野、上总、常隆三国有之，他国则否。"正二位"秩为特进上柱国。"多治

---

① ［日］杉仁：《近世の地域と在村文化》，第196页。

② 定稿本《海东金石苑》附录《日本国多胡郡碑》解题："装本，行数无可考，字径二寸许。"

比"，岛名。"真人""藤原"，皆赐姓；"石上"，亦姓也。此文首尾残阙，似系题名。书势雄伟，类上皇山樵《瘗鹤铭》字。

上野国本名"上毛野"，是东山道八国之一，位于渡濑河西侧，国中有片冈、甘良、多胡、绿野等 14 郡。中弁、太政官、左右大臣、亲王等是日本官职名，不过叶志诜的跋文存在一些问题。

叶志诜说，太政官之职最早于天智天皇十年设置，孝德天皇时期太政官被改名为太师，此后又用回原名太政官。天智天皇十年即 671 年，孝德天皇在位时间为 645 年至 654 年。太政官是孝德大化年间（645—650 年）设置的官职，此后并未改名为太师。① 因此，叶志诜所考证的太政官设置年度以及官职名称有误。

对于多胡碑的书法字体，叶志诜评价："书势雄伟，类上皇山樵《瘗鹤铭》字。"光绪十五年（1889 年），傅云龙所编纂的《日本金石志》说，叶志诜对多胡碑书法字体的评语出自双钩本中所收录的翁方纲的跋文。② 不过在笔者看来，傅云龙的说法存在问题。叶志诜的《日本残碑双钩本》中并无翁方纲跋文，仅仅收录了叶志诜的跋文。不过，不管对多胡碑书法进行评论的人是叶志诜，还是翁方纲，都可以说明清朝学者对于多胡碑的书法给予了很高评价，这是毫无疑问的。③ 雷志雄对此碑书法也有评论："此碑的书法风格仍保持着舒展宽适的结体，朴素放逸的笔致，悠悠然似野鹤闲云，一派六朝古风，无怪乎倾心于碑学的清代金石学家对其也不作等闲观。"④

叶志诜的《日本残碑双钩本》后来在金石学者之间广为流传。赵之谦于同治三年（1864 年）编纂的《补寰宇访碑录》卷三就收录了《日本国片冈绿野甘良三郡题名残碑》。赵之谦记载称此碑以正楷书写，建造于和铜四年（711 年），原名多胡郡碑。赵志谦还记载，此碑由日本人平鳞

① 参照《望堂金石·日本题铭残碑》注释。
② 傅云龙《日本金石志》："叶氏双钩刻本，翁氏方纲跋云，可与焦山《瘗鹤铭》并峙，诚重也。"（转引自［日］杉仁，《近世の地域と在村文化》，第 193 页）
③ 《瘗鹤铭》是梁天监十三年（514 年）上皇山樵于长江焦山绝壁上所刻，后因壁石破裂，沉入江中。清康熙年间，它被打捞出来。翁方纲获得了《瘗鹤铭》的残石拓本，并写为之写了跋文。（《跋瘗鹤铭》《跋瘗鹤铭二种》《跋御书瘗鹤铭》）
④ 雷志雄：《日本金石举要》，湖北美术出版社 1998 年版，第 54－55 页。

从地下发现，后为朝鲜人成氏所藏，有叶志诜摹写本。① 从收录的内容来看，赵之谦的解题内容出自叶志诜的跋文。

清代学者杨守敬在自己文集中引用了叶志诜的《日本残碑双钩本》，杨守敬甚至将此本重新刊行。《激素飞清阁评碑记》是杨守敬于同治六年（1867 年）至同治七年（1868 年）间编纂的历代碑帖录。该书卷三的《日本国片冈绿野甘良三郡题名碑》收录了赵之谦的解题内容。同时，杨守敬还说，此碑书法雄壮、格调高古，接近唐代颜真卿书体。② 《楷法溯源》是杨守敬与潘存集合楷书字体于光绪四年（1878 年）刊行的一本册子。《楷法溯源所采古碑目录》记载了二人参考过的古碑目录，其中就有《日本国片冈绿野甘良三郡题名碑》。其所收录的内容与《激素飞清阁评碑记》是一致的。③

《望堂金石》（又名《激素飞清阁摹刻金石文字》）是杨守敬对历代著名碑石以双钩法摹写后刊行的一本册子，出版于同治、宣统年间。现在很多图书馆都藏有此书，卷册数各不相同，版本种类很多。《望堂金石》初集中收录了《日本题名残碑》。《日本题名残碑》以叶志诜的《日本残碑双钩本》为底本，再次以双钩法摹写后刊行。封面题写《日本题名残碑》，墨记写着"宜都杨氏飞青阁校刊"（单栏双行），在双钩本《多胡碑》原文之后，收录了叶志诜的跋文。接下来的一行是题记，题记记载"同治辛未年（同治十年，1871 年）杨守敬刊于激素飞清阁"。《寰宇贞石图》是杨守敬收集历代碑刻照片于光绪八年（1882 年）编纂的一本册子。该书中收录了和铜四年（711 年）立的多胡郡碑的拓本照片。

宣统元年（1909 年），叶昌炽编纂了《语石》一书。该书卷二《日本二则》收录了《多胡碑》的内容。

---

① 《补寰与访碑录》卷三《日本国片冈绿野甘良三郡题名残碑》："正书。和铜四年三月九日甲寅，考为景云二年辛未。旧题《多胡郡碑》。传为日本人平鳞得之土中，后藏朝鲜成氏。湖北汉阳叶氏摹本。"

② 《激素飞清阁评碑记》卷三《日本国片冈绿野甘良三郡题名碑》："正书。和铜四年三月，考为景云二年辛亥。旧题《多胡郡碑》。传为日本人平鳞得之土中，后藏朝鲜成氏。余所见系汉阳叶氏摹本。书法雄古，颜鲁公近之。"

③ 《楷法溯源·楷法溯源所采古碑目录》中《日本国片冈绿野甘良三郡题名碑》："和铜四年三月九日甲寅，考为景云二年辛未。旧题《多胡郡碑》。传为日本人平鳞得之土中，后藏朝鲜成氏。湖北汉阳叶氏拓本。"

东武录丽碑毕，附录日本石刻四通，惟多贺郡一碑有朝鲜赵秉龟跋，尚是秉龟奉使扶桑，携至中土者，其难得可知。覃溪以多贺郡碑与《瘗鹤铭》并重，称为日本残碑。实未残也。

这里的"多贺郡碑"是"多胡郡碑"的误记，"东武"指的是刘喜海，"丽碑"指的是《海东金石苑》。《海东金石苑》收录了《日本国多胡郡碑》《日本多贺城壶石碑》《日本佛足石碑》《江岛碑（大日本江鸟灵迹建寺之役）》四种日本古碑。叶昌炽说，日本古碑中附有赵秉龟跋文的是《日本国多胡郡碑》，其他三种没有任何解题文字。这显然是叶昌炽的误记。

此外，叶昌炽的记载还有不少其他错误。叶昌炽记载，赵秉龟曾作为使臣前往日本，而事实上赵秉龟从未去过日本，从日本获得多胡碑拓本的人是成大中。再如，叶昌炽说，翁方纲十分重视多胡郡碑与《瘗鹤铭》。叶昌炽的这一说法可能来自叶志诜《日本残碑双钩本》与傅云龙《日本金石志》的记录。在上文中我们提到，将多胡碑的书法与《瘗鹤铭》相提并论的人是叶志诜，而不是翁方纲。

叶志诜在看到《多胡碑》双钩本首尾残缺的状态后，将《多胡碑》改名为《日本残碑双钩本》。此后，赵之谦与杨守敬根据叶志诜的记录，也将此碑记载为"多胡碑残碑"。对此叶昌炽说，多胡碑并非残碑，而是全碑，对前人的记录作了修正。

笔者曾在台北"国家图书馆"善本室对《多胡碑》拓本做过调查。该拓本的藏书号为"拓本 3376 号"，为墨拓。使用纸张为楮纸 1 幅，尺寸为 158 cm×66 cm。善本室目录记载"高丽和铜四年碑"，实际上当改为"日本和铜四年碑"。另外，善本室目录对于此碑的建造年代记作"唐景龙年间"（707—709 年），当改为"景云二年"（711 年）。

五、结　论

多胡碑是日本三大古碑之一，是连接东亚三国学者之间金石之缘的重要金石文献。该碑建造于和铜四年（711 年），建造以后，在很长时间内被深埋于地下。宝历年间平鳞景瑞与道斋发掘出石碑，此碑才得以重见天日。平鳞将此碑赠给于宝历、明和之际（1764 年）到日本的朝鲜通信使成大中，纯祖年间朝鲜燕行使在前往北京时，成大中又将多胡碑的摹写本赠送给清朝学者。清朝学者获得《多胡碑》的途径有三：第一，嘉庆末年，翁方纲向弟子叶志诜赠送过双钩摹写本；第二，道光十四年（1834年）金正喜向叶志诜赠送过装裱本；第三，道光十三年（1833年），赵秉龟向刘喜海赠送过双钩摹写本。此后，叶志诜、杨守敬等清朝金石学者或者对《多胡碑》进行再次摹写，或者刊行了此碑的照片。此外，也有一些相关记录记载了多胡碑的碑文内容、书法字体以及流通过程等信息。

在本附录最后，笔者简单陈述几点感受。日本人非常重视多胡碑。在第二次世界大战期间，美军反攻日本本土时，日本人担心此碑毁于战火，于是再次将此碑埋在地下。① 现在在日本群马县多野郡吉井町甚至还建立了专门的多胡碑纪念馆。日本人对多胡碑的重视，与过去《多胡碑》摹本在东亚三国之间流传的历史事实是一脉相通的。朝鲜与清朝学者对于远在日本列岛的这件古碑十分关注。因此，对于生活在21世纪的我们来说，有必要重新思考多胡碑所蕴含的意义。同时，笔者认为，我们有必要进一步探索东亚三国文化交流与共享的方案和途径。

---

① 雷志雄：《日本金石举要》，第 55 页。

第二编
传入朝鲜半岛的
中国金石文献

第十一章　对岣嵝碑拓本传入朝鲜半岛及摹刻情况的考察

一、引　言

"大禹治水"中的大禹是一位传说中擅长治水的伟大圣君。洪水泛滥，大禹奉舜帝之命治水，怀抱救助百姓的信念，经过多年努力，最后终于将泛滥的河水引入大海，治水取得成功。然而在治水的过程中，大禹一度未能掌握治水诀窍，经历了不少困难。一天，大禹登上衡山，向天地神明询问治水之策，以白马之血行祭祀之礼。当晚，一位身着红衣的水使奉天帝之命出现在大禹梦中，他将金简玉书授给大禹，这样大禹才治水成功。[①] 岣嵝碑就是为纪念大禹在衡山获得金简玉书后治水成功而树立的石碑。此后有很多人登上衡山寻找记载着大禹治水功绩的岣嵝碑。另外，很多地方也立了摹刻岣嵝碑的碑石。时至今日，岣嵝碑仍受到世人的关注。人们以大禹史迹相关地区为中心，树立摹刻岣嵝碑的碑石，或者建造观光史迹，或者开发文化产业。

朝鲜半岛对岣嵝碑也极为关注。自朝鲜王朝中期岣嵝碑的拓本传入朝鲜半岛以来，很多朝鲜人对于此碑作过品评，或者摹写过这件作品。此外，许穆等书法家领会岣嵝碑刻字的妙处，参考岣嵝碑所刻字的形态发明了新字体。现在我们在很多图书馆与博物馆都能轻易找到岣嵝碑的拓本，或者以其字体创作的作品。

笔者在多年前就开始关注岣嵝碑，对相关文献和文物做过调查。同时，对从中国传入朝鲜半岛的碑石的源流与变迁做过考察。特别是在

---

① 《吴越春秋》卷四《越王无余外传》："禹乃东巡，登衡岳，血白马以祭，不幸所求。禹乃登山仰天而啸，因梦见赤绣衣男子，自称玄夷苍水使者，闻帝使文命于斯，故来候之。非厥岁月，将告以期，无为戏吟。故倚歌覆釜之山，东顾谓禹曰：欲得我山神书者，斋于黄帝岩岳之下三月，庚子登山发石，金简之书存矣。禹退又斋三月，庚子登宛委山，发金简之书。案金简玉字，得通水之理。"（四库全书第463册，第39页）

2013 年 8 月，笔者亲自前往中国，登上了最早树立岣嵝碑的衡山，也探访过摹刻有岣嵝碑的重要地区，亲自在现场对其进行直观感受。这次，笔者综合过去分析过的资料，并将其分为两部分进行考察。本章首先考察中国岣嵝碑的存在与发展以及摹刻情况，同时也对此碑拓本传入朝鲜半岛以后的流传与变异情况进行考察。

二、岣嵝碑的名称与释文概况

在正式讨论之前，我们先梳理一下岣嵝碑的名称。各种文献对于岣嵝碑有不同的称呼，如禹碑、大禹碑、神禹碑、禹王碑、夏碑、夏禹碑。这些名称基本都提到了大禹，或以"神禹"或"禹王"来尊称大禹，而夏碑、夏禹碑等名称涉及禹所建立的国家夏朝。而岣嵝碑这一名称出自中国的岣嵝山这一地名。本章使用在韩国学界知名度较高、使用较为频繁的"岣嵝碑"这一名称。

历代文献记载的岣嵝碑传说有逐渐神秘化的倾向。很多名人曾登上衡山寻找岣嵝碑。中国各地也出现了很多摹刻岣嵝碑铭刻的碑石。在今天，与大禹相关的史迹或者水利相关机构都会向世人讲述岣嵝碑与大禹治水的传说。然而，岣嵝碑是否确实为大禹所留下之物？对此，自古以来就存在争论。清人吴玉搢记载，顾炎武等人认为岣嵝碑是伪作，引起一时争论。① 清代《四库全书》也记载，岣嵝碑是伪作的事实是世人皆知的。② 中国现代文学的奠基人鲁迅认为是道士的伪作。③ 朝鲜著名书法家金正喜也认为岣嵝碑是后世之人的伪作。④ 以上诸人判定岣嵝碑为伪作的理由各

---

① 〔清〕吴玉搢《金石存》卷二《夏禹碑》："不知二家竟何所依处，而确知为某字某字，至不得已托诸鬼神梦寐，以为征无乃英雄欺人乎？故顾亭林辈皆訾以为伪作。"（函海本，卷二，第 2b - 3a 页）

② 《钦定四库全书总目》卷一九二《金石古文》："明杨慎撰，……是编所采，皆金石之文，上起古初，下迄于汉，然真伪错杂，殊多疏漏，如阳虚石室，仓颉文，岣嵝禹碑，庐山禹刻，比干铜盘铭，皆显然伪撰，人所共知，而列以冠首，岂足传信。"（四库全书第五册，第 139 页）

③ 《鲁迅全集·门外文谈》："夏禹的'岣嵝碑'是道士们假造的；现在我们能在实物上看见的最古的文字，只有商朝的甲骨和钟鼎文。"（人民文学出版社 2005 年版，第六卷，第 87 页）

④ 〔朝鲜〕金正喜《阮堂全集》卷四《与金黄山逌根》："岣嵝碑，后人赝作也。"（韩国文集丛刊本，第 301 册，第 73 页）。

有不同。尽管如此，他们大都认为，与其说碑文上所刻的是文字，倒不如说是图像更准确。同时，他们也认为岣嵝碑上的文字与中国各种传统的字体不同，与 20 世纪以后考古学成果——甲骨文、金文以及战国时代出土的器物上的文字亦不同。

自明代杨慎开始就有不同学者对此碑进行释读，明代先后有沈镒、杨时乔、郎瑛、王朝辅，清代杜壹、张九钺，以及近来童文杰、曹锦炎、刘志一等人先后对岣嵝碑进行释读。明清时期各种释文内容互不相同，不过释文内容大多关涉大禹治水的功绩。近年学界出现了各种不同的释文，如将岣嵝碑上的文字视作原始符号，或汉代图章体①，或者将碑上的文字视作春秋战国时期越国和楚国的文字②，即将碑文视作越王不寿二年（公元前 457 年）朱句向衡山之神献上的祈愿文③，或者是将碑文视作楚庄王三年（公元前 611 年）楚国在消灭附属国之后写作的纪功文。④ 不过，以上这些观点都未得到学界公认，难免在将来很长一段时间内会继续引起争论。尽管如此，随着考古学的不断发展和考古成果的不断出现，我们虽然不能知道确切的树碑时间，但可以对碑石上的内容作正确的分析。如果这一天到来的话，那么岣嵝碑是否会成为中国的《贝希斯敦铭文》也未可知。⑤《贝希斯敦铭文》是于 1835 年发现的公元前凿刻于伊朗的贝希斯敦山悬崖上的铭文，该铭文以古代文字书写，被发现后颠覆了中东的古代历史，是非常珍贵的文化遗产。

三、岣嵝碑在衡山的所在地及探访记录

我们先来考察一下岣嵝碑的所在地。虽然此前有传说称岣嵝碑位于大禹治水传说的发祥地——衡山，但文献对此的记载各不相同。具体的地点

①　胡滔滔：《禹王碑溯源》，载《档案时空》2007 年第 5 期，第 47 页。

②　高景成：《岣嵝碑文应是春秋战国间文字》，见《南岳志》，湖南出版社 1996 年版，第 509 - 511 页。

③　曹锦炎：《岣嵝碑研究》，见《南岳志》，湖南出版社 1996 年版，第 513 - 517 页。

④　《岳麓山千年谜团禹王碑，至今仍无人能破译其内容》，载《东方新报》2005 月 4 月 7 日。

⑤　张齐政、汤克雄、李嘉荣：《衡山文化遗产的特征与价值》，载《船山学刊》2008 年 4 期，第 61 页。

有云密峰、岣嵝峰、祝融峰、碧云峰，各种说法中提到最多的是云密峰与岣嵝峰。比如，宋人陈田夫在《南岳总胜集》中就持这种观点。在"云密峰"条中，作者写到，云密峰半山腰有大禹以蝌蚪文字写作的碑石。①另外在"岣嵝峰"条中，引用刘宋时期徐灵期的《衡山记》，称大禹用蝌蚪文字写成的碑石位于云密峰，但在这一条的题目中却记作岣嵝峰，自相矛盾。② 又如，张世南在《游宦纪闻》中写到，何致在得知岣嵝山有岣嵝碑的消息后，前往了隐真屏（一作隐真坪、隐真平）。③ 而隐真屏是位于云密峰山下的一个地方，离今天的岣嵝山很远。

衡山，行政区划上今属湖南省衡阳市南岳区。主峰祝融峰海拔1300.2米，名称来源于火神祝融。云密峰位于祝融峰东侧，是位于紫盖峰下的一座山峰，海拔1020米，被誉为南岳五峰之一，具有很高的知名度。"云密"意为山势高耸、云彩密集。云密峰山下有隐真屏、云峰村等。岣嵝峰位于衡阳市岣嵝乡，从衡山祝融峰一直往西南延展约数十公里，海拔951.5米。对于岣嵝峰之名的来由，有两种说法：一种说法认为地名来自星宿翼宿与离宫；一种说法认为，因山峰像人身体弯曲的形象，遂命名为岣嵝峰。④ 碧云峰位于衡山白石峰西侧，海拔1050米，由于唐代懒残和尚曾在此处采药草，因此此峰也被称为采药峰。⑤ 今天看来，这些地点为不同山峰的名称，特别是云密峰与岣嵝峰，二者距离十分遥远。

以上分析是从现代地理学的概念出发的。古代衡山的地理概念要比今天衡山的概念范围更广。三国时魏人张揖在《广雅》中将岣嵝峰称为衡山。⑥ 晋人郭璞在《山海经注释》中写到，衡山及南岳，俗名岣嵝山。⑦

---

① 《南岳总胜集》卷上《云密峰》："峰半有禹碑，禹王至此，量之高四千一十丈，皆蝌蚪之书。"（大正新修大藏经本，第51册，第1058页）

② 《南岳总胜集》卷上《岣嵝峰》："徐灵期《衡山记》云：云密峰有禹治水碑，皆蝌蚪文字。碑下有石坛，流水萦之，最为胜绝。"（大正新修大藏经本，第51册，第1061页）

③ 《游宦纪闻》卷八："何贤良，名致，字子一。嘉定壬申游南岳，至祝融峰下。按岳山图，禹碑在岣嵝山。询樵者，谓采樵其上，见石壁有数十字。何意必此碑。俾之前导，过隐真屏，复渡一二小涧，攀萝扪葛至碑所。"（四库全书第864册，第629页）

④ 胡健生：《南岳旅游文化概论》，岳麓书社1999年版，第33、36、37、39页。

⑤ 胡健生：《南岳旅游文化概论》，第51页。

⑥ 《广雅》卷九《释山》："岣嵝谓之衡山。"（四库全书第221册，第463页）

⑦ 《山海经》卷五《中山经》注："郭璞云：今衡山在衡阳湘南县，南岳也。俗谓之岣嵝山。"（里仁书局本，第171页）

二人将南岳衡山与岣嵝山视作同一座山。刘宋时期的徐灵期在《南岳记》中写到，南岳方圆 800 里，从回雁一直延展到岳麓。① 回雁峰位于衡阳市雁峰区，岳麓山一名灵麓峰，位于长沙市岳麓区。徐灵期说衡山广 800 里，可见衡山囊括了很大一片区域。

此外，古人对于衡山还有衡山五峰、衡山七十二峰的说法。唐人李冲昭写的《南岳小录》将祝融峰、紫盖峰、云密峰、天柱峰、石廪峰合称为南岳五峰。② 这里的石廪峰俗称雷钵岭，位于衡山县界牌镇，与今天南岳衡山的行政区划不同。又，曾多次游览南岳的宋人陈田夫在《南岳总胜集》中，将祝融峰、紫盖峰、云密峰、石廪峰、天柱峰、朝日峰、侧刀峰、碧螺峰、碧云峰、灵麓峰、岣嵝峰、回雁峰等合称七十二峰。衡州地方志《嘉靖衡州府志》、明人萧从云的《南岳七十二峰》，以及清人李祀柳的《七十二峰歌》所记载的七十二峰，与《南岳总胜集》的记载略有不同。这些书所谓的"七十二峰"都将岣嵝峰与云密峰囊括在内。

综合以上情况来看，前人记载的岣嵝峰出自"衡山"这一古地名，如今我们很难指出岣嵝峰具体所在位置。

接下来我们看一下与岣嵝峰相关的记载及对其解释的变化。刘宋时期，徐灵期在《衡山记》中写道，云密峰有大禹治水碑，皆以蝌蚪文字写成。他另外还写道，治水碑下有石坛，石坛下水流湍急，甚是壮美。这段记载不知是出自《衡山记》的正文，还是后人所追记的。③ 徐灵期的《衡山记》虽然是对衡山进行记载的早期文献，但很早亡佚，只能通过散见于后代文献的部分文字了解原书一部分内容。徐灵期所说的大禹治水碑是否就是今天我们所看到的岣嵝碑的摹刻？对此难以论定，不过最起码可以说，中国古代很早就流传着衡山地区有大禹碑这一传说。

近年经常被提到的论及岣嵝碑的前人文献，有东晋罗含的《湘中记》和梁代刘显的《粹玑录》。然而这两部书的记录是否可信，需要我们予以慎重考察。

罗含的《湘中记》对于晋代境内的山水作了记载。该书大概于南宋

① 《雍正湖广通志》卷十一《山川志·长沙府·善化县》："徐灵期《南岳记》：南岳周围八百里，回雁为首，岳麓为足。"（四库全书第 531 册，第 322 页）

② 参考《南岳小录》"五峰"。

③ 《南岳总胜集》卷上《岣嵝峰》："徐灵期《衡山记》云：云密峰有禹治水碑，皆蝌蚪文字。碑下有石坛，流水萦之，最为胜绝。"（大正新修大藏经本，第 51 册，第 1066 页）

末年亡佚，书中一些内容散见于后代其他文献中。由前人引用《湘中记》中岣嵝碑的相关记录来看，人们对于这一记录的解释有逐渐夸大的倾向。北宋欧阳忞的《舆地广记》与南宋王应麟的《玉海》等文献记载，岣嵝山上有大禹治水时使用过的玉牒，大禹曾登上岣嵝山远望衡山，云彩飘来。① 与此不同的是，在明人陈耀文的《天中记》以及清雍正年间编纂的《湖广通志》等文献中，《湘中记》原文与后人的追记难以区分，不过都认为岣嵝碑位于岣嵝山。② 从提到岣嵝碑的论著来看，这些论著都依据明清文献引《湘中记》中的相关记录，将《湘中记》中的相关记录视作岣嵝碑镌刻于衡山的有力证据。

刘显的《粹玑录》记载，齐高帝萧道成之子萧铄被册封为桂阳王时，成翳曾游览衡山，获得《岣嵝碑》，并将其献给桂阳王。桂阳王将《岣嵝碑》镌刻于石上，这才传了下来。③ 萧铄被封为桂阳王是在南朝齐建元元年（479 年）。然而问题是，刘显的《粹玑录》是一部出处不明的著作。从各种图书馆及古籍目录中都找不到关于刘显《粹玑录》的相关信息。虽然近年出现的各种衡山相关文献均引用了刘显《粹玑录》中关于岣嵝碑的记录，但这些文献都未指出原文出处，记录本身有多大的可信度依旧存疑。

与《粹玑录》情况相似的还有另外一部著作。近年经常提到的与衡山相关的研究，还有晚唐徐彦《五宗禅林观空录》中关于岣嵝碑的记录。记录称，和尚永昙追寻衡山上发出的光芒，登上岣嵝峰山顶，拨开藤蔓，找到一个洞窟。进入洞中一看，石壁上有以拳头大小蝌蚪文字镌刻的碑

---

① 〔宋〕欧阳忞《舆地广记》卷二六《荆湖南路》："《湘中记》曰：衡山有玉牒，禹案其文以治水。遥望衡山如阵云。"（四库全书第 471 册，第 435 页）；〔宋〕王应麟《玉海》卷八七《器用·圭璧·禹玉牒》："《湘中记》曰：衡山有玉牒，禹案其文以治水。遥望衡山如阵云。"（四库全书第 945 册，第 363 页）

② 〔明〕陈耀文《天中记》卷八《衡山》："《湘中记》：岣嵝山有玉牒，禹案其文以治水。上有禹碑。"（四库全书第 965 册，第 339 页）；《雍正湖广通志》卷十一《山川志·长沙府·衡阳县》："《湘中记》：岣嵝山有玉牒，禹案其文以治水。上有禹碑。"（四库全书第 531 册，第 332 页）

③ 〔南朝梁〕刘显《粹玑录》："萧齐高祖子铄封桂阳王，时有山人成翳游衡岳，得禹碑，摹献之王。王宝之，爰采佳石翻刻，始见于世。"（转引自曹锦炎《岣嵝碑研究》，见《南岳志》，湖南出版社 1996 年版，第 94、514 页）

文，这就是自古以来传说的大禹治水纪功碑。① 记载称，在位于衡山岣嵝峰山顶的洞穴中发现了岣嵝碑。但直到今天，从未有任何报道称在衡山山顶有什么石洞或石窟。② 此外，所谓佛教秘籍的《五宗禅林观空录》的文献出处不明，这一记录有多大的可信度也是一个问题。③

综合以上情况来看，引用六朝时期《湘中记》《粹玑录》，唐末《五宗禅林观空录》等文献，这些文献中的原文与注文界限模糊，原文出处不明，有待将来作更为细致的考证。

值得一提的是，中唐时期亦有著名人物前往寻找岣嵝碑并留下了相关记录，这些记录引起了当时人们对岣嵝碑的兴趣。永贞元年（805 年），韩愈登上衡山，为了寻找青字赤石的神禹碑而四处探访，但最终还是未能找到碑石，于是只能感叹此碑只能为道人所见。④ 十年后的元和十年（815 年），刘禹锡登上衡山，在听说祝融峰下有以奇异文字刻成的岣嵝碑后，为了找到此碑，登上"青冥结精气"的衡山，凝神远望。不过最终还是未能如愿以偿。⑤ 韩愈与刘禹锡登上衡山，但还是未能找到岣嵝碑，自在情理之中。在现代，即便已建成了便于人们游览的南岳衡山风景区，山势也仍是险峻，要想登顶也并非易事。而在古代，诚如韩愈在诗中所说的，郁郁葱葱的山林中猿猴悲鸣，山中或许有野人出没。在这种条件下，要想寻找碑石，显然不得不经历无法言说的困难并付出艰辛的努力。尤其

---

① 〔唐〕徐彦《五宗禅林观空录》："迁徙永昌上衡山岣嵝峰，一夕起溺，忽见光芒彻窗壁如火，惊出视其光发自峰，椒林草石皆赤，逾时乃灭。翌日，率众徒负锄攀援陟览，得石洞，蒙茸翳蔽，斩棘而入。洞壁有蝌蚪书，字大如拳，不可识。因忆峰顶传禹碑，循环觅，无之，疑此是也。昙默溯上古未有碑名，皆云立碑，益信大禹纪绩非碑，乃镌岩石耳。"（转引自曹锦炎，《岣嵝碑研究》，见《南岳志》，湖南出版社 1996 年版，第 94、514－515 页）

② 康华楚：《南岳云密禹碑续探》，见《南岳志》，湖南出版社 1996 年版，第 512 页。

③ 2013 年 8 月，笔者见到了《南岳志》（湖南出版社 1996 年版）的编纂人员，请教了刘显《粹玑录》与徐彦《五宗禅林观空录》的出处问题。编纂人员称书中相关内容是从他人著作中转引而来，也并不清楚原文的出处。

④ 《韩昌黎诗系年集释》卷三《岣嵝山》："岣嵝山尖神禹碑，字青石赤形摹奇。科斗拳身薤倒披，鸾飘凤泊拿虎螭。事严迹秘鬼莫窥，道人独上偶见之。我来咨嗟涕涟洏，千搜万索何处有，森森绿树猿猱悲。"（上海古籍出版社 1984 年版，第 284－287 页）

⑤ 《刘宾客文集》卷二八《送李策秀才还湖南，因寄幕中亲故兼简衡州吕八郎中》："尝闻祝融峰，上有神禹铭。古石琅玕姿，秘文螭虎形。"（畿辅丛书本，卷二八，第 8a 页）卷二三《望衡山》："东南倚盖卑，维岳资柱石。前当祝融居，上拂朱鸟翮。青冥结精气，磅礴宣地脉。还闻肤寸阴，能致弥天泽。"（第 4a－4b 页）

是在并不清楚碑石准确位置的情况下贸然寻找，要想找到碑石几乎是不可能的事情。

此后，碑石的存在被逐渐神圣化。唐末李冲昭在《南岳小录》中记载，治水的大禹登上云密峰立碑石，在碑石上以蝌蚪文字书写碑文。近来虽有樵夫见过此碑，但此后碑石再也没有出现过。① 书中还记载说，岣嵝碑如同有神灵所佑一般，人们在寻找石碑时，它就会隐身不见。于是，人们认为其是不属于人间的秘宝，碑石被赋予了神秘的色彩。

四、何致岣嵝碑刻本与后代摹刻本

南宋张世南的《游宦纪闻》收录了后人在考察岣嵝碑存在与否时必会提到的记录。

该书卷八写道：

> 何贤良，名致，字子一。嘉定壬申游南岳，至祝融峰下。按岳山图，禹碑在岣嵝山。询樵者，谓采樵其上，见石壁有数十字。何意必此碑，俾之导前，过隐真屏，复渡一二小涧，攀萝扪葛至碑所。为苔藓封，剥读之，得古篆五十余字，外癸酉二字，俱难识……而其形模果为奇特。② 字高阔约五寸许。取随行市买，历碑而模之，字每摹二，虽墨浓淡不匀，体画却不甚模糊。归旅舍，方凑成本。何过长沙，以一献曹十连彦约，并柳子厚所作及书"般舟和尚"第二碑，以一揭座右，自为宝玩。曹喜甚，牒衡山令搜访柳碑。本在上封寺，僧法圆中以去冬雪多冻裂。禹碑自昔人罕见之，反疑何取之他处以诳曹。何遂刻之岳麓书院后巨石，但令解柳碑来，匣之郡庠而已。

文中"嘉定壬申"即1212年。这一年，何致登上南岳即衡山山顶祝融峰游览。文献记载此处有岣嵝碑。另外，何致也从樵夫口中得知这一点，这让他倍受鼓舞。于是，他让樵夫走在前面，前往现场调查。在先后经过隐

---

① 《南岳小录》"五峰"条："云密峰，昔夏禹治水，登此峰立碑，纪其山高下丈尺，皆科斗文字。近代樵人，或有遇者，其碑至灵，隐而不见。"（四库全书第584册，第4页）

② 《游宦纪闻》鲍廷博校刊："而字，疑误。"（知不足斋丛书本，卷八，第7b–8a页）

真屏与小溪之后，越过藤蔓缠绕、葛根弥漫的危险地带，来到岣嵝碑所在之处，制作了两件岣嵝碑的拓本。同时，何致还制作了上封寺①中柳宗元的南岳般舟和尚第二碑的拓本。此后，他在长沙见到曹彦约，将两件碑石的拓本赠给了曹彦约。曹彦约将此事告知衡山地方长官，并令其寻找原碑石。后传来让他颇感意外的答复。据僧人法圆所说，柳宗元碑于去冬因受冻被破坏；而岣嵝碑自古以来见者少。在法圆看来，何致欺骗了曹彦约。对此，何致称自己并未撒谎。他将岣嵝碑的碑文刻在了长沙岳麓书院的后面即岳麓山岩壁之上。这是岣嵝碑在其他地方第一次被摹刻的事情经过。

对于何致制作岣嵝碑拓本的记录，有很多值得讨论的问题。明清时期学者王世贞、季本、顾炎武等人曾说《岣嵝碑》原碑石不存，对于何致摹刻岣嵝碑之事持怀疑态度。② 主要原因很简单，那就是《岣嵝碑》原碑石实际上并不存在，此碑自古亡佚不传。既然如此，那么此碑被宋人何致首次发现的说法就是值得怀疑的。

在此基础之上，笔者提出如下疑问。第一，字数上的不一致。上文提到何致找到了岣嵝碑，并释读出碑石上有五十余字。而岳麓山岣嵝碑却有77 字。此外，何致确认了碑文中的"癸酉"二字，但其文字本身就很难判读。因此，何致确认的"癸酉"二字是否为他自己的随意解释？笔者表示怀疑。此外，在前人对《岣嵝碑》的各种释文中并没有"癸酉"二字。

第二，柳宗元《南岳般舟和尚第二碑》原碑石的存在问题。虽然《南岳般舟和尚第二碑》见载于柳宗元的文集《柳河东集》中，但北宋时

---

① 上封寺位于衡山祝融峰一带，原名光天观，供奉南岳司天霍王。隋大业年间（605—618年），隋炀帝下令在山上建座寺院。这座寺院在明嘉靖、清康熙、同治年间得以重修。不久以后倒塌。民国年间僧人宝生重建此寺，成为南岳五大丛林之一。此寺于1950 年被火烧毁。1980 年再次重建。参考胡健生《南岳旅游文化概论》，岳麓书社1999 年版，第94 页。

② 〔清〕李元度《重游岳麓记》载："遂观禹篆，考禹登衡岳，发金简玉书，见《吴越春秋》。然昌黎诗即云：千搜万索何处有。时已不可得见。宋嘉定间，何致游祝融峰，樵子导，抚禹碑，得七十七字，始刻诸岳麓，而祝融峰后无见者，殆神物隐见无常邪？明长沙守潘镒得宋刻土中，于是杨慎、郎瑛、杨时乔、沈镒各以意释其文，而弇州、彭山、亭林诸家并疑为赝，鼎存而不论可也。"（《小方壶斋舆地丛钞》，第4 帙，第57a 页）

欧阳修就指出过，这是后人伪造的柳宗元碑石。[1] 何致制作的碑文拓本根据的是柳宗元的原碑石，还是后人伪造的碑石？对此，我们难以确认。另外，各种衡山相关文献并未提到过衡山上有南岳般舟和尚第二碑。更不用说何致在制作拓本时，石碑恰好因天寒地冻而破损。这种偶然性也难以令人信服。

综合以上情况来看，张世南《游宦纪闻》中所谓何致据岣嵝碑制作拓本的这一说法并不可信。

不过这里有一点需要注意的是，虽然张世南的记录不可信，但也不能因此就断定何致并未登过衡山。张世南的记录中提到的祝融峰、隐真坪、上封寺等都是衡山固有的地名。当然，这些地名可以通过与衡山相关文献得知，却并非外人可轻易可获知的，尤其隐真坪是衡山云密峰下一块孤荒地区的地名，因此，也不能排除何致直接前往衡山寻找的可能性。

由此，有必要将何致前往衡山地区寻找碑石的记录与岣嵝碑实际存在的记录分开进行讨论。

据传是何致所刻的岳麓山岣嵝碑，成为后代各种摹刻本的底本，在流传和翻刻《岣嵝碑》的过程中发挥了很大的作用。岳麓山位于长沙湘江西侧，高 300.8 米，是古代南岳七十二峰之一，于 1975 年建立了岳麓山公园。公园内建有岳麓书院、爱晚亭、麓山寺、云麓宫等。沿着公园南侧入口处的山路拾级而上，能看到在山顶附近有一建筑物，继续沿着旁边的山路拾级而上大约 100 米，再走一段下坡路，就能看到一个小小的建筑物，这个建筑物就是保管岣嵝碑碑石的碑亭。

岳麓山岣嵝碑的碑石高 1.94 米，宽 1.4 米，文字大小为 16 厘米。碑文 9 行，共计 77 字。碑文末尾有以楷书书写的关于何致事迹的跋文。跋文写到，岣嵝碑位于南岳碧云峰石壁之间水流湍急的石潭之上。何致找到此处，称碑上所刻文字都是虞夏时期文字。[2] 碧云峰是南岳七十二峰之一。

岳麓山岣嵝碑的碑石上端镶嵌着一块石头，石头上刻着"禹碑/中华民国廿四年六月重建碑亭周翰勒石"字样。碑亭柱子上刻着尹次致所写

---

① 〔宋〕欧阳修《集古录》卷八《唐柳宗元般舟和尚碑》："右般舟和尚碑，柳宗元撰并书。子厚所书碑世颇多有，书既非工，而字画多不同，疑喜子厚者窃借其名以为重。"（四库全书第 681 册，第 117 页）

② 岳麓山岣嵝碑末尾写道："右帝禹刻，南岳碧云峰壁间，水绕石坛之上，何致子一以论事去国寻幽得之，众谓虞夏之书，刊之于此，详记在山下。"

"凛然"二字。刻有岣嵝碑的岩壁周围有后人刻写的字迹，碑亭左侧岩壁
上刻着明人游汝楠所写的《读神禹碑歌》，末尾记载："嘉靖十有九年冬
至湖广按察司提学金事闽中游汝楠题。"书法作者是善化（今湖南长沙）
生员张僎。所谓"嘉靖十有九年"即 1540 年。旁边是张志才书、游□钟
撰"大宋嘉定禹碑刻成乐舞增光"。碑亭右边岩壁上是乾隆二十一年
（1756 年）岳麓书院欧阳正焕以大题楷书所写"大观"二字，旁边是民
国二十三年（1934 年）陈兴亚留下的字迹"民国甲戌九月禹夏遗风海城
陈兴亚题"。

嘉靖三十年（1551 年），长沙知府张西铭为了保护岳麓山岣嵝碑，建造
了碑亭。崇祯三年（1630 年），长沙兵道石维岳重修碑亭。不久，碑亭被
毁。康熙二十六年（1687 年），湖南布政使黄震性重建碑亭。[1] 1935 年，湖
南省会警备司令部参谋长周翰大力重修碑亭。岳麓山岣嵝碑于 1983 年被评
为湖南省级文物保护单位，2013 年被列为全国重点文物保护单位。

今天世人所见之岣嵝碑都出自岳麓山本。南宋何致所刻之岣嵝山碑在
一段时间内并不为人所注意。到了明嘉靖年间，再次为世人嘱目，其存世
的消息广为传播。潘镒、张素、杨慎、湛若水等是最早流传的岣嵝碑拓本
的人。嘉靖九年（1530 年），长沙知府潘镒在岳麓山杂草丛中找到了岣嵝
碑。[2] 嘉靖十三年（1534 年），湖广兵备道张素见到了岳麓山本岣嵝碑。
嘉靖十五年（1536 年），张素回到故乡云南安宁，向杨慎出示了岣嵝碑的
拓本。杨慎说，岣嵝碑是大禹留下的治水纪功碑，杨慎还将以蝌蚪文刻成
的碑文用汉字转换释文。[3] 同年张素为了广泛传播岣嵝碑，在安宁东侧的

---

① 《长沙府岳麓志》卷二《古迹·禹碑亭》："在山左绝顶。明嘉靖三十年，郡守张公西铭
创建；崇祯三年，兵道石公维岳重修，后尽毁圮。康熙二十六年，藩伯黄公震性捐貲建复，有
记。"（镜水堂刻本，卷二，第 26a-26b 页）

② 对于禹碑发现的时间，潘镒根据文献记载指出有三种说法：嘉靖九年（1530 年）说，
嘉庆十二年（1533 年）说，以及嘉靖十三年（1534 年）说。嘉靖九年这一说法见于《重修岳麓
书院图志》卷二《书院兴废年表》，《新修岳麓书院志》卷一《旧志禹碑山图说》，《长沙府岳麓
志》卷二《古迹·大禹碑》。持嘉靖十二年说的有江有溶《大禹碑跋》（载《长沙府岳麓志》卷
四）。持嘉靖十三年说的有王伯绶《禹碑考》（载《长沙岳麓书院续志》卷三《禹碑》注）。对
此，丁善庆考证认为 1530 年说更准确。此外，对于潘镒找到禹碑的地点，有一种说法认为是在
岳麓书院地下（王伯绶，《禹碑考》），但这一观点并不准确（岳麓书社本，第 582 页）。

③ 杨慎《行书禹碑考证卷》中的一部分残卷现藏于故宫博物院。另外，一部分残卷出现在
中国拍卖会上（1998 年春季北京瀚海、2003 年秋季北京中贸圣佳）。参考王亦旻《杨慎〈行书
禹碑考证卷〉真伪考辨及文献价值》，载《文物》2010 年第 5 期，第 78-89 页。

鹅岭（今天龙山）法华寺石壁上摹刻碑文，同时在旁边刻上杨慎的释文。① 碑高 2 米，宽 5 米。1930 年，安宁县文献委员会担心法华寺岣嵝碑会因风化作用而遭毁灭，于是在安宁县北部的温泉环云岩洞穴中翻刻了此碑。② 此后，杨慎回到四川，先后在成都、三峡夔门关等地摹刻此碑。明嘉靖末年在四川建造的石泉禹庙以及清康熙年间建立的西安碑林等地，在翻刻岣嵝碑时，都以杨慎石刻本为底本。

嘉靖十四年（1535 年），南京礼部尚书湛若水从楚人处见到岳麓山岣嵝碑的拓本，感服于大禹治水的功绩，于是聘请张襄在金陵（今南京）新泉书院摹刻岳麓山岣嵝碑。③ 此为金陵新泉书院岣嵝碑。金陵新泉书院岣嵝碑拓本，先是传到绍兴，后来又传入朝鲜半岛。嘉靖二十年（1541年），绍兴知府张道明请幕僚安如山前往金陵新泉书院获得岣嵝碑的拓本。张道明获得后，在绍兴会稽山大禹陵摹刻了此碑。④ 此外，朝鲜显宗四年（1663 年），朗善君李俣在河北丰润购得金陵新泉书院岣嵝碑的摹本，并将其带回朝鲜。

到了明万历年间，很多地区兴起摹刻碑石的风潮。杨时乔在江宁栖霞山（今南京）、李钺与管大勋在衡阳石鼓书院、邓以诰在衡山望日台、张应吉在河南汤阴县安如山、潞藩在河南汲县，用各种底本摹刻此碑。万历三十四年（1606 年），邓以诰在邹学柱、袁一骥等人建议之下，以岳麓山本等为底本，在衡山山顶附近望日台摹刻此碑。⑤ 望日台摹刻碑此后一时湮灭，1986 年南岳志办在望月台一带找到了破损的残片。现在南岳衡山

---

① 法华寺本《岣嵝碑》张素跋文："原文奇古难辨，丙申冬持归，以示升庵，杨子称奇，乃指释其义，歌叙其事。复病其传不广也，又刻之吾安宁州东之鸡岭崖壁。千百世下，南中知有禹刻，自杨子始也。"（转引自王亦旻《杨慎〈行书禹碑考证卷〉真伪考辨及文献价值》，第 83 页）

② 法雨：《云南安宁法华寺石窟》，载《敦煌研究》2003 年第 5 期，第 35 页。

③ 〔明〕湛若水《湛甘泉先生文集》卷二一《书甘泉山书院翻刻神禹碑后》："又明年，为嘉靖乙未之秋，楚士有摹神禹碑以见遗者，快睹而谛视之，字画奇古，与后来篆籀，手笔迥别。而碑石复剥落，虽习于古篆者，仅能辨其一二字。既不可识其中所云，独于碑末有小楷书'古帝禹刻'四字。"（四库全书存目丛书第 57 册，第 95 – 96 页）碑石末尾以楷书写着"古帝禹刻"四字，由这一点来看，楚士携来的拓本可能是岳麓山本。

④ 陈光照：《绍兴大禹陵岣嵝碑传奇》，载《文化交流》2001 年第 1 期，第 21 页。

⑤ 衡山《望日台本禹碑》邓以诰跋文："予以闻之两道邹公袁公，跃然促刻之。缘岳麓书院□□□沙，距祝融峰远，遂镌石峰之最高处观日台。始于丙午春，迄秋乃竣。"（南岳衡山博物馆藏原碑）

博物馆正展出碑石残片。衡阳石鼓书院碑以岳麓山本为底本，万历九年（1581 年）立于石鼓山南侧。在 1944 年日军侵略衡阳时，此碑与书院一起被破坏。2006 年在重修石鼓书院时，又在书院入口处重新立碑石。

清初，立碑之风再次兴起。顺治末年，彭而述在岳麓山树立岣嵝碑重刻碑。康熙年间，法轮寺僧在衡阳岣嵝山禹王宫，毛会建在汉阳晴川阁禹稷行宫与西安碑林，李藩在山东黄县，侯建功在兰州白塔山，纷纷立摹刻碑。晴川阁刻本立于康熙五年（1666 年），此后毁于战火。1986 年，在重建晴川阁时，以毛会建摹刻的西安碑林本为底本重新立了碑石。

清代中后期，也有几件摹刻本。乾隆年间李振义在汉阳晴川阁，同治年间官文在武汉黄鹤楼，光绪年间刘树棠在河南开封，皆先后树立过摹刻碑。此外，济南长山也有摹刻碑，在福建漳浦赵王城也发现过碑石残片。

到了近代，各地树立摹刻碑的热潮也并未消退，主要集中在南岳一带。邓以诰的望日台摹刻碑被发现后，1986 年人们以此为契机，在望月台一带距离广济寺两公里处的岩石上摹刻了禹碑古篆。文字大小为（70～80）cm×110 cm，是现存岣嵝碑摹刻碑中文字最大的一种。此外，近年在南岳大庙树立了摹刻碑。截至目前，各地共有 50 余处竖有岣嵝碑的摹刻碑。

五、云峰村的岣嵝碑母本

（一）发现说

曾有中国媒体报道，人们在衡山县福田铺乡云峰村发现了刻有禹王碑母本（以下统称为"岣嵝碑母本"）的岩石。前南岳文物管理处处长、时任湖南省文物局文物保护处处长江文辉先生称，自 1983 年在云峰村发现岣嵝碑母本以后，文物工作者做过 11 次调查，最后得出结论认为此碑是大禹所留下的碑石。[①] 2007 年 6 月 20 日，已在湖南省文物局工作的江文辉与专家一同前往现场调查，于 7 月 20 日通过媒体对外宣称此碑可能是岣嵝碑的母本，在全国范围内引起了人们对云峰村石碑的关注。[②]

---

① "专家质疑禹王碑真迹，郭沫若曾钻研三年破译三字。"（《潇湘晨报》2007 年 8 月 6 日）
② "专家初步确认：神秘巨石就是'禹王碑'。"（《衡阳晚报》2007 年 7 月 20 日）

　　福田铺乡位于衡山县西北部，云峰村位于福田铺乡南部，距离衡山县城约 20 公里。村庄位于云密峰山下，因此被命名为云峰村。云密峰是南岳五峰之一，云密峰山之名广为人知。从云峰村往衡山所在方向眺望，可看到另外一座高大的山峰，即紫盖峰。与紫盖峰相距不远的山峰，就是云密峰，山峰下有村庄。

　　站在云峰村中心的云峰桥上往上看，能看到一条狭长的山谷。沿着山谷往前走，就来到 2013 年建的禹王桥。禹王桥边保存着用石头建造的古禹王庙。禹王桥的桥下镌刻着"康熙三年□□□己丑朔十五日癸卯禹溪石桥，主持大沙门齐觉"的字样。其中"康熙三年"即 1664 年。

　　由文字可知，此桥为齐觉建于禹溪之上。从禹王桥出发，往村子方向行走，途中经过云峰寺旧址。云峰寺在"文化大革命"期间被毁坏，后来人们在寺院原址上新建了农舍。今尚存两块残石，当是云峰寺新建时使用过的主轴石块。

　　从云峰寺旧址出发，沿着溪谷往前走，能看到连绵起伏的群山。再往前走，就是云峰村七组。这里居住的是王氏家族。根据 1996 年编纂的《衡山王氏文贵公九修族谱》，衡山王氏始祖文贵公游宦四川期间去世。明成化二年（1466 年），文贵公之子福兴携母亲李氏移居沙泉。① 村子入口处，王氏家墙壁上写着"幸福之家"四个字。从王氏家出发，大概走30 米，能看到缓缓流淌的禹溪，禹溪上人们在原望隐桥旧址上用水泥建造了新的石桥。走过石桥，前面左边是用红砖砌成的破破烂烂的三层房屋，这就是新闻报道中所谓岣嵝碑母本碑石发现处。

　　居住在此处的有另一位王氏，其家后面厨房旁边有一块巨大的岩石，这块岩石被认为是岣嵝碑的母本。岩石高 3 米，一面宽 2 米，重 10 余吨。露出地表的岩石呈尖耸山峰形状，其中一面有砍凿痕迹。

　　根据王氏介绍，1980 年年初自家在扩建厨房时，由于当时土地面积太小，不得不在岩石所在之处建造厨房。由于进出厨房不便，于是将岩石一面砍去，砍去的岩石或被用作建筑石材，或被丢弃。

　　云峰村周围有很多与大禹相关的地名。在一座农家旁边有流淌的禹溪，禹溪上的石桥名为禹王桥。沿禹溪而上，就是大禹岩。禹溪与隐真平（隐真屏）并非今人所命名，唐代文献就记载了这两个地名，可谓历史悠

---

① 王俊才：《九修谱序》，《衡山王氏文贵公九修族谱》，参照王绪炳藏本。

久。李冲昭的《南岳小录》说，云密峰一带有大禹所树立之碑石，还说此处有禹溪与隐真屏。① 从隐真屏往前走十公里，就见到位于南岳衡山风景区的广济寺。从广济寺出发，沿着山路走四公里，就来到衡山望日台。广济寺地区有清顺治末年至康熙初年住持龙山道人树立之"禹王城"石刻。

张世南记载称，何致找到过岣嵝碑。云峰村周围有一些地名出自张世南的记录。何致在得知云峰村周边有岣嵝碑的消息后，跟随樵夫来到了隐真屏。从岣嵝碑母本所在的农舍出发，往前走 1500 米左右，就是隐真屏。隐真平的"平"字、隐真屏的"屏"字和隐真坪的"坪"字，发音相同。"大跃进"时，村人修整禹碑周围岩石，在隐真屏一带开垦荒地、改造农田。此后，这一地区归当地村民集体所有，人们在上面建造房屋。王大成也在禹溪旁边开垦水田、建造了房屋。此地此前有隐真寺。雍正十三年（1735 年），寺院拥有土地面积为 125.1 亩②。1960 年，初德和尚担任寺院住持。③ "文化大革命"时，隐真寺被拆毁。笔者实地调查时在寺院旧址上发现了以前寺院建造时使用过的柱子、瓦片。

衡山县相关人员此前聘请专家多次对岣嵝碑母本与云峰村一带做过细致的调查。专家称，虽然并未从云峰村岩石上发现岣嵝碑铭文，难以断定这就是岣嵝碑的母本，但至少宋人何致曾到过此处，此地也有很多与大禹治水相关的史迹，因此可以说这里就是岣嵝碑真正的故乡。

现今衡山县相关人员极力强调这一事实，将此处说成是岣嵝碑母本的发现地，并制订了宣传计划。云峰村路口写着"禹王碑遗址由此进"的字样。为了将此处建造为史迹地，在农舍周围布置了很多石材和装备，这些石材中就有仿刻何致所镌刻的岳麓山的岣嵝碑中的 77 字铭文。

（二）母本的问题

在对云峰村进行现场调查之后，下文拟证明云峰村岣嵝碑并非岣嵝碑的母本。理由如下。

---

① 《南岳小录》"五峰"条："云密峰，昔夏禹治水，登此峰立碑，纪其山高下丈尺，皆科斗文字。近代樵人，或有遇者，其碑至灵，隐而不见。又有禹溪及隐真平、断石源、朱陵洞、丹崖仙人石室存焉。"（四库全书第 584 册，第 4 页）

② 1 亩≈666.7 平方米。

③ 胡健生：《南岳旅游文化概论》，岳麓书社 1999 年版，第 103 - 104 页。

　　首先，我们从进行过调查的文物专家所指出的问题开始讨论。云峰村岣嵝碑母本中虽然镌刻有清代的铭文，但找不到任何与岣嵝碑相关的铭文。清代的铭文是指厨房墙面岩壁上所镌刻的"望隐桥/康熙戊戌年秋月僧君卜立"字迹。康熙五十七年（戊戌，1718 年），僧人君卜在禹溪上建造望隐桥。在望隐桥上可远望隐真屏，望隐桥即据此命名。

　　从所谓岣嵝碑母本的岩石表面来看，表面高低不平，有人工雕琢的痕迹，由于磨损严重，无法判读，连所刻是否为文字都难以确定。上文提到，当时有很多专家前往做过细致调查，专家们都说除了上述清代铭文以外没有见到其他文字。另外值得注意的是村人的证言。他们说自己以前曾在爬上岩石休息时，用镰刀或者石头敲打过岩石的表面。那么岩石上这些雕琢的痕迹，可能是在漫长的岁月里自然形成的凹槽，也可能是村民们留下的毫无意义的痕迹。

　　云峰村岣嵝碑母本所在地与何致寻找岣嵝碑的路线在地理方向上并不相同。何致详细地描述过自己由樵夫带领寻找岣嵝碑时的路线，其中先后提到了隐真屏与小溪。① 何致在此处拔去藤蔓与葛根，来到岣嵝碑所在的石壁前。据此，何致的路线当为：隐真屏—小溪—藤蔓与葛根丛生地带—岣嵝碑碑石所在石壁。只有越过藤蔓与葛根缠绕一带，才能到达岣嵝碑所在的石壁前。

　　而岣嵝碑母本所在的云峰村位于山地、农田接壤地区。虽然此处距离云密峰很近，但并非如同何致所说的杂草丛生、行走十分困难之地。笔者实地调查时听说人们在隐真屏一带开垦出大片水田。虽然说何致生活的北宋末年的周围环境与 21 世纪相比有很大的不同，但尽管如此，云峰村的地形与何致记载的地形有着明显的区别。

　　此外，我们再提出一个新的证据。隐真屏与岣嵝碑母本发现之地相距1500 米。在被认为是岣嵝碑母本的岩石上刻写着"望隐桥"的铭文反证了这一事实。与此不同的是，何致在寻找岣嵝碑的过程中，到访过隐真屏。以隐真屏为基准来看，何致所说的岣嵝碑位于衡山中，而云峰村岣嵝碑母本与此不同，位于山下平地上。因此，所谓云峰村岣嵝碑母本显然不是何致找到并摹刻在岳麓山上的岣嵝碑的母本。

---

　　① 根据《南岳禹碑遗址寻访记》（《中国文物报》2011 年 3 月 25 日）的报道，何致所经过的小溪为石龙涧与杨柳溪。

六、结　论

峋嵝碑又名禹碑或禹王碑，是传说中大禹治水的纪功碑。大禹登上南岳衡山，从天帝处获授治水秘策，治理了天下的水患。自古就流传着在大禹获得治水秘策的衡山树立了峋嵝碑这一传说。历代以来，人们试图寻找峋嵝碑，同时也留下了许多与之相关的记录，这些记录不断地引起人们对峋嵝碑的关注。

峋嵝碑的存在与大禹治水传说在历代文献记载中有逐渐神秘化的倾向。刘宋时期，徐灵期在《南岳记》中称，峋嵝碑位于衡山。此说引起后人广泛争议。六朝文献《湘中记》与《粹玑录》中就有相关记载。唐末文献《五宗禅林观空录》的记载中，原文与注文界限模糊，原典出处不明。唐人韩愈、刘禹锡、李冲昭等人的记载都称，自己曾亲往衡山寻找，但未能找到峋嵝碑。他们还说有樵夫偶然见过此碑，碑具有山神的精气。这些记载使得峋嵝碑变得更加神秘。

北宋末年，何致在衡山偶遇樵夫，获知衡山有峋嵝碑，遂前往制作了拓本。不久以后，他又在长沙岳麓山岩壁上镌刻此碑。但王世贞、季本、顾炎武等明清学者认为，何致的事迹并不可信，对此提出了否定性的看法。

云峰村一带有很多与大禹相关的地名，有何致到访过的隐真屏。峋嵝碑母本一直受到世人瞩目。但是我们在云峰村峋嵝碑母本中找不到任何与大禹治水相关的铭文。此外，何致造访之地的地理环境与云峰村峋嵝碑母本所在之处不符。

今天的各种峋嵝碑皆出自岳麓山峋嵝碑。明嘉靖年间，潘镒发现岳麓山峋嵝碑。此后，张素、杨慎、湛若水等人先后在其他地方摹刻峋嵝碑，或写作释文。明万历与清康熙年间，各地纷纷立摹刻碑。近年，人们仍然十分关心峋嵝碑，继续摹刻石碑。今天与大禹相关的地区将峋嵝碑用作营建观光史迹，或用作发展文化产业。

峋嵝碑镌刻的文字是蝌蚪文，很多学者对此进行了解释，不过这些解释尚未得到学界公认。此外，也有一些学者甚至根本不相信碑石的存在，对于碑石的存在持怀疑态度。如果有朝一日能正确解读峋嵝碑的内容，那么这件碑石也不是不可能成为中国的《贝希斯敦铭文》。因此，此碑还需要我们持续予以关注。

第十二章　岣嵝碑拓本在朝鲜半岛的
流传与变异情况

一、引　言

　　夏朝是中国历史上最为古老的王朝。如果没有司马迁的《史记》等史书的记载，夏朝会被人们认为是传说中的王朝。随着近年河南等地夏朝的遗迹被发现后，考古学家们正在展开对夏朝历史的研究。

　　建立夏朝的人物是传说中治水成功的大禹。大禹疏通河道，阻止了水患，救助了百姓，为国家的安定与发展作出了重要贡献。在治水过程中，大禹起初因未能得法而经历不少困难，后登上衡山，向上天寻求治水之策，天帝授予大禹写着治水秘策的金简玉书。这样，大禹治水才获得了成功。后来大禹在获得金简玉书的衡山上立了石碑，在石碑上镌刻铭文，纪念治水之功。这就是岣嵝碑的由来。

　　虽然人们对于岣嵝碑是否为大禹留下来的遗物多有争论，但岣嵝碑仍对后代产生了巨大的影响。中国多地立了岣嵝碑的摹刻碑，岣嵝碑的拓本甚至传到朝鲜半岛。传到朝鲜半岛后，朝鲜文人或者鉴赏岣嵝碑的拓本，或者刊行岣嵝碑的拓本，甚至从岣嵝碑的大禹手篆77字中选出48字编成岣嵝碑的变异本。其中，竖立在朝鲜半岛的代表性石碑有在今韩国江原道三陟市六香山的《大韩平水土赞碑》，碑文书法作者被认为是著名书法家许穆。

　　从截至目前对岣嵝碑的研究情况来看，中国学界的学者们主要对与自己所在地所立的石碑的存在及其真伪、摹刻碑的流传情况进行考察。[①] 而韩国学界则主要是对碑文的书法以及竖立在三陟地区的岣嵝碑进行研究，同时也会提及大韩平水土赞碑。[②] 依笔者寡见，尚未见到对从岣嵝碑到大韩平水土赞碑这一变化过程进行考察的论著。笔者此前撰文对中国岣嵝碑传入朝鲜与摹刻情况进行过介绍。[③] 本章将继续对中国岣嵝碑传入朝鲜半岛以后流传与变异的情况进行考察。

二、中国对岣嵝碑的记录以及该碑拓本传入朝鲜的记录

岣嵝碑，又名禹碑、大禹碑、神禹碑、禹王碑、夏碑、夏禹碑。本章使用韩国学界使用较多的岣嵝碑这一名称。今九云峰虽然独立于衡山之外，但在古代九云峰却是衡山的别名。

岣嵝碑的存在十分神秘。这种神秘感源于大禹登上衡山立岣嵝碑的传说。大禹是五帝之一颛顼的孙子、治理黄河的鲧的儿子。尧时黄河泛滥，

---

① 中国学界关于岣嵝碑的论文主要有：陈光照《绍兴大禹陵岣嵝碑传奇》，载《文化交流》2001年第1期，第19－22页；左慧元、左昂、尚冠华《禹王碑辨读》，载《华北水利水电学院学报》2003年第1期，第71－73页；法雨《云南安宁法华寺石窟》，载《敦煌研究》2003年第5期，第34－35页；熊考核、文龙《千古之谜——禹碑》，载《船山学刊》2007年第1期，第91－93页；胡滔滔《禹王碑溯源》，载《档案时空》2007年第5期，第47－48页；白永兴《千古"禹碑"说真伪》，载《中国测绘》2009年第1期，第44－45页；王亦旻《杨慎〈行书禹碑考证卷〉真伪考辨及文献价值》，载《文物》2010年第5期，第78－89页；朱安女《杨慎复兴华夏文学思想的文化解读——以〈禹王碑〉〈禹碑歌〉为例》，载《大理学院学报》2011年第7期，第37－41页；湖南省地方志编纂委员会编《南岳志》，湖南出版社1996年版，第94－99、509－517页。

② 韩国学者关于岣嵝碑的论文主要有：金东建《眉叟许穆书艺研究》，弘益大学美术史学科硕士论文，1993年；金东建《眉叟许穆篆书研究：以形成与样式为中心》，《美术史研究》1996年第210号，第35－69页；具英美《对眉叟许穆的艺术理论与书艺的关联样相的研究》，湖西大学硕士论文，1999年；朴忠子《许穆书艺研究》，诚信女子大学教育大学院硕士论文，2000年；金闰淑《眉叟许穆篆书研究》，圆光大学书艺学科硕士论文，2001年；朴圭淑《对许穆眉叟篆体书艺美学的考察》，成均馆大学东洋思想文化学科硕士论文，2005年；刘南境《〈陟州东海碑〉中许穆篆书的异体字研究》，大田大学书艺学科硕士论文，2006年；金守珍《许穆篆书研究》，中央美术学院中国画学院硕士论文，2006年；韩国东海地区文化遗产保存研究会《〈陟州东海碑〉及〈大韩平水土赞碑〉由来与解说》，出版地与出版年代不详；车长燮等《三陟地方的金石文与记文》，江原大学江传统文化研究所，2006年。

③ ［韩］朴现圭：《对中国〈岣嵝碑〉的传入及摹刻本的考察》，载《中国史研究》2014年第88辑，第79－104页。

百姓民不聊生。尧遂命鲧治水，但未能成功。此后舜命禹治水，禹在经历千难万苦之后，终于将泛滥的黄河引入大海，成功治水。在治水过程中，大禹一时未能掌握治水妙策，于是他来到衡山，以白马之血祭祀天帝，身穿红衣的天界水使降临，向大禹授予写有治水秘策的金简玉书。按照金简玉书的指示，大禹治水获得成功。①

后汉人赵晔的《吴越春秋》记载了大禹治水的过程。不过从今天的眼光来看，只能视这一记载为传说。其中最大的问题是，这一记录无法得到印证，而且也不具有说服力。即使我们将记载着治水秘策的金简玉书这一神秘要素排除在外，大禹登上衡山立治水纪功碑这一点也是疑点重重。刘宋时期的徐灵期的《南岳记》虽然记载了衡山有岣嵝碑的事实，但徐灵期的记载并非目睹后所记，而是转录传闻。

东晋罗含的《湘中记》记载了此前失传的文献中关于大禹岣嵝碑的只言片语。《湘中记》记载，大禹手持治水时使用的玉牒，远望衡山，云霞飞来。但这一记述也不过是根据此前的传闻转录而成。而此后文献中的记载，或者是转录《湘中记》的原文，或者是后人加以注释。到底是哪种情况，因原文与后人的注释界限模糊不清，难以判定。

南朝梁刘显在《粹玑录》中记载，萧铄在被册封为桂阳王时，从成翳处获得了岣嵝碑的拓本，并令人将拓本上的文字镌刻到岩石上。晚唐徐彦在《五宗禅林观空录》中记载，永昌和尚在衡山九云峰山顶的洞穴中见到了以蝌蚪文镌刻的石碑，还说这就是大禹所留下的治水纪功碑。近年出现的各种岣嵝碑相关文献几乎一字不差地引用了这两部书中的相关记载，但并未指出这两部书的原始出处。我们在韩国国内外的图书馆以及各种目录中也找不到《粹玑录》这部书。因此，这些资料的可信度令人怀疑。

中唐时期的韩愈为找到神禹碑（即岣嵝碑），曾登上衡山，但最终还是未能找到。他还听人说只有道人偶然见过此碑。听完后，韩愈留下了遗憾的泪水。继韩愈之后，刘禹锡称在衡山祝融峰上有一座形态怪异的神禹

---

① 《吴越春秋》卷四《越王无余外传》："禹乃东巡，登衡岳，血白马以祭，不幸所求。禹乃登山仰天而啸，因梦见赤绣衣男子，自称玄夷苍水使者，闻帝使丈命于斯，故来候之。非厥岁月，将告以期，无为戏吟。故倚歌覆釜之山，东顾谓禹曰：欲得我山神书者，斋于黄帝岩岳之下三月，庚子登山发石，金简之书存矣。禹退又斋三月，庚子登宛委山，发金简之书。案金简玉字，得通水之理。"（四库全书第463册，第39页）

铭，由于这件石碑隐藏在山精地气之中，自己未能找到，因此感到十分遗憾。晚唐时期的李冲昭在《南岳小录》中记载，大禹登上云密峰，树立了以蝌蚪文铭刻的石碑。虽然后来有樵夫见过此碑，但由于这件石碑通灵，并未显露于世。留下以上这些记录的人都未能见到岣嵝碑，他们的文字描述更是增加了这件石碑的神秘感。

南宋嘉定五年（1212 年），何致在游览衡山时偶然从樵夫处得知山上有岣嵝碑的消息。于是让樵夫走在前面带路，先后越过隐真屏、小溪，以及艰险之地，最后来到岣嵝碑所在的地方。不久后，何致向曹彦约赠送了岣嵝碑拓本一件。曹彦约遂命衡山当地的官员寻找原碑石。衡山祝融峰一带有上封寺，寺中僧人法圆对曹彦约说：自古以来就很少听说有人找到过岣嵝碑，何致可能是从其他地方获得此碑的。因此，法圆认为何致行迹可疑。何致为了证明自身的清白，于是在长沙岳麓山岩壁上镌刻了岣嵝碑。①

关于岣嵝碑是否存在的问题，很早以来就受到很多学者的怀疑。王世贞、季本、顾炎武、全望祖、钱大昕、杨守敬等人认为，并无证据证明岣嵝碑原碑石存世，何致是故意作伪。

他们对于何致所摹刻的岣嵝碑投去怀疑的眼光。我们以清乾隆年间当代学者编纂的《四库全书》的解题为例。解题说，岣嵝碑是伪作的这一事实是众人皆知的。② 然而何致登上过衡山，这是事实。何致所经过的隐真屏就位于今天衡山附近的云峰村。因此，不能说所有事情都是何致伪造的。对于岣嵝碑的真伪问题，还需要我们在将来作更为精密的考证。

---

①〔宋〕张世南《游宦纪闻》卷八："何贤良，名致，字子一。嘉定壬申游南岳，至祝融峰下。按岳山图，《禹碑》在岣嵝山。询樵者，谓采樵其上，见石壁有数十字。何意必此碑，俾之导前，过隐真屏，复渡一二小涧，攀萝扪葛至碑所。为苔藓封，剥读之，得古篆五十余字，外癸酉二字，俱难识。……而其形模果为奇特。字高阔约五寸许。取随行市买，历碎而模之，字每摹二，虽墨浓淡不匀，体画却不甚模糊。归旅舍，方凑成本。何过长沙，一献曹十连彦约，并柳子厚所作及书般舟和尚第二碑，以一揭座右，自为宝玩。曹喜甚，牒衡山令搜访柳碑。本在上封寺，僧法圆申以去冬雪多冻裂之。禹碑自昔人罕见之，反疑何取之他处以诳曹。何遂刻之岳麓书院后巨石，但令解柳碑来，匿之郡庠而已。"（四库全书第 864 册，第 629 页）

②《钦定四库全书总目》卷一九二《金石古文》："明杨慎撰。是编所采，皆金石之文，上起古初，下迄于汉，然真伪错杂，殊多疏漏，如《阳虚石室》《仓颉文》《岣嵝禹碑》《庐山禹刻》《比干铜盘铭》，皆显然伪撰，人所共知，而列以冠首，岂足传信。"（四库全书第 5 册，第 139 页）

2007 年，有人称在衡山县云峰村发现了岣嵝碑的母本岩石，这一消息引发世人关注。衡山相关部门在该处树立了"禹王碑母本在此"的牌子，将此地认作大禹树立岣嵝碑的历史遗迹。笔者曾亲往此地调查，但在岩石上并未找到岣嵝碑上文字的痕迹。此外，该地与何致所到之处的地理特征完全不符。①

今天流传下来的各种岣嵝碑都是根据何致在岳麓山所刻碑石摹刻而成。此碑高 1.94 m，宽 1.4 m，每个字大小在 16 cm 左右，碑文 9 行，总计 77 字。碑文的末尾以行书记载了后人所写的关于何致事迹相关跋文。同时，石碑周围还竖立着明清与民国时期文人所留下的各种相关记录。此碑于 1983 年被评为湖南省级文物保护单位，2013 年被列为全国文物保护单位。

在何致树立此碑 300 年后的明嘉靖年间，岳麓山的岣嵝碑再受世人关注。嘉靖九年（1530 年），长沙太守潘镒在岳麓山草丛与藤蔓中找到了被覆盖的岣嵝碑。② 自此以后，岳麓山岣嵝碑广为人知，多地进行摹刻。嘉靖十三年（1534 年），湖广兵备道张素在长沙见到岳麓山碑后制作了拓本。嘉靖十五年（1536 年），张素在其故乡云南安宁将拓本展示给金石学者杨慎。杨慎在对岣嵝碑铭文进行解读以后，写作了释文。同年，张素将岳麓山碑文与杨慎的释文一起镌刻在安宁法华寺。此后，杨慎又在成都与三门峡爨门关两地树立摹刻碑。嘉靖十四年（1535 年），南京礼部尚书湛若水派遣张襄将获得的岳麓山本摹刻在金陵新泉书院。③ 嘉靖二十年（1541 年），绍兴知府张道明又在绍兴会稽山大禹陵摹刻了金陵新泉书院本。④ 下文将提到，朝鲜显宗四年（1663 年），朝鲜人朗善君李俣在直隶丰润（今河北省唐山市丰润区）获得了金陵新泉书院摹本，并将其带回

---

① ［韩］朴现圭：前揭论文，第 79－104 页。

② 对于潘镒找到岳麓山本岣嵝碑的时间，有 1530 年说（《长沙府岳麓志》卷二《古迹·大禹碑》，卷三《书院兴废年报》）及 1533 年说（江有溶《大禹碑跋》）。这里笔者采取《长沙府岳麓志》《古迹》等记载的 1530 年说。

③ 〔明〕湛若水《湛甘泉先生文集》卷二一《书甘泉山书院翻刻神禹碑后》："又明年，为嘉靖乙未之秋，楚士有摹神禹碑以见遗者，快睹而谛视之，字画奇古，与后来篆籀，手笔迥别。而碑石复剥落，虽习于古篆者，仅能辨其一二字。既不可识其中所云，独于碑末有小楷书'古帝禹刻'四字。"（四库全书存目丛书第 57 册，第 95－96 页）碑石的末尾以楷书书写着"古帝禹刻"四字，由这一点来看，楚士带来的拓本当为长沙岳麓山本。

④ 陈光照：《绍兴大禹陵岣嵝碑传奇》，载《文化交流》2001 年第 1 期，第 21 页。

朝鲜半岛。

此后岣嵝碑在全国各地被摹刻，摹刻岣嵝碑的时间主要集中在明万历年间与清康熙年间。我们且以岣嵝碑的故乡衡山地区为例。万历三十四年（1606年），邓以诰以岳麓书院本为底本，在衡山望日台刻石树碑。1986年，南岳志办发现了邓以诰所述石碑的残片，现为南岳衡山博物馆所收藏。康熙元年（1662年），法轮寺僧人在衡阳岣嵝山禹王宫树立摹刻本。今天在岣嵝碑的故乡衡山以及流传着大禹治水故事的地区，不断地出现此碑的摹刻本。此外，岣嵝碑也被各地用以营造观光胜地，或者用以发展文化产业。

三、岣嵝碑拓本传入朝鲜半岛及在朝鲜半岛的流传

今天在中国被摹刻、广泛流传的岣嵝碑，曾经甚至传到朝鲜半岛。根据现存记录，最早接触到岣嵝碑的朝鲜人可能是许筠。许筠曾经常接触明朝人，见到过很多中国书籍，他此前读过李梦阳的《崆峒集》，许筠说希望见到以蝌蚪文写成的禹庙碑。[①] 宣祖三十九年（万历三十四年，1606年），明朝使臣朱之蕃与梁有年来到朝鲜半岛，布告明朝皇长孙诞生的消息。许筠作为从事官前往鸭绿江，迎接使臣的到来。三月二十八日，副使梁有年在肃宁将《衡山石刻帖》赠送给许筠。[②] 这里的《衡山石刻帖》并非位于衡山的岣嵝碑，很有可能是位于其他地方的岣嵝碑。许筠从梁有年处获得岣嵝碑拓本的时间是1606年。在此之前，中国各地都已经出现了岣嵝碑的摹刻本。衡山地区早在1606年就树立了岣嵝碑的摹刻碑。衡山望日台摹刻碑树立于1606年，雷祖殿岣嵝碑树立于康熙年间。

朝鲜半岛文献中，最早提到作者读过岣嵝碑的，是较许筠《惺所覆瓿稿》稍晚的尹镌的《白湖全书》。尹镌与著名书法家许穆为官场同僚。孝宗十年己亥（1659年），尹镌在汉城（今首尔）东村偶然见到了岣嵝禹碑，于是写下《作禹碑歌，效韩文公石鼓歌体》一文。尹镌在文中称，

---

① 〔朝鲜〕许筠《惺所覆瓿稿》卷二《光禄稿》中《读崆峒集》："北地才雄百代衰，汉庭司马孰雄雌。明星去妇虽清丽，看取滔滔禹庙碑。"（首尔亚细亚文化社本，第30页）

② 〔朝鲜〕许筠《惺所覆瓿稿》卷一八《丙午纪行》："（三月二十八日）副使又招见慰问辛苦，以《衡山石刻帖》给之。"（首尔亚细亚文化社本，第177页）

岣嵝碑上的文字古老怪异，龙蛇飞动，摄人心魂，难以判读，但大禹奉舜帝之命完成了治水任务。① 尹鑴在见到岣嵝碑后说难以判读，事实上其他人也有同样的感受。虽然对于尹鑴借来的《岣嵝碑》是根据中国境内哪种摹刻本制作的拓本难以确认，但我们可以知道它一定是从当时汉城某个士大夫家中流出的。尹鑴的舅氏金鍧也曾写过次韵尹鑴的诗。②

不久后出现对岣嵝碑的拓本传入朝鲜半岛的时间和收购人作明确记载的文献。王室宗亲朗善君李俣曾在朝鲜半岛寻访以著名书法家笔体镌刻的金石与书法。他曾先后三次作为燕行使来到北京，购得很多中国作品，并与周围人一同鉴赏，引领着当时朝鲜半岛文化艺术的发展潮流。显宗四年（1663 年），他第一次作为燕行使前往北京，根据这次见闻所写作的《朗善君癸卯北京录》记载了他购得岣嵝碑拓本的具体情况。同年八月十日，他在直隶丰润县一个叫做王怡的书商手中购得《古篆神禹碑》两帖与怀素所写的《千文集古帖》。③

李俣在回到朝鲜以后，将这次燕行使所购得的岣嵝碑拓本寄给当时的著名学者、书法家许穆。许穆经常与李俣见面，对金石书画进行品评，并且指导李俣的学问与书画收集，可以说他是李俣艺术世界的引路人。④ 显宗五年（1664 年）一月十五日，许穆在收到李俣寄给他的岣嵝碑拓本后，十分惊讶。

许穆曾在自己的《甲辰记行》中对于《岣嵝碑》有详细的评论。记载如下：

> 戊寅，又大雪。在横山。朗善公子使还，遗我《衡山神禹碑》。

① 〔朝鲜〕尹鑴《白湖全书》卷二《作禹碑歌，效韩文公石皷歌体》〔己亥〕："予寓洛东村，偶得《岣嵝禹碑文》，见其字画，奇古险怪，如龙挐武跃，令人动魄，读其文，虽难尽解，犹若可见禹受命尧舜，仔仔乘载之意，遂作此长句，以效退之石鼓体，率意而成，不能整理芜秽，聊以寓感焉耳。"（首尔民族文化推进会本，第 1 册，原文第 69 - 70 页）这里的己亥年是孝宗十年（1659 年）。

② 〔朝鲜〕尹鑴《白湖全书》卷二，舅氏（金鍧）《次白湖禹碑歌韵》（同上，第 1 册，原文第 70 页）。

③ 《饮冰录》中《朗善君癸卯北京录》"八月十日"条：王怡来纳班砚，买得《古篆神禹碑》2 帖，怀素《千文集古帖》。（《青丘学丛》第 4 号，资料第 25 页）

④ 〔朝鲜〕许穆《记言》原集卷二九《王孙朗善君金石贴序》（首尔民族文化推进会本，第 1 册，原文第 59 - 60 页），卷二九《朗善公子画贴序》（第 1 册，原文第 6 页）。

其书甚奇，与鸟迹古文又不同。稗史云：夏后氏作形似篆。是耶？比之石鼓文，尤苍古难知，圣人之迹。至今三千七百有余年，碑没于世久矣。嘉靖中，出于衡山岳麓地中，南礼部湛若水志之。[1]

李俣所购得的《岣嵝碑》是后附有湛若水题识的新泉书院本。在上文中我们提到，南宋嘉定五年（1212 年），何致将自己在衡山所获得的岣嵝碑拓本勒在岳麓山的石壁上。明嘉靖十四年（1535 年），湛若水将岳麓山本镌刻在南京金陵新泉书院石壁上。许穆在鉴赏完《岣嵝碑》后，写作了《衡山碑记》与《衡山神禹碑跋》二文。许穆在《衡山碑记》一文中写道，大禹的岣嵝碑重见天日，此乃天意。另外，他还说李俣获得石碑拓本后并将其传到朝鲜，亦非人力所能至也。[2]

除了李俣购得的《岣嵝碑》，此后人们不断地将石碑拓本带入朝鲜。英祖三十一年（乾隆二十年，1755 年），陈贺兼谢恩使书状官徐命膺在燕行期间购得很多书画作品。[3] 他回到海东后，请匠人刻版，并藏于家中。

朝鲜纯祖年间人李书九写作过对《岣嵝碑》与前人评论过的藏品进行评论的《夏禹王山治水碑》一文。文章写道：

> 右夏禹王衡山治水碑，篆凡七十七字，文虽奇古，不可深解，然如承帝曰嗟，翼辅佐卿，水处与登，鸟兽之门数语，诚可以上补帝

---

① 《记言》别集十五《甲辰记行》。首尔民族文化推进会本，第 4 册，原文第 14 页。

② 《记言》别集卷九《衡山碑记》："四年夏，公子朗善君奉使如燕，得衡山神禹碑七十七文。其文类龙蛇鸟兽草木形，炳耀神怪，不可名状。夏后氏既平水土，象物制书，令神奸物怪莫得逃其形，人得远害而宅土者也。其碑至今四千年，没于世久矣。至大明嘉靖时，其碑始出。呜呼，圣人之文显晦，天也。公子又得之，传于东方，亦人力之所不期者。"（首尔民族文化推进会本，第 3 册，原文第 95 页）

③ 〔朝鲜〕徐命膺《保晚斋集》卷二《岣嵝碑歌》："我昔衔命使幽燕，篆隶旁求堆满前。中有方丈一古纸，宛如打印小儿拳。珊瑚水底枝柯交，笛籋池边苞箨联。高卑天地缓方圆，错落星辰参句连。或似鳌足擎波浪，或似龙爪穿云烟。首尾为字七十七，嗟我始读却茫然。石韵篆镜积案上，今文古文劳勘研。大抵仿佛后世铭，铺张治水劳且悁。疑是虞史承命纪，屹彼岣嵝山之巅。曾闻韩子登岣嵝，不见此碑涕涟涟。只今谁有好事者，拓摹远流万里传。峄碑至唐已云亡，枣木翻刻失之妍。何况韩子所不见，一千年后讵复全。虽然字体极鹜牙，阳冰友直钻弥坚。后世何人能为此，定是邃古玄中玄。吾生慕古甚韩子，倾橐换取归东天。招工为障挂中堂，重之不啻青瑶镌。周宣石鼓世益下，词垣歌诗联累笺。如何虞时逸书文，寂寥尚无歌一篇。我今作歌歌禹碑，破除群疑诏万千。"（韩国历代文集丛书，第 2737 册，第 160－161 页）

典。昔人言古者，书法之兴，皆取象山川、虫、林、木之类，而禹精于水篆体，有流水形。今观此碑字，皆秘诡诘屈，隐然又有魑魅神奸之象焉。若持以入山林，则亦可以不逢，不若其功，岂在于九鼎之下哉。杨慎以为古今文士称述禹碑者不一，然刘禹锡徒闻其名，未至其地。韩退之至其地，未见其碑。崔融所谓螺书匾刻，非目睹之不能道耳。晦翁南轩游南岳，寻访不获，其后晦翁作《韩文考异》，遂谓退之诗为传闻之误，盖以耳目所限为断也。王象之《舆之纪胜》云：禹碑在岣嵝峰，又传云密峰，昔樵人见之，自后无见。宋嘉定中蜀士引樵夫至，所以纸拓碑七十余字，刻于夔门观中，后俱亡。

　　近张季文金宪自长沙得之云云。是宋嘉定中何致子一抚刻于岳麓书院者云云。而顾炎武以为韩以前未见此碑，何子一得之祝融峰下，手摹以传，后及衡山令搜时已迷其处，今所称禑碑，字奇而不合法，语奇而不中伦，韵奇而不合古，可断其伪。据此两说，则顾说似太过，而禑碑之不暴于世，固已久矣。今余家所藏者，必是何子一所抚，而碑末又有楷书"右帝禹刻"诸字。曾见湛甘泉以此为汉唐人所题，然余意似是子一刻此时，因识其颠末耳，未知然否。①

这里所谓以楷书所写的"右帝禹刻"铭文，指的就是岳麓山的岣嵝碑后所附的跋文。② 诚如李书九所指出的，跋文的作者并非何致，而是从何致的事迹中抽取部分内容而成。

朝鲜王朝后期的史学家李圭景称，自己见到过纯祖二十一年（道光元年，1821 年）来到朝鲜半岛的中国使臣赠送给洪羲浩的岣嵝碑拓本。这件拓本上的文字只有手掌大小，以类似蝌蚪文形状的篆体写成，阴刻，但不知此本是哪种版本。③ 接着，李圭景写作了对《岣嵝碑》的沿革、种类、释文等相关内容进行综合分析的《夏禹岣嵝山碑辨证说》一文。他在文中详细地记载了明人杨慎的《法帖神品目》、清人邵长蘅编纂的《衡

---

① 〔朝鲜〕李书九《自问是何人言》中《夏禹王山治水碑》。《姜山全集》本，第 115 页。

② 岳麓山本《岣嵝碑》跋文载："右帝禹刻，南岳碧云峰壁间，水绕石坛之上，何致子一以论事去国寻幽得之，众谓虞夏之书，刊之于此，详记在山下。"

③ 〔朝鲜〕李圭景《五洲衍文长笺散稿》卷五四《夏禹岣嵝山碑辨证说》载："愚于纯庙辛巳间，燕士抵我东洪尚书羲浩岣嵝碑一本，阴刻白文，字大如掌，乃古文科斗书，然未知何本也。"（首尔东国文化社本，下册，第 758 页）纯祖辛巳年是纯祖二十一年（1821 年）。

山志》以及清康熙帝敕纂的《佩文斋书画谱》等所记载的《岣嵝碑》资料，杨慎的《岣嵝碑》释文，以及在中国和朝鲜半岛流传的各种版本的《岣嵝碑》。①

朝鲜时期著名书法家们在见过《岣嵝碑》后反应不一。上文提到，擅长篆书的许穆在看过《岣嵝碑》的大禹手篆之后，给予了好评。许穆在其影响之下，创造了属于自己的书体。与此不同的是，许穆以后的书法家们大体上对于《岣嵝碑》的大禹手篆不以为然。

李匡师是朝鲜英祖年间擅长真草篆隶各体并创造出"圆峤体"的著名书法家。对于《岣嵝碑》，他评价说学习《岣嵝碑》的大禹手篆对于书法学习并无太大帮助。若要学习书法，必须遵循王羲之的法式，学习著名书法家们所留下的各种碑石。若要学习各类碑石，必须学习好的作品，而抛弃坏的作品。他还说，自己在幼年时期在他人处见过《岣嵝碑》，但自己从未临摹过《岣嵝碑》。② 李匡师称，唐代以前的《石鼓文》《绎山碑》、王羲之的字，对于学习书法很有帮助，但《岣嵝碑》并非好的书法。李匡师对《岣嵝碑》给予了否定性的评价。

南公辙是朝鲜正祖年间人，擅长诗歌与书法，留下过很多金石文。如同李匡师，他也认为学习《岣嵝碑》的大禹手篆无助于书法学习，对此碑表达了否定性的观点。正祖六年（1782 年），他还说：

> 禹平水土赞文多怪诞，与《尚书》《禹贡》不同，又称大禹手篆，而此尤不足贵重。柳公权曰：心正则笔正。圣人之笔，奚取工妙为哉？将以见心画也。而历累千载，更几人手摸，讹误差爽，不复仿佛，故余家有此本，旋即去之。盖取尽信书不如无书之义。壬寅春日。③

---

① 《五洲衍文长笺散稿》卷五四《夏禹岣嵝山碑辨证说》（首尔东国文化社本，下册，第 756 – 758 页）。

② 〔朝鲜〕李匡师《圆峤集选》卷十《书诀》："学者须依右军已行之辙，先于众碑学习，欲习众碑，先知其优劣，乃不误用功。余少时见《岣嵝碑》于人家，不得一临。"（韩国文集丛刊本，第 221 册，第 559 页）

③ 〔朝鲜〕南公辙《金陵集》卷二三《禹平水土赞石刻》（韩国文集丛刊本，第 272 册，第 442 – 443 页）。这里的"壬寅"指的是 1782 年（正祖六年）。

金正喜是纯祖、宪宗时期著名书法家，独创秋史体，是朝鲜后期代表性的书法家。但他对《岣嵝碑》的价值并未给予很高的评价。他在写给金逌根的信中写道："俯叩金石，谨实汉碑十二种，……《岣嵝碑》，后人赝作也，金石家不之祷也。或另作一帖，以存面目，切不可混并于玉敦珠彝之间耳。"① 当时朝鲜人与清朝人认为《岣嵝碑》是后人特别是明代人杨慎伪造的。

在上文中我们提到，在中国各地，对衡山岣嵝碑进行摹刻或再摹刻的石碑有数十件之多，因此，中国也出现了很多这些碑石的拓本。作为燕行使节去到北京的朝鲜人，在北京的书肆或者燕行途中获得各种《岣嵝碑》的拓本，并将这些拓本带回了朝鲜。

今天奎章阁中藏有《岣嵝碑》拓本三件。奎 15424 本是每叶仅有两字的剪帖本，封面题写"禹篆碑"，碑文字数为 77 字，拓本中的汉字每字大小为 18 cm × 11.2 cm，每叶剪帖大小为 35 cm × 17.7 cm，册子尺寸为 39.7 cm × 20.2 cm。从该拓本碑文后有行书写成的何致的跋文这一点来看，当属于长沙岳麓山本系统。不过在整个帖子装帧过程中，一些文字的顺序发生了变化。奎 1021 本亦是每叶仅有两字的剪帖本，封面题写"夏禹龙门岣嵝碑"，内页收录了杨慎所写的释文。每叶的剪帖大小为 29.6 cm × 18.6 cm，册子的大小为 37.7 cm × 20.5 cm，文字形态和全帖的顺序与奎 1542 本明显不同。奎 1024 本是据奎 10216 本摹写而成。册子大小为 36.9 cm × 23.8 cm。

韩国东亚大学石堂函珍斋中藏有《岣嵝碑》一件。该本是 20 世纪初期自中国传入的石印本，请求编号为"(3)：8：1/89"。封面题写"夏禹王岣嵝碑"，每叶 2 字，总计 77 字。每叶影印大小为 34.5 cm × 16.3 cm，册子的大小为 36.4 cm × 25.7 cm。正文后附有杨慎的释文，以及大理府同知范言所树、秦世贤摹刻的题识。题签下面记载着当时此书的书价为"八毛"，内页钤有表明登记日期的"1962 年 8 月 6 日"的藏书印，以及表示登记编号"62383"的藏书印。

---

① 〔朝鲜〕金正喜《阮堂全集》卷四《与金黄山逌根》（韩国文集丛刊本，第 301 册，第 73 页）。

四、变异本《平水土赞碑》的出现及其流传

在这一节中，我们对于朝鲜出现的 48 字压缩变异本《平水土赞碑》进行考察。根据《大韩平水土赞碑》的碑文，此碑是许穆从《岣嵝碑》大禹手篆 77 字中选出 48 字而成的。① 许穆为何要从 77 字中选出 48 字？对此尚无明确记载，但笔者认为这可能与为减少三陟海边波浪造成的侵害而树立的《三陟东海碑》有关。此外，许穆选出 48 字的时间，从各种情况来看，应当距离他第一次见到《岣嵝碑》的显宗五年（1664 年）不远。自此以后，许穆选定的 48 字本《平水土赞碑》在朝鲜半岛广为流传。

朝鲜实学家李瀷很早以来就与《岣嵝碑》建立了很深的缘分。李瀷英年早逝的伯父李漌在《岣嵝碑》传入朝鲜半岛不久就写了《岣嵝碑歌》一文。② 后来李瀷偶然地见到了自家保存许久的《岣嵝碑》，并将 48 字本《平水土赞碑》的碑文转录为《岣嵝碑文》。由于《岣嵝碑》上的文字形同虫蚀鸟迹，难以辨认，于是只能照录。③ 能辨认出的文字如下：

> 久作忘家，翼辅承帝。劳心营智，衰事兴制。泰华之定，池渎其平。
> 处水犇麓，鱼兽发形。而冈不亨，伸郁疏塞。明门与庭，永食万国。

该文对于大禹通过自己的智慧与牺牲拯救百姓的壮举进行称颂，碑文辨认人自己也受到大禹的影响，竭尽全力对文字进行了辨认。上文记载的可辨认的文字共计 48 字，许穆选认本中也为 48 字。李瀷所谓碑文的辨认人，指的可能就是许穆。另外，从碑文辨认人所写作的释文来看，释文与明人

---

① 《大韩平水土赞碑》序文：《衡山碑》大禹手篆七十七字中，文正公许穆所撰四十八字。

② 〔朝鲜〕李瀷《星湖僿说》卷三十《岣嵝碑歌》："余伯氏有奇才早劲，时有岣嵝碑刻传到国中，遂作《岣嵝碑歌》，可与韩、苏《石鼓》并传也。"（首尔民族文化推进会本，第 11 册，第 98－99 页）

③ 《星湖僿说》卷三十《岣嵝碑文》："余家旧箧有岣嵝碑文，其形如虫蚀鸟迹，纠结刓缺，怳惚奇古，时有辨之者，依此录之。"（首尔民族文化推进会本，第 11 册，第 99 页）

杨慎、沈镒、杨时乔、郎瑛、王朝辅，清人杜壹、张九钺等人所写作的释文不同。因此，笔者认为，释文可能是许穆自己辨认出来的。

纯祖年间，朝鲜宫中多次以木板刊刻《平水土赞碑》。纯祖三十三年（癸巳年，1833 年），纯祖命内阁将以木板刻成的《平水土赞碑》悬挂在会祥殿，朴允默为此写作了《大禹古文歌》文称颂此事。根据《大禹古文歌》的记载，春宫邸下（世子）曾为 48 字本《平水土赞碑》写过匾额。这件匾额曾被悬挂在庆熙宫会祥殿，但后来宫中失火，这件匾额因此遗失。后来会祥殿重建时，纯祖又命内阁以春宫藏本重新刻版并悬挂。① 这里的春宫邸下指的是毅宗。庆熙宫会祥殿是王妃们的寝殿，肃宗在这里诞生，纯祖在这里升遐。纯祖二十九年（1829 年）庆熙宫发生火灾，会祥殿等大多数殿阁被烧毁，后来又被重建。纯祖三十三年，以春宫中所保管的毅宗的书法重新制作匾额，悬挂在重建的会祥殿。会祥殿在朝鲜王朝灭亡前后被用作王宫，但在日据时期被毁灭。1911 年 4 月至 1921 年 3 月，原址被用作中学的附属临时小学教员养成所。1928 年 5 月，被卖给日本曹洞宗曹溪寺，用作住持的住所。② 遗憾的是，今天我们再也找不到毅宗所写的《平水土赞碑》匾额。

宪宗、哲宗年间，全罗道绫州县人梁进永在诸子百家、老子、佛教、易学等方面都有颇高造诣，尤其擅长诗歌创作。一天，他在县司厅上见到了康津青山岛（今属莞岛郡）人从船上获得的《岣嵝碑》板木，于是写下了《书岣嵝碑板后》一文。文章写道：

> 康津青山岛人得此于舟中，今置之于县司厅。正文：岣嵝碑，世传是夏禹治水之迹，去夏后数千百载之久，距岣嵝数千百里之远，而远且久，经无明文，碑之所载与其存亡，断不可识矣。经数千百载之久，经几千百里之远，漂荡汩没于沧波浩漾之间，为吾人吾得者，乃

---

① 〔朝鲜〕朴允默《存斋集》卷十六《大禹古文歌》自注："平水土赞，纯宗癸巳令内阁重刊，揭于会祥殿。"正文："君不见仓颉古文所草创，察彼龟文鸟迹之形状。曾闻桥功有鬼泣，可验天文因人畅。何幸获睹大禹书，圣人创意又一初。嗟哉，四十有八字，矩折规旋莫不备。……未知何年落海东，金殿揭在碧纱笼〔庆熙宫会祥殿揭板〕。猗我春宫邸下珍玩之一本，拓在宝藏中。后值回禄何惊愕，万年遗迹一扫空。画栋丹楹复焕然，移摹依旧壁上悬。〔会祥殿回禄后重建，命春宫藏本移摹复揭〕。"（韩国文集丛刊，第 292 册，第 311 页）

② 〔朝鲜〕洪顺敏：《韩国宫阙的故事》，首尔青年社 1994 年版，第 218－219 页。

所谓岣嵝碑板本也。其文佶屈难于盘诰，字亦古篆，非蝌非籀，则禹
之手书，信可征也。古人有言曰：九鼎沦泗，义不污秦，今之中原，
非禹之旧，而神物之来，此得无与鼎之沦泗同，欤吁可异也。①

这里的"县司厅"是梁进永的出生地绫州县所在的官衙。那么梁进永所
见到的《岣嵝碑》版木是什么样子的？他所见到的《岣嵝碑》版木是从
中国传到朝鲜的 77 字本《岣嵝碑》，还是 48 字本《平水土赞碑》？对此，
我们难以断定。但从朝鲜宫中与三陟地方流传的版木皆为 48 字本《平水
土赞碑》这一点来看，指的很可能是《平水土赞碑》。

到了大韩帝国末期，人们将平水土赞碑勒石，树立大韩平水土赞碑。
三陟地区一直保存着许穆所写《平水土赞碑》的版木。光武八年（1904
年）九月，敕使康洪大、郡守郑云哲、监董康洪道、别监董李道勉、权
丙寿、李世镇、姜升柱、赵济宽、林淳泰等人，根据《平水土赞碑》版
木，制作了石刻大韩平水土赞碑，并将此碑树立在三陟竹串岛。② 当时大
韩帝国为了突出作为独立国家的形象，于是在"平水土赞碑"前面加上
了"大韩"二字。根据《三陟郡志》的记载，保管在三陟的木板于 1920
年被转移到京城帝国大学（今韩国首尔大学）。③ 笔者曾询问过韩国首尔
大学奎章阁与博物馆是否存有这件版木，相关人员回复说找不到这些版
木。④ 竹串岛即今之三陟市六香山。登上六香山山顶，可眺望东海（日本
海）。在六香山山顶上树立有保护以许穆书法镌刻的《陟州东海碑》的东
海碑阁。在到达东海碑阁之前，左侧一块平坦的地面上建着另外一座碑
阁，这就是为了保护大韩平水土赞碑而建立的禹篆阁。1945 年 5 月，禹
篆阁因年久失修而倒塌。1947 年 12 月，当地人金炯国、金振九、金梦顺
等人，呼应汀罗津大同青年团，对禹篆阁进行重建。第二年五月，禹篆阁
完工。独立志士李青天书写了"禹篆阁"匾额。《大韩平水土赞碑》碑石

---

① 〔朝鲜〕梁进永《晚羲先生集》卷十《书岣嵝碑板后》注（韩国历代文集丛书第 2623
册，第 202－203 页）。

② 三陟市厅在对该文化遗产作介绍的网站（http：//tour. samcheok. go. kr）上将《大汉平
水土赞碑》的底本——许穆的木板的制作年代记作显宗元年（1660 年），不确。许穆首次见到
《岣嵝碑》的时间是在显宗五年（1664 年）一月。

③ 〔韩〕金驲起、朴载文、金振文：《三陟郡志》，1985 年，第 375－376 页。

④ 笔者调查时间为 2011 年 9 月 30 日。

高 145 cm，宽 72 cm，厚 22 cm，三陟博物馆展示室有展出根据大韩平水土赞碑复制的石碑。

庆尚南道通度寺四溟庵药师斋的柱子上悬挂着通度寺僧人慧觉以大禹手篆书写的柱联①。

柱联共有五个，每个均有六字。具体如下：

其一：处水犇麓鱼兽；其二：发形而冈弗亨；其三：伸郁疏塞明门；其四：久旅忘家翼辅；其五：与庭永食万国。

柱联上的文字顺序与 48 字本《平水土赞碑》略有差异，不过从内容上来看，却是据《平水土赞碑》转录而成。因此可以说这些柱联是《平水土赞碑》再次变异的结果。1938 年，在江华传灯寺受持比丘戒的僧人慧觉，作为非物质文化遗产丹青匠人（画师），负责对首尔崇礼门、景福宫香远亭、庆州佛国寺观音殿、礼山修德寺大雄殿、求礼华严寺觉皇殿等主要寺院及遗迹上的绘画的修复工作。他在书法上面也有颇高造诣。今天，通度寺圣宝博物馆收藏着多件慧觉的书法。

五、结　论

本章对于从中国岣嵝碑拓本到朝鲜半岛《大韩平水土赞碑》这一演变过程做了考察，同时对于这件碑文在朝鲜半岛如何流传与变异集中进行了分析。

最初，中国衡山树立了大禹纪功碑岣嵝碑。然而，自古以来很多人认为岣嵝碑并非大禹所留下的石碑。今天人们对于这件石碑上的文字有多种不同的解释，比如将其视作少数民族的文字、道教的符号、越王的祈愿文、楚国的纪功文，等等。尽管如此，随着大禹治水传说在中国的流行，中国各地树立了岣嵝碑的摹刻碑。今天人们将岣嵝碑用以辅助建造观光胜地，或者用以开发文化产业。应该说这件碑在今天仍然发挥着很大的影响力。

根据现存文献记载，朝鲜半岛最早接触到岣嵝碑的拓本的是朝鲜宣祖

①　柱联为韩国传统建筑木柱上悬挂着的汉文对联。

年间的许筠。但明确的记录出现在较之稍晚的孝宗年间。孝宗十年（1659 年），尹鑴在见到他人所藏的《峋嵝碑》后，写了一首诗。此后显宗四年（1663 年），朝鲜王室宗亲李俣作为燕行使在直隶丰润购得峋嵝碑的拓本。翌年，他将拓本出示给当时篆书书法大家许穆。李俣所购得的《峋嵝碑》是在长沙岳麓山本基础之上重新摹刻的金陵新泉书院本的拓本。此后，洪羲浩、徐命膺、李书九、李匡师、南公辙、金正喜、李圭景等人先后收藏过《峋嵝碑》或者对《峋嵝碑》进行过评论。一个有趣的现象是，著名书法家李匡师、南公辙、金正喜等人对《峋嵝碑》持否定性的立场，认为《峋嵝碑》不可信。

此外，除了从中国传入了《峋嵝碑》，朝鲜半岛还出现了变异本《平水土赞碑》。

《平水土赞碑》是许穆从大禹手撰的《峋嵝碑》77 字中选出 48 字而成的。后来李灂、南公辙等名家先后收藏过《平水土赞碑》。朝鲜王宫庆熙宫的会祥殿、全罗道绫州县、江原道三陟等地有《平水土赞碑》刻版。大韩帝国末期，人们在三陟六香山以当地保管的许穆书法版木为底本，制作了《大韩平水土赞碑》。梁山四溟庵也悬挂着《平水土赞碑》再次变异而成的楹联。

可以说，《峋嵝碑》是中国文献传入朝鲜半岛并经过本土改造的一个生动个案。

第三编
中国金石文献中的古代韩国人

第十三章　新见中国藏海东金石文献
——高丽籍伊斯兰教徒剌马丹墓碑

一、引　言

　　将韩国学世界化，是韩国学者共同的目标。近来，韩国国内学术机构以及学者前往海外推动韩国学，同时也做了很多对世界各国所藏韩国相关资料的发掘与整理工作。笔者感兴趣的是中国所藏韩国学资料，笔者对这些资料的调查也是基于此目的。在过去的 20 年间，笔者对中国的古代韩国相关资料进行过收集整理。从调查过的资料来看，古代韩国与中国之间往来的记录与资料虽然并不算多，不过也有古代韩国人以中国为"跳板"前往第三国的相关资料，以及直接与第三国人接触的相关资料。

　　在全球化日趋深入的今天，听到关于伊斯兰的故事并不是什么新鲜事。朝鲜半岛位于东亚，很早就开始与位于西亚的伊斯兰国家的文明发生接触，也有一些古代韩国人见到了伊斯兰国家的人，或者直接前往伊斯兰地区。

　　此次笔者将要介绍的资料是古代韩国与伊斯兰之间有过直接接触的重要证据。高丽人剌马丹在元朝做官，后于广州去世，此后以伊斯兰教徒的身份被埋葬。他是现存记录中最早以伊斯兰教徒身份在中国经商的高丽人。1985 年，广州市伊斯兰教协会偶然发掘出剌马丹的墓碑石。笔者后来通过时任广州博物馆副馆长李穗梅女士得知了这一消息，直接前往广州。在广州博物馆与广州市伊斯兰教协会相关人员的帮助之下，笔者获得了与这件剌马丹墓碑石相关的资料。

　　因此，笔者觉得有必要向学界作正式的介绍。本章将以剌马丹墓碑为中心，对墓碑的形制、所藏情况、文献事项与内容以及笔者获得的过程、资料发掘的意义等进行考察。同时，也将对与剌马丹墓碑相关的广州伊斯兰教遗址的相关情况作介绍，以为读者的理解提供一些帮助。

二、古代韩国人与伊斯兰国家的交流

从古代韩国与伊斯兰国家之间的历史文献来看，两地之间直接接触的相关记录屈指可数。两地一位于东亚，一位于西亚，地理相隔遥远是造成记录稀少的重要原因。尽管如此，两地区的人民通过中国实现与对方的交流。李熙秀的《韩国与伊斯兰交流史》一书对于古代韩国与伊斯兰国家之间的交流做了较为详细的整理。伊斯兰国家由于很早就具备杰出的航海技术与天文学知识，其国民可以越过大海，并前往世界各国。他们通过东南亚国家以及中国的交流，知道新罗国的存在。在中世纪阿拉伯地区学者伊本·胡尔达兹比赫（Ibn Khordadbeh）、伊本·鲁斯塔（Ibn Rustah）、苏莱曼（Sulaiman al-Tajir），马苏迪（Mas'udi）等人记载的文献中，能看到新罗国的名称。不过他们提到新罗时，整体上来看记载得非常简略。他们认为新罗是位于中国海岸线上的一座岛屿，或者是由群岛连接起来的国家，再或者认为新罗是位于与中国泉州—杭州东边、同纬度的一个国家。不过该类文献的记录也有正确的一面——说新罗多山，还说朝鲜半岛是山岳地带，统一后的新罗将原百济、高句丽的领土划分为九州，并分派总管与都督进行管理。另外，还有一个有趣之处，那就是将新罗描述成一个理想的国家。在阿拉伯学者的笔下，新罗到处都是黄金、宝石，有着优美的自然环境和富足的生活条件，百姓性情温和，能包容外来之人。若穆斯林来到这里，可以在此地永久居住，而不愿离开。

我们在古代韩国文献中也能找到新罗与伊斯兰国家交流的相关记录。《处容歌》中的主人公处容是历史上实存人物。880 年，他通过海路来到新罗。关于这一传说能否成立，笔者认为需要具体证据用来证明。新罗人自古就十分重视通过海路开展对外贸易。新罗僧人慧超直接前往广州，并搭乘船只到达天竺国（今印度）。在抵达天竺国后，探访了中亚各国，甚至还到过波斯和阿拉伯等伊斯兰国家，最后通过陆路来到唐朝。再如，张保皋是当时东亚的"海上之王"，影响着东亚海上贸易。当时新罗收购伊斯兰国家与地中海地区制作的产品，并通过伊斯兰国家商人获得东南亚地区的产品。我们今天在新罗古坟群中能发现来自西域的玉制品，以及地中海地区制作的玻璃制品。

古代韩国人以第三国为媒介接触到的伊斯兰国家的人是有限的。唐代都城长安居住着很多来自其他国家的使臣，新罗使臣与来自波斯、阿拉伯等伊斯兰国家的使臣也经常会一起出现在唐朝的宴会上。此外，还发生过非新罗系朝鲜半岛人与伊斯兰军队之间的冲突事件。高句丽移民高仙芝入唐后成为唐朝将军，奉命征伐西域，在塔拉斯河边遭遇本·萨利赫（Ziyad Ibn Salih）率领的穆斯林军队，展开殊死搏斗。虽然他与穆斯林军队之间的战争让他尝尽苦头，不过他率领的军队最后还是深入了伊斯兰国家商人进行贸易的中亚地区。他取得的战利品有中亚制作的宝石瑟瑟。①此后的新罗女性都十分喜欢佩戴西域传来的宝石瑟瑟，今韩国国立庆州博物馆曾展出过新罗古城中出土的祖母绿饰品。

到了高丽时期，大食国（即阿拉伯）的商人来到朝鲜半岛，现存文献留下了具体的记录。高丽宪宗十五年（1024年），大食国悦罗慈等100人来到朝鲜半岛进贡。②第二年，大食国夏诜、罗慈等100余人来到朝鲜半岛进贡。③高丽靖宗六年（1040年），大食国保那盍等人来到朝鲜半岛进贡。④高丽王朝对于大食国商人的到来表现得非常友好，举行了欢迎仪式。特别是靖宗朝，在大食国商人返回时，还向他们赠予黄金和绸缎，十分友好。

蒙古人在欧亚大陆上建立起史上最为庞大的帝国。位于朝鲜半岛的高丽王朝成为元朝的附属国。蒙古与伊斯兰国家的交流，在此前"丝绸之路"这一传播方式之外开辟出新路，在相同的贸易圈中占据一席之地，获得迅速的发展。正是在这一时期，高丽人与穆斯林开始实现真正意义上的交流。在元朝的控制之下的高丽王朝，作为这一贸易圈中的一员，接触到了伊斯兰文化这一新的文化。

穆斯林被元朝人称为"回回"，高丽人与其多有往来。元朝在朝鲜半岛设置征东行省，元朝向朝鲜半岛派出的使臣与达鲁花赤中，有不少人是穆斯林。由于高丽王朝与元朝实行"和亲"制度，这些跟随元朝公主来

---

① 对于"瑟瑟"一词有几种不同说法，一般认为是指祖母绿。

② 《高丽史》卷五《显宗世家》："（十五年九月）是月，大食国悦罗慈等一百人来献方物。"自注：大食国，在西域。

③ 《高丽史》卷五《显宗世家》："（十六年）九月辛巳，大食蛮夏诜、罗慈等百人来献方物。"

④ 《高丽史》卷五《靖宗世家》："（六年）十一月丙寅，大食国客商保那盍等来献水银、龙齿、占城香、没药、大苏木等物，命有司馆待优厚。及还，厚赐金帛。"

到朝鲜半岛的队伍中，就有不少人是穆斯林。

其中具有代表性的例子有穆斯林三哥和闵甫。三哥是德水张氏的始祖。德水张氏的祖先是从阿拉伯来的穆斯林，三哥的父亲是元世祖的侍卫，后升为必阇赤。高丽元宗十五年（1274 年），元朝齐国公主成为忠烈王的王妃，三哥作为侍从官一起来到朝鲜半岛。他在忠烈王时期，获赐名为张舜龙，与高丽女人结婚，在朝鲜半岛定居下来。还有忠烈王时期归化高丽的穆斯林闵甫，在高丽王朝被任命为大将军，此后作为高丽使臣前往元朝。在忠宣王时期，他还做过平壤府尹兼存抚使。

类似这样，高丽时期有不少穆斯林从中国到朝鲜半岛定居。这些穆斯林有时甚至得到高丽国王的邀请，参加相关活动，形成了一股强大的势力集团。① 因此，他们对于高丽朝廷有着直接或间接的影响力。同时，他们也将自己带来的伊斯兰文化传播到朝鲜半岛。自然而然，这些穆斯林也将他们所信奉的伊斯兰教传播到朝鲜半岛。

三、剌马丹墓碑的寻找过程以及广州元代伊斯兰教遗迹

在下文中，笔者将介绍寻找剌马丹墓碑的过程以及广州元代伊斯兰教遗迹相关情况。

笔者于 2003 年 11 月参加了在中国浙江普陀山举办的"普陀山与东亚海上丝绸之路"的国际学术大会。在这次大会上，从参会的时任广州博物馆副馆长李穗梅女士处获知高丽人墓碑的消息。此后，笔者与李穗梅副馆长联系多次。最后笔者直接前往广州调查此碑。同年 12 月，为了调查中国所藏韩国学相关资料，笔者前往广州作了广泛调查。12 月 21 日，笔者同东亚人文科学学会的会员们一起参访了广州博物馆镇海楼，再次见到了李穗梅副馆长及相关人员，同时也获得了剌马丹墓碑照片等相关资料。

这里先交代一下广州博物馆展示剌马丹墓碑复制品的目的。广州博物馆镇海楼位于有"岭南第一胜概"之称的风景优美的越秀山小蟠龙岗上。镇海楼始建于明代洪武十三年（1380 年），此后经过多次修补。自 1929 年起被用作广州博物馆。镇海楼第二层展示的都是与海上"丝绸之路"相关的遗物。"丝绸之路"分为陆上"丝绸之路"和海上"丝绸之路"。

---

① 《高丽史》卷五《忠烈王世家》载："（五年十月）庚子，诸回回宴王于新殿。"

广州作为中国的"南大门",自古对外贸易就十分发达。特别是自唐代开辟海上"丝绸之路"以来,广州的对外贸易变得更加昌盛,广州成为世界上著名的港口。

从广州的立场来看,剌马丹墓碑对于研究广州与海上"丝绸之路"而言是非常重要的资料。首先,剌马丹墓碑碑文的作者阿札(Arza)到过伊斯兰教的发源地中东地区。当时他从广州出发,通过海上"丝绸之路"可以到达中东。其次,剌马丹墓碑的作者与墓主都是穆斯林。墓碑碑文以阿拉伯语写成,有与《古兰经》相关的内容。起源于中东的伊斯兰教,通过海上"丝绸之路"被传播到第三国。广州作为中国最早受到伊斯兰教影响的地区之一,这次元代剌马丹墓碑的发掘,很好地证明了这一点。广州博物馆展示室里的剌马丹墓碑的介绍也特别强调,广州是阿拉伯宗教文化的传播地。广州地区很早就与伊斯兰文明接触,二者有着密切的关系。新罗时期的朝鲜僧人慧超从广州出发,通过海上"丝绸之路"抵达印度,最后到达伊斯兰国家。此外,本章讨论的高丽伊斯兰教徒剌马丹也是从广州出发,前往伊斯兰国家从事贸易。

据李穗梅介绍,广州博物馆所藏剌马丹墓碑为复制品,并非原件。笔者也曾咨询过广州博物馆相关人员关于剌马丹墓碑所在地的问题。广州博物馆相关人员回答说,可能位于现在解放北路的桂花岗,也就是兰圃西侧的清真先贤古墓。

清真先贤古墓又称"穆斯林坟"。唐贞观二年(628年)奉穆罕默德之命来到中国广州的宛葛素等穆斯林在广州去世以后被埋葬于此。清真先贤古墓就是这些伊斯兰教徒的坟墓所在地。[①] 笔者曾亲往此地寻找。墓园入口处写着中国宗教政策相关标语:非伊斯兰教徒不得入内。广州博物馆的相关人员也告诉笔者,清真先贤古墓是不能随意出入的。

清真先贤古墓入口处立着一块牌坊,上面写着"先贤古墓道"五个

---

① 此人汉字名字可写作宛葛素或苏哈白赛。宛葛素是穆罕默德的外叔父,在卡迪西亚战争中担任过司令官一职。根据《广州文物志》的记载,他在唐贞观二年奉穆罕默德之命,搭乘船只,通过海上"丝绸之路",来到中国广州,后经由泉州与杭州抵达唐首都长安。第二年,从长安回到广州后去世。学界对于他来到中国的时间以及次数多少有些争议,但一般认为他以使臣身份来到中国广州并客死广州的记录是可信的。参考广州市文化局等编《广州文物志》,广州出版社2002年版,第98页;[韩] 李熙秀《韩国与伊斯兰交流史》,首尔文德社1993年版,第24—25页。

字。道旁竖立着一块巨大的石碑，石碑上的内容记载的是民国十三年（1924 年）广东省省长将这一区域划定为伊斯兰教徒墓园之事。先贤古墓道很长。仔细看铺成墓道的石头台阶，新制的石板之间有伊斯兰教徒的墓碑石。整个墓园都种植了郁郁苍苍的树木，树木之间是坟墓。整个墓园的面积大概是 2200 平方米。听说这里将来要建造伊斯兰礼拜堂、庭院、事务室，以及历代著名伊斯兰教徒的坟墓。

笔者向清真先贤古墓园区的管理人员出示剌马丹墓碑石的照片，并询问墓碑石所在地。几位管理人员都说从未见过这件剌马丹墓碑石，说完把我们引向堆放着很多墓碑的角落。笔者在这堆石碑中一块块寻找，但还是未能找到剌马丹墓碑石。于是又花上半天工夫，在整个墓园里一一寻找，但还是一无所获。最初发现剌马丹墓碑的地点是桂花岗清真先贤古墓附近，广州博物馆相关人员也指认该处是剌马丹原碑石所在地，但在此地未找到。因此，笔者只好放弃在此处寻找剌马丹原碑石的工作，计划此后收集到相关信息再来寻找。

接下来，笔者要做的事情是对剌马丹墓碑铭文中的阿拉伯语进行解读。从清真先贤古墓墓园中出来后，很快我们就找到了拥有精通阿拉伯语人才的、位于光塔路怀圣寺的广州市伊斯兰教协会。怀圣寺位于广州旧城区（越秀区），进入的道路非常狭窄。这里先对怀圣寺做简要介绍。

怀圣寺，又名光塔寺、怀圣光塔寺。"怀圣"意为怀念伊斯兰教创始人先知穆罕默德。怀圣寺是伊斯兰教传入中国以来历史最为悠久的清真寺之一。关于怀圣寺的建立时期，有唐代说与宋代说两种说法，不过现在一般都认为是唐代所建。[①] 元至正三年（1343 年），寺院被火烧毁。至正十年（1350 年）得到重建。在明清以及民国时期，又经过几次毁损与重建。新中国成立以后，这座寺院得到修复。该寺院在清代受到康熙皇帝赐额。

寺院里的建筑有三重门、看月楼、礼拜殿、藏经阁、光塔等。其中具有代表性的建筑是位于寺院南侧高高耸立的光塔。光塔始建于唐代，从宋代至新中国成立期间，经过多次重建与修复。笔者探访这座寺院时，寺院正在重新修复。寺院在最初建造时就在塔身上层安置了向穆斯林告知礼拜

---

① 曾昭璇：《广州怀圣寺光塔新建时代考》，《广州伊斯兰古迹研究》，宁夏人民出版社1989 年版，第 284 - 297 页。中元秀：《广州怀圣光塔寺唐建说》，《广州伊斯兰古迹研究》，宁夏人民出版社 1989 年版，第 298 - 316 页。

时间的时钟，以及海上航行之人所需的风浪计、标识物等导航指示装置。① 当时的海路需要经过怀圣寺附近。此后再对光塔进行修复时，塔的形状不断发生变化。塔身是圆筒型，在塔的上部又建了一个小型的圆筒形石塔。塔身表面刷白色漆，十分显眼，远远一眼就能看到。现在塔高36.3米。

　　怀圣寺禁止异教徒进入。笔者通过清真先贤古墓的管理人员事前同广州市伊斯兰教协会取得联系，时任广州市伊斯兰教协会副会长伊斯梅尔·王官雪对于笔者的到来表示热情欢迎。笔者向他展示了剌马丹墓碑的照片，并委托他对照片中的文字进行解读，告诉他此前前往清真先贤古墓寻找原碑但未能如愿之事。让人意外的是，笔者从王官雪副会长处听到了让人高兴的消息。王官雪副会长说，他也曾听说过怀圣寺有高丽人墓碑石的事情。笔者与在外地出差的时任广东伊斯兰教协会会长杨棠联系之后，得知这件高丽人墓碑现藏于怀圣寺教育馆第三层仓库中。于是，笔者同相关人员一起前往怀圣寺教育馆仓库，逐块碑寻找，终于找到了这件剌马丹墓碑。笔者将石碑上的灰尘擦去，一时感慨万千：没想到在清真先贤古墓遍寻不获的剌马丹墓碑，竟然在此处重见天日！相信读者诸君也能体会到笔者当时的喜悦心情。

　　笔者暂时按捺住喜悦的心情，翻看石碑。天色渐晚，仓库也逐渐暗了下来。仓库中除了微弱的白炽灯，没有其他照明设施。于是，笔者先对剌马丹原碑石拍照记录，并拿出尺子对碑身进行测量，接着才开始查看碑文。照片上的墓碑石中的文字十分模糊，但经过对照，原碑石上的碑文部分能被判读出来。

四、剌马丹墓碑内容分析

　　剌马丹墓碑（见图13－1）是在1985年7月由一位叫金世诚的老人在桂花岗清真先贤古墓宛葛素墓西侧10米处的树林中发现的。② 这件墓碑石的高度为62 cm，宽42 cm，厚6.2 cm。碑石正面十分光滑，背面则多

---

① 参考曾昭璇《广州怀圣寺光塔新建时代考》一文中的《怀圣寺光塔寺变迁图》。

② 姜永兴、杨棠共编：《广州最早的伊斯兰教碑碣》，《广东海南回族研究》，广东人民出版社1989年版，第48页。

少有些磨损。碑石正面以大字书写阿拉伯语，左右两侧以小字书写汉字。

从碑文刻字状态来看，正面与右侧较为干净，文字判读也没有什么问题，而左侧则磨损严重，文字判读十分困难。

图 13-1 剌马丹墓碑正面

我们对碑石正面的阿拉伯语部分用汉语进行翻译①：

人总是要死的。

真主，除他外绝无应受崇拜的。他是永生不灭的，是维护万物的。瞌睡不能侵犯他，睡眠不能克服他，天地万物都是他的，不经他的许可，谁能在他那里替人说情呢？他知道他们面前的事和他们身后的事。除他所启示的外，他们绝不能窥测他的玄妙。他的知觉，包罗天地；天地的维持，不能使他疲倦。他确是至尊的，确是至大的。

真主的使者曾说："死在异乡者，已成为殉教烈士了。"

---

① 译文转录自中元秀等著《广州伊斯兰古迹研究》，宁夏人民出版社 1989 年版，第 71 页。

这座坟茔是阿老丁之子剌马丹臣仆归宿之处，祈求真主慈悯宽恕他们（下缺词一组）。

旅行库尔德的阿勒颇（下缺词一组）时在七百五十一年真主吉祥的七月□日丹书①

接下来是右侧以小楷书写的汉字：

大都路宛平县青玄关住人，剌马丹，系高丽人士，年三十八岁。今除广西道容州陆川县达鲁花赤。

最后来看碑石左侧所刻汉字部分，方框表示无法判读的汉字，圆括号中的文字是《广州文物志》编纂委员会所补充的。

于至正九年三月二十三□□（殁后），八月十八日，□□□□□□（葬于广州城北）流□□□□（花桥桂花岗），□□（并立）石。

碑文中的主人公剌马丹系何人？综合碑文的内容来看，剌马丹生于高丽忠宣王四年（元皇庆元年，1312年），常住地为大都宛平县（今北京南部）。②宅邸名为青玄关。元至正九年（1349年）除授广西道容州陆川县达鲁花赤，于三月二十三日在广州去世。同年八月十八日，被埋葬在广州伊斯兰教墓园流花桥旁边的桂花岗。

从中韩两国现存各种古文献中很难找到此人姓名。关于其生平，除以上信息外，我们无法掌握其他具体信息。在上文中我们提到，当时高丽与元朝有着特殊的关系，人员之间的流动和交流是非常频繁的。高丽的国王与太子曾长时间滞留在元朝首都大都，高丽出生的女子中不少与元朝皇室或贵族缔结婚姻。比如，高丽女子嫁给元顺帝，成为元顺帝第二位皇后，

---

① ［沙特阿拉伯］法赫国王圣古兰出版厅编：《圣古兰：意义的韩国盖翻译》，［韩］崔永古译，沙特利雅得：法赫国王圣古兰出版厅1997年版，第69、142页。

② 宛平县于辽代开泰年间设置，民国初期县政府办公地点移至卢沟桥附近。1952年被划入北京市，今属于北京市丰台区、门头沟区、石景山区、海淀区。

也就是后来的奇皇后。在高丽国王或太子与元朝皇室举行婚礼时，很多高丽人跟随队伍去往中国。这些去往元朝的高丽人，不少人在元朝做官。由于资料不足，这位名叫剌马丹的高丽人何时去往元朝，又是如何在元朝做官的，无从知晓。不过，从他被任命为地方官员来看，他很有可能出生在一个在元朝有相当背景的豪门大家。当时在元朝被任命为达鲁花赤的，只有蒙古人与色目人。当时高丽朝廷曾向元朝上书，请求将高丽人与色目人同等看待。这样，一部分高丽人就被编入色目人阶层。

当时在元朝大都及周边地区，有很多去往元朝的高丽人聚居，或者建立寺院。宛平县就是其中之一。比如，金伯颜察就是很早前往元朝并成为元朝宫廷中达官显贵的高丽人。他和他的夫人孙氏曾于至元二年（1336年），在宛平县赤水村建造自家私庙——金孙弥陁寺。当时居住在元朝的高丽文人李谷记载了这一事实。①

从剌马丹的名字也可以知道他是穆斯林。剌马丹（Ralmadan）的名字与伊斯兰教的宗教仪式斋月（英语：Ramadan）的意思一脉相通。在阿拉伯语中，意为"干燥、闷热"。斋月作为伊斯兰教中最为基本的五项信仰活动中之一，一直持续到今天。穆斯林在每年伊斯兰历九月斋月期间，须在当天的日出到日落期间禁止进食。穆斯林在禁食这段时间阅读《古兰经》，通过与自己的信仰和本能欲求的斗争，使精神得到洗礼。

那么，剌马丹是如何开始信仰伊斯兰教的呢？虽然这一问题也让人产生兴趣，但因为没有相关资料，所以对此无从查考。上文提到，元朝时去往中国的高丽人与元朝的伊斯兰教徒之间自然有不少来往。同样，当时也有很多穆斯林从中国来到朝鲜半岛。朝鲜半岛的高丽人以及在中国的高丽人通过穆斯林知道了伊斯兰教。其中一些高丽人甚至悟到了伊斯兰教的真理，开始信奉伊斯兰教。剌马丹可能是通过这样的途径开始信奉伊斯兰教的。

剌马丹墓碑文的作者阿札曾到过库尔德地区。② 库尔德就位于今天中东叙利亚一带。阿札也是穆斯林。中东库尔德地区距离中国广州有一万几

---

① 〔高丽〕李谷：《稼亭先生文集》卷二《京师金孙弥陁寺记》。

② 据《广州伊斯兰古迹研究》一书记载，到访过中东库尔德地区的是剌马丹碑文的作者阿札。然而，据《广州文物志》记载，到访过中东库尔德地区的并非剌马丹碑的作者阿札，而是剌马丹本人。

千里，路途十分遥远，可能需要花费几个月甚至几年的时间到达，然而，阿札却到访过库尔德地区。笔者怀疑他造访库尔德地区的目的可能是寻访伊斯兰圣地。无论是过去还是现在，伊斯兰教徒们都将巡礼伊斯兰圣地作为一生中最为重要的宗教仪式。阿札在用阿拉伯语写作的刺马丹墓碑文中引用了《古兰经》，以大字书写的碑额部分引用了《古兰经》第三章第185 节，碑文的前半部分引用了第二章第 255 节。古兰经第二章第 255 节，是提到真主的伟大与绝对性的著名章节，韩国伊斯兰教中央会宣教教育室内就悬挂着这句话。

五、结　论

刺马丹墓碑石发现于广州伊斯兰教徒墓园清真先贤古墓，现在由广州清真寺院怀圣寺保管，广州博物馆镇海楼曾展出过这件碑石的复制品。刺马丹是生活在元朝首都大都的高丽人，至正九年（1349 年）被任命为广西陆川县达鲁花赤，然而不幸的是，后来他客死在广州。同一年，他被安葬在位于广州桂花岗的伊斯兰教徒墓园。从他的名字来看，当是伊斯兰教的信徒。碑文的作者阿札也曾经不避路途遥远，到访过中东地区。

笔者在撰写这篇文章时，同时也思考了古代韩国文化的多样性的问题。古代韩国在与海外很多国家接触的同时，建立了多样的对外关系。在全世界逐渐一体化的当下，我们对韩民族古代对外关系史进行研究时，需要借助很多途径。在研究韩国与海外其他国家以及其他文化圈的人员交流与物质贸易时，我们不能仅仅停留在增进本国国民对其他国家以及文化圈的理解方面，而要考虑到对于本国文化吸收外来文化并创造出新的文化方面而言，这一研究也发挥着非常重要的作用。高丽人伊斯兰教徒刺马丹墓碑是证明古代韩国与伊斯兰国家交流史实的重要实物，也是研究传入中国的古代韩国人活动的重要资料。此外，现在伊斯兰国家与韩国保持着友好的外交关系，我们也有义务将这层关系推进一步。

笔者认为，我们有必要对中国所藏海东相关金石文献进行关注。海外金石文是揭示古代韩国历史以及研究韩国文化多样性的十分重要的基础资料。仅仅从这次发现的刺马丹墓碑便可以证明这一点。

六、追　记

笔者于 2004 年 3 月 27 日参加在韩国忠北大学举行的韩国中国文化学会定期学术会议，讨论拙文时，参会同仁提供了中国与剌马丹相关的文献记录。中国《元书》《江西通志》等文献记载了一位名叫"伊剌马丹"的官员的相关活动。伊剌马丹是瞻德纳的孙子、仓赤的父亲。他在至治年间（1321—1323 年）担任过九江尹，在泰定年间（1324—1327 年）担任过大理寺丞。然而问题是，此二人的活动时间有出入。剌马丹墓碑的墓主剌马丹生于 1312 年，在至治年间，他的年龄应该是 9 岁至 11 岁；而在泰定年间为 12 岁至 15 岁。该年龄显然与他出任官职相关活动不符。因此，剌马丹与伊剌马丹并非同一人。

另外，还有元统元年（1333 年）中进士、除授温州路录事司达鲁花赤的剌马丹，以及泰正四年（1327 年）担任过镇江江团山巡检司巡检使的剌马丹。此二人皆为回族出身，与本章所讨论的剌马丹同名。

自 20 世纪 90 年代韩国《联合新闻》对剌马丹墓碑进行报道以后，韩国舆论对此反应强烈。仁荷大学民俗学学者崔仁鹤曾于 1990 年访问广州，见到过剌马丹墓碑，并于 1991 年 3 月 6 日在韩国《世界日报》上对剌马丹墓碑作过介绍。韩国《世界日报》1991 年 3 月 6 日的报道以《寻找大米文化的源流》为题，对参加比较民俗学会学术调查团的崔仁鹤前往中国广州与云南等地进行调查的事情作了报道。报道记载了与剌马丹墓碑石相关的内容。从这些内容来看，崔仁鹤在广州博物馆见到了用阿拉伯文写成的碑石：1349 年，高丽人剌马丹病死于广州，并被安葬在伊斯兰教徒墓园。此后，李熙秀在其文章中对此也有几行简略的记载，不过只是对崔仁鹤相关报道的整理。① 但崔仁鹤与李熙秀所记载的广州博物馆展示的剌马丹墓碑并非原碑，而是复制品。

---

① ［韩］李熙秀、［韩］李元三：《伊斯兰》，坡州清雅社 2001 年版，第 425 – 426 页。［韩］李熙秀：《韩国与西亚的文化交流》，《丝绸之路与韩国文化》，首尔松树出版社 1999 年版，第 331 – 332 页。

第十四章　高丽人慧月补修的房山 石经山石经

一、房山石经概要

1999 年 9 月 9 日 9 时 9 分 9 秒，中国政府在北京房山云居寺将曾经深埋石经山地下多年后出土的房山石经再次埋入地下，永久封存了起来。这一消息传出后，引起了中国佛教界与文化界以及海内外很多人的关注。之所以要将石经再次埋到地下，其中最主要的原因是石经表面受风化作用的影响。中国政府为了阻止石经的风化，尝试过很多办法，最后决定将石经放入地下保存，是因为这更有利于保护石经。

云居寺与石经山位于距离北京西南 75 公里处的燕山山脉白带山。白带山山顶常有白云环绕，因此，这一地区的人们将此山称为小西天、涿鹿山。另外，由于此处保管着历代石经，因此，人们也称其为石经山。房山石经大体上有两类：一类是房山云居寺释迦佛舍利塔前地下洞穴中放置的石经；一类是距离云居寺约五公里处石经山九座洞窟中放置的石经。1957年，北京大学考古队在发掘石经山石窟时在临近的小学发现了辽天庆七年（1117 年）树立的《大辽北京涿州范阳县白带山云居寺释迦牟尼佛舍利塔记》石碑，云居寺石经就是在发现这一石碑时意外发现的。云居寺释迦佛舍利塔又名南塔，毁于 1942 年日军占领北平时。根据《大辽北京涿州范阳县白带山云居寺释迦牟尼佛舍利塔记》的记载，在塔前一步之遥的地下洞穴中埋藏着石经。[①] 地下洞穴大小为南北 19 米，东西 10 米，深 5米。发掘时在南侧洞穴中发现了 6295 张石经经版，在北侧发现了 3787张，共计 10082 张（见图 14–1）。后来在对石经进行编号的过程中，又

[①] 《大辽北京涿州范阳县白带山石经云居寺释迦佛舍利记》："此寺始自北齐至隋代，有幽州智泉寺门智苑精炼有学，……相继至大辽天庆七年，已镌造了经近三百帙，秘于东峰满八石岩。此塔前相去一步，在地宫有石经碑四千五百条"。

在石经的缝隙中发现了经版 21 张。云居寺的石经先后经三次埋藏。第一次是在辽天庆八年（1118 年），道宗与通理大师镌刻的经典，被埋藏于通理大师门人善锐、善定所挖的洞穴；第二次是在金天眷三年（1140 年），人们再次打开洞穴，埋进玄英等人镌刻的经典；第三次是金大定、明昌年间（1161—1196 年），人们再次打开洞穴，埋入了更多的经典。

图 14－1　于房山云居寺地下洞穴发掘的石经经版

石经山石经是隋代和尚静琬为了躲避法难而建造的。到了明代，高僧和一些佛教信徒继续制造石经。石经山高 450 米，藏经石窟约 400 米。石经山石窟上层有七个洞穴，下层有两个洞穴，共有九个。各洞穴中保存着很多经版和残石。第一个洞穴中保存经版 972 块、残石 159 块；第二个洞穴中保存经版 1018 块、残石 73 块；第三个洞穴中保存经版 333 块；第四个洞穴中保存经版 125 块、残石 39 块；第五个洞穴保存经版 146 块；第六个洞穴保存经版 200 块；第七个洞穴保存经版 283 块、残石 2 块；第八个洞穴保存经版 772 块、残石 47 块；第九个洞穴保存经版 347 块、残石 43 块。除此以外，在洞穴外面还有残石 419 块。经版总数为 4196 块，洞内残石 363 块，洞外残石 419 块，共计 4978 块。

石经山石窟中最有名的是雷音洞石窟。雷音洞石窟第五号石窟中保存着《华严经》石板，因此也被称为华严洞石窟。这座石窟是目前唯一向公众开放的石窟。雷音洞石窟中有与古代韩国相关的遗迹。在高丽为元朝控制时期，高丽僧人慧月来到元大都（今北京），见到雷音洞石窟与石经被毁损的情况，于是补修了石门，补刻了石经。今天在雷音洞左侧有一块小小的标志石，上面就用中文和韩文简略地记载了这一史实。

关于高丽僧人慧月的活动，我们可以在元代贾志道的碑文中找到最早的相关记载。此外，还有其他一些中国文献提到，特别是现存的石经更能证明这一史实。对于高丽僧人慧月的研究，1930 年日本学者塚本善隆最先予以关注。① 此后，对房山石经进行研究的各种中国文献也简要地提到了慧月，但从中未能看到有任何进展。同时，韩国学界虽然也知道这一史实，但目前尚未见到对慧月作综合研究的论文。笔者在韩国学术振兴财团的资助下，对中国所见古代韩国金石文相关资料进行调查时，接触到了高丽慧月相关资料，对这一课题的研究产生兴趣。因此，2004 年夏天，笔者带领顺天乡大学"中国村"（CV，Chinese Village）的学生一起前往房山石窟调查；笔者于 7 月 4 日至 6 日在房山期间，调查了云居寺与石窟，收集了一些资料，对慧月所留下的痕迹进行了一些考察。

二、历代石经建造经过

隋大业二年（606 年），和尚静琬最早开始建造房山石经山石经。静琬曾在此地生活大约 30 年，一生致力于开凿石窟、镌刻石经。以上这些史实被记载在隋唐时期的各种文献中，比如《范阳图经》《冥报记》以及石刻文献《大业十二年雷音洞舍利涵铭记》《武德八年静琬题刻》《贞观二年静琬题记》等。② 这里我们看一下唐贞观二年（628 年）的《静琬题记》的全文。关注这份文献的原因在于，该文简要地记载了静琬刻写石经的动机，同时此文也与高丽和尚慧月有密切关系。《贞观二年静琬题

---

① ［日］塚本善隆：《石经山云居寺与石刻大藏经》，《房山云居寺研究》，载《东方学报》第 5 册副刊，昭和十年（1935 年）。

② 在隋炀帝时期成书的《范阳图经》记载称，智泉寺静琬在白带山建造石室，刻写了十二经。初唐时期唐临的《冥报记》记载称，隋大业年间，智苑（静琬）制作了石经，静琬贞观十三年（639 年）圆寂后，其弟子继续刻经事业。1981 年在雷音洞石窟的佛像底下发现的《大业十二年雷音洞舍利函铭记》记载，大业十二年（616 年）安置了佛舍利。1989 年在雷音洞石板下出土的《武德八年静琬题刻》也记载称，静琬为了护法，制作了经版。

记》原先被刻在雷音洞石窟入口墙壁上，现为云居寺管理处保管。这件石刻大小为 41 cm×34 cm。由于年代久远，破损较为严重，但慧月见过这件石刻的记录，因此，我们能了解全文。以下对于因文字磨灭难以辨认处以方框表示，括号内是笔者补订的文字。

> □□□□（释迦如来），□□□（正法像法），凡□□□□□（千五百余岁），至今贞观二年，□□□（已浸末①法）七十五载，佛日既没，□□（冥夜）方深，瞽目群生，从兹失导。静琬为护正□（法），率己门徒知识及好□□（施檀）越，就此山巅刊华严□□（经等）一十二部，冀于旷□□□（劫济度）苍生，一切道俗□□□□（同觉正觉）。

从末法思想下的佛教发展过程来看，在释迦牟尼佛涅槃之后，佛教先后经过正法与像法阶段后进入末法时代，佛教受到重创，迎来佛教之乱。信行主张的三阶教、僧绰主张的净土宗，就是末法思想的代表性主张。六朝时期对佛教多次采取过压制的措施，这就是末法思想诞生的历史背景。北魏太武帝与北周武帝纷纷实行对佛教进行强力迫害的宗教政策。从统治者的立场来看，佛教寺院与僧侣的急速增加给国家的财政造成了负担；此外，佛教教团十分紊乱，对一般民众具有煽动性，对于国家的统治与安危造成威胁。由于以上种种原因，统治者认为有必要对佛教采取压制措施。造成的结果是，很多寺院因此被封，很多僧人因此还俗，佛像被毁灭，经典被焚烧。

隋代抛弃了北周武帝的排佛政策。寺院得以重建，佛像重新塑造，佛教发展迎来新的时期。在这种时代潮流之下，当时的佛教界末法思想发展迅速。静琬的老师慧思曾亲身经历过北周武帝时期的灭佛，当时佛教界人士对于将来可能要面对的佛法之乱十分忧虑。② 他们从末法思想出发，为了能在将来应对可能发生的佛教之难，以及为了将佛法永远传承下去，觉

---

① 日本学者塚本善隆对于所缺的三字补作"既浸末"，《金石萃编未刻稿·重修华严堂本记》中对于缺字记作"已浸末"。

② 慧思《南岳思大禅师立誓愿文》载："无量寿经在后，得百年住，大度众生，然后灭去。至大恶世，我今誓愿，持令不灭，教化众生，至弥勒佛出。"

得有必要采取各种措施。特别是对于那些能够将佛教思想永久地传至后代的佛教经典，他们摸索出特别的保管方式。制作石经就是他们摸索出的将文字永久传至后代的一种办法。

静琬继承他的老师慧思的遗志，为了保存正法、经版，付出了不少努力。静琬发愿镌刻的经版有 12 部。① 当时也有很多有识之士与檀越参与石窟建设与经版制作。静琬去世后，他的弟子玄导、僧义等人刻写了《大品般若经》《楞伽阿跋多罗宝经》《思益梵天所问经》《佛地经》等佛经。到了开元、天宝年间，惠暹、玄法等僧人又刻写了《开元录藏》《开元释教录》。这次佛经刻写得到了朝廷的支持，特别是玄宗的妹妹金仙公主，对于《开元大藏经》的石刻给予了很大帮助。石经山第七洞穴后立有金仙公主塔。

到了中晚唐时期，官员与佛教信徒继续刻写石经，但规模不大，也缺乏周密的组织和计划。这一时期的佛经刻写处于散发状态。天宝末年发生安史之乱，尽管如此，人们继续在石经堂石窟刻写石经。贞元、元和年间，真性、刘济等人先后刻写了《法华经》与数量较多的《大般若经》。会昌年间武宗发起灭佛运动，石经刻写受到重创。后来石经刻写工作恢复，但刻写规模远远不如此前。这一时期，张允伸在地方官员的帮助之下，继续刻写篇幅较小的佛经经典。

到了辽金时期，房山石经迎来中兴时期，石经得以大规模地刻写。辽金皇帝与朝野人士大多对于佛教传播与佛经编纂非常重视，他们对于房山石经的刻写工作给予了很大的支持和帮助。在他们的帮助之下，也刻写了很多石经，特别是以此前被人们认为遗失的《契丹大藏经》为底本，刻写了经版。辽代太平年间，韩绍芳奏请圣宗皇帝刻写《正法念处经》《大涅槃经》《大华严经》。到了兴宗年间，基本完成《大般若经》《大宝积经》等石经的刻写工作。大安年间，通理大师致力于佛经刻写，其弟子善锐、善定也致力于此。天庆七年（1117 年），人们将《契丹大藏经》经版埋藏到云居寺释迦牟尼佛舍利塔前地下洞穴中。

---

① 现在雷音洞石窟中保存着《妙法莲花经》《无量义经》《维摩诘所说经》《胜鬘经》《金刚经》《佛遗教经》《温室洗浴众僧经》《弥勒上生经》《华严经净行品·菩萨百四十愿》《优婆提舍原生偈》《大王观世音经》《贤劫千佛出贤劫经》《十方经》《三十五佛名并忏悔》《五十三佛名》《菩萨地持戒品·守菩萨戒法》《八戒斋法》17 种石经。这其中既有静琬所刻之石经，亦有后人所刻之石经。

金代的石经刻写主要集中在天会与皇统年间。张玄征、刘庆余、玄英等人刻写了《宋朝新译经》等，见嵩刻写了《大教王经》，刘丞相夫人韩氏及张守仁等人刻写了《阿含经》。

金代刻写的石经数量不亚于辽代，保存场所也发生了很大的变化。见嵩刻写的《大教王经》被保管在石窟第三洞穴中。除此以外，大部分石经被埋藏在塔下。

元明时期的石经刻写规模不及辽金时期。在下文中我们将详细指出，高丽人慧月来到房山石经山补刻了数张石经，同时也修理了一些洞穴。到了明初，再也难以见到类似在房山石经山的刻经活动。万历年间，真可等人刻写了《四十华严》《四十二章经》。至此，房山石经刻写历史宣告结束。天启、崇祯年间，真程等人将在北京石灯庵刻写的《四十华严》《法宝坛经》等10余部经版被运往石经山石窟保管。但这与在石经山石窟制作佛经在性质上完全不同。除此以外，石经山石窟中还保管着在其他地方刻写的道教经典。宣德三年（1428年），全真教陈风便、正一教王志玄等人刻写了道教经典《玉皇经》，并将经版运往石经山石窟进行保管。到了清代，云居寺虽然先后几次做过修复，并在寺内刻写过石经，但始终无法与此前的石经刻写与石经保存工作相提并论。

三、贾志道《重修华严堂经本记》的内容

高丽忠惠王复位二年（元至正元年，1341年），僧人慧月来到房山石经山，见到石门倒塌、石经毁损，于是联合在元朝的高丽人以及元朝的高官，在其帮助之下开展修补工作。关于僧慧月的修补工作，在元人贾志道的《重修华严堂经本记》中有详细记载。

《重修华严堂经本记》的作者是贾志道，这块石碑立于至正元年五月八日。清代金石学者很早就关注到《重修华严堂经本记》这篇金石文献。乾隆五十七年（1792年），孙星衍编纂的《京畿金石考》卷上就收录了《重修华严堂经本记》，其中详细地记载了石碑上文字的作者、书法作者、立碑时间、石碑所在地等基本信息。① 孙星衍对于石碑的立碑时间记作"至正元年八月立"，笔者认为，当修订为"至正元年五月八日立"。嘉庆

---

① 《京畿金石考》卷上《房山县·元修华严堂经本记》："贾志道撰并书，至正元年八月立。"

七年（1802 年），孙星衍又与邢澍一起编纂了《寰宇访碑录》。在该书卷十二《重修华严堂经本记》中，除了以上内容外，还记载了资料的出处为"江苏青浦王氏拓本"①。由这些记载来看，孙星衍并未直接见到过这件石碑。光绪二十四年（1898 年），缪荃孙编纂的《艺风堂金石文字目》卷十七《重修华严堂经本记》，以及光绪年间吴式芬编纂的《金石汇目分编》卷一《重修华严堂经本记》都只记载了《京畿金石考》中记载的相关内容。②

嘉庆年间，王昶将自己编撰的《金石萃编》所未能收录的其他金石文收集起来，编成《金石萃编未刻稿》。该书对于《重修华严堂经本记》的石碑（见图 14 - 2）大小、行字数、碑文全文作了收录。③ 其中收录的碑文全文如下：

> 至正改元夏四月，有高丽国僧名慧月者，因礼文殊大士于五台。衲衣锡杖，幽然脱俗，路④经房山县西乡里东峰古刹，名曰小西天华严堂，其境清胜奇丽，远超市井，竦绝尘嚣，唯有志者居焉。
>
> 其堂并华严经本等十二部，皆石为之，盖有年矣。真古今祝延圣寿之域。穷岁月绵延，住僧云至。堂摧经剥者有之。唯存基址焉。寺僧传曰：三藏经宿之处也。慧月留止于此，不旬日。阅堂户首刻曰：……盖静琬肇起于此矣。其境萧条，时有樵牧者憩焉。经文残缺者，斯其由矣。慧月悯其石户摧圮，经本残缺，□然惜其将来浸泯静琬之功，而安能复其初，以斯感化之念，志坚而心笃。幸□□政院使资德大夫龙卜高公，匠作院使，大夫党住申公，慧月拜礼，详陈其事。公等允其言，兴大功德，德布施净财千余缗。命慧月施劳董工，修石户经本，不月余而俱□□得，布施一毫不私于己。闻者咸曰：施财者犹为易，得人者实难。惟慧月则其人也，不□酒，不茹荤，俭衣

---

①　《寰宇访碑录》卷十二《重修华严堂经本记》："正书，至正元年，江苏青浦王氏拓本。"

②　《艺风堂金石文字目》卷十七《修华严堂经本记》："贾志道撰并正书，至正改元夏五月初八日，在顺天房山。"《金石汇目分编》卷一《元修华严堂经本记》："贾志道撰并正书，至正元年五月，小西天。"

③　《金石萃编未刻稿》卷下《中寿华严堂经本记》："正书，碑长四尺六寸，宽三尺，二十三行，行三十五字。"

④　译者注：《日下旧闻考》与《顺天府志》中皆脱"路"字，《金石萃编未刻稿》中不脱。

食而绝物欲，同归善者几人焉。慧月宁忘己劳，而不没人之能，愿言所过者化，所存者。尝谓人曰：事落成而吾适他矣，岂久淹于此哉？若值经废之缘，兴功者如是，处佛门无愧矣。同金玉局提领李，特状详其事，刻诸石，来谒其辞，予不获已，姑依命，撦其实录一二云尔。

时至正改元夏五月初八日，高丽国比丘慧月立石

图 14 – 2   《重修华严堂经本记》残石

塚本善隆的论文收录了《重修华严堂经本记》拓本的照片。这件石碑原为直角四边形，由于四个角被砍去，成为八角形。总计 23 行，每行 35 字。后来这块石碑不知为何被转移到雷音洞下的溪谷。1991 年 12 月，时任雷音洞管理员赵进国在溪谷处发现了《重修华严堂经本记》残石。这件残石先是被保存在雷音洞入口处的施茶亭，后被转移到云居寺保管。残石石质为青石，高 83 cm，宽 54 cm，厚 11 cm。从残石的形态来看，上端左右侧以及下端左侧有破损，现在残石上只能看到原石碑的 16 行文字。

四、参与修补石经人员的生平

高丽僧人慧月在高丽忠惠王复位二年（元至正元年，1341 年）四月来到中国，在前往文殊菩萨道场五台山佛教圣地礼佛后，停留在房山华严堂。这里是隋代静琬建立功德、保管经版的圣地，但慧月在此处见到石门倒塌，经版破损，于是决心进行修补。他将自己的修补计划告知当时在元朝朝廷中做官的高丽官员等人，请求他们布施修补所需费用。他全权负责修补工作，从他决定修补后，不到一个多月就非常迅速地完成了修补工作。同年五月八日，竖立了修补好的石碑。慧月在修补时，从不将布施得来的金钱私用。另外，在修补工作完成以后，他摆脱俗世的欲望，忘掉自己的功德，离开了房山石经山。

慧月的修补工作广为后代中国人所知。清康熙三十七年（1698 年）编纂的《重修范阳白带山云居寺碑记》记载，元朝至正年间，朝鲜和尚修补华严堂石经后不知所终①。这里的"朝鲜和尚"指的就是慧月。

此外，清人母配坤（实为齐推代撰）的《小西天石经寺碑》记载，元至正年间，朝鲜僧人慧月来到五台山礼佛，后来到房山华严堂，在此处见到静琬所刻的经版被毁损，于是修补石经和石窟，完成工作后离开。②这件事也见载于贾志道的《重修华严堂经本记》。杜殿文对房山石窟进行调查后说：如果不是高丽僧人慧月对雷音洞石窟进行修补，那么这些石经是否能平安地流传至今？杜殿文对于高丽僧人的修补工作给予了很高评价。③

以下我们来考察一下，在慧月修补房山石窟与石经时对他给予过帮助的人物。元人贾志道《重修华严堂经本记》的最后部分记载了参与此次修复工作的功德者以及相关人员名单：

① 《房山石经题记汇编》收录《重修范阳白带山云居寺碑记》中记载称："迄元至正年，有朝鲜僧募修石经华严堂而去。"

② 《房山县志》卷七《艺文·小西天石经寺碑》："迄元至正间，有朝鲜僧名慧月者，因礼文殊于五台，路经房山西乡，登山憩寺中，目击萧条景况，惜将来静琬刊经之功渐浸灭，遂募缘，重修石户、经版及华严堂，事竣而飞锡去矣。"

③ 杜殿文：《房山千年石经》，载《大地地理杂志》2001 年 6 月号（总第 159 期），第 136－137 页。

大功德主：高龙卜院使，申党住院使，山主斯满

同缘功德主：也先不花太卿，不花帖木儿总管，李总管，五阑古提点，秃满达

同缘功德主：中政院使伯帖木儿，王丹夫人

同愿僧：西域智谛，达而宝

补写经版：高丽国天台宗沙门达牧

金玉局提领：李得全，李得，程仲玉刊

以上记载可分为三类：修复工作的参与者，大功德主、功德主，同愿僧。达牧是直接参与此时房山石经修复工作的和尚。修复人员名单记载，他是高丽国天台宗的僧侣，主要负责经版补写工作。我们今天仍然能在修补后的经版上看到他的名字。为了了解他的生平，笔者试着从《高丽史》中寻找相关资料，笔者曾在庆州祇林毗卢遮那佛佛像中的高丽佛经中找到了相关资料。① 高丽佛经主要有《大佛顶》《如意咒》《大悲咒》《尊胜咒》《梵语心经》《施食真言》六种，最早于忠肃王十七年（1330 年）刻版，到了禑王元年（1375 年）重新刊刻。在这部佛经的后识部分，记载了刊行过程以及参与人员名单，其中就记载了达牧的名字及其生平。忠肃王十三年（元泰定三年，1326 年）三月，回到高丽的西域和尚指空在檀越们的要求之下，在天和寺举行夏季结斋，同时翻译佛经。这一时期，其弟子达正、达牧等人一起参与了指空的佛经翻译工作，并协助刊行。初刊本六种高丽佛经的参与者名单记载了露庵乱山达牧负责书写佛经一事。由以上情况综合来看，达牧是高丽天台宗的僧人，是指空的弟子，从事过佛经翻译与刊行工作，特别擅长以书法抄写佛经，又被称为写经僧。此后，达牧为了了解佛法现场，来到中国，在房山参与经版修复工作。

高龙卜与申党住在经版修复过程中给予了巨大的帮助，是大功德主。在慧月将修复计划告知他们后，二人捐助了巨额资金 1000 余缗。高龙卜又作高龙普。② 高龙卜的生平见载于《高丽史·宦官》，高龙卜又名龙凤，

---

① ［韩］许兴植：《指空的思想之形成与现存著作》，载《东方学志》1990 年第 61 辑，第 71 - 73 页；《从印度传入高丽的灯火：指空禅贤》，一潮阁 1997 年版，第 89 - 94 页。

② "卜"字与"普"字为同音字。在高丽为元朝支配期间，对人名的翻译一般采取音译的办法，常使用同音字或通用字来代替本字。本章中申党住的"党"字与"当"字即其例。

在元朝名为透满帖儿，是煤场人。他很早就来到元朝宫廷，成为宦官，先后担任过徽政院使、资政院使等职。特别是在元顺帝年间，与朴不花等人在元朝将高丽奇子敖之女奇氏册封为皇后的过程中发挥了重要作用，因此颇为受宠。高龙卜能随意出入高丽朝廷，权倾朝野。高丽忠惠王复位二年（1341年）被册封为三重大匡完山君。忠惠王复位四年（1343年），因诬陷忠惠王之罪逃到元朝。忠穆王三年（1347年），御史台弹劾其专横国政，其遂被流放到金刚山一带，此后被释放。恭愍王元年（1352年），在赵日新之难时终免于一死，后在海印寺出家为僧。恭愍王十一年（1362年），郑之祥奉恭愍王之命将其杀死。

申党住即申当住，申党住也是来到元朝的高丽宦官。我们在李谷的《稼亭先生文集》中能找到关于他在元朝活动的简短记载。他很早就来到元朝宫廷中做官，侍奉文宗，受到中宫的特别宠爱。在元顺帝时期，他先后做过典瑞使、匠作院使，此后又为协助太皇太后（即元文宗的皇后）及友人的佛事活动，从事过佛殿创建与重修工作。至元四年（忠肃王复位七年，1338年），高丽开城兴王寺新教院落成时，他奉太皇太后之命来到大都，下赐香与礼物。[1] 至正三年（忠惠王复位四年，1343年），在修建大都法王寺与龙泉寺佛殿时，他布施过大笔金钱。[2]

参与此次修补的除了大功德主，还有也先不花、不花帖木儿、李总管、五阑古提点、秃满达、伯帖木儿、王丹夫人等几名功德主。也先不花与不花帖木儿在元顺帝登基以后在朝中极为得势，甚至做过宰相。根据《元史·宰相年表》的记载，也先不花于至正十八年（1358年）任平章政事，至正二十年（1360年）任参知政事，至正二十一年（1361年）任左丞，同年升为右丞。[3] 不花帖木儿在至正二十四年（1364年）任右丞，至正二十五年（1365年）升任平章政事。同时，他在高丽朝廷中也有很大的权力。高丽恭愍王元年（元至正十二年，1352年），他奉元顺帝之命来到高丽，负责对赵日新叛乱进行调查。恭愍王十四年（至正二十五年，1365年），被册封为高城君。除了也先不花与不花帖木儿，由于资料缺

---

① 参考《稼亭先生文集》卷二《兴王寺重修兴教院落成会记》。

② 参考《稼亭先生文集》卷四《大都天台法王寺记》，以及卷六《大都大兴县重兴龙泉寺碑》。

③ 《元史》卷一三四《也先不花传》中记载的也先不花是蒙古怯烈氏人，卒于至大二年（1309年），可知与《元重修华严堂经本记》中的也先不花为同一人。

乏，其他人物的生平不可详考。① 功德主名单中有一位女性，即王丹夫人。笔者怀疑她也是高丽人，此前做过相关调查，但尚无史料证明这一点。

参与这次修补工作的还有两位同愿僧，他们曾虔诚祈祷修补工作圆满顺利。一名是西域僧人智谛，但生平不详。另一名为达而宝的，亦无相关资料记载其生平。有趣的是，西域和尚指空的弟子中常有以"达"为名者。② 上文中我们提到，有补写房山石经的达牧，以及与之一起在天和寺翻译佛经的达正，参与重新刊刻《大佛顶》等六种梵语经典的达心与达山，还有在刊行《无声戒经》时，请危素作序的达蕴，以及《西天提内薄陀尊者浮图铭碑阴记》记载的指空的其他门人达睿、达然、达寂、达顺等人。从达尔宝的名字中也有"达"字这一点来看，笔者怀疑他或许也可能是指空的弟子，与达牧为同门。

从原石碑上所镌刻的上述名单来看，其中有一特别之处。在大功德主名单下所空出的一行所写功德主名字大小不同，另外以小字刻写着"山主斯满"四个字。这四个字或者是原石碑上本来就有的，或者是后人补刻的。如果这四个字是原石碑上本来就有的，那么斯满则极有可能是在对房山石经进行修复时石经山华严堂的时任住持。

五、慧月补刻经版的种类

诚如以上贾志道的《重修华严堂经本记》所记载的，高丽僧人慧月全权负责此次修复工作，而达牧则负责书写经版上的文字。到了清代，他们所修复的经版被制作成拓本流传。清光绪二十七年（1901 年），叶昌炽

---

① 《元史》卷一三一《伯帖木儿传》列举的伯帖木儿是钦察人出身，在元世祖与元成宗时期做过将军，率领元朝士兵征讨叛乱。至元二十七年（1290 年），为了镇压进入朝鲜半岛的哈丹王，伯帖木儿率军越过鸭绿江。至元三十一年（1294 年），护送成宗上京。虽然其卒年并不明确，但从其活动的时间与担任的官职来看，当与《元重修华严堂经本记》中的伯帖木儿为同一人。另外，《高丽史》卷三一《忠烈王世家》记载，高丽忠烈王二十一年（元朝元贞元年 1295 年）伯帖木儿被从元朝派遣到耽罗，骑马而行。此人亦当与《元重修华严堂经本记》中的伯帖木儿为同一人。

② ［韩］许兴植：前揭书，第 93 页。

在《语石》中说，房山雷音洞石壁上有高丽僧人达牧所留下的文字。①

高丽僧人慧月补刻的经版以比较好的状态被保存在雷音洞石窟之中。在下文中我们将提到，笔者曾于 2003 年五月在台北"国家图书馆"见到过清末拓本。此外，云居寺史料陈列馆也有展出各种拓本纸张。《胜鬘狮子吼一乘大方便方广经》是刘宋时期求那跋陀罗所翻译的经典，共刻在四块石片上。在第四块石片正文末尾明确记载了慧月补刻的事实，题记以小字书写，有两行：

高丽国比丘等达牧书字②，慧月修补经石五介。

由这一记载来看，可知慧月修复的经版共有五块。《观弥勒菩萨上生兜率陀天经》是刘宋时期沮渠京声所翻译的经典，刻在四块石片之上。题记写道，在经文下面空出一字写着达牧的名字：

高丽衲达牧书

除了以上两者，慧月所补刻的其他经版中没有任何题记。根据达牧所写的书法字体，我们可以很容易地对经文进行判读。比如，以"於"字为例，隋代静琬所刻写的原经版中"於"字左半部分写作"方"，而达牧却将"於"字左半边写作"才"。以此为根据进行调查，可发现《观弥勒菩萨上生兜率陀天经》第三块石片与姚秦鸠摩罗什翻译的《维摩诘所说经》第三块石片及第二十五块石片亦当为慧月所补刻之经版。

下面我们简单介绍一下台北"国家图书馆"善本书室所藏《观弥勒菩萨上生兜率陀天经》拓本的情况。请求编号为拓本 0895 本，墨拓本，共四幅，第一幅大小为 58.5 cm×87 cm，第二幅大小为 59 cm×86 cm，第三幅大小为 59 cm×53.5 cm，第四幅大小为 57 cm×86.5 cm。台北"国家图书馆"目录正确地记载了经版书法作者为"高丽衲达牧书"。但对于制作年代却记作"隋无年月"，考证有误。为了在原经版与补刻经版上端正

---

① 《语石》卷八《外国人书》："异域碑文，自日本朝鲜同洲之国，以至欧非两洲，皆自其国中来。若中国石刻而异域之人书志，惟房山雷音洞石经有高丽僧达牧书。"

② 塚本善隆将"比丘"错误地记作"代丘"。[日] 塚本善隆：前揭书，第 79 页。

地书写，书写时在经版上画了格子，但是字的大小不规则，补刻版中的格子大小比原刻本格子更大。① 在原刻本中，每个字几乎占满每个格子。与此不同的是，在补刻版中，每个格子内文字以外尚有空白。

六、结　论

回望历史，我们发现，世界各地的人们都留下了很多石刻文化。无论东西，古代人所留下的神像、神砖等宗教崇拜物，以及刻在城墙上的石刻，可谓不计其数。即使在今天，人们也大量使用石刻。石刻虽然并非永久不变，但比起人短暂的寿命而言，石刻具有保存时间较长的特点。同时，石刻文献也是我们能容易获得的资料。因此，石刻文献作为人类文明的一种符号，将不断地传承下去。本章提到的静琬与慧月即是基于这一立场建造或补修了石经。

房山石经大体上可分为石经山石经和云居寺石经。石经山石经，最早由天台宗僧人静琬于大业初年，为躲避之前发生的法难，同时也为将佛法传承下去，于是制作了经版，并将经版保存在房山石经山石窟中。高丽忠惠王复位二年（元至正元年，1341 年），高丽僧人慧月来到五台山礼佛，此后又来到房山，见到此处石窟中石门倒塌、经版毁损，于是，他寻求当时在元的高丽人士与元朝官员等的帮助，展开修复工作。经版文字的书法作者是高丽和尚达牧。

虽然慧月与达牧所补修的经版数量不多，只有五片，但诚如台湾地区学者杜殿文所言，如果没有此二人修复石窟与石经，那么谁也不能保证我们今天见到的石窟能被完整地保留下来。笔者在石经山雷音洞石窟中见到高丽人士所补修的经版后，再次感到石刻文献的保存工作超越了国界。

对于云居寺石经，本章未能详细展开分析。在云居寺释迦牟尼舍利塔前地下洞穴中出土的经版主要是《契丹大藏经》。《契丹大藏经》曾在一段时间内消失在人们的视野中，后重新出土，是非常珍贵的文化遗产。高丽人在编纂《大藏经》时，就曾参考过《契丹大藏经》。近年，有中国学者对两部《大藏经》中的文字进行对比研究。希望将来韩国学界也能对此作细致分析，更深入地阐释高丽《大藏经》的价值。

---

① 原刻版中方框的大小为 2.2 cm × 2.2 cm，补刻版中方框的大小为 2.2 cm × 2.5 cm。

第十五章　泉州元代石刻中与高丽相关的记录

一、引　言

　　泉州市位于福建省南部，是与台湾省隔海相望的沿海城市。泉州地区具有适合海上活动的"三湾十二港"这一地理条件，同时也是古代海上"丝绸之路"的重要城市。先秦时期的泉州地区生活着造船技术发达、擅长捕鱼的闽越族。六世纪中叶，拘那罗陀向南海海域航行途中在九日山靠岸。到了唐代，很多外国人来到泉州。到了宋代，中国人通过泉州港，往北前往高丽与日本，往南前往东南亚与印度，最后到达非洲与中东地区。意大利人马可波罗将泉州称为东方第一大港，当时泉州港既是中国去往海外的重要港口，也是世界性的贸易港。

　　泉州地区自古以来与古代韩国人有着很密切的交流。今天泉州地区有新罗高僧玄讷做过住持的福清寺，有详细记载新罗高僧的《祖堂集》所提及的清源山招庆寺旧址，有"海上之王"张保皋的后代聚居的新罗村，有高丽厝，而且当地居民日常生活中常吃的高丽菜亦与韩国相关。泉州与朝鲜半岛商人之间的贸易相关记录，可以在《高丽史》《宋史》《续资治通鉴长编》等文献中找到。这些来自朝鲜半岛的商人在泉州与朝鲜半岛之间往来，从事商品贸易活动。此外，他们还以泉州地区为跳板与朝鲜半岛以外的其他国家及东南亚、中东地区开展贸易活动。

　　近年，笔者十分关注中国所藏古代韩国相关金石以及海东金石集，并做过很多相关资料的收集工作。泉州地区有很多中国人从事海外贸易的相关石刻，以及来到泉州的外国人所留下的石刻。2005 年 11 月，笔者前往泉州地区对该地区的石刻和相关遗迹进行调查，在泉州海外交通史博物馆中见到了被错误地认为是携高丽夫人定居泉州的马八儿国王子的墓碑石的元代残碑，并对泉州郊外的九日山摩崖石刻中由被归化为高丽人的维吾尔族人偰逊的伯父偰玉立所刻元代摩崖石刻进行了调查。2006 年 4 月，笔者再次前往泉州地区对这些石刻做了更为细致的调查。本章即旨在向韩国国内外学界报告对这些石刻的调查结果。本章将对这些石刻中的内容进行考察，并集中对这些石刻与高丽有着怎样的关系进行分析。

二、泉州海外交通史博物馆所藏元代残碑

泉州海外交通史博物馆是中国专门展示古代海外交通史的唯一一座国家级博物馆。1991 年在东湖公园旁边建设了新馆。新馆大体上由两部分组成，一是以船舶形态建造的海外交通史博物馆，一是参照伊斯兰寺院塔的外观建造的泉州伊斯兰文化陈列馆。博物馆入口处有泉州后渚港出土的宋代船舶的缩小版复原模型。新馆展示室主要有：泉州古代海外交通馆、泉州宗教石刻馆、中国历代船舶模型馆、泉州海外民俗馆等。泉州古代海外交通馆展出的是唐代以后泉州与海外国家交通相关的历史遗物及资料。泉州宗教石刻馆展示的主要是泉州地区出土的 200 余件与伊斯兰教、景教、天主教、印度教、摩尼教、犹太教等多种外来宗教相关的石刻。中国历代船舶模型馆展示的是中国历代船舶的模型。其中，宋人徐兢前往高丽时所搭乘的"神舟"，以及韩国全罗南道新安郡附近海域出土的元代船舶的模型格外引人注目。泉州海外民俗馆展示的是海外各地区的民俗资料。此外，泉州开元寺中还有泉州湾古船馆，用作海外交通史博物馆的分馆。泉州湾古船馆展示的是泉州湾后渚港出土的宋代船舶。宋代船舶长约 34 米，宽约 11 米，高 4 米，货物运载量为约 200 吨。

馆中所藏元代残碑此前一直被错误地认为与高丽有关系。该碑在博物馆新馆第一展示室泉州古代海外交通馆中展出。展示室将此碑记作"元代奉使波斯石刻"。元代残碑是 1953 年吴文良在泉州南教场发现的墓志石。墓志石四面刻有精美的云纹，中间镌刻的是汉字碑文。汉字碑文记载了元代中国泉州地区与印度、中东地区之间海上交通的重要内容，可惜此碑残缺不全，现存碑文如下：

> 大元进贡宝货，蒙圣恩赐赉。至于大德三年内，悬带金字海青牌面，奉使火鲁没思田地勾当。蒙合赞大王特赐七宝货物。呈献朝廷。再蒙旌赏。自后回归泉州本家居住，不幸于大德八年十 [下缺]

碑文中的"大德三年"是 1299 年，"大德八年"是 1304 年，"火鲁没思"

指的是霍尔木兹（Hormuz），今霍尔木兹海峡的北部是伊朗，南部是阿曼，海峡宽约 55 至 95 公里。该海峡上有霍尔木兹岛、格什姆岛（Qishm）等几座岛屿，沿岸分布着一些港口。碑文中的"火鲁没思"位于今霍尔木兹海峡的北部。此地适合人类生活，很早就形成了村落，阿拉伯人在占领此地区后，这一地区逐渐发展为重要的交通要道。到了 13 世纪后半期，蒙古人占领了中东地区，建立了伊利汗国（Ilkhanate）。自此以后，霍尔木兹成为中东地区对外贸易的窗口，与遥远的印度和中国开展贸易。去过元朝的意大利人马可波罗曾两次到访此地。当时这一地区输往国外的物品主要有：质量上等的代赭石、椰汁、谷物、吉氏木蓝（kirilow indigo）、香料等。今天中东的石油通过这一地区被运输到世界各地。

　　碑文中的"合赞"指的是伊利汗国的第七代可汗合赞汗（Ghazan Khan），为旭烈兀汗（Hülegü Khan，1217—1265 年）曾孙。旭烈兀汗奉哥哥宪宗蒙哥可汗（Möngke Khan）之命前往征伐中东，消灭了阿拔斯（Abbas）王朝的政权，1259 年建立了伊利汗国，定都于大不里士。合赞汗生于 1271 年，是第四代可汗阿鲁浑汗（1258—1291 年）的长子，1293 年与元朝阔阔真公主结婚。1295 年杀死叔父海合都（1291—1295 年在位），解除拜都（1295—1295 年 10 月 4 日在位）武装，登上可汗宝座。为了复兴伊利汗国，他率军征讨周围部族，消灭政治纷争，建立了强有力的中央集权政治。他在伊朗出生的宰相拉施特（Rashīdu'd Dīn Fadu'llāh，رشیدالدینفضلاللهابوالخیرهمدانی）的帮助之下，对国家实施内政改革，重视贸易发展商业，占领叙利亚，实现了国家的中兴。同时，他自己也改信伊斯兰教，在全国各地建立清真寺。此外，合赞汗与希腊国家建立友好关系，积极接受西方文化，形成了融合东西文化的蒙古－波斯文化。他于 1304 年去世。

　　伊利汗国在蒙古帝国可汗宗主权斗争中支持元世祖忽必烈，始终与宗主国元朝保持着友好关系。在合赞汗时代，两国之间的友好关系得到进一步的强化，互相派遣使臣。元成宗对于合赞成为伊利汗国的可汗以及改信伊斯兰教之事予以认可。1296 年，成宗派拜住作为使臣前往伊利汗国。1298 年，合赞命使臣携带珍贵宝物进献元成宗，元成宗又向合赞回赐答礼。对于这种友好关系，我们在元代残碑中也可以看到相关的记载。元代残碑记载，1299 年，元朝廷向合赞派出使臣，合赞命使臣携带金银、琉璃、珊瑚、玛瑙等七宝进献元成宗。这一时期，元朝使臣随身携带的金字

海青牌面是当时有重大事件或者军队之间需要联系时在路途中使用的最高
等级的官用信符。

那么碑文中的主人公到底是何人？根据碑文的记载，元大德三年
（1299 年），碑文主人公作为元朝使臣前往伊利汗国，回国以后回到泉州。
大德八年（1304 年）冬罹难。然而，由于碑文前后残缺，我们看不到主
人公的姓名。对此，《重返"光明之城"》记载了重要的史实。该书是
2000 年 5 月泉州海外交通史博物馆所编纂的一本记载泉州地区历史遗迹
与文化的图录。该书在关于元代残碑的介绍中写到，根据学者考证，碑文
的主人公是马八儿国（Mâabar）的王子孛哈里（Buhali），他与父王关系
不好，带着夫人蔡氏来到泉州居住。①

但是《重返"光明之城"》对于元代残碑主人公的考证不确，主人公
的姓名应该记作不详。下面我们通过对马八儿国孛哈里生平的记录来证明
这一点。对于孛哈里的生平，日本学者桑原骘藏与中国学者陈高华都进行
了详细研究。②

不同记录者对于孛哈里的汉字名字记载不同。《高丽史》记作"孛哈
里"，《元诗》记作"不阿里"，刘敏中的《中庵集》记作"布哈尔"③。
孛哈里的先祖是哈拉哈达人，居住在《马可波罗游记》所说的加剌都
（Calatu），即今天阿曼苏丹国的盖勒哈特古城（Ancient City of Qalhat）。
孛哈里的先祖后来移居马八儿国。马八儿国是南印度中世纪时期的国家，
相当于今天印度南部的泰米尔纳德邦（Tamil Nadu）及其周边地区。元世
祖向东南亚及印度地区诸国派遣使臣，在回复马八儿国的信中称，该国为
藩国，并表示希望与马八儿国建交。自此以后，马八儿国与元朝订立了外
交关系，成为连接元朝与伊利汗国的海上重要交通要道，开始频繁与元朝

---

① 《重返"光明之城"》载："这方中文碑由于尚缺后面部分，看不出奉元廷之命于 1299
年出使波斯去见合赞王的人是谁，经过学者考证，原来就是那个因与父王关系不和，而带着漂亮
的高丽妻子蔡氏侨居刺桐的南印度马八儿王国的孛哈里。他显然留恋这个城市，所以，外交使命
完成以后，仍旧'回归泉州本家'。"（泉州海外交通史博物馆主编：《重返"光明之城"》，福建
人民出版社 2000 年版，第 128 页）

② ［日］桑原骘藏：《宋末の提举市舶西域人：蒲寿庚の事迹》，上海东亚研究会，1923
年，第 109－112 页。陈高华：《印度马八儿王子孛哈里来华新考》，载《南开大学学报》1980 年
第 4 期。陈高华：《元史研究论稿》，中华书局 1991 年版，第 401－407 页。

③ 陈高华称，刘敏中《中庵集》卷四记作"不阿里"。陈高华所参考的是中国国家图书馆
所藏抄本，笔者参考的刘敏中《中庵集》是文渊阁四库全书本。

及伊利汗国的人士接触、交流。

孛哈里的先祖们从事过海上贸易活动。孛哈里的父亲也叫孛哈里。父亲孛哈里与马八儿国的郡主及兄弟五人一起掌管国政，父亲孛哈里管理多个部门，主导国政决策，家中有侍女 300 余名，家中有用象牙与黄金制作的各种珍贵物品，生活极为豪奢。父亲孛哈里死后，儿子孛哈里继承了爵位，但马八儿国郡主仍然以父亲孛哈里的名字称呼儿子孛哈里，而不使用孛哈里的本名。儿子孛哈里的本名为萨题世（中国国家图书馆藏抄本写作"撒亦的"）。①

至元十八年（1281 年）正月，元朝使臣哈撒儿海牙与杨庭璧准备从泉州出发，前往俱蓝国（Quilon）。他们在通过东南亚海域之后抵达僧伽耶山。由于粮食短缺，又遇到风浪，航行路线发生变化，最后船只驶向马八儿国，同年四月底抵达马八儿国。宰相马因的与孛哈里迎接了元朝使臣，并对于此前本国船只前往泉州时所受到的友好接待表示感谢，但以马八儿国到俱蓝国之间陆路不通为由，拒绝了元朝使臣在此借道前往俱蓝国的请求。五月，二人再次找到元朝使臣说，马八儿国正计划与俱蓝国一战，还说他们受到马八儿国国王逼迫，因此希望逃到元朝。②

至元二十八年（1291 年），元世祖派阿尔班等人到马八儿国。王子孛哈里抛下妻子与财产，带领 100 人来到元朝。元世祖赐给孛哈里锦衣与高丽夫人，并命其前往泉州居住。元成宗继位以后，任命孛哈里为资德大

---

① 《中庵集》卷十六《敕赐资德大夫中书右丞商议福建等处行中书省事赠荣禄大夫司空景义公布哈尔神道碑铭》载："公本名萨题世，西域人。西域有城曰哈剌哈达。其先世所居也。远祖徙西洋，西洋地负海，饶货，因世为贾贩以居。父布哈尔得幸西洋主，使与诸弟齿。弟有五人，布哈尔称六弟。俄总领诸部，益贵富，侍妾至三百人，象床、黄金饰称是。布哈尔殁，公克绍其业，王益宠。凡召命，惟以父名，故其名不行，而但以父名称焉。"

② 《元史》卷二一〇《马八儿等国传》："（至元）十八年正月，自泉州入海，行三月，抵僧伽耶山。舟人郑震等以阻风乏粮，劝往马八儿国，或可假陆路以达俱蓝国，从之。四月，至马八儿国新村马头，登岸。其国宰相马因的谓：'官人此来甚善，本国船到泉州时，官司亦尝慰劳，无以为报。今以何事至此。'庭璧等告其故，因及假道之事，马因的乃托以不通为辞。与其宰相不阿里相见，又言假道。不阿里亦以它事辞。五月，二人蚤至馆，屏人，令其官为通情实：'乞为达朝廷，我一心愿为皇帝奴。我使扎马里丁入朝，我大必阇赤赴算弹告变。算弹籍我金银田产妻孥，又欲杀我，我诡辞得免。今算弹兄弟五人皆聚加一之地，议与俱蓝交兵。及闻天使来，对众称本国贫陋。此是妄言。凡回回国金珠宝贝尽出本国，其余回回尽系商贾。此间诸国皆有降心，若马八儿既下，我使人持书招之，可使尽降。'时哈撒儿海牙与庭璧以阻风不至俱蓝，遂还。"

夫、中书右丞、商议福建等处行中书省事。大德三年（1299 年）十月，孛哈里在大都（今北京）病死，成宗下赐财物，命人将孛哈里的棺椁运往泉州安葬。孛哈里时年 49 岁。孛哈里在元朝期间，与之一同生活的夫人是高丽人蔡氏。二人之间育有一儿二女，夫人蔡氏在孛哈里死后再嫁。

孛哈里与高丽夫人的姻缘在《高丽史》中也有记载，《高丽史》卷三三中《忠宣王世家》忠烈王二十四年六月条有如下记载：

> 马八国王子孛哈里遣使来献银丝帽，金绣手箔，沉香五斤十三两，土布二匹。先是王以蔡仁揆女归丞相桑哥，桑哥诛，帝以蔡氏赐孛哈里。孛哈里与其国王有隙，奔于元，居泉州，至是以蔡氏故遣使通之。

忠烈王二十四年为 1298 年。此时忠烈王为太上皇，将实权让给忠宣王。《元史》将孛哈里记载为马八儿国的宰相，而《高丽史》将他记载为马八儿国的王子。造成这种记载上的差异的原因，可能是孛哈里的父亲是马八儿国郡主的第六个兄弟，是掌握国家政权的人物。孛哈里为了实现与高丽的交往，向高丽送过财物，有银丝帽、金绣手绢、沉香、土布等，这些物品也有可能是马八儿国的特产。

孛哈里之所以要通交高丽，主要与他的夫人是高丽人有关。夫人蔡氏是蔡仁揆之女。蔡仁揆是元朝时期活跃于高丽的文臣。本籍平康，是平章事蔡桢之子。高丽元宗十一年（1270 年）任右承宣，元宗十四年（1273年）任枢密使，但受于琔事件连累，被迫辞官回乡，回到灵兴岛。高丽忠烈王十五年（1289 年）出任密直司使，以都金议中赞致仕。忠烈王二十九年（1303 年）去世，谥号良靖。

元朝时期，高丽与其他民族有很多跨国婚姻。高丽国王中就有迎娶元朝公主的，高丽王室的公主也有嫁与元朝王室或元朝高官的，形成了紧密的姻亲关系。在高丽社会的各个阶层，高丽人与元朝人通婚的风气盛行一时，高丽王公大臣家中的女性大多成为元朝高官或宗室贵族家中的小妾。

当时元朝上层官员流行与高丽女性通婚，高丽女性容貌出众、小意温柔，很多人因此受宠。比如成为元顺帝正官的高丽人奇皇后，将很多高丽美女送到有权势的元朝大臣家中为妾。甚至有这样一种说法，大都的达官贵人只有与高丽女性婚配，才能被称为名门大家。①

　　蔡仁揆之女也与上述情况类似。《高丽史》中记载了蔡仁揆之女前往元朝的事实。卷三十《忠烈王世家》十五年八月乙卯日条有如下记载：

> 遣大将军张舜龙献同知密直司事蔡仁揆之女于元。

忠烈王十五年（1289 年），高丽朝廷派遣大将军张舜龙护送蔡仁揆之女前往元朝。张舜龙在忠烈王时期经常负责高丽与元朝的联系之事，因为张舜龙是忠烈王的心腹，高丽国王甚至到过张舜龙家。在忠烈王十三年（1287 年）三月，张舜龙曾护送李仁椿之女前往元朝。② 将护送蔡仁揆之女作为国家大事记载下来，可见高丽王朝对此事的重视。其原因在于当时要迎娶蔡仁揆之女的是元朝廷的豪族桑哥（Senghe）。Senghe 用汉字作"桑哥"，他出生于多麦地区的噶玛洛部落，是元朝国师胆巴的弟子，精通汉语、藏语、蒙古语、维吾尔语。他于至元二年（1265 年）担任西番译史；至元十四年（1277 年），率领军队平定吐蕃叛乱；至元二十四年（1287 年），被任命为平章事，任职期间弹劾中书省；同年，被任命为尚书右丞相兼总制院使，实行强力的政治改革与经济改革，权倾朝野。当时官职任免与刑罚权力皆掌握在他手中，但由于他过于迷信自己的权力，造成滥用，以致遭到蒙古贵族的集体反对。至元二十八年（1291 年），他因滥用权力之罪被赐死。③

　　从当时元朝刑罚相关案例来看，官员如果因重罪被处刑，那么官员家中的女性就会被没官，或成为其他豪门世家的奴婢。不过，元世祖并未对桑哥的夫人高丽人蔡氏采取如此残酷的处置手段，而是让她归化元朝，并将她嫁给马八儿国的孛哈里。孛哈里与夫人蔡氏一起隐居泉州。1298 年，孛哈里派人前往高丽，带去很多财物和特产。《高丽史》指出，孛哈里之

---

　　① 〔元〕权衡《庚申外史》卷下："祁后亦多蓄高丽美人，大臣有权者，辄以此女送之。京师达官贵人，必得高丽女，然后为名。高丽女婉媚，善事人，至则多脱宠。"

　　② 《高丽史》卷三十《忠烈王世家》：十三年三月甲辰日"遣将军张舜龙等献李仁椿女于元，仍令求买公主真珠衣"。

　　③ 《高丽史·忠穆王世家》记载，1344 年，桑哥来到朝鲜半岛向高丽送来关于元朝新皇帝即位的诏书，忠穆王为欢迎桑哥的到来，举行了君臣庆会宴。这里的桑哥与元至元年间的桑哥同名，并非同一人。

所以要派人前往高丽，是由于他的夫人蔡氏是高丽人。当时蔡氏的父亲蔡仁揆在高丽朝廷担任要职。孛哈里与蔡氏之间生有一子二女，由此可以看出二人的婚姻生活是很美满的。可惜这段夫妇关系并未维持很久。翌年十月，孛哈里在大都（今北京）去世，夫人蔡氏再嫁，再次面对凄惨的命运。同时，高丽与马八儿国的关系也戛然而止。

接下来，我们看一下马八儿国孛哈里与泉州海外交通史博物馆所藏元代残碑的主人公之间的关系。上文提到，《重返"光明之城"》说元代残碑的主人公是带着美丽的高丽夫人在泉州居住的马八儿国王子的孛哈里。如果元代残碑的主人公确实是《重返"光明之城"》所说的孛哈里的话，那么这将是我们研究孛哈里的对外活动及其生平，以及了解马八儿国与元朝、高丽交流的实际情况的十分重要的资料。

然而，我们找不到孛哈里与元代残碑主人公之间有什么关系。换言之，《重返"光明之城"》对这一问题的考证是错误的。元代残碑的主人公于大德三年（1299 年）在拜谒伊利汗国合赞汗之后回到了泉州。大德八年（1304 年）发生的事情，由于碑石残缺，具体事件无法知晓，但记载的很可能是元代残碑的主人公在这一年去世之事。而马八儿国孛哈里早已于 1299 年去世，此后不可能有其他活动。因此，海外交流史博物馆所藏的元代残碑主人公，不可能与马八儿国孛哈里有任何关系。

那么残碑中的主人公到底是何人？当时元朝与中东国家之间有很多使臣往来。这些使臣中就有怯失岛（今伊朗基什岛，Kish）岛主 Jamal Ud Din 之子法哈耳乌丁。日本学者桑原骘藏认为法哈耳乌丁与马八儿国孛哈里可能是同一人。但陈高华认为并不是同一人。尽管如此，法哈耳乌丁的活动轨迹与元代残碑主人公的类似。法哈耳乌丁是伊利汗国合赞汗的使者，1297 年越过大海来到中国，谒见了元成宗，并在元成宗的授意之下与元朝贵族妇人结婚，在中国生活了好几年。1304 年，他渡过大洋，前往马八儿国。然而不幸的是，他在抵达之日的前两天去世。元代残碑的主人公与法哈耳乌丁一样也是往返于当时元朝与中东之间的使者之一，在作为使者去过伊利汗国之后，回到泉州居住。据此可以推测，元代残碑的主人可能是元代泉州人，或者是归化入元朝的外国人。遗憾的是，由于元代残碑碑文脱落，我们所知只能仅限于此。

三、九日山偰玉立石刻

九日山位于南安市丰州镇，距离泉州市区约 7 公里。是古代对外交通相关的重要史迹。九日山前就是缓缓流淌的晋江，江上的金鸡大桥通往高丽人后代聚居的新罗村。以前此处有泉州港，以泉州港为中心，周围建有负责管理对外贸易相关事宜的市舶司。由此处顺晋江而下约 15 公里，就进入泉州湾。九日山海拔 90 多米，三面为山环绕，中央是堤坝，东峰又名姜相峰、麒麟山，西峰又名高士峰，北峰又名北台，中间的防护堤被称为白云坞。此处的溪水向南流，汇入晋江。

九日山的历史遗迹始于 1700 年前的晋代。原本在中原一带生活的晋人来到泉州居住，每逢重阳节，他们会登高，远望故乡。因此，此山被命名为九日山。西晋太康九年（288 年），人们在九日山上建造了延福寺，延福寺是重建的寺院中创建年代最早的。南朝梁普通年间，印度高僧拘那罗陀来到此地翻译佛经。到了唐代，秦系、姜公辅等人也在此地居住过。入宋，随着泉州的海外贸易日趋发达，来到此地之人越来越多，不少人留下了很多摩崖石刻。元明时期，在此地刻石之人减少。到了清代，在此地刻石风气逐渐消失。时至今日，中国国家文物局与泉州市文物局试图恢复九日山原貌，将此地列为文物保护单位，并对当地的各种文物进行保护。

2005 年 11 月，笔者对九日山摩崖石刻进行调查。九日山西峰入口处竖立着纪念 1991 年 2 月 16 日世界文化遗产委员会来到此地调查的石碑，石碑上也有韩文说明。九日山的摩崖石刻中，祈愿海外贸易与航海安全以及历代文人游览九日山时留下的石刻十分多。笔者一边欣赏历代石刻，一边向着山顶行进，但在一块刻有"偰玉立"的石刻前停下了脚步。这是因为，偰玉立是韩国庆州偰氏的始祖偰逊的伯父。此前，笔者对于归化入高丽的庆州偰氏十分留意，也曾经对元代偰氏家族的人物做过调查。①

偰氏的祖上本为高昌（今新疆吐鲁番）维吾尔族，始祖暾欲谷因平定安禄山之乱的功劳，被封为忠武王，其分封之地就在偰辇杰河（今蒙

---

① ［韩］朴现圭：《维吾尔族归化人偰逊文集〈近思斋逸稿〉的发掘与分析》，载《大东汉文学》1995 年第 7 辑，第 207－260 页。［韩］朴现圭：《维吾尔族归化人偰逊的作品世界——以内容分析为中心》，载《中语中文学》1997 年第 20 辑，第 391－423 页。

古色楞格河）边上。于是暾欲谷的后人以"偰"字为姓。自始祖克直以来，先后有岳弼—思弼—岳璘—普莘，一直到偰文质。偰文质有玉立、直坚、哲笃、朝吾、列褫、善著六子，六子皆中进士。当时流传着这样一句话：没有哪一个家族能比得上偰氏家族。偰哲笃有十个儿子，偰逊是其长子。

偰逊生于元延祐六年（1319 年）。元至正五年（1345 年）中进士，先后担任过翰林应奉文字、宣政院断事官经历、端本堂正字等职；至正十八年（1358 年），丁父亲忧，回到大宁。

元末红巾之乱爆发时，偰逊带领家人逃往高丽避难。恭愍王因此前在端本堂见过偰逊，对于逃难而来的偰逊及其家人给予优待。至此，庆州偰氏诞生。高丽恭愍王九年（1360 年），偰逊被封为高昌伯，不久后又被封为富原侯，但其于同年去世。偰逊有五子：长寿、延寿、福寿、庆寿、眉寿。现在韩国全罗北道淳昌郡金果面虎峙里有偰氏祠堂虎溪祠宇。

偰玉立字世玉，号止庵道人。元延祐五年（1318 年）中进士，此后先后担任过翰林院待制兼国史院编修官，金福建闽海道肃政廉访司事。元至正九年（1349 年），被任命为泉州路达鲁花赤。在泉州期间，他取得了很多政绩：调整官府的事务，兴利除弊，救济平民，与民休养生息。同时对明伦堂、议道堂等文庙进行修复，泉州人因此可以就学。他还聘请吴鉴编纂《清源续志》，在保存泉州历史方面作出了贡献。同时，他还对泉州城墙进行重建，重修了伊斯兰教寺院清净寺，保护泉州的外来商人以及归化人，大力发展对外贸易。《重立清净寺碑》是为了纪念偰玉立在主政泉州一年间整顿泉州所取得的功绩而树立的石碑。① 因此，后人称其为"温陵贤守"。偰玉立精通诗文，擅长书法，著作有《世玉集》，今天我们在清源山及九日山还能见到他留下的石刻遗迹。

偰玉立曾先后三次探访九日山。黄柏龄编纂的《九日山志》对于偰玉立在九日山留下的摩崖石刻记录做了整理。虽然收录了全文，但其中有不少错字。② 这里结合笔者的调查，做一些修正。西峰第 31 号石刻写道：

---

① 《重立清净寺碑》："偰公治泉有惠，期年之内，百废皆兴，而是寺之一新者，亦余波之及钦。"

② 黄柏龄：《九日山志》，福建省晋江地区文化局文管会 1983 年版，第 25、30－31、36－37 页。

至正己丑夏，余来守泉，明年春二月望，偕总管古襄孙文英、才卿邵农于郊时，府判忻都仲实，推官沈公谅虚中，徐屋正时中，知事郏士凯友元，照磨汪顺顺卿，晋江南安令白榆等咸在，同登九日山之高士峰。是日也，膏雨溉足，晴曦煦和。远视海屿之晏清，近览溪山之胜丽。遂搜三十六奇，访四贤遗迹，摩挲石刻，逍遥容与，赋咏而归，书以纪岁月云。高昌偰玉立世玉父题。

该石刻高 120 cm，宽 190 cm，一共 15 行，每行 10 字，文字以楷书书写，字大小为 10 cm，方向为东南向。"至正己丑年"即至正九年（1349年）。偰玉立于 1349 年夏往泉州赴任，至正十年（1350 年）二月，与当地地方官员一起登上九日山，这也是他第一次登上九日山。《九日山志》将偰玉立初次登上九日山的年代记作 1349 年，记载有误。① 该石刻描述偰玉立与官员们一起登上九日山，欣赏九日山奇异优美的风光，度过了愉快的一天。石刻中"三十六奇"与唐代诗人秦系有关，其登上九日山后写了 36 首诗，对九日山的 36 种风光进行称赞，这 36 种景观被称为"三十六奇"。北宋庆历年间，吕夏庆重登九日山后，对唐人秦系所写 36 首诗作进行整理，并为之写了序文。此外，"高士峰"是秦系所逗留过的西峰的别名，"四贤"指的是唐代登过九日山的秦系、姜公辅、欧阳詹、韩偓四人。

西峰第 12 号石刻中第一首诗写道：

> 攀云晓上廓然巅，
> 半岭回峦景豁然。
> 花县屯烟山谷里，
> 金钲跃浪海门边。
> 四贤感慨祠空寂，
> 九日登临菊自妍。
> 萍水偶逢须一笑，
> 醉忘佳节是何年。

---

① 黄柏龄：前揭书，第 11 页、第 37 页。

在这首诗的诗题中，偰玉立写到，至正十年（1350 年）重阳节登上九日山，山上廓然亭与四贤祠因年代久远而荒废，只剩下位于高士峰上的秦君亭。极目四望，不禁感怀。① 偰玉立于是年二月登上九日山之后，同年再次登上九日山。当时正值重阳节，很多人前来登九日山。自晋代以来，每到重阳节人们就喜欢登览九日山，这种风俗习惯一直延续到元代。偰玉立登上九日山，纵目远望，历史遗迹已经发生了很大的变化。廓然亭与四贤祠因岁月久远已经倒塌，仅存秦君亭。四贤祠是为了纪念唐代秦系、姜公辅、欧阳詹、韩偓四位贤人而建造的祠堂。廓然亭是北宋元丰年间建立的亭子。北宋乾德年间，陈洪进来到九日山建造了很多亭子和建筑物，同时建造了秦系的塑像，并重建了秦君亭。

偰玉立第三次登览九日山，是在至正十一年（1351 年）重阳节之前两日的九月七日。当时泉州地区久旱不雨，偰玉立率领官员登上九日山举行祈雨祭。九日山入口有延福寺，延福寺建造于晋太康九年（288 年）。若要到寺院祈祷，则一定要进入灵乐祠。这座祠堂建造于北宋年间，在朝廷将主神册封为"通远王"之后，通远王祠的名声盖过灵乐祠。北宋嘉祐二年（1057 年），泉州地区发生旱灾，泉州太守蔡襄来到此处举行祈雨祭，幸运的是之后很快下起了大雨。于是，蔡襄将此事上报朝廷，宋朝廷将"善利王"的称号赐给九日山，此后，九日山又先后获得过"广福王""显济王"的称号。泉州地区的居民每逢旱情，往往会在九日山举行祈雨祭，即便祈雨不一定有效。偰玉立也遵从自古以来的风俗，在此地举行祈雨祭，在此次祈雨祭后，他留下诗作一首。

两年以后的至正十三年（1353 年）冬，县尹常瓒与住持石塘，将此诗与此前偰玉立留下之诗刻于岩壁之上。石刻位于记载偰玉立首次登览九日山的石刻旁边，高 126 cm，宽 170 cm，共 17 行，每行 10 字，文字以行书书写，字大小为 8 cm，方向为东南向。由于多年受风雨侵蚀，石刻表面磨损严重，第二首诗句部分脱落。

九日山摩崖石刻中，除了上述石刻外，偰玉立还留下了另外两件石刻：西峰第 6 号石刻以及西峰第 4 号石刻。西峰第 6 号石刻位于无等岩南部，所刻之字为"泉南佛国"四字，高 55 cm，宽 207 cm，文字为行书，

---

① 偰玉立诗题："至正庚寅重九来登是山。昔有廓然亭、四贤祠，岁久荒芜，惟高士峰、秦君亭独存，而廓然复扁。豁然览眺，徘徊感慨而赋。"

字大小为 45 cm，东南向。唐代无等禅师称九日山为"佛国净土"，"泉南佛国"出自于此。无等禅师本为浙江会稽人，来到九日山后，在秦君亭前的洞窟内修行佛法达 44 年，后人将他修行过的洞窟称为"无等岩"。"泉南佛国"石刻因岁月久远，文字磨灭，偰玉立于是在原来的位置上重新刻石。西峰第 4 号石刻中，只有"玉立"二字。该石刻位于八戒石岩壁上，方向为东南向，文字为楷书，文字大小为 40 cm。因风化作用，八戒石岩壁腐蚀严重，文字模糊，辨认困难。所刻之字使用的是与"泉南佛国"相同的字体。

　　偰玉立先后三次登览九日山并留下了不少石刻。那么他登览九日山又是为了什么呢？第一，游览名胜。九日山是泉州地区的名山，风景优美，山中有很多名胜古迹。偰玉立登上九日山欣赏山上奇异风光，寻找历史遗迹，享受山水游览之乐。第二，对历史遗迹进行修复。当时虽然九日山上有很多前代名人留下来的遗迹，但有很多遗迹因常年风化而剥落。因此，偰玉立将这些岩壁上的文字重新刻石。第三，举行祭祀仪式。九日山自古以来就是当地居民与船工经常举行祭祀仪式的地方。偰玉立登上九日山，向天地神明举行祈雨祭。以上这些都是偰玉立石刻内容所明确体现的。

　　值得一提的还有对外贸易。泉州是古代海上"丝绸之路"上的重要城市，人们在九日山祈祷海外贸易顺利进行。泉州的官员、居民以及来到泉州的商人和船工们每年春秋两季来到通远王寺，祈求对外贸易获得发展、交易顺利进行，以及海上航行的安全与天气的平和，并举行祭祀仪式。特别是到了宋元时期，泉州对外贸易活动日趋活跃，九日山的祭祀活动日趋盛行。[①] 九日山的摩崖石刻中，有不少石刻记录了宋元时期在九日山举行的祭祀仪式。偰玉立作为主政泉州的地方官员，对于泉州市舶司的事务以及对外贸易的重要性自然是了然于胸的。他第一次登览九日山，就是在适合举行祭祀仪式的二月。与他同行的地方官员中就有负责市舶司事务的官员忻都。忻都是回族人，字仲实，至大年间（1308—1311 年）曾在南安县任职，至正初年被任命为两判泉州路，至正十年（1350 年）被提拔为泉州市舶司同提举。

　　最后，我们考察一下在偰玉立的时代泉州的对外贸易与剌马丹相关的

---

　　① 〔宋〕李邴《水陆堂记》："泉之南安，有精舍曰延福。其刹之胜，为闽第一院。院有神祠曰通远王。其灵之著，为泉第一。每岁之春冬，商贾于南海暨番夷者，必祈谢于此。"

事项。1985 年，高丽人剌马丹的墓碑在广州清真先贤古墓附近被发掘。①
剌马丹曾在广西道容州陆川县任职，至正九年（1349 年）三月二十三日
去世，八月十八日被埋葬在广州流花桥桂花岗。从当时的交通情况来看，
从陆川到广州，走水路显然要比陆路便利。陆川东侧是横在广西与广东之
间的云开大山，市内有水量充足的九州江缓缓流淌。九州江在抵达安浦港
后，汇入大海。当时陆川人更倾向于走陆路，翻越艰险的云开大山，进入
广州。虽然这条路线也十分艰险，但比起搭乘船只通过九州江与海岸线进
入广州，走陆路可能更为便利。剌马丹是死于由广州往陆川赴任的途中，
还是他在陆川去世后遗体被运往广州安葬？无论是哪种情况，利用的都可
能是水路交通。广州与泉州之间建立了非常发达的水路交通。因此，陆川
与泉州之间也是以广州为跳板，实行水路交通。剌马丹与偰玉立是生活于
同一时期的元代官员。一个是出生在高丽的官员，一个是色目人出身的官
员。虽然没有记录显示此二人接触过，但剌马丹去世时正是偰玉立赴任泉
州不久前。二人之间有许多共同之处。第一个共同点是，二人皆与广州有
很深的缘分。偰玉立的祖父合剌普华担任过广东道都转运盐使兼领诸蕃市
舶司；而偰玉立在主政泉州期间，通过海上交通，对于广州地区的对外贸
易情况非常了解。与偰玉立一起登览过九日山的人中，有主管泉州对外贸
易的市舶司的官员。第二个共同点是，二人都与伊斯兰教有关。偰玉立在
泉州穆斯林的要求之下重建清真寺，对于复兴伊斯兰教文化作出了很大贡
献。而剌马丹是穆斯林。泉州居住着很多来自中东的商人，他们大多数信
仰伊斯兰教。

泉州有唐代穆罕默德使者、伊斯兰教三贤、四贤的圣墓，而埋葬剌马
丹的广州伊斯兰教徒墓园中也埋葬着来到中国的伊斯兰圣贤宛葛素。

四、结 论

位于福建省南部沿海一带的泉州，是古代海上"丝绸之路"的中心
港口城市。泉州自古以来就与朝鲜半岛有密切往来，今天泉州境内的很多
历史遗迹即能证明这一事实。本章对于泉州境内的石刻与朝鲜半岛高丽王

---

① ［韩］朴现圭：《新见中国藏海东金石文献——高丽籍伊斯兰教徒剌马丹墓碑》，载《中
国学论丛》2004 年第 17 辑，第 309 – 323 页。

朝之间的关系进行了集中分析。

　　泉州海外交通史博物馆中藏有元代残碑，该馆编的著作称，元代残碑是高丽夫人蔡氏的丈夫、马八儿国王子孛哈里的墓碑。而笔者对此有不同看法。马八儿国位于今天的南印度。1298 年，孛哈里派遣使臣来到朝鲜半岛，与高丽建交。然而遗憾的是，据笔者考证，这件残碑的主人公是当时往返于元朝与中东之间的身份不明者，与孛哈里无关。孛哈里的高丽夫人是蔡仁揆之女，蔡氏先是于 1289 年嫁给元朝世族大家桑哥；1291 年桑哥被处死，后来蔡氏又再嫁给马八儿国的孛哈里；1299 年孛哈里死后，蔡氏再嫁。高丽国与马八儿国因蔡氏夫人的关系于 1298 年通交，但孛哈里死后，两国交流中断。

　　位于泉州近郊的九日山上有很多历代摩崖石刻，其中就有偰玉立相关石刻数件。偰玉立在高丽恭愍王时归化入朝鲜半岛，他是今天韩国庆州偰氏的始祖偰逊的伯父。偰氏本为元代吐鲁番地区维吾尔族。偰玉立于 1349 年主政泉州以来，前后三次登览过九日山，并在山上留下了游览风景、祈雨祭祀、修复石刻等相关的石刻记载。当时泉州与高丽等国开展的海外贸易十分活跃，泉州与广州也有频繁的海上交流。

　　虽然这些元代石刻与朝鲜半岛并没有直接的关系，但是可以说泉州地区与高丽有着很深的缘分。古代朝鲜半岛与泉州地区有着直接的贸易往来；另外，朝鲜半岛通过泉州地区与遥远的印度与中东地区有间接贸易活动。将来，我们对包括泉州在内的福建、广东沿海一带城市进行学术调查时，希望能像曾发现新罗村一样，发现更多的与古代韩国相关的遗迹与记录。

第十六章 天龙山石窟第15窟
与《大唐勿部将军功德记》

一、引 言

天龙山石窟是中国石窟艺术中的精品，代表着北方石窟艺术的水平。天龙山石窟位于山西太原西南 36 公里，距离晋祠约 13 公里。从晋祠到天龙山石窟原为山路，现在这条山路上铺设了公路，开车到天龙山石窟入口仅需 30 分钟。天龙山主峰高 1430 米，周围都是高山和郁郁葱葱的松柏。天龙山中有东魏至五代时期建造的石窟 25 座。虽然石窟的数量不多，规模也不大，但这些石窟都出自技术娴熟的能工巧匠之手，非常精美。

天龙山石窟中有古代韩民族移民建造的石窟。勿部珣将军及黑齿夫人为了祭奠逝去的祖先、安慰活着的亲人，在天龙山岩壁上开凿石窟、建造佛像。对于此事，唐景龙元年（707 年）郭谦光所作《大唐勿部将军功德记》有详细记载。这件碑文很早就被传到清代金石学者手中，引起了他们的关注，他们还为此碑写作了解题。近年，韩国国内外学者通过这些碑文来研究天龙山石窟的建造过程、百济移民的生活情况，以及黑齿常之的家系。

那么勿部珣将军夫妇又为何要在天龙山建造石窟呢？这是一个让人感到兴趣盎然的话题。美国学者 Marylin M. Rhie 此前对天龙山石窟佛像的雕刻样式做过比较研究，考证的结论是：韩民族移民勿部珣将军夫妇所建造的石窟是天龙山石窟第 21 窟。① 韩国学者获知这一消息后，产生了巨大反响。学者发展的各种文献以及媒体报道争相报道天龙山第 21 窟是韩民

---

① Marylin M. Rhie, A Tang Period Stele Inscripion and Cave XXI at Tien-lung Shan, *Archives Asian Art*, 28, 1974 - 75, pp. 6 - 33；《天龙山第 21 石窟·唐代碑铭·研究》（韩文译本），［韩］文明大译，载《佛教美术》1980 年第 5 辑，东国大学博物馆，第 79 - 109 页。Marylin M. Rhie,《中国天龙山 21 号石窟佛像：百济遗将珣将军所造》，载《自由》1981 年 6 月号（总第 104 辑），第 163 - 165页。

族移民所建造的石窟。①

不过经常有学者提出反驳意见，认为美国学者 Marylin M. Rhie 的这一观点不正确。中国学者李裕群与李钢认为，勿部珣将军夫妇所建造的石窟并非第 21 窟，而是第 15 窟。② 因此，韩国学界就有必要对前人的各种观点进行检讨。

笔者于 2004 年 7 月与 2006 年 7 月先后两次前往天龙山石窟。在本章中，笔者将根据自己的调查记录与相关文献对以上的争论集中进行分析，同时，也将向学界介绍截至目前尚不为韩国国内学界所注意的《大唐勿部将军功德记》的全文、作者郭谦光的碑石作品，并对碑主勿部珣的姓名进行考证，再对清代学者与美国学者 Marylin M. Rhie 的解题内容以及天龙山石窟第 15 窟现存情况等进行考察。

二、《大唐勿部将军功德记》全文及书志事项

《大唐勿部将军功德记》是景龙元年（707 年）郭谦光为勿部珣将军及其夫人黑齿氏所建之石窟所作的功德记（见图 16 - 1）。本章介绍给韩国学界的《大唐勿部将军功德记》的全文，有清人王昶《金石萃编》中的校勘本、《北京图书馆藏中国历代石刻拓本汇编》收录的拓本以及李裕群与李钢的校勘本。

《金石萃编》是清人王昶编纂于嘉庆十年（1806 年）的一部金石集，该书卷六八收录了《大唐□部将军功德记》。但在《金石萃编》的《大唐□部将军功德记》中，首先题目就有缺字。此外，正文部分也有很多错字，并非善本。中国国家图书馆善本特藏室藏有此碑清中叶的拓本（见图 16 - 2），善本特藏室的藏书编号为"顾专 422 本"。这里的"顾"，指的是清乾嘉年间的著名藏书家顾千里（原名顾广圻）。从善本特藏室的藏

---

① ［韩］东国大学校编：《丝绸之路的文化：太原天龙山石窟》，韩国言论资料刊行会，1993 年，第 41 - 42 页。［韩］李道学：《百济将军黑齿常之评传》，周留城，1993 年，第 254 - 259 页；《活着的百济史》，首尔 Humannist 出版社 2003 年版，第 641 - 644 页。KBS 历史故事节目，《黑齿常之墓志石——1604 字的秘密》，第 89 集，2000 年 10 月 21 日。《联合新闻》，《昌源文化财研究所〈中国的石窟〉发刊辞》，2003 年 10 月 16 日。《佛教新闻》，《从郑州到太原"天龙山石窟"，高句丽、百济遗民开凿第 21 窟损毁严重》，2004 年 10 月 24 日。

② 李裕群、李钢：《天龙山石窟》，科学出版社 2003 年版，第 166 - 172 页。

书目录卡片来看,"顾专422本"的题目是《勿部珣及妻黑齿氏造像记》,作者是郭谦光,文字以隶书写成。该拓本钤有"顾氏所收石墨"即顾千里的藏书印。该拓本先是入藏清末瞿镛的铁琴铜剑楼,民国初年又流入丁惠康之手。1949年,丁惠康将这一拓本捐赠给今中国国家图书馆的前身国立北京图书馆。中国国家图书馆《北京图书馆藏中国历代石刻拓本汇编》与中国国家图书馆网站都收录了"顾专422本"的拓本,我们利用起来十分方便。① 拓本除了少数地方文字磨灭,整体上来看状态良好,文字判读并不困难。李裕群与李钢将原碑石残片与中国国家图书馆藏拓本进行对照,完成了校勘本。但这一校勘本中也有一些转录文字时产生的错误。

图 16 -1 《大唐勿部将军
功德记》碑残石

图 16 -2 《大唐□部将军
功德记》碑拓本

这里笔者结合原碑石残片(见图 16 - 1)、中国国家图书馆藏拓本(见图 16 - 2)以及清代转录本,对《大唐勿部将军功德记》全文整理如下:

① 北京图书馆金石组编:《北京图书馆藏中国历代石刻拓本汇编》第20册(唐),中州古籍出版社1989年版,第58页。

大唐勿部将军功德记　郭谦光文及书

咨故天龙寺者，兆基有齐，替廕隋季。盖教理归寂，载宅兹山之奥。龛室千万，弥亘崖岊。因广增修，世济其美。夫其峰峦炭石业，丹翠含赧，灌木萧森，滥泉膴沸，或而合壑謚哗者，则参虚之秀丽也。虽缁徒久旷，禅庑荒阒，而迈种德者，陟降遐险，固无虚月焉。

大唐天兵中军副使右金吾卫将军上柱国遵化郡开国公勿部珣，本枝东海，世食旧德，相虞不腊，之奇族行。太上怀邦，由余载格。历官内外，以贞勤骤徙。天兵重镇，实佐中军。

于神龙二年三月，与内子乐浪郡夫人黑齿氏，大将军燕公之中女也，跻京陵，越巨壑，出入坎窞，牵挛荓蔓，再休再呬，洒詹夫净域焉。于是接足礼已，却住一面，瞻觌履历，叹未曾有。相与俱时发纯善誓，博施财具，富以□上，奉为先尊及见存姻族，敬造三世佛像，并诸贤圣。刻雕众相，百福庄严，冀籍胜因，圆资居往。暨三季八月，功斯毕焉。

夫作而不记，非盛德也。遵化公资孝为忠，仗义而勇。颠顿以国，寋连匪躬。德立□行，事时礼顺。塞既清只，人亦宁只，大搜之隙，且阅三乘。然则居业定功，于斯为盛光昭，将军之令德，可不务廕。故刻此乐石，以旌厥问。

其辞曰：□铄明德，知终至，而忠信孝敬，元亨利。而总戎卫服，要荒谧，而乘缘谐觉，归□□。

大唐景龙元年，岁在鹑首，十月乙丑朔，十八日□（壬）午建

□□（前缺）部选宣德郎昕

次子吏部选上柱国暕

次子上□□□

□（次）□（子）□□兵部选仲容

公壻天□（兵）□（中）军总管□（弥）乂①

碑文合计 18 行，每行 31 字，字体为隶书，碑额题写《大唐勿部将军

---

① 《大唐勿部将军功德记》全文的韩文解释可参考［韩］宋基豪译注《译注韩国古代金石文》（第 1 卷），韩国古代社会研究所 1992 年版，第 577 – 582 页。

功德记》，碑文作者兼书法作者是郭谦光。《六一题跋》（又名《集古录跋尾》）、《宝刻类编》、《旧唐书》等诸种文献记载了郭谦光相关资料。《六一题跋》卷九收录了景龙二年（708 年）胡皓作、郭谦光书《唐崔敬嗣碑》。① 欧阳修在《唐崔敬嗣碑》的解题中说，该碑的碑主是崔敬嗣，碑文的作者是胡皓，二人皆非知名人物，但由于是书法家郭谦光所书，于是将此碑选录到《集古录》中。欧阳修还说，郭谦光的笔法毫不逊色于韩、蔡、李、史等人，对于郭谦光的书法给予了很高评价。同时，他也为郭谦光之名不为世人所知感到遗憾。②

宋末无名氏收集各书法家写作的碑文，编成《宝刻类编》一书。该书卷二《名臣十三之一·唐》收录了郭谦光所写作的碑文目录。在"郭谦光"条下有如下记载：

> 《赠荆州刺史尹惠碑》，苏诜撰，永徽三年（652 年）立，京兆
>
> 《李璿碑》，吴师道撰，八分书，永淳元年（682 年）立，洛
>
> 《并州长史崔敬嗣碑》，胡皓撰，八分书，景云二年（711 年）九月立，京兆
>
> 《太子左底子韦维碑》，崔日用撰，八分书，开元六年（718 年）立，京兆
>
> 《元都观主尹尊师碑》，张子余撰，八分书，开元八年（720 年）四月立，京兆，存
>
> 《沁州刺史冯仁碑》，崔尚撰，开元十一年（723 年）立，京兆

郭谦光是当时著名书法家之一，在碑文书法，特别是八分书方面有很高的造诣。他所写作的碑文中，年代最早的是永徽三年（652 年），最晚的是开元十一年（723 年）。由此推断，郭谦光至少活了 70 岁。

《宝刻类编》记载郭谦光的官职为"国子监丞太学助教"，这可能是

---

① 《六一题跋》将《唐崔敬嗣碑》的写作年代记作景龙二年（708 年），而《宝刻类编》中记作景云二年（711 年）。

② 〔宋〕欧阳修《六一题跋》卷九《唐崔敬嗣碑（景龙二年）》："右《唐崔敬嗣碑》，胡皓撰，郭谦光书。崔氏为唐名族，而敬嗣不显。皓为昭文馆学士，然亦无闻。其事实文辞，皆不足多采，而余录之者，以谦光书也。其字画笔法不减韩、蔡、李、史四家，而名独不著。此余屡以为之叹也。治平元年七月三十日。"

他最初担任过的官职。《旧唐书》记载，开元六年（718年），唐玄宗选拔见闻广博、行实笃厚的国子博士郭谦光等人担任太子、郯王等人侍读之职。①《旧唐书》称郭谦光是见闻广博、行实笃厚的国子博士。可知，郭谦光是一位博学、端庄、文雅的学者。《大唐勿部将军功德记》碑文引用了很多佛教用语与历史典故，这也侧面证明了郭谦光确实是当时一位博学多识的学者。

1990年，龙山相关人员公布了在圣寿寺（前天龙寺）东侧溪谷发现《大唐勿部将军功德记》原碑石残片的消息。如今，此碑残片被保存在晋祠文物园村研究所一楼文物收藏库。笔者在天龙山文管所连颖俊先生的帮助之下，见到了这件残碑。保管编号为"天龙山石－16"，石质为青石。原碑石残石为长方形，宽28.1 cm，高39.7 cm，厚18 cm。残碑是原碑石右侧部分。残碑中所存文字8行，第一行与第七行仅有8字，第八行仅存2字。兹对残存文字整理如下：

> 第一行是碑额
> 第二行从"咨"字到"虏"字
> 第三行从"崖"字到"其"字
> 第四行从"合"字到"也"字
> 第五行从"无"字到"使"字
> 第六行从"枝"字到"之"字
> 第七行从"勤"字到"于"字
> 第八行仅"将军"二字

三、对碑主勿部珣生平相关问题的考证

《大唐勿部将军功德记》的碑主是勿部珣，"勿部"是其姓氏，"珣"是其名。《文苑英华》卷四五九收录了苏颋代唐玄宗所写作的《命姚崇等北伐制》一文。唐玄宗命兵部尚书姚崇率师北伐，协助姚崇北伐

---

① 《旧唐书》卷一〇二《褚无量传》："遽令无量选经明笃行之士国子博士郄恒通、郭谦光，左拾遗潘元祚等，为太子及郯王已下侍读。"

的有几名将领，名单如下：

> 左骁卫将军论弓仁，右金吾卫大将军勿部珣，左领军卫郎将摄本
> 卫将军张直楷，单于副都护臧怀亮，右领军卫中郎将王海滨，前朔州
> 刺史刘元楷，右武卫郎将杨楚客，并州定清府果毅元萧然等。……弓
> 仁及询，并可前锋总管，直楷可左虞候总管。

其中罗列了论弓仁、勿部珣、张直楷、臧怀亮等人的名字，论弓仁与勿部
珣担任前锋总管之职。《文苑英华》原文对于勿部珣的名字准确地记作
"珣"，而下文在提到前锋总管时又记作"询"。① 由这一点来看，"勿部"
是其姓氏，确凿无疑，"珣"当是其名。清人顾炎武也持这一看法。顾炎
武在《金石文字记·□部将军功德记》的解题中说，将军名"珣"，其氏
曰"□部"，而"部"前缺一字。事实上，将军的名字是"珣"，而
"部"字前面所缺之字当为"勿"字。

清代学者钱大昕、美国学者 Marylin M. Rhie 以及韩国国内学界通常称
其为"珣将军"，之所以会这样称呼，大概是因为碑铭与碑文中"部"字
前面的"勿"字脱文所致。另外，"勿部"二字也被人误认为是地名或官
职名。尹龙九引用李裕群与李钢的书，提醒了韩国学界"部"字前面所
缺之字是"勿"字，同时指出将军名为"珣"。② 因此，将来我们在指称
时，应该或使用"勿部珣"这一名字来指称，或仅以姓氏"勿部"称之
为"勿部将军"。本章统一称其为"勿部珣"。

勿部珣是哪国人呢？对此，钱大昕曾提出过自己的看法。钱大昕在
《潜研堂金石跋尾》续卷二《□部将军功德记》解题中说：

> 珣妻黑齿氏，燕国公常之中女。常之，百济西部人，而此碑亦有
> "本枝东海"之语，疑珣亦系出百济，与常之同降唐者焉。

---

① 苏颋的《命姚崇等北伐制》亦被收录在宋敏求编纂的《唐大诏令集》与董诰编《全唐
文》中。《唐大诏令集》中将"勿部珣"错误地记作"兵部珣"，《全唐文》中记作"勿部珣"。

② ［韩］尹龙九：《中国出土的韩国古代遗民资料》，载《韩国古代社会研究》2003 年第
32 辑，第 310－315 页。

　　钱大昕根据碑文中有"本枝东海"一语以及与百济人黑齿氏结婚这两点，认为勿部珣是百济人。碑文说，勿部珣从东海而来，效法投降秦国并在领土扩张中建立功勋的由余，以及在虞国灭亡之前离开的宫之奇，离开了故乡。由这句话可以看出，勿部珣并非唐人，而是由其他国家归化入唐的外国人。

　　美国学者 Marylin M. Rhie 对于钱大昕的观点提出了不同看法。在她看来，勿部珣如同虞国灭亡之前离开的宫之奇一样，在百济与高句丽亡国以前离开了故国（百济于公元 660 年亡国，高句丽于公元 668 年亡国）。至于他是百济人，还是高句丽人，则难以确定。[①] 显然，她的观点与今天韩国学界的观点不同，韩国学界普遍认为勿部珣是高句丽人。

　　这里我们先对勿部珣进入唐朝的时间进行考察。勿部珣效仿了宫之奇的选择。宫之奇本为虞国宰相，在晋国将要攻击虞国时，宫之奇将这此事上报朝廷，然而，朝廷并未听信其言。于是，在虞国为晋所灭之前，宫之奇离开了故国。一般认为，勿部珣在百济亡国之前就离开了故国，不过这一说法有重新讨论的余地。在百济亡国以后，黑齿常之曾与百济义慈王一起投降唐朝，但很快百济就发起了复国运动，黑齿常之又加入复国军之列。不久以后，他预测到百济复国军必因内部纷争而失败，于是他再次投降唐朝。像黑齿常之一样，勿部珣也有可能在百济复国运动失败之前就已向唐朝归降。

　　尹龙九指出，"勿部"可能与倭系"物部"有关系。我们在现存文献中找不到百济人中有姓"勿部"的。6 世纪中后期，有倭系百济官僚往来于百济与日本大和政权之间，物部氏是就是其中的代表。[②] 7 世纪中叶，在百济为唐军灭亡之际，有一批倭人前来救援。这些救援兵中的一些人就有可能在后来进入了唐朝。因此，勿部珣可能来自倭国。[③] 笔者在发表这篇论文时，讨论者金荣官也持与尹龙九相似的看法。[④]

　　那么勿部珣真的来自倭系物部氏吗？对此，我们找不到任何相关证据以证明这一点。虽然我们并不能因无任何具体证据就肯定或否定这一观

　　① ［美］Marylin M. Rhie：前揭书，［韩］文明大译，第 85 页。

　　② ［韩］李在硕：《所谓倭系百济官僚与大和王权》，载《韩国古代社会研究》2002 年第 20 卷，第 531 – 567 页。

　　③ ［韩］尹龙九：前揭文，第 314 – 315 页。

　　④ 新罗史学会，第 56 次定期学术发表会，2006 年 10 月 18 日，景仁文化社。

点，但勿部氏与物部氏在文字书写上有很大差异。仅从这一点上来看，就有重新讨论的必要。下面笔者对此略作分析。

《日本书纪》记载了很多与物部氏相关的记录。物部氏势力庞大，甚至曾经一度与苏我氏争夺政权。根据前人的研究，在 6 世纪的百济就有倭系百济官僚来往于百济与大和政权之间，其中就有物部奈率用歌多、物部奈率用哥非、物部施德哿牟等。① 不过这里有一个问题仍待解决。倭系百济官僚在敏达天皇十二年（583 年）被召唤回国之后，我们再也找不到他们在百济活动的相关记录。而勿部珣的活动时间是在倭系百济官僚活动记载"戛然而止"以后一个世纪的 7 世纪后半期至 8 世纪前半期。尽管如此，这里有一个有趣的记录。"纪臣奈率"指的是纪臣氏与百济女人所生之子，出生后留在百济，不知其父。② 如果这里说的勿部珣属于"纪臣奈率"，那么也有一定的可能性是他认为，即便是在敏达朝以后，与其回到连父亲是谁都不知道的倭国，不如继续在百济生活。

倭国援兵为了援助百济来到百济国。钦明十五年（554 年），记录显示，倭国援兵被编入百济军，攻击新罗。这些被编入百济军的倭兵中就有物部莫奇委沙奇。③ 在百济灭亡之际，大量倭兵来到百济国，与唐朝军队展开大大小小的战争，比如白江口之战。其中有一些人可能投降唐朝，或者成为俘虏，来到唐朝。不过在现存史料中我们找不到勿部珣作为倭援兵参与战争并投降唐朝或成为唐朝俘虏而进入唐朝的相关记录。

与此相关的是，《大唐勿部将军功德记》使用了具有朝鲜半岛特色的用语，这一点也有讨论的必要。《大唐勿部将军功德记》碑文将勿部珣的出生之地记作"东海"。这里的东海指的是何处？清人钱大昕与美国学者 Marylin M. Rhie 都认为，碑文中的"东海"指的是朝鲜半岛。中国学者的立场与韩国多少有些不同。在中国，不管是古代还是现代，都将"东海"一词理解为中国大陆东侧的大海，由中国大陆和中国台湾岛以及朝鲜半岛、日本九州岛、琉球群岛等围绕。比如民国元年（1912 年），尹蕴清编纂了《东海遗闻》一书。该书选录日本与朝鲜时代的传奇小说，书名使

---

① ［韩］李在硕：前揭文，第 545、553 页。
② 《日本书纪》卷十九《钦明天皇》"二年七月条"自注："纪臣奈率者，盖是纪臣娶韩妇所生，因留百济，为奈率者也。未详其父，他皆效此也。"
③ 《日本书纪》卷十九《钦明天皇》"十五年十二月"条："以十二月九日，遣攻斯（'新'字之讹）罗，臣先遣东方领物部莫奇武连，领其方军士，攻函山城。"

用的就是包括日本列岛与朝鲜半岛在内的"东海"这一名称。因此，我们可以认为碑文中的东海指的是朝鲜半岛，那么勿部珣就是朝鲜半岛人。不过根据这种思路，我们也可以说勿部珣是日本列岛人。

《大唐勿部将军功德记》碑文将勿部珣的夫人黑齿称为"内子"。王昶在《金石萃编·□部将军功德记》解题中说，这件碑文称黑齿夫人为"内子"，这在其他碑文中很难看到相似的例子，十分怪异。美国学者Marylin M. Rhie 发挥了王昶在解题中作出的解释。她认为，碑文使用"内子"这一词，包含了特别的、具有朝鲜半岛特色的含义。①

对此，民国初期学者罗振玉早就考证过这一观点是错误的。罗振玉在《雪堂金石文字跋尾·勿部将军功德记跋文》中指出，在《左传》中就有"（赵姬）以叔隗为内子而己下之"的句子，《国语》中有"卿之内子为大带"。韦昭注曰："卿之适妻为内子。"此外，《礼记》也有"内子"的用例。《礼记》第六，孔子曰："大夫内子有殷事，亦之君所，朝夕否。"由这些用例来看，"内子"指的是正室夫人。由于勿部珣身在三公九卿之列，因此在《大唐勿部将军功德记》中，郭谦光对于黑齿夫人使用了"内子"这一称呼。

勿部珣与黑齿夫人的婚姻，可以说是投降唐朝并在唐朝做官的百济官员之间的家族联姻。那么二人是在何时结婚的？《大唐勿部将军功德记》暗示了二人结婚的时间。碑文中记载了他们的四个儿子和一个女婿的名字，那么可知黑齿夫人的女儿至少活到了可以结婚的年龄。黑齿夫人生有四子，那么前后怀孕时间当为至少 40 个月。结合这两点来看，黑齿夫人应当比黑齿常之的长子黑齿俊（676—706 年）年长，是一位中年妇女。因此，勿部珣与黑齿夫人应该是在百济亡国或者百济复国运动失败之后、来到唐朝定居之前结婚的。

勿部珣年龄如何？一般认为勿部珣与黑齿夫人年龄相当。不过从当时的婚姻情况来看，也有女婿比岳父年长许多的情况。但我们认为勿部珣应该比其岳父黑齿常之（630—686 年）年轻。这一点我们可以从勿部珣的官职变动及活动年龄推算出来。《大唐勿部将军功德记》写于中宗景龙元年（707 年），当时勿部珣为右金吾卫将军。苏颋写作《命姚崇等北伐制》的玄宗（712—756 年在位）初年，勿部珣被升为右金吾卫大将军。

---

① ［美］Marylin M. Rhie：前揭书，［韩］文明大译，第 85 – 86 页。

从唐玄宗任命勿部珣担任战争前线的前锋总管这点来看，勿部珣可能在战斗中表现得非常勇猛。如果勿部珣的年龄与黑齿常之相同或较之年长，那么此时他的年龄当在73岁以上。到了73岁，很多人可能就已经担任决定战争胜负的指挥官了，而不是还在前线拼杀的前锋。

勿部珣夫妇为了前往天龙山石窟，经历了诸多困难。《大唐勿部将军功德记》记载了相关事实。天龙山石窟位于山中悬崖峭壁之上，山势险峻，周围灌木丛生。勿部珣夫妇越过高原与大峡谷，差点掉入洞中，为走出山林，一路披荆斩棘。这样走走停停，终于抵达天龙山石窟。勿部珣夫妇来到他们建造的石窟前，进献佛像与物品，以虔诚之心参拜佛像。

勿部珣夫妇之所以要这样历尽千辛万苦前往天龙山石窟，是为了离世的祖上与活着的亲人。勿部珣的祖上与亲人被迫离开百济，来到中国，并被强制定居于此。勿部珣的祖上为了在异国的土地上活下来，经历了不少艰难困苦。之后，他凭借自己的意志和努力，做了高官，但最后还是被唐王朝警戒与监视，被周围人诬陷与猜忌，最后被处死。勿部珣的岳父黑齿常之就是其中的代表。作为勿部珣的夫人、黑齿常之的第二个女儿，黑齿夫人为了祭奠冤死的父亲，来到艰险的天龙山石窟前，献上虔诚的祈祷。勿部珣自己也做到当时的将军之职，担心自己也会重蹈岳父黑齿常之的覆辙，因此，万事都格外小心、勤勤恳恳。来到天龙山石窟的勿部珣也像他的夫人一样，以虔诚之心祈祷。

四、民国以前学者对《大唐勿部将军功德记》的解题内容

清代金石学者在收集各种金石文并写作解题方面付出了很多努力。清代学者顾炎武等人很早就写作过《大唐勿部将军功德记》碑文的解题。清初，顾炎武编有对古代金石文进行分析的论集《金石文字记》。该书卷三收录了《□部将军功德记》。顾炎武对于碑铭"部"字前面之字作空缺处理，将碑文作者记作"郭□□"，"郭"字下空出两字。这两处空缺之字分别是"勿"与"谦光"二字。现存碑石与拓本中这两处文字亦磨灭难辨。可以看出，这两处磨灭的文字在顾炎武之前就已经存在了。顾炎武在解题中说，勿部珣将军出身"京海"，效仿宫之奇与由余，归化入唐，成为唐朝藩将。

　　康熙年间，叶奕苞编纂了《金石录补》一书，该书卷十二收录了《唐□部将军功德记》的解题内容与书志事项。从整体上来看，与顾炎武的《金石文字记》类似，只是在顾炎武的基础之上，另外增加了勿部珣与黑齿夫人建造三世佛像之事，以及黑齿夫人的父亲黑齿常之的简介。黑齿常之本为百济西部人，归化入唐，成为藩将；在唐垂拱年间，被任命为武卫大将军，后被册封为燕国公。

　　乾隆年间，钱大昕编纂有《潜研堂金石文跋尾》。该书续卷二中收录了《□部将军功德记》，钱大昕获得了此碑的拓本，并对若干问题作了重新考证。对于顾炎武《金石文字记》中碑文作者名字中所缺二字补为"谦光"，并指出《金石文字记》将勿部珣出生之地记作"京海"不确，当为"东海"。钱大昕认为，勿部珣将军与黑齿常之一样，都是归化入唐朝的百济移民。他还指出，碑文写作时间景龙元年（707 年）的"鹑首"，按照天干地支纪年当为"未"，即丁未年。

　　嘉庆十年（1805 年），王昶编纂了皇皇巨著《金石萃编》。该书卷六八收录了《□部将军功德记》的全文与解题。王昶在解题中引用了顾炎武《金石文字记》与钱大昕《潜研堂金石跋尾》的解题，同时提出了自己的看法。他认为郭谦光在碑文中使用的隶书体非常特别，同时还说碑文中将夫人称为"内子"，以及记载女婿的名字这一点，是在其他碑文中看不到的特殊现象。

　　嘉庆十六年（1811 年），洪颐煊阅读了德州平津馆所藏金石文，编成《平津读碑记》一书。该书卷五收录了《勿部将军功德记》。对于顾炎武、叶奕苞、钱大昕、王昶等学者收录的碑铭中"部"字前空缺之字，洪颐煊根据《文苑英华》收录的苏颋的《命姚崇等北伐制》中"金吾卫大将军勿部珣"这句话，认为"部"字之前所缺之字为"勿"字。另外，他根据《宝刻类编》所记载的内容对郭谦光的生平进行了考证。《宝刻类编》收录了郭谦光所写作的六件碑文，但并未收录《勿部将军功德记》。《宝刻类编》将郭谦光的官职记作"国子监丞太学助教"，洪颐煊认为郭谦光写作《勿部将军功德记》当在担任国子监丞太学助教之后。

　　光绪年间，吴式芬对中国金石文按照地区分类，编成《金石汇目分编》。该书卷十一《山西·太原府》收录了《勿部将军功德记》，记载了碑文作者、碑文字体、树碑年代以及树碑人等基本情况。

　　继承清末学风的罗振玉 1920 年编纂了自己的金石论集《雪堂金石文

字跋尾》。该书卷四收录了《勿部将军功德记跋》。在上文中我们提到，罗振玉对于碑文中"内子乐浪郡夫人黑齿氏"中"内子"二字提出了新的看法。他根据《左传》《国语》韦昭注中的相关记载，证明了王昶对于这一问题看法是错误的。"内子"指的是正室夫人，有人将其错误地理解为自己的妻子。

五、天龙山石窟第15窟的推定过程与现存情况

天龙山石窟（见图 16 - 3）建在东西峰山腰 600 米长的绝壁上，共有 25 座石窟。东峰名为仙岩山，其上凿有 12 座石窟，多为早期石窟。西峰名为大佛山，其上凿有 13 座石窟，主要是唐代石窟。这一带的岩石多为石灰岩，石质柔软，便于石工在石上做精细雕刻。但也正因为如此，在风吹雨打的外部环境中，石面也极易被腐蚀。因此，由于风化作用，一些洞窟中的造像难以辨认，毁损情况十分严重。现在天龙山石窟中能认出的各种佛像总数为 500 余件，浮雕、藻井、画像等造像 1144 件。①

图 16 - 3　天龙山石窟第 15 窟全景

天龙山 25 座石窟，从时代上来看，东魏时期开凿的有 2 个，北齐 3

---

① 贾莉莉：《天龙山·龙山》，山西人民出版社 2002 年版，第 13 页。

个，隋代 1 个，唐及五代 19 个，其中主要集中在盛唐时期。《大唐勿部将军功德记》称，天龙寺建于齐，隋末衰落。这里的"齐"指的是北齐。天龙山石窟开凿于东魏年间，天龙寺的创建时间较之稍晚。由于资料不足，天龙寺的创建人身份尚不明确。隋在统一全国后，大肆建造寺院与佛塔。当时在天龙山开凿了一座石窟。隋朝末年，中央政权陷入极度混乱，各地起义运动风起云涌。其中就有李渊在太原地区率兵起义。全国陷入战争漩涡之中，佛教活动一时停滞。天龙寺也在此期间衰落。唐代在建立之初的唐太宗时期迎来贞观之治，文化获得快速发展，佛教活动再次兴盛。特别是到了武则天时期，佛教大兴，天龙山石窟得以大力开凿。

《大唐勿部将军功德记》明确记载了建造年代，对于我们考证天龙山唐代石窟的建造时间是非常重要的资料。勿部珣将军夫妇在天龙山建造石窟是在唐神龙三年（707 年九月改元景龙元年）。这一时期也是天龙山唐代石窟集中开凿的时期。这件碑石对于考证同一时期其他石窟的建造年代有重要参考价值。

《大唐勿部将军功德记》中有这样一句话："虽缁徒久旷，禅庑荒阒，而迈种德者，陟降遐险，固无虚月焉。"学者们对于这句话的理解各不相同。中国台湾地区学者颜娟英认为，隋代在开凿第 8 窟以后，天龙山中并无僧人，寺院因此荒废，勿部珣将军夫妇第一次来到天龙山开凿石窟。[①]中国学者李裕群与李钢认为，虽然说天龙山并无僧侣驻守寺院，因此荒废，但也有一些虔诚的佛教信徒偶尔来到此处。在勿部珣将军夫妇开凿石窟之前，武则天时代就已经有人在此处开凿过石窟。[②] 碑文中上述这段话是按照突出勿部珣将军功德的方式记载的，原文照录，并不能说天龙山没有佛教活动。事实上，唐代建立初期佛教活动是非常流行的。因此，笔者认为李裕群与李钢的观点更为妥当。

《大唐勿部将军功德记》指的是天龙寺石窟中的哪一座石窟呢？对此，美国学者 Marylin M. Rhie 认为是第 21 座石窟。在文章中，她先后对《勿部将军功德记》的位置，岩壁碑石凹槽，碑石大小、佛像造像形态作

① 颜娟英：《盛唐玄宗佛教艺术的转变》，载《"中央研究院"历史语言研究所集刊》1995年第 66 本第 2 分册，第 576 – 578 页。

② 李裕群、李钢：前揭书，第 166 – 174 页。

了介绍。① 她首先讨论的问题是，勿部珣将军夫妇所建造的佛像是为天龙寺而建，还是为开凿石窟而建？她根据《大唐勿部将军功德记》对天龙山绝壁如田园牧歌般优美的自然风光的歌颂、造像时间长达一年零五个月，以及《金石萃编》中记载碑石位于天龙寺后面这三点，认为勿部珣将军所建造的佛像是为开凿石窟而建。

天龙山石窟的碑铭可分为两种形式。一种是直接在岩壁表面刻石，第1窟与第8窟即属于这种情况。另一种是在岩壁上挖出长方形的凹槽，在凹槽中放入另外一块长方形的石板。第2窟与第3窟之间以及第15窟即属于此种方式。《金石萃编·□部将军功德记》记载的碑石大小，和第2窟与第3窟之间以及第15窟中的碑石的大小不符。根据田中俊逸的记载，第2窟与第3窟之间的碑高6尺3寸，宽3尺1.5寸（长方形凹槽高4尺4寸，宽2尺4寸），第15窟中的碑石高5尺，宽2尺8寸（长方形凹槽高3尺，宽2尺）。② 与此不同的是，《大唐勿部将军功德记》高4尺5寸，宽3尺7寸。③ 因此，《大唐勿部将军功德记》比第15窟中的碑石宽，比第2窟与第3窟之间的碑石要短。

美国学者 Marylin M. Rhie 根据天龙山石窟的造像形态，认为第21窟是勿部珣将军所造之石窟。《大唐勿部将军功德记》作于景龙元年（707年）。从洞窟形态上来看，第2窟与第3窟建造于东魏初期，第15窟建造于开元年间（713—741年）前半期，而第21窟建造于703年至711年之间。另外，第21窟中有三世佛像与诸圣贤像。天龙山石窟中有三世佛像的石窟，除了第21窟，还有第6、11、17、19窟。第6、11、17、19窟是唐代后期石窟群，保存了713—745年建造的造像；第6窟中的西侧佛像是阿弥陀佛；第11窟与第19窟规模较小，与《大唐勿部将军功德记》中它们规模较大的记载不符；第17窟是唐代佛像中建造时间最晚的，开凿于开元后期至天宝初期（约735—745年）。

韩国学者文明大在将美国学者 Marylin M. Rhie 的论文翻译以后，前往天龙山石窟调查，并发表论文，对天龙山石窟的各种现象以及佛像样式进

---

① ［美］Marylin M. Rhie：前揭书，［韩］文明大译，第100–103页。

② 转引自［美］Marylin M. Rhie：前揭书，［韩］文明大译，第102页，脚注93。

③ 《金石萃编》卷六八《□部将军功德记》解题："碑高四尺五寸，广三尺七寸。"

行介绍。① 他赞成美国学者 Marylin M. Rhie 提出的勿部将军与黑齿夫人所
建造的天龙山石窟是第 21 窟的看法，同时还说有必要从多个角度展开调
查。文明大的观点如下：他通过对前人关于天龙山石窟建造年代相关观点
的考证与比较，认为勿部将军夫妇至迟在 710 年就已经完成了佛像雕刻。
勿部将军夫妇在开始开凿时，石室已经进入雕刻的完成阶段，成为唐代石
刻开凿的出发点。尽管如此，对于勿部珣将军夫妇所开凿的石窟是哪座石
窟的问题，有必要作更为细致的分析。唐代石窟的特点不在于规模大，而
在于技法纯熟，第 6、14、18、21 窟的佛像就是最好的例子。文明大认
为，这四座石窟中有一座可能就是勿部珣将军夫妇所建造的。

　　颜娟英并不同意美国学者 Marylin M. Rhie 提出的第 21 窟是勿部珣将
军夫妇所建造的这一观点。在她看来，很难确定哪一座石窟是勿部将军夫
妇所开凿的。从年代上来看，第 6 窟的风格与《勿部将军功德记》的年
代比较接近。她强调，石窟内三面石壁上有三尊佛，门外有两尊仁王像。
但由于这座石窟毁损严重，难以作出更多推测。② 可以看出，勿部珣将军
夫妇所开凿的石窟对于我们确定唐代石窟的建造时间是非常重要的。李裕
群与李钢运用此前学者的考证方式，认为第 15 窟应该是勿部珣将军夫妇
所开凿的。现在天龙山唐代石窟中有碑的石窟，有第 14、15、17 三座石
窟。第 14 窟右侧有碑，碑身凿有唐龛。因此，李裕群与李钢将这座石窟
排除在考虑范围之外。第 17 窟的前室东侧岩壁上有碑石凹槽，但由于碑
石的碑文风化严重，无法获得文字清晰的拓本，二人也将这座石窟排除在
考虑范围之外。第 15 窟门外东侧有一座拱门形状的大型神龛，高 166 cm，
85 cm，厚 10 cm。神龛内有一方长方形石碑，高 98 cm，宽 67 cm，厚 18
cm，碑身大小与中国国家图书馆所藏《大唐勿部将军功德记》拓本大小
一致。第 15 窟三面石壁上有三个石龛，这也与《大唐勿部将军功德记》
所记载的三世佛像是符合的。

　　上文提到，中国国家图书馆善本特藏室藏有《大唐勿部将军功德记》
拓本"顾专 422 本"，善本特藏室记载的拓本大小为：高 96 cm，宽 64
cm。这一数字比第 15 窟中功德记镶嵌的凹槽要小 1～2 cm。这种差异是

　　① ［韩］文明大：《天龙山石窟的行状与佛像样式研究》，载《美术史学研究》1993 年第
197 辑，第 55－83 页。
　　② 转引自李裕群、李钢：前揭书，第 168－189 页。

由功德记石板是另外制作而造成的。功德记石板只有比岩壁上凹槽小，才能放入其中。因此，笔者认为李裕群与李钢的观点是合理的。

最后我们来看一下第 15 窟的现存状态。第 15 窟是天龙山石窟中最大的一座，从属于雄伟的西峰第 9 窟地区群（第 9 窟至第 15 窟）中，离第 14 窟西侧约 4.1 m，入口为 210 度，即东西向。第 15 窟是天龙山唐代石窟中保存状态最不好的一座石窟。这里岩壁的石质是较为松软的石灰岩。在漫长的岁月里，在风化作用的影响下，石窟内外腐蚀严重。神龛东侧能看到巨大的凹槽和裂纹。我们甚至能通过这一裂纹看到神龛里面的情况。裂纹一直延伸到石室内部，洞穴倒塌了一半，看起来非常危险，需要尽快予以修复。

洞穴前面有一座长方形的凹槽，高 232 cm，宽 171 cm，厚 37 cm，正面左侧有龛室入口，右侧是功德碑石室。神龛入口是一座拱门，入口高 123 cm，宽 62 cm，厚 31 cm，入口上端刻着宝珠形纹样，高 27 cm。石窟入口左右两侧各有一尊仁王像。右侧仁王像高 102 cm，浮雕厚约 12 cm，缺少头部，左手下垂，身体部分由于风化作用毁损严重。左侧仁王像右手上指左手下垂，身体部分因风化作用毁损，不过整体上来看，形象还是比较清晰的。功德碑石室被凿成圆拱形，高 164 cm，宽 82 cm，深 12 cm。在此处又凿有可以放功德记石板进去的凹槽，凹槽高 97 cm，宽 66 cm，深 21 cm。

洞窟内所有雕像皆腐蚀严重。北侧岩壁有拱门形神龛，高 140 cm，宽 150 cm，深 39 cm，安置有五身像。主尊佛部分磨损严重，但上半部分轮廓非常清晰，头的背面有宝珠形光背。东壁有圆拱形神龛，高 140 cm，宽 148 cm，深 38 cm。供奉有三身像，因风化作用腐蚀严重。主佛像与右侧菩萨像的光背部分轮廓较为清晰。主佛像光背长 43 cm，宽 45 cm，右侧菩萨像光背长 33 cm，宽 28 cm。因腐蚀严重，右侧菩萨像形态无法辨认。西壁上有圆拱形神龛，高 140 cm，宽 150 cm，深 38 cm。供奉有三身像，但因风化作用腐蚀严重。主佛像与左侧菩萨像光背轮廓清晰，但右侧菩萨像磨损严重。左侧菩萨像光背长 33 cm，宽 28 cm。神龛顶部为正方形，长宽皆为 56 cm，顶部高 195 cm。

窟内西侧，有"嘉祐五年六月十三日"字样。这里的嘉祐五年指的是 1060 年，可知是北宋人留下的。

六、结 论

《大唐勿部将军功德记》是景龙元年（707 年），唐人郭谦光为勿部
珣与夫人所造之天龙山石窟而写作的功德记。韩国学界一般称此碑主人公
为"珣将军"，实际上当为勿部珣。

勿部珣在唐玄宗初年被封为大将军，勿部是姓氏，珣是其名字。夫人
是百济人黑齿常之的第二个女儿。勿部珣与倭系物部氏或有一定关系，这
需要我们将来作更为细致的考证。《大唐勿部将军功德记》碑文的作者兼
书法作者是郭谦光。此人乃博学多才的学者，也是擅长隶书的书法家，我
们能在同时代各种碑文中看到他的书法。

《大唐勿部将军功德记》很早以来就受到很多学者的关注。清初顾炎
武、叶奕苞，嘉庆年间钱大昕、王昶，以及民国时期罗振玉等人先后获得
此碑拓本，并作过详细的考证。近年，美国学者 Marylin M. Rhie 提出，该
碑出自天龙山石窟第 21 窟。韩国学者在获知这一消息后接受了这一看法。
但中国学者李裕群与李钢认为该碑并非出自第 21 窟，而是第 15 窟。该碑
与所拓之拓本的大小，与第 15 窟岩壁上碑石凹槽的大小相符。笔者认为，
李裕群与李钢的观点较有说服力。

最后，笔者略谈几点感想。第一，天龙山石窟第 15 窟的保存与遗物
的发现。第 15 窟因风化作用等外部因素的影响，石窟内开裂现象严重，
有崩塌的危险，需要尽快对这座石窟予以修复。幸运的是，在圣寿寺东侧
溪谷发现了《大唐勿部将军功德记》原碑石左侧下端的残片，这多少有
助于我们了解此碑的原貌。原碑石残片现藏于晋祠文物园的收藏库。

第二，勿部珣将军夫妇与古代韩民族后裔的感情。虽然我们可以说勿
部珣将军及其夫人是开凿石窟建造佛像的佛教信徒，二人的布施活动具有
十分重要的意义，但二人作为当时的百济移民，其在天龙山开凿石窟建造
佛像，主要是为了祭奠去世的先祖，并安慰活着的亲人。从这一角度可以
窥见他们身在异国他乡所受到的内在的苦痛与生活的艰辛。今天生活在韩
国国外的韩民族后代也有着与之类似的心情。

第三，获得信息的迅速性与正确性。李裕群与李钢的书提到了美国学
者 Marylin M. Rhie 提出的《大唐勿部将军功德记》出自天龙山第 21 窟的
观点。该书出版于 2003 年 3 月。由于当时未能获得这一信息，2004 年 7

月，笔者亲自前往天龙山石窟调查。当面对着由古代韩国人开凿的第 21 石窟，笔者的心情难以言表。翌年 5 月，笔者在写作有关中国金石集中与韩国相关金石文记录的整理的论文时，在提交的论文中完全接受了功德碑出自第 21 窟的既有观点。① 2003 年 12 月，韩国学者引用了李裕群与李钢书中的观点发表论文，对勿部珣的姓名与出身进行了考证。不过当时笔者并未读到这篇论文。笔者在会议上发表论文时，通过与会学者获知了这一信息，才知道自己因论文写作之前调查不细致而造成了错误。

---

① ［韩］朴现圭：《对中国金石集中与韩国相关金石文献资料的分析》，载《中国学论丛》2005 年第 19 辑。

第十七章　福建《那罗岩碑记》与新罗僧人元表的行迹

一、引　言

古代东亚各国通过互相接触与交流，实现各自文化的发展。各国之间以佛教为媒介，实现人员的交流与思想的接触。新罗求法僧纷纷来到中国与天竺，寻访高僧，获得佛法传授，寻访圣地，经历灵性体验，获得自我的觉醒。这些新罗僧人在异国他乡翻译佛经，布施并传授佛教教义，其活动受到韩国国内外佛教界的关注。

新罗高僧元表是在天竺、中国与朝鲜半岛生活期间传播天冠信仰的重要佛教人物。时至今日，福建宁德一带的居民依然对元表传播天冠信仰的事迹耳熟能详。那罗寺供奉着元表的塑像，而华严寺则将元表视作开山之祖。此外，宁德地区的各种文献都将元表记作支提山的开山之祖。① 此外，韩国国内外学者也对元表的行迹十分关注。吕圣九、许龙九、朴泰宣、曹永禄等人先后对元表的生平进行分析，对天冠信仰传入韩国的过程进行考察，同时也对最早传播天冠信仰的元表的活动做过调查。特别是曹永禄，此前为了考察元表在中国的活动曾亲往中国宁德地区，但因进入那罗寺路途非常艰险而中途放弃。②

---

① 汤春景主编：《中国支提山》，中国人民政治协商会议宁德市委员会文史资料委员会，1995年，第54－55页；黄幼声等编：《宁德霍山》，福州：海风出版社2000年版，第49－68页；宁德市蕉城区政协文史资料委员会编：《霍童溪》，香港：天马出版社2006年版，第111－122页。

② ［韩］吕圣九：《元表的生平与天冠菩萨信仰研究》，载《国史馆论丛》1993年第48辑，韩国国史编纂委员会，第217－248页。许龙九：《元表法师考》，《佛学研究》（《东方古代文化研究文选》第1册），延边人民出版社1997年版（朴泰宣论文中引用）。［韩］朴泰宣：《新罗天冠菩萨信仰研究》，韩国教员大学校历史教育专攻硕士论文，1998年，第1－47页。［韩］曹永禄：《中国福建地区与韩国相关的佛教相关文物踏查记》，《近世东亚三国的国际交流与文化》，首尔知识产业社2002年版，第330－334页。

笔者曾在对福建地区与古代韩国相关遗迹进行调查的过程中，对曾在宁德地区生活过的元表予以关注，而且先后三次造访宁德地区，也对那罗寺与华严寺进行过调查，见到了当地许多相关人员，收集了不少资料。本章将从历史地理学的角度出发，对元表的行迹以及《那罗岩碑记》的记载进行考察。各种文献中元表的相关记录略有出入，若对这些文献记载进行详细检讨，那么我们就可以正确把握元表的行实。《那罗岩碑记》是现存年代最为古老的那罗寺遗物，今天即便是宁德地区的文化界人士也对这件石碑的存在不甚了然。在本章中，我们也将对《那罗岩碑记》的记载、元表的行迹以及那罗寺的缘起故事进行考察。

二、支提山那罗寺的现状

闽东地区由鹫峰山脉与太姥山脉两个巨大的山脉组成。鹫峰山脉中，在古田、宁德、屏南三个行政区划的交叉处，有道教名山霍山。霍山又名霍桐山、霍童山、霍林，得名于周代人霍童。据刘向的《列仙传》记载，霍童曾在此处修仙。而霍林是原始部落的守将，《洞天记》中记作"霍林洞天"。霍童山是列仙青童玩耍之处。根据《寰宇记》的记载，该山于唐天宝六年（747 年）获赐名，更名为霍童山。① 司马承祯的《天地宫府图》与杜光庭的《洞天福地岳渎名山记》记载了道教名山三十六小洞天，其中第一山就是霍童山。对于霍山的范围，各文献记载不同，但大体上来看，方圆在 280 公里左右。霍山顶指的是宁德一带海拔最高的第一旗，海拔高 1479 米。② 霍山下有霍童溪。

霍山的主要地区就是支提山。支提山之名来源于《华严经·菩萨住处品》。《八十华严》记载，霍山东南部支提山住着天冠菩萨及从属，《六十华严》将山的名字记作枝坚固。③ 支提山位于宁德市西北约 50 公里，

---

① 《闽中记》记载：天宝四年（745 年）的敕命，改名为霍童山。

② 黄幼声：《"霍山"小考》，《宁德霍山》，海风出版社 2000 年版，第 7 – 21 页；福建省博物馆考古部：《宁德霍童山考古调查初步收获》，《宁德霍山》，第 137 – 138 页。

③ 《八十华严》第三十二品《诸菩萨住处品》："东南方有处，名支提山，从昔已来，诸菩萨众于中止住，现有菩萨，名曰天冠，与其眷属，诸菩萨众有一千人俱，常在其中，而演说法。"《六十华严》第二十七品《菩萨住处品》："东南方有菩萨住处，名枝坚固，过去诸菩萨常于中住，彼现有菩萨，名天冠，有一千菩萨眷属，常为说法。"

主峰是华顶峰。福建省将支提山一带方圆 76 公里划定为风景区。风景区内有支提胜场、瀛州击水、霍东洞天、那罗延屈四处景观。

从支提寺华严峰向西流淌的东源支流上有一座狮子峰，那罗寺即位于狮子峰下。狮子峰远望像一头双膝跪地的雄狮。那罗寺又名那罗岩、那罗延窟寺。"延窟"，即言佛殿位于洞穴这一自然环境之中。"那罗"二字为梵语，是天上药师那罗鸠婆的简称。《佛所行赞》第一品记载，毗沙门天王生下那罗鸠婆后，天下众人都无比喜悦。①

从今天的行政区划来看，那罗寺属于宁德蕉城区虎贝镇东源村。从宁德市中心出发，沿着 104 国道往前走，不远就有琼堂。从这里出发，沿着 304 省道往东行走，先后经过石后乡、洋中镇后，就能看到一座天池。从此处出发，沿着县道往北走，就是虎贝镇。从宁德到虎贝镇，距离大约为 56 公里。从虎贝镇往东走，经过中洋里村，再往前走 6.5 公里，就是那罗岭停车场。1992 年在建设桥头水库时，人们将进入那罗岭的路程缩短了一半。2007 年从虎贝镇到那罗岭停车场的这条公路施工完毕，进入那罗寺就变得非常方便。

在那罗岭停车场入口，竖着一块指示那罗寺方向的石碑。沿着石阶走 500 米左右，在石阶最顶端有一块木牌子，木牌上写着此地距离那罗寺约两华里②。在上山的途中，能看到一条从狮子峰流出的瀑布，我们在此地稍作休息。距离此处再往前走 400 米左右，能看到一座供人休息的亭子。经过亭子，再往前走 300 米左右，左侧有一块于 2000 年立的石物，上面刻写着"释悟智法师之塔"。从此处回望上山之路，可以看到周围都是郁郁葱葱的树木，也能看到远处面积大约为 1000 亩的农田，以及有 8 座小岛的桥头水库。站在高处往水库方向眺望，心情无比爽快。水库水面上倒映着云彩、蓝色的天空以及绿色的山林，这里一切蓝色与青色的自然风光都倒映在水面上。从此处再往前走 200 米左右，就是于 2001 年竣工的那鹤桥。桥下是从山谷中流出的小溪，小溪两侧是斑驳的岩石，更增加了它的美丽。桥的旁边有一座建造于 1996 年的祠堂。桥的入口右侧是通往那罗寺的方向，越过桥则是去彩云寺的方向。沿着桥边上的羊肠小路往前走不远，在一座巨大洞窟之下，便是那罗寺。

---

① 《佛所行赞》第一品《生品》："毗沙门天王，生那罗鸠婆，一切诸天众，皆悉大欢喜。"

② 1 华里 = 500 米。

《支提寺志》又名《宁德支提寺图志》。此志由明朝万历年间谢肇淛等人修纂、释照微增补。这部寺志记载了明朝万历年间陈省登上那罗岩所留下的诗作一篇。卷五《诗·补·七言律诗》中有《那罗岩》组诗，其中第一首写道：

> 共说那罗岩最名，攀萝蹑磴惬游情。
> 霞邀过客松间出，云捧飞骖天上行。
> 触眼似无前去路，回头顿失到来程。
> 小桥横驾流泉上，始见山僧出洞迎。

陈省（1529—?），字孔震，初号约斋，后改号幼溪，长乐县古槐人，曾多次探访福建地区，留下多篇诗作。

攀登那罗岩的道路非常艰险。陈省抓住岩石上的凹槽，一步一步往上攀登。今天人们即便铺设了通往那罗岩的台阶，登上那罗岩也非常困难，可以想象当时陈省要想攀登那罗岩是多么不容易。由于此前人迹罕至，这些山道的痕迹消失，寻找十分困难。即使睁大眼睛，也看不到前进的路。而回头看，也找不到走过的路。陈省只有硬着头皮向着山顶的方向慢慢攀登，突然眼前显现出一片优美的景观。到了傍晚，天边渐渐泛起晚霞。溪水上倒映着霞光，上面有一座小小的桥。登上那罗岩之人，谁都禁不住赞叹那罗岩的美景。

即使在今天，我们也能看到古人所欣赏过的那罗岩景观，陈省如实地描写了那罗岩的美景。这时从洞中走出一位僧人，迎接陈省的到来。陈省感受如何？他应该无比喜悦吧！

狮子峰的绝壁下有一个巨大的洞穴，洞穴入口处有一座寺院。宋咸通年间，僧人好德曾描写过那罗岩的风光。《支提山记》写道：

> 其窟高可百寻，深广百二十丈，下平如镜，上方若凿。

那罗岩洞穴是自然形成的天然石洞。洞穴形如狮子开口咆哮之状。洞穴高约40米，宽约38米，深约21米。我们在洞穴之中看到了无数小小的球泡流纹岩。进入洞穴时，有风从洞中吹来，沁人心脾。洞穴周围长着各种奇异的鲜花，对面的岩石上则是郁郁葱葱的树木，包围着洞穴，如同一座绿色的屏风。《支提寺志》记载，那罗岩不似人间，却别有洞天。这并非夸张之语。①

　　洞穴中有寺院，寺院中有洞穴。那罗寺在元表担任住持后的一段时间内被封锁。有记载称，在僧人好德写作《支提山记》的咸通年间，那罗寺已经被封闭起来。虽然宋开宝六年（973 年）那罗寺新建成，但不久后又重新被关闭起来。景德三年（1006 年），山门再次被打开。② 元至元二十一年（1284 年），澄鉴禅师重建那罗寺。③ 明万历三十二年（1604 年），佛像得以重修。清乾隆年间，有和尚守护佛寺。④ 现在那罗寺佛殿入口悬挂着两块乾隆年间的匾额：一块制作于乾隆五十九年（1794 年），上面写着"慈祥遍被"。另外一块匾额制作于乾隆六十年（1795 年），上面写着"南海慈航"。此后，那罗寺经过多次修缮。

　　整个寺院面积为 1200 平方米左右，佛殿建筑物面积为 1400 平方米左右。佛殿坐落在东北，面向西南。佛殿为两层木制结构，高 8 米，正面五间，侧面四间。单檐，穿斗式梁柱。屋顶就是洞穴顶部，因此并不使用砖瓦，而是以木头雕刻。佛殿上面一层被用作宿舍和仓库，佛殿旁边是近年建造的附属建筑物。佛殿于 1980 年 11 月 11 日被列为县级文物保护单位。

　　佛殿前面是 1994 年竣工的韦驮亭。佛殿的中间悬挂着写有"大雄宝殿"四个字的匾额。进入佛殿，中间供奉着释迦牟尼佛的塑像，右边是阿难尊者像，左边是迦叶尊者像，前面是送子观音像。宁德一带流传着这样一种风俗，女人为了生儿子，带着"掏石蛋"，向送子观音祈祷，那么送子观音就会让女子生下儿子。在孩子长到 16 岁时，女人们再次给送子观音供奉"掏石蛋"。⑤ 洞穴中间供奉的是观世音菩萨，观世音菩萨像的右边是普贤菩萨像，左边是文殊菩萨像。普贤菩萨像的右边是达摩像和地藏菩萨像，文殊菩萨右边是伽蓝菩萨及开山祖元表像。后边供奉着各种小型观音像，那罗寺现住持叫慧光，慧光是支提华严寺妙果的弟子。

――――――――――

　　① 《支提寺志》卷一《岩·那罗岩》："别一乾坤，非复人世。"
　　② 《淳熙三山志》卷三七《寺观·宁德县》中《支提政和万寿院》自注："景德三年，寺门重立。"
　　③ 汤春景主编：《中国支提山》，宁德市委员会文史资料委员会 1995 年版，第 122－123 页。
　　④ 《乾隆宁德县志》卷二《寺观·陀罗延窟寺》："宋开宝六年建，今存，有僧住持。"
　　⑤ 王致纯：《"震旦佛窟"谈》，《宁德霍山》，海风出版社 2000 年版，第 62 页。

三、对《那罗岩碑记》的分析

进入那罗寺大门就能看到明万历年间的《那罗岩碑记》，以及1999年的重修功德碑。《那罗岩碑记》高176.2 cm，宽71 cm，厚14 cm。碑石虽然断为两截，但中间用水泥粘补起来。碑石的上段镌刻着云彩纹样，云纹之间雕刻着两条飞龙。石碑的下段，以篆书刻写"那罗岩碑记"。其下就是碑文。碑文总计13行，每行25字，根据笔者的判读，碑文内容如下：

> 那罗岩，闽宁廿四都胜梁也。本支提之干，分东园之枝，穷源万仞，千岫一窝，石室洞深，波澄海，藏潜龙，守八十一卷华严，于是圆通降迹，龙树□渊，诵忆华严之经，点化神龙之起，徐涌沙聚气显像。肇基始禅员表之建，偕侣员白之功，开名山道场，为海国善览，步之若云游，□之如羽化，诚闽东一洞天也。三教络绎，一僧支持。予目其负戴□涉，捐九亩之粮，敷数僧之膳，庶炉烟不断，崇接有人，斯不负那罗之宝刹来天下之大观也。宜勒石以纪其序。
>
> 宁德县凤池境，陈道宗丙申，用价贰拾贰两伍钱，买置后山墩后尾苗田贰石，后蓝口伍斗，舍给本岩香灯，复用四两伍钱立碑，塑相遗迹。

《那罗岩碑记》详细记载了那罗寺的位置和环境、寺院的重建历史、缘起故事，以及布施人的布施情况。碑文的写作时间是万历三十二年（1604年），碑文作者是布施人陈道宗。那罗岩的首座僧名如定，住持是海源。碑石刻工是陈朝芬，赍约是中施华，助缘僧是通珊，乡老有陈高惠、陈佛辰等人。当时那罗寺中的和尚最少有三人。当时有很多人来到此寺，但由于财政上的困难，难以举行佛事活动。陈道宗捐出大笔金钱，购买寺田，另外又建造了佛像，立了石碑。他捐助寺田的时间是在万历二十四年（1596年）。在竖立之日，碑石侧旁边空白处有一段小字，记载的是天启元年（1621年）布施的内容。遗憾的是，由于文字磨损严重，具体内容难以确认。

明代，那罗寺属于青田乡二十四都管辖。[1]　二十四都即今之虎贝镇北部一带。那罗寺建造于支提山延伸出的狮子峰天然洞穴中。支提山有常住天冠菩萨，那罗寺则是支提山的母寺。元表在寻访西域圣地时，从心王菩萨处获得知支提山的灵府启示，在回到唐朝后，带着《八十华严》到支提山，在那罗岩定居了下来。到了五代时期，人们以元表带回来的《八十华严》作为思想基础，在支提山上建立了寺院。《宋高僧传》将元表带回来的佛经记载为《八十华严》。《新修科分六学僧传》与《淳熙三山志》也称元表带回的是《八十华严》。但《那罗岩碑记》却称那罗寺传下来的是《华严经》81 卷，此外，据《闽书》与《嘉靖宁德县志》记载，元表带到那罗岩的《华严经》是 82 卷。[2]　这里的 81 卷与 82 卷当皆属于《八十华严》系统，笔者以为可能是在《八十华严》的基础之上增加目录一卷或两卷而成。《那罗岩碑记》《闽书》与《嘉靖宁德县志》都编纂于明代。

《那罗岩碑记》记载，员表创建了那罗寺。《碑记》有时也记载称员白。这里的"员表"和"员白"分别指的是元表和元白。"员"字与"元"字为同音字。碑文称，元表在创建那罗寺后，一天在念诵《华严经》时，天上出现神龙，沙从地底喷涌而出。碑文还说那罗岩洞穴中原有龙潭。[3]　从此处的地形来看，洞穴前面是一条流淌的小溪。到了夏天，溪水满溢，在洞穴入口潮湿区域自然就形成了小小的水潭。后人将水潭填埋，在其上建造了寺院。宋释显求的《支提山记》记载了水潭与龙相关的缘起故事。故事说，元表（或元白）来到龙王面前，说自己正在诵读经典《华严经》，请求赐予土地建造寺院。[4]　林保童的《陀罗延窟寺》收录了一首诗，诗中写道："寺当漱口龙应隐。"[5]

迦智山宝林寺是位于今韩国全罗南道长兴郡有治面凤德里的一座寺

---

① 《嘉靖宁德县志》卷二《寺观·陀罗延窟寺》："在二十四都，陀罗窟。"

② 《嘉靖宁德县志》卷四《仙释·元表》："来自西域，领心王菩萨之旨，……可负我华榈木函华严经八十二卷，隐那罗延窟，以候之。"《闽书》卷三一《邦域志·宁德县·霍童山》："考旧志，唐高丽僧曰元表者，归自西域，领心王菩萨之旨，……可负我华榈木函华严经八十二本，去隐那罗延窟。以候之。"

③ 参照 1997 年那罗岩重修功德碑。

④ 《宁德支提寺图志》卷四，显求《支提山记》："师曰：'吾所诵华严经也。汝就龙王借一片地以卓庵，吾即付汝。'白遂陈悃，果感龙王，涌沙填地。"

⑤ 《嘉靖宁德县志》卷二《寺观·陀罗延窟寺》林保童诗："寺当漱口龙应隐。"

院。新罗宪安王时期，普照国师体澄曾在此处最早创立九山长门中的迦智山派，大力弘扬禅宗。较之早 100 年左右的元表也曾在此处建立过寺院。《新罗国武州迦智山宝林寺事迹》（以下简称《宝林寺事迹》）记载，元表得到佛祖的瑞气，创建了迦智山宝林寺。从宝林寺缘起故事来看，可以看到这一故事与那罗寺的缘起故事非常相像。《宝林寺事迹》记载：

> 山以迦智为名，寺以宝林为名者，天下有三处，一在西域，一在中国，一在东方。在东方者，即兹山，兹寺也。……与西域中国东方一而三，三而一。而有湫在其中，为九龙渊潜之所，云雨雷霆，发作无时，水面凝渌，深不可测，人不近前，岛（按：鸟字之讹）不飞过，俨然一龙宫也。……见其龙湫所在，蕴精蓄异，果是西域中国相应之地也。……见一仙娥，颜色绰约，琼珮绵缠，整花冠，曳霞衫，出拜池上。问之，则曰：我是方丈第一峰上天王之女也。我亦以圣母天王来此地有年，而大地久为龙神所据，……梵文，为神符，以投之。于是八龙不日而徙，有一白龙冥然不动，似有拒者。然更加神力之教以咒之，亦乃移避，而腾扬奋迅，风飙窟厉，……仙娥又出拜，师进而命之曰：汝是天王，汝知佛功德，汝若有意，汝其助余。仙娥跪请，曰：惟命是从，但愿事成后，借鹳鹆一枝，栖息侧地，仰荷庇庥之德。师曰：诺。俄顷之间，天地开霁，日（按：日字之讹）星明概，于是攫土搏沙，填塞深湫。

这段记载提到元表在仙娥与九龙盘踞之地创建了宝林寺，同时还称韩国宝林寺与西域的宝林寺，以及中国的宝林寺一脉相通。元表在寻访巡礼了西域和中国的宝林寺后，回到朝鲜半岛，在全国各地寻找可以修行的山林。一天，他看到方丈山上释放出佛祖的瑞气，并在迦智山找到建造寺院的场所后，遇到了方丈山第一峰天王之女——圣母天王仙娥。仙娥对元表说，迦智所生活的水潭中有九条龙。仙娥指示元表以法力击退九龙。元表暗自记下法文，将符籍投入潭中，先后有八条龙和一条白龙从潭中跃出飞走。于是，仙女用泥土和沙子填埋水潭，元表在其上建立了宝林寺。因此，宝林寺周围就有龙头山、龙门里、龙沼、绿龙里等多个与龙相关的地名。

那罗寺缘起故事与宝林寺缘起故事多有相似之处。那罗寺与宝林寺都是新罗高僧元表所创建的寺院。元表在创建这些寺院时都背诵过《华严》

或可能是《华严经》的法文。这些寺院所在的位置以前都是为龙所盘踞的水潭。在赶走龙后，人们用沙子填埋水潭，并在其上建造了寺院。在这一过程中，元白与仙娥纷纷给了元表诸多帮助。

当然，以上并非那罗寺缘起故事与宝林寺缘起故事独有的特征。在新罗高僧所创建的其他寺院的缘起故事中也有与那罗寺、宝林寺相似的情节。比如，在佛影寺的缘起故事中，义湘凭借法力驱赶盘踞在天竺山深潭中的九龙，九龙被赶走后，他在上面填埋沙土，建造了寺院。此外，在浮石寺的缘起故事中，义湘在太白山创建寺院时，善妙变作龙赶走了小乘诸众。总而言之，那罗寺缘起故事与宝林寺缘起故事从大的结构上来看，有相通之处。

上文提到显现佛祖瑞气之地有三处。在西域、中国及天竺（古印度）各有一处寺院，这三所寺院如同一体，但寺院中传授的佛法是相应的。既是一个寺院，也是三个寺院。按此逻辑元表在西域月氏国创建的寺院是迦智山宝林寺，在天竺（古印度）创建的寺院也是迦智山宝林寺。他在中国创建的寺院当然也是迦智山宝林寺。不过这里有一个问题，在现存资料中，我们找不到元表在今天北印度地区以及在中国所建的宝林寺。在上文中我们提到，对于元表在月氏国和中国创建宝林寺这一点，有很多人持怀疑态度。①

这里，笔者试着从相反的方向进行考察。元表在回到中国后停留的地方是支提山那罗岩洞窟，他在这座洞窟中建立的寺院就是那罗寺。支提山那罗寺的名称有可能被后人改名，即元表在中国停留之处的地名很有可能与今天流传的名称不同。换句话说，元表可能并不将该寺院称为"支提山那罗寺"，而有可能将之称为"迦智山宝林寺"。退一步讲，即便元表并不将中国那罗寺称为宝林寺，但从寺院的缘起故事与元表的行迹来看，最起码可以说，在元表的心里，他将那罗寺视作中国的宝林寺。同理，天竺也是有可能存在过迦智山宝林寺的。

四、对新罗僧人元表行迹的考察

元表是著名高僧，《宋高僧传》中有他的传记。他是福建宁德一带传

---

① ［韩］吕圣九：前揭书，第224－226页。

播天冠思想的第一人。但由于相关资料的缺乏，以及元表行迹的模糊性，人们对于元表的生平并不清楚。从记载元表行迹的现存古代文献来看，主要有《宋高僧传》《新修科分六学僧传》《淳熙三山志》《嘉靖福宁州志》《嘉靖宁德县志》《乾隆宁德县志》《支提山志》《宁德支提寺图志》，不过这些文献对元表生平的记载只停留在一般性的概括层面，记载内容也大同小异。除此以外，在《宝林寺事迹》《新罗国武州迦智山宝林谥普照禅师灵塔碑铭》（以下简称《普照禅师灵塔碑铭》）等文献中也记载了元表的行迹，不过这些记载都比较简短。①

宋释赞宁编纂有高僧列传《宋高僧传》。该书收录了新罗与高丽时期高僧的传记，元表就是其中之一。卷三十《杂科声德篇·唐高丽国元表传》写道：

> 释元表，本三韩人也。天宝中来游华土，仍往西域，瞻礼圣迹，遇心王菩萨指示支提山灵府，遂负华严经八十卷。寻访霍童，礼天冠菩萨，至支提石室而宅焉。

该书"元表"条记载，元表是唐代高丽国人，而正文却将元表记作"三韩人"。释昙噩的《新修科分六学僧传》记载唐元表为高丽人，天宝年间（742—755 年）来到中国。② 天宝是唐玄宗的最后一个年号，新罗同一时期是景德王当政，比高丽建国年（918 年）早。《嘉靖福宁州志》《嘉靖宁德县志》记载，元表是唐代的高丽异僧。③《乾隆宁德县志》记载，元表是五代时期高丽异僧，对元表的活动时代的记载与《嘉靖宁德县志》不同。④

那么元表到底是哪国人？对此前人作过考证，不过结论各不相同。吕

---

① 日本东大寺凝然法师撰有《律宗纲要》一书，书中对律宗的教义与历史作了介绍。该书记载，南山律宗的开山之祖道宣的第七代越州元表律师著有《钞义记》五卷。这里的元表律师与新罗人元表无涉，而是唐朝中期的律宗僧人，因此，本章将其排除在讨论范围之外。

② 《新修科分六学僧传》卷二八《定学·证悟科》："唐元表，高丽人。天宝中，西游中国。"

③ 《嘉靖福宁州志》卷十二《禅释·唐·元表》："高丽异僧也。"《嘉靖宁德县志》卷四《仙释·唐·元表》："高丽异僧也。"

④ 《乾隆宁德县志》卷三二《方外·五代·元表》载："高丽异僧也。"

圣九抓住"高丽"这一词汇，认为元表可能是以高句丽移民自处，但他可能是属于报德城民的高句丽移民系统。① 与此相反的是，朴泰宣认为编纂《宋高僧传》的释赞宁并不清楚朝鲜半岛的历史与地理，因此，他的记载是错误的。② 笔者认为，朴泰宣的观点有一定道理。在与朝鲜半岛交流并不十分活跃的中国古代社会，对朝鲜半岛历史记载失误是很正常的现象。与之不同的是，古代韩国文献在提到中国人时，往往不会准确地记载相关历史人物的活动年代，而是模糊地记作"唐人"。因此，《宋高僧传》中对于元表国籍以及活动时间的记载并没有特别的意义，只能说是对编纂当时的朝代——高丽的统称。《新修科分六学僧传》《嘉靖福宁州志》《嘉靖宁德县志》这些文献只是照录了前人的记载。《乾隆宁德县志》考虑到帮助过元表的元白的活动时间，将年代修改为五代时期。

那么元表的活动时间具体是何时？《宋高僧传》与《新修科分六学僧传》都记载元表在天宝年间来到中国。然而，唐代僧人好德在《支提山记》中的记载与之略有出入。僧好德的《支提山记》被收录在宋淳熙年间梁克家编纂的福州一带地方志《淳熙三山志》中。《淳熙三山志》卷三七《寺观类·僧寺·宁德县》中有《支提政和万寿院》一文，其下自注云：

> 有咸通九年僧好德为《支提山记》云，乡民但谓之六洞天，未知是菩萨之号。昔则天朝有僧号元表，未知何时人，以花桐木函二只，盛《新华严经》八十卷，躬自赍荷，来寻兹山，乃卜石窟而居。

僧好德的《支提山记》编撰于唐咸通九年（868 年）。《支提山记》是与元表相关现存文献中编撰时间最早的，其编撰时间是比《宋高僧传》与《新修科分六学僧传》稍晚的唐代。

虽然尚缺乏关于释好德的资料，但从他对支提山一带寺院作详细描写这一点来看，他可能是宁德地区人，或者是在宁德地区活动的和尚。由以上引文来看，对于元表活动的时间，人们先是认为他是则天武后时期人，后又说不知是哪个朝代之人。

---

① ［韩］吕圣九：前揭论文，第 218 – 221 页。
② ［韩］朴泰宣：前揭书，第 5 页。

有另外一件资料能证明元表的活动时间。《普照禅师灵塔碑铭》是新罗宪康王十年（884 年）在普照禅师体澄圆寂后为记载他的生平与功德所立的石碑。该石碑立在韩国全罗南道长兴郡宝林寺境内，被指定为宝物第158 号。碑文写道：

> 其山则元表大德之旧居也。表德以法力施于有政，是以建元二年特教植长生标柱，至今存焉。

在下文中我们将要提到，元表在回到迦智山后创建了宝林寺。元表在宝林寺传播华严思想，华严思想成为新罗王廷的精神支柱。景德王称，元表以自身的法力对政事给予了帮助，于是，景德王于乾元二年（景德王十八年，759 年）下令免除宝林寺的赋税，并立了免除徭役特权的长生标柱。长生标柱虽未能传世，但《普照禅师灵塔碑铭》自宪康王十年（884年）树立之日起便一直流传至今。

元表在中国活动的时间是 759 年立长生标柱之前，但具体是什么时候尚难以确定。则天武后当政时间是 683 年至 705 年，天宝年间是 742 年至756 年。以上两段时间存在 40 多年的间隔，但这两种记录都属于元表活动时间范围以内，因此很难判断到底哪一个是正确的。天宝年间从时间上来看，相当于景德王时代（742—764 年），与元表的活动年代较为一致。但也不能因此认为元表并未在则天武后时代活动过。当时新罗僧人中有一些人长期在中国活动。比如，僧无相在圣德王二十七年（728 年）来到唐朝，在中国生活了 28 年以后圆寂。从逻辑上来讲，元表也有可能在则天武后时期来到唐朝，并在天竺与中国滞留较长时间后回到新罗。因此，僧好德的《支提山记》的可信度更高。以上所引资料是现存与元表相关资料中编纂时间最早的，僧好德对于元表活动的支提山是非常熟悉的。

元表在离开中国以后，再次踏上行程，来到天竺寻访佛祖圣地。我们在《宝林寺事迹》中能看到元表在天竺活动的相关情况。《宝林寺事迹》记载了朝鲜世祖三年（1457 年）至朝鲜世祖十年（1464 年）间宝林寺的来历及事迹，原本藏于美国哈佛大学北京图书馆。《宝林寺事迹》写作于朝鲜时期，记录本身多少有些松散，却是我们了解元表行迹的重要资料。《宝林寺事迹》写道：

其间有元表大德禅师，在月氏国初创所谓迦智山宝林寺。山深谷邃，水回云锁，地势宽平，堂寮俱备，法侣成群，体祥放光，为佛林别界，金沙宝地。寺以宝林名，诚是矣。转而游中国，得如月氏山者，置梵宇，规模体度，一如月氏之制，山名以是，寺号以是。

元表在月氏国寻访了佛教圣地后，在深山幽谷找到一片净土，于其上建造了寺院。他建造寺院的这座山，叫作迦智山，所建造的寺院被称为宝林寺。当时的很多和尚来到月氏国迦智山修行。此后元表回到中国，找到一块与月氏国迦智山相似的地区，在上面建造了寺院，山的名称和寺院的名称仍旧分别为迦智山和宝林寺。在元表寻访时，天竺并没有月氏国这一国家，现在位于中国的名称与宝林寺相同的多所寺院皆与元表无关。因此前人说，尚无证据表明元表曾在天竺与中国先后创立过宝林寺，但至少可以说这些寺院与支提山石室有一定关联。①

月氏国又被称为月氏国。公元前 2 世纪初，甘肃西部的游牧民族渐次移居粟特与巴克特里亚，并击退了控制这两个地区的希腊化民族，建立了自己的国家。建立的国家被称为"大月氏国"，原甘肃月氏地区被称为"小月氏国"。此后，一些部族迁徙到印度地区，建立了贵霜帝国（Kushan Empire，30—375 年）。大月氏的传教士们在将佛教传播到中亚与中国内陆地区方面发挥了非常重要的作用。古代中国文献常将该地区描述为佛教圣地。在月氏国已灭亡的公元 450 年，很多人仍然使用"月氏国"这一名称。诚如前人所指出的，元表所建立的中国宝林寺应该就是支提山那罗寺。根据《宝林寺事迹》的记载，元表也有可能在天竺月氏国建立过寺院。上文提及，元表在中国建立的宝林寺的规模与体制一如他在天竺时建立的宝林寺。

那么，我们根据中国的宝林寺及那罗岩的位置和规模，可推知元表在天竺建立的宝林寺可能也建立在深山幽谷之中，是一个利于和尚们修行的不大的寺院。

元表在心王菩萨的启示之下，来到了天冠菩萨所生活的支提山。那么，他是走哪条路进入支提山的呢？这对于我们了解华严思想的传播路径

---

① ［韩］金相铉：《新罗华严思想史研究》，首尔民族社 1991 年版，第 150－151 页；［韩］吕圣九：前揭论文，第 222 页。

而言是非常重要的。《新修科分六学僧传》卷二八《定学·证悟科》中
"元表"条记载道：

> 天宝中，西游中国，且将往天竺巡礼圣迹，遇心王菩萨语以支提
> 山即天冠菩萨所住处，于是顶戴《华严经》八十卷，南造闽越而居
> 是山。

元表在经过中国西部后进入天竺，在天竺获得了心王菩萨的启示，来到天
冠菩萨所居住的支提山。吕圣九注意到支提山紧邻大海的这一地理环境，
认为元表可能是通过海路进入的天竺。以下我们对吕圣九的逻辑略作
整理。

支提山位于福州，三面环山，东南侧是大海。支提山开发得很晚，在
支提上所建立的寺院也比其他地方要少。因此，比起陆路而言，通向外部
的交通更主要靠的是海路。从海路前往天竺相对来说比较容易，而相反的
是，往北通往长安的陆路交通却十分不便，往来并非易事。①

支提山在今天行政区划上属于福建省宁德市蕉城区。宁德地区南临福
州，西临南屏，北接浙江温州，东侧为中国东海。吕圣九称支提山位于福
州。吕圣九之所以如此认为，依据的是《宋高僧传》的记载：元表将
《华严经》留在了甘露都尉院，《华严经》现保管于福州寺院。②《宋高僧
传》中所说的福州寺院指的并非今天的福州，而有可能是当时福州管辖
的宁德地区的寺院。唐武德六年（623 年），长溪从温麻县中分离出来，
单独设立长溪县，归泉州（今福州）管辖。开成年间（836—840 年），
增设威德场。五代长兴四年（933 年）升格为宁德县。宋淳祐五年（1245
年）增设福安县。唐宋时期的长溪、宁德、福安都城归福州管辖。

元表在他活动的唐代，从天竺或者长安出发，利用陆路前往支提山的
交通十分不便。当时的宁德地区可以通过海上的航行，经过东南亚与印度
洋而往来天竺。但元表在从天竺回到中国时，以及前往宁德支提山时利用
的并非海路，而是陆路。依据如下：首先是《新修科分六学僧传》中的

---

① ［韩］吕圣九：前揭论文，第 223 – 224 页。
② 《宋高僧传》卷三十《杂科声德篇·唐高丽国元表》："殆宣宗大中元年丙寅，保福慧评
禅师素闻往事，躬率信士迎出甘露都尉院，其纸墨如新缮写。今贮在福州僧寺焉。"

记载。元表在得到心王菩萨的启示之后，带着八十卷《华严经》前往"南造闽越"（即闽越），最后停留在支提山。宁德位于长安南侧。如果元表是走海路从西域回到宁德支提山的话，那么就应该记作北侧，而不是南侧。

其次，是《华严经》的种类。《华严经》在传入中国以后被翻译成汉文的大概有三种：第一种是东晋安帝时期佛驮跋陀罗（Buddhabhadra）翻译的六十卷三十四品，统称《六十华严》，根据汉译的年代与翻译之先后，又被称为《晋本华严》或《旧译华严》。第二种是唐武则天时期实叉难陀（Siksananda）翻译的八十卷三十九品，统称《八十华严》，根据汉译的朝代与翻译的先后，又被称为《唐本华严》或《新译华严》。第三种是唐贞元年间般若三藏仅对《入法界品》作汉译的四十卷一品，统称《四十华严》，根据汉译的时间又被称为《贞元华严》。此外，还有由胜友（Jinamitra）等人翻译的四十五品的西藏译本《华严经》。

《宋高僧传》《新修科分六学僧传》记载元表带到支提山的华严经是《八十华严》，僧好德的《支提山记》中更具体的记载是《新华严经》八十卷。

如果元表带回来的是梵语系统的原本《华严经》，那么他有可能是从天竺走海路直接回到宁德地区的。但实际上他带回来的是当时中国流行的《八十华严》。

《八十华严》最早于证圣元年（695 年）在洛阳大遍空寺翻译，圣历二年（699 年）在洛阳佛授记寺完成翻译。在这一过程中，新罗僧人圆测参与了译经工作。元表在从天竺回到中国时走的是陆路，经中国北部地区。他先后在汉文《八十华严》的诞生地长安与洛阳一带停留，不久后，受到心王菩萨的启示，南下闽越，回到天冠菩萨所居住的支提山。如果元表活动的时间是武则天时代，那么他有可能与圆测在洛阳有交集。在外国滞留较长时间的人一般情况下会比较熟悉滞留国的语言。元表曾长期滞留在天竺与中国，他精通天竺语与汉语，可能因此他才参与了译经活动。但由于相关资料不足，对于元表与圆测的交集以及元表参与当时译经工作的相关情况难以确考。

《淳熙三山志》中"福州乌石山华严岩"条记载，《华严经》曾流传到福建地区。大足元年（701 年），一个和尚将《华严经》带到此处。今天我们在此处一座岩石上能看到开凿出的巨大的石室，很显然曾有和尚在此居住过。① 这个故事与元表带着《华严经》来到支提山那罗岩，在十分艰苦的自然环境下如同头陀一样追求佛法的故事很相近。对于乌石山华严岩故事发生的时间，王荣国认为，乌石山华严岩故事发生在大足元年（701年），而《闽书》"乌石山"条记载发生在嗣圣元年（684年）。② 这些时间与元表来到支提山的时间很接近。乌石山华严岩故事中的和尚很有可能就是元表。总之，元表的那罗岩故事与乌石山华严岩故事都证明了《华严经》曾在福建地区传播的事实。

元表在支提山那罗岩停留一段时间后，回到了朝鲜半岛。《宝林寺事迹》记载新罗景德王十八年（759年），元表在他所创建的长兴迦智山宝林寺树立了长生标柱。由这一点来看，他很显然回到了新罗。《宋高僧传》记载，元表在害虫与猛兽横行的那罗岩过着茹毛饮血、放浪山水的生活，后不知所终。③ 所谓"不知所终"这句话，我们可以解释为：因为元表回到了朝鲜半岛，所以，我们在中国找不到他的踪迹。

此外，《宋高僧传》还记载，在"会昌灭佛"时，元表将《华严经》装在一个用华榈木制作的盒子里，并将这盒子放在深山石室中隐藏起来。这句话更加剧了人们理解上的混乱。《新修科分六学僧传》中有与《宋高僧传》相同的记载。会昌五年（845年）八月，唐武宗因道士们的排佛论、武宗自己的道教信仰以及财政上的困难，拆除了4600座佛教寺院，40000处兰若，并让260500名僧尼还俗。④ 此时，包括新罗僧人在内的外国僧侣被强制遣返回国。如果按照《宋高僧传》的记载来推算，元表来到中国是在天宝年间，在"会昌灭佛"时，他的年龄应当至少在100岁以上。僧好德《支提山记》记载元表在武则天时期来到中国。如果按照僧好德的记载来推算，元表此时也应该超过100岁。一个人活过100岁并非易事。因此，我们认为元表当在景德王十八年（759年）以前回到

① 《淳熙三山志》卷三三《寺观类·僧寺·在城》中"华严岩"条："寺西北峰。大足中，有僧持《华严经》于此，一夕雷雨大震，劈石为巨室，僧遂宴坐于其间。""大足"二字系据四库全书本补。

② 王荣国：《古代福建的华严宗》，载《福建宗教》2001年2期，第26－28页。

③ 《宋高僧传》卷三十《杂科声德篇唐高丽国元表》："先是此山不容人居，居之必多霆震猛兽毒虫，不然鬼魅惑乱于人。曾有未得道僧辄居一宿，为山神驱斥，明旦止见身投山下数里间。表赏经栖泊，洞饮木食，后不知出处之踪矣。"

④ 《佛祖统记》卷四三《武宗》："（会昌五年）八月敕诸寺立期毁折，括天下寺四千六百所，兰若四万所，……僧尼归俗者二十六万五百人。"

新罗。

《支提寺志》记载，元表一直活到北宋建国初年。该书"元表大师"一条记载，在北宋建国初年，和尚元白听到从那罗岩传来的梵语，根据声音的引导，找到了元表。于是，元表将《华严经》传授给元白，此后不知所终。[①] 北宋建国在 960 年，因此从这一点来看，元表一直活到"会昌灭佛"之时或宋朝，这种说法显然是后人编造的。这或许是后人为了将那罗岩神秘化以及为了提高《华严经》的价值，而故意将开山鼻祖元表设定为一个活到超过实际年龄的人物。

那么《华严经》又是在何时被何人发现的呢？《宋高僧传》记载，唐宣宗继位年丙寅（846 年，即会昌六年）保福寺慧评禅师在听闻前代传说后，带领徒弟寻找《华严经》，最后终于在甘露都尉院找到了《华严经》。《新修科分六学僧传》的记载与《宋高僧传》的内容基本相似，只是对于时间的记载比较模糊。僧好德的《支提山记》提到具体时间，但记载保福寺僧人惠平在那罗岩找到了《华严经》。惠平是"慧评"的同音字。

与之不同的是，《支提山志》与上述文献记载不同。该书"元表大师"条记载，宋建国初，宁德和尚元白听到那罗岩传来的梵语，之后找到元表，获得后者传授的《华严经》，慧平与慧泽在甘露寺迎请了《华严经》。[②] 宋元丰年间蔡襄的文章以及宋代僧人显求编纂的《支提山记》也提到了与"元表大师"条相关的内容。[③]

元表又是怎样回到朝鲜半岛的呢？虽然现存与元表相关资料并未提到这一点，但我们可以根据一些参考资料推测元表是从何处出发的。曾巩的

---

① 《支提寺志》卷三《僧·唐·元表大师》："逮宋受命，樵者迷至岩下，闻梵音清雅，及出传布远近。邑僧元白，自远趣风，仰承圣教。表曰：我尝游西域，遇心王菩萨授我是经，并示东震旦土支提山者，乃天冠住处，可见其所。故负经至此。去兹二十里那伽龙潭是其地也。遂以授白，腾空而去。"

② 《支提寺志》卷三《僧·唐·元表大师》："逮宋受命，樵者迷至岩下，闻梵音清雅，及出传布远近。邑僧元白，自远趣风，仰承圣教。……遂以授白，腾空而去。白瞻仰无怠，归，同僧慧平、慧泽迎经于甘露寺供养，纸墨如新。"

③ 《支提寺志》卷一《岩·那罗岩》："又按宋元丰间参政蔡襄记云：国初有高丽僧元表，诵华严经于此，邑僧元白闻而往观之，表以经授白，腾空而去。"同书卷四宋住山僧显求《支提山记》："樵夫失道至岩下，忽听法音清彻，遂乘流而出，传布四方。时有法师元白闻之，遂携笻独进推寻，直指岩下，顶礼问：'何圣者，诵何经典？'师曰：'吾所诵华严经也。汝就龙王借一片地以卓庵，吾即付汝。'白遂陈恺，果感龙王，涌沙填地。师乃现神腾空而去。"

《元丰类稿》卷八《乱山》中有"举头东岸是新罗"这句话。在这句话下，有小字注，云：

> 福州际海东海，即新罗诸国。《图经》亦云："长溪与外国接界。"

长溪是唐武德六年（623 年）从温麻县南部地区独立出来的一个县，治所在今天宁德地区霞浦县南部 15 公里。元至元二十三年（1286 年），长溪县改为福宁州。上文记载，长溪县前有大海，走海路可以前往新罗等国。从长溪县前海岸出发，沿着北部浙江沿海一带航行，经过黄海，可以抵达朝鲜半岛。特别是到了夏天，在菲律宾北部产生的黑潮会上升到台湾海峡与长溪前海，最终流向朝鲜半岛周边海域。到了秋天，黑潮方向与此相反，在季风与洋流的作用下，长溪与朝鲜半岛之间形成了海上交流的通道。比如日本桓武天皇延历二十三年（804 年），日本僧人空海、藤原葛野等人搭乘遣唐船，其中一艘船只最后抵达长溪赤岸。今天，人们在此地建立了空海纪念馆，支提山与长溪海岸之间不过数十里远近。元表有可能是在长溪海岸搭乘船只回到朝鲜半岛的。

元表回到朝鲜半岛，在寻找修行之所一段时间后，最后来到全罗南道长兴地区。《宝林寺事迹》中有他在创立宝林寺之前所建的修行场所的相关记载。《宝林寺事迹》记载：

> 乃于其上二里许北谷中，开一兰若，置法堂及左右禅僧，左右别堂，楼阁，沙门，使若干缁徒栖息归依。见其龙湫所在，蕴精蓄异，果是西域中国相应之地也。朝夕往来，观览周详，候脉测景，眼着心省，必欲得其真。

这里明确记载，元表在创立宝林寺之前，先创立了一所名称不详的兰若。这所兰若位于距离宝林寺旧址所在的龙湫往上两里左右的北谷。元表在此处建立了法堂、禅房、别堂、楼阁、寺门等建筑，并带来几位僧人一同修行。从这一点来看，这所兰若在当时还是具有一定规模的。元表在这所兰若修行期间，经常下山来到龙湫，仔细考察支脉与周边景观，考察以后认为此处是风水极佳之地。在下文中笔者将提到，元表在此处凭借自己的法力，赶走了盘踞此地的九龙，并在仙娥的帮助之下，继月氏国宝林寺与中国宝林寺之后，在朝鲜半岛建立了第三座宝林寺。

元表在长兴时，继兰若后建了宝林寺。他在宝林寺将《八十华严》奉为经典，并在新罗佛教界传播天冠信仰，同时也十分关注现实政治，协助景德王治理国家。景德王十八年（759 年），新罗景德王称，由于元表以法力协助治理国家，遂免去宝林寺的税务，并给予宝林寺免除徭役的特权，为此立了长生标柱。

长兴地区有一座与天冠信仰密切相关的天冠山天冠寺。天冠山又名支提山、牛头山、佛头山。天冠寺位于长兴郡冠山邑与大德邑交界处，海拔783 米。1970 年以前，有海水流进来，一直淹没到山麓。此后因围湖造田，海岸线后退四公里。天冠山位于天冠山西北部的冠山邑农安里，龙湫溪谷海拔 300 米处。根据现有记录，哀庄王（按：新罗第四十代王）时期，灵通和尚建造过一座名为天冠寺的寺院。① 虽然我们找不到相关记录能直接证明元表曾建造过天冠寺，但至少可以说元表与天冠寺有着密切的关系。天冠寺是一座标榜天冠信仰的寺院，此处是出海的要地，距宝林寺也很近。元表在长兴一带广泛传播天冠思想，对天冠寺僧人产生了重要影响。天冠寺位于龙湫溪谷上。有传说称，此前有龙从龙湫上腾跃而出，上文提到元表创建的那罗寺与宝林寺也流传着与龙相关的故事。

五、结　论

本章从历史地理学的角度出发，重点对新罗僧人元表的行迹、那罗岩的情况以及福建宁德的《那罗岩碑记》作了考察。

元表是在新罗与中国以《八十华严》为经典传播天冠信仰的高僧。他是三韩人，即新罗人。根据相关文献记载，他大概在武则天时期或者天宝年间来到中国。关于他来到中国的时间，以上两种说法都是有可能的。他从天竺来到福建支提山走的并非海路，笔者认为可能是经过华北走陆路

---

① 《新增东国与地胜览》卷三七《长兴都护府》"天冠寺"条："有灵通和尚尝梦北岬从地而涌，所持锡杖，飞过山顶，至北岬而植焉。于仿佛植杖处，剪榛莽，而创伽蓝，今天冠寺是也。"这里的"灵通和尚"，有学者认为即天海大师《大愚记》中所记载的哀庄王二年（801 年）创建塔山庵的通灵和尚。[〔清〕魏伯珪《支提志》中《塔山庵》："天海大师《大愚记》云：唐德宗贞元十六年，新罗哀庄王二年庚辰（按：西纪796 年）通灵和尚所创也。"]

来到福建的。唐朝的首都长安与洛阳是汉译佛经《八十华严》的诞生之地。元表在支提山那罗岩修行一段时间后回到新罗。一些文献记载,他一直活到了"会昌灭佛"之时或者北宋初年,但从人的寿命以及元表在朝鲜半岛的活动行迹来看,这可能是后人对元表神秘化的结果。根据曾巩的记载,宁德前海对面就是新罗。元表有可能是在宁德前海搭乘船只回到朝鲜半岛的。

根据《宝林寺事迹》的记载,元表在建立长兴宝林寺之前,先是在距离宝林寺往上两里处的北谷建立了一座有一定规模的兰若。元表凭借自己的法力驱走了九龙,并在仙娥的帮助之下建造了宝林寺。长兴宝林寺的缘起故事与那罗岩的缘起故事十分相像。福建那罗岩可能就是中国宝林寺,中国支提山那罗岩的本名也有可能是宝林寺。虽然对于元表在天竺国建筑的宝林寺缺乏相关资料记载,但我们可以推测,他在月氏国所建造的宝林寺可能是建造在山中,当时也有一些僧侣一起修行,寺院也有一定规模。

那罗岩位于今天福建宁德市蕉城区虎贝镇东源村的狮子峰绝壁之下。洞穴之中有寺院,寺院中有洞穴。这座寺院的入口有明万历三十二年(1604 年)陈道宗所树立的《那罗岩碑记》。

《那罗岩碑记》对于那罗岩的来历、陈道宗的布施内容作了记载。其记载称,元表是创建那罗岩的开山之祖。这件石碑的存在及碑文内容,甚至不为宁德地区的人们所知。

福建地区很早就有新罗和尚来到此地,如福清玄讷为学习南宗禅来到福建地区。而在此以前,推崇华严思想的元表曾在此地停留。由"宁德前海对面即新罗"的记载来看,此前有不少朝鲜半岛人曾来到过福建地区。人们发现的福建地区的新罗相关遗迹就证明了这一事实。对类似的中国境内的古代韩国相关遗迹进行调查的工作,是我们今天推进韩国学世界化的重要内容。

第十八章　对唐无染禅院碑残片的介绍及新罗人金清的活动及其意义

一、引　言

　　山东半岛有狭长的海岸线，与朝鲜半岛隔海相望。新罗人很早就来到山东半岛，以山东半岛为海上交流的据点。来到山东半岛的新罗人在海岸地区建立了新罗村，促进了山东半岛与朝鲜半岛的交流。张保皋在赤山建造法华院，经营东亚海域，影响着当时东亚的海上贸易。另外，本章将要提到的金清也到过山东半岛，是昆嵛山无染禅院的功德人，从事过活跃的海上交流。

　　昆嵛山又名根余山，位于烟台与威海之间，面积约为48万平方公里，主峰泰礴顶海拔923米，昆嵛山一带地势较高。今天，此山被指定为中国国家森林公园，并被用作自然生态博物馆。此山有"海上仙山之祖"之称，是道教名山。特别值得一提的是，此山也是全真派的道场。无染禅院是位于昆嵛山主峰泰礴顶南侧山麓无染寺风景区（今山东威海文登区界石镇）的一座古刹。

　　唐无染禅院碑的碑文记载了唐光化四年（901年）无染禅院的重建历史。此碑在寺院内经历千年风雨，可惜于20世纪50年代和60年代初期被破坏。这件碑石展示了在唐新罗人的活动及其贸易情况，具有重要的资料价值。碑中所记载的新罗人是金清。对于这件碑石中对金清的记录，中国学者刘永智与袁晓春最早提及。此后，金文经、孙宝基、金圣昊、李宗勋、权惠永、王慧、曲金良等韩国国内外学者先后提到这件资料的重要性。不过前人所提到的资料都是来自此后地方志收录的《唐无染禅院碑》碑铭部分。截至笔者写作本文时，尚未见有学者利用《唐无染禅院碑》碑阴记的全文，同时也未见有人提到过原碑石是否存在。

　　近年出现的两件新的资料，向我们展示了唐无染禅院碑的实际情况。一件是在无染禅院内发现的唐无染禅院碑原碑石的残片；一件是在中国国家图书馆发现的收录了《唐无染禅院碑》拓本的集子。笔者此前对于后者作过考证，不过这件拓本都未收录碑阴记侧面部分。[①] 因此，本章将以新资料为中心，对唐无染禅院碑的碑文内容及原碑现状进行考察，同时对于新罗人金清的活动对当时新罗与唐朝之间的贸易具有怎样的意义进行综合分析。

二、唐无染禅院碑残石与原拓本

无染禅院创建于何时？对此，《汉永康石刻》说创建于后汉时期。不过学界对于是说存疑，一般认为是创建于唐朝。《汉永康石刻》记载称，永康三年，齐、鲁两国国王下赐山地建造了无染院。[②] 但《光绪登州府志》编者却否认了这一说法，认为《汉永康石刻》使用的字形与句子结构并非出自汉代，而是出自刘豫时代。刘豫在南宋建炎四年（1130 年）称帝，国号大齐。因此，无染禅院创建于东汉的说法不确。[③]

有两件碑石告诉我们无染禅院的建造历史和重建来历。一件是唐光化四年（901 年）所立的唐无染禅院碑；一件是光绪十三年（1887 年）所立的《重修无染院记》碑石。《重修无染院记》竖立在今无染院风景区内，这件碑石表面部分破损，但判读碑文文字并不困难。唐无染禅院碑自唐代以来就一直立在无染禅院内，直至 20 世纪中期被破坏。幸运的是，后来人们在无染禅院内发现了一些残片。通过这些残片，我们能想象出碑石原貌。

---

① ［韩］朴现圭：《山东无染院与新罗资料检讨》，载《古代中韩海上交流学术研讨会论文集》，泉州海外交通史博物馆，2005 年，第 75 - 87 页（韩文），第 88 - 99 页（中文）；《新罗史学报》2007 年第 11 辑，第 211 - 234 页；《原拓本〈唐无染禅院碑〉考察》，《新罗史学报》2008 年第 12 辑，第 327 - 338 页。

② 《光绪登州府志》卷十五《寺观·宁海州·无染院》："在无染山，汉永康二年，齐鲁二国王舍山为院。"同书卷六五《汉永康石刻》："东牟平志长镇始，齐国建立无染院，是齐鲁二王圣舍山场地土边界，东至崇石□六度院，西至寨门□金□院，南至龙门□，北至大悲顶，俱是皇恩设立，永无税粮，供奉香火，尝汉朝永康三年创修。"译者按：引文中"永康二年""永康三年"皆误，详见脚注③。

③ 《光绪登州府志》卷六五《汉永康石刻》解题："按此刻字形文法，皆非汉人所为。汉惟桓帝有永康，而止于一年。此刻三年，其非东京审矣。其齐字皆非抬写，窃言齐鲁二王圣舍。又言皇恩，疑是刘豫时物。然汉与永康皆非豫所有，不能明也。姑附于末。"

唐无染禅院碑的一部分碑文内容被收录在《同治宁海州志》《光绪登州府志》《民国牟平县志》及《文登市志》（1996 年）等登州相关地方志中。此前的学者一般都是通过这些地方志来了解碑文的内容的。但各种地方志所收录的碑文内容只有碑铭部分与碑阴记的一部分，碑阴记中很多内容未被收录。此外，地方志收录的碑文文字在转录过程中也发生了一些错误，因此不能称为善本。

笔者在对无染禅院进行研究的初期，就注意到《民国牟平县志》收录了一张《唐无染禅院碑》拓本的照片。这张拓本照片虽有助于我们了解原碑石的外观，但由于是采用旧式照相机拍摄，画面并不清晰，印刷时状态不良，对于我们判读碑文文字并无太大帮助。《民国牟平县志》编纂于民国二十五年（1936 年）。该书的编纂时期距离今天还不到一个世纪，因此，我们认为唐无染禅院碑的古拓本或照片原版存世的可能性较大。

为了寻找照片与古拓本，笔者前往中国各图书馆进行过调查，但未能取得令人满意的成果。2007 年 1 月，笔者在中国国家图书馆对韩国相关古拓本进行调查的过程中，偶然发现了唐无染禅院碑的拓本。2008 年 4 月，在某机关的帮助之下，笔者获得了原碑拓本的正面与后面的照片。2010 年 8 月，笔者再次前往中国国家图书馆，见到了前一次调查时未能见到拓本的侧面部分。

中国国家图书馆所藏唐无染禅院碑的拓本有三种，编号分别为：各地7525 本、各地 5018 本、各地 8193 本。"各地 7525 本"保存了碑铭与碑阴记拓本两张，碑阴记侧面部分拓本未见。"各地 5018 本"保存了碑铭拓本一张。"各地 8193 本"保存了碑铭与碑阴记（含背面与侧面）拓本四张。笔者此前在中国国家图书馆进行调查时，由于藏书目录中的书志事项不准确，因此在确认存在与否时遇到了不少困难。"各地 7525 本"与"各地 5018 本"的目录卡片将拓本题目记作"崑崙山无净禅院记"，并将标题写作"大唐□牟平县崑崙山无净禅院记"。这里将"昆崙山"错误地记作"崑崙山"，将"无染禅院"错误地记作"无净禅院"。① "各地 8193本"的电子目录将"无染禅院"错误地记为"无净禅院"。除此以外，"各地 8193 本"只能在中国国家图书馆的电子目录中查到，在目录卡片

---

① 笔者写作时，发现中国国家图书馆制作的电子目录对于寺院的所在地正确记作"昆崙山"，而对于寺院名称却错误记作"无净禅院"。

中未见收录。

这里我们以"各地 8193 本"为基准，对唐无染禅院碑的情况进行考察。碑石为碑碣形状，露出地面的碑石大小为高 126.8 cm，宽 60.4 cm，厚 12.5 cm。碑石四周皆刻有文字，文字以楷书书写，文字大小为 2.3 cm。标题题作"大唐登州牟平县昆嵛山无染禅院"。碑石的正面是碑铭部分，碑铭全文 19 行。碑铭的内容虽然比较完整，但由于历经多年风吹雨打，碑铭一部分文字磨灭。特别是碑铭开头的第一行中下段部分磨损严重，能判读出的文字不到 10 个字。我们在现存原碑残片三号片中也能看到这一部分处于磨损的状态。标题以下部分的文字一部分磨灭。对于这一部分，笔者认为记载的可能是碑铭作者的名字或官职名。

除了正面，其他三面为碑阴记部分。碑阴记从左侧开始，接着是背面，最后是右侧。两侧各 3 行，背面 18 行。两侧与背面皆有磨损，特别是背面的中间部分，磨损非常严重，能读出的碑文不到数十字。

若碑铭出现皇帝或高官的相关文字，则使用传统的恭敬法——抬头法。指称皇帝的"圣上皇帝"由于是最需要恭敬对待的用语，那么就空出一行书写；指称高官的"相公王""州常侍诸葛""县大夫刘""掌印判官张"等官职名称前面则空出几个字符。官职越高，空出的字符数越多；官职越低，空出的字符数越少。

有趣的是，碑阴记在指称钱镠时，如同指称皇帝一样，单独空出一行。碑阴记功德者名单罗列了钱镠、钱镇、陈言、黄晟等名字，其中只有钱镠的名字独占一行，钱镇、陈言、黄晟等人的名字紧随钱镠的名字之下书写。当时，钱镠已成为郡王，是实际上掌管两浙地区的藩主，后来成为吴越国的国王。因此，碑文中对于钱镠的名字与一般高官不同，采用的是独占一行的空缺法进行处理。

这次，随着对唐无染禅院碑碑石皆有记载的拓本的发现，我们获得了一些新的信息。对此，我们从以下四个方面进行分析。

第一，我们能掌握碑阴记的全部内容。现存文献记载的《唐无染禅院碑》仅收录了碑铭和碑阴记的一部分内容。这次发现的拓本使得我们能够掌握碑阴记的全部内容。碑阴记记载了与重建无染禅院相关的功德主名单、重建后的寺院的形象以及在寺院中活动的和尚的名单与人数规模、寺院所有的土地等各种情况。

第二，利用这一拓本，我们可以订正此前文献中的一些错误。原拓本记作"应辅国星，水清莲幕之宾"，《同治宁海州志》错误地记作"应辅国星，冰清莲幕之宾"，《光绪登州府志》中错误地记作"应佛国灯，风清莲幕之宾"。在提到押衙的部分，原拓本记作"公纳无私"，《同治宁海州志》记作"秉彝无私"。无染禅院的法主和尚是巨弘，院主是巨弘的弟子道明。原拓本与《光绪登州府志》对于巨弘的弟子道明的名字记载无误，但《民国牟平县志》却错误地记作"守明"。在提到无染禅院和尚们的修行活动部分，原拓本与《光绪登州府志》皆记作"僧经冬夏"，《民国牟平县志》错误地记作"僧徒冬夏"；在提到周穆王的佛教缘分的部分，原拓本记作"入灭但尸"，《光绪登州府志》记作"入□但户"，《民国牟平县志》记作"入灭但户"。碑铭的最后记载了刻字人的名字："孔诠镌字"，而《民国牟平县志》中"字"字脱文。

　　碑阴记在提到刘郜的官职名的部分，原拓本记作"摄牟平县令将仕郎前守郓州卢县令"，而《民国牟平县志》中"摄牟平县令"中的"摄"字脱文。此外，在提到夏侯融的官职名的部分，原拓本记作"摄文登县令前陇州防御判官将仕郎试太子校书"，而《民国牟平县志》中"摄文登县令"的"摄"字脱，并且将"试太子检书"错误地记作"试太子校书"。综合以上情况来看，《同治宁海州志》与《光绪登州府志》中有相当多的错误，《民国牟平县志》的错误相对较少，但并不能说是善本。

　　第三，刻工造成一些错字。刻工在刻字时偶尔会刻错，关于这些刻错的痕迹，我们可以在原拓本《唐无染禅院碑》中清晰地看到。碑铭在"或参礼于诸方"的"方"字下面重新刻了一个小小的"高"字。从上下文对仗的角度看，这一"高"字是不可缺少的一个字，显然刻工刻石时漏掉了"高"字，后以小字补刻了此字。再如，在提到"刘郜县大夫"的部分，原拓本《唐无染禅院碑》记作"牛刃而无别刀制锦花而有异彩"，从上下两句对仗的角度来看，"牛"字前面缺了一字。

　　第四，通过这一拓本，我们可以窥知无染禅院的影响力以及寺院的规模。《唐无染禅院碑》记载了参与无染禅院重建历史的山东地区及两浙地区的功德人名单。山东地区的有权力之人曾长期捐助物力、人力。宋璋于大顺二年（891年）十月五日上疏捐赠土地十顷，此事发生在《唐无染禅院碑》写作的光化四年（901年）的十年前。宫超、张宣、桑□等人为了保障无染禅院重建寺院与运营所需要的经费，捐助了大量土地。新罗人金清也捐赠了大量金钱，建造了佛塔。此外，参与无染禅院重建历史的功德人中，有此后成为吴越国国王的钱镠，以及两浙地区的其他地方官员。两浙地区距离无染禅院所在的山东昆嵛山有数千里之远。

由这一点来看，唐无染禅院的影响力并不仅限于周边地区，甚至还对远在千里之外的浙江也产生了影响。另外，唐无染禅院碑的碑阴记记载了无染禅院的管辖地区，除了今无染寺风景区，从昆嵛山山顶太白顶往东南一带的山地也全部包括在内，管辖的范围和面积是非常广大的。

另外，无染禅院作为该地区的代表寺院，当时有很多和尚活动于其中。碑阴记所记载的全部和尚人数，如果算上磨损的部分，至少将达到120人。虽然这些人是否都为在无染禅院中活动的和尚不可确考，但至少可以说他们与无染禅院有着密切的关系。和尚名字中第一个以"道"与"师"字开头的人有很多。先师和尚为常益，法主和尚为巨弘，院主是道明。法名以"道"字开头的和尚可能是与院主道明一起修行的同门。在距离无染禅院不远处有一座赤山，山上有法华院。根据圆仁（793—864年）的记录，赤山法华院每举办法会时，往往有40余名和尚参与。[1] 由这一点也可以看出无染禅院是胶东半岛具有代表性的一座大寺院。

后世将无染禅院视作代表山东地区的寺院，清光绪年间最后一次对这座寺院进行重修。1949年，寺院被拆毁。20世纪50年代至60年代初期，寺院被用作部队的宿舍。1963年，其余建筑被全部拆毁，在原寺院地基上建了新的宿舍。现风景区管理员宿舍建筑中，通道上端有一水泥制作的上梁石，上面刻写着"1963年5月1日，6029部队7491分队新建"。1990年，解放军转移到其他地区，寺院及其周边一带被指定为国家森林公园——无染寺风景区。

2008年6月12日，无染院风景区广场左侧另建无染禅院。来自青岛湛山寺的释妙舟（1964年生）担任住持。他创建无染禅院，以弘扬佛教文化、调和社会人心，通过构建和谐社会，向世人展示释家道场的威严。法堂与药师殿由风景区管理员宿舍改造而成。

法堂入口悬挂着戊子年（2008年）夏释妙舟所写的"无染禅院"的牌子。法堂中供奉着主尊佛释迦牟尼佛、观世音菩萨以及十二罗汉像。法堂入口与铜钟附近，保存着释妙舟在原无染禅院寺内找到的石刻。这些石

---

[1] 《入唐求法巡礼记》"开成四年（839年）十一月十六日"条中记载："男女道俗，同集院里。白日听讲，夜头礼忏听讲及次第。僧等其数册来人也。"

刻是清末在无染禅院中建造的和尚浮屠碑及佛教经典刻石。药师殿中展示着无染禅院的复原计划图——《昆嵛山无染禅院规划图》。法堂楹联与指示牌上写着出自《汉永康石刻》的记录，告知世人无染禅院创建于东汉时期。

2008 年 3 月间，无染院风景区管理员刘良恒（1970 年生）向准备重建无染禅院的释妙舟告知了宿舍墙面有铭文残石的相关事情。释妙舟将残石中所刻铭文与《民国牟平县志》中的记录进行对照，发现这件残石是唐无染禅院碑原碑破裂后所剩之残石。于是，他很快就将发现残碑的消息通过风景区管理所告知了牟平与文登相关机构。

2009 年 5 月 11 日，刘学雷将唐无染禅院碑残片的照片上传到山东牟平全真文化研究中心的论坛上。刘学雷在上传照片时说，原碑石湮灭一百余年，今天终于在无染禅院寺内被发现。不过笔者认为该解说内容有稍作修订的必要。唐无染禅院碑一直以来都在无染禅院内。20 世纪 50 年代末至 60 年代初，因本堂建筑倒塌，碑石一起遭到破坏。1963 年，唐无染禅院碑原碑石残片被用作新建建筑的石材。因此，唐无染禅院碑被破坏的时期是距离今天 60～50 年前。笔者仔细查看宿舍墙壁上发现的唐无染禅院碑残片，发现原碑石质为青石，与一般石材有明显区别。现在外部墙面发现的唐无染禅院碑原碑残片共有五块，其余残片可能用作宿舍内部石材，或者散在宿舍周围。将现存残片的铭文与原碑石的铭文进行比较，发现原碑石破损时有十余块残片。

下面我们来看裸露在外的现存残片的铭文。残片的编号一依刘学雷的编号。残片一号镶嵌于后面"一"字型左侧宿舍中梧桐树所在的墙面，裸露在外的铭文位于原碑石的正面左上部分，文字内容相当于拓本碑铭的第十行至第十八行。这一部分有关于鸡林人金清的相关内容，我们在现存文献中也可以找到这一部分的记录。

残片二号镶嵌在前面"一"字型左侧宿舍中窗户所在的墙面，裸露在外的残片铭文有两面：一面的铭文是原碑石碑面左上部分，相当于拓本碑阴记后面的第十六行至第十八行；另外一面的铭文是原碑石左侧上端部分，相当于拓本碑阴记左侧侧面的第一行至第三行。现存文献收录了这些残片铭文的部分内容，但并未收录这一部分的全文。

残片三号镶嵌于前面"一"字型左侧宿舍中有窗户的一面，裸露在外的残片共有两面，有铭文的只有一面。裸露在外的残片铭文是原碑石的右上部分，相当于拓本碑铭的第十行至第十二行，我们在现存文献中也能找到残片铭文。

残片四号镶嵌在前面"一"字型右侧宿舍的墙面，裸露在外的残片铭文是原碑石背面下端部分，相当于拓本碑阴记的第一行至第十七行。记载参与寺院重建的人员名单的残片铭文未被收录到现存文献中。石刻文字清晰可辨，对于我们补订拓本中无法识别的一些文字有帮助。

残片五号镶嵌于前面"一"字型右侧宿舍中有窗户的一面，裸露在外的残片铭文有两面：一面的铭文是原碑石的正面中央右侧部分，相当于拓本碑铭的第四行至第七行的内容，残片铭文可在现存文献中找到；另外一面的铭文是原碑石的左侧中央右侧部分，相当于拓本碑阴记左侧面的第一行至第二行部分，残篇铭文记载的是与寺田相关内容，在现存文献中找不到相关记录。

在被发现的残片中，裸露在外的碑面也刻有文字，这些有助于将来我们了解真实情况及铭文的内容。尚未被发现的原碑石其他残片有可能存在于管理员宿舍建筑内或周围其他地方，因此有必要在将来做更为精细的调查。

三、新罗人金清的活动及其意义

唐光化四年（901 年），人们大规模重建无染禅院，并这段历史结束后，树立了唐无染禅院碑。这件碑石记载了对于寺院重建给予过巨大帮助的新罗人全清的活动情况。唐无染禅院碑铭写道：

> 又鸡林金清押衙，家别榑桑，身来青社，货游鄞水，心向金田，舍青凫，择郢匠之工，凿白石，竖竺乾之塔。

金清，新罗国人。榑桑，即扶桑，指的是与胶东半岛隔海相望的朝鲜半岛。不过也有日本学者认为扶桑指的是日本列岛，笔者认为不确。[①] 碑阴记明确记载了金清的国籍是新罗。

---

① ［日］山崎觉士：《唐末五代时期的杭州与两浙地方：9—10 世纪中国港湾都市与河口域》，载《中国史研究》2006 年第 40 辑，第 147 页。

这里的"青社"指的是山东半岛，鄞水是浙江鄞县（今宁波鄞州区）。金清离开故乡新罗来到唐朝，往返于山东与浙江地区，从事贸易，积累了大量财富。他平时即十分留意佛法，在这次重建无染禅院时，他捐赠了大笔金钱以建造佛塔，并在建造佛塔时，邀请了继承古楚国郢都石工技术的优秀匠人，用白石建成佛塔。

接下来，我们看一下《唐无染禅院碑》碑阴记中关于金清的记载：

> 造功德塔施主新罗国押衙金清，行者王如，押衙陈善。

文中将为建造佛塔捐助大笔金钱的金清的国籍记作新罗，官职记作押衙。从以上的碑铭来看，金清是鸡林人，离开故乡朝鲜半岛，来到山东半岛，做了押衙。金清之后是行者王如，参与佛塔建造的还有一位名叫陈善的押衙。虽然这里并未明确指出王如与陈善的国籍，但从二人名字紧随金清之后这一点来看，很可能也是新罗人。

下面我们对《唐无染禅院碑》所记载的新罗人金清的活动具有怎样的意义进行考察。

（一）押衙金清具有新罗国籍

在唐后期，中国沿海一带以及运河地区很多地方形成了新罗人村落，开展了各种活动。特别是山东半岛，由于地理上的优势，加上该地也是朝鲜使臣来到中国的交通要道，因此，比起其他地区而言，有更多的新罗人居住在此。山东半岛的新罗村分布得密密麻麻，山东半岛设置了对这些新罗村进行整体管理的"勾当新罗所"。

9世纪中叶，日本僧人圆仁为了求法来到中国，写作了《入唐求法巡礼行记》一书。该书记载了不少当时在中国各地生活的在唐新罗人的相关内容。开成四年（839年）四月，日本使臣在回国途中停泊在山东东南沿海一带的乳山浦。押衙张咏得知这一消息后，为了调查日本使臣的船只来到乳山浦。骑马乘驴而来的 30 余名新罗人迎接了张咏的到来。① 张咏的职务是"敕平平卢军节同十将兼登州诸军士押衙",主要负责管理文登地区的新罗人。② 由张咏负责管理新罗人这一点来看,他的国籍很有可能是新罗。但由他同时兼任平卢军军使这一点来看,也不能排除他是唐朝人或取得唐朝国籍的在唐新罗人的可能性。遗憾的是,《入唐求法巡礼行记》对于张咏的国籍只字未提。

与之不同的是,《唐无染禅院碑》明确地记载了金清的国籍为新罗国。碑阴记记载的功德人名单中,在金清名字之前也记载了金清的国籍。另外,碑铭也特别强调了金清来自新罗这一事实。由此看来,金清与其他功德人来自不同国家。

9 世纪到 10 世纪中叶,仍然有很多新罗人生活在山东地区,而且也有对这些人进行管理的专门官署。唐朝任命新罗人作为专门官员管理在唐新罗人以及与之开展的海上贸易。9 世纪中叶勾当新罗所的守将张咏的国籍在记录中并未被明确指出过,但到了 10 世纪初期出现了相关资料,明确指出金清是具有新罗国籍的在唐朝活动的新罗人。在金清被任命为唐朝的押衙的过程中,新罗朝廷是否参与其中?由于史料不足,笔者对此尚不明确,但从他的国籍被明确地记载为新罗国这一点来看,他很有可能是受到新罗朝廷直接或间接管制并活动在唐朝的人物。

(二)浙东地区是古代新罗商人经常出现的地方

唐代浙东地区包括除今浙江西北部一带的地区。《唐无染禅院碑》记载,金清前往鄞水从事物资贸易活动,积累了大量财富。碑文中的"鄞水"指的是位于今天浙东东北部的宁波地区。鄞水的"鄞"字是由位于宁波境内的赤堇山的"堇"字与"邑"字组合而成,宁波东北部的鄞县与甬江原名鄞江县。

---

① 《入唐求法巡礼记》"开成四年(839 年)四月二十六日"条中记载:"早朝云雾微霁,望见乳山,……未时,新罗人卅余,骑马乘驴来,云:押衙潮落拟来相看,所以先来候迎。"同书"会昌五年(845 年)八月二十七日"条:"到勾当新罗所,敕平平卢军节同十将兼登州诸军事押衙张咏,勾当文登县新罗人户。"

② 《入唐求法巡礼记》"会昌五年(845 年)八月二十七日"条:"到勾当新罗所,敕平平卢军节同十将兼登州诸军事押衙张咏,勾当文登县新罗人户。"

浙江各地有很多新罗人活动所留下的遗迹与地名。① 长庆三年（823年），浙江商人来到浙东平水（今属绍兴柯桥区）草市，新罗宰相以一百两黄金购得白居易诗作。② 新罗人与新罗船只经常出现在浙东前海的普陀山。浙江普陀山海域有所谓新罗礁，据说新罗船只此前常在此触礁。新罗寺院中有宋代新罗人捐赠的钟磬、铜制物品。③ 而象山新罗嵊村与临海新罗屿是新罗船只此前经常泊岸之地。④ 黄岩新罗坊是新罗人曾经居住过的地区。⑤ 诚如以上遗迹与地名所显示的，新罗人很早开始就来到浙东一带从事贸易活动。在这一背景下，新罗国人金清来到浙东鄞水地区从事贸易活动。

（三）金清活动时期新罗入浙使来到浙东地区

金清在浙东鄞水积累了巨大的财富，有两方面的背景。一方面，有掌管浙东地区的高官的支持。无染禅院与此后建立吴越国的人物有着很密切的关系。在重建无染禅院功德人名单中，有钱镠、钱镇、陈言、黄晟等两浙地区的高官。⑥ 特别是钱镠，在当时浙东地区有很大的权力，后来成为吴越国的第一代国王。浙江与周边地区所在的 13 个州被合并为吴越国，钱镠及其继承者前后在此统治长达 80 余年，其在统治期间，十分重视与新罗国的海上交流。

---

① 〔韩〕朴现圭：《浙东沿海一带新罗人的水路交通：以水路遗迹与地名为中心》，载《新罗文化》2010 年第 35 辑，第 235－252 页。

② 〔唐〕元稹《白氏长庆集序》："予尝于平水市中（自注：镜湖旁草市名），见村校诸童，竞习诗，召而问之，皆对曰：'先生教我乐天、微之诗。'固亦不知予之为微之也。又云：鸡林贾人求市颇切，自云：'本国宰相每以一金换一篇，其甚伪者，宰相辄能辨别之。'"元稹于长庆三年八月除授为浙东观察使，《白氏长庆集序》作于长庆四年十二月。

③ 《墨庄漫录》卷五："三韩·外国诸山，在杳冥间。海舶至此，必有祈祷，寺有钟磬、铜物，皆鸡林商贾所施者，多刻彼国致年号，亦有外国人留题，颇有文采者。"

④ 《宝庆四明志》卷二十一《象山县志·叙山》："新罗吞山，县北七里，耆旧相传新罗国人尝泊舟于此。"《嘉定赤城志》卷十九《山水门·山·临海》："新罗屿，在县东南三十里，昔有新罗贾人叙于此，故名。"

⑤ 《嘉定赤城志》卷二《地理门·坊市·黄岩》："新罗坊，在县东一里，旧《志》云：'五代时以新罗国人居此，故名。'"

⑥ 《唐无染禅院碑》碑左侧：功德施主两浙定安国功臣镇海镇两军节度使检校太师兼中书令彭城郡王钱镠，……施主浙西镇海军节度随使押衙检校国子祭酒兼御史中丞陈言，施主浙江东道东西都指挥使检校尚书右仆射守明州刺史御史大夫黄晟，施主浙江东道东西都指挥副使检校尚书守□州史兼御史大夫钟宥……造功德塔施主新罗国押衙金清，行者王如，押衙陈善。

另一方面，是来到浙东地区的新罗使臣。金清在浙东地区从事贸易时，新罗国入浙使留下了他们在浙东地区的相关记录。新罗人崔彦㧑撰、海州广照寺中所立的《广照寺院真澈大师宝月乘空塔碑铭》记载了真澈大师利严的行迹。新罗真圣女王十年（896 年），利严为了求法，搭乘入浙使崔艺熙的船只，越过大海，来到浙东鄞县，这件碑文就详细地记载了这一过程。① 虽然关于入浙使崔艺熙来到浙东地区的目的，碑石并无详细记载，但新罗向唐首都长安以外的浙东地区派遣使臣的这一点，却反映了浙东地区与朝鲜半岛的某种关联。浙东地区远离唐首都长安，当时钱镠及其继承者实际上控制着这一地区的政局。杭州人钱镠于唐景福二年（893 年）成为镇海军节度使，乾宁三年（896 年）击败董昌，被任命为镇海镇东两军节度使。钱镠接见了新罗入浙使崔艺熙，并与之讨论了两地区交流的相关事宜。他们所讨论的事项可能就包括金清的海上贸易。当时商船从朝鲜半岛出发，要往来于浙江和山东地区从事海上贸易的话，必须得到新罗朝廷的许可。在上文中我们提到，由金清具有新罗国籍这一点可以看出，金清与新罗朝廷有着或直接或间接的关系，金清可能从新罗朝廷处得到某种帮助才能从山东半岛来到浙东地区开展贸易活动。

（四）金清的贸易活动充分利用了多地域间的海上"丝绸之路"

9 世纪中叶，张保皋从山东来到朝鲜半岛，设置清海镇，消灭在海上从事掠夺活动的海贼，保障船只自由通行，保护了东亚海上活动与航海安全。张保皋的海上集团不仅在朝鲜半岛海域活动，甚至还出现在唐朝与日本沿海一带。他们与当地开展的物品运送与贸易活动，对于促进当时东亚的经济活动与繁荣发挥了很大作用。

10 世纪前后，金清如同张保皋后裔一般，通过多地区间的海上"丝绸之路"从事贸易活动。

从山东地区到浙江地区有多条通道，金清选择的是海上路线。如果使用陆路运送货物，会消耗很多费用与时间，因此并不适合。虽然从江苏到浙东一带可利用京杭大运河，但当时内陆河由于内乱的原因经常不通，无法运送物资。此外，如果走江苏北至山东内陆的陆路，或者重新来到海上

---

① 《广照寺真澈大师宝月乘空塔碑铭》："乾宁三年，忽遇入浙使崔艺熙，大夫方将西泛，俒迹而西，所高挂云帆，遽超雪浪，不销数日，得抵鄞江。"

运输，这也极为不便。于是，钱镠在成为吴越国国王之后，从浙东往各地派出使臣；而从事物资贸易时，经常利用海路。①

浙江一带与朝鲜半岛之间连接着海上"丝绸之路"。有相关记录显示，新罗船只曾停靠浙东地区。入浙使崔艺熙从朝鲜半岛出发，越过大海，进入浙东一带。此外，山东地区与朝鲜半岛之间自古以来就形成了海上"丝绸之路"。唐人贾耽的《道理记》记载，除了从山东北部越过庙岛列岛，连接辽东半岛、朝鲜半岛沿岸的黄海北部路线，还有从山东半岛越过黄海直达朝鲜半岛礼成江、唐恩浦的黄海横越路线。《入唐求法巡礼行记》多处记载了新罗人从山东半岛走海路来到朝鲜半岛的情况。在金清活动的时代已经形成了连接朝鲜半岛、山东与浙江三个地区的海上"丝绸之路"。金清充分利用这条海上"丝绸之路"，从事商品贸易与物品运送，因此积累了大量财富。

（五）无染禅院是唐朝与新罗两国之间友好交流的象征

在山东半岛东南部的港口城市荣成市的赤山内，有新罗人张保皋建于9世纪的法华院。如今我们可以在法华院内找到纪念中韩友好的各种石碑。法华院象征着自寺院创建以来唐朝与新罗两国的友好交流。昆嵛山无染禅院也是如此，是象征唐朝与新罗两国友好交流的另外一座寺院。

《唐无染禅院碑》表明，新罗人金清是在无染禅院重建中的重要捐赠人。金清信奉佛教，且捐赠了大量金钱，请来优秀的石工，建造了白色的佛塔。两浙与山东地区的守将以及地方官员与金清一道，对于无染禅院的重建作出了巨大贡献。因此也可以说无染禅院象征着唐朝与新罗两国之间的友好交流。

四、结　论

中韩两国自古以来就有友好交流的历史。古代山东半岛东部与朝鲜半岛海上交流十分活跃。很多新罗人来到山东半岛聚居，形成了新罗村，建造了新罗院。张保皋在山东半岛建造了象征唐朝与新罗友好交流的寺

---

① 《新五代史》卷三十《汉臣传·刘铢传》："是时，江淮不通，吴越钱镠使者常泛海以至中国。而濒海诸州皆置博易务，与民贸易。"

院——赤山法华院。在这一传统影响之下，今天也有很多韩国人与韩国企业来到山东半岛。

无染禅院位于山东半岛东部昆嵛山南部无染寺风景区，即今威海文登区界石镇境内。无染禅院中有立于唐光化四年（901 年）的唐无染禅院碑。20 世纪 50 年代至 60 年代初期，无染禅院碑原碑石被破坏。后来，住持释妙舟在风景区管理员的帮助之下，在寺院遗址境内发现了五片残石。中国国家图书馆藏有拓本《唐无染禅院碑》三件，其中"各地 8193 本"收录了碑石的四面（正面碑铭、侧面与后面的碑阴记），具有很高的资料价值。希望将来有关部门在编纂地方志或对《唐无染禅院》碑进行复原时，能充分利用近来发现的原碑石残片以及中国国家图书馆所藏拓本。

唐无染禅院碑记载了新罗人金清的活动。在重建无染禅院时，金清捐助大笔金钱建造佛塔。金清是从朝鲜半岛鸡林派遣到山东的新罗人，入唐为押衙。9 世纪至 10 世纪初期的山东半岛有一批管理在唐新罗人的各种情况以及对外交通与贸易业务的押衙。金清如同张保皋的后裔一样，充分利用连接山东、浙东与朝鲜半岛的海上"丝绸之路"，积累了大量财富。他的活动可能受到了山东与浙江地区的地方长官，特别是后来成为吴越国国王的钱镠，以及新罗朝廷的帮助。

昆嵛山无染禅院是继赤山法华院之后，又一座象征唐朝与新罗友好交流的寺院。唐无染禅院碑即可明确证明这一点。无染禅院与赤山法华院是威海地区的重要文化遗产。

如今，赤山法华院在威海地区相关人员的关心与努力之下，重建了象征中韩友好交流的寺院。无染禅院位于风景优美的昆嵛山，具有悠久的历史和文化。我们期待着将来能发现更多尚未被发掘的唐无染禅院碑残片，并在无染禅院内重新竖立复原后的石碑。

附：《唐无染禅院碑》 碑铭原拓本全文

［以下碑文是据中国国家图书馆藏《唐无染禅院碑》原拓本（各地 7525 本）转录而成。碑阴记罗列了功德人名单，十分烦琐，因此这里省略碑阴记中文字。《唐无染禅院碑》中间部分磨损严重，无法判读，兹录如下］

大唐登州牟平县昆嵛山无染禅院□□（以下至第二行，不知当空几字）详夫广大非乾坤莫究其□□□□□□□□□□□□□天地以虚空笼罩，虚空以佛性包罗。始自周昭，下生迦卫，及于周穆，入灭但户，分玉轴于赡部洲，梦金身于汉明帝，方得□□浩浩，法波洋洋。后至梁方来达摩，乃以禅林耸秀，法教铿锵，一花开六代之师，五业破三乘之教。皆□□□□□□圣上皇帝，玉龙腾瑞，金凤凝祥。握五帝之乾符，精通造化，登三皇之□□，□□苍生。我相公王，千年间器，五百英雄，德化青邱，恩宽碧落。州常侍诸葛，仗扶天剑，应辅国星，水清莲幕之宾，月白鹓行之吏。县大夫刘，琳琅重望，礼乐成家，□牛刀而无别刀，制锦花而有异彩。掌印判官张，治民有法，佑静一州。押吏等公纳无私，恭顺五品。伏以法主和尚道深九流，德峻三峰，戒珠冷而寒水一池，心印明而秋蟾五夜。伏自穿云得法，止锡巉岩，逼水安禅，写志溪涧。近则齐鲁之台相知仰，远乃吴越之公侯顺崇，为人天师，救生死苦。门人守明等，戒节寒松，行清霜竹，例披云服，竞扣真机，或参礼于诸方，或当院而佐侍。其山乃号昆嵛，松萝森邃，岩谷幽奇，大川激沧海之波，极顶峭虚危之宿。院额无染，堂房四匝间松桂，张凤翅以翔翔，殿宇一基架梁椽，砌龙鳞而偃蹇。僧徒冬夏，实光养道之方，额请节庭，永晶高峰之势。基是檀越主宋璋地舍拾顷，坛及四山，信士早著善芽，凤继给孤之愿，今倾崇志，预修弥勒之因。又鸡林金清押衙，家别扶桑，身来青社，货游鄞水，心向金田，舍青凫择郢匠之工，凿白石竖竺乾之塔。殿中功德主解通五十人等，竞舍珍财，同修真像，信明湘汉，志重年尼，继释迦之前因，企逸多之后果。乃邀张手，塑天人师，金容开千叶之莲，玉相示五云之瑞。僧敲霜月，声来碧峒之中，佛礼寒花，韵发白云之外。四址截定，一院栽成，并藏大斋，广申赞。时也和风扇柳，莺啼溪上之丝，暖日开桃，花笑峒中之锦。莫不迓真徒，命仙侣禅清律秀兮云水来，羽薄霞轻星月降。于是选凿寒石，拣召名工，请虔述奇，刊将永碣，用显后天焉，普资法界矣。光化四年岁次辛酉三月癸未朔十八日庚子辰时书记孔诠镌字

第十九章　洛阳龙门石窟中与古代韩国相关佛龛考证的几个问题

一、引　言

中国有很多石窟群，如同石窟王国一般。其中著名的石窟有龙门、敦煌、云冈、麦积山、大足、天龙山、房山、龟兹（Kucha）等。龙门石窟位于中原地带河南洛阳郊外，是世界文化遗产。很多游客来到龙门石窟，欣赏在悬崖绝壁上雕凿的石窟和石窟下缓缓流淌的江水，人们不禁为这种山水和谐的自然风光赞叹。

龙门石窟及其周边地区与古代韩国有着很深的缘分。一位不知名的新罗和尚来到此处开凿岩石，建造石室，并在岩石表面雕刻佛像，这些建成的石窟被称为"新罗像龛石窟"。石窟的门楣上镌刻着"新罗像龛"四字。① 其中有一位文郎将的小妾扶余氏建造的佛像一尊。② 万岁通天元年（696 年），新罗高僧圆测在洛阳佛授记寺圆寂，人们在龙门石窟对面的香山寺北侧溪谷为之树立了白塔。③ 来到唐朝的新罗国师朗慧无染在香山寺跟随如满学习佛法。④ 笔者曾多次探访龙门石窟，对其中与古代韩国相关遗迹进行过调查，也与东亚日报报社的人员一起考察过这些遗迹。⑤

---

① ［韩］朴现圭：《龙门石窟与新罗像龛》，载《文献与解释》2003 年秋季号，第 136 - 140 页。

② 董延寿、赵振华：《洛阳、鲁山、西安出土的唐代百济人墓志探索》，载《东北史地》2007 年第 2 期，第 1 - 12 页。

③ 〔宋〕宋复《大周西明寺故大德圆测法师舍利塔铭序》载："卷轴未终，迁化于佛授记寺，实万岁通天元年七月二十二日也。春秋八十有四，以其月二十五日燔于龙门香山寺北谷，便立白塔。"

④ 〔新罗〕崔致远《有唐新罗国故两朝国师教谥大朗慧和尚白月葆光之塔碑铭》载："自是置翰墨游历。佛光寺问道如满。满佩江西印，为香山白尚书乐天空门友者，而应对有惭色，曰：'吾阅人多矣，罕有如是新罗子。他日中国失禅，将问之东夷也。'"

⑤ 《河南省洛阳市龙门石窟中的"新罗像龛"》，载《东亚日报》2012 年 7 月 25 日。

有消息称，龙门石窟中除了以上笔者所列举的相关事项，还有其他由韩国人建造的佛龛。研究中国所藏韩国佛像的梁银景发表文章指出，龙门石窟中有几尊佛龛是古代韩国人或韩国移民所建造的。① 笔者在阅读梁银景的文章后，对于这些佛龛是由古代韩国人或韩国移民所建造的观点表示怀疑。本章将以梁银景所提到的韩国相关佛像为对象，对考证中的问题作详细论述。

二、龙门石窟双窑南洞慈藏发愿龛

洛阳城是十三朝古都，具有悠久的历史。距离洛阳市内南部 13 公里处有龙门口。早在原始社会时期，就有人类活动于龙门口。后来人们在龙门西山南端的奉先寺旧址发现过原始社会所使用的陶器残片。龙门口的形象如同高耸的宫门，因此也被称为"伊阙"或"龙门"。山势如同屏风，向东西两侧延展，中间是水量丰富的伊河，缓缓流淌。下面两侧是石灰岩形成的岩壁，岩壁前后延展数公里，在这些岩壁上开凿有大大小小、数量众多的石窟，这就是龙门石窟。石窟的地形，从下往上看，左边是东山，右边为西山。西山在古代也被称为"中山"或"天竺山"，海拔 63.9 米。东山又被称为"香山"，海拔为 303.5 米。此处风光极为优美，声名远播。特别是站在东山上眺望，可以看到人们在西山上开凿的石窟，景致壮观，每年有很多游客来到此处。

太和十七年（493 年），北魏孝文帝率领部队进入洛阳。翌年宣布洛阳为北魏首都。龙门石窟在北魏王朝迁都至洛阳之前就已经开始开凿了。就像在前首都平城（今山西大同）开凿云冈石窟一样，北魏君臣在迁都洛阳后，为了他们的精神支柱——佛教，大力在洛阳开凿石窟。此后石窟先后经历了东魏、西魏、北齐、北周、隋、唐、五代、宋代，直至明代。石窟开凿规模略有差别，但开凿与修复工作从未停止。其中，北魏与唐代开凿的石窟数量最多。

---

① ［韩］梁银景：《古代韩国人在中国境内所建造的寺院、佛像及与中国文化的关系：以三国至统一新罗时期为中心》，载《讲座美术史》2007 年第 29 辑，韩国佛教美术史学会，第 268－270 页；《以张保皋活动地区为中心的高句丽、百济、新罗人的佛事活动》，《张保皋船队与东亚佛教文化交流》，"海上王"张保皋纪念事业会，首尔，2010 年，第 141－144 页。

此后，龙门石窟受风化等自然现象，以及道路建设、盗掘、"文化大革命"等人为因素的影响，很多石窟被损坏。现在所剩的洞窟数量为2300余个，这些洞穴中尚存佛像、石物、宝塔等共计10万余件。洞窟主要分布在西山地区，唐武则天以后开始在东山开凿的石窟相对比较少。

从龙门石窟西山北侧入口进入，就能看到潜溪寺、宾阳三洞、磨崖三佛龛等，再往前走不远就是珍珠泉一带。在观澜亭岩石上有新罗像龛石窟。经过此处，再稍微往前走，就能在洞窟中看到开凿了很多佛像的万佛洞。在通往万佛洞的台阶下有两座洞窟，分别是双窑与双洞。双窑南洞（第522窟）又名千佛洞。根据洞窟与佛像样式以及相关文献记载，可知开凿于唐高宗至玄宗年间。洞窟形态为长方形，洞窟顶部呈圆拱形，后面是穹窿形。通道左侧上端有九条线，每条线都开凿有10个左右的坐佛。下端是垂拱三年（687年）开凿的佛龛及造像。通道右侧损伤较为严重。上端是天授二年（691年）开凿的观音及千佛像。正面刻着以弥勒佛为主尊佛的三尊佛，两侧是二弟子与二菩萨。

石门上边刻着的是头部破损的观音菩萨像，高23 cm，宽12 cm，厚4 cm。观音菩萨像的腰部呈现向右边倾斜的姿态，右手朝上，拇指和食指并拢，左手下垂，托着玉净瓶。

佛像下面的石壁上刻着题识，文字为"慈藏发愿龛"（第0562号）。慈藏发愿龛上镌刻的铭文如下：

> 僧慈藏为亡父敬造救苦观世音菩萨一区，及见存母□□□，合家
> □□□□平释迦像一铺。①

这件铭文记载的是僧人慈藏在建造观世音菩萨像与释迦像的发愿内容。佛像发愿者——僧人慈藏到底是何人？"慈藏"对于韩国人而言是一个耳熟能详的名字。他就是新罗时期在中国与朝鲜半岛之间非常活跃的著名高僧慈藏律师。这里为了论述的方便，我们将龙门石窟慈藏发愿文的发愿人僧人慈藏称为"龙门慈藏"，将新罗时期在中国与朝鲜半岛之间活动的高僧慈藏律师称为"新罗慈藏"。

---

① 刘景龙、李玉昆、龙门石窟研究所主编：《龙门石窟碑刻题记汇录》，中国大百科全书出版社1998年版，第128页。

那么慈藏发愿文中的龙门慈藏是否就是新罗慈藏呢？梁银景最早将慈藏发愿龛的铭文介绍到韩国学界，并认为龙门慈藏就是新罗慈藏。[①] 记载新罗慈藏的相关文献主要有：《三国史记》《三国遗事》《续高僧传》《新罗黄龙寺九层木塔刹柱本记》《通度寺舍利袈裟事迹略录》《五台山传记》《江原道旌善郡太白山净岩寺事迹》。

新罗慈藏俗姓金，名善宗，父亲是真骨苏判金茂林。慈藏自幼失去父母，抛妻弃子，皈依了佛门。他曾有一段时间在元宁寺停留、学习佛道。新罗善德女王七年〔638 年，一说善德女王五年（636 年）〕，慈藏率弟子僧实等十余人渡海来到唐朝。[②] 来到清凉山（即五台山），追寻文殊菩萨的灵迹。后来又来到长安（今西安）谒见唐太宗，在胜光别院与终南山云际寺修行。后再次来到长安，获得皇帝赏赐的礼物。善德女王十二年（645 年），慈藏奉善德女王之命回到新罗，被任命为芬皇寺住持，开展佛事活动。不久后，获封僧人的最高职位——大国统。此后，他先后创立了五台山（位于新罗国艮方溟州界）、通度寺、鸭游寺等多所寺院。同时，他在民间积极传播佛教，对于新罗佛教的兴盛发挥了重要作用。主要著作有《阿弥陀经疏》《阿弥陀经义记》《四分律羯磨私记》《十诵律木叉记》《观行法》等，不过这些著作都未能传世。

梁银景在文章中称，新罗慈藏曾寻访过龙门石窟，并在龙门石窟建造过观音菩萨像。以下不妨对梁文的观点和论证略做整理。对于新罗慈藏是否到访过龙门石窟，尚缺乏确实的文献记载，但从新罗人的出使路线来看，他们有可能经过洛阳。唐代新罗人搭乘船只来到山东赤山，再从山东出发，经过洛阳来到首都长安。为了生下慈藏，慈藏的父母很早建造过观音像，慈藏也为了他的父母在龙门石窟建造过观音像。[③]

---

① ［韩］梁银景：《古代韩国人在中国境内所建造的寺院、佛像及与中国文化的关系：以三国至统一新罗时期为中心》，载《讲座美术史》2007 年第 29 辑，韩国佛教美术史学会，第 268－270 页；《以张保皋活动地区为中心的韩国高句丽、百济、新罗人的佛事活动》，《张保皋船队与东亚佛教文化交流》，"海上王"张保皋纪念事业会，首尔，2010 年，第 141－144 页。

② 对于新罗人慈藏来到中国的时间，有"636 年（善德女王五年）说"与"638 年（善德女王七年）说"，一般认为后说较为可信。参考［韩］慧南（卢在性），《慈装（按："藏"字之讹）律师的生平》，载中央僧伽大学《论文集》2003 年第 10 辑，第 23－25 页。

③ ［韩］梁银景：《古代韩国人在中国境内所建造的寺院、佛像及与中国文化的关系：以三国至统一新罗时期为中心》，载《讲座美术史》2007 年第 29 辑，韩国佛教美术史学会，第 268－270 页。

我们在现存文献中找不到新罗慈藏曾探访过龙门石窟的记录。当然，我们并不能以现存文献中没有相关记载就断定慈藏从未到过此处。梁银景也注意到了这一点。今天在龙门石窟及其周围地区有很多新罗人活动、建造佛龛所留下的遗迹。龙门石窟第 484 号新罗像龛是新罗人所建造的石窟。石窟的入口刻写着"新罗像龛"的铭文。① 稍晚于慈藏以后的新罗高僧圆测也曾在洛阳佛授记寺活动。万岁通天元年（696 年），圆测圆寂。人们在龙门东山香山寺附近为之树立了白塔。除此以外，诚如梁银景所指出的，洛阳城是新罗人的交通要道。新罗人在从山东往来长安时，洛阳是必经之地。从这一点来看，梁银景的观点似乎有一定道理。

不过这里有一个非常重要的问题需要解决。从对新罗慈藏的记载来看，新罗慈藏与龙门慈藏并非同一人。《三国遗事》卷四《义解篇·慈藏定律》写道：

> 其父历官清要，绝无后胤，乃归心三宝，造于千部观音，希生一息，祝曰：若生男子，舍作法海津梁。母忽梦星坠入怀，因有娠，及诞，与释尊同日，名善宗郎……。早丧二亲，转厌尘哗，捐妻息，舍田园为元宁寺……。以仁平三年丙申岁受勅，与门人僧实等十余辈，西入唐。

上文记载了新罗慈藏出生及出家的过程。新罗慈藏的出生与佛家有着很深的缘分。他的父亲金武林为了获得子嗣，建造了千部观音，并发愿称，如果是男子，将来定让其出家。他的母亲在观音的点化之下，梦到星星入怀，后来就生下了新罗慈藏。新罗慈藏出生的那一天，就是释迦牟尼诞辰日。后来新罗慈藏在父母先后去世以后感到世事虚无，忽然捐舍妻子，在自家庄田上建造了元宁寺。新罗慈藏出家的时间，从他捐舍妻子这点来看，当在他年轻时。

在龙门石窟建造佛像时，龙门慈藏的家庭又如何呢？记载佛像建造的铭文写道：龙门慈藏的父亲去世以后，母亲尚健在。而新罗慈藏在其出家以前父母皆已离世。因此，龙门慈藏与新罗慈藏显然不是同一人。梁银景

---

① ［韩］裴珍达：《龙门石窟新罗像龛试论》，《硕晤尹容镇教授停年退任纪念论丛》，同刊行委员会 1996 年版，第 847－850 页。［韩］朴现圭：前揭论文，第 136－140 页。

将龙门慈藏与新罗慈藏视为同一人，显然有很大问题。

在讨论古代人物时，如果对于同名异人的资料处理不当，则常会出现非常大的错误。龙门慈藏与新罗慈藏就是同名异人。由此看来，在新罗与唐代有很多商人都使用过"慈藏"这一法名。与之类似的是"慧超"这一法名，此前笔者为了调查《往五天竺国传》的作者慧超的生平，曾对各类文献以及遗迹中出现的各个名为"慧超"的僧人做过调查。在唐代法名叫"慧超"的，除了信奉金刚顶系密教的新罗高僧慧超，还有少林寺的慧超、《唐东夏师资正传》的作者慧超、龟兹库木吐喇石窟中的慧超、香栢岩慧超、本愿寺慧超、香水寺慧超等。在《往五天竺国传》的作者慧超生活的年代，就有很多名叫"慧超"的僧人。①

那么龙门慈藏是何等人？遗憾的是与他相关的记载仅限于发愿佛龛，找不到其他记录，因此无法作详细的考证。不过对于龙门慈藏的活动时间，从石窟与佛龛样式来看，龙门慈藏可能是活跃在唐朝初期之人。在相似的时期，虽然也有新罗慈藏，却是同名异人。同时，我们也不能断定龙门慈藏一定是唐朝人。这是因为在龙门石窟及其周边地区曾有很多外国僧侣活动过的洞窟及相关记录。

综合以上分析来看，龙门石窟的双窑南洞中建造的慈藏发愿龛与新罗慈藏毫无关系。建造慈藏发愿龛的是龙门慈藏，在建造当时其母尚健在，而同一时期新罗慈藏的母亲已经离开人世。因此，龙门慈藏与新罗慈藏绝非同一人。

三、龙门石窟双窑北洞的金莫神铭文龛

双窑北洞（第521窟）又名八仙洞。双窑北洞与双窑南洞并称。双窑北洞形态为长方形，通道左侧有两个像龛，像龛中都雕琢有一佛、二菩萨像。周围是七层石塔。正面雕刻的是以阿弥陀佛为主尊佛的三尊佛，南面石壁上刻着的是一佛、二菩萨、一天王像。南面石壁上，第0520号龛中有本章要论述的金莫神铭文。佛龛高58 cm，宽43 cm，厚7 cm，佛龛下刻有铭文。铭文内容如下：

---

① ［韩］朴现圭：《慧超人物资料检证：〈往五天竺国传〉的作者慧超真的是新罗人吗？》，载《韩国古代史探究》2010年第4辑，韩国古代史探究学会，第121－151页。

　　□节金莫神疾为阖家大小愿平安，敬造弥陀像一龛，□家一心供养佛，时垂拱三年四月八日大就。[①]

　　这件佛龛刻于垂拱三年（687年）四月八日。四月八日是释迦牟尼的诞生日。金莫神是为了祈求阖家平安而建造的弥陀像。梁银景认为，佛龛的建造人金莫神是新罗人。其根据是金莫神姓金。[②]

　　但从中国金姓的来历来看，我们很难判定金莫神一定是新罗人。中国金姓的来源非常复杂。第一，中国最早的金氏是上古时期的少昊金天氏。少昊是黄帝与嫘祖所生之子，少昊在继承黄帝的帝位后，以五行中的"金"字来治理天下，少昊遂称为"金天氏"。第二，匈奴贵族出身的金日磾。金日磾是匈奴贵族休屠王的太子，休屠王死后，金日磾投降汉武帝。汉武帝根据匈奴王建造金人祭天的故事，赐金日磾金姓。第三，魏晋时期出现的移民金氏。吴国时，江西山越族发展为后来的丹阳金氏，在东晋末年迁徙到陕西榆林地区的羌族发展为后来的上郡金氏。第四，从新罗移居而来的新罗金氏。隋唐时期，新罗王室中不少姓金之人来到中国。除此以外，还有从吴越国国王钱镠的"镠"字中起源而来的金氏，以及由"刘"姓改成的金氏，如元代金履祥的祖先刘氏，明成祖下赐的金氏（如蒙古也先土干及其一族），清代张氏的祖先金圣叹，民国时期清朝皇室爱新觉罗的一部分后人改为金姓。

　　虽然不能排除金莫神是在其建造完佛龛的唐武则天时期来到中国的金姓新罗人的可能，但也不能排除金莫神的祖上是汉族或者移民的可能。举个具体的例子，比如北齐大都督金祚是安定人。唐贞观年间益州蜀郡与汾州河西地区金氏是当地的名门望族。这些名门望族的后代在武则天时期来到龙门从事佛事活动的可能性是很大的。因此，不能仅仅根据金莫神姓金，就以此为由认为金莫神一定是新罗人。现在因相关资料不足，笔者认

---

　　① 刘景龙、李玉昆、龙门石窟研究所主编：《龙门石窟碑刻题记汇录》，下册，中国大百科全书出版社1998年版，第118页。对于金莫神的铭文记载，不同文章的记载略有出入。温玉成记载如下："□□金莫神壮为阖家大小愿平安，敬造弥□像一龛，阖家供养佛，时垂拱三年四月八日成就。"（中国社会科学院考古研究所：《洛阳龙门双窟》，载《考古学报》1988年第1期，第118页）

　　② ［韩］梁银景：《以张保皋活动地区为中心的高句丽、百济、新罗人的佛事活动》，《张保皋船队与东亚佛教文化交流》，"海上王"张保皋纪念事业会，2010年，第139–141页。

为对于金莫神的国籍暂时记作未详似更为妥当。

四、龙门石窟北市丝行像龛王思礼铭文龛

我们从奉贤寺大卢舍那像龛往南出发，在山腰能看到一座洞窟，这就是北市丝行像龛（第 1504 窟）。在洞窟入口刻着"北市丝行像龛"六个字，这是这座洞窟的名称。刘声木的《续补寰宇访碑录》与关百益的《伊阙石刻图表》记载，王祥曾在此洞窟中隐居，因此，将这座洞窟命名为王祥窟。[①] 洞窟平面为马蹄形，顶部为穹窿形，高 2.8 m，宽 2.79 m，深 2.66 m。

洞窟入口为圆拱形，高 2.2 m，宽 1.3 m，厚 0.34 m。洞窟内部三面刻着一佛二菩萨像，后佛像被破坏，只剩遗迹。北侧岩壁上凿有则天武后永昌元年（689 年）的比丘惠寂造像龛。南部岩面刻着各式各样的佛龛，这些佛龛基本上刻凿于唐高宗与武则天时期。洞穴外面是玄宗开元十三年（725 年）王贞恣所建造的一座小小的佛龛。

洞窟外面有两件与北市丝行建造相关的铭文：一件是社老刘德等结社人名单，另外一件铭文记载的是天授二年（691 年）同行之人建造观世音菩萨像的相关事情。此外，洞窟北部岩面上还有一件罗列结社人名单的铭文，我们将这件铭文分为上下两段，整理如下：

> 社老李怀璧，平正严知慎，王□□，录事张神剑，杨琼璋，……杜元礼，王思礼，班元礼，刘元哲，达奚思九，……，皇甫元暕，……成思恽。[②]

这件铭文共罗列了 21 位结社人的名单，结社人的职位分别有：社老、平正、录事。

这些职位可能是当时他们在北市丝行所担任的职位。梁银景将结社人名单中的王思礼断定为高句丽王思礼。在下文中为了论述的便利，我们将结社人名单中的王思礼称为"龙门北市王思礼"，将高句丽将军王思礼称

---

① 宫大中：《龙门石窟艺术》，人民艺术出版社 2002 年版，第 368 – 369 页。

② 宫大中：上揭书，第 367 – 368 页。

为"高句丽王思礼"。

《旧唐书》卷一一〇及《新唐书》卷一四七有高句丽王思礼的传记。高句丽王思礼是居住在永州城一带的高句丽移民。其父亲王虔威是担任过朔方军的将领，高句丽王思礼自幼精通武艺，多次参与战争，天宝五年（746 年），随节度使王忠嗣来到河西地区，与哥舒翰并肩战斗，建立战功后，被任命为押衙。① 不久后，哥舒翰成为陇右节度使，高句丽王思礼又成为其麾下押衙。后来，他又在多次战争中立功，先后除授金吾卫将军、关西兵马使等职。天宝十一年（752 年）除授云麾将军。天宝十二年（753 年），跟随哥舒翰前往九曲开战。天宝十三年（754 年）来到磨环川迎接吐谷浑。在安史之乱发生时，高句丽王思礼在收复长安过程中建立大功，被升为户部尚书兼霍国公。此后又先后被擢升为太原尹、北京留守、河东节度使兼御史大夫。上元二年（761 年），高句丽王思礼因疾去世，死后追赠太尉，谥号武烈。

我们对梁银景在其论文中提出的观点和论证作如下整理。铭文记载了供养者达奚思九、皇甫元暕、王思礼等少数民族的名字。② 梁银景认为，这里的王思礼就是药方洞王思礼，即高句丽王思礼。梁氏还认为，虽然没有具体证据表明包括高句丽王思礼在内的这些人当时直接开凿了北市丝行龛，但毫无疑问，他们从事着与石窟相关的佛事活动。③

梁银景的观点中存在一些问题。如果梁银景要使自己的观点成立，那么首先必须解决以下两方面的问题。首先，高句丽王思礼与北市丝行关系不大。梁银景自己也指出过，这座洞穴的建造与北市丝行有密切关系。北市指的是唐高宗年间在东京洛阳临德坊所开的集市。北市与南市是当时洛阳最为繁华的商业市场。丝行是以绸缎为基础的一种行业。在本市从事丝绸贸易的商人建立了组织，为了做大生意并祈求自己的顺利，他们在洛阳

---

① 《旧唐书·王思礼传》对于高句丽王思礼随节度使王忠嗣前往河西地区的时间未作明确记载。《旧唐书》卷一〇七《王忠嗣传》与卷一〇四《哥舒翰传》记载王忠嗣曾先后多次被任命为这一地区的节度使，首次兼任为河东节度使是在天宝五年。哥舒翰也在此时成为王忠嗣的押衙。

② 皇甫元暕并非少数民族，皇甫乃汉族之复姓。

③ ［韩］梁银景：《以张保皋活动地区为中心的高句丽、百济、新罗人的佛事活动》，《张保皋船队与东亚佛教文化交流》，"海上王"张保皋纪念事业会，首尔，2010 年，第 135 – 138 页。

附近的龙门建造了佛龛。而高句丽王思礼是武将出身，父亲王虔威是朔方将军，王思礼本人也是将领出身。由于出生在武人家庭，后来王思礼顺理成章地成为武将，跟随部队南北征战。在回到中原以后，也经常前往战场进行大大小小的战斗。从高句丽王思礼的家庭背景以及其生平来看，他与洛阳北市从事丝绸贸易的商人形象并不符合。

其次，高句丽王思礼与北市结社者的活动时期不符。在这座洞窟内外，多处刻着当时北市商人所形成的结社者的名单。在一结社人名单中，明确地记载了于天授二年（691年）建造观世音菩萨像。正如铭文记载的，北市结社人于武则天时期在石窟中开展佛事活动。因此，这位名叫王思礼的结社人也是在相近的时间开展佛事活动。而高句丽王思礼进入中原的时间大概是在天宝五年（746年）间。这一时间比北市结社人活动时间晚大概50年。

综合以上情况来看，龙门北市王思礼是当时在洛阳北市从事丝绸贸易的商人，并不是军人出身的高句丽人王思礼。

五、龙门石窟药方洞王思礼铭文龛

药方洞（第1381窟）在龙门石窟中规模最大，位于通往奉先寺大卢舍那像龛的道路南侧。记载有王思礼铭文的北市丝行像龛，位于药方洞上面的山腰。药方洞石窟入口的侧面刻着"药方"二字铭文，于是，人们以此为石窟名称。石窟内部为方形，天井略显弯曲，高4.1 m，宽3.6 m，深4.3 m。最早建造于北魏孝明帝时期，此后先后经历北魏与北齐，到唐高宗、武则天乃至玄宗初年仍不断建造。

洞窟内北壁上有天顶为行的佛龛（第1699号），佛龛高74 cm，宽74 cm，深9 cm。中间是一尊佛像，高坐于大座上。左右是内侍佛与弟子相。佛龛左侧外面建有一座三层石塔，佛龛下面刻着建造佛龛的结社人名单。结社人名单如下：

邑子王思和，邑子王思礼，邑子□众敬，邑子□元庆，……唯那萨简景……龙花寺□□□周□……比丘昙□。①

参与佛龛建造的结社人王思和、王思礼、□众敬、□元庆等人是同村人。他们与龙花寺相关人员维那萨简景及比丘昙□一起建造了药方洞第1699号佛龛。名单中的王思礼到底为何人？梁银景认为，王思礼就是高句丽将军王思礼。② 下文中为了便于论述，我们将铭文中的王思礼简称为"龙门药方王思礼"。

我们对梁银景的论述作如下整理。高句丽人王思礼在玄宗时期来到中国，一直活跃至肃宗时期。通过文献记录，我们可以确认高句丽王思礼在龙门石窟所在的洛阳任职的事实。但另有记录显示，唐肃宗乾元二年（759年），他在尚州（即今河南安阳市附近）活动。另外，还有记载他于肃宗上元二年（761年）去世。高句丽王思礼参与龙门石窟第1699号佛龛的建造的时间大概是在肃宗时期。

从以上的梳理来看，应该说梁银景所提出的高句丽王思礼建造了第1699号佛龛这一观点的根据正好可以证明龙门药方王思礼与高句丽王思礼姓名相同。但梁银景在论述时并未考虑到可能会有重名的情况，因此其论述不够严谨。位于药方洞上面的龙门北市王思礼很有可能不是梁银景所认为的高句丽人王思礼。因此，从逻辑上看，龙门药方王思礼可能只是与高句丽王思礼同名，而实际上是另外一人。

上文指出，高句丽王思礼的活动时间比药方洞铭文中的刻字时间稍晚。药方洞的建造始于北魏时期，此后经过较长时间建造，一直持续到唐玄宗初年，佛龛才建造完成。药方洞石壁上有四件铭文，能反证这一事实。这四件铭文中年代最早的是北魏正光元年（520年）的《樊凤龙铭文》，最晚的是唐开元十一年（723年）的《残像识记》。梁银景称高句丽人王思礼在肃宗年间（756—762年）建造了药方洞佛龛，而肃宗年间与药方洞佛龛中建造年代最晚的723年有几十年的差距。此外，诚如梁银景所指出的，我们在药方洞铭文中找不到肃宗年间以及肃宗朝以后所镌刻

---

① 刘景龙、李玉昆、龙门石窟研究所：《龙门石窟碑刻题记汇录》下册，中国大百科全书出版社1998年版，第128页。

② ［韩］梁银景：《以张保皋活动地区为中心的高句丽、百济、新罗人的佛事活动》，《张保皋船队与东亚佛教文化交流》，"海上王"张保皋纪念事业会，首尔，2010年，第132－135页。

的其他铭文。即便我们以高丽人王思礼来到中原的天宝五年（746 年）为基准进行推算，也存在着这一时间比药方洞铭文中年代最晚的 723 年晚20 余年的问题。

当然，笔者的推论可能与梁银景的论述一样，在具体问题上存在漏洞。高句丽王思礼来到中原是在 746 年。药方洞铭文中年代最晚的是 723年。这两个时间只有 20 余年的差距，非常接近。药方洞年代不明确的刻石中，是否有比现在我们明确了解的年代更晚的？如果存在，就能据此很快解决时间稍晚的这一问题。不过梁银景提出的观点起码是存在一些漏洞的。

综合以上分析来看，龙门药方王思礼有可能与高句丽王思礼并非同一人。但由于缺乏确证以证明二人并非同一人，因此，这里我们暂时保留结论。

六、结 论

位于中国河南洛阳 13 公里处的龙门口，有世界文化遗产龙门石窟。龙门石窟中有类似新罗像龛石窟这样的新罗和尚活动后留下的遗迹，因此可以说龙门石窟与古代韩国有着很深的缘分。韩国学者梁银景认为，龙门石窟中的双窑南洞慈藏发愿龛、双窑北洞金莫神铭文龛、北市丝行像龛王思礼铭文龛、药方洞王思礼铭文龛等，是古代韩国人或韩国遗民所建造的佛龛。

但事实上，梁银景提及的如上这些佛龛，要么并非古代韩国人所建造，要么缺乏相关实证证明。双窑南洞的慈藏与来到唐朝的新罗僧人慈藏律师的生平记载不符。双窑北洞的金莫神，由于古代除了韩民族有金姓，其他各民族也使用金姓，因此并不能以此断定金莫神就是新罗人。此外，北市丝行像龛是洛阳北市商人所建造之佛龛，北市丝行像龛中的王思礼与高句丽将军王思礼的生平并不符。药方洞王思礼建造洞穴的时间与高句丽王思礼在中原活动的时间也不符合。

中国有很多与古代韩国相关的文物，今天韩国国内外很多学者对中国所藏韩国文物进行调查。学者们调查所取得的成果通过书籍向韩国国内外学界进行介绍，对于我们了解中国所在韩国文物的实际情况有很大帮助。笔者自己也经常利用这些通过调查获得的资料。

　　不过也偶尔会出现与我们的期望不符的情况。有的学者由于对基本知识理解错误，误将古代中国文物作为古代韩国文物进行考察。这些考察出来的结果有时是个人的学术性的失误，却不仅仅在韩国学界传播，而且通过现在将全世界连接起来的网络，传播到中国学界。如果考证出来的内容涉及两国利害关系，必然会引起中国学者不必要的误解，造成比较大的影响。

　　在本章结束之际，笔者获知了一件憾事。龙门石窟管理委员会已不再向公众开放新罗人建造的新罗像龛（第484号石窟）。虽然不知是出于何种原因，但我们还是期待着将来龙门石窟管理委员会能够向游客重新开放新罗像龛，这是因为新罗像龛是古代韩中友好交流的象征。

第二十章　清乾隆帝《萨尔浒之战书事》石碑与碑文考察

——以朝鲜军的参战记录为中心

一、引　言

　　17 世纪初期的中国东北地区战火不断。壬辰倭乱时期，明军为了阻挡日军、援助朝鲜，向朝鲜派驻大量部队。这样，明朝在辽东地区的控制力和对女真各部族的统治力分散，建州女真首领努尔哈赤统一了多个地区的女真族，势力得到极大扩张。1616 年（天命元年），努尔哈赤称"汗"，定国号为大金，定年号为天命。至此，正式与明朝对峙。

　　天命三年（1618 年），在中国东北地区掌握牢固根据地的努尔哈赤向明朝发出带有实际性宣战性质的"七大恨"檄文，占领了抚顺。于是，边防被侵犯的明朝不得不阻止后金势力的膨胀，任命杨镐为辽东经略，派遣大规模军士前往辽东征伐后金。朝鲜与叶赫女真在明朝的要求之下派出援兵，作为辽东征伐军一员参战。

　　1619 年（万历四十七年，天命四年），在杨镐指挥下，杜松、马林、刘𬘋、李如柏等人率领各自军队分兵四路，向着赫图阿拉（今辽宁新宾县）进军。而得到明军兵分四路前来征讨的消息的努尔哈赤，制定了集中兵力攻击一处的有效防御战略。战争首先在萨尔浒展开，两军在这一带展开激烈交战。战争的结果是，努尔哈赤凭借杰出的战术与快速的反应能力，在很短的时间内歼灭了三路军，取得大捷。

　　萨尔浒之战可以说是明清交替的分水岭。明朝在萨尔浒之战中受到巨大打击，开始走上衰落之路。虽然自此之后明朝国祚继续绵延 20 余年，但最后还是迎来了被灭亡的结局。而后金势力不断增大，占领了辽东全域。很快又越过山海关，进入关内地区，最后灭亡了明朝，重新建立了新的王朝。萨尔浒之战是历史上的重大事件，因此，中国古代文献有记载，即使在今天也有人经常提到这次战役。韩国学界对于参战过的人员以及萨尔浒战争也十分关注。《光海君日记》《栅中日录》等朝鲜文献记载了与萨尔浒之战相关的各种事项。同时，也有像《金英哲传》《姜虏传》《崔陟传》《金将军传》等以萨尔浒之战为素材创作的文学作品广为流传。

本章要论及的《己未岁我太祖大破明师于萨尔浒山之战书事》（以下简称《萨尔浒之战书事》）是清代乾隆皇帝为了纪念创业先祖努尔哈赤在萨尔浒之战中取得功业而在萨尔浒战址树立的石碑。今天，韩国国内外学界虽然知道《萨尔浒之战书事》这件石碑的存在，但截至目前对于这件石碑的各种事项尚未见有具体的考察。

笔者在十年前在中国国家图书馆见到了《萨尔浒之战书事》的拓本照片。2013 年与 2016 年又亲自前往战争遗址现场考察原石碑，并将拓本文字与原石碑做过对照。本章将对清乾隆皇帝写作《萨尔浒之战书事》这件石碑的碑文及树碑过程、记述的内容及特征进行考察，同时也将以姜弘立率领朝鲜军参战的始末进行分析。除此以外，对于参加萨尔浒之战中深河之战的朝鲜军作战路线，笔者另外撰有论文，敬请参考。①

二、《萨尔浒之战书事》的书志事项与写作经过

萨尔浒是满语 Sarhū 的音译，用汉字写则为萨尔浒、撒儿湖、撒尔湖。乾隆皇帝曾指出，萨尔浒意为木厨，即储藏山林之木的仓库。② 萨尔浒地区原来属于苏子河部（苏克素浒部）。万历十一年（1583 年），城主诺米纳先跟随努尔哈赤，不久后背叛努尔哈赤，转而依附尼堪外兰。万历十三年（1585 年）间，努尔哈赤率军攻打萨尔浒地区，战争结束后，将萨尔浒纳入自己所控制的领土。

这里我们先来看一下清朝在迁都北京以后，皇帝直接东巡，前往永陵、福陵、昭陵进行参拜，并巡访旧都兴京赫图阿拉的相关事例（具体见表 20 - 1）。

---

① ［韩］朴现圭：《姜弘立所率朝鲜军参加深河之战考》，载《韩中人文学研究》2019 年第 63 辑，第 101 - 127 页。

② 《（高宗）御制诗二集》卷五二《萨尔浒》自序："国语萨尔浒，即汉语木厨也。峰势肖之，因以得名。"

表 20 - 1　清朝皇帝东巡表

皇帝	东巡时间	次数
康熙	1682 年（康熙二十一年）、1698 年（康熙三十七年）	2
乾隆	1743 年（乾隆八年）、1754 年（乾隆十九年）、1778 年（乾隆四十三年）、1783 年（乾隆四十八年）	4
嘉庆	1805 年（嘉庆十年）、1818 年（嘉庆二十三年）	2
道光	1829 年（道光九年）	1

从表 20 - 1 来看，举行过东巡的清朝皇帝共有四位。其中，东巡次数最多的是乾隆皇帝。在下文中我们将作详细分析。乾隆皇帝积极举行东巡有多种原因。第一，是为了参拜清朝建国先祖陵墓并追慕先祖。第二，是为了回顾先祖筚路蓝缕的创业历史。第三，也是为了向世人告知自己将踵武先祖的事实。第四，基于强化皇室权力的角度，向万方昭示清朝国运绵长与太平盛世。

以下我们对乾隆皇帝写作《萨尔浒之战书事》并树立碑石的过程进行考察。乾隆皇帝自即位之初就热衷于举行推崇先祖勋业的活动。乾隆元年（1736 年），乾隆皇帝命人对关外的先祖陵墓进行修复。乾隆八年（1743 年），乾隆帝举行第一次东巡，回到开创清朝基业的历史现场——萨尔浒，并写作了《萨尔浒诗》。诗中称，太祖努尔哈赤率领 500 名军士战败了明军数万人，建立了王业之基，又在铁背山击败杜松所率领的军队，挥舞黄钺，展现出清军威武之势。乾隆帝在《萨尔浒诗》中极力称扬先祖的业绩，诗中流露出创业艰难之感。①

乾隆十九年（1754 年）举行第二次东巡。这次东巡乾隆皇帝再次来到萨尔浒现场，又写作了一首《萨尔浒诗》。诗写到：先祖披荆斩棘，在萨尔浒经过艰难的创业历程，建立了国家。前城主诺米纳与明军将领杜松皆未能充分利用地理上的优势。秋风之中，重新经过此处，对于天武军所

---

① 《（高宗）御制诗二集》卷十八《萨尔浒》自序："太祖高皇帝，以五百人破明数十众，实王业之基也。"本诗："铁背山头歼杜松，手麾黄钺振军锋。于今四海无征战，留得艰难缔造踪。"

建立的功绩无限景仰。①

乾隆皇帝自即位初期起十分关注萨尔浒之战。乾隆四十年（1775年），乾隆皇帝为了积极表明自己对于萨尔浒之战的重视，亲自写作了碑文，并树立了石碑。同年十一月，乾隆帝将自己所写的《萨尔浒之战书事》全文赐予朝臣阅览，并说明了自己写作这篇碑文的相关经过。从《清太祖实录》中对萨尔浒之战的记载来看，杨镐所率领的20余万名士兵兵分四路进攻后金赫图阿拉时，太祖、太宗、贝勒、大臣率领精锐部队数千人歼灭明军过半，并杀死了明军刘綎、杜松等人。因此，乾隆帝写作了称扬先祖伟业、纪念萨尔浒之战的事迹记。②

《萨尔浒之战书事》的全文除了能在原石碑上看到，亦被收录在乾隆帝的《御制文二集》卷三二《书事》中。以下我们转录碑文末尾记载的写作动机部分如下：

> 予小子披读《实录》，未尝不起敬、起慕、起悲，愧未能及其时，以承勋抒力于行间马上也。夫我祖如此勤劳所得之天下，子若孙睹此战迹，而不思所以永天命、绵帝图，兢兢业业，治国安民，凛惟休惟恤之诚，存监夏监殷之心，则亦非予子孙而已。尔此予睹萨尔浒之战所由书事也。此予因《实录》尊藏，人弗易见，而特书其事，以示我大清亿万年子孙臣庶，期共勉以无忘祖宗开创之艰难也，故志。

在以上引文中，乾隆皇帝详细记载了自己写作这篇碑文的过程。乾隆帝在文中称，自己自幼时就通过《实录》，从先祖艰难的创业历史中深受感动。先祖努尔哈赤奉天命，以自己的勤勉与努力获得天下。在萨尔浒之战中，凭借杰出的战略歼灭明军，成就了帝王之业。对此，乾隆皇帝怀着恭敬与仰慕之心。同时，对于自己未能参与大业而感到无比羞愧。作为努尔

---

① 《（高宗）御制诗二集》卷五二《萨尔浒》："厨峰铁背界凡间，举义旗初创业艰。诸米无能夸地利，杜松安足抗师颜。秋风瑟瑟重经过，天武棱棱莫仰攀。寄语方来应敬念，岂容易抚有瀛寰。"

② 《清高宗实录》"乾隆四十年十一月癸未日"条："尝恭读我太祖实录载萨尔浒之战，明杨镐等集兵二十万，四路分出，侵我兴京，我太祖、太宗及贝勒大臣等统劲旅数千，歼戮明兵过半，一时良将，如刘綎、杜松等皆殁于阵。近曾亲制书事一篇，用扬祖烈而示传。"

哈赤的后人，乾隆帝再次强调萨尔浒之战所具有的重大意义。乾隆皇帝称，自己要继承先人的遗业，谨慎勤勉，发展国力，造福百姓。他还说，大清国的臣子与百姓有必要永远地记住萨尔浒之战，直至万年、亿年。不过《实录》因为被保存在深宫中，一般人无法接触。因此，自己写作了这篇碑文，记载了萨尔浒战绩，并树立了石碑，以便于众人皆可阅览。

乾隆皇帝所说的《实录》，指的是《清太祖实录》。《清太祖实录》初稿编成于崇德元年（1636 年），此后在顺治、康熙、雍正年间多次修订，最终于乾隆四年（1739 年）完成最终编纂。《清太祖实录》卷六天命四年（1619 年）二月与三月中的记载，是《萨尔浒之战书事》的主要取材来源。《萨尔浒之战书事》的碑文正文以《清太宗实录》中的记载为基础，对原文中的一些句子作了修订、润饰，同时乾隆皇帝在碑文的开头与结尾增入了自己对萨尔浒之战的看法。

对这两种文献中所记载的碑文，以对读的方式进行阅读是件十分有趣的事情。《清太祖实录》中，在行文中若遇到"天""上""父皇""皇后"等文字时，则另起一行书写，使用了这种抬头法。而《萨尔浒之战书事》中除了以上文字以外，对于"四贝勒"也使用了这种抬头法。这里的"四贝勒"指的是后来成为太宗的皇太极。而乾隆皇帝自己的皇位就来自皇太极皇位系谱。

此后，乾隆皇帝也不断采取措施称扬萨尔浒之战。在《萨尔浒之战书事》一文公开三个月以后的乾隆四十一年（1776 年）二月，《萨尔浒之战书事》石碑树立在了萨尔浒之战的战场遗址上。碑文的最后记载称："乾隆四十一年，岁在丙申仲春月"，明确记载了树碑的时间。同年六月，在制作关外先祖遗迹相关地图时，为了让后代永远铭记，乾隆皇帝命人在地图中明确记载了击败明军的萨尔浒山等战胜地。①

乾隆四十三年（1778 年），为了寻找满人遗迹及先祖皇陵，乾隆皇帝举行第三次东巡。同年七月，乾隆皇帝离开北京，前往盛京（今沈阳）。八月，先后来到永陵、福陵、昭陵，命人对皇陵进行修复。九月，乾隆皇

---

① 《清高宗实录》"乾隆四十一年六月丁巳日"条："谕盛京、吉林等处，我朝宗肇迹兴王之所，……缅维列祖，天作基祥，鸿业经营，规模大备，如我太祖、太宗，大破明师于萨尔浒山，及凡战胜攻取之地，开刱艰难，皆有山川疆域可考，自宜节举大要，分注图中，俾我世世子孙，按图瞻仰。"

帝离开盛京，回到北京。乾隆皇帝在离开盛京头一天，再次指示寻找先祖遗业的意义。

乾隆皇帝称，自己在登基以后，每次在读到《实录》所记载的创业事迹时，都不能忘记先祖伟业。癸亥年（1743 年，乾隆八年）与甲戌年（1754 年，乾隆十九年），乾隆东巡时都前往陵墓参拜。萨尔浒之战中，努尔哈赤率军队歼灭明朝四路军 20 余万人。乾隆帝将这一捷报远播四方，建立了国家大业，写作并公示了这件《萨尔浒之战书事》。乾隆帝又来到永陵、福陵与昭陵，流下眼泪，依依不舍。大清国祚需绵延亿万年。轻视或远离古都，疏于参拜先祖陵寝，这是忘记根本与百姓，也是国家的不幸。明代开国皇帝朱元璋虽然历经艰险创立了国家，但明中期以后的皇帝忘记先祖，国家终致灭亡。因此，乾隆皇帝称，必须每三年一次派遣两三名皇子前往先祖陵墓拜谒，并寻访先祖的遗迹。①

乾隆皇帝以萨尔浒之战为背景写作的御制诗有两篇。他在《题萨尔浒十二韵》中再次提到了萨尔浒，诗中吟咏先祖所取得的武功与天命的意义，并表达了自己的感受。此前，乾隆皇帝写作过《萨尔浒之战书事》一文，这次又写作了近体诗，诗中写道：后金在萨尔浒、吉林崖、斐芬山等处打败了明军，当时我军将士不甘示弱奋不顾身、同心协力，共创了光照千古之大业。②

---

① 《清高宗实录》"乾隆四十三年九月丁亥日"条："朕自临于以来，每间日恭阅列朝《实录》一册，周而复始，于创业垂统之迹，敬识之弗敢忘。前此癸亥、甲戌再临陪都，展谒陵寝，所历川原形胜，因见征闻，并为诗篇以纪，而萨尔浒一战，破明兵四路之兵二十余万，远近承风震詟，尤为缔造鸿规，向曾亲制书事长篇，昭示来许，昨岁为全韵诗。……至于朕叩谒永陵、福陵、昭陵，每至必泪声涌，瞻恋不忍去。……则我太清累洽重熙之盛，洵可绵延于亿万斯年矣。非然者或轻视古都，而惮于远涉，或偶诣祖陵，视同延揽古迹，而漠不动心。是则忘本而泯良，设有其人，即为国家之不幸，实不愿我后嗣之故此也。子若孙可不恪奉朕训，而知儆惧乎？历代事迹湮远，姑不具论，即如胜国洪武草昧初开，未尝不得之艰苦，而中叶以后，罔念厥祖，若正德之荒淫荡佚，恬不为怪，嘉靖、万历、天启之昏庸逸乐，阿柄下移，以致权臣奸宦，相继而擅威福，乱政害良。……嗣后每阅三年，即派皇子二三人，恭谒祖陵，每次于秋冬间启行，……俾之历览旧京风土，自皆惕然动念，感天佑而仰祖功。"

② 《（高宗）御制诗四集》卷五三《题萨尔浒十二韵》："已撰长文识，仍吟近体宣。重经用武地，深感命时天。萨尔浒列阵，吉林崖据巅。夹攻旗拨四，压击几才午。合力冲其要，移时破彼坚。纵横恣驰突，陇种尽刘虔。雁鹜蔽河下，鲸鲵封陆填。斐芬斫营速，尚间夺壕连。我卒羞为后，明兵避不前。成城众志合，创业一人权。以此先声赫，允惟隆佑专。数朝平四路，大武耀千年。"

以下我们来欣赏《萨尔浒再题》这首诗：

> 国语萨尔浒，汉语木厨谓。
> 太祖兴大东，初用武之地。
> 殊勋屡敬咏，守成每励志。
> 人和功爱定，更天时地利。
> 宇宙以来有，鸿蒙所位置。
> 藉兹纪神威，万劫藏金匮。

在这首诗中，乾隆皇帝再次阐述了萨尔浒之战的意义。太祖努尔哈赤在辽东建州地区建立国家，在萨尔浒与明军对战中取得大捷。清朝的建立是天时、地利、人和综合作用的结果。首先是人和，在此基础之上上天又赐予机会，加上地理上的优势，遂得以建立国家。自此以后，结束了持续不断的混乱，国家走上正轨。在诗中，乾隆皇帝称自己将不忘先祖功业，致力于永久守护江山。对此，请求神灵的护佑，记述先祖的伟业，恳切地希望能永垂不朽。

乾隆四十八年（1783 年），乾隆皇帝写下了纪念萨尔浒之战的《题萨尔浒十二韵》。乾隆皇帝称先祖在萨尔浒之战中所取得的战功，可与中国历史上黄帝与蚩尤的涿鹿大战，以及汉光武帝与王莽的昆阳之战相媲美。[①]

又，乾隆五十一年（1786 年），乾隆帝命阿桂、梁国治、和珅等人编纂《皇清开国方略》一书。该书对萨尔浒之战场面的描写主要依据《清太宗实录》中的记载，与《萨尔浒之战书事》的记载基本一致。又，太宗朝编纂的《满洲实录》一书，记载了自天聪九年（1635 年）满人兴起至努尔哈赤去世这段时间的历史。该书又名《清太祖实录战绩图》。原书不传，不过有乾隆四十九年（1784 年）以满文、汉文、蒙古文三族文字制作的重抄本，以及以满文、汉文等两种文字制作的重抄本。该书所绘制的插图一目了然，有助于我们了解当时的战事。其中有作为右翼南路进入的刘𬙊军与朝鲜军相关的插图：《四王败刘𬙊前锋》《四王破刘𬙊营》《诸

---

① 《（高宗）御制诗四集》卷九九《萨尔浒题句》："大战成功地，一戎王业昌，自当拟涿鹿，实觉胜昆阳。"

王破康应乾营》《阿敏贝勒败乔一琦兵》《姜功立率兵归降》等。

嘉庆十年（1805 年），嘉庆皇帝东巡，参拜了祖先陵寝，并寻访了先祖的遗迹。嘉庆皇帝在经过萨尔浒战场遗址时，留下了两篇御制诗，表达了自己的感怀。诗中写到：我们后金在赫图阿拉时，我们的父兄、子弟挺身而出对抗明军，建立了大清国。嘉庆皇帝说，自己寻访先祖遗迹地，回望先祖在过去建立的卓越战功及新出的计略，自己将励精图治、守护江山。特别是乾隆四十八年（1783 年），嘉庆皇帝随乾隆皇帝经过萨尔浒，往事浮上心头，流下了眼泪。乾隆皇帝纪念了萨尔浒之战，还说到：太祖、太宗亲自率领军士，五日内击溃明军 20 余万人，建立了大清国，我大清国国运自此发端。①

同年十月，嘉庆皇帝命盛京将军富俊在杏山东建亭树立石碑《辛巳岁我太宗大破明师于松山之战书事》，以纪念崇德六年（1641 年）皇太极在松山之战中大破明军之伟业。《松山之战书事》石碑的形态模仿了《萨尔浒之战书事》石碑。② 嘉庆皇帝也如其父乾隆皇帝一样，将《松山之战书事》类比《萨尔浒之战书事》，希望将先祖所建立的功业向世人广而告之，并虔诚地祈求清朝国祚绵长。

嘉庆二十三年（1818 年），嘉庆皇帝再次东巡，来到萨尔浒。此次东巡如同上次东巡一样，嘉庆皇帝再次感服于先祖创业之艰难，在此次东巡又作御制诗两首。嘉庆皇帝称，自己很早就阅读过《清太宗实录》与乾隆皇帝的《萨尔浒之战书事》，想到祖宗创业之艰难，发誓要竭力守护江山。这次东巡，嘉庆皇帝抚摸太祖、太宗历经百战后的遗迹，流下眼泪，决心时刻不忘祖先创业之艰难。③

最后，我们来看一下《萨尔浒之战书事》这块石碑所立的萨尔浒现场。萨尔浒山位于大伙房水库东南侧，现行政区划为抚顺县上马镇竖碑村。萨尔浒山虽然不高，海拔只有 70 米，但山势十分陡峭险峻。萨尔浒之战展开的历史空间为萨尔浒山及周边地区。萨尔浒山的外城东门与西门入口有 1997 年 1 月 28 日辽宁省人民政府评定并由抚顺市人民政府树立的

---

① 《（仁宗）御制诗二集》卷十五《萨尔浒咏事》，《回跸过萨尔浒再咏》。

② 《清仁宗实录》"嘉庆十年十月丁亥日"条："丁亥，御制太宗文皇帝大破明师于松山之战书事，命盛京将军富俊，敬仿萨尔浒山高宗纯皇帝书事碑式，于杏山大营东建亭勒石。"译者按：韩文论文原文中讹作"嘉靖"，今更正为"嘉庆"。

③ 《（仁宗）御制诗二集》卷五四《萨尔浒咏事》，《回跸过萨尔浒再咏》。

"省级文物保护单位——萨尔浒城"石碑。萨尔浒山北侧、大伙房水库对面，是萨尔浒之战中后金军击败杜松部队的界藩城所在的铁背山。

　　《萨尔浒之战书事》石碑（见图 20－1）的材质为汉白玉。碑身为四角形，高约 153 cm，宽约 213 cm，厚 32 cm，底座高 79 cm。碑面四边镶着很粗的花纹。碑文正面以汉文楷书写成，阴刻。背面以满语写成，阴刻。以汉字为标准计算，碑文包括题目在内共有 94 行，字数为 3421 字。底座上刻有唐草、宝镜、莲花等阳刻纹样。保护石碑的碑亭为四角形，碑亭四面开有弧型的出入门。碑亭屋顶上覆盖着黄色的琉璃瓦，顶端被做成圆形大宝顶形状。①《萨尔浒之战书事》石碑原位于竖碑村北部三公里处的萨尔浒山西南侧。村子之所以名为竖碑村，就是因为《萨尔浒之战书事》这块石碑。这件石碑与碑亭于 1963 年被列为辽宁省文物保护单位。"文化大革命"时期，碑亭被损坏，1978 年碑亭解体后，石碑被转运至沈阳故宫博物院。我们来到碑亭旧址所在处，只见铁丝网下野草丛生，此外还有一些瓦片和残砖，这些都表明此处曾是碑亭所在处。

图 20－1　《萨尔浒之战书事》石碑

---

　　①　马玉良：《"萨尔浒山之战书事"碑与萨尔浒之战》，载《沈阳师范大学学报》1986 年第 2 期，第 95 页。

1978 年被转运到沈阳故宫保管的《萨尔浒之战书事》石碑曾一度在故宫大政殿右侧室外展示。后来，这件石碑又被转移至刻石馆室内展示。1982 年，抚顺市在大伙房水库对面西部地带设置了萨尔浒景区。1997 年，人们在景区内的王杲山上重新树立了根据《萨尔浒之战书事》仿刻而成的石碑，并复原了碑亭。

三、《萨尔浒之战书事》的记述特征

萨尔浒之战是后金所建、向人们告知清朝创业壮举的石碑。我们在碑文中不难找到突出了后金努尔哈赤在萨尔浒及其周边地区击溃明军获得大胜的相关文字。

我们先来看一下关于参加萨尔浒之战的明军总人数的记载。《萨尔浒之战书事》记载，万历四十七年（1619 年）二月，明军杨镐为进攻后金都城赫图阿拉，组成大规模军事武装，兵分四路行军。左翼中路军由杜松、王宣、赵梦麟、张铨等人率领六万名士兵从浑河出发，开赴抚顺关。右翼中路兵六万人由李如柏、贺世贤，阎鸣泰率领，从清河出发，开赴鸦鹘关。左翼北路军由马林、麻岩、潘宗颜等人率领四万兵，从开原出发，与叶赫女真合并，开赴三岔口。右翼南路军由刘綎、康应乾率领四万名士兵，从宽甸口出发，与朝鲜军汇合。①

但笔者认为，即便将朝鲜军与叶赫女真军计算在内，明军的总人数也并未达到像《萨尔浒之战书事》《满文老档》《清实录》等文献记载的 20 万人。此前的学者计算的方法虽然各不相同，不过都认为明军总人数为 10 万至 12 万。② 另外，从明朝与朝鲜的相关记述来看，明军总人数也未达到 20 万人。《明史纪事本末》记作 10 万人③，《明史纪事本末》收录明

---

① 《栅中日录》中，将杜松所率之左翼中路军与马林所率之左翼北路军称为西路军，将李如柏的右翼中路军称为中路军，将刘綎所率右翼南路军称为东路军。

② 稻叶君山的《清朝全史》一书记载称有 10.3 万余人，孙文良、李治亭、邱莲梅的《明清战争史略》称包括朝鲜军在内有约 10 万人，李鸿彬的《清朝开国史略》称有 10 万余人，台湾三军大学所编《中国历代战争史》称有 11.36 万余人，阎崇年的《明亡清兴六十年》称有 12 万人。

③ 《明史纪事本末补遗》卷一《辽左兵端》。

人丘坦的表文中记作 14 万人。①

现存文献中，明人王在晋的《三朝辽事实录》最为具体地记载了明军参战人数。王在晋通过当时的邸报，对参加萨尔浒之战的明军数字进行了整理。根据他的推算，明军总人数为 88550 人。② 这一数字加上朝鲜军13000 人，叶赫女真军成千上万人，明军总人数当在 10 万至 11 万之间。因此，笔者推断，为了突出努尔哈赤的伟业，《萨尔浒之战书事》等文献对明军实际兵力作了一定程度上的夸饰。

以下我们以具体的事例对与朝鲜军合并的右翼南路军刘綎的兵力进行考察。姜弘立在上奏朝廷的驰启中称，虽然刘綎自称所率明军人数为 3 万人，但在他看来不过 1 万人左右。另外，姜弘立还报告称，刘綎"以不待后至之兵，径先出兵，显有怨恨之意，发于言语"③。几日后，姜弘立见到了刘綎，询问了明军的人数。刘綎回答称，自己亲自率领的士兵只有数千人，各将领率领的士兵也不过 1 万人。④ 此外，姜弘立还问到，东路右翼南路军人数较少，被孤立了，但为何不请求派兵支援。刘綎回答称，自己与杨镐关系不好，因此并未请求援兵。⑤ 此外，刘綎计划率领自己的四川兵两三万人返回，但明朝廷不允，这一计划遂作罢。⑥ 又如，对于发兵日期，刘綎认为四月与五月较好，而杨镐主张二月末及早发兵，刘綎亦不得不随之出发。因此，刘綎对于自己麾下的兵力补给出现了巨大的差池。刘綎阵营中部将有：参将祖天定、守备徐九思、游击姚国辅、都事周义、副总兵江万化、指挥周翼明等人。明军监军为康应乾，朝鲜军监军为游击乔一琦，赞理为黄宗周。⑦

姜弘立所率领的朝鲜军于二月十九日至二十三日依次出征，渡过鸭绿江。二十四日，从咧咧泊出发，先后经过莺儿沟、潦水岭、亮马佃，于二十六日抵达榛子头。在榛子头，姜弘立与刘綎所率领的右翼南路军会合。

---

① 参照《光海君日记》"十年闰四月十七日"条。当时朝鲜人沈惇报告称，在见到明游击丘坦所作表文中称，今奉圣旨发动 14 万大军，希望朝鲜也派出 7000 人参战。

② 《三朝辽事实录》卷一"万历四十七年三月"条。

③ 《光海君日记》"十一年二月二十七日"条，姜弘立驰启。

④ 《都督刘将军传》，王在晋《请饷详文》。

⑤ 《光海君日记》"十一年二月二十六日"条，姜弘立驰启。

⑥ 《三朝辽事实录》卷一"万历四十六年七月"条。

⑦ 《三朝辽事实录》卷一"万历四十七年正月"条；《都督刘将军传》。

此后，朝鲜军先后经过拜东葛岭、牛毛岭、牛毛寨，于三月一日抵达马家寨，且行军途中在牛毛寨与马家寨等地遭到后金军重创。三月二日，在深河与后金栋鄂部所属的驻屯防卫军相遇，两军交战。

根据《萨尔浒之战书事》的记载，努尔哈赤在事前就获得了刘𬘩右翼南路军栋鄂路行军的消息，于是制定了集中兵力攻击一处的战略，首先进攻的是进入萨尔浒一带的杜松所率领的左翼中路军。同时，命令佐领托保、额尔讷、额赫等人率领驻屯防卫军 500 人南下阻止敌军。① 托保等人为了最大限度地降低刘𬘩右翼南路军的行军速度，从多个方面采取了措施。他们在牛毛岭砍倒大树，制造障碍，以图降低敌军行进速度。又派出乔装打扮的军人传递错误信号，以此迷惑敌军。此外，他们在深河地区动员部下进攻朝明联合军。这一天，在深河地区两侧阵营之间发生了第一场战争。关于深河地区的战争情况，《萨尔浒之战书事》与《栅中日录》的记载可以相互补充。《栅中日录》记载，在深河地区开战的后金军五六百人，就是《萨尔浒之战书事》中所说的托宝等人率领的后金驻屯防卫军 500 人。

在深河之战中，朝鲜军取得了歼灭后金敌将的战果。对于这位被杀害的后金敌将的身份，文献有不同记载。《栅中日录》记载，汉城炮手李成龙放炮，击中敌将，韩明生赶上前来砍死敌将，但对于被杀的敌将到底是谁并未作记载。而明军部报告称，被朝鲜人杀害的敌将是努尔哈赤的女婿胡忽里（火胡狸）及努尔哈赤第三子金白。《光海君日记》记载，明朝次官来到朝鲜半岛，告知光海君金应河部下杀死了努尔哈赤女婿胡忽里及第三子。②《三朝辽事实录》也有与之类似的记载。刘𬘩军队行军 300 余里抵达深河，先后攻占牛毛山、马家寨等 10 余座寨子，杀死敌军无数，其中就有努尔哈赤的女婿胡忽里与金白等人。③

---

① 《萨尔浒之战书事》："三月朔，我西路侦卒遥见火光驰告，甫至而南路侦卒又以明兵逼境告。我太祖曰：明兵之来，信矣。南路驻防之兵有五百，即以此拒之。明使我先见南路有兵者，诱我兵而南也。其由抚顺关西来者，必大兵，急宜拒战，破此则他路兵不足患矣。……初，刘𬘩兵出宽甸，进栋鄂路，我居民避匿深山茂林中。刘𬘩悉焚其栅寨，杀其孱弱。佐领托保、额尔讷、额赫率驻防五百人迎敌。"

② 《光海君日记》"十一年四月八日"条。

③ 《三朝辽事实录》卷一"万历四十七年二月"条："至深河下营，连攻牛毛、马家寨口，深入三百余里，克十余寨，斩获甚众，杀死奴壻火胡狸、金白二酋。"

但从各种情况来看，明朝军部传来的消息可能是错误的。《萨尔浒之战书事》中明确记载，与刘𬘩军开战时的驻屯防卫军的将领是额尔纳与额赫。① 胡忽里指的是当时栋鄂部的将领何和礼。何和礼是后金五大臣之一，娶努尔哈赤长女为妻。萨尔浒之战时跟随努尔哈赤建立战功，但他并未参与深河之战。天命九年（1624 年），何和礼病死。努尔哈赤的第三子，以出生顺序推算当为阿拜；以当时尚活着的儿子顺序推算，则为三贝勒莽古尔泰。此二人分别在深河之战发生后的顺治五年（1648 年）与崇德五年（1640 年）去世。

《栅中日录》记载，出现在东侧最高山头的是后金 1000 余名士兵。《萨尔浒之战书事》中称，努尔哈赤在获得刘𬘩率领 100 余名士兵正在赶往赫图阿拉的情报后，为支援驻屯防卫军，火速派遣扈尔汉的先头部队 1000 余名士兵。《栅中日录》记载的后金 1000 余名士兵，就是《萨尔浒之战书事》中记载的后金 1000 余名士兵。② 扈尔汉率领部队登上深河东侧山上观望驻屯防卫军与明朝联合军之间的战状，而后与战败的驻屯防卫军联合，投入险峻山中埋伏起来，直至本国部队到来。③

三月四日，明朝联合军迎来改变他们命运的一战。明军将部队分为先头部队、本阵及步兵，三支队伍率先出发。朝鲜军紧随其后。《萨尔浒之战书事》记载，大贝勒代善等人率领的后金部队埋伏在瓦尔喀什树林间，在明军先头部队到来时发动突袭。皇太极登上阿布达里山头，编成先头部队，本阵紧随先头部队，一起冲击山下的明军。代善率军从西侧奇袭，从旁协助进攻明军。这样，后金部队取得大胜。④

大贝勒欲引兵先登，驰下击之。四贝勒曰：兄统大兵留此，相机为援，吾先督兵登冈。自上在击败明军先头部队后，后金部队很快将锋芒指向刘𬘩的本阵两营。根据《萨尔浒之战书事》的记载，后金部队在刘𬘩

---

① 《萨尔浒之战书事》："刘𬘩兵围之数重。额尔讷、额赫死之，并伤我卒五十人。"

② 《萨尔浒之战书事》："而明总兵刘𬘩、李如柏等南路进者已近逼兴京，侦卒驰告。上遂命扈尔汉先率兵千人往御。"

③ 《萨尔浒之战书事》："托保引余兵，与扈尔汉军合。扈尔汉伏兵山隘以待。"

④ 《萨尔浒之战书事》："时，刘𬘩所率精锐二万，先遣万人前掠，将趋登阿布达哩冈布阵。"

本营准备妥当之前发动突然袭击，取得大胜。① 而明朝将领刘綎迎来了他人生中的最后的英雄时刻。刚开始他虽然左臂被射伤，但仍然与敌拼杀；尔后右臂负伤，无法继续作战；接着，脸上被后金士兵砍伤，半边脸被砍去，但仍然左冲右突，杀敌数十人，最后还是壮烈战死。刘綎之养子刘招孙前来救援，但亦战死。② 刘綎的部下将领坐在火炮上，点燃火炮，自杀身亡。③ 但《萨尔浒之战书事》仅以"刘綎战死"作了交代。

《萨尔浒之战书事》对于明游击乔一琦的记载也与之类似，十分简略。

明军中事先逃走的于守备（于承恩）、陈相公前来告知朝鲜将领姜弘立明军战败的消息后逃亡，但乔一琦称自己担任朝鲜监军，誓与朝鲜军共进退。不久，姜弘立决定与后金议和，乔一琦认为大势已去，于是留给儿子一封遗书后自尽身亡。对于乔一琦自尽身亡的过程，各文献的记载略有出入，一种说法是乔一琦在抹脖子后为人所救，但后来又选择了跳崖自尽。《萨尔浒之战书事》如同上文对刘綎之死仅记作"刘綎战死"一样，对于乔一琦也只有简单的记载："乔一琦自缢死。"④

后金军在歼灭刘綎本部之后，再次转战次要地区，将锋芒指向将军康应乾的步兵与姜弘立所率领的朝鲜军。《栅中日录》仅描述了在次要地区安营扎寨的朝鲜军的情况。而《萨尔浒之战书事》同时记载了明军将领康应乾所率领的步兵。⑤ 次要地区北部是明将康应乾所率领的步兵，南侧是朝鲜军。

姜弘立在听到远处传来连绵不绝的炮声后，马上登上左侧山头，观察动静。在看到战争已经打响后，立刻命令三营，登上高处山头，摆开防御之势。但由于敌军骑兵速度过快，朝鲜军未能摆好阵势。左翼在平原上摆开阵式，右翼登上山头后为了救援被孤立的左翼，于是右翼部队又回到平

---

① 《萨尔浒之战书事》："四贝勒乘胜追击，与刘綎后队两营兵遇。綎仓卒不及阵，四贝勒纵兵奋击，歼其两营兵万人，刘綎战死。"

② 《明史纪事本末补遗》卷一，《辽左兵端》："綎中流矢，伤左臂，又战，复伤右臂，綎犹鏖战不已。自巳至酉，内外隔绝，綎面中一刀，截去半颊，犹左右冲突，手歼数十人而死。刘招孙救之，亦死。"

③ 《光海君日记》"十一年三月十二日"条，朴烨驰启。

④ 《萨尔浒之战书事》："明游击乔一琦自缢死。"

⑤ 《萨尔浒之战书事》："是时，海盖道姜应乾步兵合朝鲜兵，营于富察之野。其兵执筤筅长枪，被藤甲、皮甲，朝鲜兵被纸甲，其胄以柳条为之，火器层叠列待。"

原。中营在姜弘立所在的山头布阵。姜弘立所登上的山头，朝鲜文献中名为固拉库。《萨尔浒之战书事》将姜弘立所登上的山头记作固拉库，《清太宗实录》记作孤拉库。左右营虽然摆出了作战阵型，但由于敌军骑兵速度飞快进入，左右营战事并未取得实际效果。放炮手虽然摆好了队形，炮手在放出一发炮弹后至再次装炮发射前的这一间隙，敌军骑兵已经冲入军中，这样炮弹未能继续发射出去。左营将领金应河作战勇猛，直至最后壮烈战死。而左右营最后被后金的铁骑军彻底毁灭。

　　这里我们试着分析朝鲜军被彻底消灭的原因。学者一般会从后金兵力上的优势、骑兵的快速进攻、刘𫄷军事上的判断失误及被杀害，以及朝鲜军军粮不足等方面分析原因。除此以外，气象突变也是其中一个不可忽视的重要原因。当天次要地区气压突变，气象异常。《栅中日录》记载，姜弘立登上山头看到，刮起大风、烟尘弥漫、不见天日。另外，平安道监事朴烨在上报朝廷朝鲜军败战消息的驰启中写到：在我军军士放炮应对时，突然西北方向刮起大风，卷下击之。大贝勒曰：“善。吾引左翼兵出其西，汝引右翼兵登山，俾将士下击，汝立后督视，勿违吾言，辄轻身入也。四贝勒遂率右翼兵往，先引精骑三十人，超出众军前，自山驰下奋击之，兵刃交接，战甚酣，后军随至，冲突而入。大贝勒又率左翼兵，自山之西至，夹攻之，明兵大溃。”突然扬起的灰尘与烟雾，使得朝鲜军不辨天地，火药被风吹散，火被风吹熄，火炮也无法发射。①

　　在朝鲜军难以应对清军之事上，气象突变是人为因素以外的一个重要原因。明军基于彻底摧毁敌军势力的作战方针，对于所到之处的周边村落实施扫荡。这一天，明军在行军途中将附近村落 100 余户寨子全部烧毁，房屋燃烧产生的烟尘借着风势，吹向朝鲜军阵营，天空被烟尘遮蔽，变得一片漆黑，以致朝鲜军难以辨认前方，造成炮弹发射困难。

　　《萨尔浒之战书事》记载：“遂复督兵攻应乾明兵及朝鲜兵。敌竟发火器，忽大风骤作，走石扬沙，烟尘反扑敌营，昏冥昼晦。我军乘之，飞矢雨发，又大破之，其兵二万人歼焉。”② 《萨尔浒之战书事》中的记载为：上天帮助后金，刮起大风，这样，后金在上天的帮助之下取得大胜。

---

　　① 《光海君日记》“十一年三月十二日”条，朴烨驰启。

　　② 《萨尔浒之战书事》：“遂复督兵攻应乾明兵及朝鲜兵。敌竟发火器，忽大风骤作，走石扬沙，烟尘反扑敌营，昏冥昼晦。我军乘之，飞矢雨发，又大破之，其兵二万人歼焉。”

《萨尔浒之战书事》神秘化了这一事件。

姜弘立所率领的中营看到左右营纷纷在自己眼前被歼灭，失魂落魄。虽然他所率领的中营距离左右营不过 1000 步之遥，但因事出突然，自己连率军前去援助的念头也来不及闪现，只能蠢立观望。后金代善也暂时停止进攻，观望事态发展。这时，朝鲜与后金两军阵营中正展开以投降为前提的和议。根据协议的结果，金景瑞先来到后金阵营并住了一晚，第二天姜弘立率领军队投降后金。

那么是何人首倡议和的呢？对此，双方文献记载截然相反。《萨尔浒之战书事》与《清太宗实录》记载，姜弘立先派出翻译前来议和。① 而朝鲜方面的文献记载，后金派出翻译前来议和。《栅中日录》记载，后金来到朝鲜军阵前，叫来通事，姜弘立从营中出来答话，并将通事黄连海派往后金阵营，展开议和。朴烨在上报朝廷败战消息的驰启中说，后金叫来译官何瑞国，通过此人首先传达议和的意向。② 参加次要地区战斗、逃回朝鲜的金应泽回到本国后，称敌将先派人来到我军阵营，今天的战斗已有定论，不欲继续作战，希望和议。③

这里我们对于当时的情况做详细考察。诚如从"七大恨"檄文看到的，后金发动此次战争，起初矛头是指向明朝，后金并不希望与朝鲜开战。当时后金凭它所拥有的国力事实上无法与明朝作生死决战。如果将战争矛头扩大到朝鲜，要想守住鸭绿江与图们江边境，必须投入很多兵力。努尔哈赤在事前得知明朝将来要大规模进攻后金的消息后，向满浦边境派出使者，通过他向朝鲜国王寄去国书。国书称：朝鲜与后金本无仇无怨，希望勿要听从明军请求派兵。④

次要地区之战中，率领后金军队的总将领是代善。代善在姜弘立被扣留于后金时，积极改善后金与朝鲜的关系。每次在努尔哈赤向四面派兵应

---

① 《萨尔浒之战书事》："功烈知明兵败，大惊，遂按兵偃旗帜，遣通事执旗来告曰：此来非吾愿也。昔倭侵我国，据我城郭，夺我疆土，急难之时，赖明助我，获退倭兵，今以报德之故，奉调至此。尔抚我，我当归附。且我兵之在明行间者，已被尔杀，此营中皆高丽兵也。明兵逃匿于我者，止游击一人及所从军士而已。当执之以献。"

② 朴烨驰启错误地将后金派出的议和之人记作译官河瑞国。李民宬在《越江后追录》中指出，后金在倡导议和时，朴烨驰启中所谓后金派往朝鲜议和之通事河瑞国，当时正跟随都督刘綎进入了后金的巢穴，并不在朝鲜军营中。

③ 《光海君日记》"十二年五月二十日"条。

④ 《光海君日记》"十年五月二十九日"条。

对敌军时，代善都会从旁劝说，称：结怨太多，于我不利。同时，他积极主张与朝鲜和议。①

此后，朝鲜朝野长期存在一种观点，即姜弘立在事前受光海君"观形向背"的秘旨，选择了投降。当时，光海君极力反对派兵前往辽东讨伐后金。光海君曾向姜弘立下达谕示，指示姜弘立对于明朝将领之话不必言听计从，只要在战争中不败即可。② 光海君的谕示是针对姜弘立听从明朝将领杨镐之请选调 400 名朝鲜军而说的，但我们还看不出光海君真正的用意是什么。姜弘立洞悉光海君的用意，于是基于本国利益，在此后与后金的战斗中表现并不积极。以姜弘立为原型创作的汉文小说《姜虏传》与《金英哲传》写道，姜弘立曾将光海君写给自己的密旨出示给金景瑞与诸将，并指示朝鲜军以后尽量避免与后金作战。

但笔者认为，从次要地区的作战战况来看，姜弘立按照观光海君"观形向背"密旨投降后金的这种看法，很难令人信服。当时明朝刘綎率领的部队与朝鲜左右营皆被歼灭，朝鲜军应对后金的兵力十分不足。中军将士们在见到左右营瞬间被歼灭的惨状后，基本上丧失了作战意志。当时人们对于姜弘立并不出兵救援左右营有多种传说，姜弘立部下的李民寏称，之所以会有这些传说，是因为人们对当时情况不了解。左右营在被后金军歼灭时，虽然中营距离左右营距离并不遥远，但后金的骑兵瞬间能组织六七千人的部队，因此中营并非无心救援，而是无法救援。③

左右营被歼灭后，中营被孤立起来。当时有一些士兵决议战斗到最后，也有一些士兵提议趁着月色逃亡，但阵营中并无人为逃亡流言所动。当中营士兵们听到达成协议的消息后，反而感到无比高兴、欢呼雀跃。因此，与其说姜弘立是奉光海君密旨投降，不如说是在当时不可逃避的情况下，姜弘立出于自身与士兵们的安危的考虑，选择了投降。笔者认为这种解释似乎更为合理。

以下我们考察一下投降的朝鲜军人数。《栅中日录》记载，当时捕获的朝鲜军士有 4000 人。④《萨尔浒之战书事》记载，姜弘立率领军兵 5000

① 《光海君日记》"十一年十二月十七日"条。
② 《光海君日记》"十一年二月三日"条。
③ 《栅中日录·越江后追录》。
④ 《栅中日录》"庚辰年（1620）七月十七日"条。

人投降。投降后金的朝鲜军由以下这些人组成：聚集在山头的军士，姜弘立、金景瑞部下的军士与中营军士，以及从左右营逃走的一部分军士。从渡江之前朝鲜军的队伍编制人数来看，姜弘立所属的部队有 740 人，金景瑞带领的部队有 1890 人，中营士兵为 3350 人，合计 5980 人。这 5980 人中后来有一些人逃脱，即便如此也会剩下 4000 多人。因此，《萨尔浒之战书事》的记载与事实比较接近。

总之，姜弘立的投降决定对于后金而言是极大的鼓舞。后金军在与朝鲜军的作战中并无兵力上的损失。此后，后金利用姜弘立与朝鲜取得联系，试图改善与朝鲜的外交关系。丁卯之役①时，朝鲜与后金缔结了兄弟合约，姜弘立在幕后做了不少工作。因此，《萨尔浒之战书事》并未记载姜弘立的名字，而是记作"姜功烈"。②

三月六日，投降后金的姜弘立及其手下将领与随行人员被带到努尔哈赤所在的赫图阿拉。

姜弘立与金景瑞在后金宫中见到努尔哈赤时，出现了礼法上的问题。根据《栅中日录》的记载，姜弘立与金景瑞并未向努尔哈赤行跪拜礼，引起了努尔哈赤的愤怒与大臣达海（一作大海）的指责。而与此不同的是，据《萨尔浒之战书事》记载，姜弘立、金景瑞等人匍匐谒见了努尔哈赤。③《清太祖实录》也称姜弘立、金景瑞等人匍匐谒见了努尔哈赤。从《满洲实录》所收录的"姜功立率兵归降"插图来看，努尔哈赤与众贝勒安坐在椅子上，旁边画着的是姜弘立、金景瑞等多人跪拜在一旁的形象。

《萨尔浒之战书事》虽然有不少夸饰后金功业的部分，但笔者认为，姜弘立与金景瑞匍匐谒见努尔哈赤的记载更接近于事实。一般来说，向敌军投降的将领在见到敌军首领时并不行礼，只是应声作答，这种行为极不正常。另外，在努尔哈赤愤怒的状态下，姜弘立等人若稍不留神，则极易引发更大的祸事。此后，李肯翊在《燃藜室记述》中，通过郑应井的供

---

① "丁卯之役"是指后金于天聪元年（朝鲜仁祖五年，1627 年）对朝鲜发动的战争。这场战争在清朝被称为"丁卯之役"，朝鲜史书则称之为"丁卯胡乱"。

② 《清太祖实录》将姜弘立记作"姜宏立"，《满洲实录》记作"姜功立"。"姜宏立"的"宏"字与"姜功立"的"功"字皆系为避乾隆皇帝之名讳所改之字。

③ 《萨尔浒之战书事》："上御殿，朝鲜都元帅姜功烈及副元帅等，匍匐谒见。"

词与《续杂录》，记载了姜弘立前后两次向努尔哈赤行礼。①

　　在遭到后金强烈指责后，姜弘立与金景瑞是否向努尔哈赤行礼？对于这一问题，我们在《栅中日录》中找不到其他的记载。作者李民寏称，由于努尔哈赤接见姜弘立、金景瑞时自己并不在场，因此并未见到姜弘立等人是否向努尔哈赤行礼，但他通过朝鲜通事听说了在接见场所所发生的具体情况。他认为，如果《栅中日录》记载了姜弘立与金景瑞向努尔哈赤行礼，那么姜弘立事后再回到朝鲜时，很有可能会引起大问题。因此，李民寏故意隐瞒了这一部分，并未作记载。

四、结　论

　　朝鲜光海君十一年（明万历四十七年，后金天命四年，1619 年）三月，发生了改变明朝与后金国运的萨尔浒之战。明朝以辽经略杨镐为主帅，任命杜松、马林、刘綎、李如柏等人率领大军，兵分四路，前往进攻后金首都赫图阿拉。后金统治者努尔哈赤将后金全部军事力量集中在萨尔浒及其周边一带，与明军展开交战，歼灭了明军三路军，取得大捷。② 萨尔浒之战可以说是明清交替时期的分水岭。

　　萨尔浒之战书事是清乾隆皇帝为了纪念萨尔浒之战而树立的石碑。乾隆四十年（1775 年）十一月，为了永久地纪念先祖努尔哈赤在萨尔浒之战中所取得的战功，乾隆皇帝写作了这篇记文。乾隆四十一年（1776 年）二月，这件石碑被树立在萨尔浒之战的现场——竖碑村北部，人们还为这件石碑建造了碑亭。乾隆四十三年（1778 年），乾隆皇帝举行第三次东巡，意识到《萨尔浒之战书事》蕴含的深意，寻访了先祖陵寝，并留下了永久保存此碑的谕示。1978 年，萨尔浒之战书事石碑被转移到沈阳故宫博物院。

　　《萨尔浒之战书事》取材于《清太宗实录》，不过在后者的基础之上略有修订。从碑文内容来看，基本上如实地记载了当时的战事，不过一些地方也有对后金所取得之战功进行修饰之处。刘綎所率领的明军有 10000

---

① 《燃藜室记述》卷二一《废主光海君故事本末》。

② 从《三朝辽事实录》卷一中所记载的明军被杀的情况来看，明军一半以上被杀，十分惨烈。出征者 88550 余人中，战死的将领有 311 人，战死的士兵有 45870 余人。

余人，朝鲜军有 13000 人，明朝联合军合计不过两万多人。然而碑文却记载，刘綎率领精锐部队四万人，被后金歼灭，把数字夸大了一倍。

又如，在次要地区的战斗中，明军烧毁村落产生的烟雾趁着风势，对朝鲜军行军作战造成影响，以至于无法看清前路，致使朝鲜军难以抵御后金军。而碑文却说，神风吹来沙尘与烟雾，扰乱了朝鲜军阵营。可见此事在碑文中被神秘化了。

另外，我们在《萨尔浒之战书事》中能见到在朝鲜文献中见不到或者与之不同的记载。次要地区的战斗中，明将领康应乾步兵与朝鲜军会合。康应乾率领的步兵驻扎在次要地区北部，朝鲜军驻扎在次要地区南部。碑文并未记载姜弘立的名字，而是以姜弘立获得的封号称其为"姜功烈"。

17 世纪初期发生在辽东地区的萨尔浒之战距今已经过去 400 年了。但直到今天，人们对此次战役仍抱有浓厚的兴趣。朝鲜君臣之间对于明朝提出的希望朝鲜派兵参与萨尔浒之战的请求展开了热烈的争论。直到今天，对于对象主体与主题，人们仍在不停争论，或许这一争论将一直持续下去。此外，关于朝鲜军参与萨尔浒之战的经过以及次要地区战斗的始末、姜弘立投降的真相，还有很多问题有待我们继续深入研究。笔者认为，对此有必要发掘更多相关资料以接近事实真相，进而从多个角度作细致分析。

第二十一章　朝鲜籍满洲旗人韩氏、金氏家族墓志及其在清朝定居的特征

一、引　言

清代八旗由多个民族的人构成。成为统治阶层的旗人除了起初在中国东北地区活动的女真族，还有蒙古族、汉族、朝鲜族、突厥族、俄罗斯族等，由这些不同民族融合而成。乾隆九年（1744年），弘昼、鄂尔泰、福敏、徐元梦等人奉乾隆皇帝之命以满洲八旗氏族为基础，编纂了《八旗满洲氏族通谱》。该书中朝鲜人的姓氏有43个。朝鲜籍满洲旗人大多是17世纪，特别是在丁卯与丙子之役时来到中国后被编入旗人的。

朝鲜籍满洲旗人中有一些人做到中央王朝的高官或武官将领，成为一时望族。如朝鲜仁祖三年（1625年），受李适之乱牵连而逃到清朝的韩运（韩润）、韩尼（韩泽）及其后代形成的韩氏家族，以及仁祖五年（1627年）丁卯之役时，成为清军俘虏而被带走的金新达礼兄弟及其后代形成的金氏家族。韩国国内外学界非常关注朝鲜籍满洲旗人韩氏家族与金氏家族。从此前的研究来看，主要是对朝鲜籍满洲旗人姓氏的分布、韩氏和金氏前往清朝的过程以及来到中国后发展成豪门大族的过程等问题进行考察，取得了一些成果。①

今天，我们能看到朝鲜籍满洲旗人韩氏家族与金氏家族的《韩云墓碑》《韩杰音墓碑》《金德云诰命碑》《金新达礼神道碑》《金花住神道碑》五件碑文的原拓本以及相关文献记载。韩氏与金氏的碑文记载了《八旗满洲氏族通谱》《皇朝通志》《清史稿》等其他文献未记载的内容。

---

① 对韩氏家族做过先行研究的学者主要有：徐凯、陈昱良、禹景燮等；对金氏家族做过先行研究的学者主要有：李光涛、刘小萌、林庆俊、李丹、李忠辉、黄丽君、金文京、김휘석（音译为金辉锡）等。

虽然此前的学者或者使用过韩氏与金氏家族的部分碑文，或者对这些碑文作过介绍，① 但截至目前尚未见到对如上五篇碑文作全面分析的成果。特别值得注意的是，我们尚未见到有相关研究指出，初稿本系统的档案本《金新达礼神道碑》与定稿本系统的原碑石《金新达礼神道碑》存在差异。因此，本章将对韩氏与金氏碑文记载的各种事项作详细分析，同时，也将对韩氏家族与金氏家族各自对于在清朝生活的态度以及他们对待祖国朝鲜的态度这二者之间存在怎样的差异进行详细考察。这一工作将有助于我们把握古代因战乱这一特殊事件而去往他国的朝鲜人如何在异国生存下来的问题。

二、韩氏与金氏家族碑文的现状

在正式开展讨论之前，我们先对流传下来的韩氏与金氏碑文的种类与系统进行介绍。为了便于读者阅览，这里我们列表加以说明（如表 21 - 1 所示）。

表 21 - 1　韩氏与金氏家族存世碑文及其版本

碑名	初稿本系统	定稿本	
	档案本	原拓本	转录本
韩云墓碑	×	×	○
韩杰音墓碑	×	×	○
金德云诰命碑	○	○	×
金新达礼神道碑	○	○	○
金花住神道碑	×	○	○

注：表中符号○代表"有收录"，符号×代表"未收录"。

其中韩氏家族的碑文有两件，分别为《韩云墓碑》《韩杰音墓碑》。《韩云墓碑》被收录在清光绪年间清宗室盛昱编纂的《雪屐寻碑录》卷六

---

① 刘小萌对原拓本《金新达礼神道碑》与《金花住神道碑》作过分析；李光涛、林庆俊对《金新达礼神道碑》作过分析；徐凯对转录本《金新达礼神道碑》与《金花住神道碑》作过分析；金文京对原拓本《金德云诰命碑》作过分析。

中。《雪屐寻碑录》的通行本有 1933 年金毓黻以日本仓石武四郎藏本为底本刊印的本子，此书被列入"辽海丛书"之一种。《韩杰音墓碑》则被收录到《雪屐寻碑录》卷十四中。

金氏家族碑文有三件，分别为《金德云诰命碑》《金新达礼神道碑》《金花住神道碑》。

《金德云诰命碑》今有原拓本与转录本。原拓本是日本殖民时期由日本人藤冢邻在义州获得的拓本。2014 年，金文京从藤冢邻后人手中购得，并对这一拓本作了介绍。[①] 转录本被收录在成海应于朝鲜宪宗六年（1840年）间编纂的《研经斋全集》外集卷五八"金简"条中。《金新达礼神道碑》有两种，即雍正年间张廷玉的初稿本，以及此后张廷玉大幅修订的定稿本。

初稿本系统的档案本被收录在台北故宫博物院所藏的内阁文库档案（120629 本）中。李光涛所发表的论文中收录了档案本的全文。[②] 定稿本系统的原拓本今藏于中国国家图书馆，藏书号为"京 3797 本"。定稿本系统的转录本被收录在《雪屐寻碑录》卷十二中。《金花住神道碑》有原拓本与转录本两种。原拓本藏于中国国家图书馆，藏书号为"703801本"；转录本被收录在《雪屐寻碑录》卷十二中。

档案本《金新达礼神道碑》的基本内容与原拓本《金新达礼神道碑》基本相似。在细节上，档案本《金新达礼神道碑》收录了一些原拓本《金新达礼神道碑》未记载的内容，具有较高的史料价值。转录本《金新达礼神道碑》较之原拓本《金新达礼神道碑》而言，讹字与衍文较多，并非善本。特别是转录本《金新达礼神道碑》的最后部分写道："孝妻那母都里氏，长子京奇尼哈番三等侍卫宝寿。次子佛佑，三子，二达子。"这几句话与金新达礼无任何关联，原拓本《金新达礼神道碑》中无此句，档案本中此句当为衍文。转录本《金花住神道碑》较之《金花住神道碑》原拓本错字更少。

除此以外，中国国家图书馆中还藏有原拓本《常明谕祭碑》。该碑文

① ［日］金文京：《十八·十九世纪朝鲜燕行使の清朝における交流；藤塚邻博士遗品の绍介を通じて》，载《日本中国学会报》2015 年 67 集，第 180 页、第 187－188 页。

② 李光涛：《记汉化的韩人——朝鲜实录论丛》，载《大陆杂志》1960 年第 20 卷第 1－2期，第 30－31 页。

记载了乾隆十一年（1746 年）七月，金常明逝世后，乾隆帝下旨，将其灵柩运回故里，遣使祭祀这一事实。这件碑原碑石位于今天北京市房山区良乡镇刘庄，石碑正面有汉文碑文。

三、对韩氏家族碑文的分析

（一）对《韩云墓碑》的分析

《仁祖实录》《承政院日记》《清实录》等文献将韩云记作韩润。《韩云墓碑》又具有怎样的特点呢？我们虽然在《韩云墓碑》中见不到通常碑文都会记载的与碑主人之死相关的内容，但从碑文详细地罗列了碑主人的生平大事这一点来看，此碑当为墓碑。

《韩云墓碑》树立于康熙十四年（1675 年）四月。在碑文的开头部分，为了夯实新建国家的基础，康熙皇帝特别强调了臣子的忠诚。碑文写道：

> 奉天承运皇帝制曰：朕惟尚德崇功，国家之大典；输忠尽职，臣子之常经。古圣帝明王，戡乱以武，致治以文。朕钦承往训，甄进贤能。特设文武勋阶，以彰激劝。受兹任者，必忠以立身，仁以抚众，智以察微，防奸御侮，机无暇时。能此，则荣及前人、福延后嗣，而身家永康矣，敬之勿怠。①

《韩云墓碑》列举了韩云生前所担任官职的名称。碑文写道："韩云，尔原系朝鲜人，以尔弃彼来归，故授为二等阿达哈哈番。"② 阿达哈哈番是顺治四年（1647 年）设定的爵位。乾隆元年（1736 年）阿达哈哈番改名为轻车都尉。乾隆年间编撰的《八旗满洲氏族通谱》对于韩云在归附清朝后获得授予的爵位，按照后来改定的爵位名，记作二等轻车都尉。③

---

① 《韩云墓碑》。
② 《韩云墓碑》。
③ 《八旗满洲氏族通谱》卷七二《附载满洲旗分内之高丽姓氏》中"韩云"条："正红旗人，世居易州地方，国初同弟韩尼来归，授二等轻车都尉，编佐领使统焉。"

　　崇德五年（1640 年）至崇德七年（1642 年），明与后金两国间最后一场战争在松山、锦州爆发。《韩云墓碑》记载了韩云在松锦之战中多次建立的战功。例如，明朝松山马兵为了夺走后金军的红衣大炮，对清军展开进攻，韩云与梅勒章京一起冲入明军敌营中，击退了明军。又如，在一个雨天，松山洪承畴军门攻击清兵左翼兵，韩云与固山额真叶格书一起击退洪承畴部队。再如，洪承畴军门进攻三营兵，韩云又与固山额真叶格书一起击退了洪承畴。① 《八旗满洲氏族通谱》仅记载了韩云在松锦之战时击退松山马兵的功绩。② 而我们通过《韩云墓碑》能补充《八旗满洲氏族通谱》未能记载的韩云的其他战功。

　　顺治元年（1644 年）四月，清人多尔衮与归顺清朝的吴三桂一起进攻山海关，重创李自成的大顺军。同年六月，多尔衮与吴三桂不费吹灰之力夺取京城。《韩云墓碑》中记载，韩云与和硕额夫、固山额真杜磊等人在山海关一带击退叛乱军大顺军 20 万人。因此功，韩云从二等阿达哈哈番升为一等阿达哈哈番。③

　　清朝在迁都至北京后，从国家的立场出发，率领大臣，在太庙举行了宣告定鼎大业的大礼。在大礼结束后，因优待先臣功绩的政策，韩云从一等阿达哈哈番升为一等阿达哈哈番兼一拖沙喇哈番，该爵位可代代相传，世袭罔替。④ 康熙元年（1662 年），清朝派兵大举南下，南明朝廷灭亡，清军控制了整个中国大陆。十月，举行了册封孝庄文皇后尊号的大礼。大礼结束后，韩云从一等阿达哈哈番兼一拖沙喇哈番升为三等阿思哈哈番（阿思哈尼哈番）。康熙四年（1665 年）九月，康熙皇帝与孝诚仁皇后举

---

　　① 《韩云墓碑》："后三次围锦州时，松山马兵来夺我红衣炮，尔于梅勒章京瞻前杀入，对阵败之。落雨之日，击松山洪军门来犯左翼兵，尔同固山额真叶格书对阵败之。击洪军门三营兵，尔又同固山额真叶格书对阵败之。"

　　② 《八旗满洲氏族通谱》卷七二《附载满洲旗分内之高丽姓氏》中"韩云"条："后三围锦州，击松山马兵败之。"

　　③ 《韩云墓碑》："定鼎北京、入山海关之日，击流贼马步兵二十万，尔又同固山额真和硕额夫·杜磊对阵败之，追及流贼至庆都县。尔同和硕额夫、固山额真叶格书对阵败之。嘉尔，由二等阿达哈哈番升为一等阿达哈哈番。"

　　④ 《韩云墓碑》："天下统一，仿古帝王之制，尊崇太祖武皇帝功德，配祀上帝。礼成，念诸旧臣世劼劳绩，故由一等阿达哈哈番兼一拖沙喇哈番，世袭罔替。"

行大婚。婚礼结束以后，韩云再次由三等阿思哈哈番升为二等阿思哈哈番。① 阿思哈哈番（阿思哈尼哈番）是顺治四年（1647 年）由梅勒章京改称的爵位满语名称。这一爵位相当于乾隆元年（1736 年）时期的男爵。

（二）对《韩杰音墓碑》的分析

《八旗满洲氏族通谱》与《清史稿》皆将韩杰音记作"杰殷"。国史馆奉皇帝之命，为功臣拟传，编入《续传》中。乾隆四十八年（1783年）六月二十四日，朝廷决定为韩杰音立传。②《清史稿·杰殷传》中所立之传记，与此不无关系。韩杰音的孙子丰盛阿在其祖父韩杰音去世后树立了《韩杰音墓碑》。

《韩杰音墓碑》是对韩杰音一生大事作最为详细的记载的基础资料。《满洲八旗氏族通谱》"韩杰音"条仅记载了韩杰音为征伐察哈尔前往延安等地作战，后升为骑都尉的相关事情。③《清史稿·杰殷传》虽然依据《韩杰音墓碑》对韩杰音生平作了详细记载，但也有一些内容被删去了。④

通过《韩杰音墓碑》的开头部分，我们可以窥知韩氏家族是如何看待自己的祖国——朝鲜的。碑文记载：

> 杰音，满洲正□旗人。其先世居朝鲜，有韩明琏者，仁龟城府使，与昌城总兵李适，谋逐其篡位国王李倧，为他将所杀。子润与弟尼，脱走来归。太祖高皇帝以润为游击，尼为备御。杰音，尼次子也。⑤

---

① 《韩云墓碑》："天下大定，仿古圣王之制，上圣母昭圣慈寿皇太后尊号。礼成，由一等阿达哈哈番兼一拖沙喇哈番，升为三等阿思哈哈番。大婚礼成，亦仿古制，加上圣母昭圣慈寿恭简皇太后尊号。礼成，由三等阿思哈哈番升为二等阿思哈哈番，世袭罔替。"

② 《韩杰音墓碑》："国史馆为钦奉上谕事，文武功名，续纂请入列传一摺，于乾隆四十八年六月二十四日，奉旨着入传，钦此。"

③ 《八旗满洲氏族通谱》卷七二《附载满洲旗分内之高丽姓氏》中"韩尼"条："次子杰殷，由护军统领从征察哈尔击贼有功，又引兵赴榆林，平定延安等处，参赞军务，累着劳绩，优授骑都尉。"

④ 《清史稿》卷二五八《杰殷传》。

⑤ 《韩杰音墓碑》碑文末尾以方框标识的缺字参照《清史稿》补订为"红"字。"仁龟城府使"中"仁"字衍，也可将"仁"字视作"任"字之讹。

朝鲜仁祖二年（1624 年）发生李适之乱。韩杰音的祖上韩明琏与李适一起发起叛乱，率领叛军一直打到都城汉城。不过很快由于接应势力的不足、作战的失败、部下的叛乱等，韩明琏最终被杀。其子韩云（一作"韩润"）、从弟韩尼（一作"韩泽"）先后逃到龟城、义州等地躲藏起来。不久后，于仁祖三年（1625 年）一月逃到后金。《承政院日记》与《月沙集》等文献将韩杰音的父亲韩尼记作"韩泽"，而《清史稿》中记作"韩义"。

一般而言，后人在为祖上撰写碑文时会记载一些祖上杰出的功绩，而对于那些失败或不幸的事迹尽量回避。而《韩杰音墓碑》却明确记载了韩杰音的祖父篡夺王位因最后失败而被杀的事实。如果是在朝鲜，一般会回避国王的名字，而《韩杰音墓碑》却记载了在朝鲜需避讳的国王（即仁祖）的名字——李倧。从《韩杰音墓碑》对于朝鲜国王李倧的名字并不避讳这一点来看，韩氏家族族人对于杀害自己祖先的朝鲜朝廷深怀反感。

归顺清朝的韩氏家族为了在异国土地上生存下来，选择了从武的道路。韩尼之长子杰林做了将军幕僚的长吏，次子杰音为骑都尉，三子杰都为骑都尉，四子那秦为副都统，五子杰海为防御，六子星韶为佐领。从韩氏家族的命运来看，其与高句丽移民高仙芝来到唐朝以武装力量同西域势力作战的命运极为相似。

《韩杰音墓碑》详细地记载了韩杰音作为将领建立的战功。韩杰音最初为二等侍卫，不久后被授予护军参领之职。康熙八年（1669 年）升为正红旗满洲副都统。康熙十一年（1672 年）再次升为护军统领。[①] 不久后，作为清朝平定三藩之乱与镇压察哈尔叛乱大军将领之一员参战。

康熙十二年（1673 年）发生三藩之乱。康熙皇帝为了巩固中央集权，强制推行废除以地方势力组建的三藩。于是，此前因协助清军之功而被册封为地方藩王的三名汉族将领，即云南的吴三桂、广东的尚之信、福建的耿精忠等人起兵反抗。起初，三藩势力控制了长江以南一带，正要率军北上。清军组建大规模镇压军，两股势力展开激烈交锋。

---

① 《韩杰音墓碑》："初任二等侍卫，寻管护军参领事。圣祖仁皇帝康熙八年，擢正旗满洲副都统。十一年，迁护军统领。""正旗满洲副都统"中的"正旗"二字，结合《清史稿》中韩杰音为旗人出身的记载来看，当为"正红旗"。

康熙十四年（1675 年），蒙古察哈尔发起叛乱。察哈尔亲王布尔尼以父亲阿布奈被软禁在盛京为由，同时也因他对清朝的统治非常不满，在三藩发起叛乱，政局混乱之际，也率领察哈尔部落发起叛乱。比起长江以南地区的三藩之乱而言，清朝对察哈尔势力更为紧张。这是因为察哈尔势力对于首都京师构成直接威胁。

《韩杰音墓碑》在记载韩杰音镇压察哈尔与吴三桂率领的叛军的过程后，详细地记载了上报朝廷战功的内容，这些内容如同状启。这里我们按月别作如下整理。康熙十四年四月，察哈尔布尔尼发起叛乱，清将领佟国纲率领军队驻扎在宣府。① 察哈尔部队发起叛乱的时间具体来说是三月二十五日。同年五月，毕力图率领部队前往榆林，准备镇压察哈尔叛军。此时，副将朱龙任命韩杰音为参赞军务。②

同年六月，韩杰音从谢村出发，趁着月色，击溃驻扎在杨家店的敌军3000 人。韩杰音当日又率领部队攻陷吴堡县，并在绥德虎尔崖山一带杀死敌军游击黄文英，捕获敌军 70 余人。接着进攻卧牛城，先后收复米脂、延州等县。又与署副都统觉和托一起进攻延安，击败敌军总兵李世英，收复了延安一带。③

同年八月，清军对所属部队进行整编，驻扎在平凉一带，向敌军王辅臣展开进攻。韩杰音被任命为前队将领，从贝勒洞鄂处出发，率领左翼兵，与距离平凉城八里处的王辅臣敌军一万人相遇。两军交战，从巳时打到未时。韩杰音经过三次鏖战，歼敌无数。④

同年十月，韩杰音在南山城挖筑壕沟，以图防备敌军进攻。正在此

---

① 《韩杰音墓碑》："十四年四月，察哈尔布尔尼叛，命同内大臣佟国纲率兵镇宣府。"

② 《韩杰音墓碑》："五月，察哈尔平诏平逆将军毕力图率师赴榆林，会剿叛贼。朱龙以杰音参赞军务。"

③ 《韩杰音墓碑》："六月，师次谢村，分兵三队。杰音乘夜先发，黎明至河岸，贼三千余拒杨家店渡口。我师鸣角渡河，击溃贼众。即日，克吴堡县，遂趋绥德。贼距虎尔崖山口，杰音率兵仰攻，射殪伪游击黄文英，余贼败窜，追擒七十余人，获马匹器械。进克卧牛城，遂复米脂、延州等县。与署副都统觉和托分兵攻延安。杰音领队前进，擒贼谍，斩之。败伪总兵李士英于宜州，复延安城及属诸县，宜州所属二十六寨悉平。"

④ 《韩杰音墓碑》："八月，会大军，剿叛贼王辅臣于平凉，贝勒洞鄂令杰音领左翼兵，为前队。距城八里许，贼万余列阵迎战。杰音督兵，冲□中坚。自巳至未，挫贼者三，复分兵四路环击，歼贼甚众。"碑文中以方框标识的缺字，我们依据《清史稿》补订为"其"字。

时，敌军率领马兵与步兵前来进攻，韩杰音率军与之相遇，斩杀敌军百余人。① 十二月，敌军首领蔡元再次进攻，韩杰音又与副都统鄂克济哈一起击溃蔡元部队。②

康熙十五年（1676 年）二月，敌军首领吴之茂率部队一万余人前来支援王辅臣，部队驻扎在三十里铺及周边地区。韩杰音奉洞鄂之命，在谷山崖一带阻挡敌军进攻，歼敌 50 余人。③ 吴之茂系吴三桂部下十大总兵之一。

同年三月，韩杰音同副都统翁爱率军前往罗家堡，与敌军 2000 余人交战，杀敌 20 余人。又率军前往盐关，歼灭护送粮草敌军 300 余人，俘虏敌将与敌兵 30 余人，并烧毁粮草。又，韩杰音率领部队，趁着夜色，越过牡丹园敌军阵营，在三十里铺杀敌无数。④

同年四月，敌军扬言要夺取关山道、临洮、巩昌道。韩杰音在平头山击溃敌军，攻击马坞，歼敌 1000 余人，俘虏 40 余人。敌军 1 万余人占领通渭县城，韩杰音在转战途中，在十八盘山山坡上与敌相遇，展开决战，击败敌军。敌军四散逃亡，韩杰音乘胜追击，又斩杀 70 余人。这样，韩杰音守住了秦州，控制了平凉路。⑤

同年五月，吴之茂率领部队逃跑。韩杰音与佛尼勒趁着月色将敌军追至牡丹园，两军展开交战。从午时一直打到未时，先后多次击溃敌营，最终韩杰音占领了祁山堡。韩杰音在获得敌军 3000 余人驻扎在西和县的消息后，率军追击敌军至红山嘴与清阳峡，击败敌军。韩杰音挑选轻骑兵发

---

① 《韩杰音墓碑》："十月，掘壕南山城内，马、步贼出犯，击却之，斩百余级。"

② 《韩杰音墓碑》："十二月，贼党蔡元自西山来犯，杰音、副都统鄂克济哈奋击败之，破其垒。"

③ 《韩杰音墓碑》："十五年二月，叛镇吴之茂欲为王辅臣外援，引贼万余，盘踞城西三十里铺及附近诸堡。洞鄂令杰音移师，御剿贼师于谷山崖，斩级五十余。与将军佛尼勒、提督王进宝会师秦州，议绕贼垒后，绝其粮运。"

④ 《韩杰音墓碑》："三日，杰音同副都统翁爱率兵先行，遇贼二千余，出罗家堡抗拒阵，斩二十余级。进趋盐关，击斩护粮贼三百余，生擒伪官及兵三十余人，获马赢器械，焚其余粮。又乘夜由贼垒左越牡丹园贼，以二千兵护粮，驻三十里铺。杰音督兵扑剿，斩获甚众。"这里"三日"是"三月"之讹。

⑤ 《韩杰音墓碑》："四月，贼扬言断关山道，截临、巩路。杰音移师伏羌，遣兵败贼于平头山，进围马坞，攻破三寨，斩贼千余，生擒四十余人，焚贼粮三百余袋。伪总兵陈姓、李姓引贼万余，陷通渭县城。杰音率兵前进，遇贼于十八盘山坡，分左右翼击败之。乘捷夺门，复县城。贼四散奔逸，追斩七十余级，获驮马器械无算，回守秦州，□吴之茂，通平凉路。"

往石牙儿关，吴之茂率领 30 余人逃跑，其他骑兵纷纷作鸟兽散。这次战役前后歼敌 5000 余人，俘虏 500 余人，缴获武器无数，同时还收复了礼县与西和县，取得辉煌战果。① 自此以后，曾一度控制西域的吴之茂叛军势力被清除。

康熙十九年（1680 年）正月，韩杰音与佛尼勒、觉和托等人率领军队，将敌军追至 30 里之外。敌将 10 余人、敌兵 300 余人悉被歼，韩杰音部队收复了顺庆府（今四川南充）所属的 3 个州和 11 个县，叛乱悉被平定。不久后，韩杰音在成都军中去世。长子花色世袭为骑都尉。② 次子杰瑚、孙子颜泰也先后袭任此爵。③

四、对金氏家族墓碑文的分析

（一）对《金德云诰命碑》的分析

朝鲜籍满洲旗人中崭露头角的金氏家族的先祖大多居住在义州地区。金新达礼的父亲名为金德云，祖父名为金俊良。金德云坟墓与金俊良坟墓皆在义州南山岘。始祖墓地在义州西部 60 里处。④ 由此看来，金氏家族可能是在义州地区活动的乡吏阶层。金德云曾担任过义州知引。⑤ 后来朝

---

① 《韩杰音墓碑》："五月，大将军图海下平凉，檄诸将进兵。吴之茂引贼遁，杰音同佛尼勒率兵，乘夜追剿及之于牡丹园，分两翼夹击。自午至未，屡破贼阵，遂克祁山堡。别有贼三千余，西和县北山，追败之于红山嘴及清阳峡。又选轻骑，蹑追至石牙儿关。吴之茂率三十余人，越山遁，余贼溃散。先后斩伪官及兵五千余，生擒五百余人，获伪札百五十有奇，枪炮马赢器械无算。礼县、西和俱复。"

② 《韩杰音墓碑》："十九年正月，会师进保宁，同佛尼勒·觉和托等领军奋击，大败贼众，追剿三十里阵，斩伪将十员、兵三百，获伪割五百余，马匹器械甚众，复顺庆府所属三州、十一县。悉平。寻卒于成都军，赐祭葬如例，追叙前功，予骑都尉世职，以其子花色袭。"

③ 《八旗满洲氏族通谱》卷七二《附载满洲旗分内之高丽姓氏》中"韩尼"条："（杰殷）累著劳绩，优授骑都尉，其长子花色，次子杰瑚，孙颜泰，相继承袭。"

④ 《宾礼总览》补卷一《通官省扫》："故尚书金常明即被虏人子孙也。其先墓在义州。"自注："常明曾祖德云，高祖俊良墓在南山岘。始祖坟在府西六十里。雍正乙巳，因大臣陈达树碑文，则使行便受来。"金常明的祖父为金新达礼。

⑤ 《研经斋全集》外集卷五八"金简"条："德云曾为府知引云。"

鲜朝廷考虑到金德云的曾孙金常明是清朝重臣，遂赐金德云正三品佥中枢。① 一些学者认为金德云是具有较高官阶的朝鲜士大夫。② 这是因朝鲜朝廷在此之后特赠金德云佥中枢之职而产生的错误认识。

以下我们对奉雍正皇帝之命树立的《金德云诰命碑》的内容作简要介绍。碑文写道：

> 奉天承运，皇帝制曰：国有爪牙之选，克宣力于旂常，朝颁纶綍之荣，必勤思于水木，用褒先世，以大追崇。尔德云乃管理上驷院务、散秩大臣、提督南海子、总理鸟枪兼佐领、加二级常明之曾祖父。树德务滋，发祥有自。敦诗说礼，克垂樽俎之猷。勇战敬官，早裕熊克垂樽俎之猷。勇战敬官，早裕熊罴之略。兹以覃恩，赠尔为光禄大夫，锡之诰命。于戏，懋功有赏，荣则遡于所生。庆典欣逢，恩不忘其自出。加兹宠秩，尚克钦承。③

《金德云诰命碑》记载，金德云之所以能被授予官职，这有赖于其曾孙金常明。金常明的祖母（金新达礼的夫人）曾在清王室中做过顺治皇帝的乳母。因此，金常明自幼时就与康熙皇帝一起玩耍。④ 这样，金常明就受到清皇室的信任，成了清朝廷重臣。

雍正元年（1723 年），在树立《金德云诰命碑》时，金常明的官职为散秩大臣。散秩大臣为正二品，是皇帝的近身侍卫。金常明认为自己之所以能做到中央高官，得力于祖先的阴德，于是开启了寻根之路。他首先是向雍正皇帝请求追赠其埋在故乡朝鲜义州的曾祖父金德云。雍正皇帝同意了金常明追赠朝廷大臣先祖的请求，先后下达追赠金德云为光禄大夫、

① 《研经斋全集》外集卷五八"金简"条："清工部尚书金简者，常明之从孙。常明即我义州人，佥中枢德云曾孙。德云墓在州南山，碑刻雍正元年诰命。"
② 李忠辉：《清代高丽佐领金新达礼兄弟考略》，载《满族研究》2019 年第 1 期，第 20 - 24 页。
③ 《金德云诰命碑》。
④ 〔朝鲜〕俞拓基《燕行录（辛丑）》"壬寅正月二日"条："渠（按：金常明）之祖母，即汗之乳母，渠则与康熙自幼共游。见今位列二品，恩遇非常云，殆是仆臣之流也。"〔朝鲜〕权以镇《癸巳燕行日记》："尚明者，义州人，被虏于丁卯，金贵俊之孙。贵俊之妻，乳养康熙之父，是谓世祖。自此出入宫中，便同内戚。清主少与尚明押，及即位，常在阙内，为一等侍卫，知内仪院、南海子、内务府事内大臣。威行内外云。"

夫人崔氏为一品夫人的诰命。①

这里我们先对金常明见到朝鲜使节的过程略作介绍。康熙五十一年（1712 年），金常明前往山海关赴任担任税官。山海关是朝鲜使节团通过陆路来北京的必经之地。这时金常明见到了经过山海关的朝鲜使节，并对朝鲜使节留下"是否尽心"的问话。② 后金常明因与皇室关系亲密，转任他职。在职期间，金常明帮助朝鲜朝廷推进世子册封、《明史》辩诬以及税额减免等外交难题的解决。朝鲜大臣也向朝廷报告称，清内臣金常明是朝鲜人后裔，在朝鲜事宜上多次提供帮助、协助周旋。③

金常明从雍正皇帝处获得升职诰命，同时，他也与朝鲜朝廷紧密联系，积极推进追赠先祖金德云及相关事宜。朝鲜景宗四年（1724 年），金常明称希望通过敕使，对位于故乡义州的金德云的坟墓进行修复。朝鲜朝廷考虑到金常明此前为朝鲜所做之事，同时也为了维持朝鲜与清朝的外交关系，同意了金常明的请求，任命金常明在义州的族人金振弼对金德云坟墓进行修复。④

在此之后，金常明进一步向雍正皇帝请求为金德云坟墓树立诰命碑。英祖元年（1725 年），朝鲜朝廷就金常明提出的为其曾祖父树立石碑之事进行讨论。闵镇远提出，按照金常明的奏请，在清朝所追赠的"光禄大夫"与朝鲜追赠的"折衝将军"基础上，碑石上写作"大清光禄大夫朝鲜国折衝将军龙骧卫副护军之墓"。英祖同意了闵镇远的奏请。⑤

乾隆二十四年（1759 年），乾隆皇帝加赠金德云为"太子太保、领侍卫内大臣、惫勤公"⑥。乾隆五十六年（1791 年），立石碑，石碑上明确

---

① 《承政院日记》"英祖一年九月十二日（丙午）"条。

② 《燕行录（辛丑）》"壬寅正月二日"条："数年前为山海关税官，每值我使往来十分款遇，以示不忘本之意。今闻振弼入来，送人邀之，故遂令是瑜同去。归告，常明问我使所干事，仍云：渠未尝须臾忘故国。凡有容力处，敢不尽心。是以曾为山海关税官时，每当节使之行，辄致区区缱绻之意，吾之此心，窠出至诚云。且言在朝达官及皇帝侍臣，与吾多相亲者，如有所可为者，吾当为之周旋云。"

③ 《英祖实录》"一年四月十日（庚辰）""一年九月十二日（丙午）"条，《正祖实录》"十年九月十八日（戊子）"等条。

④ 《景宗实录》"四年四月五日（戊辰）""四年四月十日（癸丑）"条。

⑤ 《承政院日记》"英祖一年九月十二日（丙午）"条。

⑥ 《金德云诰命碑》："乾隆二十四年，加赠太子太保、领侍卫内大臣、惫勤公。"

记载了加赠的官职。① 碑文正面所写官职名为："朝鲜国折衝将军、金知
中枢府事、大清诰赠光禄大夫、加赠太子太保、领侍卫内大臣、恩勤公、
金公德云之墓。朝鲜国淑夫人、大清诰赠一品夫人崔氏祔左。"正祖十六
年（1792 年），朝鲜朝廷在金氏家族请求之下，对金德云坟墓进行了
修复。②

金氏家族在有机会时都会直接派人回到故乡义州，来到祖先坟墓前致
祭。《宾礼总览》中详细记载了金氏家族致祭事宜。英祖十四年（1738
年）、英祖十二年（1776 年）、正祖八年（1784 年）、正祖十年（1786
年）、正祖二十三年（1799 年）、纯祖三年（1803 年），金氏家族先后来
到祖墓致祭。英祖四十二年（1766 年）、正祖八年、正祖十年，清敕使同
金氏家族一起来到金氏祖上坟墓前致祭。③ 朝鲜朝廷在金氏家族每次致祭
时都会通过义州府寄去金氏家族所需要的财物。④

在古代社会，提高祖上的地位是一件大事。虽然有各种不同原因，但
其中最主要的原因是可以继承流传下来的氏族社会的传统，另外也可以使
去世的祖先与后人产生联系，形成精神之根，同时还有提高整个家族作为
一个共同体的优越感的心理。此外，从外在原因来看，这也是出于对自己
家族的名声进行拔高以超越其他家族的心理。在这种心理的作用之下，提
高祖先名声地位的行为时有发生。金常明、金简等人就是出于这种心理，
积极推动对其祖先的追赠事宜，同时也不忘记远在朝鲜的自己祖先的
坟墓。

（二）《金新达礼神道碑》分析

金新达礼是此人来到清朝以后的名字。档案本原拓本《金新达礼神
道碑》（见图 21 - 1）以及《八旗满洲氏族通谱》记作"新达理"，《八旗

---

① 《金德云诰命碑》："（乾隆）五十六年改竖。"

② 《正祖实录》"十六年七月十一日（戊辰）"条。

③ 《宾礼总览》补卷一《通官省扫》："通官中为后裔及在其下者出来，则每于归路历省，
敕使亦或同入。"自注："乾隆戊午，通官朴常柱、朴费扬阿，即常明旗下，故历入拜墓，赐墓
直银两。丙申，金福贵即其后属，故往祭，而上，副敕同入。甲辰敕使及通官俱受金简所托，故
偕往致祭，丙午，通官倭克精额，即福贵之弟，亦为致祭，而上敕借入，且求山图及族谱，故使
湾觅给其后。嘉庆己未、癸亥，精额连为历人，而通官景平亦借入。"〔朝鲜〕李押《燕行记事》
"戊戌年正月十日"条；《正祖实录》"十年九月十八日（戊子）"条。

④ 《宾礼总览》补卷一《通官省扫》。

通志》记作"辛达礼"。《清太宗实录》记作"辛达里",朝鲜人李颐命的《疎斋集》中记作"先达"。

图 21－1　《金新达礼神道碑》（中国国家图书馆藏拓本）

金新达礼在朝鲜时有本国名字。林庆俊、李忠辉等学者对金新达礼兄弟的本国名字做过详细的考证。考证结论认为，"汝翎""汝亮""汝良""汝谅"是老大金新达礼的本国名字或其异称，而"汝翚""汝辉"是老二金音达礼的本国名字或其异称。"汝圭"是老三金三达礼的本国名字。至于老四金季达礼的本国名字尚不明确。①

这里我们对于林庆俊、李忠辉等人所使用过的资料到底为何略做整理。大体上来看，他们所利用的资料有三种。第一是李颐命的记录。康熙五十九年（1720 年），告讣正使李颐命提到了他在山海关所见到的金尚明（金常明）及其家系。李颐命称，金常明为义州人金汝圭之孙。丁卯之役时金汝圭兄弟四人来到清朝，分别改名为先达（金新达礼）、二达（金音达礼）、三达（金三达礼）、四达（金季达礼）。② 这里的金常明就是金汝圭的孙子。

第二是朝鲜迎接都监所言。朝鲜孝宗二年（1651 年）迎接都监向朝廷上报，大通官金三达礼请求将朴士明之妻移配。金三达礼称，流放到济州的中人朴士明的妻子是自己的堂妹，希望朝廷将她移配到清北。金三达礼的哥哥金汝亮也多次奏请过此事。③ 由此可知，金三达礼的哥哥名为金汝亮。

第三是朝鲜兵曹所言。朝鲜仁祖十五年（1637 年）兵曹奏请朝廷批准韩兴一的启文，对清人金汝翎兄弟授予红牌。金汝翎及其兄弟金汝翚虽身在清朝，却心系故国。其子孙并不知自己本为朝鲜人。丙寅年（1626年），金氏兄弟虽参加了科举考试，但不幸落榜。因此，他们希望获授红牌，并向子孙们展示。另外，其兄弟此前科举考试初试及第，但也希望一

① 林庆俊：《清朝宫廷内务府旗人的存在形态：以朝鲜旗人钱明及其家族为中心》，载《内陆亚洲史研究》2018 年第 33 号，第 30－34 页；〔韩〕李忠辉：《清代高丽佐领金新达礼兄弟考略》，载《满族研究》2019 年第 1 期，第 17－20 页。

② 〔朝鲜〕李颐命《疏斋集》卷十一《燕行杂识》："山海关收税官金尚明，即义州出身汝圭之孙。丁乱，汝圭兄弟四人入来，以先达、二达、三达、四达为名云。"这里的金尚明即金常明。

③ 《承政院日记》"孝宗二年三月九日（丙戌）"条："迎接都监启曰：大通官金三达，出送差备译官，称以白话，传言于臣等处曰：济州定配人朴士明之妻，乃小人之四寸妹也。其夫士明，罪犯轻重，虽未可知，非妾、弱子之所可干预也。若蒙天恩，移配于清北某邑，则生前往来时，可得相见。至举其兄金汝亮之言，反覆恳乞矣。"

起获授红牌。① 由此可知，金汝羣为金汝翎之兄弟。

林庆俊、李忠辉等学者根据以上资料，对金新达礼兄弟的本国名字进行了考察。古代韩国文献中所记载的"汝亮""汝翎""汝良""汝谅"，其韩国语发音相同或相似，当为同一人物，指的是老大金新达礼。另外，金"汝羣"、金"汝辉"的韩国语发音相同，当为同一人物，指的是老二金音达礼。此外，李颐命记载的金常明的祖父金汝圭当为老三金三达礼。

林庆俊、李忠辉等人考察的结论中一些事项具有充分的价值，值得参考。不过一些事项在展开论述时有严重的问题。金常明的祖父并非老三金三达礼，而是老大金新达礼。《金德云诰命碑》《金新达礼神道碑》《金花住神道碑》对于直系先祖的顺序记载为：金德云—金新达礼—金花住—金常明。雍正年间，老大金新达礼的孙子金常明在第二高丽佐领世袭问题上，与老三金三达礼的孙子金三保有激烈争执。因此，李颐命所说的金常明的祖父金汝圭不可能是老三金三达礼，而应当为老大金新达礼。此前也有学者如禹景燮指出过金汝圭即金新达礼。②

另外，林庆俊、李忠辉等人提出，仅老大金新达礼与老三金三达礼里曾担任过通事之职，对于这一前提条件，也有斟酌的必要。在现存文献中，并无关于老二金音达礼担任过通事的相关记载，不过从"汝羣"及老二金音达礼在科举考试初试中及第的记载来看，金汝羣当为具备担任通事能力之人。当然，我们并不能以老二金音达礼具备相关学识为由，就判定老二金音达礼曾担任过通事之职，但我们也不能排除老二金音达礼如老大金新达礼与老三金三达礼一样，也曾担任过通事之职的可能性。

综合以上情况来看，金三达（金三达礼）的哥哥金汝翎即金音达礼，金汝翎的弟弟金汝羣为金音达礼和金季达礼。此外，根据权以镇的《癸巳燕行日记》，金常明是丁卯之役时被俘虏的金贵俊的孙子。③ 这里的金

---

① 《承政院日记》"仁祖十五年三月四日（癸卯）"条："兵曹启曰：韩兴一所启，金汝翎及其弟汝羣，每致诚款。且云：身虽在彼，心岂忘故国。问其所愿，则汝翎曰：子孙必不知我之为朝鲜人也。丙寅年为及第，而未及唱榜，愿得红牌，留示子孙。其弟亦中其时初试，故并愿得之矣。"

② ［韩］禹景燮：《17世纪前期归顺满洲的朝鲜人：以〈八旗满洲氏族通谱〉的记载为中心》，载《朝鲜时代史学报》2009年第48辑，第192页。

③ 〔朝鲜〕权以镇《癸巳燕行日记》："尚明（常明之别名）者，义州人，被虏于丁卯，金贵俊之孙。"

贵俊指的就是金新达礼。金新达礼又名金贵俊。

以下我们对《金新达礼神道碑》的版本及相关内容作分析。上文提到，档案本《金新达礼神道碑》属于初稿本系统。碑文是张廷玉奉雍正皇帝之命所撰写。张廷玉字衡臣，号砚斋，在雍正、乾隆年间做过大学士，为朝中重臣，担任过临时总裁官。此时，朝鲜朝廷发生辩诬事件。新编撰而成的《明史》虽然记载了仁祖反正这一惨案，但其中却记载了否定朝鲜王朝正统性的相关内容。朝鲜朝廷在得知这一信息后，多次派遣辩诬使前往清朝。最后在金常明的积极努力之下，圆满地完成了《明史》辩诬任务。从北京回到朝鲜的西平君李桡称，金常明与张廷玉为至交，在圆满完成《明史》辩诬任务上二人给予了很多帮助。①

张廷玉何时写成档案本《金新达礼神道碑》呢？遗憾的是，档案本《金新达礼神道碑》并未记载写作年份。此前有学者李光涛等人根据《金新达礼神道碑》所记载的张廷玉的官职，认为碑文当作于雍正四年（1726 年）或雍正六年（1728 年）。② 张廷玉的官职为"赐进士出身、光禄大夫、经筵日讲官起居注、太子太保、保和殿大学士兼户部尚书、仍管翰林院掌院学士事、加二级"。李光涛提出的雍正四年与雍正六年二说中，笔者认为原拓本《金新达礼神道碑》的写作年代为雍正六年的可能性更大。原拓本《金新达礼神道碑》当刻于雍正七年（1729 年）。

原拓本《金新达礼神道碑》属于定稿本系统。碑铭以满文写成，碑阴记以汉文写成。碑铭高 202 cm，宽 75 cm。碑阴高 210 cm，宽 75 cm。汉文题目为《皇清诰赠光禄大夫佐领兼总理内务府三旗火器营事务金公神道碑》。该碑树立于雍正七年秋。碑文作者为张廷玉，碑文书法作者为内阁中书舍人戴临。戴临字监之，是活跃在雍正乾隆年间的宫廷书法家。

以下我们对《金新达礼神道碑》所记载的金新达礼的生平作分析。原拓本记载金新达礼"生于天命丙午年九月二十二日，卒于顺治十四年四月初七日"③。然而，后金天命年中并无丙午年。天命年间为 1616 年（丙辰）至 1626 年（丙寅）间。这可能是碑文作者张廷玉将努尔哈赤建

---

① 《英祖实录》"七年四月一日（癸巳）"条。

② 李光涛：《记汉化的韩人》，《朝鲜实录论丛》，第 31 页。

③ 原拓本《金新达礼神道碑》："公生于天命丙午年九月二十二日，卒于顺治十四年四月初七日。"

立后金以前活动的时间也包括在了天命年号内所造成的失误。因此，天命丙午年当为宣祖三十九年（1606 年）。

金新达礼 21 岁时被捕往后金。档案本《金新达礼神道碑》记载："公姓金氏，讳新达礼，朝鲜翼州人。……公于天聪元年率其弟音达礼、三达礼、季达礼三人来归。"金新达礼的故乡翼州为义州之借音。

天聪元年（1627 年）发生丁卯之役，皇太极率军进攻朝鲜。正月，阿敏等人率领后金军三万余人进攻朝鲜疆域。一些后金兵向毛文龙驻扎的椵岛进攻，在主力部队占领义州后，以破竹之势南下。这时金新达礼及其兄弟金音达礼、金三达礼、金季达礼一起被后金军俘获，被带往满洲。

这里我们先对金新达礼兄弟前往后金的过程的真相略作介绍。《金新达礼神道碑》《金花住神道碑》以及《八旗满洲氏族通谱》《钦定八旗通志》等清朝文献都记载称，金新达礼兄弟归顺了后金。但所谓"归顺"显然是从清朝立场出发写的。碑文作者张廷玉为了突出碑主人金新达礼兄弟被编入满洲旗人的正当性，于是使用了"归顺"这一词。

《承政院日记》记载了丙子之役时发生在金三达礼先祖身上的悲剧。显宗十一年（1670 年），远接使李庆亿与平安监司闵维重在向朝鲜国王上报清朝使臣一行越江并驻扎在义州之事的状启中写道："一大通官金三达，其父、祖死于丁卯正月十四日兵乱是如。请于本府，觅得祭物。昨日夕时，渠自出往于距本府五里许，其族属家过祭后，仍往见其坟墓，今朝还入馆所。以本府之备给祭物，多有喜谢之言是如为白乎。"① 这里提到了丁卯之役时后金军进攻义州城，金新达礼的父亲及其祖父被清军杀害的事实。

这虽然是后代的记录，但记载了金新达礼兄弟被俘虏的事实。景宗二年（1722 年）冬至使书状官俞拓基记载称：金常明为义州人，丁卯之役时，其祖上被清（后金）军俘虏，金常明遂成为清朝（后金）人。② 景宗三年（1723 年）都承旨金始焕称，金常明本为义州人，曾祖父于丁卯

---

① 《承政院日记》"宪宗十一年二月十七日（乙亥）"条："一大通官金三达，其父、祖死于丁卯正月十四日兵乱是如。请于本府，觅得祭物。昨日夕时，渠自出往于距本府五里许，其族属家过祭后，仍往见其坟墓，今朝还入馆所。以本府之备给祭物，多有喜谢之言是如为白乎。"

② 〔朝鲜〕俞拓基《燕行录（辛丑）》"壬寅正月二日"条："（金）常明，即义州人。其祖先被掳于丁卯之乱，遂为清人。"

年（丁卯之役时）被俘虏。① 这里提到了金常明的祖上（即金新达礼）被俘虏之事。

《满文老档》中详细地记载了丁卯之役时后金军进攻义州城的过程。韩润（韩云）等人化妆为明朝将士，潜入义州城，趁着月色，四处点火，与城中一些难民相互呼应，引起骚乱。后金军于是利用这一机会，瞬间攻陷义州城。城中的朝鲜士兵与明朝士兵虽然希望投降，但后金军并未接受他们的投降，反而杀害了这些人。②

此前有学者 김휘석（音译为金辉锡）注意到，《满文老档》对于义州城内朝鲜军与明军皆被杀害的事实，认为金新达礼兄弟进入后金的过程并不明确。换言之，我们仅仅以《承政院日记》记载的金新达礼祖父与父亲在义州城被杀害的记载，很难断定金新达礼兄弟曾被俘虏这一事实。③

《满文老档》虽然记载了义州城内朝鲜军与明军全员被杀，但并未记载义州城内草民被杀。当时后金军在进攻敌方时，并不会将投降者或草民全部杀死，而会因为自身兵力不足而将这些俘虏编入军中，带回本国，使之成为包衣，这种情况屡见不鲜。因此，时后金政权在占领义州城时也有可能将这些草民带回本国。因此，当时担任义州乡吏的金新达礼的父亲金德云与祖父金俊良虽然被后金军杀害，但金新达礼兄弟却与其他草民一起被俘虏且带回后金。笔者认为这种可能性更为合理。

时后金政权任命金新达礼为通事官，这与金新达礼能识字有关。金新达礼一家为乡吏出身，金新达礼兄弟甚至参加过科举考试，兄弟四人皆具有较高的文化水平。档案本《金新达礼神道碑》对于金新达礼以通事官身份获得后金王室的信任的过程作了详细的记载。

天聪三年（1629 年），后金派出八名大臣前往义州，对朝鲜动向进行监视。这时朝鲜通事官登纳米窥得后金军虚实，向本国朝鲜寄去密札。他在信中向朝鲜国王报告称，希望派出水陆大军两面进攻，自己也将从中内应。但意外的是，这件书信落入金新达礼之手，金新达礼将书信转呈上级，于是登纳米遭到处罚。此后，金新达礼获得了被没收的登纳米的财

---

① 《景宗实录》"三年九月十日（丙戌）"条："都承旨金始焕，仍陈常明本末曰：此乃我国义州人子孙也。其曾祖，丁卯被虏。"这里所谓曾祖父当更正为祖父。金新达礼是金常明的祖父。

② 《满文老档》"天聪元年正月十六日"条（소명出版社 2017 年版），第 14 – 15 页。

③ ［韩］김휘석（音译为金辉锡），《清前中期归顺朝鲜人金氏家族不同世代的定居情况》，高丽大学历史教育专业学位论文，2020 年，第 8 – 10 页。

产。睿亲王（多尔衮）的家人朝鲜人登纳米常与朝鲜往来，曾向其父寄出书信，企图举兵造反。这件书信后来也落入到金新达礼之手，金新达礼将此信转呈上级，这样，登纳米又遭到处罚。此后，金新达礼获得了三分之一登纳米被没收的财产。后金朝廷认为，金新达礼举报间谍叛贼、平定叛乱之功，胜过十万大军。①《八旗满洲氏族通谱》对于金新达礼的记载虽然转录了档案本《金新达礼神道碑》，但对一些内容进行了压缩。

档案本《金新达礼神道碑》记载了丙子之役时金新达礼在维护清朝利益方面所取得的功劳。崇德二年（1637 年），金新达礼率领 40 名士兵以及八名侦探，随睿亲王来到朝鲜，通过这些密探以获知是否有密信寄到义州。如果有，则派人对持密信之人进行追踪，直至定州岭。在大军到达盖上浦时，见到前往汉城的西路变得狭窄，担心此地有埋伏。于是，金新达礼自己一人前往，逮捕了长生官，制订了计划。这样，军队能平安经过西路。皇太极命令部下切勿伤害在岗花屯（按：即江华岛）抓到的朝鲜王妃及子弟，于是，金新达礼好生保护这些朝鲜王妃及其子弟，向他们展现出清朝皇帝好生之德。②《八旗满洲氏族通谱》"金新达礼"条记载了金新达礼在江华岛建立的功绩。

在下文中我们对于这一部分的记载有多大程度符合实际情况进行考察。丙子之役时，清兵于崇德元年十二月挥师进入汉城。而档案本《金新达礼神道碑》记载，清军进入汉城的时间为崇德二年（1637 年）。此外如，档案本《金新达礼神道碑》记载金新达礼派人将携走密信之人从义州一直追到定州岭，而《仁祖实录》记载仁祖十四年十二月十三日，朝

---

① 档案本《金新达礼神道碑》："公于天聪元年，……太宗文皇帝授为通事官。越二年，朝鲜归附，命大臣八人驻防翼州，惟时新高丽通事官登纳米，同驻翼州，密致书输我军虚实，导其王发兵，水陆并进，而已为内应。公觇获其书奏之，遂置登纳米于法，而以其家资赐公。睿亲王家人登纳米者，亦朝鲜人也。常往来朝鲜，致书其父，潜蓄异志。公又觇获其书，登纳米亦伏诛，而以其家资三分之一赐公。公忠直本于天性，谋略深沉，纠察精审，用能发奸摘伏，潜消不轨，信可谓贤于十万师矣。"

② 档案本《金新达礼神道碑》："崇德二年，睿亲王平定朝鲜，公率前锋四十人，先擒其侦卒八人，诘之。知翼州有密书，告急于其主，即斩八人，而驰追赍书者，至定州岭得之。进兵至盖上浦，望京之西路临狭，虑有伏兵，公提戈独进，擒长生官，前行遇伏。公以计诱之，大军继进，遂大败朝鲜兵。大军至岗花屯，太宗文皇帝戒令勿伤国王妻孥，公善为保全，用以仰承太宗文皇帝如天好生、招携怀远之至意。太宗文皇帝大喜，赏赉有加。""岗花屯"是"江华岛"的音译。

鲜朝廷讨论都元帅金自渐寄来驰启的部分提到，从义州寄来的状启平安抵达了汉城。①

以上这些差异，可能源自编者与读者观看视角之不同。编者张廷玉在写作档案本《金新达礼神道碑》时，将金新达礼在丙子之役期间活动的整个过程记作崇德二年。此外，朝鲜军的状启多次被从义州寄出，其中一部分状启平安抵达汉城，而另外一部分状启则被金新达礼截获。

丙子之役以后，金新达礼被任命为八旗的佐领。根据档案本《金新达礼神道碑》的记载，崇德四年（1639 年），因丙子之役被抓到朝鲜的人越来越多，佐领从中分离出来。金新达礼通过内务府考试，最后被任命为佐领兼三旗火器营总管事。② 至此，金新达礼进入满洲八旗上层官员阶层。

金新达礼在刚刚来到清朝时，先是担任正黄旗楞格理部下的佐领。后来，随着丙子之役被抓来的朝鲜人日趋增加，清廷为了有效对这些俘虏进行管理，设立了独立的佐领，并将属于包衣二旗的朝鲜人单独划出来，编为独立的佐领。由于当时无人担任佐领一职，清廷于是任命金新达礼统帅佐领。③

崇德五年（1640 年）至崇德七年（1642 年），明军与清军在松山、锦州一带多次开战，史称松锦之战。当时金新达礼率领所属部队参加松锦之战，协助清军获得最后胜利。根据档案本《金新达礼神道碑》记载，金新达礼跟随睿亲王参与松锦之战，在清军其他将领处于守势时，他率军前来支援，歼敌 70 余人，获得战马 40 匹，另外又在沿海一带歼敌 40 余人，取得战绩。④

金新达礼卒于顺治十四年（1657 年），享年 52 岁，死后被埋葬在顺

---

① 参见《仁祖实录》"十四年十二月十三日（癸未）"条。

② 档案本《金新达礼神道碑》："越二年，以俘获朝鲜人户，分置佐领。特命入内务府，授佐领兼内务府三旗火器营总管事。"

③ 《清宫内务府奏销档》："吾祖父新达礼原属管理正黄旗大臣楞格理佐领，起初将包衣二旗的高丽人等编为一佐领后，因无适合管理佐领的人，将吾祖父新达礼由旗下调拨，以使管理包衣高丽佐领。"第 20 册，第 205 页。转引自黄丽君《八旗制度与族群认同：清前期中朝关系史中的内务府高丽佐领金氏家族》，载《清史研究》2019 年第 2 期，第 66 页。

④ 档案本《金新达礼神道碑》："从睿亲王战于松山，他将少失利，公奋勇追击，斩获七十人，得马四十匹，又歼海滨叛贼四十人，复加赏赉。盖公智勇素裕，所向克奏肤功。"

天府宛平县西山墓所。① 原拓本《金新达礼神道碑》与原拓本《金花住神道碑》就于昌运宫西侧被发现。② 昌运宫西侧现行政区划为北京市海淀区昌运宫社区。距离紫竹院公园西侧不远处即紫竹院十字路口。紫竹院十字路口再往下走就是昌运宫社区。清代中叶的西山地区包括了今天海淀区的一部分，面积十分广大。

雍正皇帝继位以后，金常明利用自己朝廷高官的身份，极力地推动对自家祖上的追赠事宜。雍正元年（1723年），金常明的曾祖父金德云获得追赠；雍正七年（1729年），金常明的祖父金新达礼与父亲金花住获得追赠。档案本《金新达礼神道碑》记载，孙子散秩大臣金常明沐浴皇恩，追赠金新达礼为光禄大夫，正妻姜氏、继妻林氏皆被追赠为一品夫人。③ 这里明确指出，因为金常明成了中央朝廷的高官，所以金新达礼获得了追赠。

以下我们列举金新达礼直系家庭的情况。档案本《金新达礼神道碑》记载，金新达礼夫人为姜氏、林氏；三子分别为噶布拉、胡住、花住；孙子七人，分别为巴朗、色林、檀保、四格、常明、释瑞、九格；曾孙有12人，分别为宋金住、六十七、玉宝、保住、花子、黑达子、众神保、满朝金、沛玉、他克图、他什哈、双保。④ 另外，根据《金花住神道碑》的记载，金花住有子七人，次子为常明。⑤

《钦定八旗通志》记载他穆保是胡住之子。⑥ 对于这里的他穆保，档案本《金新达礼神道碑》记作"檀保"。此外，档案本《金新达礼神道碑》记载了孙子七人，在"檀保"之前列举的巴朗、色林二人单为噶布拉之子。又据《金花住神道碑》原拓本，金常明为次子。档案本《金新

---

　① 原拓本《金新达礼神道碑》："墓在顺天府宛平县西山之原。"

　② 北京图书馆金石组：《北京图书馆藏中国历代石刻拓本汇编》第68册，中州古籍出版社1985年版，第80、82页。

　③ 档案本《金新达礼神道碑》："以孙今散秩大臣常明遇覃恩，赠光禄大夫；娶姜氏，继娶林氏，皆赠一品夫人。"

　④ 档案本《金新达礼神道碑》："以孙今散秩大臣常明遇覃恩，赠光禄大夫；娶姜氏，继娶林氏，皆赠一品夫人。子三：长噶布拉，三等侍卫，早逝；次胡住，二等侍卫，参领兼佐领管内务府三旗火器营总管事；次花住，袭佐领，任都虞司员外郎管内务府三旗火器营总管事。孙七人：长巴朗，次色林，次檀保，次四格，次常明，由佐领累升散秩大臣兼内务府总管加奉宸苑正卿衔，次释瑞，次九格。曾孙十二人，宋金住、六十七、玉宝、保住、花子，任佐领管内务府三旗火器营总管事。黑达子、众神保、满朝金、沛玉、他克图，三等侍卫，他什哈、双保。"

　⑤ 《金花住神道碑》原拓本："子七人，次君常明。"

　⑥ 《钦定八旗通志》卷五《旗分志五》："胡住故，以胡住之子他穆保管理。"

达礼神道碑》记载孙子七人中，出现在金常明之前的四格，当为常明的哥哥。

《钦定八旗通志》记载，第一高丽佐领长官金常明死后，他克图继任。他克图死后福成继任。① 《钦定八旗通志》记载，花色是他穆（檀保）之子。② 这里的花色与档案本《金新达礼神道碑》中的曾孙子 12 人中的花子都有"花"字，但并不能据此认为二人就是同一人。又，档案本《金新达礼神道碑》记载，曾孙 12 人中，除了花色、他克图，其他 10 人的系谱难以确定。

这里有一个问题需要解决。《钦定八旗通志》将双保记作常明的弟弟，即金新达礼的孙子。而档案本《金新达礼神道碑》将双保记作金新达礼的曾孙。这两条记载中，笔者认为金氏家族的资料档案本《金新达礼神道碑》更可信。根据《钦定八旗通志》的记载，先后担任第一高丽佐领的是花色、三保和双保。花色是金新达礼的曾孙，却进入第二高丽佐领一系中，成了常明的弟弟、金新达礼的孙子，这显然有悖通常意义上的系谱。③

这里我们综合以上记载，重新编制金新达礼直系关系（如图 21 - 2 所示）。此前有很多学者编制过金新达礼兄弟金音达礼、金三达礼及金季达礼的子孙系谱④，希望学者在研究中亦能参照图 21 - 2。

---

① 《钦定八旗通志》卷五《旗分志五》："第四参领第一高丽佐领，……以内务府总管署领侍卫内大臣散秩大臣兼管奉宸苑常明管理，常明故，以内务府大臣塔克图管理，塔克图故，以郎中福成管理。"

② 《钦定八旗通志》卷五《旗分志五》："他穆保因疾辞退，以其子花色管理。"

③ 《钦定八旗通志》卷五《旗分志五》："他穆保因疾辞退，以其子花色管理。花色故，以其族人三保管理。三保调公中佐领，以常明之弟蓝翎侍卫双保管理。"

④ 徐凯：《满洲八旗中高丽士大夫家族》，载《明清论丛》1999 年第 1 辑，第 343 页；[韩] 禹景燮：《17 世纪前期归顺满洲的朝鲜人：以〈八旗满洲氏族通谱〉的记载为中心》，载《朝鲜时代史学报》2009 年第 48 辑，第 194 页；黄丽君：《八旗制度与族群认同：清前期中朝关系史中的内务府高丽佐领金氏家族》，载《清史研究》2019 年第 2 期，第 67 页。

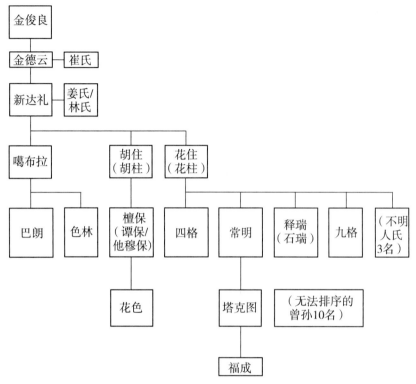

图 21-2　金新达礼直系关系

（三）对《金花住神道碑》的分析

《金花住神道碑》原拓本的碑铭为满文，碑阴记为汉文。碑铭高 208 cm，宽 74 cm，碑阴高 203 cm，宽 74 cm。汉文题目为《皇清诰赠光禄大夫佐领兼总理内务府三旗火器营事务金公神道碑》。此碑树立于雍正七年（1729 年）秋。碑文文字作者为赐进士出身、光禄大夫、经筵日讲官、起居注、太子太保、保和殿大学士兼户部尚书、仍管翰林院掌院学士事加二级张廷玉，书法作者为赐进士出身、文林郎、翰林院编修加一级俞鸿图。俞鸿图主要活跃于康熙、雍正年间。

《金花住神道碑》原拓本记载了金花住的生卒年相关信息。金花住卒于康熙二十年（1681 年）正月十七日，享年 45 岁。死后葬在西山。① 由此推算，金花住当生于崇德元年（1636 年）。上文提到，金新达礼与金花住所埋葬的西山墓地，位于北京昌运宫西侧。这里似乎是金氏家族的墓园。

《金花住神道碑》原拓本明确指出，金氏家族是辽东地区的名门大族，金花住的祖上为朝鲜义州人，父亲金新达礼归顺清朝，侍奉皇太极，多次建立战功，金花住家族成为辽左名家。② 金花住继承金家的名誉，自己也成为国家栋梁。在世祖章皇帝（顺治皇帝）开疆立业初期，金花住以所立奇功著称，在官场上享有盛名。③

《金花住神道碑》原拓本列举了金花住担任过的主要官职名称。金花住最初在宫中担任都虞司员外郎，负责宫中饮食物资的供给事宜。此后又担任司平，负责养护河道与河上运输相关事宜。此外，还担任佐领兼总理内务府三旗火器营事务。④ 金花住担任的佐领是金家继承的第四参领所属第二高丽佐领。

崇德年间最早编成的第二高丽左领的第一代佐领是金花住的父亲金新达礼。顺治十四年（1657 年）金新达礼去世，其弟金音达礼继任佐领。金音达礼去世后，金新达礼次子金胡住继任佐领。金胡住因事故暂时离职后，其弟金花住接任佐领。金花住去世后，金胡住再次担任佐领。金花住死后，其子金他穆保继任。金他穆保因疾病离职后，其子金花色继任佐领。金花色去世后，金三达礼孙子金三保担任佐领。⑤ 此后，金新达礼后

---

① 《金花住神道碑》原拓本："以康熙二十年正月十七日卒于第，春秋四十有五。溯其政绩，诚铭竹而无惭，缅彼风仪，怅骑鲸而不返。即以其年葬于西山之原。"

② 《金花住神道碑》原拓本："公讳花住，姓金氏，其先朝鲜翼州人，考讳新达礼，始归我国，臣服太宗文皇帝，屡奇其功，爰授厥职。至是，徙居渤海，遂为辽左名家。"

③ 《金花住神道碑》原拓本："生子三人，次即公也。幼而颖异，克绍家声。长复岐嶷，蔚成国器。当世祖章皇帝定鼎立邦之初，奇勋始奏。迨夫位事建官之日，懋绩弥彰。"

④ 《金花住神道碑》原拓本："初授都虞司员外郎之职，起曹郎功在河渠。允寄司平之任，水衡使恩流山泽；信堪俾介之司，五材曲直以从绳。帝嘉其绩，列宿参差而有耀。天鉴其忠，迺兼佐领总理内务府三旗火器营事务。"

⑤ 《钦定八旗通志》卷五《旗分志五》："第四参领第二高丽佐领，系国初编立，始以新达礼管理。新达礼故，以其弟尹达礼管理。尹达礼故，以辛达礼之子胡住管理。胡住缘事革退，以其弟花住管理。花住故，仍以胡住管理。胡住故，以胡住之子他穆保管理。他穆保因疾辞退，以其子花色管理。花色故，以其族人三保管理。"

人与金三达礼后人之间就第二高丽佐领之职的世袭问题发生争执。① 雍正时期，由于金常明的干预，金新达礼的后人金双保接任佐领。乾隆时期，又由于金辉、金简、淑嘉皇贵妃干预，金三达礼礼的后人金辉、金福克精额等人担任佐领。②

《金新达礼神道碑》拓本记载，由于金新达礼的孙子金常明做到高官，金新达礼因此也被追赠为光禄大夫。《金花住神道碑》原拓本在此基础之上进一步突出了金常明的功绩。

《金花住神道碑》记载：

> 子七人，次君常明，散秩大臣内务府总管兼奉宸院正卿，少承家训，凤禀义方，曾奉职于近侍，乃起官乎司驭。朝趋紫禁，绕钩陈之六星；旦捧黄麾，屯玉车之千乘。总畿南之巨浸，羽猎时临；耀内府之星矛，军声特震。所以文通武达，门悬五等之银缸；而虎啸龙蟠，第绕八双之画戟也。③

《金花住神道碑》原拓本记载兄弟七人时仅记载了次子金常明的名字。此外，在父亲的碑文中详细地记载了儿子金常明所取得的功绩，这也与一般神道碑的写作方式不同。我们认为这可能与金常明借父亲金花住的碑文以突出自己的功绩的心理有密切关系。

五、韩氏与金氏家族在清朝定居的特征

朝鲜籍满洲旗人中崭露头角的有韩氏家族与金氏家族。韩氏家族与金氏家族间在清朝定居的特点略有差别。为了维持自己家族在清朝的地位，韩氏家族以武装力量前往战场作战，以表露自己对于清朝的忠诚。而与此不同的是，金氏家族虽然并未以自家武装前往战场作战，却成了清朝皇帝

---

① 黄丽君：《八旗制度与族群认同：清前期中朝关系史中的内务府高丽佐领金氏家族》，载《清史研究》2019 年第 2 期，第 65 – 70 页。

② 《钦定八旗通志》卷五《旗分志五》："第四参领第二高丽佐领，……花色故，以其族人三保管理。三保调公中佐领，以常明之弟蓝翎侍卫双保管理。双保故，以兵部侍郎金辉管理。金辉故，以郎中福克精额管理。"

③ 《金花住神道碑》原拓本。

身边侍臣、朝廷重臣，取得了很高的政治地位与荣誉。

韩氏家族与金氏家族回望故国朝鲜的目光判然有别。韩氏兄弟在李适之乱时受到牵连，渡过鸭绿江，归顺了清朝。为了为被杀的父亲报仇，他们在清朝进攻朝鲜时从旁协助清军，对于故国朝鲜他们怀有深深的反感。而与此不同的是，金氏兄弟虽然是作为俘虏被带往清朝的，但他们的根却是在故乡义州，对于祖国朝鲜并无怨恨，其后人也与朝鲜保持着联系，持续往来朝鲜活动。

最后，我们来看一下朝鲜朝廷及士大夫是如何看待满洲旗人韩氏家族与金氏家族的。孔子所主张的春秋大义，被以儒家思想为立国思想的朝鲜王朝用作国政运营的指导思想。从春秋大义的角度来看，不承认离开祖国的满洲旗人是理所当然的。因此，对于篡夺王位的主谋、协助敌军侵略祖国朝鲜的韩氏家族，朝鲜人称之为"叛徒"或"逆贼"，给予了极度否定的评价。比如，朝鲜朝廷将逃到他国并协助进攻朝鲜的韩润称为"韩贼"。① 此外，南九万、张维等人也称韩润（韩云）、韩泽（韩尼）为"叛人"或"逆贼"。②

但朝鲜人对于自称根在祖国朝鲜的金氏家族态度却十分微妙。一方面，朝鲜人对于金氏家族在协助解决朝鲜外交悬案上提供了帮助这一点给予了肯定性的评价，另一方面又认为他们是生活在他国的臣子，给予了否定性的评价。比如，《英祖实录》记载，对帮助过朝鲜的金常明提出的为其祖先树碑之请求，英祖虽然认为极为可笑，但又不得不答应。③ 又如，谢恩使书状官韩德厚称："惟常明特一虏中幸臣耳。以堂堂礼仪之邦，虽国弱力诎，称臣于彼，乃寅缘权幸，以求济事，已自可羞。"④ 因此，朝鲜朝廷与士大夫们对于金氏家族的评价，并不能简单地从春秋大义的角度进行判断，故表现得左右为难。

---

① 参见《承政院日记》"仁祖三年九月二十六日（辛未）""十月七日（壬午）""十二日（定海）"条等。

② 〔朝鲜〕南九万《药泉集》卷十九《忠愍祠碑》："叛人润时在敌中。"〔朝鲜〕张维《溪谷先生集》卷二二《论毛镇事情奏本》："又照韩润及其从弟泽，以逆贼明琏子姪。"

③ 《英祖实录》"一年九月十二日（丙午）"条。

④ 〔朝鲜〕韩德厚《称旨公燕行日记》"壬子年十月二十八日"条："惟常明特一虏中幸臣耳。以堂堂礼仪之邦，虽国弱力诎，称臣于彼，乃寅缘权幸，以求济事，已自可羞。"

六、结 论

17 世纪前半期，国际形势发生了急剧的变化，这一时期有很多朝鲜人在经历战乱与变乱之后来到中国，被编入满洲旗人。朝鲜籍满洲旗人中成长为世族大家的有韩云、韩尼及其后代构成的韩氏家族，以及金新达礼兄弟及其后代构成的金氏家族。今天，韩氏家族与金氏家族此前所树立的《韩云墓碑》《韩杰音墓碑》《金德云诰命碑》《金新达礼神道碑》《金花住神道碑》五件原拓本及相关文献记载流传了下来。这些碑文是我们了解韩氏家族与金氏家族以满洲旗人身份在清朝生活情况的重要资料。

因受李适之乱牵连逃到中国的韩氏家族彻底地变成了满洲旗人。虽然《韩云墓碑》与《韩杰音墓碑》明确记载了其为朝鲜人，但碑文表现出对于朝鲜王朝的怨恨与不满。甚至碑文记载了韩氏的祖上韩明琏因篡夺朝鲜国王仁祖王位未遂被杀之事。碑文记载，韩氏族人被编入满洲旗人武装，为了稳固清朝的统治，协助清朝作战，建立了不少战功。清朝朝廷也对于韩氏家族所建立的战功极力称扬，并授予韩氏族人官职。特别是，韩氏族人在镇压察哈尔部与吴三桂叛乱时，建立了赫赫战功，被记载在史书中，获得了很高的荣誉。

在丁卯之役时被作为俘虏从义州带到中国的金氏家族亦从旁协助清朝，或防止机密流出，或前往战场建立战功。但金氏家族并未忘记自己根在朝鲜的事实。《金德云诰命碑》《金新达礼神道碑》《金花住神道碑》是在清雍正年间做到中央高官的金氏后人金常明主导下所树立的石碑。在金常明的奏请下，清廷给埋葬在故乡义州的金氏先祖金德云追赠官职。金氏家族与朝鲜朝廷亦建立了优待关系，朝鲜朝廷为金氏家族树立了诰命碑。同时，金常明在埋葬在北京的直系祖父金新达礼与父亲金花住坟墓前树立石碑，对外极力宣称金氏家族已成为辽左名家。

或主动或被动来到清朝的朝鲜籍满洲旗人，他们在清朝的生活与命运取决于他们在新的王朝体制中的顺应程度。以深受春秋大义影响的朝鲜人的立场来看，这些人无疑是叛徒或归顺者，是应该排斥的对象。对于篡夺王位的韩氏家族，朝鲜人称其为"叛逆者"，并给予了极度的批判。而对于自称根在祖国朝鲜的金氏家族，朝鲜人态度却十分微妙。朝鲜人一方面肯定了在朝鲜与清朝外交中金氏家族给予的帮助，另一方面又称金氏家族为归顺清朝之人，给予了否定性的评价。

第四编

韩国金石文献中的
古代中国人

第二十二章　忠州明将吴惟忠 《吴总兵清肃碑》考

一、引　言

壬辰倭乱是 1592 年至 1598 年间，明朝、朝鲜、日本东亚三国在朝鲜半岛展开的国际性战争。日本为了吞并朝鲜、进攻明朝，以从朝鲜半岛借道为口实进攻朝鲜，引发战争。明朝响应朝鲜求援，为了及时阻挡日本军，派遣大批将士出兵支援朝鲜，战争由此演变为国际战争。

当时参战明军数量前后达数十万。明军的参战使朝鲜重新夺回平壤城，并取得稷山之战的胜利，对于扭转战争局面发挥了重要的作用。但另一方面，明军对朝鲜朝廷以及朝鲜百姓亦带来消极影响。①

不过明军中也有不少军人可圈可点。浙江义乌人吴惟忠在战场上表现出顽强的战斗力，同时，在与朝鲜百姓接触时行为端正，常以身作则。朝鲜朝廷也多次提到吴惟忠杰出的战功与端正的行实。②

笔者此前对在朝鲜半岛所见明将吴惟忠相关文物进行过考察。③ 朝鲜百姓为了纪念吴惟忠的清德而树立的石碑，分别在竹山、忠州、丹阳、丰基、荣川（今名荣州）、安东、新宁七处。今天仅有忠州所立之石碑存世，其余石碑皆亡佚，仅见载于文献记录中。笔者在论文发表之后前往日本京都大学调查金石文，在这一过程中获得了树立在忠州的吴惟忠吴总兵

---

① 译者按：关于明军在壬辰倭乱中的实际表现，明朝与朝鲜两国基于各自不同立场，两国文献记载并非完全相同。另外，对这一问题，中韩两国学界亦有不同的立场与看法。本书作者引用《朝鲜王朝实录》等朝鲜文献中关于明军的负面记载，并基于此给予明军负面评价，只代表作者作为韩国学者的看法。这里，我们将之作为一种学术观点，予以保留。读者可有自己的判断。

② 参照《宣祖实录》"三十年六月十四日""三十二年四月二十日"条。

③ ［韩］朴现圭：《对壬辰倭乱时期明将帅吴惟忠在朝鲜半岛文物的考察》，载《石堂论丛》2016 年第 64 辑，第 1－31 页。

清肃碑的拓本（以下简称"清肃碑"）。于是，笔者对此前写作的论文进行修补。本章旨在对忠州吴惟忠清肃碑的历史由来与吴惟忠的清德作分析。

二、壬辰倭乱时期吴惟忠的战功

我们先略述吴惟忠的生平。吴惟忠，原名涧，字汝诚，号云峰，金华府义乌县（今浙江义乌市）吴坎头村人。嘉靖十二年（1533年）出生，是吴棣四的次子。自幼聪明，有奇才，喜读诗词，尤其精通兵书韬略。嘉靖三十八年（1559年），参加戚继光组织的义乌军。嘉靖四十年（1561年），因讨倭之功，升为台州把总。嘉靖四十一年（1562年），随戚继光移师福建宁德剿灭倭寇，救出被倭寇控制的百姓，因此被擢升为海门卫指挥金事。隆庆三年（1569年），再次跟随戚继光移师河北，参加北方防御与长城修筑。万历元年（1573年），除授遵化标化左营游击。万历五年（1577年）被任命为山海关参将。

万历二十年（1592年）十二月，吴惟忠以钦差统领浙兵游击之职率4000名士兵来到朝鲜半岛。[1] 万历二十一年（1593年）一月，他在夺回平壤城的战斗中身负重伤，但仍激励将士率先登城，取得赫赫战功。万历二十二年（1594年）一月，吴惟忠回国，升任御卫副总兵。万历二十五年（1597年）六月，以钦差备倭中翼副总兵之职率领步兵3997人跨过鸭绿江，率师南下，守卫忠州，阻挡日本军的北上。该部队后被编入东路军，前往蔚山岛山参战。万历二十七年（1599年）四月回国，被任命为左军都督府都督金事。万历二十八年（1600年），吴惟忠回到故乡夏演襄金岩谷隐居，并于万历四十一年（1613年）去世。

以下我们对壬辰倭乱时期军人吴惟忠在战争中的活动略作梳理。首先，吴惟忠在战斗中表现得非常勇猛。宣祖二十六年（万历二十一年，1593年）一月朝鲜与明朝联合军夺回平壤城之战，是扭转整个战争局面的历史性事件。吴惟忠在提督李如松的指挥之下，率领南兵从北部牡丹峰

---

[1] 对于宣祖二十五年（1592年）吴惟忠率领的部队的人数，文献记录上有出入。《宣祖实录》（宣祖二十五年十二月十四日）记作4000人，《象村先生集》（卷五七《天朝诏使将臣先后去来姓名，记自壬辰至庚子》）记作1500人。

出发，进攻外城普通门与七星门。吴惟忠作为先锋出战，但不幸被日军所发射的炮弹击中，身负重伤，但其在简单包扎伤口后，继续激励部下，再次参与战斗。最后，吴惟忠率领部下率先登城，取得赫赫战功。因身负重伤，吴惟忠甚至预备了将自己的遗体运往故乡的棺板。①

朝鲜朝廷对于平壤城收复战争中吴惟忠所建立的战功给予了积极的评价。宣祖称，吴惟忠在平壤城战争中率兵突击，率先登城，这一战功给三韩开辟出一条道路。②此外，尹斗寿说，吴惟忠与骆尚志所取得的平壤城战功是他人无法比拟的。③

当然，吴惟忠并非百战百胜。宣祖二十六年（1593 年）十一月，吴惟忠在庆州安康得到日本军进攻的情报，前往与日本军对战，但遭到早已埋伏好的日本军的突然袭击。部下 227 人丧命，损失惨重。此后，朝鲜朝廷在得知安康战争中很多明军战死的消息后，举行了纪念战亡将士的慰灵祭。④因安康之战的失败，吴惟忠被降级，并被召唤回国。

其次，吴惟忠对于战争形势作了正确的判断。宣祖三十一年（1598 年）一月，吴惟忠被编入东路军，与经理杨镐、提督麻贵参加蔚山岛山之战。明军四面包围城池，攻占多个营寨，试图攻破城门、进入城中。而日本加藤清正疲于阻挡明军猛烈的进攻，显出难以抵御之势。加藤清正紧闭城门，将主要军事力量集中于城墙防御，等待救兵的到来。

吴惟忠所率领的部队负责南部城郭的进攻，在对当时战况作出精确判

---

① 《宣祖实录》"二十六年一月二十四日"条："左议政尹斗寿驰启曰：臣留平壤，……吴惟忠为铁丸所中，皆为落后，留在军马，……吴则铁丸正中中心，病势危急，卧而见臣，亦为功高，不录于首功，心里快快，以此病势尤紧，即令家人，书小纸示臣，其言亦多有憾恨之意……吴、李两将，病势深重，吴则至于欲得栢子棺板，屡发于言辞。大概骆、吴二将，攻破此城，功无与伍。"

② 《宣祖实录》"三十二年四月十二日"条："上曰：大人前于平壤之战，先登突击，功在三韩。"

③ 《宣祖实录》"二十六年一月二十四日"条："左议政尹斗寿驰启曰：臣留平壤，……大概骆、吴二将，攻破此城，功无与伍。"

④ 《宣祖实录》"二十八年一月二十七日"条："参赞官李德悦进启曰：癸巳年城中焚荡时，见死之人致祭事，其意至矣。亦可通谕外方矣，而晋州战亡将士及庆州吴游击［惟忠］之军，亦多战死。此两处，各别致祭何如？上曰：晋州则曾已致祭矣，议于备边司为之。"

断后，向杨镐提出建议：在日军准备好之前，速战速决。① 但吴惟忠的建议并未为杨镐采纳，后者反而降低进攻速度。是时冬雨连绵，北风呼啸，士兵因此受冻、疲劳，士气不振。雪上加霜的是，锅岛直茂率领的大规模日本援兵到来，明军迅速溃败，撤退到后方。在撤退过程中，明军将士有数千人因此丧命，伤亡惨重。

三、朝鲜所立的吴惟忠清德碑

对于壬辰倭乱期间明军驻扎朝鲜半岛参战，每个人观察的视角都不同。从明朝的立场来看，这次战争发生在与本国安危有一定距离的朝鲜半岛，而要遏制具有较强战斗力的日军、取得巨大战功，这从现实上来看也很困难，因此趋向讲和。

朝鲜朝廷观察明军的视角则十分微妙，朝鲜朝廷当然希望尽快赶走朝鲜半岛上的日本军，因此对于明朝的态度颇有微词。

而朝鲜百姓观察驻扎在朝鲜的明军的视角又完全不同。虽然朝鲜百姓一般都将明军视为支援朝鲜、抵抗倭军的友邦将士，但由于明军给他们带来经济负担等消极影响，他们对于明军驻扎在朝鲜半岛并非持完全欢迎的态度。但明军将领吴惟忠在朝鲜半岛表现出了高尚的道德与高洁的行实。以下笔者对此前考察过的吴惟忠清德碑的内容略做整理。②

吴惟忠为人慈祥、和乐、清简，表现出儒者风范。在壬辰倭乱期间，在吴惟忠所率领之部队所到之处，他都会严格命令部下禁止给朝鲜百姓带来伤害，所有事情皆遵从民意而行。如果部下用朝鲜百姓的粮食喂军马，或燃烧百姓的柴草，一定会按照当时的市价给予补偿。若部下带来禁止交易的物品，或者当地百姓带来慰问明军的酒菜，吴惟忠都会予以拒绝。一次在安东，一位军卒马鞍坏了，于是撕下官厅提供的被褥进行修补。吴惟忠得知此事后，对军卒作严肃处理，并用自己的钱补偿了被褥的价格。朝

---

① 《宣祖实录》"三十一年二月三日"条："右副承旨郑经世曰：吴惟忠言：杨老爷性急，虽欲一举而灭之，实不知兵力之不能当也。且曰：攻岛山之时，吴惟忠送人于经理曰：当及今日未备之时，急攻之则可即下也。则经理割其来人之耳，如是至再云云。而今见李好闵状启，则史世用曰：麻提督忌李如梅专其功，故为迟缓而不急攻云云。"

② ［韩］朴现圭：《对壬辰倭乱期间明将帅吴惟忠在朝鲜半岛文物的考察》，前揭书，第1－331页。

鲜百姓得知吴惟忠部队到来的消息后，会自发前往迎接。①

见过吴惟忠的郑琢，对于吴惟忠在朝鲜百姓心中留下的高洁形象给予了很高评价。吴惟忠获得军心，号令严格。所到之处，秋毫无犯。对于朝鲜百姓赠送的黄瓜等蔬菜之类的慰问品，也要给予补偿。为躲避战火而逃到山中的百姓，在得知吴惟忠部队到来的消息时都很安心，尽力为其提供物资保障。在岭南一路，百姓沿路树立了吴惟忠的清德碑。②《朝鲜实录》的史官也给予了很高评价，说吴惟忠"持身清简，钤束下卒，亦难得之将也"③。

朝鲜百姓先后在竹山、忠州、丹阳、丰基、荣川、安东、新宁七处树立了吴惟忠清德碑。竹山所树立的吴惟忠清德碑，是天朝副总兵吴惟忠德清仁勇碑。此碑立于宣祖三十年（1597 年）。19 世纪初期，史学家成海应在读过吴惟忠的书信与清德碑后，对于其人品与行实赞不绝口。④ 现韩国安城市竹山面梅山里竹州山城入口尚存实物。忠州亦立有吴总兵清肃碑，以下我们对此详细论述。

在丹阳、丰基、荣川树立的吴惟忠清德碑碑文被记载在李时发的《碧梧先生遗稿》中。其中，荣川所立的石碑被继吴惟忠部队之后来到朝鲜半岛的明军马军破坏。⑤ 马军属于北兵。当时，明军阵营中北兵与南兵关系不好，常有大大小小的冲突。在吴惟忠之后来到朝鲜半岛的北兵因憎恶南兵吴惟忠，于是故意破坏了石碑。

在安东树立的吴惟忠清德碑是天将吴侯颂德碑。这件石碑未能留存下来，碑上有宣祖三十年裴龙吉所作《天将吴侯颂德碑铭》一文。裴龙吉目睹过宣祖二十六年（1593 年）驻扎在尚州的吴惟忠的行实。宣祖三十

---

① 参考〔朝鲜〕裴龙吉《琴易堂集》卷六《天将吴侯颂德碑铭》。

② 〔朝鲜〕郑琢《龙湾闻见录》："（吴惟忠）丁酉来驻忠州，性清严，与士卒同甘苦……故能得军心，号令明肃，所过不折一草，虽瓜菜之微，必出其价而买之。岭南一路皆立碑颂之，年老之民避大兵于山上，闻吴军之来，则必下来尽力供顿。"

③ 《宣祖实录》"三十二年四月二十日"条史官评论："副总浙江老将，……持身清简，钤束下卒，亦难得之将也。"

④ 〔朝鲜〕成海应《研经斋全集》卷五五《万历东征诸公书牍》："韩石峰濩，旧藏万历东征诸公书牍一卷。至今二百年，其英风杰气奕奕，如在纸墨间，真可宝惜……此为游击吴惟忠书。意其留镇忠州也。我人立碑颂德也。今见此书，良然。"

⑤ 《宣祖实录》"三十一年二月八日"条："吴总兵接伴使尹洞驰启曰：……总兵之见忤于两衙门，凡事皆为过失，立碑之事，亦是不平之一端，荣川之碑则马军仆而破之。"

年，又在安东再次详细地观察过吴惟忠的行实。于是，他决定向朝鲜百姓宣扬吴惟忠高尚的道德品行。安东百姓委托熟悉吴惟忠的裴龙吉写作了这篇称颂他的人品与清德的碑文。①

在新宁树立的吴惟忠清德碑是吴总兵惟忠碑。此碑未能流传下来，碑上有宣祖三十年（1597 年）新宁县监孙起阳所写《吴总兵惟忠碑铭》。吴惟忠来到新宁以后，严格命令部下不得给当地百姓造成损害。此外，他十分节约军中物资，保障百姓平安生活。因此，孙起阳在新宁百姓的请求之下，树立了纪念吴惟忠清德的石碑。②

四、吴惟忠在忠州的事迹及《清肃碑》的内容

先来看一下吴惟忠与忠州的关系。宣祖二十六年（1593 年）一月，吴惟忠收复平壤城，建立大功，不久后回到汉城。明军为了进攻驻扎在东南一带的日军，对所属士兵的驻扎地做了大幅调整。这样，吴惟忠被安排驻扎在岭南尚州，于是率领南兵离开汉城南下。当时，忠州是从汉城往尚州的必经之地，今天忠州和尚州之间开通有中部内陆高速道路。吴惟忠当时在率领士兵前往尚州需要途中经过忠州，不过我们尚未找到与之相关的记录。在下文中我们将提到，吴惟忠在从岭南北上汉城时，曾经过忠州。

吴惟忠在尚州稍作停留以后，为攻击日本军，奉明军部之命率军先后转战善山、大邱、庆州等地。十一月，率军前往庆州安康参战，但中了日军埋伏，伤亡惨重。不久后，率部队转移到大邱八莒。十二月，明军判定战败之责在于吴惟忠，并将吴惟忠召唤至汉城。此时，吴惟忠经过忠州往汉城北上。李德馨指出，当时驻扎在八莒的吴惟忠部队在抵达忠州后，停留了三四天才往汉城北上。③ 吴惟忠在忠州停留的时间较短，并未有特别的活动。

宣祖三十年（1597 年），日军再次入侵朝鲜，引发激烈战斗。吴惟忠以钦差备倭中翼副总兵之职，作为明军先头部队再次被派到朝鲜半岛。五

---

① 参考〔朝鲜〕裴龙吉《琴易堂集》卷六《天将吴侯颂德碑铭》。
② 参照孙起阳《鳌汉先生文集》卷三《吴总兵惟忠碑铭并序》。
③ 《宣祖实录》"二十六年十二月二十九日"条："兵曹判书李德馨启曰：臣昨夕，见邵应忠问：吴、骆两将，何故撤回，刘总爷许其还耶？〔吴惟忠、骆尚志。刘总爷刘绖也。〕……吴、骆则在八莒，兵已到忠州，过三四日，方十二入京城。"

月，吴惟忠率领南兵 3997 人跨过鸭绿江。六月，抵达汉城。八月，日本军先后占领南原、全州，计划北上。吴惟忠按照明军的战略，南下忠州，排兵布阵。[①]

起初，明军部计划安排总兵杨元率军前往忠州，安排吴惟忠率军前往南原。比吴惟忠早一个多月来到朝鲜半岛的杨元从朝鲜国王宣祖处听说，忠州已经破坏严重，防御困难，而南原城较为稳固。这样，杨元就与吴惟忠做了调换，自己前往南原驻扎。率军来到南原以后，杨元遭到日本军大规模进攻，南原城陷落，他自己也因战败而被处死。[②] 吴惟忠驻扎在忠州城的时间是宣祖三十年（1597 年）八月至十一月。清肃碑树立时间为宣祖三十年十一月。

十一月，吴惟忠被编入提督麻贵的东路军中，率军离开忠州，先后转移到丹阳、丰基、荣州、安东、新宁等地。十二月，日本加藤清正为进攻岛山城，率军前往蔚山。于是，杨镐与麻贵所指挥的明朝与朝鲜联合军前往岛山参战。明朝联合军眼看就要获胜，但因杨镐作战失败，加上加藤清正的顽强抵抗以及日军援军的到来，明朝联合军中很多士兵战死，部队只好撤退到后方。而杨镐与麻贵称责任在吴惟忠。吴惟忠喊冤，并奏请辞去将帅之职，回到本国。二月，吴惟忠率领部下进入忠州。[③] 三月，率军来到汉城。[④]

下面我们来看一下树立在忠州的吴惟忠清肃碑。李时发在《碧梧先生遗稿》中记载了吴惟忠在忠州期间的清德。1597 年，滞留在忠州的吴惟忠品行简约，对于部下管理严格，对于朝鲜百姓秋毫无犯，受到百姓爱戴。来到朝鲜半岛的明军将帅中鲜有与之相类者。忠州人为之树立了纪念

---

① 《大东地志》卷六《忠州》："三十年八月，经理杨镐以吴惟忠统南兵四千守忠州。"

② 《宣祖实录》"三十年五月八日""三十年八月十五日"条；《象村先生集》卷五七《天朝诏使将臣先后去来姓名，记自壬辰至庚子》。

③ 《宣祖实录》"三十一年二月三日"条："军门派分兵马，使之速赴信地……副总兵吴惟忠，原部官兵，分住忠州。"

④ 《宣祖实录》"三十一年三月十九日"条："上往见吴惟忠，大驾到总兵下处，差备通事来告曰：总兵云：俺以留驻忠州事，得罪杨经理，今又国王来见，则是重吾之过。俺在下处，不得不见。骑马独行，驰往汉江之路，使其旗牌，陈达此意尔。"

其清德的石碑。①

吴惟忠的朝鲜接伴使臣尹炯将吴惟忠滞留在忠州时的情况向宣祖作了报告。尹炯称，吴惟忠在到达忠州后，朝鲜百姓都穿着青袍聚集起来，在寺院周围摆摊。士兵们买卖物资皆顺从民意。②

忠州所立的吴惟忠清肃碑实物今不存。笔者在此前写作关于吴惟忠文物的论文时，根据文献记录获知了清肃碑的存在，但并未找到实物，也无法对碑文内容进行考察。论文发表后，笔者在日本京都大学中央图书馆贵重图书室见到了吴惟忠清肃碑拓本。吴惟忠清肃碑拓本被收录在《金石集帖》第 174 册中。

这里我们先对《金石集帖》略作介绍。《金石集帖》是正祖年间赵寅永等人对当时朝鲜的古碑石制作拓本、编纂而成的一部书。一部由王室保管，一部由赵寅永自己保管。③ 《金石集帖》原集编纂于英祖三十六年（1760 年）至正祖十九年（1795 年）间，续集编纂于正祖十九年之后。全书册数，包括续集在内，共 264 帖。后来赵寅永家中保管的拓本外流。20 世纪初，日本京都大学文科大东洋史学教室购得 219 帖。此外，韩国首尔大学奎章阁藏有 1 帖。④

以下对《金石集帖》第 174 帖收录的《天将吴惟忠去思碑》的内容作介绍。该帖封面右上端记载了其所收拓本的目录。第一件就是《天将吴惟忠去思碑》。《天将吴惟忠去思碑》即《清肃碑》。这里的"天将"指的是壬辰倭乱时来到朝鲜半岛的明军将帅。"去思碑"意为对于碑主所

①〔朝鲜〕李时发《碧梧先生遗稿》卷七《漫记》："吴副总惟忠，浙江金华府义乌县人也……丁酉，再来镇守忠州，性简约，驭众严整，秋毫无所犯，民甚悦服，东征诸将之中，未见其比，忠人立石而颂之。"

②《宣祖实录》"三十一年二月八日"条："吴总兵接伴使尹泂驰启曰……而总兵来到忠州之日，忠州之民，自为一市，军兵买卖，一从民情。皆着青布，来集成村。"

③ 作于大正元年（1912 年）十一月的《以文会友》（第 44 号）对正祖朝主导《金石续帖》编纂的赵寅永的官职记作大提学。但事实上，赵寅永担任大提学并不在正祖朝，而是在宪宗朝。赵寅永于宪宗二年（1836 年）与宪宗四年（1838 年）先后两次被任命为大提学。赵寅永与赵万永等丰壤赵氏是王室的外戚。赵寅永很早就酷爱金石之学，曾与金正喜一起前往寻找并考证过《真兴王北汉山巡狩碑》。他与清人刘喜海交游甚厚，曾将许多海东金石拓本赠送给刘喜海，对刘喜海编撰《海东金石苑》给予了很大的帮助。

④〔韩〕朴真完：《京都大学附属图书馆藏〈金石集帖〉资料的现状》，《日本所藏韩国史相关资料的调查报告》，国史编纂委员会，果川，2007 年，第 169－245 页；高丽大学海外韩国学资料中心，《京都大学〈金石集帖〉》，网络本。

留下的善政表示感谢、对其离去表达思念之情而树立的石碑。

此外，英祖年间领议政金在鲁还对全国古碑石制作拓本，编成《金石录》一书。《金石录》的册数，原编 226 册，续编 20 册，总计 246 册。今韩国高丽大学六堂文库藏有 29 册（包括《总目一》1 册），奎章阁藏有 39 册。此外，还有一些为个人收藏，有 5 册。从总目的记载来看，其中就有《天将吴惟忠去思碑》，此碑原先被编入"天朝"类中，后转录到"散失"类中。① 这里的《天将吴惟忠去思碑》与《金石集帖》第 174 册封面上所记载的《天将吴惟忠去思碑》名称一致。《金石集帖》所收录的《天将吴惟忠去思碑》与忠州树立的吴惟忠清肃碑为同一碑。遗憾的是，收录《天将吴惟忠去思碑》的《金石录》"散失"帖尚未被发现。事实上，该帖连是否存在都难以确定。

《吴总兵清肃碑》碑文如下：

吴总兵清肃碑（碑额）

公名惟忠，浙江金华府义乌人也。壬辰倭贼，陷京城，至箕都，皇帝遣兵讨贼，贼败遁时，公以游击先登功最著。丁酉贼再炽，公以总兵来铺敦忠州，以守要害，将多于前功也。

公性简令严，入境箪壶不受，入邑草具自奉。所部皆浙兵奉公，法度惟谨，秋毫无所犯，樵牧者不害苗，采果者必以直，公犹虑一卒之厉民，大书其榜，听民来吁，忠之民子遗创残，加以师旅绖骚，几不能保。尚赖公之威德，人皆按堵受赐多矣。咸愿刻诸石，著厥美。

呜呼！公之名已满于天下，亦将炳汗青而铭彝鼎也。海隅一片石，何与于公，而民之爱公之诚，自不能已，则颂其德，而寄去后思，恶可已也。公之身虽隔于万里之外，公之名尚皆于一石之上，目其石而思其人，则余风遗泽，愈久而愈不忘矣。铭曰：

公在在东，清风东兮。

公归于西，西悲同兮。

---

① ［韩］具资训、［韩］韩甚燮：《金在鲁编〈金石录〉的结构及其特征》，载《韩国实学研究》2011 年第 2 辑，第 237 – 302 页。

石可转也，思不穷今。

前正郎柳德种撰、晋阳人姜姬望书

万历二十五年十一月日立

堤川□□贞刻，□□□□

《吴总兵清肃碑》作于宣祖三十年（万历二十五年，1597 年）十一月。碑文作者是柳德种。

柳德种在壬辰倭乱初期潜入被日军占领的汉城，在朝鲜军来到汉城时负责接应朝鲜军。但柳德种并未取得内应作战的成果。因此，朝鲜朝廷认为柳德种所言不实，决定罢免其官职。此事引发朝中争论。[①] 但忠州地区百姓根据柳德种写作《吴总兵清肃碑》这一点，将柳德种视作战乱时为国奔走之人。

吴惟忠的故乡是今浙江省义乌市吴坎头村。金华府是明代的行政地名。从古至今，金华都是义乌的上一级行政单位。壬辰倭乱爆发后，明神宗组织大规模援朝军发往朝鲜半岛。吴惟忠以游击之职来到朝鲜半岛，在收复平壤城的战斗中率先占领城郭，建立了战功。

丁酉再乱发生后，明军再次派遣大规模军事前往朝鲜半岛。清肃碑记载，吴惟忠以总兵身份来到朝鲜半岛，而实际上是副总兵，具体而言是钦差备倭中翼副总兵。当时，吴惟忠为了阻止日军北上，率军来到忠州，守卫忠州要地。忠州人对于吴惟忠抱有很大的期待，他们相信吴惟忠在战场上将取得比收复平壤城之战更大的战功。

从朝鲜百姓的立场来看，他们对于获胜抱着翘首以待的喜悦心情。但在实际生活中，如何在战乱生活下来，对他们来说是个大问题。当时，忠州已经因战乱而残破不堪。在战乱爆发的初期，朝鲜人申砬破坏忠州城，登上弹琴台，与小西行长所率领的日本军对战，最后战败。日本军在忠州地区扫荡，在明军进入忠州后，战争带来的混乱与苦痛持续不断。清肃碑中生动地记载了当时忠州百姓所经历的痛苦。忠州百姓在战乱之后活了下来，遍体鳞伤。如果当时驻扎在忠州的吴惟忠部下略有索取，忠州百姓也

---

① 《宣祖实录》"二十六年五月九日""二十八年一月二十七日""二十八年一月二十九日"条。

是很难活下来的。

　　吴惟忠在来到忠州后，马上采取了安抚民心的措施。为了让百姓能安心生活，他命令部下在路边四处张贴布告，下令禁止部下做出违背民意之事。吴惟忠所率领的士兵，或者是他的同乡浙江义乌人，或者是义乌附近人。义乌军原是明将戚继光在义乌地区招募的士兵。他们作战勇猛，从不退缩。吴惟忠的部下为国献出忠诚，遵纪守法，严格遵从将帅命令。负责砍柴或牧马的部下从不破坏百姓种下的秧苗，负责在市场购买蔬菜和水果的部下也遵从民意行事。吴惟忠本人为人清简，从不接受忠州百姓送来的任何物品。

　　忠州百姓此前因恐惧战争，若听到明军到来的消息后就四散逃跑，而在吴惟忠到来以后，百姓能安定生活下来。吴惟忠展现出的清德对于忠州百姓而言是一种极大的安慰与保护。吴惟忠张贴的布告文让忠州百姓安下心来，克服了战争带来的恐惧心理。于是，人们为了纪念吴惟忠的清德，树立了清肃碑。碑名中的"清肃"二字，既概括了吴惟忠清廉的德行，也概括了他英勇的一面。

　　壬辰倭乱期间，朝鲜官府为了纪念明军树立了很多碑石，也有一些碑石是明军自己建立的。从这些碑文的内容来看，不少碑文着重于夸扬明军的战功，这与当时朝鲜人对武神关羽的崇拜思想密切相关。当时，明军将帅若在战场上取得卓越战功，则热衷于向世人告知自己的存在。朝鲜官府也出于振作士气的立场树立石碑，极力称颂明朝将帅的战功。关羽本来是三国时期实存历史人物，被后世奉为神以后，升格为主管吉凶、祸福、财务、医药等各方面的人格神。特别是对于武将们而言，关羽是在战场上建过大功的将帅，因此被他们奉为武神。在朝鲜半岛，也有明军或者朝鲜人奉明军之请建立的关羽祠堂。比如首尔的南庙与东庙、安东的关王庙、星州的关王庙、南原的关王庙、古今岛上的关王庙等。

　　相比纪功碑，纪念明朝将帅清德的碑石却很少见。忠清南道鳌川郡有纪念明将季金的清德碑钦差统领浙直水兵游击将军季公清德碑。此外，还有纪念杨镐、吴宗道的去思碑。从碑文的内容上来看，这些碑石比起清德碑而言，更像是纪功碑。清德碑重在称颂碑主的德行，建立清德碑的一般都是当地的百姓。要建立清德碑，首先碑主的德行须得到当地百姓的认可，并非明朝将帅可以随意建立。吴惟忠的清德碑，除了忠州，还有竹山、丹阳、丰基、荣川、安东、新宁，共计七处。由此可看出吴惟忠为了朝鲜百姓做过多少好事，也可以看出朝鲜百姓是多么热爱这位明朝将领。

忠州各种地方志记载了吴惟忠清肃碑。英祖三十三年（1757年）至英祖四十一年（1765年）间编纂的《忠原县志》记载，清肃碑位于武学堂南部，是为了纪念总兵吴惟忠平定倭寇、守护忠州百姓而建立的石碑。①正祖四年（1780年）编纂的《忠清道邑志》，高宗八年（1871年）编纂的《湖西邑志》，1928年李秉延着手编纂、1934年刊行的《朝鲜寰舆胜览》也有与之类似的记载。②

那么吴惟忠清肃碑位于何处？《忠原县志》等与忠州相关的各地方志都记载，清肃碑位于武学堂南部。武学堂是朝鲜时期在各地练兵场所建立的官厅。忠州武学堂建于肃宗三十九年（1713年），当时建有六间房，高宗三十年（1893年）废弃。武学堂位于今凤方洞七番地一带（行政区划上属于今武学三路一带）。今天忠州境内有很多以武学命名的地点。比如忠州的传统市场武学市场，忠州川两侧堤坝上建造的武学川边路。

忠州吴惟忠的清肃碑何时湮灭？记载吴惟忠清肃碑的忠州地方志中，成书年代最晚的是1928年李秉延着手编纂、1934年刊行的《朝鲜寰舆胜览》。虽然我们无法知道李秉延对吴惟忠清肃碑的记载是不是从前代地方志中转录而来，但结合各种情况来看，吴惟忠清肃碑毁灭于日治时期的可能性较大。吴惟忠清肃碑记了壬辰倭乱时明军吴惟忠击溃日军之事。因此，日本统治者对于石碑所记载的内容无法接受，于是破坏了石碑。幸运的是，正祖年间制作的《清肃碑》拓本流传了下来，我们今天还能看到这件石碑上的全文。

五、结　论

提到战争，我们首先想到的是"杀害""破坏""混乱"等否定性的

----

①《忠原县志》（《舆地图书》本）中《古迹》："清肃碑，在武学堂南，总兵吴惟忠讨平倭凶，抚恤土民云。"

②《忠清道邑志》（忠州牧）中《古迹》："清肃碑，在武学堂南，总兵吴惟忠讨平倭凶，抚恤土民云。"《湖西邑志》（忠州牧）中《古迹》："清肃碑，在武学堂南，总兵吴惟忠讨平倭凶，抚恤土民云。"《朝鲜寰舆胜览》（忠州牧）中《竖碑》："清肃碑，在武学堂南，总兵吴惟忠讨平倭凶，抚恤土民云。"

词汇，但战争中的"生存""修复""希望"等肯定性的词汇也并未消失。壬辰倭乱是 16 世纪末期明朝、朝鲜、日本三国在朝鲜半岛展开的东亚国际战争。当时，明朝为了支援朝鲜，派遣大规模的士兵来到朝鲜半岛。

今天韩国学界关于明军的参战以及在战争中所扮演的角色多有争论。从大的线索来看，明军在扭转战争局面上发挥了重要作用。明军中不乏表现出真正军人一面的将领，吴惟忠就是其中之一。吴惟忠在平壤城收复战争中率先登上城郭，表现出作为军人勇猛的一面。同时，他十分眷顾处于战火中的朝鲜百姓，表现出高尚的德行。朝鲜朝廷多次对吴惟忠的功绩给予高度评价。朝鲜百姓为了纪念吴惟忠的清德在七地所树立之石碑，即证明了这一点。

壬辰倭乱时期，先后有大大小小多次战争发生在忠州，百姓深受其害。吴惟忠前后四次在忠州驻扎或经过忠州。宣祖三十年（1597 年）吴惟忠滞留在忠州时，以清简之心对待当地百姓，严令部下不要给当地百姓带来损害，所有事情需遵从民意而行事。忠州百姓感念于吴惟忠的清德，树立了清肃碑。

清肃碑的碑文由前正郎柳德种书写，书法作者是晋阳人姜姬望。该碑于 1597 年 11 月树立在训练忠州监营军的武学堂南部。笔者认为，日治时期，日本当局因无法接受吴惟忠清肃碑所记载的内容而毁坏此碑。忠州的各种地方志都记载了忠州境内竖有吴惟忠清肃碑的事实。这些地方志中，成书年代最晚的是日治时期李秉延编纂的《朝鲜寰舆胜览》。幸运的是，日本京都大学中央图书馆所藏正祖年间赵寅永等人编纂的《金石集帖》收录了吴惟忠清肃碑拓本。清肃碑中的"清肃"二字，概括了吴惟忠的清廉德行与武勇，也包含了他对忠州百姓的照顾这一层意思。

第二十三章 明张良相《东征摩崖碑》考

一、引 言

壬辰倭乱[1]是 1592 年至 1598 年间，在朝鲜半岛发生的一次东亚地区国际性战争。日本以朝鲜拒绝其借道攻明为由，派出大规模军队进攻朝鲜半岛。为了阻挡日军的进攻，明朝调集大规模支援部队赴朝救援。这样，战争演变为东亚三国同时参战的国际战争。

今天，韩国学界对派遣到朝鲜半岛的明军战绩褒贬不一。一种意见肯定了明军的大规模支援对阻挡日军进攻，进而改变朝鲜战局的积极影响。但另外也有一种意见认为，明军不仅未能取得实际战绩，反而控制了朝鲜军的军事作战。笔者认为，在对于明军战绩进行评价时，我们必须本着客观的立场，不偏不倚，给予严肃公正的评价。

此后爆发丁酉再乱。明军部意识到海上作战的必要性，于是编成大规模的水军派往朝鲜半岛。以陈璘为将领的明朝水军与以李舜臣为将领的朝鲜水军组成"明朝联合水军"，在海战中取得多次胜利。特别是在露梁海战中大规模消灭了日本水军，取得大捷。丁酉再乱之后，为了防备日本水军再次入侵朝鲜半岛，明军部再次派遣水军。张良相就是在这一背景下率领水军 1500 人来到朝鲜半岛的。

张良相，号乐斋，杭州右卫人。笔者此前对丁酉再乱时参战的明水军将领陈璘、邓子龙、季金等人的活动及其遗迹做过考察。[2] 这次对另外一

---

① 本书采用笔者所在韩国学界的称语，即"壬辰倭乱"，第二阶段为"丁酉再乱"。日本方面称之为"文禄之役"和"庆长之役"。这场战争在中国史籍中则称为"万历朝鲜之役"。

② ［韩］朴现圭：《古今岛关王庙的妈祖神坛分析》，载《中国学论丛》2013 年第 39 辑，第 177 – 193 页；《明将邓子龙的活跃及其死亡》，载《韩中人文学研究》2007 年第 22 辑，第 237 – 257 页；《壬辰倭乱时期明水将季金的军事活动考察》，载《李舜臣研究论丛》2014 年第 21 号，第 347 – 381 页；《明水将季金的遗迹与朝鲜文士的酬唱诗篇》，载《李舜臣研究论丛》2015 年第 23 号，第 229 – 257 页。

位水军将领张良相进行考察。今天，韩国庆尚南道南海岛上有一座巨大的岩石，上面镌刻着与张良相相关的《东征摩崖碑》。本章旨在对张良相的《东征摩崖碑》作集中分析。东征摩崖碑是如何树立起来的？《东征摩崖碑》又有怎样的特征？朝鲜人又是如何看待《东征摩崖碑》的？对其又有着怎样的感受？

二、张良相在朝鲜半岛的军事活动

这一节中，笔者将对明朝水军将领张良相在朝鲜半岛的军事活动进行考察。宣祖三十年（1597 年）正月，日本与明朝讲和失败，于是再次向朝鲜半岛派出大规模军队，发起丁酉再乱。为了阻止日军的进攻，明朝再次派出大规模军事部队来到朝鲜半岛。由此，战火重新燃起。日军先是占领南原与全州，以破竹之势计划北上，但在稷山之战中败北。因此，部队转移到东南沿海一带，在蔚山至顺天的 800 里建立八座倭城，打算与明军展开拉锯战。明军在取得稷山之战胜利后试图南下，但在翌年正月在蔚山岛山之战中战败，于是撤退到后方观望事态变化。至此，双方处于胶着状态。

1597 年，明军部将部队分为三路军，制订了新的作战计划。明军部起初打算将水军派到三路军中，后来编成专门负责海上作战的水陆军，由三路作战改为四路并进。也就是说，明军专门编成能在海上作战的水路军，其目的就是切断日军的海上联系、阻止其移动，并阻止日军越过西海进攻中国。当时，这一策略被认为是有效的军事策略。

宣祖三十一年（1598 年）三月，杨镐在寄给朝鲜朝廷的咨文中，记载了布置在朝鲜半岛的明军现况。明军中的水军有总兵陈璘所率领的广东兵 5000 人、游击季金的浙江兵 3300 人驻扎在全罗道；而张良相率领的广东兵 3000 人、游击沈茂率领的浙江兵 3100 人、游击福日升所率领的狼山兵 1500 人、把总梁天胤所率领的江北兵 3000 人，尚未到达朝鲜半岛。① 不久后，明军陆续开赴至朝鲜半岛。为了能让明军在朝鲜半岛作战，朝鲜朝廷令朝鲜军与明军联合，命地方官府给予协助，同时给所有明军将帅安

① 《宣祖实录》"三十一年三月二十九日（甲寅）"条，将游击福日升错误地记作"副日升"。

排了接伴官。对于尚未来到朝鲜半岛的明朝将领张良相，朝鲜朝廷也为之安排了接伴官。宣传官赵穆被任命为张良相的接伴官，他前往平安道准备迎接张良相的到来。① 但张良相迟迟未能抵达，赵穆不能在平安道继续滞留。而赵穆因随意杖责部下，肆意妄为，于翌年六月遭到弹劾，被免职。②

万历二十六年（宣祖三十一年，1598 年）九月，军门邢玠按照四路并进的作战计划，将明军分为四路，征伐日军。东路军由麻贵统帅，中路军由董一元统帅，西路军由刘綖统帅，水陆军由陈璘统帅。水陆军所属部将有游击许国威、参将王元周、把总李天常、游击季金、游击张良相、游击沈懋、游击福日升、把总梁天胤等。③ 而此时，张良相仍未抵达朝鲜半岛。

东路的明朝、朝鲜联合军进攻位于岛山倭城的加藤清正，中路明朝联合军进攻位于泗川倭城的岛津义弘，但都战败。西路与水路明朝联合军于水路两侧同时进攻位于顺天倭城的小西行长，由于友军两路阵营之间的不和，加上小西行长的顽强抵抗，朝鲜方未能取得战果。不久后，李舜臣与陈璘率领的明朝联合水军在露梁海域遇上前来救援小西行长的岛津义弘、立花宗茂、宗义智等所率日本战船 500 余艘，经过殊死战斗，取得露梁大捷。至此，前后持续七年的壬辰倭乱最终落幕。

直到壬辰倭乱结束（即日军从海上撤走时），张良相都未参加战斗。万历二十六年（宣祖三十一年，1598 年），明朝军部虽然计划令张良相率领 3000 名广东兵进入朝鲜半岛，但直到壬辰倭乱结束以后的第二年（1599 年，万历二十七年，宣祖三十二年），张良相部队才真正抵达朝鲜半岛。不过，这时张良相所率领的水军并非 3000 人，而是 1500 人。由此可以看到，募集兵丁并非易事。

对此，《宣祖实录》与申钦的《象村先生集》有明确记载。《宣祖实录》"宣祖三十二年（1599 年）五月十九日"条记载，广东水兵游击张良相率领兵船 85 艘来到朝鲜半岛。此外，《象村先生集》在提到壬辰倭

---

① 李滉的高足许穆与张良相的接伴官赵穆同名。

② 《宣祖实录》"三十二年六月十二日（己丑）"条。

③ 参照〔朝鲜〕申钦《象村先生集》卷五六《天朝先后出兵来援志》；〔朝鲜〕赵庆男《乱中杂录》卷三戊戌年。

乱参战明军将帅相关内容时，提到张良相于己亥年以钦差统领浙江水兵御倭游击将军都指挥佥事身份，率领 1500 名士兵来到朝鲜，于庚子年十月回国。① 这里的己亥年指的是 1599 年（万历二十七年，宣祖三十二年），庚子年指的是 1600 年（万历二十八年，宣祖三十三年）。张良相在来到朝鲜半岛之前，他的身份从广东水兵游击变为浙江水兵游击。为了应对日军再次渡海侵略朝鲜半岛，同时也为了替换滞留在朝鲜半岛的明朝军士，明朝军部派出张良相率领水兵来到朝鲜半岛。

张良相在抵达江华岛后，为谒见朝鲜国王宣祖而前往汉城。六月三十日，他离开汉城，再次返回江华岛。宣祖派大臣前往张良相驻扎之地为之举行饯别宴，并赏赐礼物。②

同年七月，张良相率领战船前往忠清水营所在的保宁梧川港，抵达以后，在此处停留了一段时间。张良相在忠清水营的永保亭写下诗作四首。他在诗中表达了在歼灭日军之后重新越海登山、欣赏壮美景观的浩然之气。③ 不久以后，张良相率领所属水兵南下，抵达韩国南海郡。在该处稍作停留之后，再次来到釜山海域。在釜山海域停留期间，张良相负责防备日军再次渡海的相关军事任务。

宣祖三十三年四月五日，张良相在釜山捕获了上个月从对马岛开过来的两艘日本船只。这两艘船上有日本将帅宗义智派出的倭领一名、舵工一名、格军、去年进入日本的明朝委官陈文栋、把总王建功等官员以及朝鲜人男女 20 人。④ 是年秋，张良相将所有明军发回明朝，从釜山海域撤军，经过南海，后来到汉城。九月二十二日，宣祖来到张良相下榻之处。

九月二十三日，张良相回礼。⑤ 十月九日，宣祖再次来到张良相住所慰问。十月十日，张良相回礼。⑥ 此后，张良相率领所属船只从江华岛出发北上。但因时值冬季，张良相一行遇风，行船不顺，船只一直在延安、

---

① 〔朝鲜〕申钦《象村先生集》卷五七《天朝诏使将臣先后去来姓名》。

② 《宣祖实录》"三十二年六月三十日（丁未）"条。

③ 《新安县志》《楼亭》中张良相《永保亭》第三首："征帆飞逐旭阳天，剑气凌空星斗寒，一派觚舻横百里，五营犀甲烈三千，投醪已鼓登先接，足食还期储积捐，净扫腥氛旋凯日，重来阁上醉芳筵。"

④ 《宣祖实录》"三十三年四月十一日（甲辰）"条。

⑤ 《宣祖实录》"三十三年九月二十二日（壬戌）""三十三年九月二十三日（癸亥）"条。

⑥ 《宣祖实录》"三十三年十月九日（己卯）""三十三年十月十日（庚辰）"条。

乔桐、三和等江华湾一带往复。① 第二年春继续北上，在丰川许沙镇滞留了一个月，再未继续前行。

三、南海郡船所刻的张良相《东征摩崖碑》

南海郡位于朝鲜半岛庆尚南道南海岛中，由 2240 个小岛组成。在南海上远眺，只见远山分开海天。内海平静如湖水，水面青绿，景色宜人，初次来到此地之人必会对这一景观禁不住赞叹。南海上有很多上古时期的支石墓这类遗迹，这里的气候与生活环境都非常适合人类居住。统一新罗时期，此地设立了独立的行政单位。高丽王朝末期，因倭寇小规模的入侵，南海行政业务一时停滞，治所转移到陆地。到了朝鲜王朝时期，治所再次转移到南海。壬辰倭乱时期，日军入侵，肆意掠夺，如入无人之境，此地直到战争结束后才恢复原貌。高宗三十二年（1895 年），改为南海郡，"南海郡"之名一直延续至今。

南海邑船所的码头北部有用一块巨大的自然岩石建造的石碑——东征摩崖碑。地名"船所"，意为古人泊船之所。今天船所被用作渔民停泊船只的渔港。东征摩崖碑起初并非在海边，而是在轮山山顶。2003 年，此地刮起台风，暴雨引发泥石流，山顶上的石碑于是滚落到海边。

轮山山顶原建有日军南海倭城。宣祖三十年（1597 年），日军在稷山之战中失败后南下，在蔚山至顺天 800 里建立八座倭城，展开拉锯战。当时脇阪安治在船所轮山建造了南海倭城，建成后，对马岛岛主宗义智率领部队驻扎在此。

南海倭城以日本典型的城郭建造方法建成，倭城棱角峥嵘，倾斜度为 60～70 度。岁月流逝，城郭上的石块坍塌，如今只剩下一些基石与下端部分。登上南海倭城远望，不仅能看到江津湾、青山岛，还能看到远处位于南海岛西部的观音浦海域。壬辰倭乱时，明军中的随行画家绘制《征倭纪功图卷》与 19 世纪摹写的《征倭纪功图屏》均生动地描绘了南海倭城与山顶的天守阁。

这里略述明朝联合水军与南海倭城的关系。万历二十六年（宣祖三十一年，1598 年）十一月，明朝联合水军进攻，来到露梁海域的日军舰

① 《宣祖实录》"三十三年十一月八日（戊辰）"条。

队击溃日军战船数百艘，歼敌无数，取得露梁海战大捷。在战争将要结束之际，滞留在观音埔口的日本水军战斗意志全失，纷纷败走，他们抛弃战船，逃到观音埔，走陆路，逃到南海倭城。驻扎在南海倭城的日军同这些逃出来的日本士兵一起搭乘停泊在所港的战船逃回日本列岛。

前后持续七年的壬辰倭乱，在露梁海战之后，正式落下帷幕。但明朝联合军为了防备日军再次渡海进攻，为了击退隐藏在南海岸的日军残余部队，一直持续作战。若日军再次进攻并占领南海，那么明朝联合军则很难歼灭日军。南海就是这样一个非常重要的军事要地。①

十二月，明水军将领陈璘为了便于作战，将所率领的部队从古今岛转移到庆尚南海南海岛，命游击许国威等人驻扎在巨济岛与闲山岛。不久后，战败的日军残余势力被清除，陈璘又从南海回到古今岛，许国威转移到南海倭城。② 陈璘与许国威所率领的部队当时就驻扎在被日军抛弃的南海倭城。

东征摩崖碑中的"东征"二字来自碑文中的第一个词——"东征诗"，"摩崖碑"则是对碑石形状的描述。对于这座碑的名称，有时人们也加上作者姓名，称为"张良相东征摩崖碑"，不过也有人简称为"东征诗碑"。1972 年 2 月 12 日，该碑被指定为庆尚南道有形文化遗产第 27 号。该碑为四边形，宽 131 cm，高 253 cm，厚 5 cm，碑文为行书，阴刻，碑四周刻着精巧的唐草纹。碑文共计 17 行，末尾写着"皇明万历二十七年阳月上浣吉旦日建"，即建于 1599 年（宣祖三十二年）十月上旬。旗下刻着碑文作者的名字，曰："督工征倭游击将军张良相"。1943 年，朝鲜总督府为了清除诱发抗日民族思想与斗争意识的民族史迹，给各道警察局长秘密下达指令，指令称："肃清儒林，撤除反时局的古迹。"这些被破坏的民族史迹文物中就有张良相的东征摩崖碑。③

东征摩崖碑树立于何时？东征摩崖碑的说明文字，以及南海金石文册子（《寻找南海的金石文》）记载说，该碑树立于万历二十六年（宣祖三十一年，1598 年）露梁海战之后，或者第二年明军进入南海时期。记载

① 《宣祖实录》"三十一年十一月二十五日（丙午）"条。
② 《宣朝朝故事本末·明兵撤还》："戊戌十二月，刘綎留五千兵于倭桥，领诸将还龙头山。陈璘使季金等合我舟师，搜讨岭海，并无贼踪，令许国威等分阵巨济、闲山等岛。璘自南海退军古今岛，国威退南海。"
③ ［韩］李龟烈：《韩国文化遗产受难记》，首尔石枕出版社 1996 年版，第 117 - 123 页。

的时间模棱两可，有必要对此作精确考证。① 从《东征摩崖碑》中记载的情况来看，该碑树立于万历二十七年（宣祖三十二年，1599 年）十月上浣。张良相前后两次驻扎在南海倭城：一次是万历二十七年秋至是年冬，一次是万历二十八年（宣祖三十三年，1600 年）夏。张良相树立东征摩崖碑的时间当为前者。下文将提到，张良相在前往釜山海域之前，为了纪念明水军在海上作战取得的战功，在南海倭城树立了石碑。

《东征摩崖碑》全文如下②：

东征诗

万历二十六年季秋，国家复有事于东夷。维时朝鲜受倭患，至是六七年矣。我师救之久未报捷，天子赫然震怒。乃命中丞万公往视师经理，与总督大司马刑公、都督陈公以下文武将臣十余人，兵会于朝鲜，先后济鸭绿江，数道并进。惟公壮志鹰扬，英风虎视，暨于群公罔不协乃心力，竭厥忠谋。将辚乐浪，逾鸡林，耀师于釜山，封鲸舰而后返。太使氏区大相，以为从古帝王出师命将，咸有诵言，以壮军容宣国威，伸同仇之谊，轸于役之劳，矧夫以天王之师，征诛夷狄，芟除暴乱，筹出万全，事出必克，顺治威严，于兹为盛，宜宣昭示远服，永诏来祀。于是作诗二章，虽乏孔硕之雅，庶扬有威□□云尔。其词曰：

皇赫怒兮定夷乱，壮士奋兮不遑宴，横长戟兮籪劲箭，组甲耀兮星辰焕，蹴溟渤兮波涛晏，倚长剑兮扶桑岸，四极奠兮鳌足断。

皇灵震兮穷海外，征不庭兮静殊类，甲旅悦兮从公迈，封鲸舰兮戢鳞介，加日出兮极地界，标穷碣兮际荒裔，异域来兮嘉王会。③

概而言之，张良相东征摩崖碑是一块纪功碑。壬辰倭乱后期，明神宗对于朝鲜在日军入侵六七年后仍未将残余势力扫荡干净而感到无比震怒，于是命万世德为经理、邢玠为总督、陈璘为都督，带领十余名文武将臣与勇猛的军士来到朝鲜半岛，开赴釜山，与日军在海上作战，取得胜利。碑

---

① 南海文化院，《寻找南海的金石文》，前揭书。

② 本章的《东征摩崖碑》碑文是将收录在《南海金石文总览》（南海文化院，南海，2014年，第39–42页）的原文与石碑照片对照后略作修正而成。如《南海金石文总览》中将"永诏来禩"错误地记作"永诏来禩"。

③ 《东征摩崖碑》。

文引用太史氏区大相①的话，对于战争中表现出的明朝国威与军容极力称赞。

与东征摩崖碑树立于同一时期的还有一块纪念碑——釜山平倭碑。《釜山平倭碑铭》又名《万世德纪功碑》或《釜山子城碑铭》。万历二十七年（宣祖三十二年，1599 年）八月上旬，明朝经理万世德率领大将军李承勋以下文武将帅登上釜山山梁，赶走日军，建立了战功，向全天下宣告战争获胜消息，后命郎中贾维钥写作了《釜山平倭碑铭》，并勒石。

这里对《釜山平倭碑铭》的内容先作简要介绍。日军进攻朝鲜，肆意屠杀朝鲜百姓，罪恶滔天。明朝皇帝震怒之下，派出大批将士前往扫荡日军。在平壤之战胜利后，狡猾的日军改变作战计划，向明朝提出封赏要求，称只有获得封赏才会撤军，借此违背盟约，重新发起进攻。明神宗派遣万世德、邢玠、杨镐、陈效等前往讨伐日军。明军分为四路进兵，分别由麻贵、董一元、刘綎、陈璘统帅。日军遭到明朝四路军攻击，流血负伤，乘隙渡海逃跑。明朝的德化与威严远播朝鲜。

宣祖三十二年十月一日，贾维钥所写的《釜山平倭碑铭》草稿通过接伴官被上报朝鲜朝廷。② 此后在釜山子城台树立了石碑。③ 肃宗三十五年，东莱府使权以镇在见到子城台釜山平倭碑折断的景象，后上报朝鲜，朝廷于是重新树立此碑。④ 此后不知于何时，此碑失传。

东征摩崖碑与釜山平倭碑都是丁酉再乱时为纪念明军所取得之战功而树立的纪功碑。两件碑文的内容与叙述方式十分相近。只是两件碑文各自称颂的对象不同。《东征摩崖碑》称颂的对象是明朝水军，而《釜山平倭碑铭》称颂的对象是明军全体将士。

---

①　区大相，字用孺，号海目，广东佛山人。万历年间著名文臣。擅文，尤其擅长写作制诰。今佛山阮埇村有其遗迹。

②　《宣祖实录》"三十二年十月一日（丁丑）"条。

③　〔朝鲜〕尹行恁《硕斋稿》，〔朝鲜〕朴师昌《东莱府志》《五六岛》条等文献记载称，《釜山平倭碑铭》在尹行恁《硕斋稿》，朴师昌《东莱府志》《五六岛》第三峰。肃宗九年（1683 年）闵暹以及肃宗三十五年（1709 年）权以镇在子城台找到《釜山平倭碑铭》之事系误传。

④　《东莱府志·釜山子城碑铭》注："不佞（权以镇）于癸丑冬，莅釜山也。见天将万公世德壬辰讨倭碑，……己丑三月，余登釜山，有折碑卧草。"同书注："府使权以镇状启云云。臣尝至釜山，登其子城，有折碑卧草，剔苔而读之，其文曰：维明皇万历岁在屠维渊献之次八月上上浣，经理大中丞万公世德受命专征。"

《东征摩崖碑》明确记载了姓名的人物，除了作者张良相，还有万世德、邢玠、陈璘三人。万世德是丁酉再乱时明军的统帅，是《釜山平倭碑铭》中的主人公。而邢玠是在朝鲜半岛实质上统帅明军的人物。因此，张良相在碑文中提到明军的首脑人物万世德与邢玠是很正常的。

明朝四路军中统帅水军的是陈璘，麻贵、董一元、刘𬘩统帅的都是陆军。张良相在《东征摩崖碑》中只提到陈璘的名字，这大概是因为陈璘是水军统领。张良相是编入陈璘麾下的水军将领，当时主要负责朝鲜半岛海上防御。在取得露梁大捷以后，南海倭城成为明朝水军的驻扎地。因此，张良相将水军战胜纪念碑东征摩崖碑树立在了明朝水军获胜之地。

那么，当时南海郡当地人是如何看待张良相立的这件东征摩崖碑呢？遗憾的是对此并无相关史料记载，无法确知。不过我们可以通过与东征摩崖碑类似的釜山平倭碑的树立过程的记载略作猜测。万世德为了纪念自己率领明朝文武将帅来到釜山、击溃日军的战功，命贾维钥写作了《釜山平倭碑铭》。贾维钥写作的《釜山平倭碑铭》初稿很快通过接伴官传到朝鲜朝廷。朝鲜实录史官对于未能彻底清除朝鲜半岛的日军感到十分遗憾，颇有微词，其笔下的评论不排除有受这种心理的作用的影响。①

到了朝鲜王朝后期，一些文人开始提到《东征摩崖碑》。仁祖十六年（1638 年），许穆在三千浦游览庆尚南道南海岛时，船工指着露梁海峡对他说，这里有忠愍祠与南海大战碑，北部海岸上的石碑中镌刻着万历年间与日军作战的明朝将帅名单，明朝都督陈璘曾在此地驻扎。② 这里所谓镌刻着明朝将帅名单的史迹，指的就是东征摩崖碑。露梁海战结束后，明朝水军将领陈璘驻扎在东征摩崖碑所在的南海倭城。许穆虽然从艄公处得知此处有东征摩崖碑的事实，但由于并未找到原碑石，因此并未留下任何感言。

英祖年间被流放到庆尚南道南海岛的一些文人曾找到东征摩崖碑。英祖四十七年（1771 年），柳义养将自己在流放期间的见闻，以国文的形式记载下来，编成《南海闻见录》一书。该书记载，他曾在南海郡船所里

---

① 《宣祖实录》"三十二年十月一日（丁丑）"条。
② 〔朝鲜〕许穆《记言》别集卷一五《泛海录》："十六年九月，余游海上。辛亥，宿于三千旧镇，乘早潮入海，海上月高数丈矣。海中舟人，西指露梁，其南岸有忠愍祠，前有南海大战碑。又北岸有万历中皇明征倭将士题名，盖水兵都督陈璘，尝驻兵于此云。"

见到了东征摩崖碑。一天他来到海边，见到一块在很大的岩石上竖立着的碑石，村人称此碑为摩崖碑。碑上记载的是壬辰倭乱时，明朝皇帝为援助朝鲜，派出邢玠与陈璘来到这片海域抵抗倭贼，取得胜利。从书法上来看，是当时明朝人所写。柳义养还说，东人任何时候都不会忘记大明的恩德。①

柳义养在见到壬辰倭乱史迹之后，不禁感慨万千。人们虽然为越过露梁海域、在壬辰倭乱时殉国的李舜臣建立了纪念他的忠烈祠，但当时柳义养是被流放之人，无法参拜。不久后，柳义养在南海郡船所里见到了记载壬辰倭乱时的明军胜战事迹的东征摩崖碑，再次受到触动。他说，朝鲜人永远也不会忘记明朝救援朝鲜的恩德。

柳义养对东征摩崖碑给予很高评价，是基于明朝对朝鲜给予过帮助的历史事实，也是当时朝鲜士大夫之中反清复明的氛围在他内心作用的结果。柳义养所在年代是明朝灭亡不过100年以后，当时朝鲜人一如既往地对明朝怀有好感。肃宗三十五年（1709年），东莱府使权以镇在见到釜山平倭碑折断的景象后上报朝廷重新树碑，也是基于这一心理。

英祖四十九年（1773年），徐祖修被流放到南海，在见到位于船所的倭城与东征摩崖碑后，于两年后的英祖五十一年（1775年）写下《东援诸将永津磨崖碑阁记》一文。徐祖修在文中写道：

> 粤十载癸巳，韦布臣祖修罪谪南海，访古永津倭垒，即万历是岁事，而少南草木之际，有东援磨崖碑，乃万历二十七年张良相所铭云。长阔数仞，字四三百，苍石错落，拂苔快读，可想其浮浮洸洸，烈烈堂堂，井井之画也。……惟此东援之碑，立于藩邦，再造之日也。……前后送杨邢以下数十余将，发浙江之舟师，而彭都督、刘指挥，与本国兵水陆夹攻，走平行长、石曼子，而宵焚贼二百艘，于时李忠武、邓总兵俱中丸，惟天兵叙苍，唬还巾帼，旋凯津头，镌铭崖永津，箕封之海。②

---

① 参考韩国国立中央图书馆藏本柳义养《南海闻见录》中的记载。

② 〔朝鲜〕徐祖修《东援诸将永津磨崖碑阁记》。该文作于石碑树立的176年前的英祖五十一年（1775年）。

这里的东援诸将永津磨崖碑指的是东征摩崖碑。徐祖修在见到这件石碑时，碑身上满是苔藓。他在文章中正确地记载了碑石的形制与内容。不过徐祖修的记载有略作补订的必要。徐祖修记载称，杨镐、邢玠所率领的是浙江兵，而当时明朝水军除了浙江兵，还有广东兵和狼山兵。此外，徐祖修还将"陈提督"（陈璘）错误地记作"彭都督"。杨镐麾下有名彭友德者，但其所担任职务为中军副总兵署都督金事。徐祖修文中所谓"刘指挥"指的是西路军刘綖。在当时反清崇明的时代背景下，徐祖修与柳义养一样，对于东征摩崖碑中铭刻的碑文也持肯定的态度。

如今，古今岛上建立了纪念李舜臣的忠武词。这座祠堂原为丁酉再乱时陈璘与季金一起建立的关王庙。正祖十六年（1792 年），正祖向关王庙下赐"诞报庙"庙额。正祖十七年（1793 年），正祖写下祭奠李舜臣、陈璘、邓子龙的文章。正祖在纪念陈璘的文章中写道："蚕马季张，赤羽其帜。堂堂我旅，万有三千。蹴之闲山，帆若垂天。"意思是说，陈蚕、马文焕、季金、张良相挥舞赤旗，与朝鲜将士一同来到闲山岛，取得大捷。正祖将张良相包括在内一并提及，是因为古今岛关王庙是明朝水军建立的祠堂，而张良相是明朝水军统帅陈璘的部下。

除此以外，提到张良相名字的还有其他一处。万历二十六年（宣祖三十一年，1598 年），明将陈寅在关羽神力帮助之下，身上所受重伤得以恢复，遂击破日军，于是在汉城南大门建立了关王庙，又名南关王庙。不久以后，邢玠率领军队来到关王庙，举行了祭祀仪式。万历二十八年（宣祖三十四年，1600 年），明朝军队从朝鲜半岛全部撤回。明人陶良性写下《朝鲜刱建汉前将军关公庙记》一文，文中记载了建立关王庙的过程，还树立了石碑。该石碑今虽不存，幸运的是该碑的拓本流传了下来。碑文最后罗列了参与关王庙创建与重建的明朝军部的将帅名单，其中就有张良相。

四、结　论

壬辰倭乱是 16 世纪末期明朝、朝鲜联合军与日军展开的一次国际性战争。张良相是壬辰倭乱时参战明军水军将领，当时他树立的石碑如今被韩国指定为地方文化遗产。在丁酉再乱初期，明军部派遣大规模水军参与作战。张良相本计划率领广东水兵 3000 人来到朝鲜半岛，而实际上在战争结束以后的第二年，即万历二十七年（宣祖三十二年，1599 年）五月才率领战船 85 艘、水兵 1500 人来到朝鲜。张良相来到朝鲜半岛的目的在于防备日军渡海再次进攻朝鲜。

万历二十七年七月，张良相率领战船来到梧川港的忠清水营。在此处，他留下了《永保亭》一诗。不久后，他率军南下来到南海，此后又从南海转战釜山，以防备日军的再次入侵。1600 年秋，明军从朝鲜半岛撤军。张良相率领战船离开釜山海域，经过南海，回到江华岛海域。十月，离开江华岛海域，来到黄海道。因天气寒冷，张良相及其部队未能继续北上。第二年夏天，他们才驶离朝鲜半岛海域，进入中国。

1599 年秋，明朝经理万世德率领文武将领来到釜山，在击溃日军后树立了釜山平倭碑。同年十月，张良相在南海海边树立了与釜山平倭碑类似的东征摩崖碑。张良相出于向万邦宣扬明朝水军击溃日军战绩的目的，树立了东征摩崖碑。

到了 18 世纪，由于受到当时反清崇明之时代氛围的影响，朝鲜人对于东征摩崖碑给予了很高的评价。英祖四十七年（乾隆三十六年，1771 年），被流放到南海的柳义养偶然发现了东征摩崖碑，感动地说，朝鲜人将永远不会忘记明朝给予朝鲜的恩德。英祖五十一年（乾隆四十年，1775 年），徐祖修在见到东征摩崖碑后，对于壬辰倭乱时期明朝建立的功绩也给予了肯定性的评价。正祖十七年（乾隆五十八年，1793 年），正祖对于张良相挥舞赤羽之旗同朝鲜军队一同抵御倭寇亦极力称颂。

译者后记

一

本书是我翻译的第三部韩文学术著作。所翻译的第一部是业师韩国高丽大学崔溶澈教授的《红楼梦在韩国的传播与翻译》，承蒙张伯伟老师垂青，将此书纳入"域外汉籍研究丛书"之中，2018年12月由中华书局出版，常怀感恩。所翻译的第二部书是韩国亚洲文化研究所编《东亚漂海录》。当时我以"韩国漂海录文献整理与研究"为题申报中国博士后科学基金课题并获得立项，在研究过程中感到《东亚漂海录》一书有重要参考价值，对于国内学界对包括韩国漂海录在内的《东亚漂海录》的研究有重要推动作用，遂将此书翻译了出来。

2019年5月，母校广西师范大学的莫道才老师由国内来韩国参加在韩国顺天乡大学召开的韩国中国散文学会举办的学术会议。彼时我尚在韩国，遂自首尔乘高铁来到顺天乡大学，见到了从国内来参会的莫道才老师、吕双伟老师、张德建老师、欧明俊老师。会议结束后，一同参加了会议主办方组织的文化参访活动，先后探访了位于扶余郡内的定林寺、扶余博物馆等处。扶余郡是朝鲜半岛三国时期百济的都城所在地，境内有大量百济时期的古迹。我们在定林寺内见到了一尊五层石塔，在塔身四周刻有碑铭，是唐高宗显庆五年（660年）唐将苏定方联合新罗灭亡百济后为纪念战功而镌刻的碑文，名为《大唐平百济国碑铭》。由于石塔经千年风雨吹蚀，表面许多文字磨灭不清，难以辨认，加上当时随参会人员一同出访，时间匆匆，来不及细看，只是匆忙之中拍了几张照片，并未细读碑文。

是年8月，我回国后重新翻阅旧照，并查阅了大量中韩两国文献中的相关资料，发现中国文献中清人王昶的《金石萃编》、清人董诰的《全唐文》及刘喜海《海东金石苑》等收录了此碑全文。又，朝鲜人吴庆锡所编《三韩金石录》、朴趾源所编《金石录》（收录在《三韩丛书》中）、成海应《研经斋全集》、朝鲜总督府编《朝鲜金石总览》等几种朝鲜金石集亦收入了此碑全文。1554 年，清州牧使李桢（1512—1571）以木板刊行了《大唐平百济国碑铭》。

此外，还有拓本三种：朗善君的《大东金石书》、李祖默《罗丽琳琅考》中收录了此碑的拓本，韩国学中央研究院亦藏有此碑拓本。韩国文献所录的全文与拓本不为国内学界所知；另外，各文本所录全文文字亦有较大出入。基于如上认识，我先后撰写了《〈大唐平百济国碑铭〉的文本校勘与文献价值》与《〈大唐平百济国碑铭〉的版本与流传考》二文。前者利用各文本与拓本进行比勘，形成了截至目前最为完善的文本；后者对于此碑的文本与拓本的情况以及此碑在清代流传的情况进行考察。后一篇文章被发表在金程宇教授主编的《域外汉籍研究》第 21 辑中。

在撰写以上文章过程中，我阅读了较多韩国金石文相关资料与论著，也读到了一些有关清代中韩两国文人金石文交流的相关论著，其中就有韩国著名学者、韩国中国文化学会前会长、顺天乡大学教授朴现圭的相关系列论文。在研读朴教授系列论文过程中，得知朴教授曾于 20 世纪 90 年代在韩国学术振兴财团的资助下，对中国所藏韩国金石文系统地做过资料调查、收集、整理与研究工作，先后发表的这 20 多篇金石相关论文就是这一项目所取得的成果。

在拜读完这 20 余篇论文后，我感到颇为有趣，且颇有价值。据我有限的阅读经验，国内学界对清代中韩两国金石学交流的研究还十分不足。朴现圭教授在有关该领域的系列论文中提出的观点以及关涉的大量资料可为国内学界的研究提供必要的参考，同时带来有益的启发。抱着这种想法，我将此书翻译了出来。

二

朴现圭教授《中韩金石文献研究》一书研究所及，大体集中在以下四个方面：第一类是中国人（主要是清人）编纂、藏在中国的海东金石文集。这些由清人编纂的海东金石文集主要有：翁方纲编纂的《海东金石文字记》，翁树崐的《碑目琐记》，刘喜海增补的《海东金石存考》（朝鲜人赵寅永原撰），刘喜海原撰、刘承幹增补的《海东金石苑》，韩韵海编纂的《海东金石存考》，李璋煜编纂的《东国金石文》，叶志诜编纂的《高丽碑全文》，方履籛万善花室抄本《海东金石文字》，胡琨编纂的《海东撷古志》，罗振玉编纂的《唐代海东藩阀志存》《三韩冢墓遗文目录》，等等。（参阅朴现圭《对中国金石集中与韩国相关金石文献资料的分析》）清嘉庆、道光年间兴起金石学热潮，如上这些清代著名金石学家并不满足于中国境内的金石文物与文献收集，他们甚至将关注的目光扩大到海外，其中朝鲜半岛的金石文献是他们在海外金石文中最关注的。随燕行使每年数次来到北京的金正喜、金命喜、赵寅永、赵秉龟、赵秀三等朝鲜学者从朝鲜半岛携来大量海东金石拓本，并将这些拓本赠送给上述清朝金石学者。在朝鲜人返回后，两国文士继续通过燕行使传递书信，继续金石学的交流。以上清人所编海东金石文集的成书就受到了朝鲜同样热爱金石的文士们的大力帮助。这些金石文集的产生，既是古代两国金石学交流的产物，也是古代两国文人友谊的见证。朴现圭教授在十多篇系列论文中，对这些中国人所编海东金石文集的成书背景、资料来源、金石文集的文献事项作了精细的考察分析，描绘了清代中朝两国金石学交流的生动面貌。

第二类是传入朝鲜半岛的中国金石文。相比于第一类而言，这一类的论文较少，只有两篇，主要集中在《岣嵝碑》的问题上。这一方面的论题不多，主要原因有二：第一，在金石之风大盛的嘉庆与道光时期，朝鲜受中国金石考证之风影响亦兴起金石之学。当时朝鲜人已编纂不少金石文集，如朴趾源的《三韩丛书·金石录》、吴庆锡的《三韩金石录》、朗善君的《大东金石书》、李祖默的《罗丽琳琅考》等。但朝鲜人的金石学是在清代金石学刺激之下形成的，他们对朝鲜散在金石的调查与收集整理，是在关注朝鲜半岛金石的清代金石学者请求之下进行的。因此，朝鲜人的金石探访与金石文集的编纂多以朝鲜半岛金石资料为主要对象。传入朝鲜的中国金石实物及拓本的数量不多，自然在研究时就存在研究对象不足的问题。第二，作者朴现圭教授开展的种种研究，从大的方面可被划入海外韩国学范畴。朴现圭教授在系列论文中也多次提到韩国学的世界化问题。因此，其所关注的对象更多的是韩国以外散见的与韩国人、物相关的资料。《岣嵝碑》大概是传入朝鲜的中国金石中最受重视的，不仅有许筠、尹鑴、李俣、许穆、李书九、李圭景、李匡师、南公辙等人对《岣嵝碑》的评论，甚至还出现了从《岣嵝碑》中选出48字压缩成的变异本——《大韩平水土赞碑》。朴现圭教授对《岣嵝碑》传入韩国后的变异情况进行了介绍，虽然研究对象只涉及《岣嵝碑》这一个案，但《岣嵝碑》的传入朝鲜及其变异却具有展示外来文化在本土被接受与被改造之过程的普遍性价值。

第三类是对中国金石文献中的古代韩国人的事迹进行调查的论文。如高丽时期来到元朝后归化元朝并在元朝做官、信仰伊斯兰教、去世后被埋葬在广州穆斯林墓园的高丽人剌马丹，唐代为建造无染禅院捐赠大量金钱的新罗人金清，清乾隆皇帝《萨尔浒之战书事》所记的应明朝之请协同明军抵抗后金却选择投降后金的朝鲜人姜弘立所率领的朝鲜军队，以及到天龙山开凿石窟的百济移民勿部珣将军夫妇等。如上这些石碑与石窟虽在中国，却皆关涉古代韩国人，涉及百济、新罗、高丽、朝鲜诸朝。文章虽重在对这些金石中的古代韩国人事迹进行调查，但同时也通过对各个案的研究，反映出古代中韩两国人员与文化交流的细节与真实面貌。

第四类是韩国金石文献中的古代中国人。关于这方面，本书收录了两篇文章。一篇关涉明将吴惟忠，一篇关涉明将张良相。两篇文章皆以壬辰倭乱为背景。壬辰倭乱与丁酉再乱时，明神宗先后两次派兵入朝鲜抗倭。吴惟忠在壬辰倭乱时入朝鲜。关于壬辰倭乱中明军的实际表现，虽然明代文献与朝鲜文献中肯定明军援朝抗倭的功绩是主流，但一些朝鲜时期文献亦记载了明军在朝鲜的负面记录。即便在今天，中韩两国学界对明军在援朝抗倭中的实际表现问题亦存在分歧。关于如何客观公正地评价明军在援朝抗倭中的实际表现，朴现圭教授的这两篇文章颇能代表韩国学者的看法。吴惟忠在朝鲜时严格管理军队、体恤处于战火中的朝鲜百姓，表现出明军正直、仁厚的一面。朝鲜人为之树立的七块"清肃碑"，就表明了吴惟忠深受朝鲜百姓爱戴的事实。但丁酉再乱期间来到朝鲜的明军将领张良相在朝鲜南海郡所竖之摩崖碑中的描述与张良相的实绩并不相符。朴现圭教授在文章中对此作了辨析。本着客观公正的立场，既不吝啬于阐扬如吴惟忠之类正直、善良的正面明军形象，亦不为虚扬己功的张良相南海摩崖碑中文字所惑，表现出严谨求实、客观公正的立场。

三

在翻译过程中，笔者感触最深的有如下两点。

第一，朴现圭教授十分重视第一手材料的调查与收集。无论是清人所编的海东金石文集，还是与古代韩国人相关的中国石刻实物，这些资料或藏于中国各图书馆，或竖立在中国各省市，有的甚至在深山僻乡。为了亲见并获得这些资料，朴现圭教授多次来到中国调查。他既重视现有的纸本文献，亦十分重视这种通过田野调查获得的第一手资料。

行文至此，不妨附记一事。2019年10月，朴现圭教授在参加完长沙湖南大学岳麓书院举办的四库学国际学术会议后，取道武汉北上赴北京开会。之所以要在武汉短暂停留，目的有二：一是希望见到在武汉中南财经政法大学任教的屈永华教授。当时，朴教授点校清人游智开的《天愚生诗抄》，而游智开系湖南新化人，今人游绍伊系其孙子。朴教授在长沙会议结束后，即赶赴湖南新化，见到了游氏族人，在游氏后人的引导下参拜了游智开墓。他大概又从游氏后人处得知中南财经政法大学屈永华教授是游绍伊教授的弟子，遂嘱我联系屈教授见上一面。二是因他正在点校翻译清人游智开的诗集，而湖北省图书馆藏本他尚未见到。遗憾的是，他因急于离汉北上，来不及入馆亲自查阅，遂嘱我代为赴鄂图手抄游智开诗稿异文。

朴现圭教授虽精通中文，但毕竟是外国人。能通过各种途径打听到游智开后人所居住的村子，并调查到游绍伊教授弟子屈永华教授的情况，即便中国人来做这些事情也不免要费一番周折。而朴教授却能游刃有余。这与他常年多次来到中国调查文献积累的经验有关。

第二，严谨求实的治学态度。本书收录了《洛阳龙门石窟中与古代韩国相关佛龛考证的几个问题》一文。该文是朴现圭教授专门针对韩国学者《古代韩国人在中国境内所建造的寺院、佛像及与中国文化的关系：以三国至统一新罗时期为中心》一文而作。该文中，作者仅因二者同名，就将中国龙门石窟双窑南洞慈藏发愿龛铭文中的慈藏，与新罗时期在中国与朝鲜半岛之间活动的高僧慈藏律师视为同一人；又仅因龙门石窟双窑北洞的金莫神铭文龛中的"金莫神"姓金，就断定"金莫神"是新罗人；又仅因同名，又认定龙门石窟北市丝行像龛王思礼铭文中的"王思礼"是高句丽人王思礼，认为高句丽人王思礼建造了第1699号佛龛。朴教授针对上述观点与论证，逐条辩驳。在文章结尾，朴教授不无感慨地说："有的学者由于对基本知识理解错误，误将古代中国文物作为古代韩国文物进行考察。这些考察出来的结果有时是个人学术性的失误，却不仅仅在韩国学界传播，而且通过现在将全世界连接起来的网络，传播到中国学界。如果考证出来的内容涉及两国利害关系，必然会引起中国学者不必要的误解，造成比较大的影响。"事实上，我们在报纸、网络等媒体上经常能看到所谓韩国学者的惊人之语，如说"炎帝与黄帝的神话源自韩国""孔子是韩国人"等，类似这样令人大为咋舌的相关报道频出，致使韩国在部分中国人心目中留下负面印象。这些通过媒体报道出来的如上这些言论，并非都出自韩国学者的研究结论，其中不乏因中韩两国媒体报道片面或不实造成的误会。朴现圭教授显然深知这种研究的危害，于是专门撰文辩驳。

四

学术译介的价值不言而喻。中国近代对西方学术成果的大量译介，有力地推动了中国现代学术体系的建构与发展。清末林则徐、魏源等人提出"开眼看世界"的主张，即使放在当下学术界审视亦不过时。在域外汉籍研究逐渐受到人们重视、逐渐显现出中国古代文史哲研究未来发展方向之一的背景下，我们在对域外汉籍的新资料进行发掘与利用的同时，也不应该忽视韩国、日本、越南等国学者优秀学术成果的译介。最起码应该将译介放在与资料发掘同等重要的位置上。这是因为，虽然东亚汉籍以汉字书写，但韩、日、越三国学者对东亚汉籍接触的途径、理解的角度、研究的方法与重点，与国内从事东亚汉籍研究的学者一定有很大差异，而正是这些差异能带给我们更多启发。

在韩、日、越三国中，笔者特别想强调对韩国汉籍与韩国学界研究成果的重视。在同处于东亚汉文化圈的韩、日、越三国中，韩国古代汉文作品的数量是最多的，质量也是最高的。据上海师范大学严明教授 2021 年在暨南大学的讲座《东亚汉诗史及其学科建设的思考》，东亚汉诗数量为：韩国汉诗约 30 万首，日本汉诗约 20 万首，越南汉诗约 5 万首，琉球汉诗约 4000 首。实际上，在古代汉文创作的数量上，韩国在韩、日、越三国中居于领先的不仅仅是汉诗，在其他文体、文类上亦是如此，如汉文小说、骈文、上梁文等。韩国汉文创作在除中国以外的东亚各国中居于领先，笔者认为其中最根本的原因在于，韩国持续千年的科举制度为朝鲜半岛各朝培养了大批汉文创作作者队伍。此外，因汉文作品典籍存世数量巨大，研究对象丰富，韩国学界的研究成果也较为丰富。但我国对韩国学术成果的译介显然还十分不足，远逊于我们对欧美、日本学术成果的译介。

基于以上的认识，笔者自译介第一部韩国学术著作——业师崔溶澈教授的《红楼梦在韩国的传播与翻译》始发愿，希望将来能有计划地推进这项工作，遴选一些韩国学人优秀学术成果，译介到国内，以为推动相关领域的研究略尽绵薄之力。

本书的出版得到了中山大学出版社王天琪社长的大力支持与帮助，出版社的编辑为进一步提升本译著的质量付出了大量的心血和辛勤的劳动。暨南大学郭弋琳同学校读了译稿，并改正了译文中的文字错误。原书作者朴现圭教授授权笔者翻译本书，在笔者校对译文过程中也提供了很多帮助。陕西师范大学拜根兴教授百忙之中拨冗赐序，为本书增色不少。在此谨向以上各位表示由衷的感谢！

因笔者韩语水平与学识所限，译文中定有不少失误之处，敬请读者诸君批评指正，不吝赐教！

肖大平

于暨南大学

2021 年 8 月 14 日初稿

2021 年 11 月 26 日修订